ICH SEHE WAS, WAS DU NICHT SIEHST !

Sehmaschinen und Bilderwelten

IHS
APIARIA
PHILOSOPHIÆ MATHEMATICÆ
10
11
12
13
14
15
16
17
18
19
20
21
22
23

Ich sehe was, was du nicht siehst!

Sehmaschinen und Bilderwelten

Die Sammlung Werner Nekes

Herausgegeben von
Bodo von Dewitz und Werner Nekes

Steidl

Inhalt

7 Vorwort

10 Animierte Gespenster
Zur Erhellung von Schattenstücken aus der Sammlung Werner Nekes
Hans Rudolf Reust

17 SCHATTEN · CAMERA OBSCURA

48 Camera Obscura und Camera Lucida
Bild und Vorstellung vor Erfindung der Photographie
Larry J. Schaaf

54 Mobile Augen
Pfade zu einer Geschichte des sich bewegenden Betrachters
Thomas Hensel

65 ANAMORPHOSEN

78 Eine mobile Bilderwelt
Der Guckkasten als Bildmedium der Aufklärung im 18. Jahrhundert
Bodo von Dewitz

87 GUCKKASTEN · LATERNA MAGICA

134 Die Laterna Magica
Deac Rossell

146 Suggestive Projektionen
Laterna Magica, Diorama und ihre Effekte in der Literatur des 19. Jahrhunderts
Thomas Fechner-Smarsly

159 OPTIK · WISSEN · PERSPEKTIVE

198 Kosmologie und Sammlung
Optische Instrumente und Sehspielzeuge in den Kunst- und Wunderkammern des 16. bis 18. Jahrhunderts
Klaus Barthelmeß

209 Die Animation der Kunstfigur
Von Automaten, Androiden und Cyborgs
Gerhard Kolberg

223 ANIMATION · MONTAGE
VERSTECKTE BILDINFORMATION

268 Bilder verstecken – Bilder entdecken
Eine Sehreise entlang den Klippen des Augenscheins
Barbara Krafft

280 So weit das Auge reicht
Das Panorama als Massenmedium des 19. Jahrhunderts
Astrid Weidauer

293 PANORAMA · DIORAMA

314 Lichtspiele und Bewegungsbilder
Zur Geschichte des Dioramas
Birgit Verwiebe

328 Spiel, Zauberei und fröhliche Wissenschaft
Optische Vergnügen des 19. Jahrhunderts
Detlef Hoffmann

339 PERSISTENZ · OPTISCHES SPIELZEUG

354 Der Augenblick des Verweilens und die Flüchtigkeit des Blickes
Bildstillstand und Bildwechsel in ‚vorkinematographischen Zeiten'
Jens Thiele

362 Geburt und Kommerzialisierung der Chronophotographie
Laurent Mannoni

379 PHOTOGRAPHIE · STEREO · CHRONOPHOTOGRAPHIE
FILM · TV

406 Sammler, Historiographie und gesellschaftlicher Bedarf
Perspektiven für die Geschichte der visuellen Medien
Martin Loiperdinger

412 Werner Nekes stiftet Mediengeschichte
Zur Korrektur des heutigen Medienwahns
Bazon Brock

416 Lust und Trug der Augen
Werner Nekes' filmisches Meisterwerk „Media Magica"
Sebastian Feldmann

418 Werner Nekes Filmbiographie – Die Filme

420 Anmerkungen

429 Glossar der optischen Medien
Werner Nekes

451 Literatur

Mein Verständnis und meine Leidenschaft zu sammeln wurden in den siebziger Jahren geweckt von den verstorbenen Jacques Ledoux, Henri Langlois, Adriana Prolo und Helmut Gernsheim. Für ihre vielfältigen Anregungen sei ihnen posthum gedankt. Stellvertretend für viele möchte ich mich darüber hinaus für die Mithilfe zum Aufbau meiner Sammlung bei Serge Plantureux in Paris, Anne Bromer in Boston, Pierre Patau in London, Ruud Hoff und Johannes Marcus in Amsterdam, Mike Smith in Kirkby Malzeard, den drei Generationen der Familie Buchholz in Köln, Daniel Good in Luzern, Bob Loose in Den Haag, Bill Barnes, Dick Balzer, John Townsend, Lester Smith, Judith Lassalle und Jonathan Gestetner in London, Denis Ozanne, Le Fell und Alain Brieux in Paris, Frédéric Hoch in Ersten, François Binetruy in Versailles, Barbara Cavanaugh in Stockbridge, Stefan Krüger in Essen, Karl-Heinz Steckelings in Wuppertal, Vittorio Soave in Turin, Michel Demeyer in Brüssel, Herman Bollaert in Deinze und Yashodar Vallala in Secunderabad bedanken.

Werner Nekes

Sämtliche Abbildungen der Autorentexte und der Tafelteile in dieser Publikation zeigen Objekte aus der Sammlung Werner Nekes. Alle übrigen Provenienzen sind gesondert angegeben. Bei den Darstellungen aus Publikationen des 16.-18. Jahrhunderts handelt es sich um Kupferstiche diverser Stecher, die nicht alle ermittelt werden konnten. Alle mit einem Stern * gekennzeichneten Begriffe werden im Glossar erklärt. Die Maße sind nur in außergewöhnlichen Fällen angegeben, etwa bei den Panoramen oder anderen ‚bemerkenswerten' Formaten.

Vorwort

„Ich sehe was, was Du nicht siehst"

„Ich hatte also heute früh mit dem Mittelpunkt der Erde angefangen, dann die verschiedenen Herrlichkeiten ihrer Oberfläche bewundert und nach einem flüchtigen Besuch auf sämtlichen Planeten in der Sonne aufgehört." Diese merkwürdige Erlebnisschilderung stammt aus der Feder des Fürsten Hermann von Pückler-Muskau[1] vom 16. Februar 1829 und komprimiert in gewisser Weise seine Medienerfahrungen eines einzigen Tages in Paris, zehn Jahre vor der öffentlichen Bekanntgabe des ersten praktikablen Verfahrens zur Herstellung von Photographien. Der Fürst setzte seine Beschreibung mit den Worten fort: „(Ich) fing mit dem Ama der Geographie, dem Georama, an. Hier sieht man sich auf einmal in der Mitte der Erdkugel. ... Das Diorama, eine halbe Stunde weiter auf den Boulevards, gibt eine Ansicht des Gotthards und Venedigs. ... Beim Neorama sieht man sich in die Mitte der Peterskirche versetzt – die Täuschung ist aber nur sehr mittelmäßig. ... Mit Übergehung der bekannten Panoramas und Kosmoramas bringe ich Dich endlich in das Uranorama, im neuen Passage Vivienne. Das ist eine sehr ingeniöse Maschine, um den Lauf der Planeten unsers Sonnensystems anschaulich zu machen."

Das Diorama als transitorische Einbilddarstellung, das Panorama als 360-Grad-(Rundum)-Illusionsgemälde, das kaum bekannte und nur kurz existente Neorama von Pierre Alaux[2] und die übrigen Präsentationen so schnell hintereinander zu betrachten und kritikfreudig zu studieren, zeugt schon von einem beachtlichen Interesse an neuer Bild- und Medienerfahrung und zeichnet den Fürsten als einen sehr frühen Medienkundler aus. Erstaunlich ist aber auch das Angebot und die Tatsache, daß damals so viele künstliche Erfahrungsräume nebeneinander bestanden haben. Nichts von all dem ist erhalten geblieben außer einer Handvoll Panoramen, die verstreut über einige Städte Europas dem Besucher noch die alte Illusion einer umfassenden künstlichen Bilderfahrung versprechen. Für uns sind heute stattdessen Photographie, Film und Fernsehen im Alltag so präsent, daß ihr Wesen als durch Apparate gesteuerte Sichtweise von Wirklichkeit mit beachtlichem Illusions- und Täuschungspotential, als mediale Technik montierter Kompositionen von Wirklichkeit kaum noch eine öffentliche Reflexion findet. In fast alle Bereiche des menschlichen Lebens und Zusammenlebens sind diese Medien tief eingedrungen. Die unmittelbare Geschichte und die jüngst vergangenen Wirkungsweisen mögen noch im Bewußtsein bestehen, kaum jedoch die komplexe Vorgeschichte der ‚Neuen Medien', die bis ins 16. Jahrhundert, in den Kontext der Aufklärung des 18. Jahrhunderts und der Industrialisierung des 19. Jahrhunderts zurückreicht: Die Sehmaschinen und Bilderwelten von Laterna Magica, Guckkasten, Panoramen und Dioramen popu-

Abb. 1
SÉBASTIEN LECLERC
„L'Académie des Sciences et des Beaux-Arts" (Akademie der Wissenschaften und der schönen Künste)
Kupferstich, Frankreich, 1698

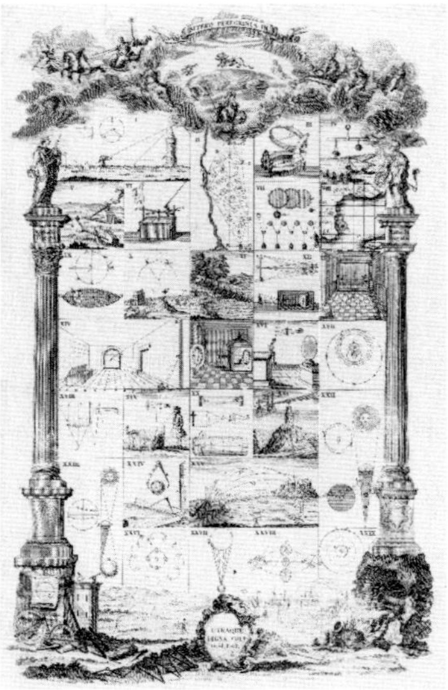

Abb. 2
MATHESIS TOGATA - MATHESIS SAGATA, in: Franciscus Varrentrapp, Principia Philosophiae ac Matheseos in Publica Luce Gemina Concertatione,
Frankfurt 1743

Abb. 3
„DREIDIMENSIONALE BILDER" in: J.J. Grandville, Un autre Monde,
Paris 1844, S. 86

larisierten die optische Schaulust und gelten als Wegbereiter der Kulturgeschichte von Photographie und Film und damit auch unseres Medienzeitalters.
Elementar für die Bildersprache der Neuzeit waren die Erkenntnisse um die Zentralperspektive, der Blick auf die Abbilder der äußeren Welt in der Camera Obscura, deren optisches Phänomen bereits auf ältere arabische und antike Quellen zurückreichte. Die Ordnung des Bildraums durch das perspektivische Sehen revolutionierte die Darstellungen von Portraits, Landschaften und Architekturen, während weiterentwickelte Bilder und Bilderzeugnisse wie z.B. die Anamorphosen zu begehrten Gegenständen der Schaulust zwischen Illusion und Imagination wurden. Seit dem 18. Jahrhundert veränderte sich das Rezeptionsverhalten, indem die tragbare Camera Obscura nun als Instrument einer objektivierten Betrachtung der äußeren Welt und deren Abbilder als Garanten von Wahrheit Geltung bekamen. Der Schaulust dienten Panoramen und Dioramen, und im Jahr 1839 wurde öffentlich die Erfindung der Photographie als Triumph über die Kräfte der Natur bekanntgegeben und propagiert. Ende des 19. Jahrhunderts begann die Geschichte des Films als konsequente Folge technisierter Bildproduktion von ‚laufenden' Photographien und deren Projektion.
Den komplexen Zusammenhang dieser Geschichte der optischen Medien, der Sehmaschinen und Bilderwelten, in einer Publikation und Ausstellung zu präsentieren, erlaubt jetzt erstmals eine Kollektion von internationalem Rang: Die Sammlung des Filmemachers Werner Nekes vereinigt alle relevanten Exponate zur Vielfalt visualisierter Erscheinungen und Erfahrungen der Kulturgeschichte aus den vergangenen 500 Jahren. Diese berühmte Sammlung eröffnet den weitgefächerten Blick auf ein spezielles Kapitel unserer Kulturgeschichte; die filmisch animierten Aufzeichnungen des Sammlers weisen den Blick nach vorn in die digitale Welt künstlicher Visualisierungen. Die Sammlung Werner Nekes erinnert an die legendären Kunst- und Wunderkammern und offeriert eine umfassende Enzyklopädie des Wissens über die optischen Medien, einer „Académie des Sciences" gleich, die einst angefüllt mit zahllosen Meß- und Maßgeräten, Instrumenten, Maschinen, Folianten und Bildern dargestellt wurde.
„An zwei Tagen im Dezember 1998" ... begann ich harmlos mein im Auftrag des Ministeriums für Wirtschaft und Mittelstand, Technologie und Verkehr des Landes Nordrhein-Westfalen verfaßtes Gutachten über die Sammlung Werner Nekes und beendete es mit dem enthusiastischen Plädoyer, endlich mit dieser außergewöhnlichen Sammlung ein Medienmuseum für Photographie, Film und Fernsehen (sowie deren Vorfahren und Verwandte) ins Leben zu rufen. Damals wie heute müssen die enorme Kraft und Leidenschaft, die Wissens- und Forschungslust und vor allem die Neugierde und Sammelleidenschaft von Werner Nekes hervorgehoben werden, denn nur dadurch gelang es ihm, über dreißig Jahre hinweg eine derart bedeutende Sammlung zur Vielfalt visualisierter Erscheinungen und Erfahrungen aufzubauen.
Werner Nekes, international anerkannter Filmemacher, schrieb 1971 während seiner Professur an der Kunsthochschule Hamburg einen ersten Text über das Filmmachen unter Einbezug einer Thaumatrop-Scheibe, die mit zwei Fäden zum Drehen gebracht wird, wodurch deren Bilder zu einem Gesamtbild verschmelzen. Ab da überkam ihn das Verlangen, alle optischen Geräte, illusionistischen Schaukünste, bewegten Bilder, projizierten Ansichten, Objekte und Texte zur Vor- und Frühgeschichte von Photographie und Film zusammenzutragen. Der frühe Ansatz einer Pre-Cinema-Sammlung wurde inzwischen allerdings weit übertroffen: Diese Sammlung zur Geschichte der Animation, zur Vielfalt der optischen Medien, zur weit ausgreifenden Geschichte von Film und Photographie hat inzwischen Weltgeltung erlangt. Werner Nekes, der Sammler, ist verantwortlich dafür, denn er erforscht sein Terrain, sucht nach Ursachen, Prinzipien und Folgen optischer Erfindungen, nach visualisierten Zeugnissen der Geschichte, rekonstruiert deren Darstellungen und analysiert die vielen Wirkungsweisen.
Der Sammler war (und ist) stets erfolgreich bemüht, nicht nur Objekte populärer Schaulust zusammenzutragen, sondern vor allem die Verknüpfung der populären Medien zu reflektieren

und die Vielfalt der Überschneidungen herauszustellen. Vom Sammler im traditionellen Sinn ist Werner Nekes damit weit entfernt: Er ist nicht mit der Anhäufung von Sammelgut, sondern mit der Erforschung seiner Sammlungsbereiche und neuer aktualisierter Funktionsweisen beschäftigt. Deshalb ist der Erlebnis- und Erfahrungswert dieser Sammlung von außerordentlicher Suggestiv- und von bezwingender Anziehungskraft: Hier werden nicht nur einzelne Bausteine, sondern die kulturgeschichtliche Gesamtsubstanz zu einer anschaulichen und erlebnisorientierten Medienschau aus Vergangenheit, Gegenwart und Zukunft offeriert. Die Sammlung erinnert in vielem an die Darstellungen des französischen Zeichners und Karikaturisten J.J. Grandville in den „Metamorphosen" (1828/29), in „Un autre monde" (1843) oder „Les fleurs animées" (1846). Aufregend und beunruhigend, ernst, erhellend und erheiternd wirken die Bilder, Objekte und Geräte dieser Kollektion auf jeden, der sich spielerisch in diese einfachen, nur einfach erscheinenden oder auch komplizierten Bahnen des Denkens, Sehens und Sinnens begibt.

Abb. 4
LEPORELLO-POSTKARTEN
aus Gillingham,
St. Petersburg und Berlin, um 1900

Die vorliegende Publikation versammelt erstmals umfassend und repräsentativ mit über 450 Abbildungen den bedeutendsten Teil der Sammlung Werner Nekes und reflektiert deren virtuose Komplexität, indem sie sechzehn Beiträge von renommierten Autorinnen und Autoren zu unterschiedlichen Sammlungsbereichen und deren Geschichten vereinigt, unterbrochen von weiten Bildstrecken, die die ganze Fülle der Kollektion präsentieren. Darüber hinaus enthält dieser Band erstmals in deutscher Sprache ein ausführliches lexikalisches Glossar zu all den thematisierten Begriffen der optischen Medien und deren Umfelder sowie eine Auswahlliste zur Literatur.
Das Faszinosum der optischen Gerätschaften und ihrer Bilderwelten beginnt mit der Camera Obscura und reicht bis weit ins 20. Jahrhundert hinein. Den Abschluß dieser Publikation bilden die Skioptione – eine Wahlmaschine für Filme, die in den 1950er Jahren ähnlich der Wurlitzer funktionierte – und die Titelseite des amerikanischen Wochenmagazins „John Bull" vom 1. Mai 1954: Als Familienereignis wird ein Fernsehgerät im Wohnzimmer aufgestellt, während der Filius das Radio abtransportiert. Aus dieser Gegenwart wird die Lektüre des Katalogs „Ich sehe was, was Du nicht siehst" zu einer faszinierenden Entdeckungsreise in das Reich der Sehmaschinen und künstlichen Bilderwelten. Hierin kann jeder wie Fürst Pückler vor 170 Jahren in Paris genußvoll flanierend seine Seherlebnisse und Erfahrungen mit der Geschichte der optischen Medien nachvollziehen. Was in unseren Städten seit langem nicht mehr präsent ist und als heimisches Spielzeug (etwa die Stereobetrachter) verlorengegangen sein mag, all diese wunderbaren Gerätschaften und magischen Bilderwelten können in diesem Band komprimiert in Schrift und Bild wiedergewonnen werden.

Dieses Projekt wäre ohne die Unterstützung durch die Stiftung Kunst und Kultur des Landes Nordrhein-Westfalen, die Kulturstiftung der Stadtsparkasse Köln und die Agfa Gevaert AG nicht möglich gewesen. Herrn Fritz-Theo Mennecken, Frau Regina Wyrwoll, Herrn Gustav Adolf Schröder und Herrn Dr. Hartmut Hilden gilt unser Dank. Dank gilt es den Autoren auszusprechen, dem Rheinischen Bildarchiv und der Kunst- und Museumsbibliothek, ohne deren Unterstützung die wissenschaftliche Museumsarbeit nicht möglich wäre. Mein ganz besonderer Dank gilt dem Steidl Verlag in Göttingen, Cordula Lebeck in Berlin, den Mitarbeitern des Agfa Photo-Historamas in Köln Karin Schuller-Procopovici und Ulrich Tillmann, und natürlich dem unermüdlichen Sammler Werner Nekes, dem wir alles zu verdanken haben.

Bodo von Dewitz
Agfa Photo-Historama

Hans Rudolf Reust

Animierte Gespenster

Zur Erhellung von Schattenstücken aus der Sammlung Werner Nekes

„la fine è una superficie dove viaggia
l'invasore della mia ombra.
Io non conosco le ombre."
Salvatore Quasimodo[1]

I.

In Urzeiten schon dürften Schatten zu den ersten Projektionserfahrungen von Menschen gehört haben. Wo Licht fällt, grell am Tag, im Mondlicht oder in der künstlichen Beleuchtung von Räumen, spielen Schatten mit. Schatten sind allgegenwärtig, selbst wenn das unmittelbare Interesse zunächst den strahlenden und den angestrahlten Dingen gilt. Was ein Schatten ist, scheint auf Anhieb wenig rätselhaft: Licht aus einer oder mehreren Quellen wird durch dazwischentretende Gegenstände so weit absorbiert oder reflektiert, daß auf alle möglichen Projektionsebenen in der räumlichen Flucht eine konturierte dunkle Fläche fällt, welche sich mit jeder Verschiebung der Lichtquelle und/oder der Gegenstände dazwischen verändert, verzerrt, verlagert. Licht, Dinge, Raum- und Oberflächenstrukturen gehen im Schatten ein Spiel miteinander ein, nach allen Regeln der Physik. In ihrer Abhängigkeit vom Licht bleiben auch die Schatten stets flüchtig. Sie sind aber nicht schlicht das Andere des Lichts, sondern behaupten in ihren unzähligen Abstufungen und Ausformungen durch das dazwischentretende Objekt, die Projektionsdistanz und die Beschaffenheit des Projektionsgrundes, ruhende oder bewegte Lichtquellen höchste Komplexität.
Schattenspiele aus verschiedenen Zeiten und entfernten Winkeln der Welt im Kontext von Kunst und Unterhaltung, wie sie Werner Nekes lange schon und umfassend sammelt, lassen deutlich werden, daß der Schatten nicht nur ein vom Licht abgeleitetes, passives Phänomen ist, sondern in der Projektion durchaus selbständige Bilder hervorbringen kann, die sich in die Geschichte der Kunst, vorweg der Fotografie und des Films, einreihen. Aus dem Alltag vertraut sind uns die Bodenschatten von Menschen und Dingen. Bewußt inszenierte Schatten-Projektionen auf Wandflächen oder halbtransparente Schirme nähern sich dagegen den Konventionen des Tafelbildes oder der Filmvorführung, die frontal in der Vertikalen wahrgenommen werden. Die folgenden Ausführungen gehen auf ausgewählte Objektgruppen aus der Sammlung Nekes ein, um die vielfältigen, oft sogar rätselhaften Bedeutungen des Schattenspiels mit einigen wenigen Streiflichtern zu erhellen.

II.

Wenn Tanizaki Jun'ichiro in seinem „Lob des Schattens" die Differenz zwischen der japanischen und der europäischen Kultur betont, so übersieht er den außerordentlichen Einfluß, den der Osten über Jahrhunderte durch die Schattenspiele auf den Westen ausgeübt hat: „Auch im Westen hat es ja wohl eine Zeit ohne Elektrizität, Gas und Erdöl gegeben, aber soweit mir bekannt ist, hat man dort nie den Hang gehabt, sich am Schatten zu ergötzen. Seit jeher haben die japanischen Gespenster keine Beine, während sie im Westen, so heißt es, mit Beinen versehen sind, dafür aber einen gänzlich durchsichtigen Körper besitzen. Selbst einem so geringfügigen Detail kann man entnehmen, daß in unseren Phantasien gewöhnlich lackschwarze Dunkelheit herrscht, während man im Westen sogar die Gespenster mit einer gläsernen Helligkeit ausstattet."[2]
Bereits im 17. Jahrhundert wird das asiatische Schattentheater als „Ombres chinoises" in Europa bekannt und beliebt. Insbesondere das javanische Wayang-Kulit, aber auch Figurenspiele aus China, Thailand, Indien, Ägypten und der Türkei werden in den Salons und Zirkeln Europas aufgeführt. Große, mitunter sogar von zwei Spielern zu bewegende Puppen aus Leder und Papier erzählen vor großen Projektionsschirmen komplexe Geschichten, deren Einbindung in einen spezifischen religiösen Kontext sich vielfach bis heute erhalten hat. Gesteigert wird die bildhafte Dramaturgie der Aufführungen durch Musik und Rede. Auch das Handschattenspiel wurde vor mehr als 2000 Jahren in Asien entwickelt. Die äußerst vielseitige Ausdrucksmöglichkeit der menschlichen Hände und des Körpers kann durch Requisiten aller Art ergänzt werden.
Grandvilles Farblithographien „Die Schlagschatten" (Les ombres portées) vom 11. und 18. November 1830 für „La Caricature" steigern die suggestive Kraft der Schatten ins Karikaturhafte, bis die Schere des Zensors in der Prozession der Notablen zur Gabel des Teufels wird. (Abb. S. 25) Die „Jouets séditieuses" (verführerische, aufrührerische Spielzeuge) waren an der Wende zum 19. Jahrhundert ein beliebtes Gesellschaftsspiel: Wenn der geschnitzte Knauf eines Stockes für Augenblicke das Schattenprofil Napoleons an die Wand wirft, wird unter Eingeweihten rasch eine aufrührerische Botschaft ausgetauscht: Für den flüchtigen Augenblick tritt der verehrte Kaiser aus seiner Verbannung wieder in die Pariser Gesellschaft ein. Die Schattenseiten des Imperators zeigt ein Schachspiel (Abb. S. 27) um 1815 aus Frankreich, worin die Bauern und Läufer (franz. „le fou" – der Narr) – diejenigen zwei Figuren, die im Spiel geopfert werden – das Profil des Kaisers im Kerzenschein groß an die Wand werfen.
Bereits im 17. Jahrhundert entwickeln sich aus der einfachen Silhouettierkunst der Scherenschnitte die Megalographien (auch Coptographie, frz. découpure, engl. Cut-out genannt): Negativ geschnitten, erzeugen die Formen in der Projektion ein positives Abbild an der Wand. Mit zunehmender Projektionsdistanz wachsen sich die zierlichen Gestalten zu Monstern aus, geeignet als spektakuläre Unterhaltung auch für ein größeres Publikum. (Abb. S. 28) Eine besonders filigrane, eher intime Form der Schnittechnik bilden die „Skeleton Leaves" (Skelettblätter, Abb. S. 33). In dieser um 1800 von Seeleuten aus China nach Europa eingeführten Praxis werden aus den Rippen fester Blätter einzelne Motive ausgeschabt[3], die, wie halbtransparente Folien ins Licht gehalten, als Schattenbild auf der Wand erscheinen. Aus den Lichtku-

Abb. 1
„THE ORIGIN OF PHOTOGRAPHY"
(DER URSPRUNG DER PHOTOGRAPHIE)
In Griechenland beobachtete Aristoteles (384 - 322 v. Chr.), wie sich bei einer Sonnenfinsternis die halbverdeckte Sonne durch das Laubwerk einer Platane dringend, seitenverkehrt auf dem Erdboden abbildet – das Camera-Obscura-Prinzip als Naturphänomen. Die Baumkrone erfüllt die Funktion des dunklen Raumes.
In: Gaston Tissandier, History and Handbook of Photography, London 1876, S. 3, Fig. 2

Abb. 2
MEMENTO MORI
Coptographie
(auch Megalographie genannt)
In der Projektion wird aus dem negativ ausgeschnittenen Motiv eine Positiv-Abbildung. Holland, um 1800

geln wirft eine flackernde Kerze durch die perforierte Oberfläche hindurch eine magisch funkelnde Ornamentik ins Dunkel des Raumes. Bei all diesen einfachen Projektionen verbindet sich die Wiedererkennung eines vertrauten Motivs mit dem Staunen über die Fremdheit des Schattens, über seine klar konturierte Unwirklichkeit, die Dramatik seiner Verzerrungen. Das Flackern der frühen Lichtquellen hat diese Wirkung stets noch gesteigert.

Der Widerstreit zwischen Phantastik und mimetischer Genauigkeit, der die Geschichte der Malerei durchzieht, bestimmt auch die Welt der Schatten. Besonders deutlich zeigt sich die Spannung zwischen realistischem Anspruch und dem Spiel mit Dämonisierungen beim Versuch, die verzerrenden Silhouetten durch Momente der Animation den Bewegungen realer Figuren anzunähern. Frühe Versuche mit bewegten Elementen wurden in den „Living Silhouettes" unternommen: So kann sich der Mund des berühmten Clowns Joey (Abb. S. 29) durch eine einfache mechanische Manipulation zum Lachen oder Weinen verziehen. Aber allein schon durch schlichtes Biegen oder Wenden des ausgeschnittenen Papiers vor der Kerze läßt sich eine Figur animieren. Eine Vorwegnahme der filmischen Animation bildet das Schattenanimationstheater in Frankreich: Eine Figur in vier verschiedenen Phasen einer Bewegung wird durch Rotation auf eine bemalte Leinwand projiziert, die ihrerseits auf einer Rolle veränderliche Szenerien bietet. Das „Ombro-Cinema", das Schattenkino aus Paris um 1920, bewegt schließlich das Bild durch ein mit alternierenden Bewegungsphasen bedrucktes, transparentes Rouleau, welches hinter einem Bildschirm aus durchscheinender, mit einem Streifenraster bedruckter Zelluloidfolie abgerollt wird. In der Bewegung, so scheint es, erwacht der Schatten zu eigenem Leben.

Abb. 3
JOUETS SÉDITIEUX
(AUFRÜHRERISCHES SPIELZEUG)
in: Fulgence Marion, L'Optique, Paris 1867, S. 342, Fig. 65

III.

Nach einem Bericht von Plinius dem Älteren in der „Naturalis historia"[4] stand ein Schattenriß am Beginn der Malerei: Eine junge Frau soll das Schattenprofil ihres Geliebten bei der Trennung an einer Mauer nachgezeichnet haben, um es festzuhalten. Als der junge Mann, wohl aus dem Krieg, nicht wiederkehrt, formt der Vater aus diesem Schattenbild eine plastische Gestalt. Wie Victor I. Stoichita bei seiner eingehenden Analyse dieser Quelle unter anderem festhält, „ist die Darstellung mit einer doppelten ‚Irrealisierung', die sich auf zwei Ebenen zeigt, gleichbedeutend. Man sagt uns, daß das Mädchen nur den Schatten des Geliebten behält. Der Schatten projiziert das Modell auf die Mauer und reduziert das Sein auf eine Erscheinung. Dieser Schatten ist nicht mehr der ‚Körper', er ist, in doppeltem Sinn, das Andere des Körpers (als ‚Gespenst' und als ‚Kopf'). Das Eingreifen des Vaters (des Töpfers Dibutades) verleiht diesem Phantasma eine neue Realität."[5]

Neben der Irrealisierung verbindet sich mit dem Schatten aber auch der Wunsch nach einer möglichst wirklichkeitsgetreuen mimetischen Abbildung der äußeren Gestalt des Menschen, verstanden als unmittelbarer Ausdruck seiner geistigen und seelischen Eigenschaften. Im 18. Jahrhundert unternimmt Johann Kaspar Lavater den Versuch, eine objektive psychologische

Typologie von Individuen aufgrund ihrer Physiognomie zu entwickeln. In seinen „Physiognomischen Fragmenten zur Beförderung der Menschenkenntnis und Menschliebe“ hält er fest: „Aus bloßen Schattenrissen hab' ich mehr physiognomische Kenntnisse gesammelt, als aus allen übrigen Porträten; durch sie mein physiognomisches Gefühl mehr geschärft, als selber durch's Anschauen der immer sich wandelnden Natur. Der Schattenriß faßt die zerstreute Aufmerksamkeit zusammen; concentriert sie bloß auf Umriß und Gränze, und macht daher die Beobachtung einfacher, leichter, bestimmter; die Beobachtung und hiermit die Vergleichung. Die Physiognomik hat keinen zuverlässigeren, unwiderlegbareren Beweis ihrer objektiven Wahrhaftigkeit, als die Schattenrisse.“[6]

Durch eine plane, möglichst verzerrungsfreie Projektion erreicht der Schattenriß eine Reduktion der Bildinformation auf scharfe Konturen, welche die Isolierung wesentlicher Merkmale erlauben. Solcher Analytik steht bei Schattenprojektionen die Faszination für Steigerungen, Überhöhungen ins Dämonische entgegen.

1678 zeigt Samuel van Hoogstraten – ein Schüler Rembrandts – auf einem Kupferstich in seiner „Inleyding tot de Hooge School der Schilderkonst“ ein von Malerstudenten im Atelier inszeniertes Schattenspiel. Wie Stoichita näher ausführt, setzt die Illustration einen kaum verzerrten Himmel mit Putten der von langen Schatten ins Dämonische übersteigerten Höllendarstellung gegenüber. Die Abwertung von Schatten in der westlichen Kultur, wie sie in Platons Höhle beginnt, beruht nach Stoichita auf deren „Alterität“[7]. Er verweist in diesem Zusammenhang auch auf das „Unheimliche“ bei Sigmund Freud, der als „ausgezeichneten Fall“ des Unheimlichen das Beispiel von E. Jentsch anführt: den „'Zweifel an der Beseelung eines anscheinend lebendigen Wesens und umgekehrt darüber, ob ein lebloser Gegenstand nicht etwa beseelt sei'“[8]. Das animierte Schattentheater spielt vorzüglich mit der Ambivalenz einer Figur, die als lebloser Schatten zugleich belebt erscheint. Das Unheimliche, zu dessen Wirkung auch die Doppelgänger-Gestalt des Schattens beiträgt, hat seine „geheime Natur“ darin, daß der „Sprachgebrauch das Heimliche in seinen Gegensatz, das Unheimliche übergehen läßt, denn dies Unheimliche ist wirklich nichts Neues oder Fremdes, sondern etwas dem Seelenleben von alters her Vertrautes, das ihm nur durch den Prozeß der Verdrängung entfremdet worden ist.“[9] Im Schatten tritt uns, selbst ohne Verzerrungen, jede vertraute Gestalt fremd gegenüber. Doch wehe, der Schatten fehlte: Adelbert von Chamisso erzählt die Geschichte des Peter Schlemihl, der seinen Schatten an den Teufel verkaufte, um den Preis sozialer Ausgrenzung.

Die Entwicklung der Projektionstechnologien hat die abgründige, dämonische Seite des Schattens fortschreitend domestiziert: Henry Fox Talbot nannte seine Erfindung der Photographie mit Negativen „The art of fixing the shadow“.
Seine Aufnahme „The Open Door“ von 1843, Tafel VI in „The Pencil of Nature“, ist eine Hommage an den ästhetisch kontrollierten, mit weiteren narrativen Bildelementen gleichwertigen Schatten: „Ein zufälliger Lichtschimmer, ein Schatten, der über dem Weg liegt, eine verwitterte Eiche oder ein moosbedeckter Stein können einen Strom von Gedanken und Gefühlen und pittoresken Vorstellungen in Gang setzen.“[10]

IV.

Mit der photographischen Fixierung des Schattens geht im 19. Jahrhundert eine Beruhigung der Lichtquellen einher, die mit der Erfindung der Glühbirne ihren vorläufigen Endpunkt erreicht. Das Licht, und damit auch die Schat-

Abb. 4
„OMBRES CHINOISES ANIMÉES“ (CHINESISCHES SCHATTENSPIEL)
Erklärungsblatt zu einem der ersten projizierten „Zeichentrickfilme“, Frankreich, um 1860

Abb. 5
„PROFESSOR CHARLES' EXPERIMENT“
Ein Vorläufer der Photographie. Um 1780 projizierte Charles mit Sonnenlicht eine Silhouette auf ein mit Silberchloriden gesättigtes Papier. Er konnte die Abbildung jedoch noch nicht fixieren. In: Gaston Tissandier, History and Handbook of Photography, London 1876, S. 10, Fig. 3

Abb. 6
„ORIGINE DE LA PEINTURE" (DER URSPRUNG DER MALEREI)
Stahlstich, Frankreich, um 1870

ten, hören auf zu flackern, während das Filmbild in den Lücken zwischen Bildern zu laufen lernt. Dennoch scheint die Zähmung des Schattens bis heute nicht gänzlich gelungen. Durch seine Abhängigkeit vom Licht bleibt der Schatten auch in der aktuellen physikalischen Sicht weiterhin flüchtig. Jede quantentheoretische Untersuchung des Lichts stößt laut Arthur Zajonc auf die Schwierigkeit, einen Ort des Lichts zu bestimmen. Und selbst in den völlig abgeschatteten Zonen ließen sich allenfalls Formen von Licht entdecken: „Die Dunkelheit könnte eine weit reichhaltigere, viel komplexer strukturierte Fülle sein, als wir bislang geglaubt haben. Neuere theoretische und experimentelle Entwicklungen jedenfalls bestätigen uns solche Annahmen. Selbst im tiefsten Schatten können wir suchen und finden vielleicht ein verborgenes Licht."[11]

Die seltsam immaterielle und doch physisch präsente, unübersehbare Gestalt, die Veränderlichkeit und Flüchtigkeit haben in der Geschichte des abendländischen Denkens eine Abwertung des Schattens provoziert. Unberechenbarkeit hat den Anspruch der Aufklärung auf rationale Kontrolle stets irritiert. Indem jedoch die naturwissenschaftliche Betrachtung selber an den Nicht-Ort des Schattens führt, könnte heute eine Neubewertung einsetzen. James Turrells Diktum zum Licht müßte auch für den Schatten gelten: „Licht ist weniger etwas, das offenbart, als vielmehr selbst die Offenbarung."[12]

Abb. 7
„LES DÉCOUPURES" (COPTOGRAPHIEN)
Die Vorführung einer Coptographie, in: Fulgence Marion, L'Optique, Paris 1867, S. 338, Fig. 64

Nach einer langen Geschichte technisch aufwendiger Projektionsverfahren greifen Künstlerinnen und Künstler heute überraschend häufig wieder auf ältere Techniken zurück. So nimmt Markus Raetz in „Bioscoop" (2000-2002) das Dispositiv des Schattentheaters wieder auf: Platz nehmen, während der Film längst schon läuft, und einfach hinsehen, wie Linien sich zu Strichfiguren gliedern, zu Gesichtern, Worten oder geometrischen Körpern, um sich tanzend sogleich wieder zu verwerfen, aufzulösen. Hier läßt sich kein Höhepunkt einer linearen Dramaturgie verpassen. Die Anlage der Vorführung ist schlicht und einsehbar: Hinter einer Folie, die von einem Masten frei in den Raum hängt, bewegen sich filigrane Formen aus Pfeifenputzerdraht und leichten Blechen im Wind eines kleinen Ventilators. An unsichtbaren Fäden drehen sie sich um die eigene Achse, choreografisch versammelt zu einzelnen Bildern: „Spanischer Tanz", „Cubos Libres", „Mimi", „Noi"... Durch einen Diaprojektor von hinten in wechselnden Farben erhellt, werfen sie ihren ruhig bewegten Schatten auf den Bildschirm. Nach wenigen Tagen wechselt das Programm.

Bildschirme kennen wir heute lediglich als der Schonung bedürftige, hochauflösende Einmachgläser von Wirklichkeit; sie sind die Fenster zur globalen Interaktion, die sich selber nie öffnen. Mit seiner

Konstruktion eines Wanderkinos dekonstruiert Markus Raetz die Illusion in der Verbindung von Lichtspiel und Theater. Seine Projektionen bergen jedenfalls kein Geheimnis. Wer sehen will, wie die Apparatur schönen Schein generiert, steht auf und verfolgt hinter dem Schirm, wie das plastische Geschehen in Echtzeit zum Bild wird. Unprogrammierbare Bewegungen und überraschender Stillstand, Amorphes und lesbare Formen, die Buchstaben von „oui", „non" und „noi" gehen ineinander über oder auseinander hervor, wie in den plastischen Schrift-Stücken aus Draht oder Guß: „Todo /.../ Nada". Jenseits der modernen Alternative von „Alles oder Nichts" erhärtet Raetz die Vermutung, daß Kunst zum Verständnis neuer Medien nur beitragen kann, wenn sie sich der älteren bedient und damit ihren permanenten Anachronismus anzeigt. Raetz führt Calders Zirkus weiter ins digitale Zeitalter. Irgendwann dann einmal aufstehen, und die Phantasmagorien wieder sich selbst überlassen.

Das „Bioscoop" – niederländisch für „Kino" – verbindet die alte Magie des Schattenspiels mit einer in sich vollkommen transparenten Installation, die den Mechanismus der Bildproduktion ausstellt und im einzelnen nachvollziehen läßt. Ein Geheimnis kommt dennoch auf, gerade weil das Werk nichts länger geheimhält. Vermutlich waren die Schattenspiele auch für Betrachtende in früheren Jahrhunderten bereits nahe an dieser selbstbewußten Form der Täuschung, näher jedenfalls, als die illusionistischen Versuche der Malerei und deren aktuelle Fortsetzung durch die Mittel digitaler Bildproduktion. Die Offenbarung des Schattens liegt in der schlichten Unmittelbarkeit, mit der er seine Produktionsbedingungen vorzeigt.

Abb. 8
„OMBRES CHINOISES ANIMÉES" (CHINESISCHES SCHATTENSPIEL)
Vorgesehene Projektionsfläche zu einem der ersten „Zeichentrickfilme"
Frankreich, um 1860

Getruckt zu Nürnberg Bey Simon Halbmayrn
In Verlegung des Autoris.

SCHATTEN

CAMERA OBSCURA

FRONTISPIZ ZU
„Perspectiva“
von Andreas Albertus,
Nürnberg 1634

CHINESISCHE *SCHATTENFIGUREN
AUS XI'AN
China, 19. Jahrhundert

INDISCHE *SCHATTENFIGUREN
AUS KERALA
Indien, 19. Jahrhundert

INDISCHE *SCHATTENFIGUREN AUS ORRISSA
Indien, 19. Jahrhundert

JAVANISCHE WAYANG KELITIK-SCHATTENFIGUREN
Java, 19. Jahrhundert

INDISCHE THOLU BOMMALATA-*SCHATTENFIGUR AUS ANDHRA PRADESH
Indien, 19. Jahrhundert

INDISCHE KILLE KITRAGHA-*SCHATTENFIGUR AUS ANDHRA PRADESH
Indien, 19. Jahrhundert

BALINESISCHE *SCHATTENFIGUR
Bali, 19. Jahrhundert

ÄGYPTISCHE *SCHATTENFIGUR
Ägypten, 20. Jahrhundert

TÜRKISCHE KARAGÖZ-*SCHATTENFIGUREN
Türkei, 20. Jahrhundert

„KONST EN VUUR" (KUNST UND FEUER)
Titeltafel für das *Chinesische Feuerwerk
Die perforierte Tafel wird zuvorderst in einen Guckkasten eingesetzt. Hinter ihr dreht ein Uhrwerksmechanismus eine transparente, mit bunten Spiralen bemalte und von Kerzenschein durchleuchtete Papierscheibe, so daß der Eindruck eines Feuerwerks entsteht.
Den Haag 1634

„KONST EN VUUR" (KUNST UND FEUER)
Tafel für das *Chinesische Feuerwerk
Den Haag 1634

„KONST EN VUUR" (KUNST UND FEUER)
Tafel für das *Chinesische Feuerwerk im Durchlicht
Den Haag 1634

„KONST EN VUUR" (KUNST UND FEUER)
Tafel für das *Chinesische Feuerwerk im Durchlicht
Den Haag 1634

TAFEL FÜR DAS *CHINESISCHE FEUERWERK IM DURCHLICHT
Vermutlich Basel, um 1790

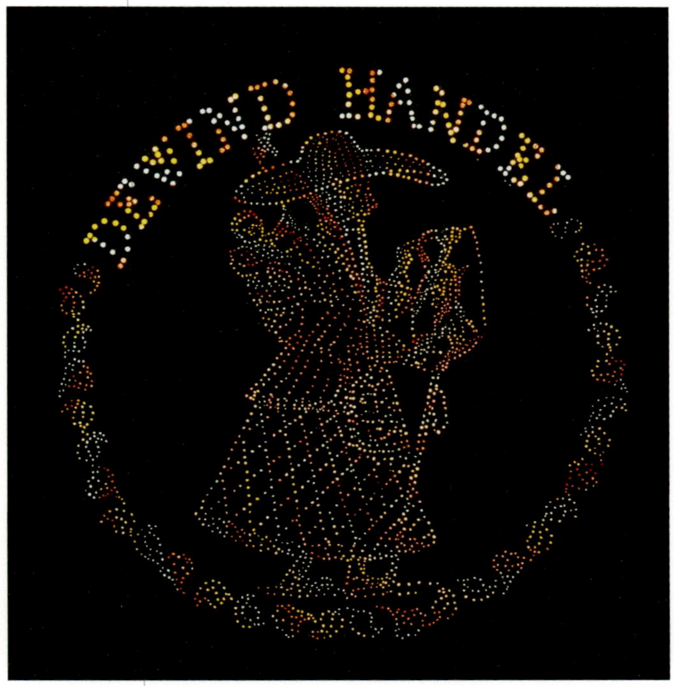

„DE WIND HANDEL"
Tafel für das *Chinesische Feuerwerk im Durchlicht
Nach dem Börsenkrach von 1720 in Frankreich, England und den Niederlanden bezeichneten enttäuschte Anleger die Aktienhändler als Händler der Illusionen, als „Windhändler".
Holland, um 1720

GUCKKASTEN FÜR DAS *CHINESISCHE FEUERWERK UND FÜR SCHATTENPROJEKTIONEN
Für das Chinesische Feuerwerk wird eine perforierte Tafel zuvorderst in den Guckkasten eingesetzt. Hinter ihr rotiert ein transparenter, mit farbigen Spiralen bemalter, innen von drei Kerzen erleuchteter und durch die aufsteigende Hitze bewegter Zylinder.
Zur Schattenprojektion wird eine transparente Papiertafel in den Kasten eingeschoben. Hinter dieser Projektionsfläche dreht sich ein schwarzer Zylinder, aus dessen Oberfläche verschiedene Figuren ausgeschnitten sind. Drei Kerzen im Inneren des Zylinders setzen ihn durch ihre Wärme in Bewegung und projizieren unterschiedliche Motive. Anzahl und Größe der Kerzen bestimmen die Vervielfältigung und die Größe der projizierten Figuren.
Vermutlich Basel, um 1790

*SCHATTENSPIEL MIT MENSCHEN
in: Samuel van Hoogstraten,
Inleyding tot de Hooge Schoole der Schilderkonst
Rotterdam 1678

„THE DIFFERENT DISPOSITIONS AND HEIGHTS OF SHADOWS BY TORCH-LIGHT"
(DIE VERSCHIEDENEN ANORDNUNGEN UND GRÖSSEN DER SCHATTEN IM FACKELLICHT)
Jean Du Breuil,
The Practice of Perspective
London 1749, Tafel 150

J.J. GRANDVILLE
„Les Ombres portées"
(Schlagschatten)
Schatten-Karikaturen
in: La Caricature
Paris, 18.11.1830

„A WILD DUCK" (WILDENTE)
in: W. Newman,
Moveable Shadows
London, um 1860

FRONTISPIZ EINES DER ERSTEN BEWEGLICHEN BILDERBÜCHER FÜR KINDER
in: W. Newman, Moveable Shadows
London, um 1860

SCHACHSPIEL *JOUETS SÉDITIEUX (AUFRÜHRERISCHES SPIELZEUG)
Bauern und Läufer („Läufer" frz. „le fou" – der Narr) tragen im Schatten das Profil Napoleons. Das Spiel ist gegen Napoleon gerichtet, da Bauern und Narren im Schachspiel geopfert werden.
Einziges bekanntes Exemplar
Schachfiguren aus Ebenholz und Elfenbein
Frankreich, um 1825

SCHACHFIGUR *JOUETS SÉDITIEUX (AUFRÜHRERISCHES SPIELZEUG)
Elfenbein
Frankreich, um 1825

„JACOB CATS"
***Coptographie**
*In der *Projektion wird aus dem negativ ausgeschnittenen Motiv eine Positiv-Abbildung.*
Holland, um 1800

COPTOGRAPHISCHE
AVOND-UITSPANNINGEN.

EENE VERZAMELING VAN RUIM HONDERD STUKS
SCHADUWBEELDEN OF VERLICHTE SCHIMMEN.

Eerste Afdeeling.

Een beschonken Boer door zijne vrouw te huis geleid wordende.
Een Spanjaard.
Een Grimassenmaker.
Karel Albert, Koning van Sardinië.
Hertog van Alva.
P. P. Rubens.
Een Slangenbezweerder uit Kaïro.
Lodewijk Kossuth.
Z. M. Willem III.
Czaar Peter de Groote.
Een oud Hollandsch Krijgsman.
M. H. Tromp.
Hertogin van Saxe-Gotha.
Een Stierenkop.
George van Saxen.
Lola Montez.
Generaal Cavaignac.
Jacob de Gelder.
Meijerbeer, vermaard Componist.
Mozes.
Aäron.
Radetzky, Oostenrijksch Generaal.
Een Mammeluk.
Napoleon Bonaparte.
Arouët de Voltaire.
Knikkerende Jongens.
Pieter Langendijk.
Ali-Pacha.
Paul Jonas.
Een Rabijn.
Een lagchende Boer.
Maria Magdalena.
Het Hoofd van Goliath.
Een spelend kind.
Iffland, Tooneelspeler en Schrijver.
Mozart, vermaard Componist.
Johan van Oldenbarneveld.
Z. M. Willem II.
Isabella II, Koningin van Spanje.
Een Monnik.
Cupido.
Chateaubriand, Fransch Schrijver.
Aartshertog Johan.
Monsieur Affre, Aartsbisschop van Parijs.
Lubbert Drinkgraag.
Maria van Utrecht.
François van Aarsens.
Een Rivier-God.
Eene oud Hollandsche Dienstmaagd
Een Turk.
De Besnijdenis.
De Kaartspelers.
Napoleon op den St. Bernard.
Een Christusbeeld.
De Heilige Joseph.

Men gelieve het voorwerp, dat men wenscht aanschouwelijk te maken, uit de verzameling te knippen en vervolgens heeft men slechts al wat zwart is met eene schaar weg te knippen of met een pennemes uit te snijden, en houde dan het voorwerp tusschen kaarslicht en wit papier of late de schaduw tegen een' witten

„COPTOGRAPHISCHE AVOND-UITSPANNINGEN" (COPTOGRAPHISCHE ABEND-ENTSPANNUNG)
Die Projektions-Abbildung stammt von Grandville. Broschüre mit etwa 100 gedruckten Coptographien zum Ausschneiden
Amsterdam, um 1850

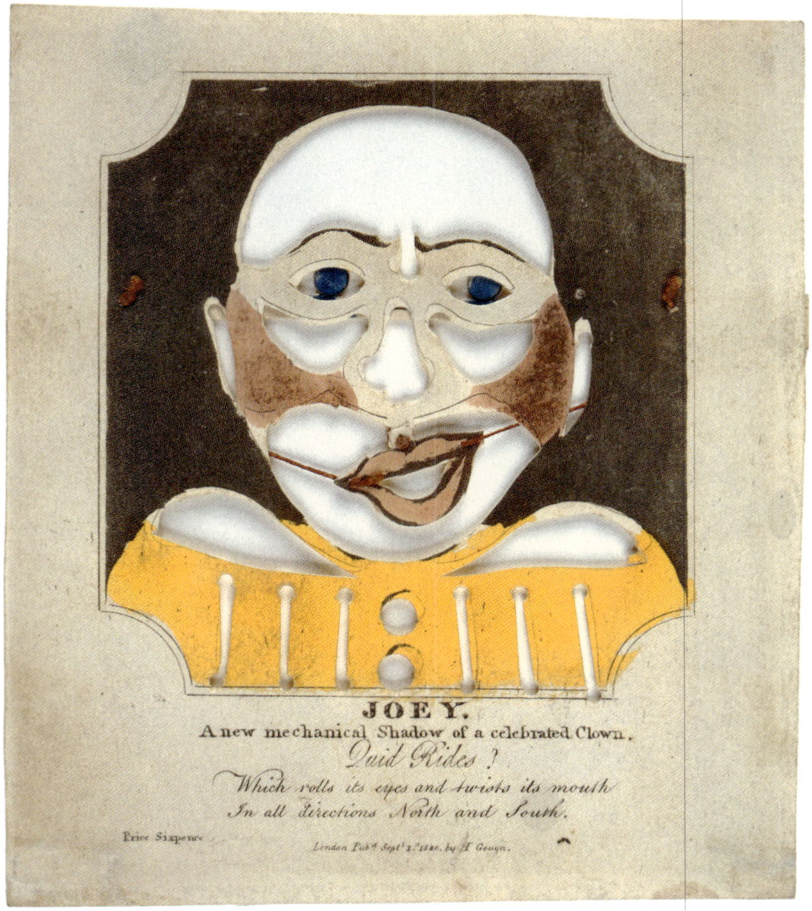

I. GUYN
„Joey. A new mechanical Shadow of a celebrated Clown“ (Joey. Ein neuer mechanischer Schatten des berühmten Clowns)
Mechanische *Coptographie
London, 1. September 1820

I. GUYN
„Chimera“ (Schimäre)
Mechanische *Coptographie
London, 19. Juni 1820

JEAN OUVRIER
„L'Origine de la Peinture ou les Portraits à la mode"
(Der Ursprung der Malerei oder begehrte Portraits)
Der Schattenriß als Ursprung der Malerei
Kupferstich nach einem Gemälde von Johann Eleazar Schenau
49,7 x 35,5 cm
Frankreich,
18. Jahrhundert

DAS HANDSCHATTENSPIEL ALS FAMILIENVERGNÜGEN
Handkolorierte Radierung
um 1850

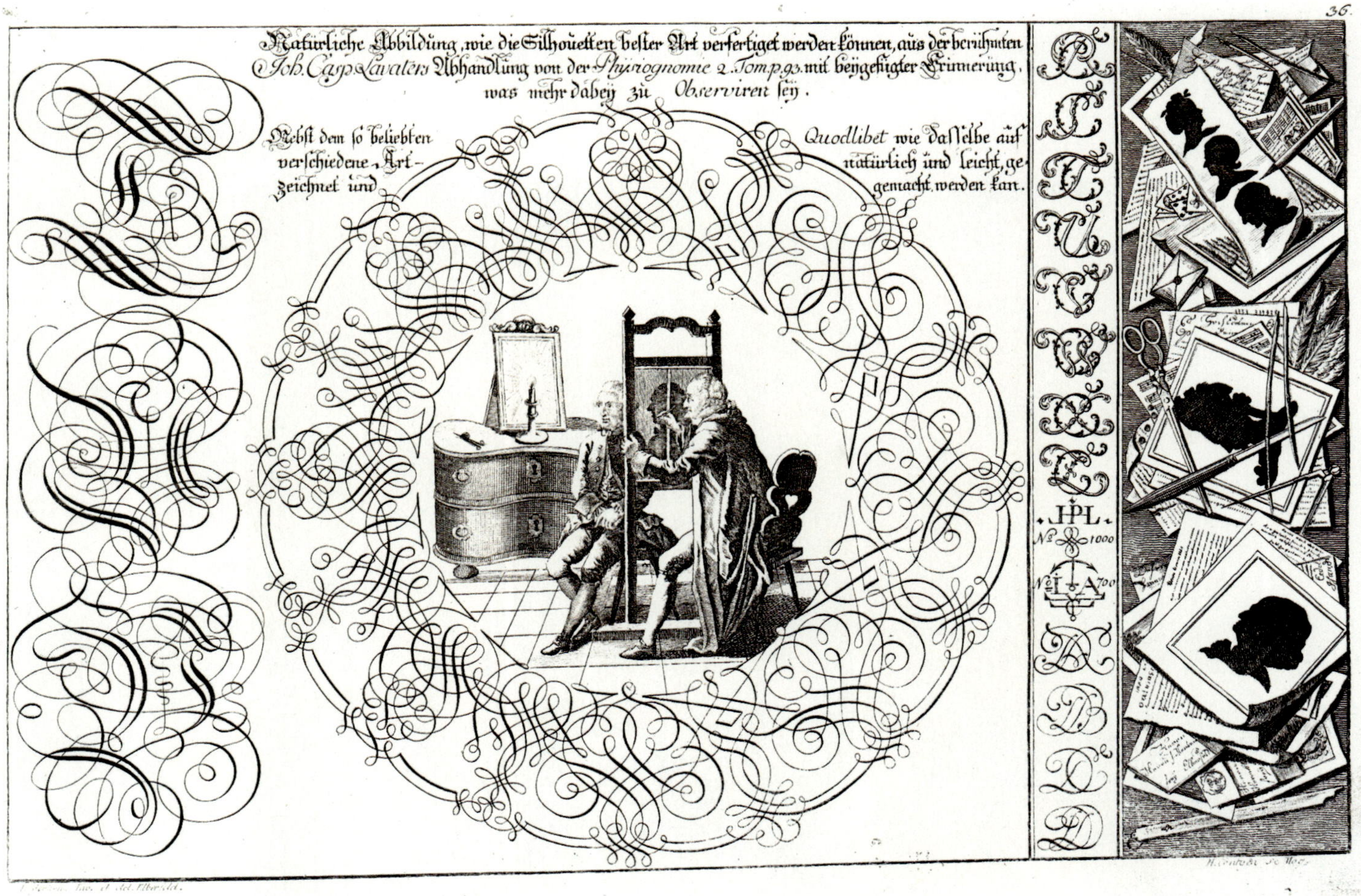

„NATÜRLICHE ABBILDUNG,
WIE DIE *SILHOUETTEN BESTER ART VERFERTIGET WERDEN KÖNNEN,
aus der berühmten Johann Caspar Lavaters Abhandlung von der Physiognomie, 2. Tom, p. 93 mit beygefügter Erinnerung, was mehr dabey zu Observiren sey.“
in: Johann Merken, Kunst-, Schreib- und Zeichenbuch
Mülheim am Rhein 1785, Tafel 36

PLACE VENDÔME

***Skeleton Leaf (Skelettblatt)**
Die Kunst, grüne Blätter in spitzenartige Skelette zu verwandeln, stammt aus China und wurde um 1800 von Seeleuten nach Europa gebracht.
19 x 8,8 cm
Frankreich 1817

DER SCHIEFE TURM VON PISA

***Skeleton Leaf (Skelettblatt)**
24 x 9 cm
Frankreich 1817

SCHATTENFÄCHER MIT BEWEGLICHEN FECHTENDEN FIGUREN
Frankreich, um 1790

„*OMBRES CHINOISES“ (CHINESISCHES SCHATTENSPIEL)
***Chinesisches Feuerwerk und Schattentheater für Kinder**
Frankreich,
2. Hälfte 19. Jahrhundert

HANDSCHATTEN-KARTEN
Der Umriß der Karte bildet den mit den Händen zu formenden Schatten.
10,5 x 6,5 cm
Frankreich, um 1900

ENSEMBLE VON *CAMERAE OBSCURAE
19. Jahrhundert

ZEICHEN-*CAMERA OBSCURA IN ZELTFORM
Mit drehbarer und höhenverstellbarer Prismenoptik. Dieses Modell ließ Vincent Chevalier 1823 patentieren.
Paris, um 1825

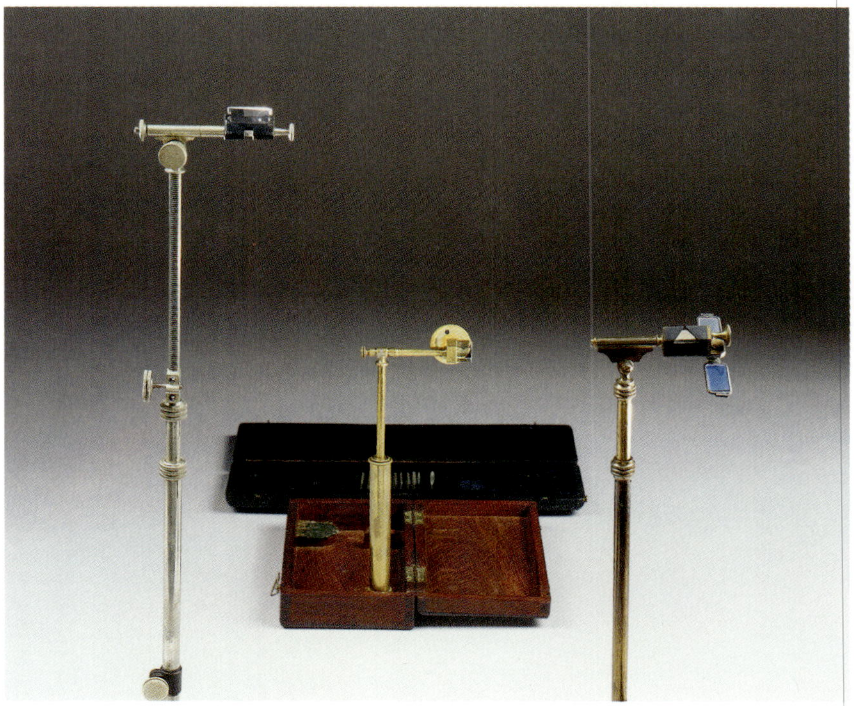

ENSEMBLE VON *CAMERAE LUCIDAE
Zeichenhilfen
Frankreich, um 1830

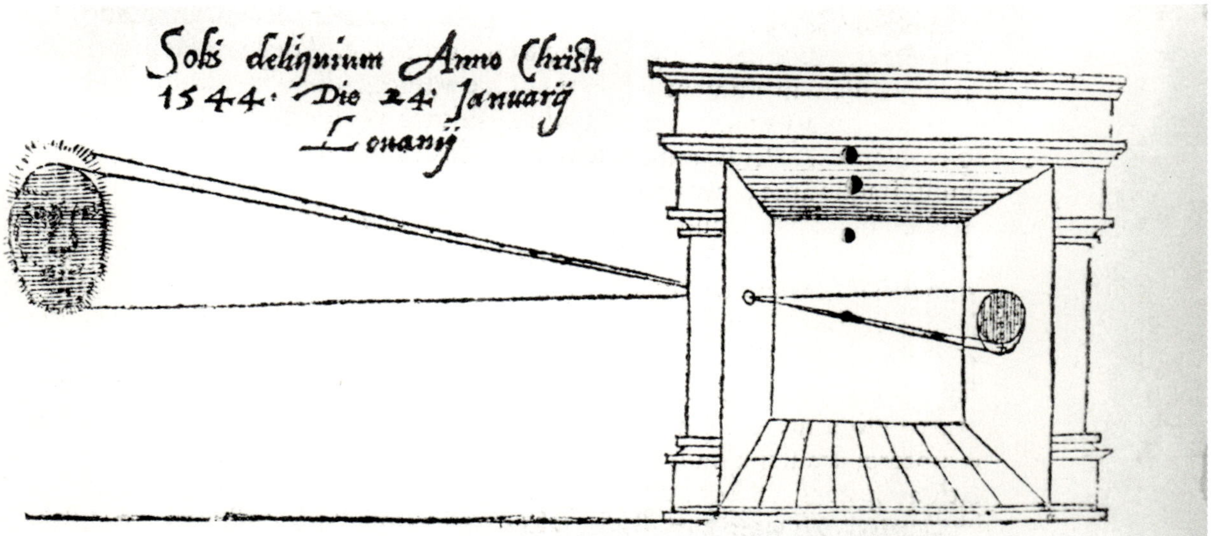

DIE *CAMERA OBSCURA IN DER ASTRONOMIE
Erste veröffentlichte Abbildung eines dunklen Raumes als Camera Obscura zur Betrachtung der Sonnenfinsternis am 24. Januar 1544 in Louvain.
In: Petrus Apian und Gemma Frisius, Cosmographia Antwerpen 1584, S. 312

ZWEI PUTTEN STUDIEREN DIE GESETZMÄSSIGKEITEN DER *CAMERA OBSCURA
Das Licht zweier Kerzen passiert ein Loch, ohne sich zu mischen, und bildet die Kerzen kopfstehend und seitenverkehrt in der Camera Obscura ab.
In: Johannes Baptista Thioly und Petrus Taillandier, Theses Opticae et Astronomicae Lyon 1693, S. 1

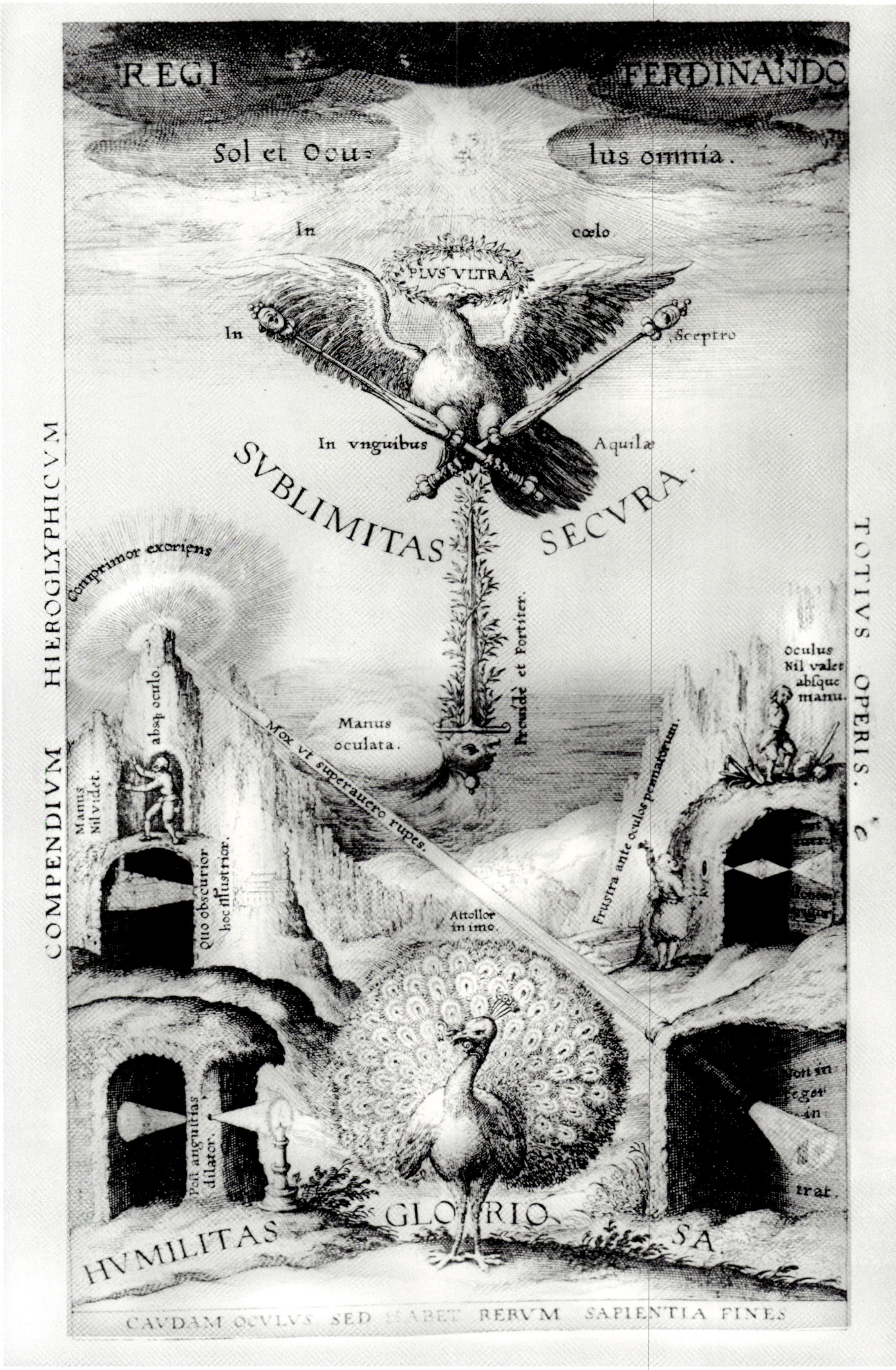

DARSTELLUNG VERSCHIEDENER *CAMERAE OBSCURAE

Frontispiz in: Christoph Scheiner, Oculus hoc est: Fundamentum Opticum

Innsbruck, 12. Juni 1619

„WIE IN DER *CAMERA OBSCURA AUS EINEM EINZIGEN SOLDATEN EINE GANZE ARMEE WIRD"
In: Mario Bettini, Apiaria Universae Philosophiae Mathematicae
Bologna 1642, S. 38

ERSTE ABBILDUNG EINER TRAGBAREN *CAMERA OBSCURA, *die wie eine Sänfte durch die Landschaft getragen werden konnte. Der Zeichner stieg von unten in die Kammer ein und hatte die Auswahl zwischen vier nachzuzeichnenden Abbildungen der Außenwelt.*
In: Athanasius Kircher, Ars Magna Lucis et Umbrae
Rom 1646, S. 807, Tafel 28, unten

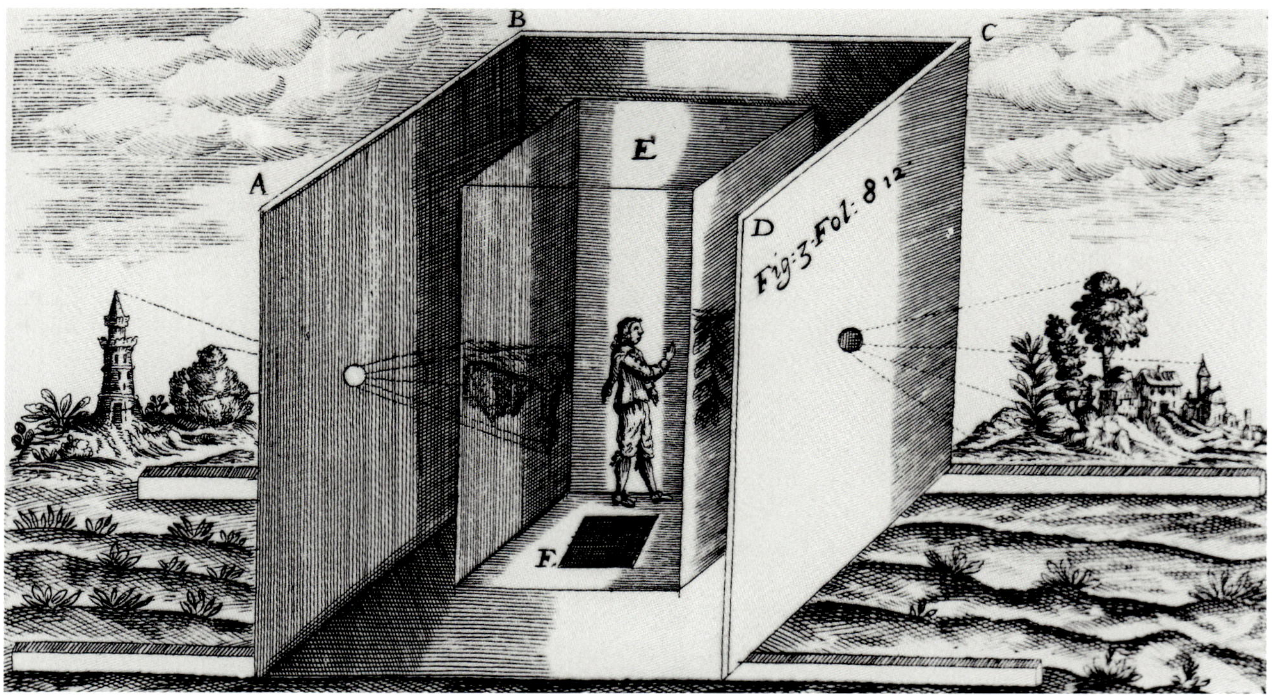

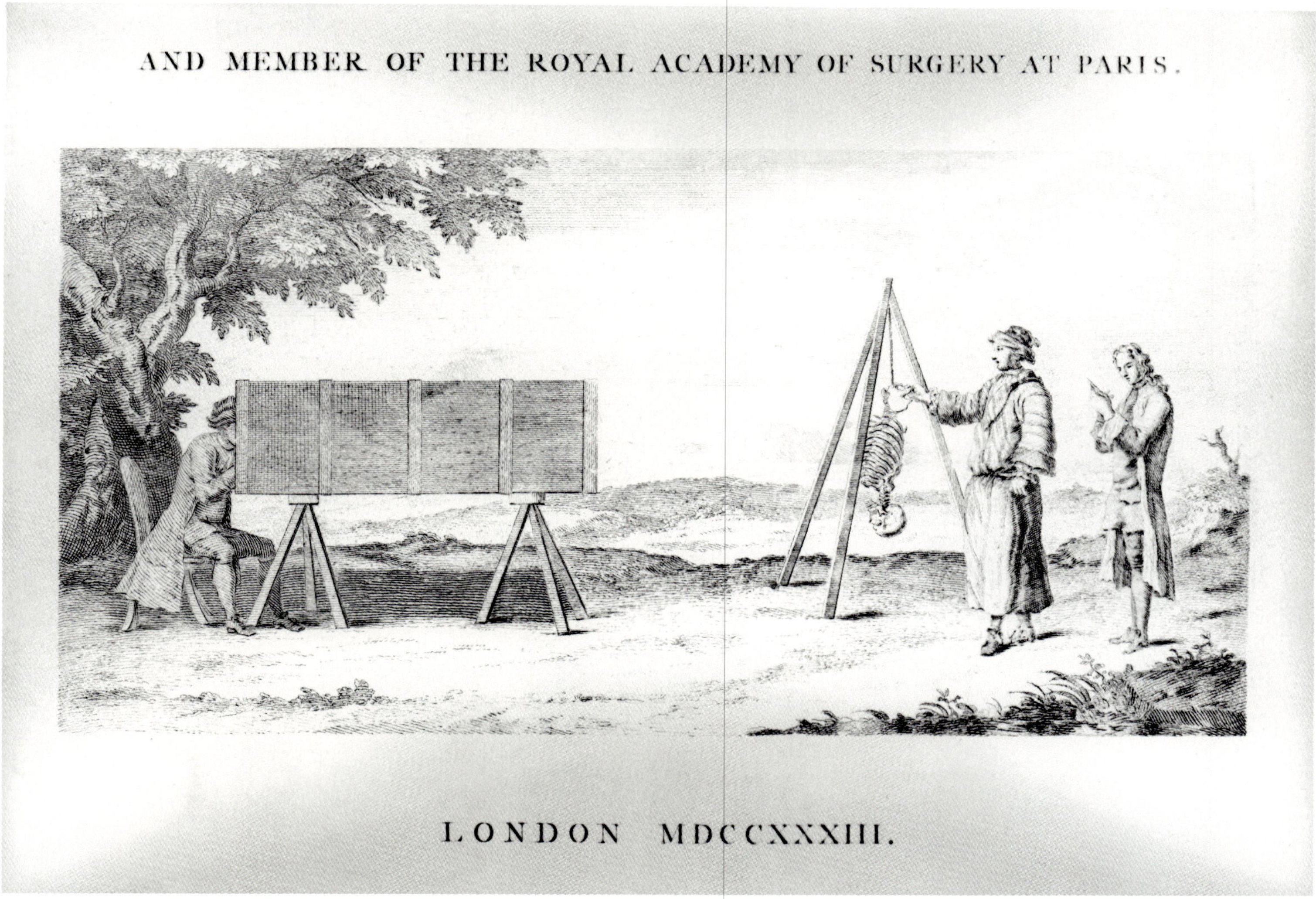

ZEICHNER BEI DER ARBEIT
*Erste Anatomie, die ausschließlich mit Hilfe der *Camera Obscura gezeichnet wurde, um die Proportionen der menschlichen Glieder naturgetreuer wiedergeben zu können. Das Skelett hängt mit dem Kopf nach unten, damit es aufrechtstehend in der Camera Obscura gezeichnet werden kann.*
Frontispiz in: William Cheselden, Osteographia or The Anatomy of the Bones
London 1733

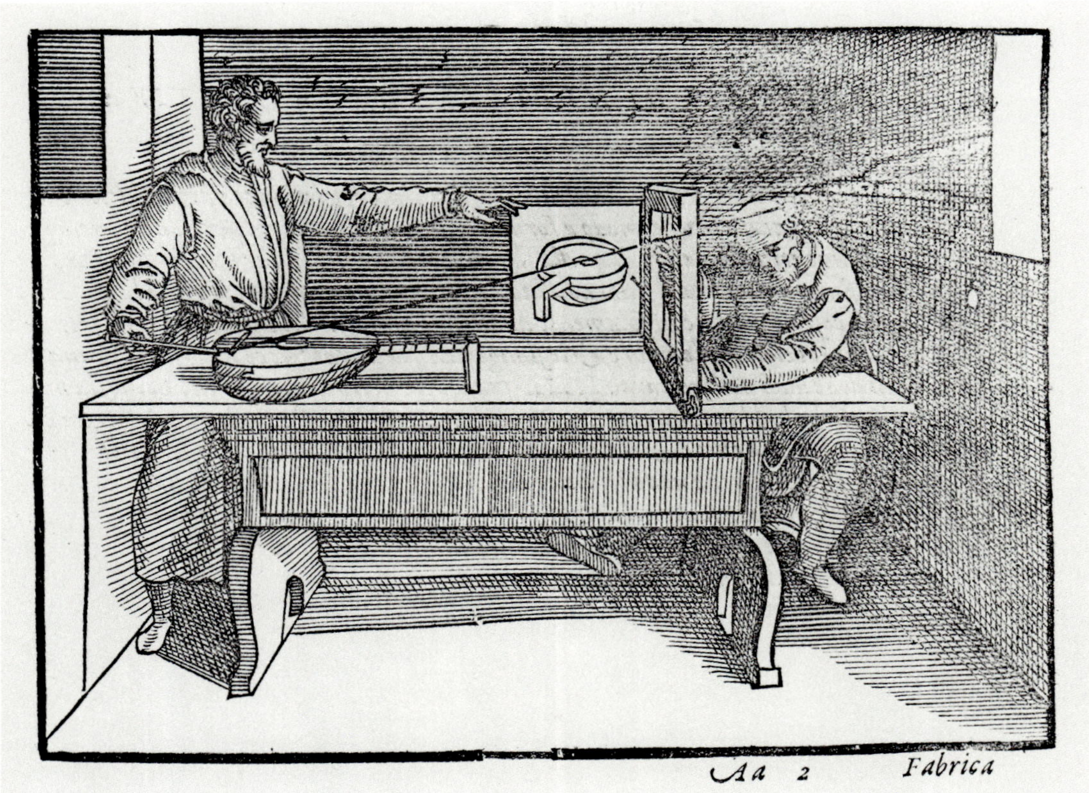

ZEICHENKUNST
Beschreibung und Abbildung des von Albrecht Dürer erfundenen Rasterrahmens, mit dessen Hilfe der dreidimensionale Körper perspektivisch richtig zweidimensional gezeichnet werden kann.
In: Daniel Barbaro, La Pratica della Perspettiva
Venedig 1569, S. 191

„MOYEN DE TIRER UN PAYSAGE OU DE COPIER UN TABLEAU, SANS SAVOIR DESSINER ET SANS VOIR CE QUE L'ON FAIT." (HILFSMITTEL, UM EINE LANDSCHAFT ZU ZEICHNEN ODER EIN BILD ZU KOPIEREN, OHNE ZEICHNEN ZU KÖNNEN UND OHNE ZU SEHEN, WAS MAN TUT)
Zeichenhilfe und Brennspiegel
In: Grollier de Servière, Description du Cabinet de Monsieur Grollier de Servière
Lyon 1723

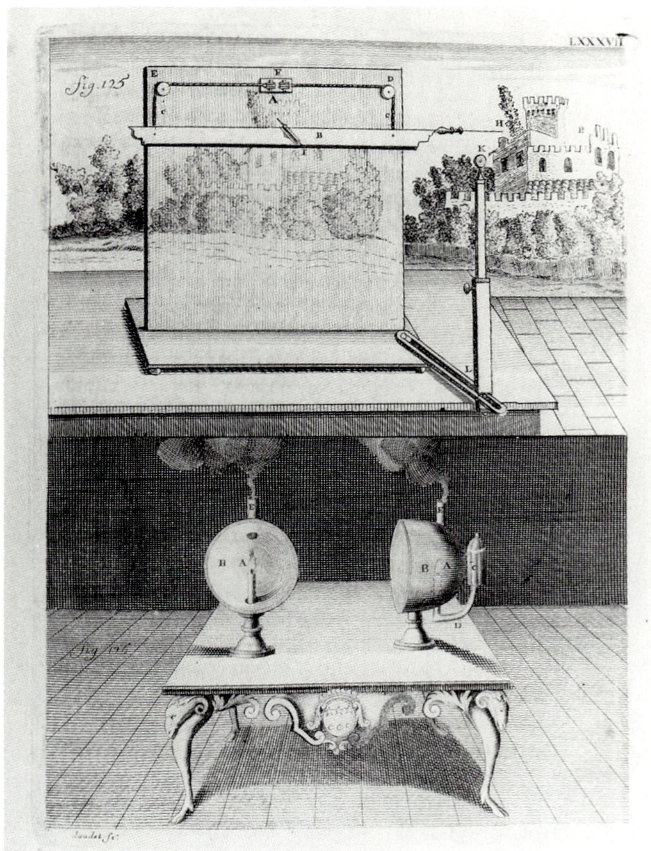

***PANTOGRAPH ODER STORCHSCHNABEL**
*Instrument zum Kopieren, Vergrößern und Verkleinern von Abbildungen und zur maßstabgerechten Verzerrung zur Herstellung von *Anamorphosen.*
Frontispiz in: Christoph Scheiner, Ars nova delineandi
Rom 1631

***PANTOGRAPH**
Frontispiz in: Johann Merken,
Der andre Theil des Kunst-, Schreib- und Zeichenbuch
Mülheim am Rhein 1785, Tafel 29

DAS BILD ALS AUSSCHNITT DER WIRKLICHKEIT
in: Jean Du Breuil,
The Practice of Perspective
London 1749, Tafel 120

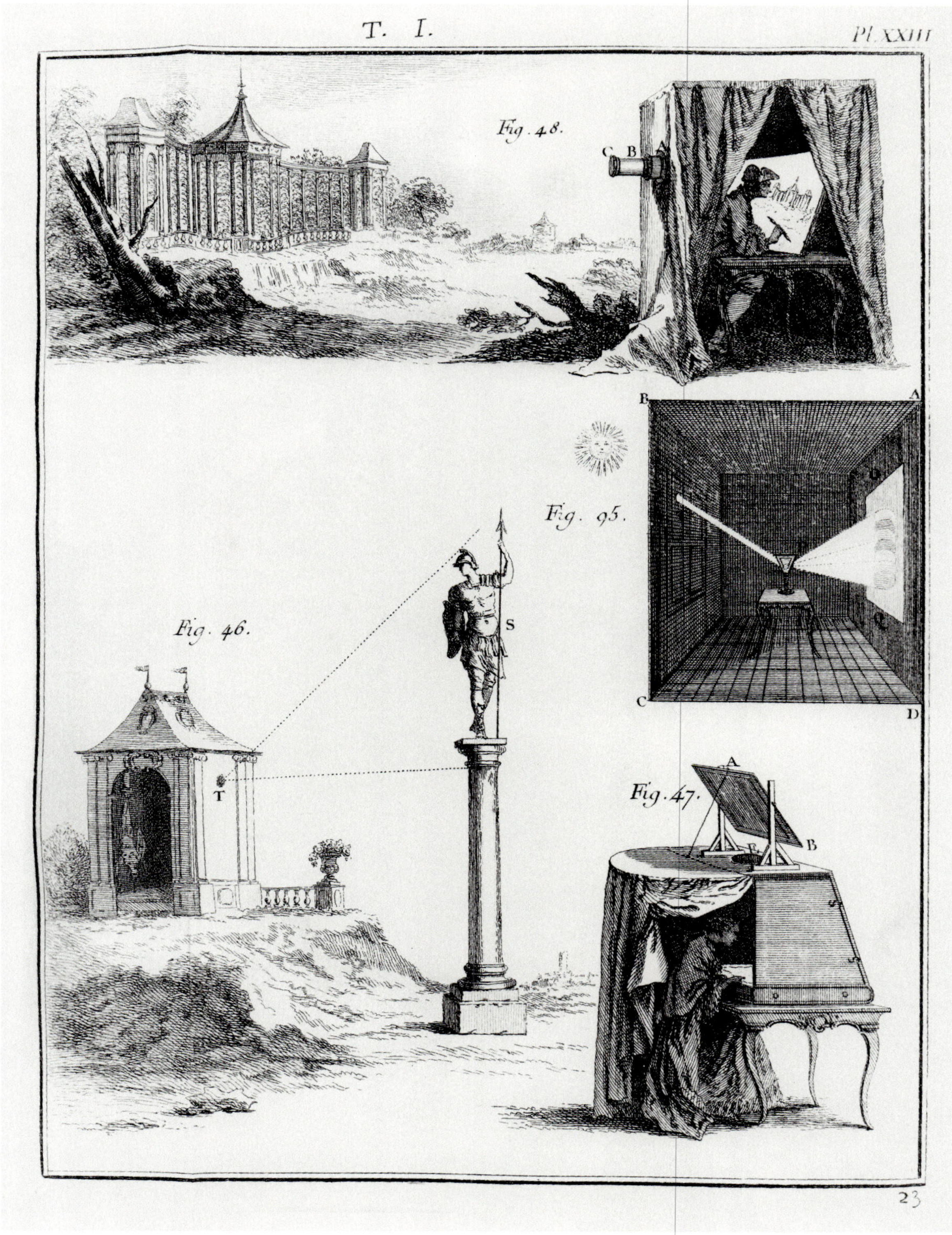

***CAMERA OBSCURA**
in: Savérien,
Dictionnaire Universel de Mathématique et Physique
Paris 1753, Tafel 23

„FUSHI-ANA NO FUJI" (DER „ASTLOCH"-FUJI)

Im Innenraum eines Teehauses entdecken zwei Gäste auf dem mit Papier bespannten Teil einer Schiebetür das kopfstehende Schattenbild des Bergs Fuji. Ein im Seitengang stehender Bediensteter zeigt auf ein Astloch in der Wand, weil dieses das Bild hervorruft.
In: Katsushika Hokusai, „Fugaku Hyakkei" – 100 Ansichten des Berges Fuji um 1835

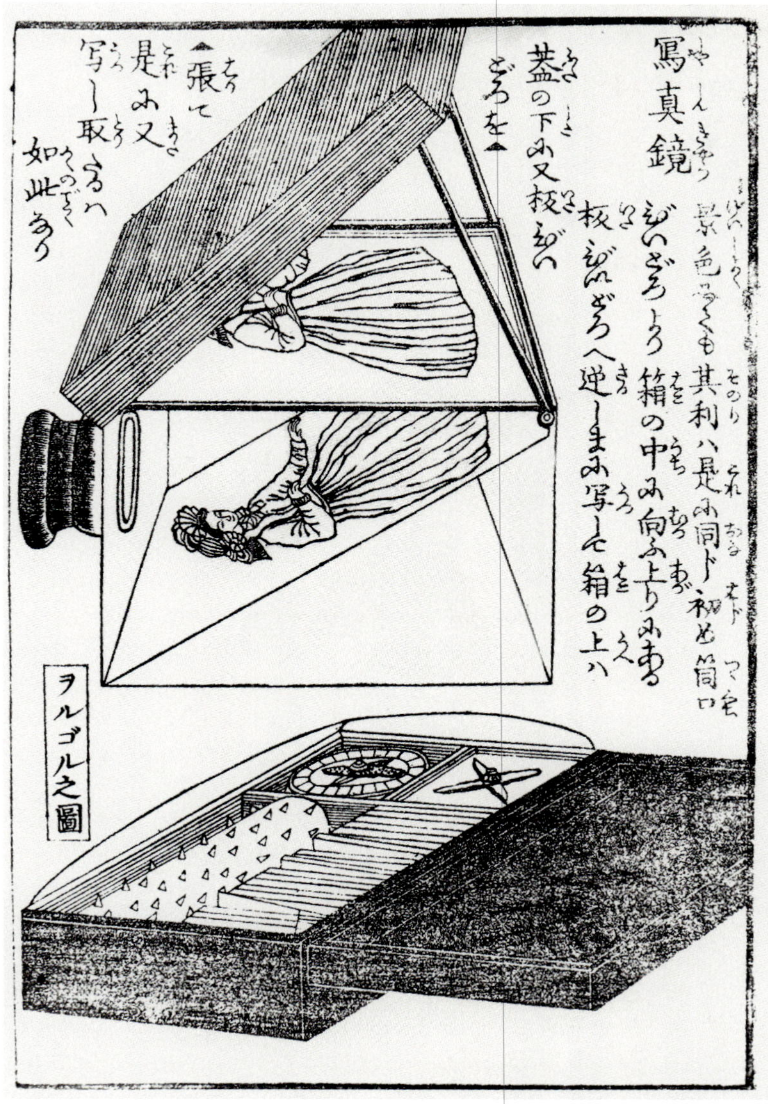

DIE ZEICHEN-*CAMERA OBSCURA WIRD NACH JAPAN IMPORTIERT
1862 wurde Japan gezwungen, die Isolation aufzugeben. Das Buch dokumentiert und illustriert all das, was die Fremden ins Land mitbrachten.
In: Gohuntei Sadahide, Yokohama kaido kenbushi
Holzschnitt
Japan 1862

Larry J. Schaaf

Camera Obscura und Camera Lucida

Bild und Vorstellung vor Erfindung der Photographie

„Lo, here a CAMERA OBSCURA is presented to thy view, in which are lights and shades dancing on a whited canvas, and magnified into apparent life! … walk in, and view the wonders of my Inchanted Garden." Dr. Erasmus Darwin, 1789[1]

(Schau, hier wird dir eine CAMERA OBSCURA gezeigt, in der es Licht und Schatten gibt, die auf einer weißen Leinwand tanzen und die vergrößert scheinbar lebendig werden! … tritt ein und betrachte die Wunder meines Zaubergartens.)

Obwohl in unserer Kultur Kameras jeglicher Art allgegenwärtig sind, haben wahrscheinlich die wenigsten Menschen je von der Camera obscura gehört. Dann sickerte die Meldung durch, der zeitgenössische britische Künstler David Hockney entwickele die Theorie (manche würden „Unterstellung" sagen), die alten Meister hätten optische Instrumente als Hilfsmittel beim Schaffen ihrer Kunstwerke benutzt. Die aufgeschreckte Kunstwelt reagierte unterschiedlich auf sein Geheimwissen, aber eines lag auf der Hand: Vielen Künstlern und Kritikern war bislang nicht bewußt, daß Kameras bereits seit Jahrhunderten in Gebrauch gewesen waren.[2]

Nun scheint die Verbindung zwischen dem Gerät namens Kamera und der Kunst namens Photographie so natürlich, daß man kaum glauben kann, es habe keine zwingende Verbindung zwischen beiden gegeben. Die Photographie wurde ohne die Kamera erfunden – doch die Kamera selbst existierte bereits Jahrhunderte vor Entdeckung der Photographie.

Wie in so vielen Bereichen war es der brillante Leonardo da Vinci, der die erste wirklich eindeutige Beschreibung der Funktionsweise einer einfachen Camera Obscura lieferte. Um 1490 hielt er in seinem Manuskript D fest: „Wenn die Bilder angeleuchteter Gegenstände eine kleine runde Öffnung passieren und in einen sehr dunklen Raum gelangen, und wenn man sie auf einem Stück weißen Papiers, das senkrecht in dem Raum in einiger Entfernung von der Öffnung aufgestellt ist, empfängt, dann sieht man auf dem Papier all jene Objekte in ihren natürlichen Formen und Farben. Sie sind jedoch in ihrer Größe reduziert und stehen auf dem Kopf, weil sich die Strahlen an der Öffnung überkreuzen. Wenn diese Bilder von einem Ort kommen, der von der Sonne beleuchtet ist, erscheinen sie wie auf dem Papier gemalt, welches sehr dünn sein muß und von der Rückseite zu betrachten ist. Die Öffnung sollte aus einer sehr dünnen Scheibe Eisenblech geschnitten werden."[3]

Was Leonardo beschrieb, würde man heute als Guckloch-Camera Obscura bezeichnen. Eine Linse gab es nicht. Die Ränder der kleinen Öffnung brachen die Lichtstrahlen und lenkten sie in ihrem Weg ab, so daß ein verkleinertes und auf dem Kopf stehendes Bild entstand. Leonardo hatte lediglich eine klare Beschreibung eines Phänomens gegeben, das bereits seit geraumer Zeit bekannt war. Im vierten Jahrhundert v.Chr. beschrieb Aristoteles als erster die

Grundlagen der Guckloch-Camera Obscura.[4] Während er unter einem Baum saß und eine Sonnenfinsternis beobachtete, bemerkte er eine Vielfalt von halbmondförmigen Lichtflecken auf dem Boden. Obwohl Aristoteles den Vorgang nicht genau verstand, bildeten die Lücken zwischen einigen Blättern Öffnungen, die klein genug waren, um das Licht derart zu brechen, daß Abbilder entstanden. Löcher in geflochtenen Körben und Metallsieben hatten die gleiche Wirkung. Trotz der Tatsache, daß die Bilder auf dem Kopf standen, hielt Aristoteles die wichtige Beobachtung fest, daß die Form der Öffnung unwichtig sei, da sie lediglich dazu diene, ein Miniaturabbild der Sonne zu schaffen. Intuitiv würde man annehmen, daß das Licht, das durch ein Loch fällt, der Form des Loches entsprechen würde. Bei sehr kleinen Öffnungen trifft dies jedoch nicht zu.

Einige Zeit vor Aristoteles gab es in China ein elementares Wissen darüber, daß eine kleine Öffnung in einem dunklen Raum ein Abbild der Außenwelt projiziert. Im 9. Jahrhundert n.Chr. beschrieb ein Philosoph das auf dem Kopf stehende Abbild einer Pagode, und im 10. Jahrhundert benutzte Yu Chao-Lung Modelle von Pagoden, um Abbilder zur Untersuchung der Lichtstrahlen zu schaffen.[5] Höchstwahrscheinlich wurden diese frühen Berichte durch eine zufällige Beobachtung ausgelöst, denn es gibt keinerlei Anzeichen von Forschungstätigkeit, die zur Verwendung dieser primitiven Camera Obscura geführt hätte. Man kann sich leicht vorstellen, daß ein Fensterladen oder Vorhang, der zur Verdunklung eines Raums benutzt wurde, ein kleines Loch aufwies. Irgendwann machte jemand die Beobachtung, daß ein Abbild der Außenwelt auf die gegenüberliegende Wand projiziert wurde (eine solche Beobachtung war sehr viel wahrscheinlicher zu einer Zeit, in der es noch keine künstliche Beleuchtung gab).

Offenbar wurde diese Idee erst im 10. Jahrhundert weiter verfolgt, als der arabische Physiker Ibn Al-Haitham (oder Alhazen) das Phänomen bei Kerzenflammen beobachtete. Er folgerte, daß die Größe der Öffnung für die Projektion des Abbilds ausschlaggebend sei. Wenn sie zu klein war, gab es nicht genug Licht; wenn sie zu groß war, war das Licht zu diffus. Im 13. Jahrhundert benutzten Roger Bacon, John Peckham und Guillaume de Saint-Cloud die Guckloch-Camera Obscura, um Sonnenfinsternisse zu beobachten. Das Guckloch reduzierte das Licht auf eine Intensität, die für das menschliche Auge ungefährlich war. Keiner dieser Männer hatte die Verwendung dieses Ansatzes als eigene Entdeckung ausgegeben; daher ist anzunehmen, daß seinerzeit das Wissen um diese einfache Form der Camera Obscura allgemein verbreitet war, zumindest bei der Beobachtung der Sonne.

Die entscheidenden Fortschritte jedoch wurden im Italien Leonardos gemacht. 1550 schlug der Mailänder Professor Girolamo Cardano als erster vor, das Guckloch durch eine bikonvexe Linse aus Glas zu ersetzen.[6] Einige Jahre später verfeinerte der venezianische Architekt Daniele Barbaro diese Technik und beschrieb sie ausführlicher: Er habe die Brillengläser „eines alten Mannes" verwendet sowie eine Öffnung, die das Abbild zusätzlich schärfer fokussiert.[7] Selbst in ihrer damals einfachen Beschaffenheit konnten die Linsen sehr viel mehr Licht passieren lassen als das Guckloch; das machte das Abbild viel heller, bei einer erheblich besseren Kontrast- und Farbqualität.

Natürlich mußte jemand auf die Idee kommen, dieses Abbild auch festhalten zu wollen. Die erste Verwendung der Camera Obscura als Hilfsmittel bei der Erstellung einer Zeichnung wurde von Giovanni Battista della Porta im Jahre 1558 beschrieben. In „Magiae Naturalis"[8], einem sehr einflußreichen und häufig aufgelegten Frühwerk der Wissenschaft, beschrieb er, was in der Camera Obscura zu sehen war: „Man kann alles sehen, was sich draußen befindet und von der Sonne erhellt wird. Man kann sehen, wie die Leute auf dem Kopf stehend die Straße entlang gehen, und alles was rechts ist, ist links, und alles ist umgekehrt. Die Bilder erscheinen um so größer, je weiter die Projektionsfläche vom Loch entfernt ist."

In seinem Kapitel über „die Camera Obscura für Künstler" spann della Porta einen Gedanken weiter, der dazu führen sollte, daß die Photographie, noch bevor sie erfunden wurde, für alle

Abb. 1
Erste gedruckte Beschreibung der Camera Obscura durch Cesariano, einen Schüler Leonardo da Vincis, in: Pollio Marcus Vitruv, De Architectura Libri Decem (mit einem Kommentar von Cesariano), Como 1521, Liber primus, S. 23 recte

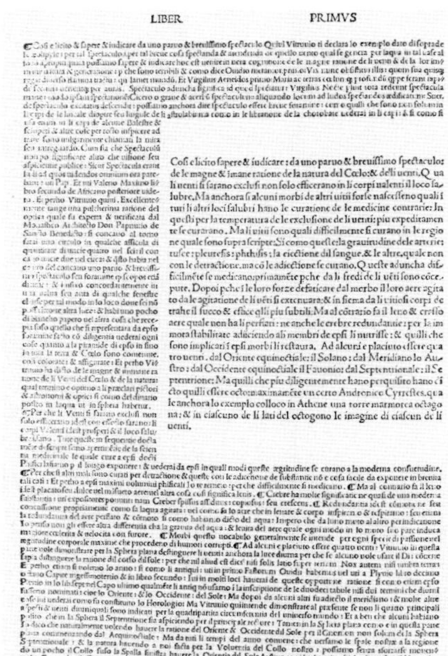
LIBER PRIMVS

Cosi e licito sapere & iudicare: da uno paruo & breuissimo spectaculo: de le magne & imane ratione de la natura del Coelo: & de li uenti. Quali uenti si sarano exclusi non solo efficerano in li corpi ualenti il loco salubre. Ma anchora si alcuni morbi de altri uitii forse nascesseno quali i tuti li altri loci salubri hano le curatione de le medicine contrarie: In questi per la temperatura de le exclusione de li uenti: piu expeditamente se curarano. Ma li uitii sono quali difficilmente si curano in le regione quale sono supra scripte: Si como queste: la grauitudine dele arterie: tusse: pleuresis: phthisis: la eiectione dil sangue. & le altre, quale non con le detractione, ma cō le adiectione se curano. Queste aduncha difficilmēte se medicano: primamēte pche da li fredi de li uēti sono cōcepute. Dopoi pche i le loro forze defaticate dal morbo il loro aere agitato da le agitatione de li uēti si extenuara: & in sieme da li uitiosi corpi de trahe il succo & efficie qlli piu subtili. Ma al cōtrario fa il leno & crasso aere quale non ha li perflati: ne anche le crebre redundantie: per la immota stabilitate adiciendo ali membri de epsi li nutrisse: & quilli che sono implicati i epsi morbi li restaura. Ad alcuni e placiuto essere quatro uenti. dal Oriente equinoctiale: il Solano: dal Meridiano lo Austro: dal Occidente equinoctiale il Fauonio: dal Septentrionale: il Septentrione: Ma quilli che piu diligentemente hano perquisito hano dicto quilli essere octo: maximamēte un certo Andronico Cyrrestes, quale anchora lo exemplo colloco in Athene una torre marmorea octagona: & in ciascuno de li lati del octogono le imagine di ciascun de li uenti.

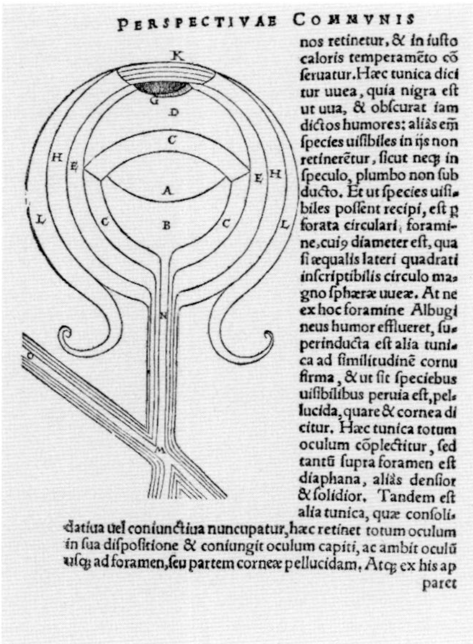

PERSPECTIVAE COMMVNIS

nos retinetur, & in iuſto caloris temperamẽto cõſeruatur. Hæc tunica dicitur uuea, quia nigra eſt ut uua, & obſcurat iam dictos humores; aliâs eñ ſpecies uiſibiles in ijs non retinerẽtur, ſicut neq; in ſpeculo, plumbo non ſubducto. Et ut ſpecies uiſibiles poſſent recipi, eſt pforata circulari foramine, cui9 diameter eſt, quaſi æqualis lateri quadrati inſcriptibilis circulo magno ſphæræ uueæ. At ne ex hoc foramine Albugineus humor efflueret, ſuperinducta eſt alia tunica ad ſimilitudinẽ cornu firma, & ut ſit ſpeciebus uiſibilibus peruia eſt, pellucida, quare & cornea dicitur. Hæc tunica totum oculum cõplectitur, ſed tantũ ſupra foramen eſt diaphana, aliâs denſior & ſolidior. Tandem eſt alia tunica, quæ conſolidatiua uel coniunctiua nuncupatur, hæc retinet totum oculum in ſua diſpoſitione & coniungit oculum capiti, ac ambit oculũ uſq; ad foramen, ſeu partem corneæ pellucidam. Atq; ex his apparet

Abb. 2
Die Erforschung des Auges,
in: John Peckham, Perspectiva Communis Nürnberg 1542, propositio XXX

Zeiten mit dem Vorurteil behaftet war, der Apparat produziere die Bilder automatisch: „Wenn man nicht malen kann, ist es möglich, mit Hilfe dieser Technik mit dem Bleistift zu zeichnen. Dies geschieht, indem man das Bild nach unten auf ein Zeichenbrett mit Papier projiziert. Für jemanden mit etwas Geschick ist das eine ganz einfache Sache.“
Manche Eigenschaft der Camera Obscura wurde von Künstlern sehr geschätzt. Der Apparat reduzierte das Abbild der Natur auf eine Größe, die eine künstlerische Bearbeitung ermöglichte, und projizierte es säuberlich auf ein zweidimensionales Blatt Papier. Die Objekte wurden in ihrer korrekten perspektivischen Beziehung zueinander abgebildet, und optische Zusammenhänge ließen sich besser in dem kleinformatigen Rahmen erkennen. Die Linse erzeugte ein helleres Abbild. Die Erkenntnis, daß dieses Phänomen der Kunst nützen könne, führte dazu, daß die Camera Obscura immer mehr Anwendungsmöglichkeiten fand. Man entwickelte verschiedene Kameratypen für bestimmte Zwecke.
Die Dunkelkammer in Zimmergröße wurde zu einem Ort der Unterhaltung. Mit Hilfe eines Spiegels konnte man das Bild wieder richtigherum sehen. Das Publikum wurde mit Ansichten der Natur beeindruckt, die eine videoähnliche Unmittelbarkeit besaßen und einem voyeuristischen Vergnügen entgegenkamen. In unserem abgestumpften technologischen Zeitalter ist diese Attraktion vielleicht schwer zu begreifen, aber „eigentlich mündet die künstliche Kanalisierung des von außen kommenden Lichts in eine merkwürdige Fusion zwischen der unterbrochenen Sicht und den verkörperten Vorstellungen des Betrachters. Wenn Menschen sich von jeglichem Kontext isolierten, indem sie sich in eine Black Box zurückzogen, die lediglich eine das Licht kanalisierende Öffnung besaß, war es ihnen nicht länger möglich, die Quelle der schillernden Erscheinungen auszumachen, die vor ihnen auftauchten. Die schimärenhaften Hyperbilder, die auf hypnotisierende Weise lebendig waren mit ihren funkelnden Punkten und ihren Glanzblitzen, enthüllten den schutzlosen Sinnen das Verborgene und Unsichtbare, einschließlich des bizarren Inhalts der Phantasie des Betrachers.“[9]
Die große, fest installierte Camera Obscura war trotz der Magie, die von ihr ausging, von begrenztem Nutzen für Künstler und ihre Skizzen, da sie lediglich die unmittelbare Umgebung erfassen konnte. Bald wurden tragbare „Räume“ erfunden, die dorthin gebracht werden konnten, wo der Künstler arbeiten wollte, sie waren besonders nützlich für Studien, bei denen die Perspektive entscheidend war.[10] Typisch war die kleine Holzhütte, die 1572 von Friedrich Risner beschrieben wurde und etwas gründlicher erneut 1646 vom Jesuitengelehrten Athanasius Kircher.[11] Ein Apparat, der noch leichter zu transportieren war und der auf einem kleinen Zelt mit einer Linse an der Spitze basierte, wurde 1620 in einem Brief von Sir Henry Wotton an Sir Francis Bacon beschrieben.
Aber erst 1657 beschrieb Kaspar Schott, ein Schüler Kirchers und ebenfalls Jesuit, eine tragbare Box-Kamera[12]. Sie konnte unter dem Arm getragen werden und bestand aus zwei ineinander verschiebbaren Kästen, durch die die Linse fokussiert werden konnte, indem man die Kästen ineinanderschob. Die Erfindung der Fotografie war noch Zukunftsmusik, doch ihren Anforderungen hätte man hiermit bereits Genüge getan.
Seit dem 17. Jahrhundert kannte der Erfindergeist beim Entwerfen von Camera Obscura-Geräten keine Grenzen mehr. In jener Zeit entstanden bereits einige faszinierende Entwürfe von Überwachungskameras mit ebenso faszinierenden Anwendungsmöglichkeiten. Ein metallener Trinkpokal wurde konstruiert, der es dem Gastgeber ermöglichte, seinen Gast stets im Auge zu behalten. Eine kleine Linse, die in eine Seite des Stiels eingearbeitet war, projizierte ein Bild auf einen Spiegel, der in einem Winkel von 45 Grad im Innern des Kelches angebracht war. Dadurch wurde das Bild auf die Oberfläche des Weins im Pokal geworfen (was allerdings Weißwein als Inhalt erforderte). Ein andere Camera Obscura war in ein ausgehöhltes Buch eingearbeitet, es diente einem deutschen Schulmeister zur Kontrolle seiner Schüler. Der häufigste Verwendungszweck einer Camera Obscura jedoch blieb der eines Hilfsinstruments für Künstler, und die Konstruktionen trugen dem zunehmend Rechnung. Eine Reihe

von Entwürfen wurde 1685 von dem Würzburger Mönch Johann Zahn vorgestellt. Sie alle ließen sich leicht zum abzubildenden Objekt transportieren. Ein besonders nützlicher Entwurf war eine technisch weit fortgeschrittene Art von Spiegelreflexkamera. Eine Linse in einem Fokussierungsrohr war an einem Ende eines Holzkästchens angebracht. Das Innere dieses Kastens war mattschwarz, um ungewollte Lichtreflexionen zu vermeiden. Am anderen Ende, gegenüber der Linse, befand sich ein Spiegel in einem Winkel von 45 Grad. Dieser spiegelte das Abbild nach oben auf eine flache Milchglasscheibe, die in die Oberseite des Kastens eingelassen war. Der Spiegel ließ das Bild wieder richtigherum erscheinen, und die flache Glasscheibe bildete eine gute Unterlage für ein dünnes Blatt Pauspapier. Ein Deckel, mit Scharnieren befestigt, schützte das Fokussierglas während des Transports und diente in geöffnetem Zustand als Schutz vor Sonneneinstrahlung. Das Ergebnis war ein transportables und äußerst praktisches Zeicheninstrument, das das direkte Vorbild für spätere photographische Kameras war.[13]

Der Einfluß der Camera Obscura auf Künstler vor Erfindung der Photographie war unübersehbar, und in Schriften vergangener Jahrhunderte begegnet man häufig entsprechenden Verweisen. Für manche ging es weniger um den künstlerischen Ausdruck als um ein präzises Instrument. (Abb. S. 36) 1733 berichtete Dr. William Cheselden, der Leibarzt der Königin Caroline, in einem medizinischen Buch stolz von seiner Camera Obscura, „mit der wir einige der bereits erstellten Entwürfe korrigierten, andere, die wir zuvor gutgeheißen hatten, verwarfen und den Rest mit größerer Genauigkeit und weniger Arbeitsaufwand erledigten. Auf diese Weise erreichten wir in wenigen Minuten das, wofür wir ohne dies Hilfsmittel viele Stunden, ja sogar viele Tage gebraucht hätten." Der Titel seines Buchs zeigte sogar eine Holzschnitt-Abbildung seiner Camera Obscura sowie Cheselden selbst (Abb. S. 41) beim Zeichnen eines Torsos (der verkehrt herum aufgehängt ist, um das auf dem Kopf stehende Abbild der Kamera zu korrigieren!).[14]

Lange vor Hockneys Eingebung war allgemein bekannt, daß Künstler sich der Camera Obscura bedienten. So empfahl der Kunstberater Friedrichs des Großen 1764, daß Künstler „den gleichen Gebrauch von der Camera Obscura machen sollten, den Naturforscher und Astronomen von Mikroskop und Teleskop machen. Denn all diese Instrumente trugen gleichermaßen dazu bei, die Natur darzustellen und sie den Menschen näherzubringen… Die besten modernen italienischen Maler haben von diesem Instrument regen Gebrauch gemacht; es wäre ihnen sonst nicht möglich gewesen, die Dinge so naturgetreu darzustellen. Wahrscheinlich taten einige der Meister nördlich der Alpen das gleiche angesichts ihres Erfolges bei der Darstellung der kleinsten Objekte... Möge der junge Künstler daher so früh wie möglich damit beginnen, diese göttlichen Bilder zu studieren und sie jeden Tag seines Lebens zu studieren."[15]

Eines der überzeugendsten Beispiele eines Malers, der sich der Camera Obscura bediente, ist Vermeer, dessen Komposition stark von der Perspektive, die durch die Camera-Projektion bewirkt wurde, beeinflußt worden sein dürfte.[16]

Die Camera Obscura war im wahrsten Sinne des Wortes eine Dunkelkammer. Später gesellte sich die Camera Lucida – „Lichtkammer" – hinzu. Die Camera Obscura hatte eine lange und langsame Entwicklungsgeschichte. Dagegen war die genial einfache Camera Lucida (Abb. S. 37) das Produkt eines einzelnen Erfinders, des englischen Wissenschaftlers William Hyde Wollaston. Er gab seine Arztpraxis auf und wandte sich der neuen Wissenschaft der Geologie zu. Ein Freund erinnerte sich, daß sie beim Versuch, Zeichnungen der sie interessierenden Gebiete anzufertigen, „nur den Umriß der Gebiete aufzeichnen konnten, da wir beide nicht gut zeichnen konnten und wir diese Tatsache beklagten". In dem Maße, in dem sich die Naturwissenschaften weiterentwickelten, wurden präzise Abbildungen immer wichtiger. Als der Freund Wollaston einige Monate später besuchte, „traf ich ihn mit einem winzigen verkürzten und teilweise versilberten Prisma an, das mit Siegelwachs an einem Stück Draht befestigt war.

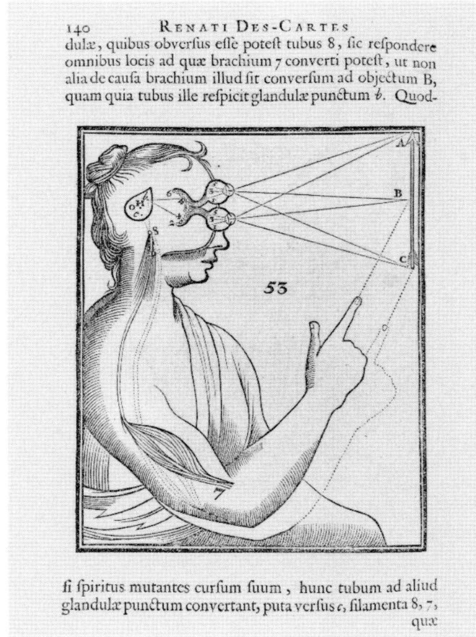
140 RENATI DES-CARTES
dulæ, quibus obversus esse potest tubus 8, sic respondere omnibus locis ad quæ brachium 7 converti potest, ut non alia de causa brachium illud sit conversum ad objectum B, quam quia tubus ille respicit glandulæ punctum b. Quod-
si spiritus mutantes cursum suum, hunc tubum ad aliud glandulæ punctum convertant, puta versus c, filamenta 8, 7, quæ

Abb. 3
Das Auge als Camera Obscura,
in: Renatus Descartes, Tractatus de Homine et Formatione Foetus, Amsterdam 1677, S. 140

Abb. 4
Camera Obscura,
in: Poliander, Anmuthige und Zeit-kürtzende aus vielen curieusen und nützlichen Wissenschaften hergeleitete Quellen.
Erster - Fünfzehnter Gang, Erfurt 1720, S. 260

260 [o]
daß das Glaß in der Röhre D mit dem foco, oder mit derjenigen Länge des Scheins, den es machet, just auf das Papier E trifft, auf welches das Bild soll gezeichnet werden. Ist ein Plan-Spiegel auf einem Drehestuhl, damit man ihn herumdrehen kan nach Veränderung der Sonnen, der fänget die Sonnen-Strahlen auf und wirfft sie auf das Gemählde B. Welches sich denn hernach unten auf dem Papier aufs schönste præsentiret.
Fig. 2.

Abb. 5
ZEICHEN-CAMERA OBSCURA
in: Denis Diderot und Jean d'Alembert, Encyclopédie, ou Dictionnaire Raisonné des Sciences, des Arts et des Métiers, par une Société de Gens de Lettres, Amsterdam und Paris 1751-80, Stichwort Dessein, Tafel 4 im 3. Tafelband

‚Schau', sagte er, ‚hier ist genau das, was uns bei den Seen fehlte'." Bald darauf entstand jenes elegante und höchst nützliche kleine Instrument, die Camera Lucida.[17]
Trotz ihrer Einfachheit ist das Prinzip der Camera Lucida etwas weniger intuitiv und daher schwieriger zu verstehen als das der Camera Obscura. Das Instrument besteht aus einem winzigen Prisma, das am oberen Ende eines teleskopähnlichen Rohrs befestigt ist, welches an einem Ende an den Zeichentisch geklemmt wird. Der Zeichner stellt sich so hin, daß er auf den Tisch herabschaut, wobei sein Auge das Prisma fast berührt. Wenn man direkt in die obenliegende Fläche des Prismas schaut, sieht man das, was sich vor der Camera befindet. Wenn das Auge genau an den Rand des Prismas geführt wird, sieht ein Teil der Pupille das Abbild der Natur durch das Prisma, und ein anderer Teil der Pupille schaut an dem Prisma vorbei auf das unten liegende Zeichenpapier. Im Gehirn werden diese beiden Bilder zusammengefügt. So wird der Eindruck vermittelt, daß sich ein lebendiges und realistisches, doch durchsichtiges Abbild der Natur auf dem Zeichenpapier befindet. Mit geschickter Hand kann man das Abbild nachzeichnen. Es ist ein ätherisches, virtuelles Abbild, das im Raum geschaffen wird, ohne daß Licht projiziert wird. Wer neben dem Künstler steht, sieht nichts (was ohnehin häufig der Fall ist).
Die Camera Lucida hat mehrere Vorteile gegenüber der Camera Obscura. Sie paßt in jede Manteltasche. Anders als Linsen, deren komplexe, gewölbte Oberflächen viele Formen der Verzerrung verursachen, verzerren die flachen Oberflächen von Prismen das Abbild überhaupt nicht – eine besonders günstige Eigenschaft beim Kopieren geometrischer Formen, etwa Gebäude. Das Prisma hat keinen Fokussierungspunkt. Das gesamte Abbild erscheint überall gleich scharf. Es kann jedoch ein verunsicherndes Wahrnehmungsproblem auftreten. Sir David Brewster bemerkte, „daß die Photographie sich erheblich von jeder Skizze, die der Künstler selbst angefertigt hat, aufgrund bestimmter optischer Täuschungen, denen das Auge ausgesetzt ist, unterscheidet. Berge und andere senkrechte Linien in der Ferne werden in der Photographie niedriger erscheinen als in der Skizze... Sir Francis Chantrey, der berühmte Bildhauer, zeigte mir vor vielen Jahren ein Skizzenbuch, das zahlreiche Zeichnungen enthielt, die er mit der Camera Lucida gemacht hatte, während er von London über den Lake District nach Edinburgh fuhr. Er zeigte mir, wie flach und niedrig die Berge wirkten, die seinen Augen viel höher erschienen waren. Dennoch gaben ihm die Abbildungen eine Vorstellung von der Höhe. Um diese Auffassung experimentell zu überprüfen, ließ ich Zeichnungen der drei Eildon-Berge gegenüber meinem Wohnhaus am Fluß Tweed durch einen erfahrenen Künstler anfertigen und war überrascht, eine bemerkenswerte Bestätigung der Beobachtung von Sir Francis Chantrey zu erhalten, als ich die gezeichneten Berge mit ihren realen Vorbildern verglich."[18]
Trotz der Diskrepanz zwischen dem, was wir zu sehen glauben, und dem, was tatsächlich in der Natur vorkommt, war die Camera Lucida nach ihrer kommerziellen Einführung im Jahre 1807 ein Instrument, das Architekten, Künstler und andere bei ihrer Arbeit begleitete, die Bedarf an Abbildern hatten sowie die Fertigkeit, sie zu benutzen.[19] Sie wurde im 19. und 20. Jahrhundert häufig hergestellt und wird noch immer in gewissen zeichnerischen Fachgebieten benutzt.
Wenn wir bedenken, daß die endgültige Form der Camera Obscura den ersten photographischen Kameras sehr ähnlich sah, und wenn man zudem bedenkt, daß die Camera Lucida kein wirkliches Abbild auf das Papier projiziert, so erstaunt es, daß die Photographie, wie wir sie kennen, tatsächlich auf Wollastons Erfindung zurückgeht. Und wieder richten wir den Blick nach Italien. Im Jahre 1833 hielt sich William Henry Fox Talbot mit seiner Frau, seinen Schwestern und anderen Familienmitgliedern an den Ufern des Comer Sees auf. Wie für die Damen dieser Zeit typisch, waren seine Begleiterinnen geschickte Zeichner und Maler und hielten die Szenerie gern in Zeichnungen fest. Talbot, ein brillanter, vielseitig begabter Naturwissenschaftler, konnte überhaupt nicht zeichnen. Er hatte vor, die Camera Lucida, die er seit

Jahren mit sich trug, zu nutzen, in der Hoffnung, daß die Wissenschaft der Optik seinen Fertigkeiten zu Hilfe käme. Aber als sein „Auge sich vom Prisma entfernte – in dem alles wundervoll aussah –, stellte ich fest, daß der treulose Bleistift nur Spuren auf dem Papier hinterlassen hatte, die erbarmungswürdig anzuschauen waren. Nach mehreren fruchtlosen Versuchen legte ich das Instrument beiseite und kam zu dem Schluß, daß sein Gebrauch Vorkenntnisse im Zeichnen erforderte, die ich nicht hatte."

Das Instrument konnte aus ihm keinen Künstler machen. Diese Enttäuschung erinnerte ihn an seine ebenfalls erfolglosen Versuche mit der Camera Obscura, als er ein Jahrzehnt zuvor in Italien zeichnen wollte. Er hatte festgestellt, daß das Abbild „die Geschicklichkeit und Geduld des Amateurs, all die winzigen Details, die auf dem Papier sichtbar sind, zu zeichnen, auf die Probe stellt". Doch Talbot ließ sich verführen von "der unnachahmlichen Schönheit der Bilder, die die Natur malt, die von der Linse auf das Papier projiziert werden – zauberhafte Bilder, Schöpfungen des Augenblicks, deren Schicksal es ist, bald zu verblassen. Während dieser Gedanken kam mir die Idee ..., wie reizvoll es wäre, wenn man es bewirken könnte, daß diesen natürlichen Abbildern Dauerhaftigkeit verliehen und sie auf dem Papier fixiert werden könnten! Und warum sollte das nicht möglich sein, fragte ich mich."[20]

Trotz seiner zeichnerischen Grenzen war Talbot ein äußerst phantasievoller Mensch. Er gelangte rasch zu dem Schluß, daß das Abbild, das in der Camera Obscura gebildet wurde, nichts anderes als eine Folge von unterschiedlichen Helligkeitsgraden ist. Da er wußte, daß das Licht auf bestimmte Materialien physikalisch einwirkt, gelang es ihm innerhalb weniger Monate, Silbersalze als besonders lichtempfindliche Substanz zu ermitteln. Ironischerweise gelangen seine ersten Experimente – und seine ersten Erfolge – ohne die Hilfe einer Kamera. Die Linse ließ für seine frühen Materialien zuwenig Licht durch. Talbots erste Bilder waren Photogramme, sie entstanden dadurch, daß Gegenstände direkt auf lichtempfindliches Papier gelegt und so ihre Schatten festgehalten wurden.

Obwohl dieser Prozeß die Grundlage aller angewandten Photographie werden sollte, war Talbot nicht der erste, der die Erfindung der Photographie öffentlich machte. Im Jahr 1839 präsentierte der französische Schausteller Louis Jacques Mandé Daguerre diese sensationelle neue Kunst einer staunenden Welt. Ein Großteil seines Erfolgs basierte auf der Arbeit seines verstorbenen Partners Joseph Nicéphore Niépce.[21] Auch wenn beide vor allem wegen ihrer Beiträge zur Photographie berühmt wurden, so haben sie doch wesentlich auch zur Entwicklung der Camera Obscura beigetragen. Daguerre war verständlicherweise stolz darauf. Alphonse Giroux, ein Verwandter seiner Frau, stellte die ersten Photokameras her, und Daguerre bekam einen Teil des Gewinns.[22] Ebenso stolz wie auf die Qualität seiner Bilder war Daguerre auf die Qualität seiner Kamera. Die moderne Photokamera ist ein direkter Abkömmling der ersten einfachen Camera Obscura. Neben Camera Obscura und Camera Lucida gab es in jenen Tagen zahlreiche optische Instrumente, die teils für ernsthafte wissenschaftliche Studien, teils zu Unterhaltungszwecken und oft für eine Mischung aus beidem benutzt wurden. Dennoch spielte kein anderes optisches Gerät eine so große Rolle bei der Positionierung des Bildes und seines Einflusses auf die Gesellschaft. Heute sind wir von Bildern aus den unterschiedlichsten Quellen umgeben und nehmen diesen Effekt als etwas Selbstverständliches hin, wenn wir uns überhaupt dessen bewußt werden. Dieser Effekt muß gesehen werden, damit das magische Moment verstanden werden kann. Glücklicherweise ist dies noch möglich. Öffentlich zugängliche Camera Obscura-Geräte sind heute rar. Noch funktionstüchtige Exemplare gibt es in Edinburgh, Mülheim an der Ruhr und an einigen anderen Orten. Es ist übrigens leicht, sich seine eigene Camera Obscura herzustellen, besonders die einfache Form mit einem improvisierten Guckloch. Wählen Sie einen Raum, der verdunkelt werden kann und nur ein einziges Fenster hat; decken Sie das Fenster mit einer lichtundurchlässigen Platte ab. Dann machen Sie ein Loch etwa von der Größe einer kleinen Münze in diese Platte.[23] Genießen Sie dann die Verschmelzung von Bild und Phantasie.

Abb. 6
CAMERA OBSCURA IM WASSERTURM BROICH IN MÜLHEIM AN DER RUHR 1992
Werner Nekes vor dem Projektionstisch (1,40 m Bildfelddurchmesser) im Inneren der von ihm als Medienkunstwerk konzipierten Camera Obscura mit drehbarem Spiegelkopf, einem um 55° kippbarem Spiegel, einem fokussierbaren Objektiv und einem Objekt- und Bildwinkel von 8°.

Thomas Hensel

Mobile Augen

Pfade zu einer Geschichte des sich bewegenden Betrachters

„Die Kunst spiegelt nicht nur eine bewegtere Welt, sondern ihr Spiegel selbst ist beweglicher geworden." Georg Simmel[1]

„Vermerken wir, daß eine tatsächlich unbewegliche und unabänderliche Haltung des Kopfes im Kino nur dann vorhanden ist, wenn er … auf der Schulter der Geliebten ruht." Sergej Eisenstein[2]

So leidenschaftlich wie brillant argumentierend setzte sich Sergej Eisenstein 1930 in einem berühmt gewordenen Vortrag vor der amerikanischen Filmakademie in Hollywood für seine Idee eines „dynamischen Quadrats" ein und gedachte in diesem Zusammenhang auch der Geliebten eines Kinogängers. Durch das Aufkommen des Breitwandfilms sah sich der russische Regisseur und Filmtheoretiker herausgefordert, mit Aplomb gegen die festgelegten Proportionen der Leinwandbegrenzung zu votieren zugunsten eines variabel unterschiedlichen Motiven anzupassenden Formats, das er das „dynamische Quadrat" nannte. Den Befürwortern der ausschließlich in die Breite gehenden Leinwand, die unter anderem wahrnehmungsphysiologisch mit einer Prädisposition der Augenmuskulatur für Horizontalbewegungen argumentierten, hielt Eisenstein *„die Dynamik der Wahrnehmung"*[3] entgegen, deren umfassende Körpergebundenheit: Nicht nur die Augen bewegten sich, sondern auch der Kopf, und zwar bevorzugt in der Vertikalen, womit die Augenbewegung kompensiert werde. Stillgestellt, so pointierte er seine Argumentation, werde der Kopf nur durch die Schulter der Geliebten.

Die Betonung der Dynamik von Wahrnehmung im Sinne ihrer Körpergebundenheit hebt einen Aspekt ins Bewußtsein, der in Untersuchungen, die sich mit der Vor- und Frühgeschichte des Mediums Film befassen, nicht selten ausgeblendet wird. Gerade in jüngster Zeit hat sich das Wissen um protokinematographische Effekte[4] und die sogenannten Vorläufermedien des Films infolge eines zunehmenden Interesses an medienarchäologischen Fragestellungen beträchtlich ausdifferenziert und in Kompendien gebündelt.[5] Während diese bevorzugt die Entwicklungen von Frühformen des bewegten Bildes in den Blick nehmen, soll hier im Gegenzug dem sich bewegenden Betrachter und seiner Bedeutung für eine Geschichte filmischer und quasifilmischer Wahrnehmung nachgegangen werden. Seitens der Rezeptionsästhetik ist grundsätzlich festgehalten worden, daß „der Betrachter (…) mehr als sein Auge [mobilisiert], wenn er sich dem Kunstwerk nähert".[6] Bereits in den Raumtheorien August Schmarsows tritt uns ein Rezipient entgegen, der zu einem vollwertigen Gegenüber des Artefaktes aufgewertet wird, da er „immerhin schon über einen Körper verfügte und zwar über einen beweglichen".[7] Sein zentraler Sinn ist nicht mehr nur das entkörperlichte Auge, sondern eine synästhetische Verschaltung aller Wahrnehmungsorgane, die beim Abschreiten etwa eines Gebäudes dieses erst wahrnehmbar und erfahrbar machen. So kommt die Tätigkeit des Rezipienten einer aktiven, „schöpferische[n] Auseinandersetzung"[8] mit seiner Umgebung gleich, die wesentlich zu einer Wahrnehmung kinematographischer Effekte führen kann. Die Tatsache, daß ein Betrachter seine Umwelt „nicht allein mit den Augen [sieht], sondern mit den Augen im Kopf auf den Schultern eines Körpers, der sich umherbewegt"[9], läßt für den hier thematisierten Zusammenhang das Fehlen einer Überblicksdarstellung, die den sich bewegenden Betrachter in ihr Zentrum stellte, um so mehr ins Gewicht fallen.[10] Wenn im folgenden einige exemplarische historische Szenarien kinästhetischer Wahrnehmung skizziert werden, will diese Sammlung weder genealogisch argumentieren noch die wahrnehmungsphysiologischen und -psychologischen Implikationen eines so verstandenen Sehens verhandeln oder gar die Unterschiede zwischen filmischer und kinästhetischer Wahrnehmung durch oberflächliche Analogiebildungen nivellieren. Vielmehr möchte sie das Forschungsinteresse auf Pfade lenken, an deren Ende die Erkenntnis steht, daß eine Historiographie des Protokinematographischen wesentlich unvollständig bleibt, wenn ihr Fragen sich lediglich auf Sehapparate konzentriert und die ‚Apparatur', die dieses Sehen buchstäblich inkorporiert, außer acht läßt.

Anamorphosen – Die Dynamisierung der Wahrnehmung

Soweit heute nachweisbar, taucht die Bezeichnung „Anamorphose" 1657 zum ersten Mal in Kaspar Schotts Traktat „Magia universalis naturae et artis" auf. Der aus dem Griechischen stammende Begriff („Umformung") bezeichnet die deformierte Darstellung eines Motivs auf der Grundlage perspektivischer Gesetzmäßigkeiten.[11] „Die etymologische Herkunft des Wortes weist schon darauf hin, daß der Betrachter selber tätig sein und das Bild selbst zurückformen muß."[12] Das Motiv erscheint von einem zentralen oder frontalen Betrachterstandpunkt aus als verzerrt; erst durch eine Verlagerung des Standpunktes wird die anamorphotische Darstellung von einer genau festgelegten Sehposition aus entzerrt und entzifferbar. Möglich ist diese Entzerrung, weil sowohl die Anamorphose als auch die zentralperspektivische Darstellung nach denselben exakten geometrischen Regeln konstruiert ist. Erste Experimente mit anamorphotischen Perspektiven führte schon Ende des Quattrocento Leonardo da Vinci durch, der seine Beschreibung einer Anamorphose in den Kontext von Überlegungen zur linearperspektivischen Konstruktion stellte. War die Zentral- oder Linearperspektive ein Instrument, das durch seine rationale, in Mathematik gründende Gesetzmäßigkeit dem Menschen eine kontrollierte Beherrschung der Natur zusprach und mit der „apriorischen Funktion des Augenpunktes"[13] als dem Ursprung der Konstruktion das betrachtende Subjekt im Zentrum des perspektivischen Verfahrens inthronisierte, forcierte die Anamorphose dieses System bis an seine Grenzen und hob es gleichsam aus seinen Angeln. Indem sie den Betrachter aus seiner idealen Position im Zentrum der perspektivischen Konstruktion drängte, stiftete die Anamorphose die Einsicht, daß jedes Erkennen notwendig an einen Standort gebunden ist, der stets nur einer unter vielen möglichen ist. Die Erkenntnis, daß ein und dasselbe Regelwerk Formation wie Deformation bedingen konnte und ein Wechsel der Perspektive immer Klärung und Verunklärung zugleich bedeutete, demonstrierte die Relativität der menschlichen Wahrnehmung und setzte der Illusion ihrer Natürlichkeit das Wissen um ihre Konstruiertheit entgegen.

Ihre größte Popularität und massenhafte Verbreitung erlangte die Anamorphose im Verlauf des 18. Jahrhunderts. In Serien gedruckt auch breiteren Bevölkerungsschichten zugänglich, wurde sie vorrangig als eine wissenschaftliche Kuriosität und künstlerische Fingerübung zur so amüsanten wie belehrenden Unterhaltung betrachtet. Zu einer Modeerscheinung, einem

Abb. 1
OPTISCHE KONSTRUKTION EINER ZYLINDERANAMORPHOSE
Aus: Mario Bettini, Apiaria Universae Philosophiae Mathematicae, Bologna 1642, 5. Teil, S. 7

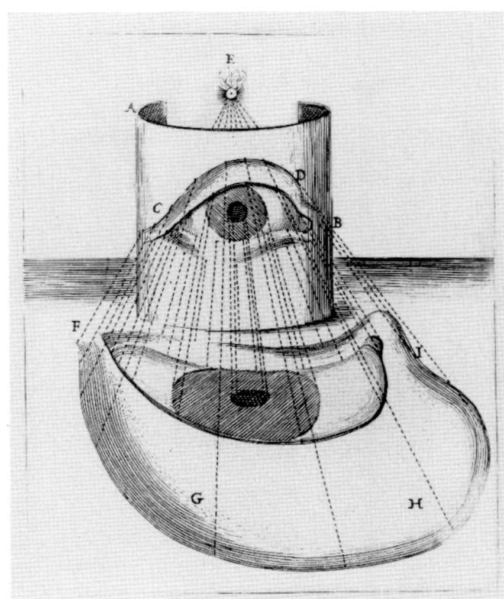

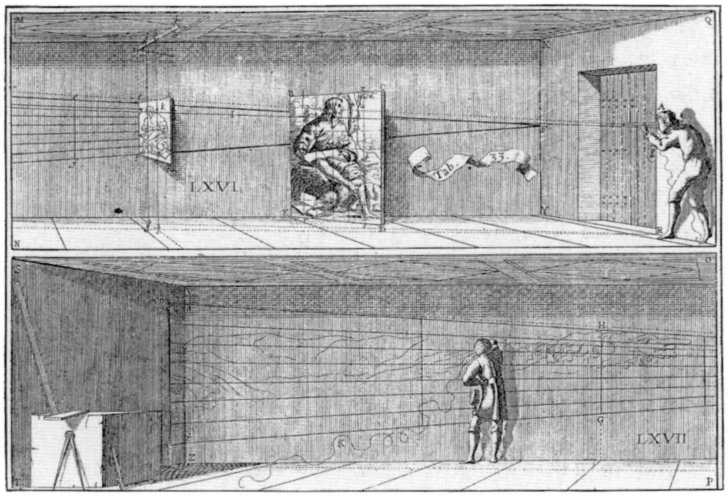

Abb. 2
LÄNGENANAMORPHOSE,
in: Jean François Nicéron, La Perspective Curieuse. Avec L'Optique et la Catoptrique du Mersenne, Paris 1663, Tafel 66 und 67

beliebten Spielzeug avancierten vor allem katoptrische Anamorphosen, die eines zylindrischen, konischen oder pyramidalen Spiegels bedürfen, um enträtselt werden zu können (Abb. S. 68–77). Dem Zeitgeschmack entsprechend waren es oftmals galante Szenerien, geheimzuhaltende erotische und anstößige Sujets, um die das dialektische Spiel von Ver- und Enthüllen kreiste. Verglichen mit den philosophisch und theologisch aufgeladenen Vorgängerformen aus dem 17. und 16. Jahrhundert stellten die miniaturisierten Spiegelanamorphosen des 18. Jahrhunderts nurmehr vor allem spielerisch die virtuose Beherrschung perspektivischer Konstruktion zur Schau.[14]

Zuvor waren der Anamorphose im 17. Jahrhundert intensive und extensive wissenschaftliche Studien gewidmet worden. Protagonisten jener szientifischen Auseinandersetzung waren Emmanuel Maignan und Jean-François Nicéron. Nicérons 1638 in Paris erstmals publizierter Traktat „La perspective curieuse ou magie artificielle des effets merveilleux" kann in seinem Facettenreichtum als das bedeutendste Werk zur Anamorphose gelten (Abb. S. 64).[15] Der Angehörige des Ordens der Minimen reflektierte in ihm nicht nur verschiedenste Verzerrungen und Deformationen etwa von Porträts, sondern faßte auch raumgreifende Projektionen ins Auge. So zeigt eine zweiteilige Illustration die Konstruktion eines Bildes von Johannes auf Patmos, das als Anamorphose auf eine Wandfläche aufgebracht wird (Abb. 1). Insgesamt drei solcher in Ordensklöstern tatsächlich ausgeführten Kompositionen Nicérons sind bekannt, allerdings ist keine davon erhalten geblieben. Auf seinen Ordensbruder, den Theologen und Mathematiker Maignan, geht das einzige heute noch erhaltene anamorphotische Fresko auf der Wand eines circa 20 Meter langen Ganges im Kloster SS. Trinità dei Monti in Rom zurück (Abb. S. 66). Vom richtigen Standpunkt aus betrachtet, zeigt es den Gründer des Ordens der Minimen, den hl. Franziskus von Paolo, betend unter einem Olivenbaum. Geht man auf das Wandgemälde zu, verschwimmen die Formen des Heiligen, und zwischen dem Lineament, das zuvor als seine Kutte erschienen war, wird die Meerenge von Messina sichtbar, die der „Thaumaturgus", der Wundertäter, auf seinem Mantel überquert.[16]

Die experimentelle Erprobung anamorphotischer Verfahren erschütterte das Verständnis der linearen Perspektive als eines Repräsentationssystems, das eine verläßliche Welterkenntnis verbürgt. In der Anamorphose fand sich nun ein postkopernikanisches Bewußtsein in seinem vor allem durch Descartes beflügelten Zweifel an dem Wirklichkeitsgehalt der durch die Sinnesorgane vermittelten Wahrnehmungen wieder. Die anamorphotische Perspektive demonstrierte den Augenschein als Augentrug und unterminierte ein Wissen, das auf Ähnlichkeitsbeziehungen aufgebaut hatte. Mit der epistemologischen Sensibilisierung gingen theologische Reflexionen über die Möglichkeitsbedingungen einer Erkenntnis des göttlichen Heilsplans Hand in Hand. Auch diesbezüglich galt es eine Sehweise zu propagieren, die wie im Fall der Anamorphose des hl. Franziskus von Paolo dem Oberflächenschein mißtraute.

Mit der wohl berühmtesten Anamorphose war bereits im 16. Jahrhundert die erkenntnistheoretische Einsicht in die Notwendigkeit einer steten Veränderung des eigenen Standpunktes manifest geworden, die der Betrachter erstmals auch körperlich zu vollziehen hatte. Hans Holbeins d. J. im Jahr 1533 gemaltes Doppelporträt „Jean de Dinteville und Georges de Selve" („Die Gesandten") gilt der Kunstgeschichtsschreibung als eines ihrer rätselhaftesten Objekte (Abb. 3). Vielfältig und mitunter kontrovers gedeutet – als überbordende Vanitas-Darstellung oder humanistisches Lehrstück, als staatspolitische Propaganda oder Signet eines in Texturen schwelgenden Künstlerstolzes, um nur einige Deutungen zu nennen[17] –, weist es zuvorderst die irritierende Anamorphose eines Totenschädels auf, die als Schlüssel zum

Abb. 3
HANS HOLBEIN D.J., „JEAN DE DINTEVILLE UND GEORGES DE SELVE" (DIE GESANDTEN),
1533, Öl auf Eichenholz, 207 x 209,5 cm, London National Gallery

Verständnis des Bildes betrachtet werden kann. Indem Holbein zwei perspektivische Systeme miteinander verschränkte, thematisierte auch er, wie ein halbes Jahrhundert vor ihm bereits Leonardo da Vinci, die dialektische Beziehung zwischen costruzione legittima und Anamorphose. Für eine Reflexion dieser Beziehung spricht bereits die Betonung der Kunst mathematisch exakt konstruierter Perspektive nicht nur durch die Gesamtwirkung des Gemäldes als trompe l'œil, sondern auch vermittels der vielgestaltigen Instrumente, die wie die Globen, aber auch die Laute, in zahlreichen zeitgenössischen Lehrbüchern einer Exemplifizierung der Projektionsmethode dienten. Es sind gerade jene wissenschaftlichen Instrumente, „Monstration[en] einer Welt des Scheins"[18], welche die Unmöglichkeit einer einsinnigen Präzisierung der Bildbedeutung nahelegen. So wie sich die meisten der von ihnen angezeigten Daten und Uhrzeiten widersprechen,[19] gibt es im übertragenen Sinne auch keine einheitliche Skala, auf welcher der Sinn des Gemäldes eindeutig festgelegt werden könnte. Genau hier kommt die Verkehrung der zentralen Perspektive in Form der Anamorphose zum Zug. Analog den wissenschaftlichen Instrumenten demonstriert auch sie die Notwendigkeit unablässiger Standortveränderungen, und zwar auf formaler, bildmedialer Ebene. Damit bietet sich in Hinblick auf den Bildgehalt die Polysemie an sich als die das Gemälde tragende Sinnschicht an. Ist doch die einzige Deutung, die folgerichtig aus der annähernden Gleichwertigkeit der bislang gewonnenen Einzeldeutungen resultiert, die der Vieldeutigkeit. Für Holbein ist die Variabilität des Betrachterstandpunktes im buchstäblichen eine optische und im übertragenen Sinne eine hermeneutische conditio sine qua non. So wie sich der Betrachter vor dem Bild tatsächlich hin- und herbewegen muß, um es visuell erfassen zu können, muß er auch eine intellektuelle Beweglichkeit an den Tag legen, welche ihn die Vielzahl möglicher Interpretationen finden und anerkennen läßt, um das Bild semantisch angemessen aufschlüsseln zu können. Dank einer Anamorphose erweist sich Holbeins Doppelporträt gleichsam als eine Allegorie der Allegorie, mithin als eine sehr moderne Reflexion über die Relativität und Unabschließbarkeit des hermeneutischen Prozesses.

Holbeins Todesbild sollte eine wegweisende Rezeption erfahren: Um 1525 hatte der spätere Hofmaler des englischen Königs szenische Bilder eines Totentanzes entworfen, die gelegentlich mit seinem Doppelporträt zusammengesehen werden (Abb. 4). Ausgehend vom traditionellen Totentanz, der vor Augen führte, daß die Menschen aller Stände gleichermaßen vom Tod ergriffen werden (Abb. S. 294), zerlegte er indessen den Reigen in eine Folge einzelner Szenen.[20] Interessanterweise hat sich aus dem Jahr 1659 eine Zeichnung von Christiaan Huygens erhalten, die sich dem Studium der Totentänze, speziell dem Holbeins, verdankt (Abb. 5).[21] Wie Holbeins Astronom wird hier der Betrachter ebenfalls mit einem Knochenmann konfrontiert, der, mit einem zweiten Schädel spielend, die Lebenden zu verspotten scheint. Noch bemerkenswerter jedoch ist die Tatsache, daß es sich bei der Zeichnung um einen Entwurf für die Bemalung scheibenförmiger Glasbilder handelt, die durch eine Laterna Magica projiziert werden konnten.[22] Der holländische Astronom und Mathematiker Huygens gehörte zu einer Avantgarde, die schon früh mit dem neuen Medium zu experimentieren begonnen hatte. Hierfür Vanitas-Darstellungen etwa in Gestalt von Totengerippen einzusetzen, war keineswegs ungewöhnlich, wurde doch die Wirkungsmacht des neuen Apparates bevorzugt mittels der Projektion eines Dämons oder Knochenmannes, einer Ikonographie des Untoten, veranschaulicht. Infolge des dispositiven Arrangements, der dislozierenden Dunkelheit des Zuschauerraumes sowie des körperlosen Spiels von Licht und Schatten war das Medium geradezu prädestiniert für Darbietungen, die eine suggestive und magische Wirkung entfalten sollten.[23] Einfache Animation, in der Zeichnung durch gepunktete Linien angedeutet, vermochte es, die Toten tanzen und lebendig erscheinen zu lassen. Hatte Holbein den Totentanz in einzelne Szenen zerlegt, gelang Huygens mit Hilfe eines neuen Mediums deren erneute Zusammensetzung und, was noch bedeutsamer war, die Animierung der Toten.

Indica mihi si nosti omnia. Sciebas quòd nasciturus esses, & numerum dierum tuorum noueras?
IOB XXVIII

Tu dis par Amphibologie
Ce qu'aux aultres doibt aduenir.
Dy moy donc par Astrologie
Quand tu deburas a moy uenir?

Abb. 4
„DER TOD DES ASTRONOMEN"
in: Les simulachres & historiees faces de la mort, Lyon 1538 (Entwurf des Holzschnittes von Hans Holbein d.J., ca. 1525), aus: The Dance of Death by Hans Holbein the Younger. A Complete Facsimile of the Original 1538 Edition of Les simulachres & historiees faces de la mort, New York 1971

Abb. 5
CHRISTIAAN HUYGENS
Entwurfszeichnung für die Bemalung scheibenförmiger Glasbilder für eine Laterna Magica, 1659, aus: Laurent Mannoni/ Donata Pesenti Campagnoni / David Robinson (Hg.), Light and Movement, Incunabula of the Motion Picture 1420-1896, Gemona 1995, S. 55

Abb. 6
Propaganda-Karikatur gegen den deutschen Militarismus im Stile des berühmten „Teppichs von Bayeux“ als Faltpanorama,
John Hassall, Ye Berlyn Tapestrie: Wilhelm's Invasion of Flanders, London 1916, 13 x 495 cm

Sacri Monti und Beltrings, Zugkollisionen und Geisterbahnen – Die Mobilisierung der Wahrnehmung

Das Bewußtsein von der Körpergebundenheit menschlicher Wahrnehmung ist mindestens so alt wie die frühesten raumgreifenden Artefakte. Sieht man einmal von dem herausragenden Beispiel der Architektur ab, vermag schon die Gattungsgeschichte des Bildfrieses das Sehfeld entsprechend zu weiten. Der die Cella des Parthenon umgürtende gleichnamige Fries in Athen, die spiralförmigen Reliefbänder der Säulen des Trajan und Marc Aurel in Rom und die etwa 70 Meter lange Stickerei des Teppichs von Bayeux, um nur einige wenige europäische Exemplare zu nennen, geben eine Vorstellung davon, daß ein Betrachter seine Umwelt stets mit „Augen-im-Kopf-auf-einem-Körper-unterstützt-durch-den-Boden“[24] wahrnimmt. Noch eine 1916 gefertigte, Wilhelm II. karikierende Paraphrase des Teppichs von Bayeux in Form eines auf Pocketformat gestauchten Leporellos, das ausgefaltet immer noch circa fünf Meter mißt und nicht auf einen Blick erfaßbar ist, unterstreicht diesen Sachverhalt eindrücklich (Abb. 6).

Als eine Art von expandierten Bilderfriesen lassen sich auch die sacri monti verstehen, welche die Mobilisierung des Auges in der Frühen Neuzeit vorantrieben. Die sacri monti oder „Heiligen Berge“ bezeichnen eine Gruppe von Wallfahrtszielen, die zwischen dem 15. und 17. Jahrhundert bevorzugt in Oberitalien entstanden. Ende des 15. Jahrhunderts wurde als erster sacro monte derjenige von Varallo angelegt, dem erst um die Wende vom 16. zum 17. Jahrhundert in den benachbarten Orten Nachahmungen folgten, die sich in ihrer formalen Anlage an sein Vorbild anlehnten. So entstand ab 1604 in Varese einer der bedeutendsten Heiligen Berge, dessen Kapellen der Jungfrau Maria und den fünfzehn kanonischen Stationen des Rosenkranzgebetes gewidmet sind (Abb. 7).[25] Charakteristischerweise sind die sacri monti auf einem erhöht über der Landschaft liegenden Areal angelegt, mit Kapellenbauten entlang eines Stationenweges, der entweder über eine verbreiterte Hügelkuppe oder zur Spitze eines Berges führt. Die dreiseitig geschlossenen Kapellenbauten mit einem oder zwei Räumen stehen meist frei. Dabei fungiert jeweils eine Kapelle als Ort der Darstellung einer Episode aus einem Zyklus christlicher Mysterien. Annähernd lebensgroße, betont realistische Figurengruppen werden in ihrer Thematik an den Wänden der Kapellen in Form von Fresken und bisweilen Reliefs illusionistisch fortgesetzt und ergänzt. Durch die Aneinanderreihung der Kapellen, ähnlich derjenigen von Perlen eines Rosenkranzes, werden die Episoden zu einer chronologisch fortlaufenden, gelegentlich rhetorisch gedehnten oder gerafften Erzählung verknüpft, welcher der Pilger und Betrachter folgt.[26]

Um eine überzeugende Fiktion des Heiligen Landes in der Heimat und einen heilstechnisch relevanten Ersatz für eine wirkliche Pilgerfahrt nach Palästina zu schaffen, mußte die Identifikation des Pilgers mit der Darstellung befördert werden. Zwecks Steigerung der compassio galt es die physische und psychische Involvierung des Betrachters in das dargestellte Geschehen zu ermöglichen. So kamen illusionistische Ausdrucksmittel zum Einsatz, welche Effekte erzeugten, die denjenigen des Films nicht unähnlich sind. Zu den Charakteristika eines Erlebens von Film werden gemeinhin die perzeptuelle Dislozierung des Betrachters, das Ersetzen äußerer Realität durch ein kontrolliertes Setting und Verschiebungen in Identität sowie Räumlichkeit und Zeitlichkeit gezählt. Durch eine ausgefeilte Kombination und Verschleifung bildnerischer Gattungen wie Malerei, Skulptur, Architektur, aber auch Landschaft versuchten auch die Konzepteure der sacri monti, jene Effekte ins Werk zu setzen. Die Wahl des Materials – unter anderem bemalte Terrakotta, in die realistische Details wie Augen aus Glaspaste oder echtes Haar eingesetzt wurden – und eine bis zur Drastik gesteigerte Mimik und Gestik der Figuren gewährleisteten eine nahezu greifbare Vergegenwärtigung des Geschehens. Und die Verschmelzung von Bild- und Realraum etwa durch dreidimensional aus freskierten Bildflächen heraustretende skulpturale Elemente – eine Technik, wie sie während des 19. Jahrhunderts im faux terrain des Panoramas erneut Verwendung finden sollte – sorgte für ein scheinbares Zusammenfallen von Zeit und Raum des Betrachters und der Darstellung. Infolge einer szenischen Gestaltung der Figurengruppen wurde dem Betrachter suggeriert, „die Figuren als lebendige, agierende Verkörperung ihrer Rolle im Drama zu sehen und nicht als statuarische Ausdrucksmittel“. Obwohl die sacri monti auf die Verwendung beweglicher Figuren oder Automaten ebenso wie auf den Einsatz beweglicher Bühnenprospekte verzichteten, erschien das dargestellte Ereignis als „momentan“[27].

Neben rezeptionsästhetischen Aspekten zeigen auch produktionsästhetische Facetten der sacri monti Gemeinsamkeiten mit dem Medium Film, die hier nur angedeutet werden können. Die narrative Bildordnung, das sequentielle Erzählprinzip der miniaturisierten Pilgerwege, erinnert entfernt an die lineare Codierung eines Filmstreifens, wobei im Gegensatz zum Film im Fall der sacri monti die Bildersequenz zwar in der Regel eine einsinnige Linearität aufweist, nicht aber selbst bewegt wird, sondern komplementär dazu eines sich bewegenden Betrachters bedarf. Nicht nur wurde häufig über die Wand einer Kapelle hinweg ein langer Fries geführt, der, um abgelesen werden zu können, eine Betrachterbewegung verlangte. Durch vor allem malerische Inszenierungen perspektivischer, illusionistischer Bezüge zu benachbarten Kapellen wurden streckenweise einzelne Szenen gleichsam zu einem ‚Plot‘ montiert. Dem korrespondierte eine Raumordnung mit oftmals zwei seitlichen Türen in einer Kapelle, die dem Vorbeiziehen des Betrachters entsprachen. So war zumindest in nuce eine zusammenhängende Wahrnehmung distinkter Momentaufnahmen erreicht. Natürlich reichte die Geschwindigkeit, mit der sich die Bildfolge in den Kapellen abschreiten ließ, nicht hin, um dem filmischen Eindruck einer zusammenhängenden, in sich geschlossenen Bewegung auch nur nahe zu kommen. Darüber hinaus übersteigerten gerade die frühen sacri monti eine quasifilmische Wahrnehmung, indem sie den dreidimensionalen Bildraum und den Betrachterraum ineinander übergehen ließen.

Während beispielsweise in Varallo die Möglichkeit des Rezipienten, den Bildraum auch physisch betreten zu können, noch eine sehr modern anmutende künstliche Realität schuf, die den Betrachter mit sich zu verschmelzen suchte – eine „Illusionshandlung in einem Illusionsraum und einer Illusionszeit“[28] –, wurde bei späteren Inszenierungen wie Varese auf eine architektonische Trennung von Bildraum und Betrachterraum Wert gelegt. Hier sah der Betrachter in einer Vorhalle oder einem Umgang durch ein Fenster auf die Szenerie, die er gleich einem Kinogänger förmlich kadriert wie auf einer Leinwand wahrnahm.

Zugleich differenzierter und komplizierter wurde die Mobilisierung der Wahrnehmung mit den Landschaftsgärten des Absolutismus und der Aufklärung. Grundsätzlich führt Siegfried Giedion am Beispiel Versailles dazu aus: „Im

Abb. 7
FEDERICO AGNELLI, ANSICHT DES SACRO MONTE VON VARESE, 1656,
aus: Il Sacro Monte di Varese, La Quattordicesima Cappella e la „Fabbrica„ del Rosario, o.O. 1990

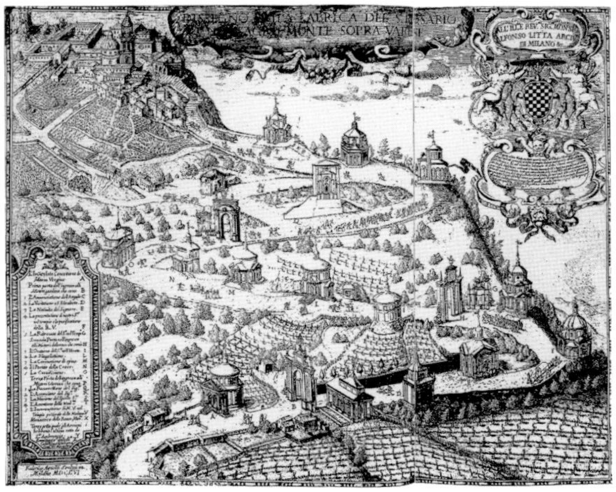

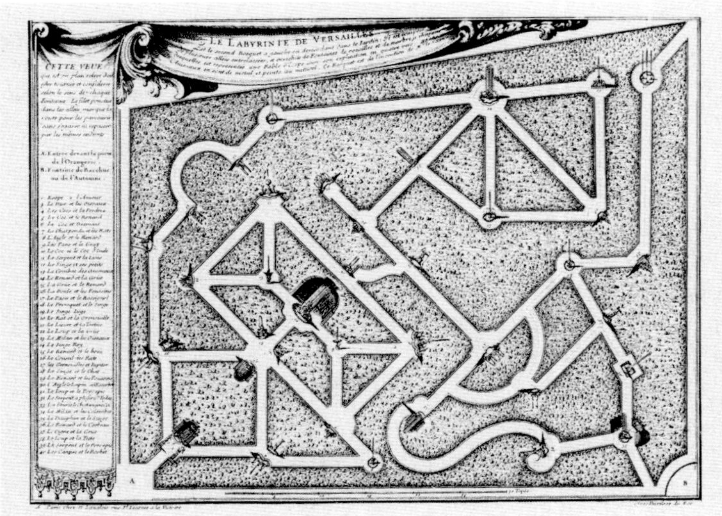

Abb. 8
PLAN DES LABYRINTHS VON VERSAILLES
aus: Franklin Hamilton Hazlehurst, Gardens of Illusion, The Genius of André Le Nostre, Nashville (Tennessee) 1980, S. 102

einzelnen wurde es vollkommen klar, daß die ästhetischen Qualitäten des Raumes nicht begrenzt sind durch die rein optische Unendlichkeit (...). Die Essenz des Raumes, wie er in seiner Vielfalt erfaßt wird, besteht in den unendlichen Möglichkeiten seiner inneren Beziehungen. Eine erschöpfende Beschreibung von einem einzigen Augenpunkt aus ist unmöglich. Sein Aussehen wechselt mit dem Punkt, von dem aus er gesehen wird. Um die wahre Natur des Raumes zu erfassen, muß der Beschauer sich selbst in ihm bewegen."[29] Damit kalkulierend, daß das Gelingen der Anschauung wesentlich von der Bewegung des Betrachters im Raum abhängig ist, richteten die Landschaftsarchitekten die Gestaltungselemente ihrer Gärten auf einen sich bewegenden Betrachter aus. So sind etwa die gartenarchitektonischen Inszenierungen in Versailles von André Le Nôtre, der Traktate wie denjenigen Nicérons für sich auswertete, konkret auf die Bewegung des Betrachters hin konzipiert und nur in dessen schrittweiser Fortbewegung erfahrbar.[30]
Der Königsgarten in Versailles zeichnete sich insbesondere durch sein vielgestaltiges Wegesystem aus.[31] Fast jedes Kompartiment wurde durch eigene Wegformen erschlossen, wobei die mäandernde Wegführung des 1673 vollendeten Labyrinths die auffälligste war (Abb. 8). An den Enden und Kreuzungspunkten seiner Wege standen insgesamt 39 mit Nummern versehene Fontänen mit Tierfiguren, die den Fabeln des Äsop nachempfunden waren. Diese Fontänen verkörperten jeweils, so Charles Perrault in einem zeitgenössischen illustrierten Katalog derselben, eine „moralité galante", was sich als ein elaboriertes ikonographisches Programm deuten läßt.[32] Überlieferte Berichte konkretisieren die Struktur des Ensembles: Nachdem etwa Leonhard Christoph Sturm den Garten von Versailles 1699 besucht hat, bemerkt er über jene Fontänen, daß sie in einer „beliebten Ordnung" stehen und daß an ihnen „Taffeln oder Cartuschen angebracht / darauff der Innhalt und die Numer der Fabel angedeutet sind". Wer jede der Fontänen genau ein einziges Mal passiert habe, und zwar in der geordneten Reihenfolge ihrer Numerierung, habe den rechten Weg durch das Labyrinth gefunden: „Da heisset es nun / daß derjenige sich habe ohne Verirrung hindurch gefunden / der also durchgekommen ist / daß er alle Fontainen / keine ausgenommen / angetroffen hat / und doch zu jeder nur einmahl gekommen ist. Derjenige aber hat auch unter denen / so sich nicht verirren / den Vorzug / der die Fontainen recht nach ihrer Ordnung / wie sie numeriret sind / gefunden hat."[33] Ähnlich wie bei den sacri monti wurde auch im Fall des Labyrinths von Versailles eine „bewußte Kalkulation von zusammenhängenden Wegereignissen in der Raumerfahrung eines sich bewegenden Rezipienten"[34] ausgespielt. Tatsächlich war das gebaute Wegenetz mit dem Ideal-Parcours eines darübergelegten zweiten Netzes aus ausgezeichneten Wegen annähernd identisch, so daß ein wirkliches Verirren im Garten nicht möglich und beabsichtigt war.[35] Damit reihten sich die einzelnen ikonographischen Stationen zu einer sich gleichsam abspulenden, linearen Narration, die allerdings eines Leitsystems bedurfte. Als ein solches fungierte eine bronzene Tafel am Eingang des Labyrinths, welche die Sujets der Fabeln durchnumeriert auflistete. Wie eine „Regieanweisung"[36] führte sie die Schritte des Betrachters durch das ‚Setting' des Labyrinths.
Verfeinert wurde die Auffassung des Betrachters als eines kinästhetischen Subjektes im 18. Jahrhundert. In dem Mitte des Jahrhunderts angelegten Garten des Dichters William Shenstone „The Leasowes" wurde das Wegenetz im wesentlichen auf einen das Grundstück umlaufenden Weg reduziert. Im Binnenraum wurden verschiedene, einem ikonographischen Programm folgende Szenerien durch Zäune oder Hecken voneinander abgegrenzt, wie Theaterkulissen komponiert und als dreidimensionale Bildräume gebaut.[37] Die Szenerien wurden durch eine unterbrochene Vegetation am Wegesrand gerahmt, und der Weg geleitete den

Betrachter von einem festgelegten Anschauungspunkt zum nächsten. So stand der Rezipient auf einer vorgegebenen Position vor Gartenräumen, die zwar eine reale Tiefe aufwiesen, ihm aber als ein zweidimensionales Bild erschienen, gleich der Projektion einer Camera Obscura, derer sich zahlreiche Gartenarchitekten als inszenatorisches Hilfsmittel bedienten.[38]

Weiter gingen die etwas später entstandenen Gärten eines Lancelot Brown oder Humphrey Repton. Auch in ihnen bewegte sich der Betrachter auf einem ringförmigen sogenannten beltring an der Peripherie des Gartens der nach außen von einem Waldgürtel abgeschlossen war, und suchte den Binnenraum des Gartens zu ergründen. Doch wurde hier „eine Art Schnappschußsehen mit deutlich voneinander unterscheidbaren Szenen"[39] wie in „The Leasowes" überwunden. Im Medium des Buches vertraute Repton noch jenem ‚Schnappschußsehen', um etwa den Prince of Wales für seine Umgestaltungspläne zu gewinnen. So zeigen seine 1806 in London erschienenen „Designs for the Pavillon at Brighton" kolorierte Landschaftsprospekte, die als Faltmontagen funktionieren (Abb. S. 257). Die visionierten Parkansichten sind unter aufgeklebten Bildpartien verborgen, die den zeitgenössischen Ist-Zustand wiedergeben. Das einen direkten Vergleich ermöglichende Wegklappen der oberen Bildlage ließ die Vision eines Ideal-Zustandes sich förmlich offenbaren. Anders in den Gartenanlagen selbst: Hier bot eine aufgelockerte Streuung vegetativer und szenischer Elemente entlang des beltring und im Binnenraum dem Auge des sich bewegenden Betrachters eine schnelle Abfolge nur geringfügig voneinander abweichender Bilder und eine Perspektivverschiebung, die fließend war. Damit erhielt der Weg seinen Sinn nicht mehr aus seiner Bezugnahme auf ein ‚objektives' Ziel im Raum im Sinne eines point de vue. Das eigentliche Ziel lag statt dessen im Anschauungsprozeß des Betrachters selbst. Nunmehr war einzig der sich bewegende Rezipient mit den Grenzen seines Sehfeldes der Bezugsrahmen aller Wegeplanungen geworden – in den Worten des Gartenkünstlers: „Der Maler nimmt von einem festgelegten Punkt aus seinen Blick auf; der Gärtner aber überschaut seine Szenerie aus der Bewegung, und selbst von verschiedenen Fenstern der gleichen Hausfront aus sieht er die Dinge in unterschiedlichen Situationen. Für eine genaue Wiedergabe der Landschaftsgestaltung des Gärtners müßte man also Bilder malen mit den Blicken aus jedem einzelnen Fenster und sogar Zeichnungen anfertigen von jedem einzelnen Ort, wie er sich schon bei dem geringfügigsten Stellungswechsel auf der Auffahrt, den Fuß- und Fahrwegen verändert."[40]

Im 19. Jahrhundert begannen motorisierte Vehikel, den Körper zu bewegen, und er wurde Geschwindigkeiten ausgesetzt, die in der Vergangenheit nicht vorstellbar waren und zu einschneidenden Veränderungen überkommener Sehgewohnheiten sowie zu neuen Darstellungskonventionen in der Kunst führten. Mit einer Industrialisierung des Sehens, der massenweisen Produktion von Sehmaschinen, korrelierte eine schockartig verspürte Dynamisierung des Lebens, vor allem durch die Erfahrung der Eisenbahngeschwindigkeit. Die neuen Sensationen steigerten den Appetit auf adäquate Bilder, und begierig kolportierten Karikaturisten die sich zunehmend beschleunigende Mobilisierung der Wahrnehmung. So zeigt ein 1845 in einer Nummer der „Fliegenden Blätter" publizierter Holzstich einen Landschaftsmaler in fliegender Kutschfahrt beim Skizzieren eines Landstriches (Abb. 9). Zwischen den Speichenrädern des Einspänners wirbelt Staub auf; der Fahrtwind hat dem Maler die Mütze vom Kopf gerissen, so daß sein Haarschopf wie ein Fähnchen im Wind flattert. Sein Zeichenblock, den er ob der Geschwindigkeit kaum zusammenzuhalten vermag, zeigt zuoberst eine flüchtige Skizze, die ein fahrig erhaschtes hügeliges Panorama wiedergibt. Indessen scheinen der

Abb. 9
KARIKATUR AUF DEN REISENDEN LANDSCHAFTSMALER
Holzstich, in: Fliegende Blätter, Bd.1, Nr. 10, 1845, aus: Harro Segeberg (Hrsg.), Die Mobilisierung des Sehens, Zur Vor- und Frühgeschichte des Films in Literatur und Kunst (Mediengeschichte des Films, Bd.1), München 1996, S. 175

Abb. 10
C. REINHARDT,
„Nebelbild vom Plauenschen Jrund, auf der Eisenbahn im Vorbeifahren jesehen"
aus: Schultze und Müller in Dresden und in der Sächsischen Schweiz, Humoristische Reisebilder, Berlin 1877

Kontur der Landschaft auf dem Skizzenblatt und das diesem nicht unähnliche Linienspiel der geschwungenen Peitsche in Analogie zueinander gesetzt. Fast hat man den Eindruck, als habe der Maler nicht einen Landstrich eingefangen, sondern die Peitsche selbst, und mehr noch, als schreibe sich die Peitsche, Symbol der gesteigerten Geschwindigkeit, selbst in das Papier ein.

Das Widerfahrnis der Eisenbahngeschwindigkeit resultierte in der Wahrnehmung einer Verflüchtigung der Gegenstandswelt, ihrer Fragmentierung und Entgegenständlichung. Dem verwischten Seheindruck wurden der lockere Strich und die Abstraktion als „Ausdruck des bewegungssüchtigen Jahrhunderts“[41] kongenial. Im Medium der Graphik wurde die durch das Abteilfenster wahrgenommene Umwelt in Form aufgelöster Konturen und paralleler Schraffen anstelle scharf umrissener Objekte wiedergegeben (Abb. 10). Dem Zerstieben der Welt setzte J. M. William Turner 1844 mit seinem Gemälde „Rain, Steam and Speed“ ein Denkmal. In der Tradition eines seit Plinius' Würdigung der antiken Maler Aristeides und Antiphilos[42] immer wieder die Künste herausfordernden Postulats, der Künstler möge Bewegung in unbewegten Medien zu imitieren versuchen und damit die Natur durch die Kunst herausfordern, erschien Turners Gemälde als ein radikales und provozierendes Novum. Wie stark es zu beeindrucken vermochte, illustriert etwa eine anläßlich seiner Ausstellung in der Londoner Akademie erschienene Besprechung aus der Feder William Makepeace Thackerays: Mit „Rain, Steam and Speed“ habe Turner „fast alle früheren Wunder übertroffen. Er hat ein Bild mit wirklichem Regen, hinter dem wirklicher Sonnenschein liegt, gemalt, und man erwartet jeden Moment einen Regenbogen. Unterdessen kommt ein Zug tatsächlich mit fünfzig Meilen auf einen zu, und der Leser wird am besten gleich hineilen, um ihn zu sehen. Sonst wird er aus dem Bild herausstoßen und sich durch die gegenüberliegende Wand davonmachen und Charing Cross hinauffahren.“[43] Ein halbes Jahrhundert später sollte die veristische Illusion eines auf den Betrachter zurasenden Zuges in einem der berühmtesten Filme der Gebrüder Lumière, „Arrivée d'un train à La Ciotat“, einen initialen Moment der Filmgeschichte markieren.

Abb. 11
BLICK AUS DEM FENSTER EINES ZUGES
Filmaufnahme durch einen Lumière-Operateur, 1896, aus: Jacques Rittaud-Hutinet, Auguste et Louis Lumière. Les 1000 premiers films, Paris 1990, S. 143

Im Medium der neuen Reisebilder wurde nicht mehr nur der als besonders pittoresk geltende Ort skizziert, sondern auch völlig unspektakuläre Nicht-Orte wie Fabriken, die nicht zum Kanon des Darstellenswerten zählten. Wie kurz darauf die Kamera zeichneten die Maler alles gleichgültig auf, wobei die Geschwindigkeit ihrer Bildaufnahme hinter derjenigen der Photographie kaum zurückblieb. „Idealiter entstanden dank der rasenden Bildreporter potentiell lückenlose Ansichtenfolgen.“[44] Zurecht ist das panoramatische Sehen des Eisenbahnreisenden, „die neue Wirklichkeit der vernichteten Zwischenräume“, mit der „filmischen Wahrnehmung“[45] verglichen worden. Im gerahmten Blick durch das Abteilfenster eines Eisenbahnwaggons auf die scheinbar in Bewegung versetzte Landschaft, „ein ununterbrochenes filmisches Band“[46], kündigte sich das Sehen bewegter Bilder im Kino an, und die Wahrnehmung en passant beförderte im Betrachter gleichsam „einen inneren Film“[47]. Schließlich wurde der innere Film mit den sogenannten „Moving Movies“, an Zügen angehängten Kinowaggons, exteriorisiert. Während am Abteilfenster Landschaftspanoramen vorbeizogen, gewärtigte der Betrachter in Zugkinos den Fluß der Leinwandbilder. Damit standen reale Bewegung und die filmische Illusion von Bewegung Seite an Seite.

Die ersten Filmpioniere beschränkten sich keineswegs darauf, die Welt mit feststehender Kamera aufzunehmen. Um den Bewegungsausdruck zu steigern, pflanzten die Filmoperateure schon früh ihre Kameras auf die Dächer von Fernzügen und Hochbahnen, auf die Decks von Schiffen oder auch auf Montgolfieren und versetzten auf diese Weise den Bewegungsaufschreiber mitsamt seinen bewegten Bildern selbst in Bewegung.[48] So läßt sich „die bewegliche Kamera als allgemeines Äquivalent aller Fortbewegungsmittel, die sie zeigt oder deren [sic!] sie sich bedient (Flugzeug, Auto, Schiff, Fahrrad, Gehen, U-Bahn …)"[49] verstehen. Diese Kamerafahrten produzierten Bilder, die sich durch genau jene verwischten Konturen auszeichneten, die bereits den aufs Papier geworfenen Zeichnungen aus der Frühzeit der Bahnreise eigen waren (Abb. 10): so das von einem Lumière-Operateur gefilmte „Panorama pris en chemin de fer" (Abb. 11). Die Gier nach der ästhetischen Sensation rauschhafter Bewegung führte so weit, daß mit dem in Szene gesetzten Zusammenstoß zweier Züge auch die Katastrophe kinematographisch ausgeschlachtet wurde. Eine Filmgesellschaft mietete sich ein großes, freies Feld, verlegte einen Schienenstrang von etwa einem Kilometer Länge und ließ zwei ausrangierte Lokomotiven aufeinander zurasen. Pikanterweise war eine Kamera in einem stoßfesten Behältnis direkt an einer der Lokomotiven montiert und konnte, nachdem sie aus den ineinander verkeilten Stahlmassen geborgen war, dramatische Bilder liefern.[50] Dabei performierten ihre Aufnahmen die Verformungen auch medial-bildnerisch: Das Kinopublikum bekam nicht nur Bilder der Deformation, ‚Bilder in Bewegung', zu sehen, sondern veritable ‚Bewegungs-Bilder', deren eigene mediale Ästhetik in einer nie zuvor gesehenen Weise deformiert war. Damit waren Eisenbahn und Kamera förmlich verschmolzen.

Abb. 12
„ELECTRISCHE GROTTENBAHN"
im Wiener Prater, 1898, Postkarte,
aus: Florian Dering, Volksbelustigungen. Eine bildreiche Kulturgeschichte von den Fahr-, Belustigungs- und Geschicklichkeitsgeschäften der Schausteller vom 18. Jahrhundert bis zur Gegenwart, Nördlingen 1986, S. 132

In jenen Jahren fiebrigen Bewegungsdrucks übertrug man die Eisenbahnfahrt über Land auch auf Innenräume. Das sich vermehrende, massenhafte Angebot visueller Reize, dem in der Großstadt der Flaneur mit seinem schweifenden Blick begegnete, und die zunehmenden Probleme, die die Weltausstellungen mit ihrer bislang unvorstellbaren optischen Opulenz der Aufnahmekapazität der Sinnesorgane stellten, zeitigten vielfältige Versuche, die Apperzeptionsfähigkeiten zu mobilisieren. Nicht nur ersann man für die Pariser Weltausstellung von 1900 sogenannte trottoirs roulants, auf Rollen gelagerte, elektrisch angetriebene Gehwege, die den Besucher um das Ausstellungsgelände gleiten ließen.[51] Der Apperzeptionsdruck führte auch zu Vorschlägen einer Installierung von indoor railways bereits im Gebäude der Londoner Weltausstellung von 1851. Hierfür berechnete der Physiker und Mathematiker Charles Babbage offene Eisenbahnwaggons, in welchen die Besucher durch den Kristallpalast hätten bewegt werden können. Mit komfortablen Sitzen ausgestattet, sollten die Wagen mit Gummirädern auf Trassen von acht Fuß Höhe mit einer Geschwindigkeit zwischen einer und drei Meilen pro Stunde entlang der Exponate fahren.[52]
Gebahnte Reisen en miniature sollten um 1900 und in den darauffolgenden Jahrzehnten immer beliebter werden. 1898 eröffnete im Wiener Prater eines der ersten stationären Themenfahrgeschäfte, die selbsternannt „erste elektrisch betriebene Grottenbahn Europas" (Abb. 12).[53] Und im ersten Drittel des 20. Jahrhunderts folgten rasant die beliebtesten Vertreter jener Gattung, die Geisterbahnen, die bis heute nichts von ihrer Attraktivität eingebüßt haben. Während der Betrachter etwa im Landschaftsgarten sich noch weitgehend ungebunden bewegen sollte, werden in den rides à la Disneyland seine Bewegungen präzise durch eine „totale Gestaltung"[54] und hochmoderne Vehikel auf Trassen gesteuert. Es waren wiederum Geisterbahnen, in denen während der zweiten Hälfte des 20. Jahrhunderts mobile Augen und bewegtes Bild zusammentrafen. In sogenannten Filmbahnen fuhren die Fahrgäste an mehreren Projektionsflächen vorbei, auf denen Untote zu sehen waren, die dem ausgelieferten Betrachter Messer oder Spinnen entgegenzuwerfen schienen.[55] Die Geister, die schon Holbein und Huygens gerufen hatten, ließen den Betrachter nicht mehr los.

LA PERSPECTIVE CVRIEVSE
PAR LE P. F. IEAN FRANÇOIS NICERON PARISIEN
DE L'ORDRE DES MINIMES

ANA MOR PHO SEN

KATOPTRISCHE UND DIOPTRISCHE
***ANAMORPHOSEN**
Frontispiz in: Jean François Nicéron,
La Perspective Curieuse
Paris 1663

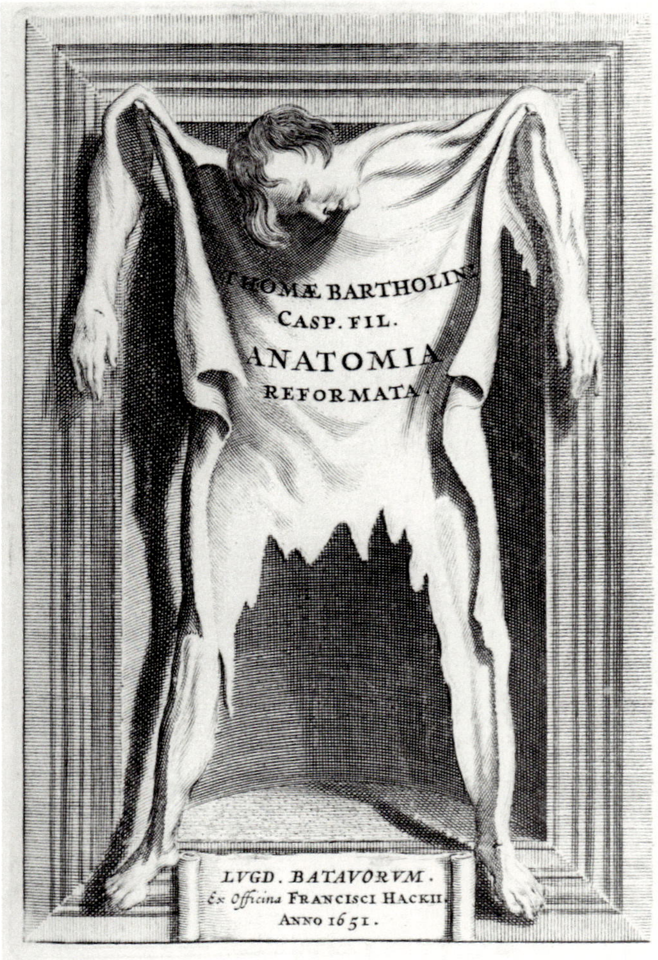

DIE MENSCHLICHE HAUT ALS *ANAMORPHOSE
Frontispiz in: Thomas Bartholin,
Anatomia reformata
Leiden 1651

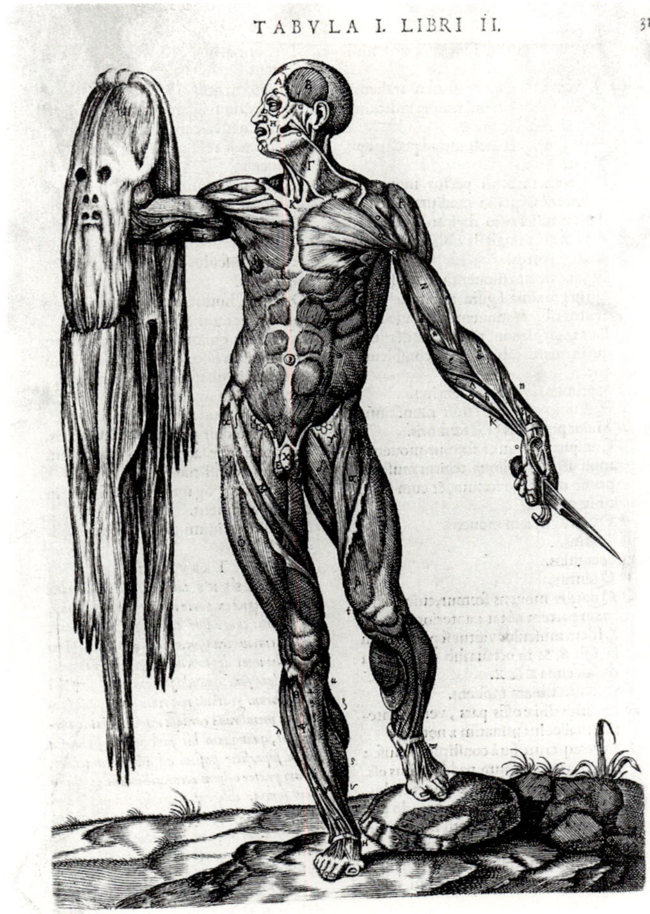

DIE MENSCHLICHE HAUT ALS *LÄNGENANAMORPHOSE
in: Juan Valverde de Hamusco,
Vivae Imagines partium corporis humani aereis formis expressae
Antwerpen 1566, S. 31

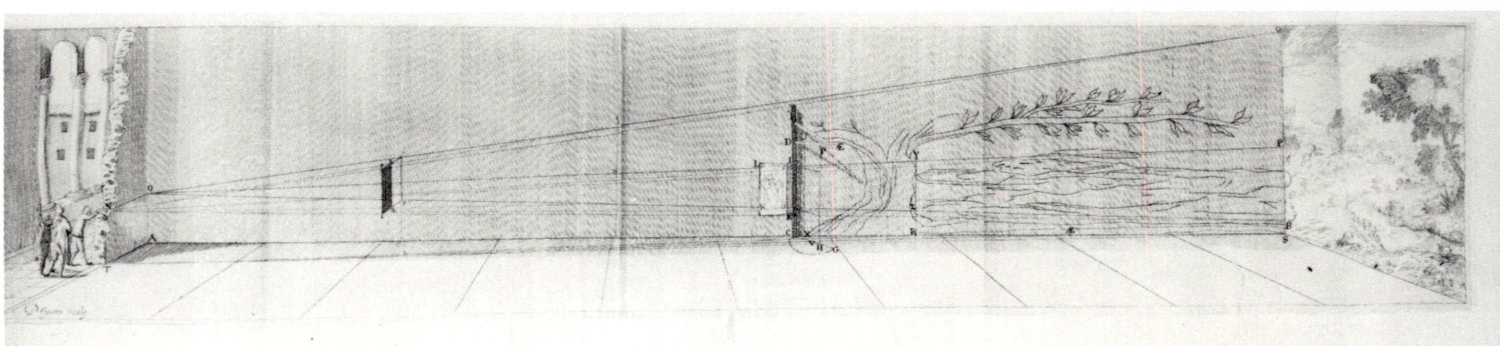

*LÄNGENANAMORPHOSE IM KLOSTER DER MINIMEN
in: Emanuele Maignan, Perspectiva Horaria
Rom 1648, S. 444

GEHEIMES PORTRAIT VON CHARLES I.
***Längenanamorphose**
Öl auf Leinwand
58 x 15 cm
England, um 1650

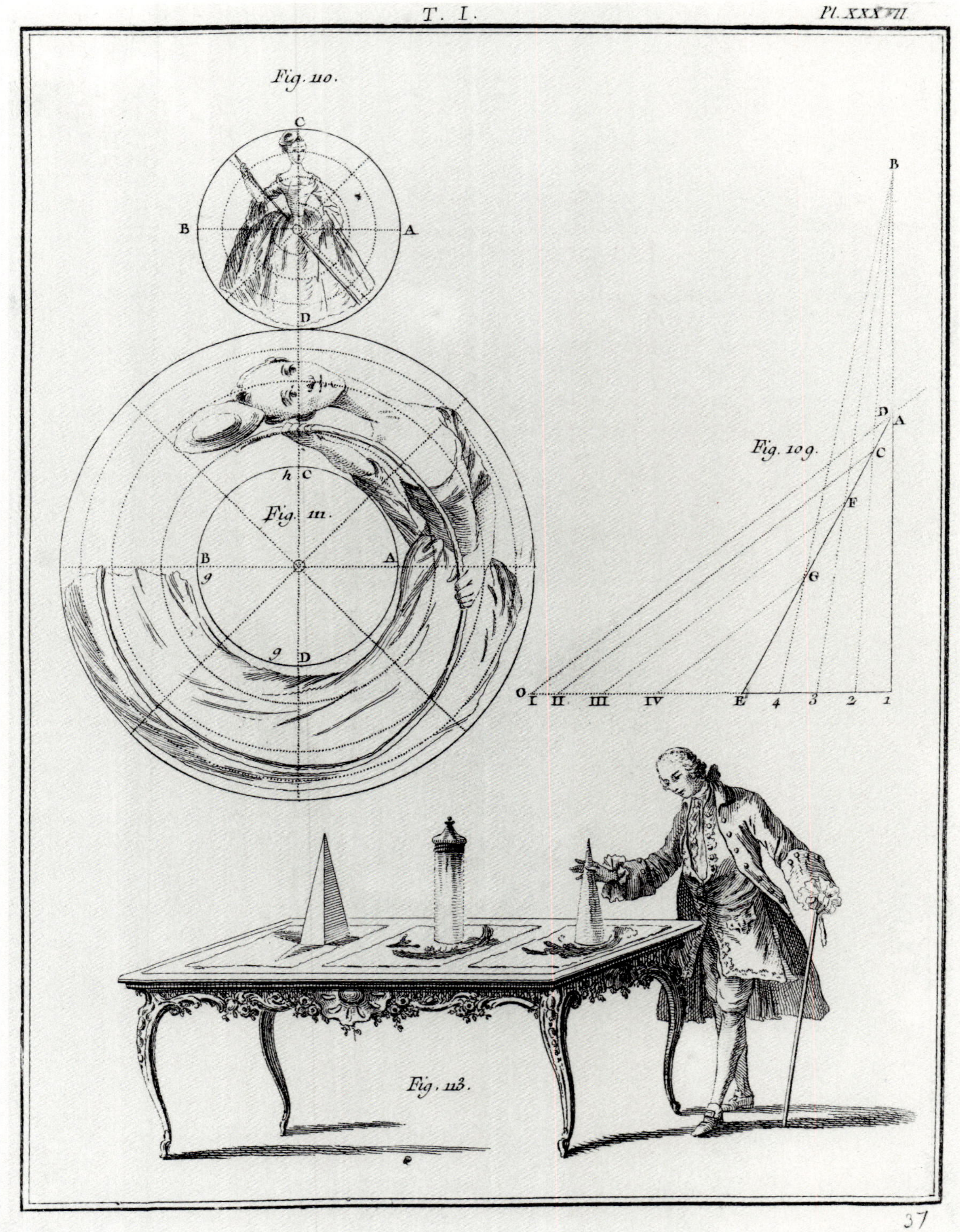

*ANAMORPHOSEN

Verzerrt gemalte Bilder werden bei der Betrachtung in *Pyramiden-, *Zylinder- und *Kegelspiegeln wieder entzerrt.

In: Savérien, Dictionnaire Universel de Mathématique et Physique
Paris 1753, Tafel 37

EDITION VON 12 *ZYLINDER- UND 24 *KEGELANAMORPHOSEN
mit *Spiegeln und Holzkasten, der physikalischen Werkstatt van Musschenbroek zugeschrieben, signiert AvM.
Handkolorierte Kupferstiche
Leyden, um 1720

„VERWAGT NOG BEETER" (ERWARTET NOCH BESSERES)
***Kegelanamorphose (ohne Kegel)**
in: Edition van Musschenbroek
Handkolorierter Kupferstich
Leyden, um 1720

„VERWAGT NOG BEETER" (ERWARTET NOCH BESSERES)
***Kegelanamorphose**
in: Edition van Musschenbroek
Handkolorierter Kupferstich
Leyden, um 1720

GALANTE SZENE

***Kegelanamorphose**
in: Edition van Musschenbroek
Handkolorierter Kupferstich
27 x 27 cm
Leyden, um 1720

SCHERENSCHLEIFER

***Kegelanamorphose**
in: Edition van Musschenbroek
Handkolorierter Kupferstich
Leyden, um 1720

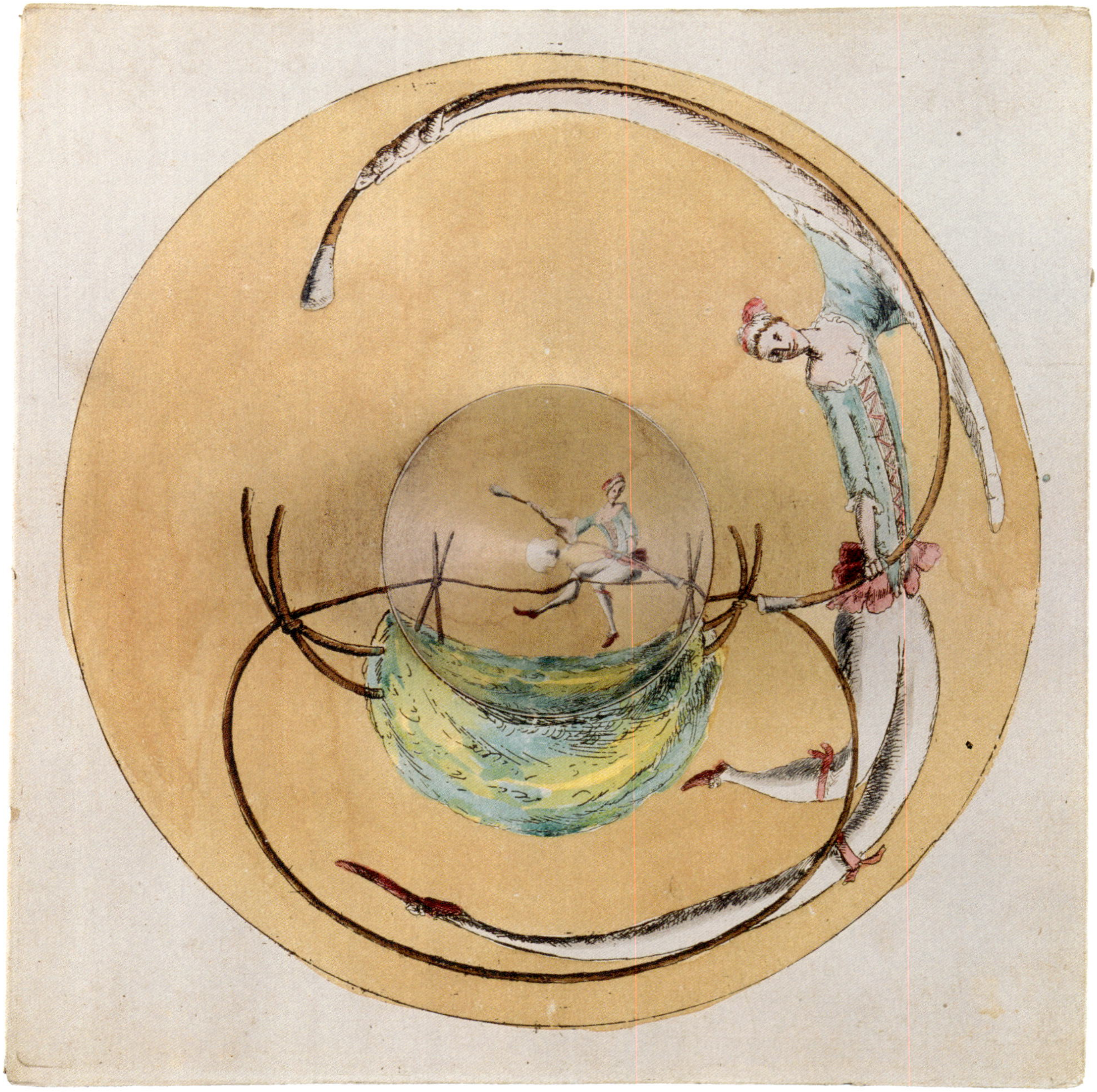

SEILTÄNZER

***Kegelanamorphose**
in: Edition van Musschenbroek
Handkolorierter Kupferstich
27 x 27 cm
Leyden, um 1720

DER MALER WILLIAM HOGARTH
***Zylinderanamorphose**
Handkolorierter Druck,
auf Eichenholz aufgezogen
England, um 1750

SICH LIEBENDES PAAR
***Zylinderanamorphose**
Öl auf Leinwand
Frankreich, um 1750

DER MANN AUF DER LEITER ÜBERGIBT DER FRAU EIN VOGELNEST
***Zylinderanamorphose**
in: Edition van Musschennroek
Handkolorierter Kupferstich, 24,7 x 37,7 cm
Leyden, um 1720

PIERROT
***Zylinderanamorphose**
Gaudemont
Aquarell
Paris, um 1750

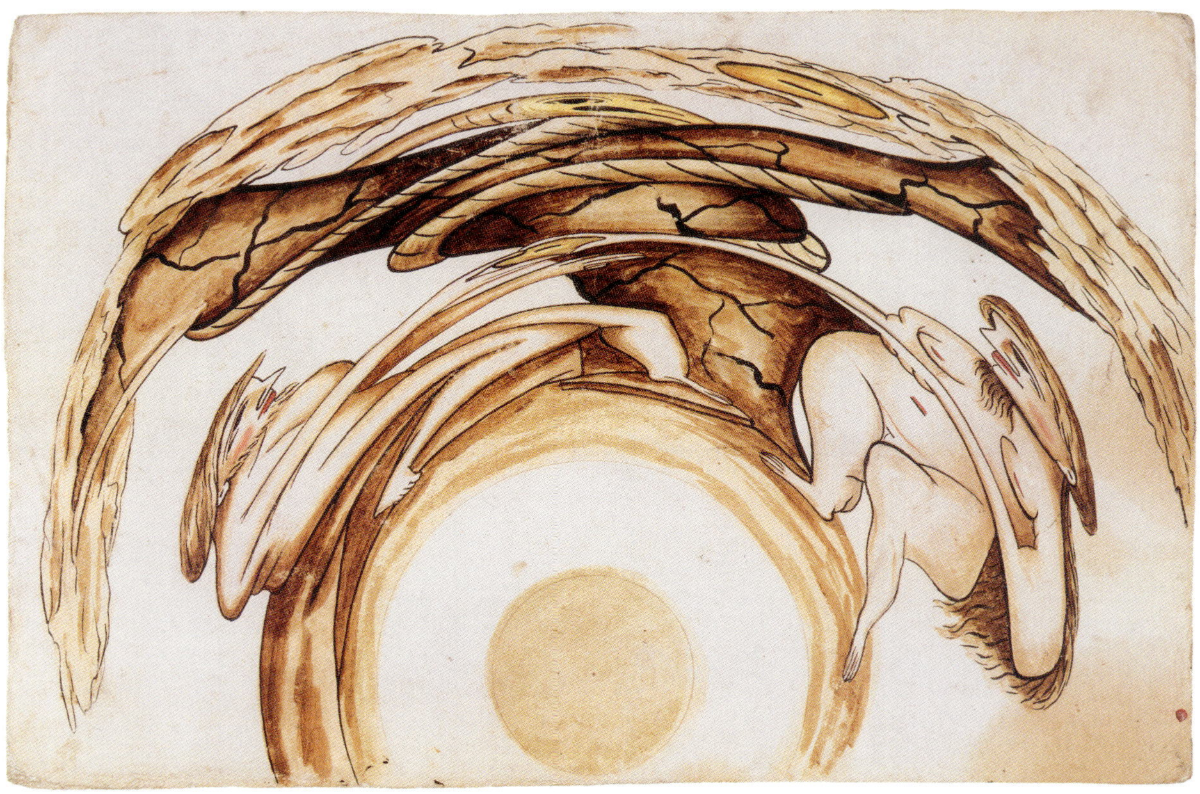

ADAM UND EVA
***Zylinderanamorphose**
Gaudemont
Aquarell
Paris, um 1750

DER ENGEL IN DER HÖLLE
Johann Michael Burucker,
***Pyramidenanamorphose (ohne Pyramide)**
Kolorierter Kupferstich
Nürnberg, um 1760

DER ENGEL IN DER HÖLLE
Johann Michael Burucker,
***Pyramidenanamorphose (mit Pyramide)**
Kolorierter Kupferstich
Nürnberg, um 1760

Bodo von Dewitz

Eine mobile Bilderwelt

Der Guckkasten als Bildmedium der Aufklärung im 18. Jahrhundert

„So wird man alles sehen, was draußen im Sonnenschein vor sich geht, die Menschen auf der Straße wird man auf dem Kopf sehen, und was rechts ist, wird links sein, und alles ist seitenverkehrt." Der Betrachter könne „Gesichter, Kleidung, Gebärden und Bewegungen der Vorbeigehenden, die Wolken am blauen Himmel und die Vögel in der Luft sehen, und er wird an dem Wunder großen Gefallen finden".[1] Diese Beschreibung vom erstaunlichen Erlebnis des Alltäglichen in einer Camera Obscura stammt von Giovanni Battista della Porta, wurde 1558 publiziert und ist seit der Erfindung der Photographie im 19. Jahrhundert zur Legende geworden. Niemand zuvor hatte so präzise wie dieser berühmte Forscher aus Neapel die Abbildung der äußeren Welt in der Camera Obscura beschrieben und außerdem noch über sein Vergnügen beim Betrachten reflektiert. Della Porta empfahl wortreich die Verwendung der Camera Obscura als Zeichenhilfe, mehr noch, er machte Empfehlungen, „wie man in einem Zimmer Jagd- und Kriegsszenen und andere täuschende Bilder" erleben könne. Damit imaginierte er nichts weniger als die vollständige Inszenierung von Theaterstücken im hell erleuchteten Außenraum und deren Projektion als Spektakel in eine Camera Obscura. Er riet sogar dazu, dem Publikum nicht gleich die vollständige Aufklärung über das Geschehen zu geben, um das Täuschungspotential einer solchen Vorführung richtig auskosten zu können. Helmut Gernsheim erkannte die Brisanz dieser Beschreibungen von der Mitte des 16. Jahrhunderts und bezeichnete sie in seiner „Geschichte der Photographie"[2] als frühe und äußerst kühne Phantasie, die der Vorgeschichte des Kinos zugerechnet werden müsse.

Zu dieser Vorgeschichte zählt ein Medium, das ebenfalls erst verspätet eine gewisse Wertschätzung erfuhr. Die Kunstgeschichte hat sie belächelt, als Kuriosum abgetan oder mit Nichtachtung gestraft, doch die Guckkästen und Guckkastenbilder („Vues d'optique", „Perspective Views", „Peepshow", „Mondo Nuovo") aus dem 18. Jahrhundert geraten seit einiger Zeit geradezu ins Zentrum des Interesses. Durch die Herausforderungen globaler Kommunikation und digitaler Bildinformation werden etwa Fragen nach dem historischen Bilderrepertoire als Teil einer Kulturgeschichte der optischen Medien mit besonderer Intensität diskutiert und unversehens auch solche harmlos erscheinenden populären Vergnügungen wie der Guckkasten gründlichen Analysen unterzogen. Als Pioniertat veranstaltete das Wallraf-Richartz-Museum in Köln 1980 eine Ausstellung seiner Bestände an Guckkastenbildern[3], und nach dem Stadtmuseum Offenburg 1993 machte das ostfriesische Landesmuseum Emden 1999 durch Ausstellung und Publikation „Rrrr! Ein ander Bild! Guckkastenblätter des 18. Jahrhunderts" auf seinen Besitz aufmerksam.[4] Im Zusammenhang einer Mediengeschichte des Films widmete sich Wojciech Sztaba unter dem Titel „Die Welt im Guckkasten"[5] dem ‚Fernsehen im achtzehnten Jahrhundert', und als jüngstes Beispiel sei auf die

„Geschichte der optischen Medien“ von Ulrike Hick verwiesen. Ausführlich befaßte sich die Autorin mit dem ‚Weltbildapparat‘ Guckkasten und schrieb: „Als ambulantes Medium tritt er an den Stätten populärer Unterhaltung in Erscheinung und bietet eine Mischung aus ‚aktueller‘ Information und Sensation an.“[6] Als populäre Schaustellung der Straße charakterisiert die Autorin den Guckkasten nicht nur als ‚frühes Fernsehen‘, sondern auch als pränatales Kino, da sie beim Guckkasten nicht nur die Nähe des Betrachters zum Gezeigten (individueller Blick in den Kasten), sondern auch die Präsenz des Umfeldes (die Stimme des Kommentatoren und die Teilnahme anderer Personen) gewahrt sieht. Mögen solche Ausführungen zuweilen den Vorwurf einer gewissen Überinterpretation riskieren, so bleibt diese Hinwendung zum weitverbreiteten Vorkommen des Schauvergnügens „Guckkasten“ doch bemerkenswert und fordert das Nachdenken und Nachforschen in Sekundärquellen wie in der zeitgenössischen Literatur heraus.

Gleichsam domestiziert finden wir die Idee des Giovanni Battista della Porta aus dem 16. Jahrhundert im Roman „Die Wahlverwandtschaften“ von Johann Wolfgang von Goethe wieder. Der Autor läßt einen umtriebigen Engländer mit eigenen Zeichnungen im Kreis einiger Damen auftreten: „...denn er beschäftigte sich die größte Zeit des Tages, die malerischen Aussichten des Parks in einer tragbaren, dunklen Kammer aufzufangen und zu zeichnen, um dadurch sich und anderen von seinen Reisen eine schöne Frucht zu gewinnen. Er hatte dieses schon seit mehreren Jahren in allen bedeutenden Gegenden getan und sich dadurch die angenehmste und interessanteste Sammlung verschafft. Ein großes Portefeuille, das er mit sich führte, zeigte er den Damen vor und unterhielt sie, teils durch das Bild, teils durch die Auslegung.“[7] Der Herr machte, offenbar mit Hilfe seiner zeichnerischen Hervorbringungen, seinen Camera-Obscura-Blättern, Eindruck bei den Damen: „Sie freuten sich, hier in ihrer Einsamkeit die Welt so bequem zu durchreisen, Ufer und Häfen, Berge, Seen und Flüsse, Städte, Kastelle und manches andre Lokal, das in der Geschichte einen Namen hat, vor sich vorbeiziehen zu sehen.“ Goethe benutzte den inzwischen verbreiteten Zeitvertreib der Betrachtung von Bildern, die mit Hilfe tragbarer Camerae Obscurae hergestellt wurden, für seine Beschreibung eines exklusiven ländlichen Vergnügens. Solches Betrachten diente nicht nur im Roman dem Bedürfnis nach weitgefächerter enzyklopädischer Bildung, die man sich allerdings gern in aller Bequemlichkeit anzueignen suchte. Vermutlich versteckt sich hinter der Beschreibung dieses Tuns aber auch die Kritik, die Goethe im Brief vom 23. Dezember 1797 an Schiller äußerte, indem er über das Publikum schrieb: „...die Menschen (wollen) jede interessante Situation gleich in Kupfer gestochen sehen, damit nur ja ihrer Imagination keine Tätigkeit übrigbleibe, so soll alles sinnlich wahr, vollkommen gegenwärtig, dramatisch sein, und das Dramatische selbst soll sich dem wirklich Wahren völlig an die Seite stellen. Diesen eigentlich kindischen, barbarischen, abgeschmackten Tendenzen sollte nun der Künstler aus allen Kräften widerstehn...“[8]

Sympathisch muß ihm dagegen Georg Christoph Lichtenberg gewesen sein, mit dem er seit 1793 korrespondierte und dessen „Sonntagsgedanke“ über Jahre aus Planungen und Vorstellungen einer Reise nach Italien bestanden hatte. Lichtenberg schrieb: „Ich hatte mich über 9 Wochen auf die Reise präparirt, ich fühlte schon die classische Erde unter meinen Füßen, passierte mit dem Cäsar den Rubicon, mit dem Hannibal die Alpen, und mit Constantin die Brücke, wo das heil. Creuz am Himmel stund. Ich stieg zum Capitol hinauf, betastete die Schiffsschnäbel und mir schwindelte am Tarpejischen Felsen. – Im zweyten Act erschien der Laocoon, der Apoll von Belvedere und die Mediceische Venus zu Florenz; alle Wände waren mit Raphaels und Coreggios behangen ..., und auf einmal, als wenn der Blitz einschlüge, war nichts da für den ganzen Winter, als Göttingischer Schnee, Schlittengeläute und magere Hyazinthen-Zwiebeln an meinem Fenster.“[9] Der Freund und Reisegefährte hatte absagen müssen, die Reise wurde verschoben und scheiterte im darauffolgenden Jahr endgültig. Aber Lichtenberg lebte in Göttingen, einer der bedeutendsten Universitätsstädte der Zeit, hatte

Kontakt zu internationalen Wissenschaftlern, mit denen er einen lebendigen Briefwechsel führte, und eine großartige Bibliothek zur Verfügung, so daß er den Mangel an Reiseerfahrungen durch Imagination zu kompensieren verstand.

In der Zeit der Aufklärung[10] entfalteten sich Wissen und Bildung, erweiterte sich der Horizont des weltanschaulichen Denkens und vergrößerte sich der Handlungsspielraum des einzelnen durch zunehmende Mobilität. So kam ab Mitte des Jahrhunderts die Grand Tour auf, das Reisen zu den anliegenden Ländern des Mittelmeers, und gewann zunehmend an Popularität, auch wenn diese Unternehmung zeitraubend und nicht ungefährlich war, recht teuer blieb und eine aufwendige Bildungsinvestition darstellte. Erinnert sei an die vielen bedeutenden Persönlichkeiten jener Zeit, die Angebote zu Griechenlandreisen ausschlugen und sich nur mit römischem Ersatz befassen konnten (und wollten): Gotthold E. Lessing, Johann G. Herder, Wilhelm Heinse, Friedrich Hölderlin, Carl Fr. Schinkel und Wilhelm von Humboldt haben Griechenland nie gesehen. Sie haben sich all ihr Wissen angelesen, sich ihre Griechen und ihr Griechenland (das reale war eine Provinz des osmanischen Reichs) als Idealbild selbst ausgedacht.[11]

Seinerzeit waren Bilder ferner Reiseziele sehr begehrt. Deshalb wurde im 18. Jahrhundert entsprechend den Produktionen von Goethes Engländer für den Zeitvertreib eine erste Sehmaschine in erstaunlicher Quantität hergestellt, perfektioniert und bald äußerst populär: die Guckkästen und Guckkastenblätter, die umtriebige Guckkastenunternehmer (‚Savoyarden') auf Straßen, Märkten und Plätzen für das zahlende Publikum bereithielten. Die Konstruktion war denkbar einfach: Man sah durch eine Öffnung in den Kasten hinein auf einen um 45 Grad geneigten Spiegel, der diejenige Ansicht seitenrichtig wiedergab, die in den Boden des Kastens eingeschoben worden war. In der Öffnung befand sich eine vergrößernde Linse direkt gegenüber dem Bild. Durch diese Linse sah sich der Betrachter direkt in die Bildansicht, die durch gesteuerten Lichteinfall beleuchtet oder, in komplizierteren Konstruktionen, hinterleuchtet wurde, hineinversetzt und seinen Blick durch die oft rasanten Perspektiven in die Tiefe des Bildes zum Horizont hin entführt. Waren die Kästen selbst besseres Schreinerhandwerk, so wurden die Guckkastenblätter als Kupferstiche in wenigen Zentren wie London, Paris, Bassano in Oberitalien, Augsburg und später in Berlin hergestellt.

Abb. 1
NICOLAS LANCRET
Der Guckkastenmann, 1742/43
Gemälde, 52 x 78 cm, Stiftung Preußische Schlösser und Gärten Berlin-Brandenburg, Berlin, Schloß Charlottenburg

Bekannt sind sogar einzelne Hersteller wie Georg Balthasar Probst, Marx Abraham Rupprecht und Dominicus Fietta in Augsburg sowie Jean François Daumont und Andre Basset in Paris.[12] Deren Blätter waren erstaunlich ähnlich im Breitenmaß, vermutlich um Herstellung und Verkauf hoher Bildauflagen zu gewährleisten. Paßten die Ansichten in viele verschiedene Kästen gleichmäßig hinein, erhöhte sich der Absatz bei den Unternehmern. Die Blätter trugen am oberen Bildrand oft die seitenverkehrte Beschriftung, die dann im gespiegelten Bild seitenrichtig erschien, zuweilen aber auch kommentierende Texte zu den Ansichten. Diese waren in der Regel koloriert, wobei die Arbeit von wenig ausgebildeten Helfern oder mit Hilfe von Schablonen am mangelhaften Farbauftrag oft deutlich erkennbar ist.

Abb. 2
„THE HALFPENNY-SHOWMAN" (GUCKKASTENMANN)
in: The Costume of Great Britain, designed, engraved and written by W.H. Pyne, London 1804, No. 15

Mit diesen beliebten Schaukästen wurde nicht der hohe Kunstgeschmack bedient, sondern das einfache Volk mit Bildern der Welt, mit Bildungsgütern, versorgt. Im Betrachten dieses bunten Repertoires erlebte der Zeitgenosse ein Stück Teilnahme am Weltgeschehen, am Wissen um die Metropolen und deren Sehenswürdigkeiten, und konnte sich der Illusion hingeben, auf der Reise mit den Augen über eine gewisse Mobilität zu verfügen. Der Guckkasten gilt als frühestes populäres Medium der Straßen, bis um 1800 die ersten Massenmedien die Bedürfnisse nach Bildung und Unterhaltungs-Illusion zu befriedigen begannen, die im 19. Jahrhundert ihre große Blüte erlebten: das Diorama als großformatige Schaustellung von Einzel-Transparentbildern und das Panorama als vollendete Illusion des Rundblicks, die illustrierten Zeitschriften als Medium von Wissens- und Unterhaltungswerten und die Photographie als getreues Abbild der Wirklichkeit. Zunächst ging es allein um die Schaulust und die Aneignung von Wissen, erst im 19. Jahrhundert zunehmend auch um die Aktualität der Bildbotschaften, der der Guckkasten im 18. Jahrhundert – zunächst ganz ohne Einbußen seiner Attraktivität – in keiner Weise zu entsprechen vermochte.

Das Auftreten der ‚Savoyarden' muß eine besondere Attraktion gewesen sein. Das zeigt sich an ihrer häufigen Erwähnung in der Literatur und den vielen Darstellungen von Guckkastenbetreibern. Seitlich stehen sie neben oder vor ihren Geräten, blicken einladend in die Runde, sind aber vor allem mit der Erläuterung des Bildprogramms befaßt. Ein kürzlich erfolgter Gemälderückkauf durch die Stiftung Preußische Schlösser und Gärten Berlin-Brandenburg hat die Aufmerksamkeit auf die Darstellung eines Guckkastenmannes von Nicolas Lancret (Abb. 1) aus der einstigen Gemäldesammlung Friedrichs des Großen gelenkt: Umringt von einer Schar kokettierender junger Frauen, die in den Kasten hineinsehen, ist zentral der Schausteller selbst dargestellt, der seine Bilderwelt offensichtlich äußerst anregend zu kommentieren versteht.[13]

Die Zuschauer am Rande des summarisch wiedergegebenen Marktgeschehens sind hocherfreut über diese Attraktion, Fernes, Wissenswertes und Amüsantes im Kasten betrachten zu können. Diese Schausteller gehörten – folgt man den bildlichen Darstellungen – selbst der Straße an: Häufig zu Fuß schleppten sie ihre Kästen von Ort zu Ort und machten in ihrem finanziell schwankenden Gewerbe und der daraus resultierenden Unsicherheit und Ruhelosigkeit zuweilen einen heruntergekommenen Eindruck. Daß sie beredt waren und die Schaustellung des Guckkastens immer aus Bildgenuß und lebendigem Vortrag bestanden hat, klingt

Abb. 3
GUCKKASTEN FÜR VIELE BETRACHTER
in: Johann Christoph Kohlhannsen, Neu erfundene Mathematische und Optische Curiositäten, Leipzig 1677, 9. Kupferstich zum 5. Teil

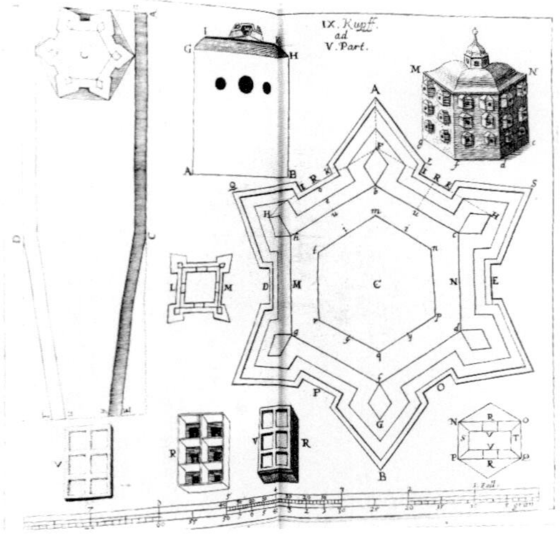

deutlich aus den Darstellungen an. Sie bilden ein eigenes Bilderrepertoire, das sich in erstaunlichem Umfang erhalten hat: Es zeigt immer wieder ganz gleichartig die Darstellung der Vorführung und des Betrachtens und verweist damit in besonderer Eindringlichkeit auf die neue Rolle des Öffentlichen, die der Guckkasten und dessen ‚Betrieb' offensichtlich gespielt hat. Ein Blatt aus der Sammlung Werner Nekes von William Henry Pyne aus dem Jahr 1805 zeigt ‚The Halfpenny Showman' (Abb. 2). Der ein wenig abgerissen wirkende Betreiber des Guckkastens blickt in die Runde, während eine Dame entrückt aufsieht und ihre Sprößlinge noch gebannt in den Kasten schauen. Auch viele andere Darstellungen zeigen den Schausteller, der mit seinem Guckkasten auf einer Dorfstraße oder einem Marktplatz von neugierigen Kindern und Erwachsenen umringt wird. Eine besondere Darstellung ist sicher die des Fächers (Abb. S. 100), die ein solches Szenarium auf engem Raum kunstvoll entfaltet. Die Häufigkeit dieser Darstellungen läßt auf eine beträchtliche Präsenz fahrender Bildermänner im städtischen und dörflichen Leben des 18. Jahrhunderts schließen.

Vom Prinzip her war der Guckkasten eine von der Außenwelt unabhängig wirksame Camera Obscura, die mit variablen Bilderwelten bestückt werden konnte. Die erste nachgewiesene Beschreibung solch einer Sehmaschine lieferte 1677 der Coburger Professor der Mathematik Johann Christoph Kohlhannsen in seinem Werk „Neu-erfundene Mathematische und Optische Curiositäten".[14] Im vierten Kapitel beschrieb er unter dem Titel „Von finstern Kästlein" „ein neues Inventum, welches auch in der obscura camera zu gebrauchen" sei. Präzise werden die Betrachtungsmöglichkeiten von Objekten – vergrößert durch Linsen – in solch einem ‚Raritätenkasten' dargestellt und sogar schon ein Guckkasten entwickelt, der von mehreren Betrachtern gleichzeitig eingesehen werden konnte (Abb. 3).

Der Guckkasten hielt Ansichten ferner Länder, bekannter Städte, von Straßenzügen und Palästen, von Platzanlagen oder festlichen Umzügen für den Betrachter bereit. Folgt man einer der jüngsten Bestandsaufnahmen[15], dann reichte das Bilderrepertoire von Ansichten aus Batavia in Südostasien über Kanton und Peking in China und Lahore in Indien bis zum Kap der Guten Hoffnung, von Bildern aus Magdeburg, Dresden und Danzig bis zur brennenden Residenz in Bonn (1777), vom Hochwasser in Köln (1784) bis zum Ballonaufstieg in Paris (1783). Wichtiges Merkmal fast aller Ansichten ist der perspektivische Zug in die Tiefe des Bildes, der dem Betrachter die Illusion verschaffte, sich unmittelbar selbst in der Szenerie zu befinden. Mögen aus heutiger Sicht die Unterhaltungs- und Sensationsaspekte eher trivial erscheinen, so gilt der Guckkasten aus der Zeit der Aufklärung doch als wesentliche Sehmaschine für breitere soziale Schichten, als erste popularisierte Form einer visualisierten Bemächtigung von Welt.

Der Sammler Werner Nekes hat dies schon um 1970 erkannt, sein Sammlungsbestand zum Guckkasten und dessen Motiven ist von besonderem Gewicht und vorzüglich geeignet, zusätzliche Informationen zum Wesen dieser Sehmaschine, vor allem aber zur Verknüpfung mit anderen populären Medien zu liefern und die Vielfalt der Überschneidungen zu reflektieren. Das Repertoire seiner Guckkastenblätter umfaßt alles, was

Abb. 4
LÄNGENANAMORPHOSE IN EINEM GUCKKASTEN
in: Mario Bettini, Apiaria Universae Philosophiae Mathematicae, Bologna 1642, 5. Teil, S. 26

seinerzeit für das Angebot repräsentativ war: Stadt- und Landschaftsansichten, berühmte Bauten, historische Ereignisse und Naturkatastrophen. Beispielhaft sei die Ansicht des Schlosses von Vincennes (Abb. 5) genannt: Schablonenhaft befinden sich einzelne Typen regelmäßig verteilt im Vordergrund, vor dem Schloßkomplex, der mit seinen vielen Gebäuden den gesamten Hintergrund bis zum Horizont umfaßt. Wohlkalkuliert gehören zum Staffagepersonal ein Guckkastenbetreiber und auf der rechten Seite ein umherziehender Schausteller mit einer Laterna Magica auf dem Rücken. Der wenig komplizierte perspektivische Aufbau der Bilder wurde ganz gleichförmig zum Einsatz gebracht, ob nun die Pont Neuf in Paris mit dem Reiterstandbild des Henri IV (Abb. 6) oder die Tempelanlage von Nanking (Abb. 7) dargestellt wurde: Immer gab es ein Szenarium bunter Kleinteiligkeiten und eine Perspektivkonstruktion, die den Blick aus dem ausladenden Vordergrund in die Tiefe zog. Ein besonderes Beispiel dieser Sammlung liefert die Ansicht des Hafens von Messina. (Abb. S. 96) In diesem Blatt wurde die Meeresfläche mit Silberfäden durchzogen, um das schimmernde Wasser als reflektierende Masse lebendig wirken zu lassen. Dies macht deutlich, wie sehr schon das Einzelbild mit einem gewissen Bewegungsspiel aufgeladen werden konnte, während andere Beispiele der Sammlung eine komplette Dynamisierung des Bildganzen vortäuschten. Die Guckkastenbilder wurden oft bearbeitet, ausgeschnitten, hinterklebt und so auch als Transparentbilder verwendet. Gewöhnliche Straßenansichten konnten durch eine geschickte Lichtsteuerung im Guckkasten langsam zu Abend- und Nachtansichten werden. Viele dieser Blätter weisen ein zunehmend illusionistisches Potential und eine atmosphärische Anreicherung auf, sie arbeiteten mit Hell-Dunkeleffekten z.B. zur Illumination von Feuerwerken, Vulkanausbrüchen und Feuersbrünsten. Das Repertoire dieser Guckkastenbilder bildet auch den Wandel des Sehens und die Fortentwicklung zu einer zunehmend dynamisierten Schaulust ab. Ein besonderes Beispiel ist eine städtische Straßenansicht aus Holland: Als Nachtbild bietet sie mit den farbigen und hell leuchtenden Schaufenstern den Eindruck von illuminierten Hausfassaden und damit ein modern erscheinendes städtisches Abbild (Abb. S. 95).

Abb. 5
GIUSEPPE REMONDINI
„Prospectus Castri Vincennarum ex parte ingressus – Vue du Château de Vincennes du côté de l'Entrée".
Guckkastenbild mit Laterna Magica-Träger und Guckkastenvorführung
Kolorierter Kupferstich, Bassano, um 1750

Abb. 6
„LE PONT NEUF"
Guckkastenbild, Hersteller: Daumont, Kolorierter Kupferstich, 31 x 47 cm, Paris, um 1740

Immer stärker wurde mit Lichtveränderungen und dadurch simulierten Tages-Nachtzeitverschiebungen gearbeitet und damit jenen Übergängen zum transitorischen Transparentbild, das das Diorama als öffentliches Massenmedium perfektionierte. Einen anderen Grenzgang der Bildillusion repräsentiert das Bilderrepertoire des papierenen Perspektivtheaters. Noch einmal sei auf die Herkunft des Guckkastens aus der Entwicklung der Camera Obscura hingewiesen. Das nach innen geholte Spektakel, von dem della Porta sprach, wurde im 17. Jahrhundert weiterentwickelt, indem man Kästen baute, deren inneres Wandgefüge geschickt angeordnete perspektivische Raumansichten darstellte. Von solchen Schaukästen verlief eine Entwicklungslinie zu den perspektivisch angelegten Papierbühnen. In diesen wurde die Tiefenwirkung durch hintereinander gestaffelt aufgestellte Kulissen verstärkt, so daß der Tiefenzug der Darstellung nicht auf planer Fläche, sondern im Raum erfolgte: Beispielhaft zeigt dies die Darstellung vom Erdbeben zu Lissabon aus der Sammlung Werner Nekes (Abb. S. 106). Es besteht aus Einzelsegmenten, die schichtenartig konstruiert, ausgeschnitten und erneut hintereinandermontiert wurden, um wieder ein Ganzes zu bilden. Als Resultat einer montierten Darstellung, einer Bildmontage, ergibt die Raumflucht im Perspektiv-Guckkasten ein ungeheuer bewegtes Szenarium der Naturkatastrophe. Die Betrachtung dieses Theaters – in der Sammlung Nekes befindet sich die vollständige Ausrüstung eines solchen Guckkastenbetreibers aus Geräten und Bildern – kann auch heute noch erstaunen und verblüffen, und sie läßt eine Ahnung vom großen Erfolg des Augsburger Unternehmers Martin Engelbrecht[16] entstehen. Dessen Papiertheater entführten den Betrachter sowohl unter die Erde ins Bergwerk als auch in die Ferne nach Lappland oder zu den Indianern Nordamerikas (Abb. S. 110).

Das Bilderrepertoire der Guckkästen wurde zunehmend erweitert, um den

Abb. 7
„LA TOUR DE PORCELLAINE À NANKING" (DER PORZELLANTURM VON NANKING)
Guckkastenbild, Kolorierter Kupferstich, 28 x 41 cm, Augsburg, um 1750

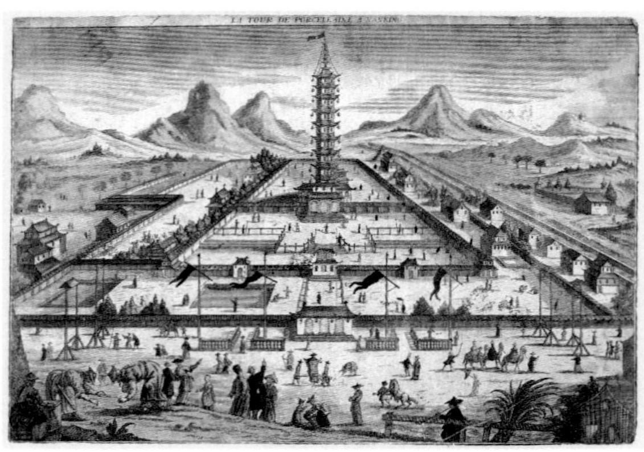

Bedürfnissen nach Expansion des bekannten Sichtkreises nachzukommen. Die Guckkästen waren Sehmaschinen für eine visuelle Enzyklopädie der Welt, und sie gelten zu Recht als Vorläufer unserer Fernsehapparate. Frühe Guckkästen konnten formal sogar die Gestalt von Möbelstücken[17] annehmen und erinnern dadurch merkwürdig an die eigenwilligen Formen der Fernsehapparate aus den fünfziger Jahren des vergangenen Jahrhunderts.

Die Bedeutung des Guckkastens als ambulantes mobiles Medium mit auditiver Begleitung kann kaum aus traditioneller kunstgeschichtlicher Sicht beurteilt werden, dazu gehört eine veränderte Betrachtung, so wie auch die Anamorphosen nur aus veränderter Perspektive zu entschlüsseln sind. Vielleicht war der Guckkasten sogar wirkungsmächtiger, als wir uns dies heute vorstellen können. Immerhin läßt Karl Philipp Moritz seinen Anton Reiser über eine Stadt sagen: „Die Stadt mit ihren vier Türmen, und dem umgebenden mit Bäumen bepflanzten Walle (sah aus) wie ein Bild in einem optischen Kasten."[18] Demzufolge diente der Guckkasten schon Ende des 18. Jahrhunderts als Synonym für eine ganz neue Weise der Wahrnehmung.

EERSTE HARLEQUIN.

TWEEDE HARLEQUIN.

DARDE HARLEQUIN.

GUCK KASTEN LATERNA MAGICA

DER HARLEQUIN MIT DEM *GUCKKASTEN
Drei Guckkastenabbildungen
in: Joannes Pook, Rommel-Zoodjen
Amsterdam 1709

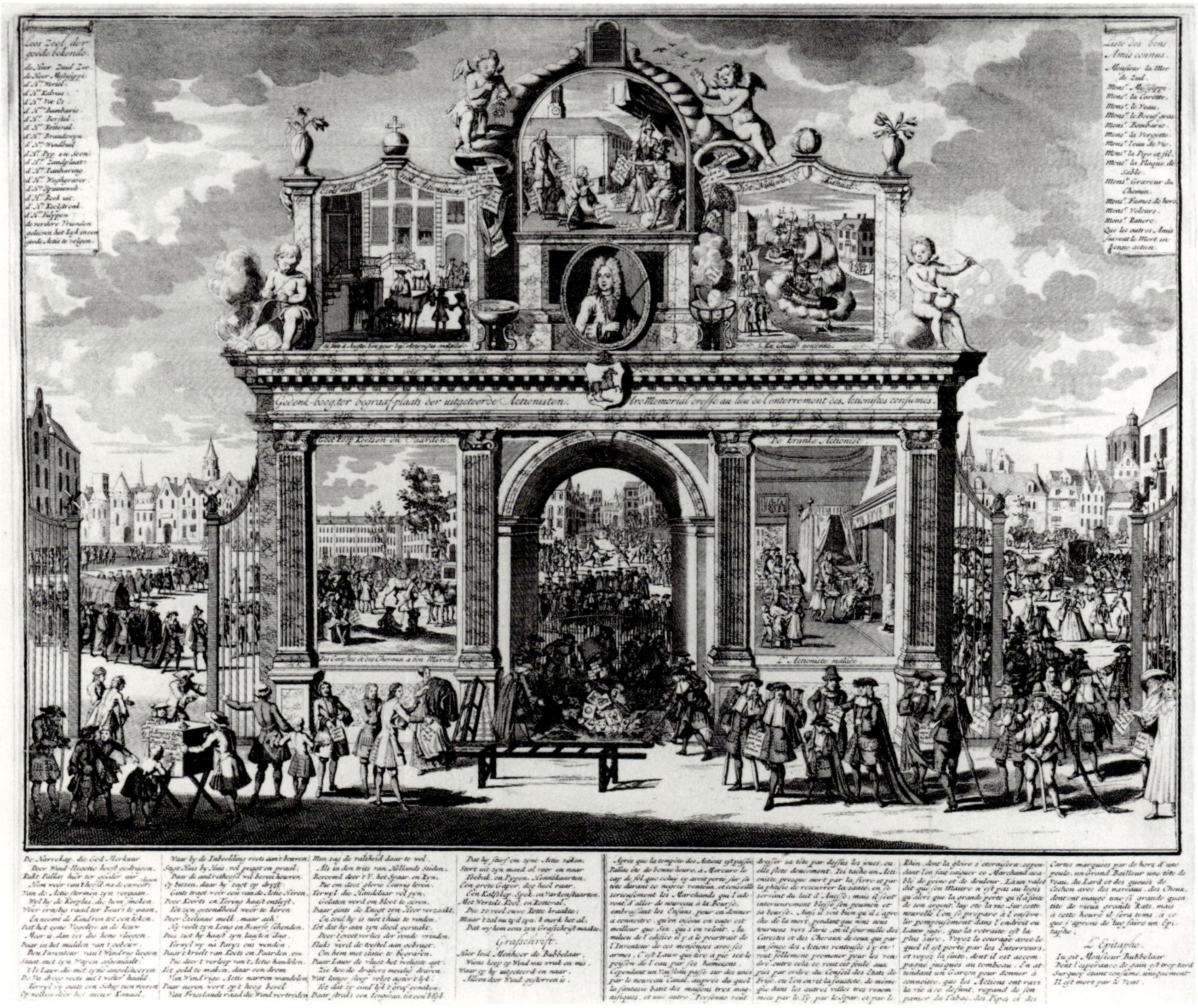

**GUCKKASTENVORFÜHRUNG
VOR DEM MEMORIAL DER AKTIONISTEN**

aus: Het groote Tafereel der Dwaasheid
Kupferstich
Holland 1720

WILLIAM HOGARTH

Southwark Fair

Guckkastenvorführung auf dem Jahrmarkt
von Southwark
Kupferstich
London, Januar 1734

ANSICHT VON DEN HAAG

Aus einer Serie von *Guckkastenbildern

Handkolorierter,
zur Durchleuchtung perforierter
und hintermalter Kupferstich
für Tag- und Nachtansichten
30,4 x 36,5 cm
Holland, um 1700

ANSICHT VON DEN HAAG

Aus einer Serie von *Guckkastenbildern

Handkolorierter, zur Durchleuchtung
perforierter und hintermalter
Kupferstich für Tag- und
Nachtansichten
30,4 x 36,5 cm
Holland, um 1700

ANSICHT VON DEN HAAG
Aus einer Serie von *Guckkastenbildern
Handkolorierter, zur Durchleuchtung perforierter und hintermalter Kupferstich für Tag- und Nachtansichten
30,4 x 36,5 cm
Holland, um 1700

ANSICHT VON DEN HAAG
Aus einer Serie von *Guckkastenbildern
Handkolorierter, zur Durchleuchtung perforierter und hintermalter Kupferstich für Tag- und Nachtansichten
30,4 x 36,5 cm
Holland, um 1700

HUQUIER FILS
„Vue Perspective du Palais Royale de la Sarcuela, maison de plaisance du Roy d'Espagne"
***Guckkastenbild**
Handkolorierter, zur Durchleuchtung perforierter und hintermalter Kupferstich,
24,5 x 39,5 cm
Paris, um 1720

FALT-*GUCKKASTEN
FÜR ZWEI BETRACHTER
Holland, um 1720

TRAPEZ-*GUCKKASTEN
Frankreich, um 1730

„GESIGHT VAN HET NIEUWE VOOR HOUT KOMENDE UYT HET BOSCH – VUE DU NOUVEAU VOOR-HOUT EN VENANT DU BOIS"
***Guckkastenbild**
Handkolorierter, zur Durchleuchtung perforierter und hintermalter Kupferstich, 32,4 x 43 cm
Holland, um 1720

INNENANSICHT EINER KIRCHE
***Guckkastenbild**
Handkolorierter, zur Durchleuchtung perforierter und hintermalter Kupferstich, 21,4 x 37,5 cm
um 1720

CASPAR PHILIPS JACOBZ
„Gezicht na de Utrechtsche Poort te Amsterdam – Vue de la Porte d'Utrecht à Amsterdam"
***Guckkastenbild**
Perforierter und hintermalter Kupferstich, 27,7 x 36,6 cm
Amsterdam 1764

SEESCHLACHT
***Guckkastenbild**
Handkolorierter, zur Durchleuchtung perforierter und hintermalter Kupferstich, 28,3 x 42,5 cm
um 1750

GEORG BALTHASAR PROBST

„Prospect de la belle et de la grande Ville Messine en Sicile 1783“ Prospekt der schönen und großen Stadt Messina in Sicillien 1783 *Guckkastenbild

Das Wasser wird durch Silberfäden dargestellt, so daß die Oberfläche durch Lichtreflexe bewegt erscheint.

Kolorierter Kupferstich, 30,5 x 41,5 cm

Augsburg, 2. Hälfte 18. Jahrhundert

JOHANN WOLFGANG BAUMGARTNER

„Das Gesicht – Visus“

Darstellung mit *Laterna Magica
und *Guckkasten
Maniera Nera – Schabkunst
um 1750

COCHAIN FILS

„Foire de Campagne“
(Ländliches Fest mit Guckkasten)
Kupferstich nach einem Gemälde
von François Boucher
Frankreich 1750

AUFKLAPPBARE *GUCKKASTENDARSTELLUNG (GESCHLOSSEN)
in: Johann Christian Troemer,
Des Deutsch-François Schriften
Leipzig 1736

AUFKLAPPBARE *GUCKKASTENDARSTELLUNG (GEÖFFNET)
in: Johann Christian Troemer,
Des Deutsch-François Schriften
Leipzig 1736

ADELIGE GESELLSCHAFT MIT *GUCKKASTEN
Guckkastendarstellung auf einem Fächer um 1800

„CE QU'ON VOIT ET CE QU'ON NE VOIT PAS!" – WAS MAN SIEHT UND NICHT SIEHT! – WHAT'S SEEN & WHAT ISN'T!"
Szene mit Guckkastenbetrachtern
Farbige Lithographie von Schultz nach einem Gemälde von Ferdinand Marohn, 43 x 52,3 cm
Paris, um 1840

KINDER MIT *GUCKKASTEN
Aquarell, 18 x 26 cm
um 1850

JOOST VAN DEN VONDEL
„Gysbreght van Aemstel"
Gläsernes *Perspektivtheater mit Darstellung einer Szene des Theaterstückes auf drei vorder- und rückseitig bemalten Glasschichten. Holland, um 1750

JOOST VAN DEN VONDEL
„Gysbreght van Aemstel"
Gläsernes *Perspektivtheater mit Darstellung einer Szene des Theaterstückes auf fünf vorder- und rückseitig bemalten Glasschichten. Holland, um 1750

„BRAND VAN DEN AMSTERDAMSCHEN SCHOUWBURG OP 11 MEI 1772“ (BRAND DES AMSTERDAMER THEATERS AM 11. MAI 1772)
Gläsernes *Perspektivtheater auf zwei vorder- und rückseitig bemalten Glasschichten.
Holland 1772

***GUCKKASTEN**
zur Betrachtung von gläsernen *Perspektivtheatern
Die Kerzenpositionen regulieren die Vorder- und Hinterlichtmenge.
Holland, um 1760

VERTIKALES *PERSPEKTIVTHEATER
zur Betrachtung der sieben Ebenen des Engelbrechtschen Perspektivtheaters
Über einen im 45°-Winkel zur Linse stehenden Spiegel wird der Blick auf sieben in Abständen übereinander in den Kasten eingelegte Perspektivtheaterebenen gelenkt.
Handkolorierte Kupferstiche
Holland, um 1760

TRAGBARES VERTIKALES *PERSPEKTIVTHEATER

mit einem Konvolut von Engelbrechtschen Perspektivtheatern.

Mit diesem Vorführgerät zog der Guckkastenmann durch die Lande.

Holland, um 1750

MARTIN ENGELBRECHT

Erdbeben in Lissabon

Erste bis siebte Kulissenstaffage
des Engelbrechtschen *Perspektivtheaters
Handkolorierte Kupferstiche
18,2 x 21 cm
Augsburg, um 1760

MARTIN ENGELBRECHT

Erdbeben in Lissabon

Zusammengefügte Gesamtansicht
des Engelbrechtschen
*Perspektivtheaters
Augsburg, um 1760

MARTIN ENGELBRECHT
Die Geologen
*Perspektivtheater in sechs Ebenen
Handkolorierter Kupferstich
Augsburg, um 1760

MARTIN ENGELBRECHT
In einem Palast
*Perspektivtheater in sechs Ebenen
Handkolorierter Kupferstich
Augsburg, um 1760

MARTIN ENGELBRECHT
Im Bergwerk
*Perspektivtheater in sechs Ebenen
Handkolorierter Kupferstich
Augsburg, um 1760

MARTIN ENGELBRECHT
Die Malschule
*Perspektivtheater in sechs Ebenen
Handkolorierter Kupferstich
Augsburg, um 1760

MARTIN ENGELBRECHT
In Lappland
*Perspektivtheater in sechs Ebenen
Handkolorierter Kupferstich
Augsburg, um 1760

MARTIN ENGELBRECHT
Bei den Indianern in Nordamerika
*Perspektivtheater in sechs Ebenen
Handkolorierter Kupferstich
Augsburg, um 1760

***ZOOGRASKOP**

*Vereinfachte Form des vertikalen *Guckkastens, bei der auf die Seitenwände verzichtet wird, um die Bilder auch bei Tageslicht betrachten zu können. Der *Spiegel dient dazu, das in der *Camera Obscura seitenverkehrt gemalte Bild seitenrichtig sehen zu können. Die Betrachtung durch die *Linse läßt das Bild räumlicher erscheinen.*

um 1800

HORIZONTALES *PERSPEKTIVTHEATER FÜR SECHS BILDEBENEN

Holland, um 1760

J. F. CASENAVE
„L'Optique"
Handkolorierte Aquatinta nach einem Gemälde von Louis Leopold Boilly
Abgebildet sind Louise Gely, die zweite Frau des Revolutionärs Georges Jacques Danton (1759-1794), und sein Sohn.
63 x 47 cm
Paris, um 1790

„BARRIKADENBAU – L'ÉLÉVATION DE BARRICADES – THE ERECTION OF BARRICADES“
Räumliches Montagespiel
Farblithographien, auf Holzsegmente aufgezogen
Frankreich, um 1870

„KING LEWIS' CANAL THE DANUBE TO THE MAIN – LUDWIGS KANAL VON DER DONAU ZUM MAIN – CANAL DU ROI LOUIS DU DANUBE JUSQU'AU MEIN“
***Faltdiorama mit drei Einsichten und sechs Ebenen**
Farblithographie
Deutschland, um 1840

ERSTE GEDRUCKTE ABBILDUNG EINER *LATERNA MAGICA-*PROJEKTION
in: Athanasius Kircher, Ars Magna Lucis et Umbrae
Amsterdam 1671, S. 768f.

ERSTE GEDRUCKTE ABBILDUNG EINER TRAGBAREN *LATERNA MAGICA
mit Bacchus als *Laternenbildmotiv
in: Johann Christoph Sturm, Collegium Experimentale
Nürnberg 1701, S. 164

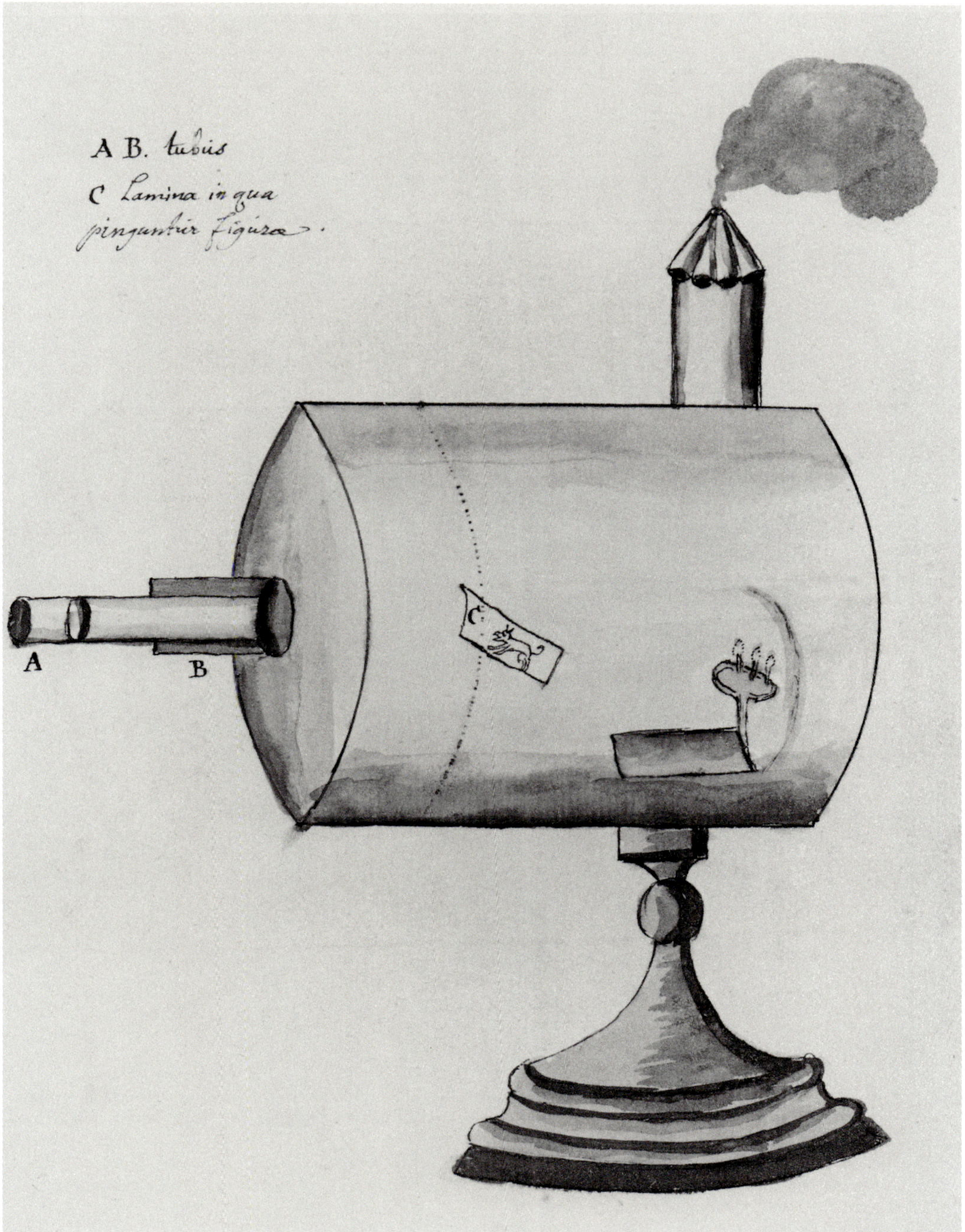

TRAGBARE *LATERNA MAGICA
Frühestes bekanntes Aquarell, das eine *Laterna Magica abbildet
Holland, um 1690

„ACTIEUSE NACHT-WIND-ZANGER MET ZYN TOVER SLONS“ (AKTIÖSER NACHTWIND-SÄNGER MIT SEINER ZAUBER-SCHLAMPE)
in: Het groote Tafereel der Dwaasheid Holland 1720

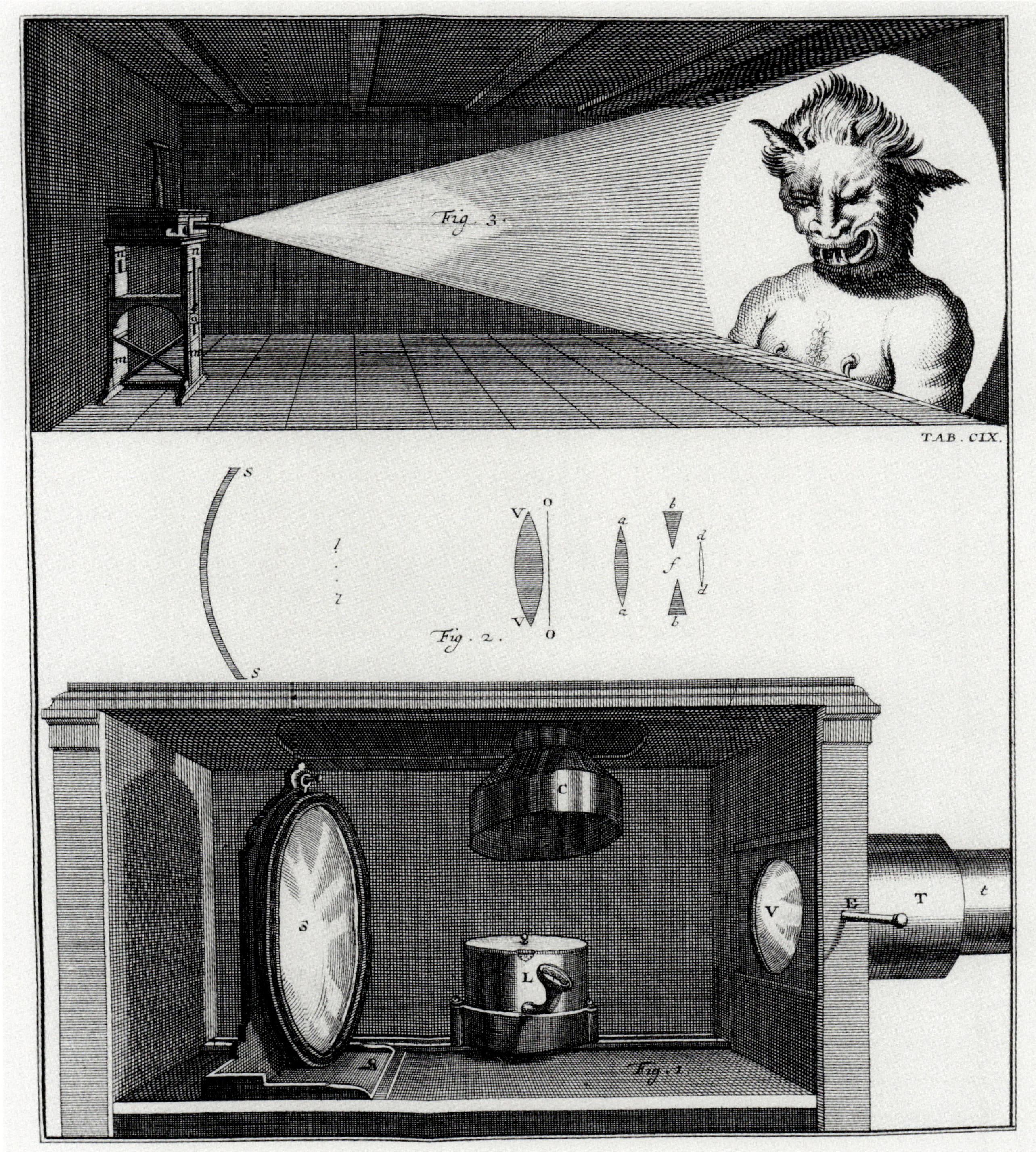

DIE *PROJEKTION DER SCHRECKENSLATERNE
in: Gulielmo Jacobo 'sGravesande,
Physices Elementa Mathematica
Genf 1748, S. 878, Tafel 109

JEAN OUVRIER
„La Lanterne Magique"
Kupferstich
nach einem Gemälde von
Johann Eleazar Schenau
48 x 34,5 cm
Paris 1765

GIOVANNI VOLPATO
„Savoiardi colla Lanterna Magica“
(Savoyarde mit *Laterna Magica)
Kupferstich nach einem Gemälde von
Francesco Magiotto
Italien, um 1773

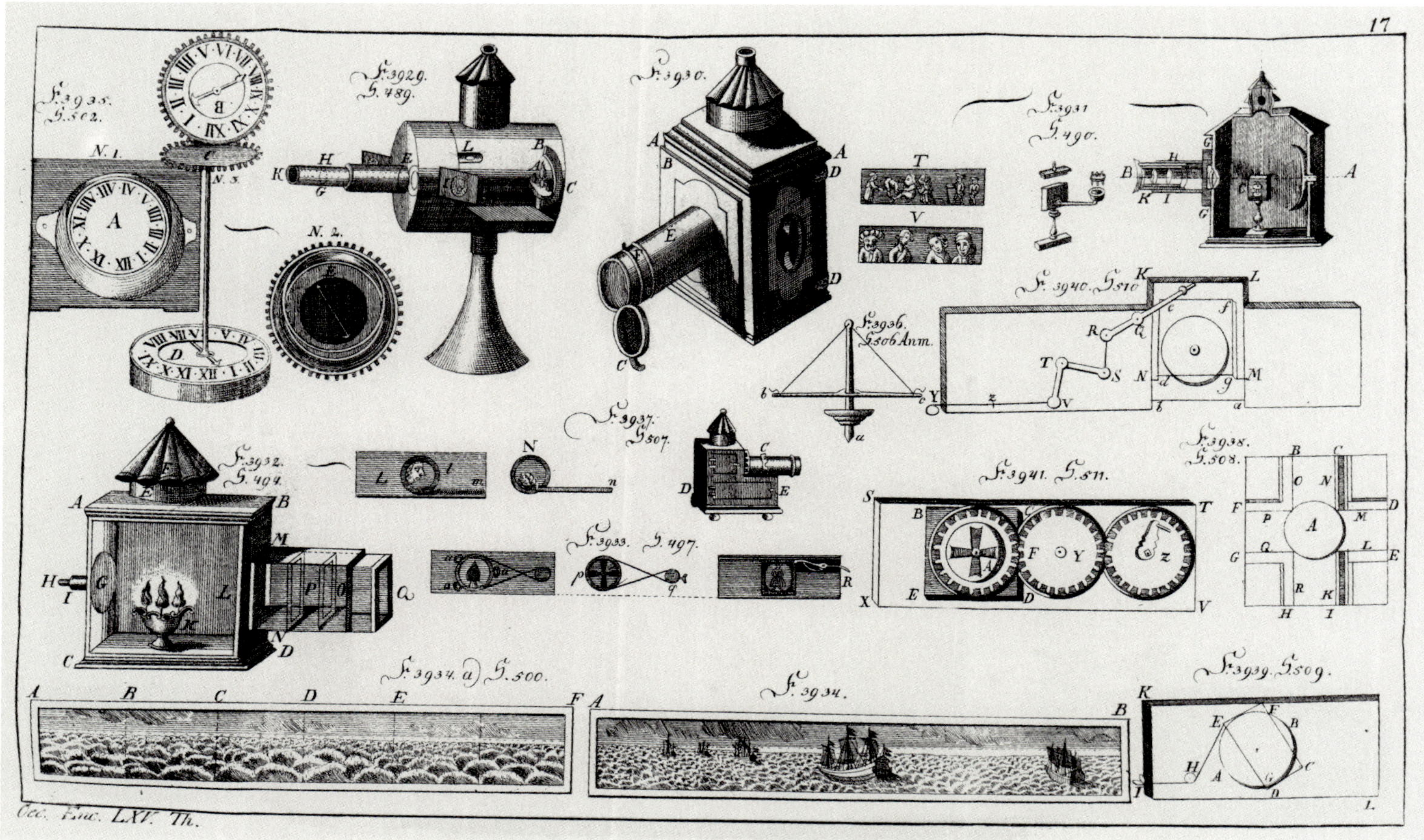

VERSCHIEDENE *LATERNAE MAGICAE MIT BEWEGUNGSMECHANIKEN
in: Johann Georg Krünitz, Oeconomische Encyklopädie oder allgemeines System der Staats-, Stadt-, Haus- und Landwirtschaft
Brünn 1786, Bd. 65, Tafel 17

***LATERNA MAGICA DIE AUF RAUCH PROJIZIERT**
in: Edme Gilles Guyot, Nouvelles Récréations Physiques et Mathématiques Paris 1800, S. 240, Tafel 86, Fig. 4

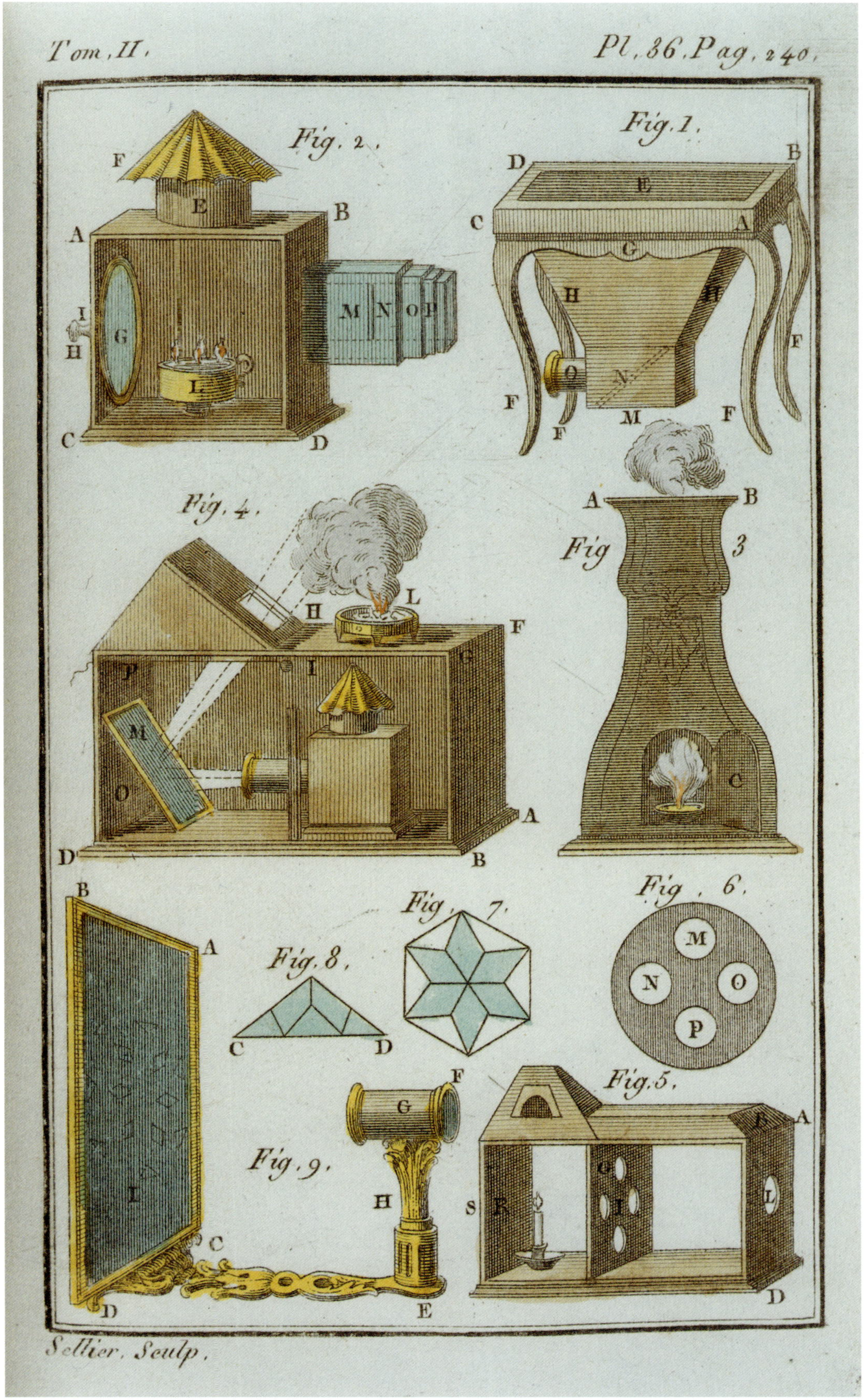

No.1
Kiøbenhavns Skilderie
Jonas fecit

no. 2
Kiøbenhavns Skilderie
Jonas fecit

no. 3
Kiøbenhavns Skilderie

no.4
Kiøbenhavns Skilderie
Jonas fecit

JOHANN FRIDERICH CLEMENS, GENANNT JONAS

„Kiöbenhavns Skilderie“ (Kopenhagener Ansichten)

Politische Satiren, projiziert von der *Laterna Magica.
Kupferstiche nach Gemälden von Nicolai Abildgaard,
15,6 x 15,3 cm
Kopenhagen 1787

*PROJEKTION DER
*PHANTASMAGORIE-LATERNE
Frontispiz in:
Etienne Gaspard Robertson,
Mémoires récréatives
scientifiques et anecdotiques
Paris 1831

TROMMELNDES SKELETT
Mechanisches *Laternenbild für die
*Phantasmagorie-Laterne
Frankreich, um 1800

JEAN FRIEDRICH AUGUST SCHALL
**„Die Zauberlaterne der Liebe –
La Lanterne Magique d'Amour"**
Kolorierte Aquatinta
Wien, um 1810

„LE VIEUX STYLE – LE BON GENRE"
(ALTER STIL – FEINE LEBENSART)

Laternenprojektion
Kolorierter Kupferstich
Frankreich, um 1810

PÉGARD
„La Lanterne Magique“
Holzschnitt
Frankreich, um 1850

ZWEI BONBONNIEREN MIT LATERNENPROJEKTIONEN
Durch Drehen projizieren die abgebildeten Laternen Bilderfolgen.
Frankreich, um 1810

LATERNENTRÄGER MIT DREHORGEL
Meißner Porzellan
Höhe 15 cm
um 1800

VERSCHIEDENE MECHANISCH BEWEGLICHE *LATERNENBILDER
um 1850

VERSCHIEDENE MECHANISCH BEWEGLICHE *LATERNENBILDER
um 1850

DIABLERIE-*LATERNA MAGICA
Die erste Laterna Magica für einen flexiblen, rollbaren Bildträger. Nur zwei Exemplare dieser Laterne sind bekannt.
Frankreich, um 1880

BUDDHA-*LATERNA MAGICA
Hersteller: Louis Aubert
Frankreich 1870

LATERNA DE ORIENT ODER MOSCHEE-*LATERNA MAGICA
Hersteller: Jean Schoenner
Nürnberg, um 1890

SCHREIBSET MIT DER EIFFELTURM-*LATERNA MAGICA IN MINIATURFORMAT
Frankreich, um 1890

EIFFELTURM-*LATERNA MAGICA
Hersteller: Louis Aubert
Frankreich 1889

Deac Rossell

Die Laterna Magica

Die Geschichte des Apparates zur optischen Projektion, bekannt als Laterna Magica, ist von grundsätzlicher Bedeutung für das Verständnis heutigen Schaffens in Film, Fernsehen und den digitalen Medien. Die Laterna Magica wurde Mitte des 17. Jahrhunderts erfunden und bot erstmals die Möglichkeit, Geschichten in projizierten Bildern zu erzählen und visuell zu unterhalten. In gewissenlosen Händen stellte die Laterna Magica von Anfang an ein Mittel dar, mit dem man unbedarfte Zuschauer täuschen, ängstigen und manipulieren konnte. Gegen Ende des 18. Jahrhunderts begannen Schausteller eine verbesserte Laterna Magica, auch Phantoskop genannt, zu benutzen, um dem zahlenden Publikum in einer eigens dafür geschaffenen Halle eine auf Leinwand projizierte Unterhaltungsvorstellung zu bieten, für die im voraus geworben wurde.

Im 19. Jahrhundert, als die Laterna Magica-Projektionen photographische Bilder zu verwenden begannen, wurde das Gerät immer häufiger für Bildungs- und Unterhaltungszwecke genutzt, insbesondere zu moralischer Belehrung oder missionarischen Zwecken. Im letzten Jahrzehnt des 19. Jahrhunderts bildete die Laterna Magica mit ihrem umfangreichen Bilderrepertoire, ihrem etablierten Programm von Vorstellungen an verschiedenen Orten und der großen Anzahl erfahrener Schausteller die Basis, auf der sich die neue Erfindung des frühen Films schnell etablierte; diese wichtige Verbindung zur Kultur der Laterna Magica spielte eine entscheidende Rolle dabei, ein neues Medium, von dem viele glaubten, es handele sich nur um eine kurzlebige Modeerscheinung, zum zentralen und charakteristischen Mittel der visuellen Kommunikation des 20. Jahrhunderts zu machen.

Als die Laterna Magica in den sechziger Jahren des 17. Jahrhunderts in Europa auftauchte, war sie die neueste Entwicklung in einer Gruppe von ähnlichen Instrumenten, die das praktische Ergebnis des intensiven Interesses der ersten Generation moderner Naturwissenschaftler an der optischen Theorie und den Eigenschaften des Lichts war. Diese neuen optischen Geräte, zu denen das Teleskop, das Fernglas, das Mikroskop, das Polariskop, das Sonnenmikroskop, das Ochsenauge, verschiedene Weiterentwicklungen der Camera Obscura und andere Geräte gehörten, dienten bei der Untersuchung physikalischer Phänomene, waren aber sehr viel häufiger unterhaltsame Neuheiten für die Oberschicht und die aufkommende Mittelschicht, die von der wissenschaftlichen Praxis fasziniert und an Vorführungsinstrumenten leidenschaftlich interessiert waren. Das Mikroskop zum Beispiel, das heute als unerläßliches wissenschaftliches Gerät zur Untersuchung von Strukturen in der Natur, die mit dem menschlichen Auge nicht beobachtet werden können, weiterentwickelt wird, wurde fast ein Jahrhundert lang hauptsächlich als eine unterhaltsame Kuriosität betrachtet, bevor es zu einem richtigen wissenschaftlichen Instrument wurde.[1] Einige Jahrzehnte lang wurde das Sonnenmikroskop – ein Projektionsinstrument, das zuerst in den 1670er Jahren beschrieben wurde und das einen Spiegel benutzte, um die Sonnenstrahlen durch ein vergrößerndes optisches System zu spiegeln – dem Mikroskop vorgezogen, da mehr Menschen zu gleicher Zeit zusehen konnten. Die Laterna Magica wurde nie zur fachbezogenen Verwendung von Naturwissenschaftlern eingesetzt, obwohl diese zum Kreis ihrer ersten Benutzer und Hersteller gehörten. Dennoch wurde sie in den folgenden 250 Jahren zum wichtigsten Mittel für visuelles Erzählen und zur Schaffung der Illusion von Bewegung. Gleichzeitig fand sie vielseitige Verwendung im Bereich der Bildung und moralischen Unterweisung.

Die drei wichtigsten Personen in der frühen Geschichte der Laterna Magica waren der Naturwissenschaftler Christiaan Huygens (1629-1695), der nicht nur wahrscheinlich der Erfinder des Gerätes, sondern auch sein frühester Kritiker war, der Reisende Thomas Rasmussen Walgensten (1627-1681), der überall in Europa frühe Vorführungen gab und vermutlich die Rezeption des Gerätes durch Wissenschaftler und Intellektuelle grundlegend beeinflußte, und Johann Franz Griendel (1631-1687), der 1671 in Nürnberg begann, Laternae Magicae für den Verkauf herzustellen, und damit eine Tradition der Herstellung schuf, die zwei Jahrhunderte währen sollte. Die Aufzeichnungen und Briefe von Huygens stellen den ersten wichtigen schriftlichen Beleg der Laterna Magica dar. 1659 zeichnete Huygens zehn Skizzen eines Skeletts in einem seiner Manuskripte, die nach seiner Beschreibung für Darstellungen mittels konvexer Gläser in einer Laterna bestimmt waren.[2] Die Zeichnungen zeigen, wie das Skelett den rechten Arm bewegt und seinen Kopf abnimmt, um damit zu jonglieren. Die Bilder entstammen dem Totentanz, von dem Huygens fasziniert war: 1646 zeichnete er eine lebensgroße Kopie von Holbeins Version dieses nordeuropäischen Bildtypus an die Gartenmauer seines Hauses in Den Haag.[3] Die flüchtigen Skizzen, die Huygens für „eine Laterna" zeichnete, sind bemerkenswert. Dieser erste Hinweis, daß Huygens über das Wissen um ein Projek-

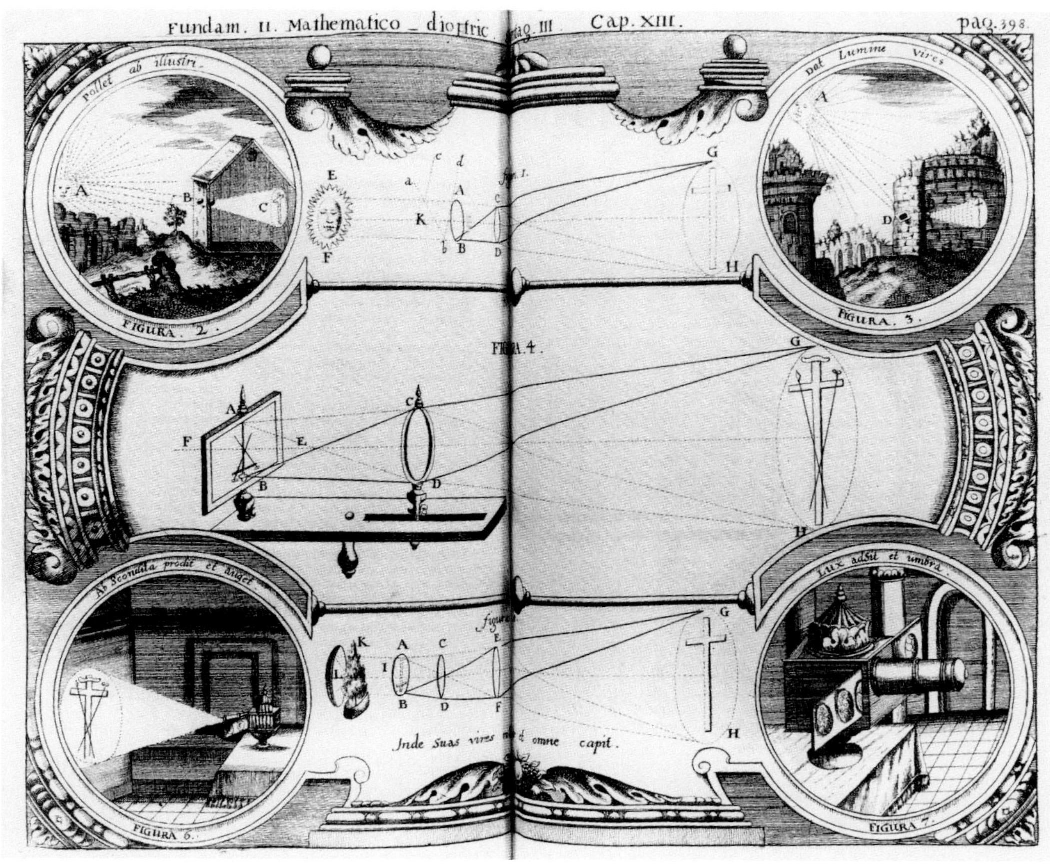

Abb. 1
DIE PRINZIPIEN VON CAMERA OBSCURA UND LATERNA MAGICA
in: Johannes Zahn, Oculus Artificialis Teledioptricus, Nürnberg 1702, S. 398

Abb. 2
ERSTER VERKAUFSKATALOG FÜR OPTISCHE UND ANDERE WISSENSCHAFTLICHE GERÄTE
in: Pierre van Musschenbroek, Essai de Physique, Leyden 1739, im Anhang S. 6

6 **LISTE DE DIVERSES MACHINES.**

Un Termomètre portatif, ajuſté dans un Tuiau de verre, pour mettre dans la main des malades. 10 - 10
Un Baromètre de Mr. Amontons, ou un Baromètre de Mer. 13 - 0
Un Baromètre ſur une Planche de bois de Noier. 16 - 0
Un Baromètre & un Termomètre qui ſont tous deux enſemble ſur une même Planche, & ornés fort proprement de ſculpture. 28 - 0
Une Fontaine de Héro.
Une ſemblable Fontaine de cuivre, mais dont l'eau jaillit une fois plus haut. *Tom.* 1. *Pl* 45. *fig.* 1. 30 - 0
Une trompette parlante longue de 6 pieds en forme d'un Conoïde parabolique *Tom.* 1. *Pl* 47. *fig* 3. 10 - 0
Une forte Machine de Papin, pour cuire & ramollir les Os & autres choſes en très-peu de tems. 56 - 0
Une grande Lanterne magique, fort artiſtement travaillée, garnie de diverſes grandes Loupes, d'un Miroir ardent, & de Figures fort proprement faites. *Tom.* 2. *Pl.* 14. *fig.* 1. Sans Figures 75, avec Figures. 100 - 0
Un Pied de bois pour cette Lanterne. 15 - 0
Une autre Lanterne magique ſemblable à la précédente, mais beaucoup plus petite, garnie de 50 petites Figures. 45 - 0
Diverſes Figures mobiles pour les Lanternes précédentes, comme un Moulin, une Demoiſelle qui fait la révérence, &c. la pièce. 3 - 10
Une Priſme de verre blanc, pour repréſenter les couleurs de l'Arc-en-ciel. de 2. à 4 - 10
Une autre ſorte faite d'excellent verre, & très-bien polie, garnie de cuivre de chaque côté, & qui ſert à faire des Expériences ſur les Couleurs, de l'invention de Mr. Newton. *Tom.* 2. *Pl.* 15. *fig.* 3, 4. 8 - 0
Les Piedeſtaux qui appartiennent à ces Priſmes. 3, 4 à 6 - 0
Un grand Verre poſé ſur un pied de bois, qui ſert auſſi à faire des Expériences ſur les Couleurs. *Tom.* 2. *Pl.* 17. *fig.* 1, 2. *Pl.* 19. *fig.* 2. 10 - 0
Une Caiſſe, dont les côtés ſont faits d'un verre plat pour démontrer certains Problêmes d'Optique, touchant la réfraction de la Lumière qui paſſe à travers diverſes Liqueurs. *Tom.* 2. *Pl.* 4. *fig.* 2, 6.
Quelques autres petits Baſſins avec des Verres concaves & convexes, pour faire voir l'action des Raions de la Lumière qui paſſent à travers les Loupes, Concaves & Convexes. *Tom.* 2. *Pl.* 5. *fig* 2, 3. *Pl.* 6. *fig* 2, 4, 5. *Pl.* 7. *fig.* 1, 2, 4, 5. *Pl.* 8. *fig.* 3, 4.

Miroirs ardens.

Un de ces Miroirs, qui a 18 pouces de diamètre, & qui eſt poſé ſur un beau pied mobile. *Tom.* 2. *Pl.* 13. *fig.* 4. 80 - 0
Un autre de 15 pouces de diamètre ſur un pied. 50 - 0
Un de 12 pouces. 26 - 0
Sans pied. 20 - 0
Un de 9 pouces ſans pied. 12 - 0
Un Miroir Cilindrique concave, qui repréſente les objets d'une maniere tout-à-fait monſtrueuſe. 9. à 11 - 0
Un Miroir Cilindrique ou Conique de metal avec 6 figures. 10 - 0
Un Livre composé de trois Miroirs plans, qui multiplie du moins cent fois le même objet, avec des figures. 14 - 0
Un petit Coffre, garni de deux Miroirs, à l'aide deſquels on voit ce qui ſe paſſe d'un côté d'une muraille, tandis qu'on jette les yeux ſur l'autre côté. 6 - 10
Un Verre pour une Chambre obſcure. 2 - 10
Un petit Coffre, garni de Miroirs & de Verres, pour une Chambre obſcure portative. 18 - 0
Le même fait autrement & en maniere de Livre, pour pouvoir y deſſiner 55 - 0
Un grand Coffre, fait comme une Chaiſe à porteur, dans lequel on fait voir, lorſqu'on eſt dans l'obſcuri-

té,

tionsgerät verfügte, schließt den Versuch ein, Bewegung darzustellen. Dies setzt nicht nur Wissen über das optische System mit zwei Linsen voraus, sondern auch die physiologischen Voraussetzungen für die Wiedergabe von Bewegung, insbesondere in den vier zentralen Skizzen, die in Kreisen gezeichnet sind, wobei die für das Skelett angezeigten Armbewegungen ausreichen, um die Illusion von Bewegung zu erzeugen. Zwischen 1659 und 1662 bezeugen Huygens' Briefwechsel und Tagebücher seine Vertrautheit mit der Laterna Magica und seine Fähigkeit, ein solches Gerät zu bauen, was er offensichtlich für Duc Antoine de Grammont[4] getan hat. Gleichzeitig fand Huygens bemerkenswerterweise einen Vorwand, seinem Vater kein Gerät zur Verfügung zu stellen, als ihm klar wurde, daß es benutzt werden würde, um die Hofgesellschaft des Louvre zu unterhalten.[5] In diesen drei Jahren hatte Huygens mehrere

Begegnungen mit Menschen, die kurze Zeit später Laternae entweder selbst herstellten oder vorführten, darunter der Pariser Ingenieur Pierre Petit, der Londoner Optiker Richard Reeve und der französische Reisende und Sammler wissenschaftlicher Kuriositäten Balthazar de Monconys.

Obwohl die Optik einer vergrößernden Projektionslaterna in Huygens' Schriften erstmals dokumentiert wird, und obwohl es sicher erscheint, daß er selbst das Wissen um die Laterna innerhalb seines Kreises gebildeter Wissenschaftler und gelernter Optiker verbreitete, behielt Huygens eine höchst kritische Haltung gegenüber diesem Instrument bei und machte ein Geheimnis daraus zuzugeben, daß er mit ihm vertraut sei. Das bekannteste Beispiel seiner Kritik erfolgte in einem Brief an seinen Bruder über die Verzögerung bei der Herstellung einer Laterna für seinen Vater. Bezüglich seiner Scham, mit solchen Trivialitäten in Verbindung gebracht zu werden, bemerkte Huygens, die Menschen seien höflich genug, so zu tun, als würden sie sie bewundern, doch hinterher mokierten sie sich darüber, mit gutem Grund.[6]

Außer seiner Skizze eines beweglichen Laternenbildes des Totentanzes gibt es in den überlieferten Schriften von Huygens keinen Hinweis auf den möglichen Inhalt einer Laterna-Magica-Vorführung, die Huygens gesehen oder selbst gegeben hat. So spiegelt seine Behauptung, die Laterna sei nichts als ein triviales Spielzeug oder etwas, worüber sich die Leute lustig machen würden, entweder seinen strengen und humorlosen Charakter wider oder tatsächlich die Trivialität – wenn nicht sogar den offen unwissenschaftlichen und abergläubischen Inhalt – der Laterna-Vorführungen. Es ist möglich, daß es sich bei solchen Laterna-Vorführungen um jene handelte, die von einem seiner Bekannten gegeben wurden, der selbst gelegentlich als Erfinder der Laterna Magica hingestellt wird, der Däne Thomas Rasmussen Walgensten. Der Arzt und Architekt Walgensten, der Mathematik und Physik an den Universitäten Kopenhagen und Leiden studiert hatte, wurde lange Zeit als der erste reisende Laterna-Vorführer angesehen. Er mag Huygens 1649 in Kopenhagen kennengelernt haben, als dieser im Rahmen einer diplomatischen Mission die Stadt besuchte; oder sie haben sich vielleicht kennengelernt (oder ihre Bekanntschaft erneuert), als Walgensten in Leiden 1657-58 studierte; ihr Briefwechsel aus dem Jahr 1667 ist erhalten. Walgensten gab Laterna-Vorführungen schon vor 1664, und man vermutet, daß er von Huygens von der Laterna Magica erfuhr, obwohl die – freilich unbelegte – Möglichkeit besteht, daß Walgensten selbst das Gerät Huygens zu einem Zeitpunkt vor 1659 brachte. Es gibt keine unmittelbare Beschreibung der Vorführungen, die Walgensten 1664 in Paris, 1665 in Lyon, 1665/66 in Rom und 1670 in Kopenhagen gab. Doch Augenzeugenberichte haben einen unauslöschlichen Eindruck ihrer Wirkung hinterlassen.

Pierre Petit, der Walgenstens Laterna 1664 sah, nannte das neue optische Gerät spontan „lanterne de peur", also „Angstlaterne". Charles François Milliet Dechales, der eine Walgensten-Vorführung 1665 in Lyon sah, nannte das Projektionsinstrument

Abb. 3
LATERNA MAGICA-VORFÜHRER AUS SAVOYEN
in: Pierre Blanchard, Le Voyageur de la Jeunesse, 1-6 vol., Paris 1804, Bd. 1, S. 249

Abb. 4/5
DIE TOVER LANTAARN (LATERNA MAGICA-VORFÜHRUNG)
1. und 2. Teil,
aus: Het groote Tafereel der Dwaasheid,
Holland 1720

„magique" und taufte es „Laterna Magica".[7] Ob Dechales meinte, die mirakulöse Fähigkeit der Laterna bestehe darin, kleine Gemälde zu lebensgroßen Darstellungen zu vergrößern, oder ob die Bezeichnung sich auf den Inhalt der Vorführungen bezieht, ist unklar. In Kopenhagen zeigte Walgensten König Frederik III. (1609-1670) eine Totenfigur, zum Schrecken seiner Höflinge; der König ließ deren Kleinmut nicht gelten und verlangte dreimal nach einer Wiederholung.[8] Daher enthält der überlieferte Kommentar über Walgenstens Vorführungen eine Totenfigur und eine Laterna, die sowohl „magisch" als auch eine „Angstlaterne" ist. Wenn auch diese Augenzeugen keinerlei empirische Details über den Inhalt der Laterna-Vorführungen hinterlassen haben, so sind sie doch einstimmig in ihrer unausgesprochenen Erklärung, daß Walgensten ein „Showman" sei, der auf Schockwirkung, Täuschung und Aberglauben setze, indem er ein neues optisches Instrument benutzte, das er offensichtlich wegen seiner Eignung schätzte, auf magische Weise jenes Reich der Geister und überirdischen Erscheinungen darzustellen, das ein ständiges Diskussions- und Streitthema unter den Intellektuellen jener Zeit war.

Johann Franz Griendel (1631-1687), ein ehemaliger Kapuzinermönch, der zum protestantischen Glauben konvertierte und 1670 nach Nürnberg übersiedelte, brachte viel Wissen über Militärarchitektur, Optik und Mathematik mit. Unter den optischen Instrumenten, die er bereits vor Ende 1671 zum Verkauf anbot, befand sich die Laterna Magica, die auf einer Liste von 25 Instrumenten erscheint, die er an Gottfried Wilhelm Leibniz nach Hannover schickte. Griendels Laterna hatte eine Form, die sich deutlich von dem vertikalen Zylinder oder den quadratischen Holzkästen, die in den Niederlanden und Westeuropa bekannt waren, unterschied: Sie bestand aus einem horizontalen Zylinder, montiert auf einen trichterförmigen Metallfuß. Als sie 1676 in einer Veröffentlichung von Johann Christoph Sturm, der in einer Reihe von physikalischen Experimenten vier Jahre zuvor Griendels Laterna vorgeführt hatte, illustriert wurde, zeigte seine Darstellung zum ersten Mal ein praktisches Modell des gesamten Instruments.[9] Obwohl Griendel der erste Hersteller der Laterna Magica zu sein scheint und sein ungewöhnliches Design vier Jahrzehnte lang von anderen nachgemacht und in mehreren süddeutschen Publikationen abgebildet wurde, ist seine Arbeit mit der Laterna Magica wegen der Überlieferung einer detaillierten Beschreibung einer Vorführung, die er Anfang Juli 1672 gab, noch bedeutsamer. Der Bericht wurde von Dr. Charles Patin aufgezeichnet, der schrieb: „There never was in the world a greater Magician", es gab niemals einen größeren Zauberer auf der Welt. Der französische Reisende sah eine Vorführung mit der Laterna Magica, die eine „natürliche und lebhafte" Darstellung einer ländlichen Hochzeit, ein großartiges Schloß, Geschichten über römische Götter umfaßte und „the Air fill'd with all sorts of Birds, almost after the same manner as they are usually painted round about Orpheus" (Die Luft voll von allerlei Vögeln fast in der Art wie sie gewöhnlicherweise um Orpheus herum gemalt werden).[10] Sturm veröffentlichte ein Bild für die Laterna Magica, einen Bacchuskopf, den er „ein sehr hübsches Bild" nannte, das mit dem Inhalt der Vorführung Griendels vollkommen in Einklang war.[11] (Abb. S. 114) Ein Jahrzehnt zuvor bemerkte Samuel Pepys über eine Vorführung, die in seinem Haus von dem Londoner Instrumentenmacher Richard Reeve gegeben wurde, sie bewirke, daß seltsame Dinge auf einer Wand sehr hübsch erschienen.[12] Ebenfalls erhaltene Laternenbilder vom Ende des 17. und Anfang des 18. Jahrhunderts aus dem Kabinett des Landgrafen Karl von Hessen (1654-1730) im Museum Fridericianum in Kassel umfassen auch Porträts religiöser Persönlichkeiten, die an der Aufhebung des Edikts von Nantes mitwirkten, das Wappen des Landgrafen und eine Reihe von Figuren aus dem beliebten und vielfach kopierten Werk von Jacques Callot.

Diese erhalten gebliebenen Elemente früher Laterna-Magica-Kultur stehen in einem starken Gegensatz zu Huygens' abfälliger Haltung gegenüber der Laterna Magica als einem Instrument für Trivialitäten. In einem noch krasseren Gegensatz dazu steht die vielbeachtete Aussage von William Molyneux aus dem Jahr 1692, daß die Vorführungen mit der Laterna Magica „usually some Ludicrous or frightful Representation, the more to divert the Spectators (meist eine lächerliche oder entsetzliche Darstellung, um die Zuschauer besser zu unterhalten) seien.[13] Obwohl Molyneux „usually" sagt und seine schroffe Ablehnung der Laterna Magica von Wissenschaftlern und Schriftstellern bis ins 18. Jahrhundert[14] hinein häufig wiederholt wurde, sind keine Werke oder Berichte aus dieser Zeit bekannt, die diese oft abgedruckte Kritik seitens wissenschaftlicher Schriftsteller bestätigen. Vielleicht waren es die trügerischen Vorführungen von Walgensten mit seiner „lantern of fear", die eine entscheidende Wirkung auf die Rezeption der Laterna Magica unter europäischen Gelehrten hatte. Es steht allerdings außer Frage, daß es in der frühen Zeit eine unüberbrückbare Diskrepanz zwischen der Laterna-Magica-Praxis und ihrer literarischen Charakterisierung durch Intellektuelle gab, einen Gegensatz, der nach wie vor nach drei Jahrhunderten weiterbesteht und in den heutigen Diskussionen über die moralische Auswirkung beweglicher Bilder auf ihr Publikum ungelöst bleibt.[15]

Die Entwicklung der Laterna Magica in Herstellerkreisen von optischen Instrumenten erreichte ihren Höhepunkt im frühen 18. Jahrhundert in der Arbeit von Jan van Musschenbroek. Seine Laterna wurde abgebildet und beschrieben in der „Physices

Abb. 6
DIE TOVER LANTAARN (LATERNA MAGICA-VORFÜHRUNG)
3. Teil,
aus: Het groote Tafereel der Dwaasheid, Holland 1720

Abb. 7
DIE ERSTE ABBILDUNG VON BEWEGLICHEN LATERNENBILDERN
in: Pierre van Musschenbroek, Essai de Physique, Leyden 1739

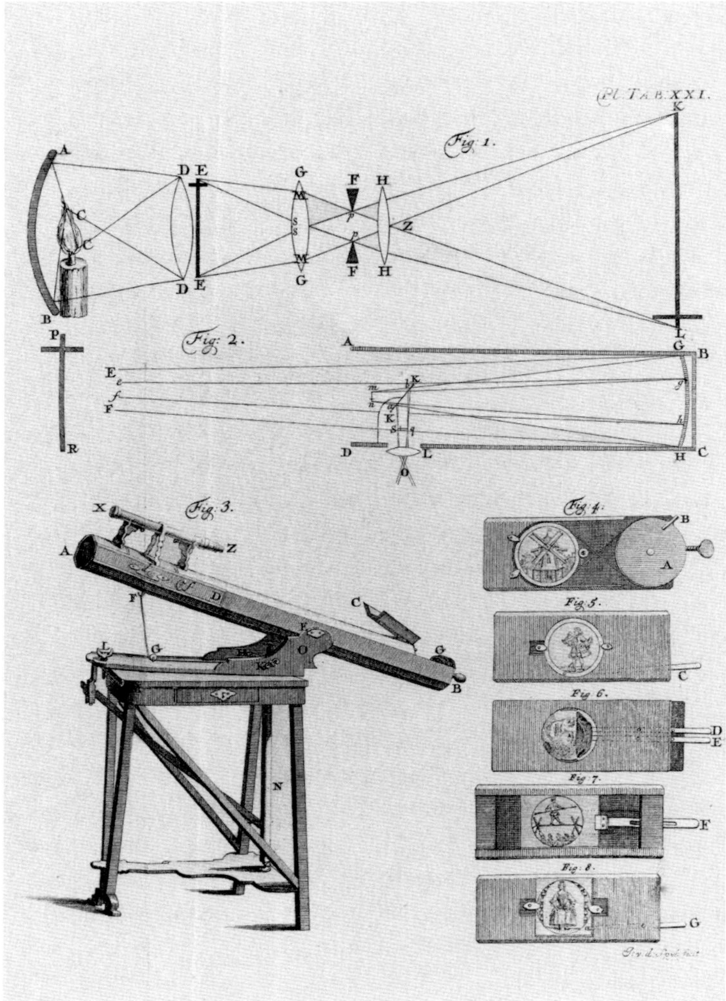

Elementa Mathematica", die 1720/21 von Willem Jacob 'sGravesande (1688-1742) veröffentlicht wurde. Musschenbroeks Laterna wurde in zwei Größen hergestellt, wobei die größere auf einem einstellbaren Ständer mit einer Gesamthöhe von 180 cm montiert war. Sie wurde regelmäßig von seiner Werkstatt mit einem erstaunlichen Repertoire von 50 oder 75 Dias geliefert.[16] Die Laterna war mit einem optischen System mit drei Linsen, statt der üblichen zwei, ausgestattet und wurde durch eine Öllampe mit vier Dochten beleuchtet, die so angeordnet waren, daß sie eine quadratische Flamme von ca. 5 cm Breite erzeugten. Die Laterna hatte einen einstellbaren Spiegel auf einem kleinen Holzständer, um die Lichtmenge zu intensivieren, die die optische Achse des Instruments erreichte. Sehr wichtig war die Tatsache, daß Musschenbroek die Laterna mit einer kleinen Membran oder einem Verschluß in der optischen Röhre ausstattete, was Streulicht von den äußeren Rändern der handgeschliffenen Linsen blockierte. Dies verringerte ihre chromatische Abweichung und gewährleistete ein äußerst scharfes Bild während der Projektion. Dieser Zwischenverschluß wurde zunächst ab ca. 1720 in die späteren Mikroskope von Zacharias Jansen eingebaut und später auch in astronomischen Hochpräzisionsteleskopen verwendet. Musschenbroek verwendete diese Vorrichtung in der Laterna Magica. Die „Physices Elementa" von 'sGravesande, ein wichtiger Überblick über die moderne Physik, die experimentelle Geräte der höchsten Qualität beschreibt, von denen die meisten von Musschenbroek hergestellt wurden, war ein international anerkanntes Standardwerk, wurde ins Englische, Französische und Holländische übersetzt und erreichte zwischen 1720 und 1742 drei Auflagen. Als Folge boten mehrere führende Instrumentenmacher ihren Kunden „'sGravensande Laternae Magicae" an, zum Beispiel Georg Friedrich Brander in Augsburg, der „Gravesand Neü verbesserte Laterna Magica mit 8 beweglichen Figuren" für 100 Gulden in seinem Katalog von 1753 anbot. Dies war ein beträchtlicher Preis, wenn man bedenkt, daß sein größtes gregorianisches Teleskop (65 cm lang) zum gleichen Preis angeboten wurde.[17]

Musschenbroeks hochentwickelte und handwerklich hochwertige Laterna war ungewöhnlich sowohl in ihrer Größe als auch in ihrer Qualität. Aufgrund der Größe der projizierten Bilder, die durch das schwache Licht einer einfachen Öllampe und durch die winzigen Zeichnungen auf Glas oder dünnen Muscovitscheiben begrenzt waren, blieb die Laterna Magica bis in die neunziger Jahre des 18. Jahrhunderts ein Instrument, das hauptsächlich Familien oder kleinen Gruppen vorgeführt wurde. Am häufigsten wurde sie im 18. Jahrhundert und bis zum späten 19. Jahrhundert von Schaustellern verwendet, die von Stadt zu Stadt reisten und spontane Vorführungen an Straßenecken, in Wirtshäusern und in den bürgerlichen Wohnhäusern gaben. Die bekanntesten dieser fahrenden Schausteller stammten aus Savoyen. Andere kamen aus der Auvergne, oder sie waren kriegsversehrte oder arbeitslose Wallonen (in den Niederlanden) bzw. Waliser (in England). Savoyer reisten seit Jahrzehnten als Jongleure, Geschichtenerzähler und Sänger durch Europa. Sie zeigten zudem Guckkastenvorführungen, optische Neuheiten und kleine Kuriositätenkabinette, bevor sie schließlich vor 1730 die Laterna Magica ihrem Repertoire hinzufügten. Sie verwendeten Geräte, die hauptsächlich in Süddeutschland hergestellt wurden, wo Savoyer seit dem frühen 17. Jahrhundert Handel trieben.

Der fahrende Laternist mit Drehorgel oder dressiertem Affen oder manchmal mit seiner ganzen Familie wurde zu einem vertrauten Anblick in den Hauptstädten Europas. Ihr Repertoire umfaßte biblische Geschichten, gab Kunde von wichtigen Ereignissen wie Krönungen oder Erdbeben und brachte volkstümliche Erzählungen wie „Pull Devil, Pull Baker", das gerechte Urteil über einen Bäcker, der die Kunden mit zu kleinem Brot betrog. Außerdem boten sie eine Vielzahl von derben Späßen und Legenden. Ein fahrender Laternist im botanischen Garten von Paris wurde von zwei Musikern begleitet und zeigte Bilder der Sonne, des Mondes, der Sterne, von Adam und Eva und von Noahs Arche mit den vielen Tieren und schließlich die Ankunft des türkischen Gesandten in Paris.[18] Ein anderer, der einer Familie in London eine Unterhaltungsvorführung gab, zeigte die Arche Noah und eine lautstark-vulgäre Szene in Shakespeares Swann Inn in Stratford.[19] Obwohl sie von Künstlern wie Edmé Bouchardon, Matthäus Deisch, Christopher Suhr und vielen anderen gefeiert wurden, häufig in Druckfolgen, die Straßenhändler und Ausrufer porträtierten, war es wohl unvermeidlich, daß sie (zusammen mit anderem fahrenden Künstlervolk) den eingefleischten Argwohn der Öffentlichkeit gegenüber Außenseitern und Ausländern auf sich zogen und daß die Laterna Magica zu einem Symbol vergänglicher Illusionen wurde. So benutzte Nikolai Abraham Abilgarard (1743-1809), Direktor der Akademie der Bildenden Künste in Kopenhagen, das Mittel der durch einen Laternisten projizierten Bilder in einer Serie von Zeichnungen, die die Aktivitäten der Stadtverwaltung satirisch kritisierten. Drei fahrende Laternisten waren die zentralen Figuren in einer Serie von Drucken, die sich über Holländer lustig machten, die auf opportunistische Weise von den politischen Kriegsunruhen profitierten, während sie gleichzeitig die Invasoren verantwortlich machten. Ein anderer holländischer Druck aus dem Jahr 1720 nimmt die aufgeblähten Aktienkurse der Ostindien Compagnie aufs Korn, indem der fahrende Laternist mit kurzlebigen Modeerscheinungen und unseriösen Praktiken identifiziert wurde.

Gespenster und furchteinflößende Gestalten erschienen in den neunziger Jahren des 18. Jahrhunderts mit einem Donnerschlag auf dem Plan. Im Zuge der Diskussion über die okkulten Fähigkeiten des abtrünnigen Freimaurers und Laterna-Magica-Illusionisten Johann Georg Schröpfer, der im Oktober 1774 in Leipzig Selbstmord beging, gaben Moses Mendelssohn, Christian August Crusius, Balthazar Bekker u.a. miteinander rivalisierende Monographien heraus.[20] Ab Mitte der 1780er Jahre begannen in Deutschland Schausteller wie Paul Philidor, von Halbritter oder Breitrück und Melber einem neugierigen und faszinierten Publikum „Schröpfer'sche Geistererscheinungen" vorzuführen, „um nicht nur allein angenehme Unterhaltung damit zu verschaffen, sondern auch unsere werthesten Zuschauer mit diesen interessanten Experimenten (über welche schon viele Gelehrte geschrieben haben) besser bekannt zu machen".[21] Schröpfer nutzte eine Vielzahl von Tricks einschließlich Spiegelprojektion, hohle Stimmen aus verborgenen Sprechröhren, Gehilfen, die Gespenster spielten, die

unheimlichen Klänge einer Glasharmonika und das Grollen von Bühnendonner, die er in einer Zeremonie vorführte, in der sich die Rituale der Freimaurer und Kabbalisten vermischten. Das Glanzstück seines Spätwerks war die Projektion geisterhafter Gestalten auf Rauch unter Zuhilfenahme einer verborgenen Laterna Magica. Diese Technik wurde 1769/70 von Gilles-Edmé Guyot in „Nouvelles Récreations Physiques et Mathématiques" beschrieben. Sie produzierte ein flackerndes, flüchtiges Bild, das offensichtlich erschreckend wirksam war.
Paul Philidor entwickelte für seine Vorführungen in Wien in den Jahren 1790-92 einen neuen Typus einer beweglichen Laterna Magica und benutzte die Rückprojektion auf eine unsichtbare Musselinleinwand in einem abgedunkelten und theatralisch ausgestatteten Raum. Er benutzte außerdem die neu erfundene Argand-Lampe, die wesentlich lichtstärker war, so daß ein größeres Publikum plastische Bilder sehen konnte. Das war die Geburtsstunde der Phantasmagoria-Show. Laterna-Vorführungen wurden nun in festen Theaterräumen für ein zahlendes Publikum veranstaltet. Nachdem er einige Wochen lang private Vorführungen veranstaltet hatte, baute Philidor Ende Februar 1790 ein spezielles Theater in der Josefstadt neben dem Königlichen Auersperg-Palais, das vollständig mit schwarzem Tuch drapiert sowie mit Totenschädeln und einem weißen magischen Kreis ausstaffiert war. Der Abend begann mit nahendem Donner, begleitet von Wind, Hagel und Regen. Der dramatische Höhepunkt des Abends war die Geisterbeschwörung: "Nach einigen Minuten erscheint nun die Aehnlichkeit einer der Gesellschaft bekannten Person in der Gestalt des so allgemein angenommenen Begriffs eines Geistes, die aus dem Fußboden langsam empor zu kommen scheint, und recht kennbar und deutlich zu sehen ist. In jeder Vorstellung werden drey solche genannten Geister erscheinen ... Jede dieser Haupterscheinungen wird einige Schritte vorwärts gegen die Zuschauer machen, auf die entstandene Art wieder verschwinden ..."[22]
Aus nicht bekannten Gründen verkaufte Philidor seinen Apparat im Frühjahr 1792 in Wien angeblich an den Meisterillusionisten Johann Carl Enslen. Dieser war in ganz Europa für seine „Jagden in der Luft", seine fliegenden Skulpturen und eine Reihe minutiös organisierter Illusionen bekannt. Seit spätestens Juni 1796 gab Enslen in Berlin Phantasmagoria-Vorstellungen, die das inhaltliche Repertoire von Philidors Gespenstervorführungen erweiterten[23]: Er zeigte Petrarca an Lauras Grab, erzählte die Geschichte von Eloise und Abaelard und präsentierte Porträts von Friedrich II. und General Ziethen.
Philidor nahm seine Phantasmagoria-Präsentationen im Dezember 1792 in Paris wieder auf und gab bis April 1793 Vorstellungen im Hotel de Chartres in der Rue de Richelieu, als plötzlich und aus unerklärlichen Gründen die offensichtlich beliebten Vorführungen eingestellt wurden.[24] Sie wurden daraufhin von dem brillanten Organisator und Ballonfahrer Étienne-Gaspard Robertson aufgenommen. Ab Januar 1798 hatte er in Paris einen überwältigenden Erfolg, besonders nachdem er die Vorstellung in das stimmungsvolle Ambiente eines verlassenen Kapuzinerklosters verlegt hatte, wobei das Publikum nur über einen Friedhof an den Vorstellungsort gelangte. Er verbesserte Philidors technische Innovationen und Enslens atmosphärisches Repertoire und bot seinen Zuschauern die Versuchung des Heiligen Antonius, Voltairesche Visionen und die drei Hexen aus „Macbeth". Er stellte außerdem eine sogenannte Fantoscope-Laterna her, die er auch verkaufte. Dieses Instrument war so ausgeklügelt konstruiert, daß man damit sowohl transparente Laternenbilder als auch opake dreidimensionale Marionetten projizieren konnte. Dies brachte innerhalb weniger Wochen nach der Wiedereröffnung seiner Vorstellung in dem Kloster Konkurrenten auf den Plan, und andere Hersteller wie die Gebrüder Dumotiez begannen mit der Herstellung von Fantascope-Laternae und neuen Accessoires. Sie belieferten Schausteller, die Phantasmagoria-Vorstellungen in ganz Europa und Nordamerika gaben. Dort erschienen die Geister von George Washington, Benjamin Franklin und Thomas Jefferson an Stelle von Voltaire und Friedrich dem Großen. Theater in London, New York, Paris, Berlin, Wien, Philadelphia, Mexico City, Madrid, Hamburg und zahlreichen anderen Städten zeigten Phantasmagoria-Vorstellungen und

Abb. 8
LATERNA MAGICA ENSEMBLE
um 1880

etablierten im frühen 19. Jahrhundert die Laterna Magica als brauchbares Instrument für öffentliche Vorführungen vor großem Publikum. Dem raschen technischen Fortschritt in der ersten Hälfte des Jahrhunderts folgte ein Wandel der Laterna Magica-Kultur in der zweiten Hälfte. In den frühen zwanziger Jahren des 19. Jahrhunderts führte die britische Firma Carpenter and Westley eine stabile Metall-Laterna ein, die eine Lampe vom Argand-Typus benutzte, wodurch Vorführungen in Klassenzimmern oder bei Lehrveranstaltungen möglich wurden.[25] Danach perfektionierte die Firma ein frühes Verfahren für die Massenreproduktion von Laternenbildern, indem eingravierte Umrisse auf Glas übertragen und anschließend handkoloriert wurden. Die erste Serie dieser qualitativ hochwertigen, eleganten Bilder bestand aus 200 Motiven in 56 Rahmen und zeigte zoologische Abbildungen, die nach dem System des schwedischen Naturforschers Carolus Linnaeus klassifiziert waren. Es folgten Serien über die britische Monarchie, Architekturansichten und astronomische Diagramme einschließlich der Planetenbewegungen und Konstellationen. Dies gab der Laterna Magica einen festen Platz in den Bereichen Erziehung und Bildung.

Es hatte für diesen Anwendungsbereich in den vergangenen hundert Jahren zahlreiche Vorschläge gegeben, obwohl die Laterna nur selten für diese Zwecke tatsächlich eingesetzt worden war. Seit den 1820er Jahren jedoch wurde der pädagogische Bereich das Haupteinsatzgebiet der Laterna Magica. Parallel dazu führten Thomas Drummonds praktische Demonstrationen des gleißenden Lichts, das durch erhitzten Kalk hervorgebracht wird, im November 1825 dazu, daß in den folgenden Jahren das so erzeugte Licht für die Laternae benutzt wurde. Dabei wurden Wasserstoff und Sauerstoff entzündet und die heiße Flamme auf einen Kalkzylinder gerichtet. Dies erzeugte ein gleißendes Licht, mit dem man die Bilder für die Laternae stark vergrößern und selbst in den größten Theatersälen zeigen konnte. In den 1830er Jahren wurden Laternae paarweise eingesetzt und entweder Argand-Lampen oder Kalklicht benutzt, wobei Bilder durch aufeinander abgestimmte Laternenbilder verwandelt werden konnten, so daß der Tag zur Nacht wurde oder ein menschenleerer Platz in einer Stadt sich mit einer bunten Menschenmenge füllte. Unter der Regie von erfahrenen Vorführern gerieten diese sich verwandelnden Bilder, die in der Mitte des Jahrhunderts zur beliebtesten Unterhaltungsform wurden, zu verblüffenden visuellen Spektakeln: Der deutsche Schausteller Paul Hoffmann machte eine Vorführungstournee mit einer kompletten Fassung des „Ring des Nibelungen", wobei er Zeichnungen benutzte, die von Richard Wagner für die erste Gesamtaufführung in Bayreuth in Auftrag gegeben und später abgelehnt worden waren.

Ab 1850 wurde die florierende Laterna-Kultur des Geschichtenerzählens und der Unterweisung sowie der rein visuellen Darstellung eines „künstlichen Feuerwerks" durch die Verbindung der Laterna Magica mit dem neuen Medium der Photographie völlig verwandelt. Der Einfluß photographischer Bilder für die Laterna, die von den Brüdern Frederick und Wilhelm Langenheim 1850 hergestellt wurden, ist hinlänglich bekannt.[26] Weniger bekannt ist jedoch, daß bis zum Ende des Jahrhunderts fast alle großen Laterna-Magica-Firmen, die eine sehr große Kollektion von Laternenbildern über alle möglichen Themen aus jedem Winkel der Welt aufgebaut und vertrieben hatten (und die Sciopticon-Laternae auf Kerosin [Paraffin]-Basis herstellten, die weniger umständlich und gefährlich in der Bedienung waren als diejenigen, die mit Kalk arbeiteten), ihren Ursprung in photographischen Gesellschaften hatten. Unter diesen Firmen, die als Anbieter und Hersteller photographischer Artikel begannen, findet man Namen wie Ed. Liesegang (gegründet 1854 als Anbieter photographischer Platten und Chemikalien), Romain Talbot (gegründet 1855 als Anbieter photographischer Chemikalien), W. Butcher & Sons (gegründet 1866 als Drogist), Bamforth & Co (gegründet 1870 als photographisches Studio) und York & Son (ab 1853 als Photographen). Die Laterna Magica war eindeutig nicht mehr die Angelegenheit von Herstellern wissenschaftlicher Instrumente, obwohl einige dieser Firmen, die noch immer im Geschäft waren, wie Louis Jules Duboscq in Frankreich und James W. Queen in Amerika, zu den wichtigen Designern (Duboscq) oder Vertreibern (Queen) von Laternae Magicae gehörten. Der ständige Austausch zwischen der Welt der Photographie und der Laterna Magica bezog sich auf die Bereiche Technik, Kultur und die beteiligten Personen. Die intensive Nachfrage nach schnelleren photographischen Linsen zur Verkürzung der Belichtungszeit führte direkt zum Entwurf einer fast verzerrungsfreien Flachlinse von f3,6 von Josef Max Petzval, die ungefähr zwanzigmal schneller war als die bereits existierende Meniskuslinse von Charles Chevalier, die bei den frühen Daguerreotypie-Kameras benutzt wurde. Die Petzval-Porträtlinse, wie sie bald genannt wurde, wurde zur allgemein gebräuchlichen Projektionslinse für die Laterna Magica, da ihre guten optischen Eigenschaften und ihre effiziente Lichtübertragung auch sehr nützlich waren bei der Vergrößerung projizierter Bilder. Die photographische Leidenschaft, wie sie in einem explosionsartigen Anstieg der Zahl photographischer Klubs und Verbände in jeder Stadt und jedem Dorf zum Ausdruck kam, führte zu einer Verbesserung der Fähigkeiten im Umgang mit der Laterna Magica, da jeder Klub regelmäßige, oft monatliche, manchmal sogar wöchentliche Projektionsabende veranstaltete. Viele derjenigen, die von Stadt zu Stadt reisten und professionell Vorträge über ihre Weltreisen oder aktuelle Tagesprobleme mittels der Laterna Magica hielten, begannen ihre Laufbahn als Amateurvortragende bei ihrem lokalen photographischen Klub. Der bekannteste war E. Burton Holmes, der jährlich eine Rundreise durch die wichtigsten amerikanischen Städte machte und fünf Vorträge an jedem Ort hielt.

Es gibt noch ein weiteres Beispiel für die eng miteinander verwobene Beziehung zwischen Photographie und Laterna Magica. Die Geschichte der Laterna Magica wie die der Photographie kann unter dem Gesichtspunkt des Wunsches gesehen werden, Bewegung wiederzugeben. In der Photographie war von Anfang an das Bestreben, chemische Prozesse und Linsen zu finden, die immer schneller funktionierten, mit dem Versuch verbunden, den Themenkanon von Landschaften auf Menschenporträts zu erweitern. Die nächste technologische Hürde bestand darin, einen photographischen „Moment" einfangen zu können, der das Photographieren von sich bewegenden Objekten wie den Wellen des Ozeans oder Fußgänger auf der Straße ermöglichen würde. Gegen Ende des Jahrhunderts machten es Photosequenzen möglich, in den Arbeiten von Eadweard Muybridge und Étienne Jules Marey schnelle Bewe-

gungen minutiös zu zerlegen und in der Arbeit von Ottomar Anschütz Bewegung natürlich wiederzugeben. Bei der Laterna Magica gab es spätestens seit 1697 mechanische Dias, die begrenzte und wiederholte Bewegungen wie die sich drehenden Flügel einer Windmühle wiedergaben, so daß der Physiker Erhard Weigel aus Jena in seiner Laterna zeigte, wie Ziegen einen Mann in Schweizer Tracht mit den Hörnern stießen und ein Bär sich aufrichtete und ihn mit den Tatzen angriff.[27]
Nach der Erfindung des Phenakistiskops in den frühen dreißiger Jahren des 19. Jahrhunderts schlugen mehrere Tüftler, von denen der interessanteste der erfolgreiche Zauberkünstler und Schausteller Leopold Ludwig Döbler aus Wien war, vor, dieses Instrument als Accessoire bei der Benutzung der Laterna Magica einzusetzen. Döbler baute ein Phenakistiskop zur Projektion, das er erstmals am 16. Januar 1847 im Theater in der Josefstadt in Wien einsetzte und acht bewegte Bilder vorführte, die von dem Wiener Künstler Geyling gemalt worden waren. Darunter befanden sich „Der türkische Gaukler", „Der Reifspringer", „Die kleine Cavalcade" und „Der Seiltänzer".[28] Das Bestreben, mit der Laterna Magica Bewegung zu projizieren, war ungebrochen, und als 1894 das Polytechnische Institut in London, das bereits einen guten Ruf wegen seiner hochentwickelten Laterna-Vorführungen hatte, seine neue Produktion von Gabriel Grubb, gemalt von W.R. Hill, eröffnete, erforderte eine einzige Szene fünfzehn verschiedene Effekte: Kobolde stiegen aus den Gräbern, sprangen über die Grabsteine, stürzten aus den Fenstern, standen Kopf und versanken in den Boden.[29]
Mitte der 1890er Jahre verschmolzen Photographie und Laterna Magica miteinander, und eine neue Kombinationsform entstand, die darauf basierte, daß photographische Bilder auf langen Bändern transparenten Zelluloidfilms aufgenommen wurden. 1898 schrieb der amerikanische Erfinder C. Francis Jenkins von der „Tatsache", daß der Apparat zur Projektion bewegter Bilder nichts anderes sei als ein modifiziertes Stereoptikon, also eine Laterna, die mit einem mechanischen Diaschieber ausgestattet ist.[30]
Der erste britische Filmhistoriker war der gleichen Ansicht: Ein Film zur Projektion eines lebendigen Bildes sei nichts anderes als eine Dia-Serie.[31] Der Filmpionier Robert Paul erklärte, daß sein erster Projektionsapparat dazu diente, an jede bestehende Laterna angeschlossen werden zu können.[32] Ein früher beliebter Filmprojektor, erfunden von Cecil Wray im Jahr 1896 und von der bekannten Laterna-Magica-Firma der Gebrüder Riley aus Bradford als Kineoptoscope vermarktet, war so konstruiert, daß er in den normalen Schieber jeder Standard-Laterna-Magica paßte und so den holzgerahmten Laternenbildschieber zwischen der Kondensatorlinse und dem Linsenrohr ersetzte. Das Kino entstand also im Umfeld der Laterna Magica, und innerhalb eines Jahrzehnts nahm es allmählich ihre Vorführstätten in Beschlag, übernahm das Personal, das bisher mit der Laterna Magica gearbeitet hatte, und löschte sie als Instrument narrativer Unterhaltung aus dem Bewußtsein[33] – jedenfalls ihren Namen, das Instrument selbst gibt es heute nach wie vor in Form des äußerst nützlichen und technisch verbesserten Diaprojektors.

Thomas Fechner-Smarsly

Suggestive Projektionen

Laterna Magica, Diorama und ihre Effekte in der Literatur des 19. Jahrhunderts

„Im günstigsten Fall, nämlich unter Bedingungen zugewandter Lesergunst, geht das Medium Alphabet in Optik über."[1]

I. Die Laterna Magica als literarische Effektmaschinerie

Einblicke von Literaten in technische Verfahren erwiesen sich oft genug als ziemlich begrenzt. Was durch bloße Kenntnis nicht zu machen war, bekam dennoch mitunter durch Phantasie Flügel. Zumal der Autor in den allermeisten Fällen darauf rechnen durfte, sich auf dem gleichen Wissensniveau wie sein Publikum zu bewegen. Auf gleicher Augenhöhe gewissermaßen, wenn man an die optischen Apparate denkt, um deren phantastische Effekte und ihre Überführung in Literatur es im folgenden geht.

Schattenspiel, Camera Obscura und Laterna Magica haben Schriftsteller von Justinus Kerner über Eduard Mörike bis zu Theodor Fontane nach Belieben ineins gesetzt oder miteinander verwechselt.[2] Manche kannten ihre Wirkungen nur aus dem Zuschauerraum, andere sogar durch eigene praktische Anwendung. Honoré de Balzac und Charles Dickens hatten bereits in ihrer Jugend Laterna-Magica-Vorstellungen besucht, von Lewis Carroll wird berichtet, daß er eine Laterne für eine Vorführung vor Kindern benutzte, ebenso George Sand für ihre Marionettenspiele in Nohant.[3]

Sofern sie nicht eine Rolle in der Erzählung selbst spielte, gewann die Laterna Magica (respektive ihre Mutationen und Verwechslungen) Bedeutung vor allem durch den Vergleich: als Metapher und als Bild für eine Apparatur zur Bilderzeugung, welche ihrerseits rhetorische Wirkung erzielen sollte, indem sie einen imaginierten, beim Publikum damit zugleich als bekannt vorausgesetzten Effekt verstärkte. Immer wieder findet der Leser, gerne in Einleitungen und Vorworten fiktiver Herausgeber zu ebenso fiktiven aufgefundenen Papieren, Hinweise auf optische Gerätschaften, die ihm gleichsam als innere Sehhilfe angedient werden, um sich ein Geschehen vor Augen zu stellen. So etwa in E.T.A. Hoffmanns „Elixieren des Teufels", in denen man aufgefordert wird, mit dem Mönch Medardus „durch finstere Kreuzgänge und Zellen – durch die bunte – bunteste Welt zu ziehen", nicht nur, um „das Schauerliche, Entsetzliche, Tolle, Possenhafte seines Lebens zu ertragen", sondern auch, um sich „an den mannigfachen Bildern der Camera Obscura, die sich dir aufgetan, [zu] ergötzen"[4]. Der Literatur- und Medienwissenschaftler Friedrich Kittler erhob allerdings den Einwand, daß als Metapher einer Lektüre das Modell der Camera Obscura nicht ausreiche. „Um Lesern Romane wie innere Filme zu verkaufen, mußten Autoren vielmehr die Strategie verfolgen, das ‚Gebilde' vor ihrem inneren Auge, wie es in Hoffmanns Sandmann hieß, ‚mit allen glühenden Farben und Schatten und Lichtern' aufs innere Auge auch ihrer Leser projizieren. Modell für

romantische Wirkungspoetiken stand also weniger die Camera Obscura als vielmehr ihre technische Umkehrung: die Laterna Magica."[5]
Es bedurfte also einer aktiven Optik, um einen emotionalen Reiz, ob Attraktion oder Abstoßung, hervorzurufen. Der schöne Schauder war besonders gern gesehen. Kaum zufällig auch, schreibt Laurent Mannoni in seiner Archäologie des Kinos[6], treffe kurz vor 1800 die Einrichtung der Phantasmagorien durch Étienne-Gaspard Robertson und andere zusammen mit dem Aufkommen der „gothic novel", mit den Schauergeschichten von Ann Radcliffe oder M.G. Lewis. Und in Goethes „Faust", zweiter Teil, erhebt der Doktor, halb fasziniert, halb irritiert, seinen ernstlichen Einwand gegen eine Projektion des Paris und der schönen Helena auf Rauch: „Ein dunstiger Nebel deckt sogleich den Raum, / […] er wogt nach Wolkenart […] / Und nun erkennt ein Geister-Meisterstück. / […] Das Dunstige senkt sich; aus dem leichten Flor / Ein schöner Jüngling tritt im Takt hervor."[7] Was wiederum Mephistopheles veranlaßt, Faust vorzuwerfen, er falle aus der Rolle. Aus der Rolle des Magiers nämlich, der sich auf solcherlei Spuk doch verstehen muß.
In Schillers Fragment gebliebener Erzählung vom „Geisterseher" erweist sich eine ganze Séance als großangelegter Betrug, der dank des ‚Armeniers', einer allerdings nicht weniger zwielichtigen Figur, aufgedeckt wird. Um einen gefallenen Offizier zumindest als Wiedergänger kurzzeitig zu reanimieren, sollte eine Laterna Magica den Verstorbenen an die Wand des Zimmers projizieren. Auch hier reicht allein das Bild nicht hin, allerlei Brimborium ist zusätzlich vonnöten, angefangen bei falschen Spiegelbildern und Zaubersprüchen, aufgemaltem Blut und hohl klingenden Stimmen über den Einsatz von Theaterdonner bis zur avancierten Technik einer Elektrisiermaschine, um die sich an den Händen fassenden Teilnehmer unter zwar geringen, freilich wirksamen Schock zu setzen.[8]
Was man hier im Prinzip schon angelegt findet, ist nichts anderes als die Maschinerie der ‚special effects' späterer Action-Filme – bei Schiller bis zur Handgreiflichkeit einschließlich der gerade noch rechtzeitig auftauchenden schnellen Eingreiftruppe, die das Räubernest im Namen der Staatsinquisition aushebt. An dieser Stelle deutet sich ein Subtext an, der mancherlei Gebrauch der Laterna Magica unterschwellig bestimmt. Er handelt vom Bildergebrauch – oder besser: vom Mißbrauch der Bilder – zu anti-aufklärerischen Zwecken, seien diese auch gehüllt in das historisch-jesuitische Gewand der Gegenreformation. Man darf daran erinnern, daß Kircher und sein Schüler Schott die Zauberlaterne zur Abschreckung benutzen, sie also im Dienste der propagatio fidei einsetzen wollten, mit deren Hilfe buchstäblich der Teufel an die Wand gemalt wurde.[9] Andererseits wurde mit dem literarischen Einspruch gegen die Magier hinter der Laterne zugleich ein Generalverdacht ausgesprochen, der bis auf den heutigen Tag gegen die Suggestivität der Bilder erhoben wird – vor allem von seiten der Schrift und ihrer Exegeten.[10]
Nur wenige Jahre nach Schiller prüfte so der romantische Schriftsteller, Komponist und „Augen-Mensch" Ernst Theodor Amadeus Hoffmann die optischen Medien wie kein anderer auf ihre Literaturtauglichkeit – und griff dabei zum Stilmittel der radikalen Desillusionierung.[11] Daß er die Zauberlaterne und ihre Möglichkeiten aus eigener Anschauung gekannt haben dürfte, belegen etwa seine „Abenteuer der Silvester-Nacht", wo Hoffmann die seltsamen Bewegungen eines Mannes beschreibt, die im Schein der Lichter „beinahe anzusehen war[en], als führen viele Gestalten aus- und ineinander, wie bei den Enslerschen Fantasmagorien"[12].
Zu einem effektvollen Einsatz gleich mehrerer optischer Medien kommt es in Hoffmanns Erzählung „Meister Floh". Winzige Mikroskope, vermittels derer man Gedanken und Träume lesen kann, Teleskope, mit denen sich wiedergängerische Wissenschaftler duellieren, Projektionsvorrichtungen, durch welche man das Publikum in Angst und Schrecken versetzt – all das findet reichliche Anwendung. Auf die Spitze getrieben wird es durch die Ausnutzung der Wissenschaft zu Zwecken der Unterhaltung, was wiederum die Koppelung unterschiedlicher

Abb. 1
LATERNA MAGICA
Holland, vor 1800

Apparate nötig macht. Hoffmann, wie manch anderer Autor im weiteren Verlauf des 19. Jahrhunderts, begegnet dieser Mode einer ‚physique amusante' offensichtlich mit erheblicher Skepsis – und mit satirischer Schärfe. So dienen all die Apparaturen dem Verbergen einer Scharlatanerie und ihrer ironischen Decouvrierung. Im „Meister Floh" geschieht dies etwa dergestalt, daß das Bild eines Wassertropfens samt Inhalt an die Wand des Zuschauerraums projiziert und auf diese Weise eine Panik hervorgerufen wird:
„Ein Blick in den Saal verriet dem jungen Pepusch sogleich die Ursache des fürchterlichen Entsetzens, das die Leute fortgetrieben. Alles lebte darin, ein ekelhaftes Gewirr der scheußlichsten Kreaturen erfüllte den ganzen Raum. Das Geschlecht der Pucerons, der Käfer der Spinnen der Schlammtiere, bis zum Übermaß vergrößert, streckte seine Rüssel aus, schritt daher auf hohen haarichten Beinen, und die greulichen Ameisenräuber faßten, zerquetschten mit ihren zackichten Zangen die Schnacken, die sich wehrten und um sich schlugen mit den langen Flügeln, und dazwischen wanden sich Essigschlangen, Kleisteraale, hundertarmichte Polypen durcheinander, und aus allen Zwischenräumen kuckten Infusionstiere mit verzerrten menschlichen Gesichtern. Abscheulicheres hatte Pepusch nie geschaut."[13]
Was die Menge sieht, ist nicht allein die an und für sich kleine Vergrößerung unter dem Mikroskop, sondern dessen nochmalige Vergrößerung durch die Projektion in eine dunkle Kammer. Mikroskop, Laterna Magica und Camera Obscura gehen hier gewissermaßen eine innige Verbindung ein. Solche im Grunde harmlosen Vorführungen zum Zwecke des schönen Schauders für ein größeres Publikum sind historisch belegt. So wurde 1833 erstmals ein Hydrooxygen-Mikroskop in London ausgestellt, in dessen Kalklicht die Londoner einen Tropfen Themsewasser bestaunen konnten.[14] Und eine Karikatur aus den 1820er Jahren kombiniert offensichtlich – vielleicht aus Gründen der besseren Darstellbarkeit – den Blick durch das Vergrößerungsglas mit der Wandprojektion. (Abb. S. 325) Daß sich derartige Veranstaltungen großer Beliebtheit auch und gerade bei den gebildeten Ständen erfreuten, darauf weist Hoffmann hin mit einem Fingerzeig auf die technischen Voraussetzungen, selbst wenn nicht deutlich wird, wieviel er davon verstand und wieviel hinzuphantasiert war.
„Der Flohbändiger hatte unendlichen Zuspruch. Den ganzen Tag wurde der Saal nicht leer von Neugierigen, die den hohen Eintrittspreis nicht scheuten. Auch zur Abendzeit war der Besuch zahlreich, ja beinahe noch zahlreicher, da alsdann auch solche Personen kamen, denen an derlei possierlichen Künsteleien eben nicht viel gelegen, um ein Werk zu bewundern, das dem Flohbändiger ein ganz anderes Ansehen und die wahre Achtung der Naturforscher erwarb. Dies Werk war ein Nachtmikroskop, das wie das Sonnenmikroskop am Tage, einer magischen Laterne ähnlich, den Gegenstand hell erleuchtet mit einer Schärfe und Deutlichkeit auf die weiße Wand warf, die nichts zu wünschen übrig ließ."[15]
Der schöne Schrecken blieb indes nicht der einzige Effekt, den die Literatur der Laterna Magica und ihren Derivaten beimaß. Zur Abstoßung gehörte, oft im selben Atemzug, auch

das Moment der Attraktion und Faszination, das die Vorführung zur Verführung machte, eine Verführung, die ganz und gar keusch und von gelehrsamer Art sein konnte, wie in den zahlreichen, auf wenige Stunden verkürzten Leinwandreisen um die Welt. Aber auch eine Verführung erotischer Natur, was naturgemäß weniger öffentlich gezeigt wurde[16] und literarisch für zusätzliche Zweideutigkeit sorgte. So erinnert sich im „Meister Floh" Hoffmanns Protagonist Pepusch der schönen Dörtje Elverdink, und „es [war] ihm, als würde in seinem Innern wie in einer Laterna Magica plötzlich ein anderes Bild vorgeschoben"[17]. Welches, das bleibt offen. Im folgenden will ich zwei Beispiele für die genannten Weisen der Attraktion geben, die mir ganz eigene Formen literarischer Adaption der Laterna Magica gefunden zu haben scheinen. Beide stammen von Skandinaviern, wobei Hans Christian Andersen das erbauliche Reisen vorführt und dessen Visualisierung verbalisiert, während August Strindberg eine Projektion von ‚Feindbildern' im technischen wie im psychologischen Sinne vornimmt, die Freud mit dem sich anbahnenden Kino koppelt.

II. Ein Bilderbuch ohne Bilder

Hans Christian Andersen war nicht nur der naive Märchendichter, diese Nachricht ist längst auch hierzulande durchgedrungen.[18] Liest man seine Märchen, aber auch seine Romane und Reiseschilderungen genauer, so stößt man nicht nur auf etliche Huldigungen an den technischen Fortschritt, sondern darüber hinaus auf eine Vielzahl ‚medialer Effekte'. Mehr als nur Spiegelscherben des Zeitgeists, sind sie Ausdruck für das überaus rege Interesse, das Andersen allen neuen Erfindungen entgegenbrachte.[19] Ein Interesse, das sich nicht zuletzt der Förderung durch Hans Christian Ørsted, den führenden dänischen Wissenschaftler seiner Zeit, verdankte, der für Andersen zeitlebens ein väterlicher Freund und Gesprächspartner blieb. Mit ihm diskutierte der Schriftsteller die Daguerreotypie schon im Februar 1839, also noch vor der offiziellen Bekanntgabe durch Dominique François Arago vor der Pariser Akademie. Ob in seinem Hang, sich bei jeder Gelegenheit photographieren zu lassen; ob im Sammeln von Stereoskopbildern, die er in den Pausen seiner Lesungen vorführte; ob in seinen durchaus virtuosen Scherenschnitten, die die Märchen wie miniaturenhafte Schattenspiele aufzuführen scheinen, Andersens Obsession allem Visuellen gegenüber offenbarte sich auf vielfältige Weise. In seinem Märchen „Die Dryade" wird ein mythisches Wesen gleichsam in ein Kameraauge verwandelt, das durch das Paris der Weltausstellung von 1867 fliegt und dabei Nadars photographischen Blick aus dem Ballon und seinen Abstieg in die Kanalisation und die Katakomben nachahmt. Und die Geschichte vom Schatten läßt sich auch anders lesen denn als romantische Doppelgängergeschichte. Wenn deren Anfang beinahe wortwörtlich eine Charakterisierung Andersens über die Photographie aus einem Brief übernimmt, so ist der Weg geebnet für eine andere Deutung: Ihr zufolge handelte dieses Märchen von der Angst, daß das öffentliche, das veröffentlichte Bild die Stelle des wahren Selbst einnehmen könnte – im Falle Andersens, einem der meistphotographierten Menschen seiner Zeit, vielleicht keine ganz unbegründete, vielmehr eine geradezu prophetische Furcht. Sie wird von der Prinzessin, „die an der Krankheit litt, daß sie allzu scharf sehen konnte"[20], nicht geteilt: Obwohl (oder gerade weil) sie sieht, daß der Schatten keinen Schatten wirft, vermählt sie sich nicht mit dem echten Gelehrten, sondern eben mit dessen Schatten. Also mit dem Bild, das man offiziell von jenem hat.[21]
Schon in seinem von E.T.A. Hoffmann beeinflußten Buchdebüt „Fußreise von Holmens Kanal zur Ostspitze von Amager in den Jahren 1828 und 1829" wird Andersens Neigung zum Visuellen deutlich. Da besucht der Erzähler eine Vorstellung, von der er erfährt, „daß es sich um ein neues Theater handelte, das in Form eines riesigen Kaleidoskops alle Theatereffekte des neunzehnten Jahrhunderts zeigte. – Das mußte ich sehen. […] Der Vorhang ging auf, und man schaute in ein ungeheures Kaleidoskop hinein, das ganz langsam herumgedreht wurde.

Felsen mit Wasserfällen, brennende Städte, Wolken mit Feuerregen und strandende Schiffe wirbelten bunt durcheinander! Jetzt sah man die Küche des 'Bräutigams aus Mexiko', jetzt die Wolfsschlucht, jetzt das 'heimliche Gericht'. Da wurde Eulalia Meinau ins Grab der Kreuzritter eingemauert, hier war ein Klub von Irren, in dem der alte Rüdiger aus 'Deodata' und Uberto aus Agnese präsidierten. Jetzt zeigte sich die Hölle mit einem Meer von Aquatofana, in dem Mönche, aus Tragödien herausgezupft, als schwarze Schwäne schwammen, und zuoberst schwebte, zwischen Himmel und Erde, der 'Hirtenjunge Nr. 2' mit dem schicksalhaften Kranz aus dem 'Freischütz' auf seinen Locken. So ging es eine ganze Zeitlang weiter, dann fiel der Vorhang, die Abendunterhaltung war beendet."[22]

Zwar wird nicht ganz deutlich, wie wir uns dieses Kaleidoskop technisch vorzustellen haben. Interessant bleibt aber, wie Andersen selbst den Wechsel der Eindrücke abbildet, und zwar im Präteritum „sah man", das stets von einem „jetzt", also im Präsens eingeleitet wird. Ein literarischer Kniff, um sowohl das rasch Vorübergehende wie die Wiederholung ähnlicher Bilder, aber auch ihren ständigen Wechsel dem Leser zu vermitteln. Ein paar Jahre später wird Andersen in seinem „Bilderbuch ohne Bilder" (1839) die hier gesehene Medientechnik auf die Literatur und das eigene Schreiben übertragen. Schon der paradoxe Titel betont den visuellen Aspekt derart, daß es naheliegt, das „Bilderbuch ohne Bilder" als eine Folge von Genrebildern aufzufassen.[23] Auch eine Beziehung zum Guckkasten oder zu den bunten Bilderbögen, die sich damals einiger Beliebtheit erfreuten, läßt sich ohne weiteres herstellen.[24] Die Rahmengeschichte ist schlicht, so schlicht wie die erzählerische Einbettung mancher optischen Vorführung. Sie hat im Grunde keine Handlung, sondern stellt eher eine Szenerie vor, mit einer kleinen Dachkammer als Bühne, besser gesagt: als Projektionsraum. „Male nur auf, was ich erzähle", sagt nämlich dem Maler und Ich-Erzähler der Mond, „dann sollst du ein recht hübsches Bilderbuch bekommen".[25] Doch Übertragungsmängel beeinträchtigten schon das frühe ferne Sehen: „Was ich zeige, sind nur lose Umrisse auf dem Papier, und dazwischen meine eigenen Gedanken, denn der Mond erschien nicht jeden Abend, es war oft eine Wolke oder zwei im Wege." (S. 284)

Bei diesen 33 Abenden liegt die Würze in ihrer Kürze: Manche erreichen keine ganze Druckseite, ein bis anderthalb sind der Durchschnitt, zwei das Höchstmaß. Fokussiert auf das Bildhafte und das Statische, variieren die Settings stark; hier gehört Abwechslungsreichtum zu den Erfordernissen, um die kleine Form nicht langweilig werden zu lassen. Neben dem Anrührenden und dem Schicksalhaften fällt eine Vorliebe für das Theatralische in all seinen Variationen ins Auge, ein Hinweis auch auf das Inszenierte dieser kleinen Stücke: Mal ist es ein zur kargen Bühne umgebauter Stall (Vierter Abend), mal das Amphitheater von Pompeji, auf dem eine Sängerin, Stimmung und Gunst der Nachtstunde nutzend, die Menschen bezaubert (Zwölfter Abend); mal gibt man eine Commedia dell'Arte (Sechzehnter Abend), mal muß es der Thronsaal von Versailles sein, wo ein Tableau vivant zur Aufführung gelangt (Fünfter Abend). Der Bilderbogen endet mit dem Spiel von Kindern, das Wohlüberlegte am naiven Unterhaltungscharakter dieses Reigens kehrt wieder als 'Stück im Stück'. Erbaulich sollten diese kleinen Stücke sein, sie sollten Staunen machen und das Gemüt erfreuen, gelegentlich vielleicht auch einen leichten Schauder hervorrufen. Andersen kombiniert hier, mit dem Mond als Projektionslaterne, ähnliche Elemente, mit denen die Vorführer der Laterna Magica ihr Publikum in ihren Bann schlugen und Schaulust wie Sensationshunger durch Überraschungseffekte bedienten.

Es gibt aber noch ein weiteres Medium, das bei Andersens Bilderfolge Pate gestanden haben dürfte, auch wenn dies nicht so unmittelbar auf der Hand liegt wie bei der Laterna Magica. Es handelt sich um das aus den im 18. Jahrhundert beliebten Mondscheintransparenten und aus dem Diaphanorama Franz Niklaus Königs entwickelte Diorama, das Daguerre 1822 erstmals der Pariser Öffentlichkeit vorgestellt hatte.[26] „Es waltet hier eine so außerordentliche Mischung von Kunst und Natur, die den ungeheuersten Effect hervorbringt, ohne daß man zu bestimmen vermag, wo die Natur aufhörte und die Kunst beginnt", notierte darüber August Lewald 1832 in seinem „Album aus Paris".[27] Eine Innovation, welche das Publikum neben dem kunstvollen Realismus nachdrücklich verblüffte, kam 1834 mit der langsamen Verwandlung der Szenerie vom Tag zur Nacht, was durch die beidseitige, aber unterschiedliche Bemalung des Vorhangs oder der transparenten Leinwand erreicht wurde, sowie durch eine Änderung der Beleuchtung.

Wahrscheinlich hatte Andersen bei er Abfassung seines „Bilderbuchs ohne Bilder" nicht nur die herkömmlichen Genrebilder und die Ausschneide- und Bilderbögen vor Augen, sondern gerade diese neue visuelle Sensation. Dafür sprechen unter anderem die Auswahl und der Charakter der Szenerien, vor allem aber – darauf gehe ich gleich noch näher ein – die Darstellungstechnik. Viele der gewählten Orte und Sujets sind typisch auch für Laterna Magica-Vorstellungen und Diorama-Motive: die ländliche Idylle, das Imposant-Erhabene alpiner Regionen und vor allem natürlich die bekannten Stätten kulturellen Fernwehs: Venedig, Rom, Neapel, Athen, der vordere Orient, das hintere Indien.

In vielen Szenen des „Bilderbuchs ohne Bilder" dominieren ausgeprägte Hell-Dunkel-Effekte, die nur bestimmte Partien ins Licht tauchen, andere bewußt verschatten. Dies ist bereits in der Erzählperspektive selbst angelegt, die ja, wenn man so will, eine der Beleuchtung ist. Ins Auge fallen auch die zahlreichen Glanzlichter, die den einzelnen Stücken aufgesetzt werden, sowie die feinen, kaum merklichen Lichtwechsel, die allenthalben stattfinden, mit ihrer je eigenen Tönung und der Atmosphäre. Mal ist es eine Gasse, „so schmal, daß meine Strahlen nur eine Minute über die Hauswand gleiten können" (S. 286), mal eine Knechtskammer, in der „das Licht [...] auf dem Fußboden [stand] und war tief heruntergebrannt" (Dreißigster Abend, S. 321), mal war ein Treppenhaus „hell erleuchtet, dort standen Diener mit brennenden Kerzen in massiven Silberleuchtern" (Sechsundzwanzigster Abend, S. 316), mal ein chinesischer Tempel, und es „schimmerte das Licht matt durch die Scheiben" (Siebenundzwanzigster Abend, S. 317). Mitunter wird sogar innerhalb der Erzählung mit der Licht-Perspektive kokettiert: „Sie hatte ein neues blaues Kleid und einen neuen rosenroten Hut bekommen. Gerade hatte sie diese Pracht angezogen, und alle riefen nach Licht, denn der Strahl des Mondes durch das Fenster war zu schwach, *hier mußte anders beleuchtet werden*." (Siebzehnter Abend, S. 305; Hervorhebung von mir, TFS) Manche Effekte des Projektors fallen dann wieder ausgesprochen dramatisch aus: „'Ich habe auf Tirol hinabgeschaut', sagte der Mond, 'ich ließ die dunklen Tannen starke Schlagschatten auf die Felsen werfen'." (Dreiundzwanzigster Abend, S. 313) Oder in Pompeji: „Die Luft war so durchsichtig und blau, und im Hintergrund stand der kohleschwarze Vesuv, aus dem das Feuer wie der Stamm einer Pinie stieg, und wie die Krone der Pinie, doch blutig rot, schwebte die leuchtende Rauchwolke in der Stille der Nacht." (S. 297) Die Bucht von Neapel mit dem tätigen Vulkan gehörte zu den beliebtesten Laterna-Magica- und Dioramamotiven der Zeit. Aber auch stillere Themen wie das Wasser und ein von ihm aufsteigender Schwan gehören zu den wiederkehrenden, die Vorstellung anregenden Elementen.

„Und der Wind fächelte und bewegte die leuchtende Wasserfläche, so strahlend, als wäre es der Äther, der in großen, breiten Wellen heranrollte. Und der Schwan hob den Kopf, und das schimmernde Wasser spritzte ihm wie ein blaues Feuer über Brust und Rücken. Die Morgendämmerung leuchtete auf den roten Wolken, und der Schwan schwang sich mit frischen Kräften auf und flog der steigenden Sonne entgegen, auf die blauende Küste zu, wohin die Luftkarawane zog." (S. 319f.) Andersen zeichnet hier Übergänge, die in ihrer Wirkung denen eines für das Diorama so wichtigen Wechsels der Lichtverhältnisse durchaus ähneln.[28] Die folgende Passage aus dem ersten Abend mag als Beispiel dafür dienen, wie die Hell-Dunkel-Effekte zuweilen den Charakter des Diaphanen, des Durchscheinenden, Transparenten annehmen. „Letzte Nacht [...] glitt ich durch Indiens klare Luft, spiegelte ich mich im Ganges; meine Strahlen versuchten die dichte Hecke der alten Platanen zu durchdringen", was nicht gelingt.

Aber dann taucht ein Hindu-Mädchen auf, und „ich konnte durch ihre feine Haut die Gedanken sehen! [...] Das Mädchen hielt eine brennende Lampe in der Hand; ich konnte in den feinen Fingern, mit denen sie die Flamme schützte, das frische Blut erkennen." (S. 284)
Das „Bilderbuch ohne Bilder" läßt sich lesen als Überlagerung verschiedener, geschickt ineinandergefügter Bildmedien: Genremalerei und bunter Bilderbogen, Guckkasten, Laterna Magica und Diorama. Als Hans Christian Andersen Ende September 1839 die Arbeit daran aufnahm, versprach er sich viel von diesem Büchlein. An die Freundin und Vertraute Henriette Hanck schrieb er im festen Bewußtsein, etwas Neues anzupacken und ein neues Genre zu beginnen, daß „das Bilderbuch der Masse als eine allzu gebrochene Arabeske vorkommen wird, den poetischen Gemütern hingegen als eine Gedichtsammlung in Prosa"[29]. Auf jeden Fall ist es ein virtuoser Versuch, visuelle Eindrücke in Literatur zu übersetzen und dabei weniger unmittelbare Beobachtung vorzugaukeln, als vielmehr die ganze Bandbreite bekannter Unterhaltungsmedien aufzurufen und zu imitieren. Zutiefst romantisch bleibt das insofern, als Medieneffekte gleichwohl ‚naturalisiert' werden, nämlich durch das natürlichste Kunst-Licht, das der Romantik zur Verfügung stand: den Mond. Ganz andere als nur mimetische Absichten verfolgte hingegen fünfzig Jahre später August Strindberg.

III. Suggestive Projektionen

In August Strindbergs Drama „Fräulein Julie" (1888) geschieht kurz vor Ende des Stücks etwas höchst Merkwürdiges. Nach dem gemeinsamen ‚Fehltritt' des Kammerdieners Jean und der höheren Tochter Julie kommt es zu einer doppelten Suggestion, besser gesagt: zur Projektion einer Suggestion. Im „Kampf der Gehirne", wie Strindberg das nach eingehender Nietzsche-Lektüre nannte, erweist sich Julie als die Entschlossenere und nicht der scheinbar robuste Jean. Paradoxerweise ist sie es, die ihn dazu bringt, daß er sie dazu bringt, Selbstmord zu begehen.
„Fräulein: Sind Sie nie im Theater gewesen und haben einen Hypnotiseur gesehen? (Jean nickt bejahend.) Er sagt zum Medium: nimm den Besen, und das Medium nimmt ihn. Er sagt: kehre, und das Medium kehrt [...] – Jean: Da muß der andere aber schlafen! – Fräulein: Ich schlafe schon –."[30]
Dergestalt in den – wie auch immer: gespielten, inszenierten, simulierten – hypnotischen Schlaf gefallen, befällt Julie ein seltsames Bild, und die Replik setzt unmittelbar fort: „Ich schlafe schon – der ganze Raum umgibt mich wie Rauch – und Sie sehen aus wie ein eiserner Ofen – der einem Mann in Schwarz mit einem Zylinder gleicht – und Ihre Augen leuchten wie Kohlen, wenn das Feuer verglimmt – und Ihr Gesicht ist ein weißer Fleck, wie Asche." (S. 214)
Welche Assoziation könnte einen Mann in Schwarz, einen Magier (im schwedischen Original ist es ein Magnetiseur) in einen eisernen Ofen verwandeln? Nun, eine sehr einfache, sofern man das eine Medium durch ein anderes ersetzt. Jean nämlich ist hier, als hypnotisierter Hypnotiseur, ein Medium in einem doppelten Sinne. Und Strindbergs Bild zugleich ein Rebus, dessen Lösung sogleich folgt. Zuvor noch einmal die Situation: Eine Bühne und ein Medium unter Suggestion (Fräulein Julie), das Dinge tut, die es freiwilig, im Wachzustand, nicht tun würde, das ist die einfachste Lesart. Aber auch der Hypnotiseur (Jean) steht unter Hypnose. Besser gesagt: Julie hat die Rolle eines Hypnotiseurs auf ihn projiziert. Nun sieht sie vor ihrem inneren Auge, wie der vorgestellte Mann in Schwarz mit einem Zylinder einem Ofen gleicht. Sie 'verwirklicht' damit ihre Projektion noch einmal anders. Weil es sich nämlich gar nicht um einen Ofen handelt, sondern um ein damaliges Medium, das einem Ofen sehr, sehr ähnlich sieht, mit seinem Kasten aus Metall und dem obligatorischen Schornstein, um die Wärme im Inneren abzuleiten. Mit glühenden Augen und einem weißen Fleck, der an der Wand entsteht, wenn die Lichtquelle bereit, aber noch kein Bild eingeschoben ist.

Kurzum: eine Laterna Magica, ein Apparat von äußerst suggestiver Wirkung![31]
Strindberg hatte einen solchen ‚Ofen' schon früher beschrieben, als junger Journalist in seinen Reiseberichten über Notre-Dame und den Kölner Dom (1876), ein paar Jahre später in seinen Feuilletons über die Belustigungen zur Weihnachtszeit in „Alt-Stockholm" (1880-82), denen er eine, freilich recht primitive, Abbildung beigab. Im Frühjahr 1889, nicht lange nach Erscheinen von „Fräulein Julie", hatte Strindberg ernstlich mit dem Gedanken gespielt, eine Laterna Magica auf der Bühne zu verwenden. Seinem Kopenhagener Versuchstheater mangelte es an guten Stücken und an Geld. Für ein noch zu schreibendes Märchenspiel stellte sich Strindberg daher ein Dekor aus Projektionen vor, wie aus zwei Briefen an den Leiter des Versuchstheaters, August Lindberg, hervorgeht:

Abb. 2
HENRI BRUGNOT
Der Teufel hält eine Laterna Magica und schaut auf den Stadtplan von Paris
Kupferstich
Frontispiz in:
Le Diable a Paris – Paris et les Parisiens.
Paris 1845

„Die Zukunft! Was denkst Du über 'Das Rote Zimmer' mit vielen Szenen? Ist es schwer, mit diesem Stück herumzureisen? [...] oder eine sagenähnliche Dichtung über die französische Revolution, ein billiges Zauberstück mit prächtiger Ausstattung und großer Laterna Magica. [...] – Denk rechtzeitig in einer freien Stunde an die billigen Nebelbilder! Der Apparat kostet vielleicht hundert Kronen. Die Bilder zehn Kronen pro Stück! Vergleiche dies mit zehn Kulissen à fünfhundert Kronen. Kennst Du einen solchen Apparat? Camera Lucida!"[32]
Auch wenn die lichtstarken Geräte, die man im 19. Jahrhundert entwickelt hatte, längst einen szenischen Gebrauch möglich machten, schienen Strindbergs Vorhaben, Projektionsapparate auf der Bühne einzusetzen, allesamt an technischen Problemen gescheitert zu sein. Zumindest ist kein Fall bekannt, in dem es zu einer Aufführung nach den skizzierten Plänen gekommen wäre, weder 1892 für das Bühnenbild von „Die Schlüssel des Himmelreichs" und für das Schattenspiel darin noch in den Jahren nach 1900, als der Dramatiker für Inszenierungen von „Nach Damaskus" und „Ein Traumspiel" darauf zurückkam.[33] Dennoch übten projizierte Bilder weiterhin Anziehungskraft auf Strindberg aus. Unter dem Stichwort „Konstante Wolkenformen" notiert er in seinen späten, in den letzten Lebensjahren erschienenen „Blaubüchern": „Wenn man auf der Bühne Gespenster darstellt, kann man ein Skioptikonbild auf ausströmenden Wasserdampf oder Rauch projezieren. Das Bild behält Lage und Form (auch Farbe), während sich der Dampf oder Rauch unaufhörlich erneuert."[34]
Spuk ist nur die eine Seite, die Strindberg in seinem kleinen, eindringlichen Roman „Tschandala" (1889) gehörig auskostete.[35] Raffinierter als hier wurde eine Laterna Magica literarisch wohl noch nicht in Anschlag gebracht. Dies meine ich vor allem deshalb, weil in der Erzählung ein Mechanismus zur Deckung gebracht wird, der etwas mehr als fünf Jahre später in zwei voneinander getrennte Seiten zerfiel, ohne daß noch erkennbar wäre, daß und wie diese beiden Seiten vielleicht zur selben Medaille gehören: die Projektion als technischer und als psychologischer Mechanismus.
Die Handlung in „Tschandala" spielt in der zweiten Hälfte des 17. Jahrhunderts, also zu jener

Abb.3
PAUL GAVARNI
Laternenträger
Lithographie
Frankreich, um 1830

Zeit, als Athanasius Kirchers zweite Auflage seiner „Ars magna lucis et ombrae“ (1671) erschien, in der er erstmals eine Laterna Magica beschreibt. Die Szenerie des Romans bildet das mehr oder weniger pittoreske Ambiente eines heruntergekommenen dänischen Landschlosses. Geschildert wird wiederum ein zunächst verbal, im Fortgang der Handlung durch Intrigen ausgetragener ‚Kampf der Gehirne‘ zwischen einem Akademiker, Magister Törner, und dem Guts- und Schloßverwalter namens Jensen, einem sogenannten ‚Tattare‘, was mitteleuropäisch etwa einem Zigeuner entspricht. Mehr als nur ein Sozialdrama zwischen Herr und Knecht, gestaltet Strindberg – in Zeiten des Hochkolonialismus, an dem Schweden allerdings praktisch nicht beteiligt war – die Konfrontation des westlichen Intellektuellen mit dem Wilden, die für ihn nicht nur eine Begegnung mit dem Abstoßenden und Schmutzigen, sondern auch mit dem zutiefst Bedrohlichen bedeutet.[36] Aber rechtfertigt das den Wahn, die Paranoia, in die der Magister sich hineinsteigert? Und vor allem die furchtbaren Konsequenzen, die er daraus zieht?
Das Buch trägt alle Züge eines Schauerromans. Eine gutgemeinte Zaubervorstellung sorgt gleich zu Anfang für die gespenstische Stimmung. Schreie, deren Herkunft – wie so vieles in diesem Roman – nie geklärt wird, Schritte auf dem Dachboden, Lachen im Nebenzimmer verunsichern die Familie des Magisters. Immer wieder wird effektvoll die Geräuschebene als zusätzliches Mittel ins Spiel gebracht – ein Element, dessen sich gerade auch die Vorführer von ausgetüftelten Phantasmagorien im 19. Jahrhundert gerne bedienten. Nie kommt es freilich zur Gegenüberstellung mit dem Spuk, immer nur zu ausgiebigen Vermutungen seitens des Magisters. Wobei der Magie der Bilder die alles entscheidende Rolle zukommt, durch welche zugleich das Ende schon subtil vorbereitet wird, so wenn die Hofhunde aussehen wie „schlecht ausgestopftes Getier aus dem Theatrum zoologicum“ (S. 362) und die Pferde, „als kämen sie direkt vom Totentanz im Dom zu Lund!“ (S. 422)
Als sich dann die Auseinandersetzung zwischen Törner und Jensen derart zuspitzt, daß Törner des Betrugs und des Diebstahls bezichtigt wird, weiß er sich keinen anderen Ausweg, als seine ‚Wunderwaffe‘ einzusetzen: „Magister Törner besaß in seinen Kisten und Kasten ein Instrument, kürzlich erfunden vom Jesuitenpater Athanasius Kircherus zu unbekannten, aber wohl durchaus jesuitischen Zwecken, die Zauberlaterne oder Laterna Magica. Mit ihrer Hilfe ließen sich nach Belieben Lichtbilder hervorrufen, an Wänden im Rauch oder auf jedem anderen Hintergrund von einiger Konsistenz. Er hatte den Apparat schon des öfteren zur Belustigung der Gäste des Tattare benutzen wollen, infolge einer gewissen Unlust, jemanden zu beschenken, der stahl und sich nie bedankte, es dann aber gelassen. Nun würde er sich seiner zu einem Ziel bedienen, für dessen Erreichung ihm nach viermonatigem Leiden seiner Ansicht nach jedes Mittel recht sein durfte, wenn bloß die Mittel seine eigene Person vor dem Untergang bewahrten; denn er war sich nun ganz klar darüber, daß seine Person von höhe-

rem Wert war, für die Familie ebenso wie für die Gesellschaft, als dieser Schädling auf dem keines Menschen Wohl beruhte, an dessen Ausrottung aber die Rettung vieler hing." (S. 449)
Aufschlußreich ist die Szene, weil sie erstens im ‚Kampf der Gehirne', der ein Kolonialkrieg im kleinen ist, den Einsatz aller Mittel rechtfertigt. Zum zweiten, weil hier die Projektion als doppelte erkennbar wird: Das Bild des ‚Schädlings', das der sich in seinen Verfolgungswahn hineinsteigernde Magister auf den Verwalter projiziert, soll durch eine innerhalb der Diegese ganz reale Projektion in die Tat umgesetzt werden. Das Medium wird zur Waffe – ein etwas anderer „Mißbrauch von Heeresgerät", wie Friedrich Kittler das ironisch auf die Unterhaltungsmedien bezogen formuliert hat. Es ist aber tatsächlich *„ein Mißbrauch des Projektionsmechanismus zu Zwecken der Abwehr"*.[37] So bezeichnete ihn Sigmund Freud – und die Hervorhebung stammt von ihm selbst – im ersten bekannten Text aus seiner Feder, in dem er die Projektion als psychologischen Mechanismus im Hinblick auf die Paranoia erläutert. Der Zeitpunkt ist insofern bemerkenswert, als Freud damit die Projektion im selben Jahr 1895 in sein begriffliches Instrumentarium einführt, in dem die Brüderpaare Lumière und Skladanowsky erstmals filmische Projektionen öffentlich vorführen.

Wie aber geht dieser ‚Mißbrauch' bei Strindberg vonstatten? Auch hierbei folgt die Strategie des Magisters kolonialer Taktik: Zuerst lädt er den Gegner zum nächtlichen Gelage, um ihn betrunken und gefügig zu machen. Als der Verwalter ‚reif' ist, zieht sich der Magister vom Lagerfeuer zurück und bringt seinen Apparat in Anschlag.

„Er machte Licht in der Laterne, und – schon erschien inmitten des Torfrauchs eine schwarz gekleidete Frauengestalt mit weißem Schleier. Der Tattare schien noch nichts zu bemerken, als die Figur sich aber im nächsten Lufthauch bewegte, sprang er auf und starrte ins Feuer. Um ihm keine Zeit zur genauen Untersuchung des Bildes zu gönnen, ließ der Magister den Schemen im Rauch verschwinden und wiederkehren; so wie er das Glas in der Laterne hin und her schob, so bewegte sich der Tattare, sprang auf und fiel hin. Es war, als halte der Magister ihn an einer Schnur und setzte ihn mit einem Zug seines Fingers in Bewegung." (S. 458)

Doch das war erst der Anfang. Nach und nach läßt der Magister weitere Totengestalten, schließlich eine kleine Tierschar – eine Natter, eine Maus und einen Hund – im wabernden Rauch erscheinen. Wobei Törner sich technisch gut auskennt, für seine Zeit allerdings zu gut: Für gelungene Projektionen auf Rauch, zumindest in ihrer illusionistischen Perfektion, hätte es wohl stärkerer Lichtquellen bedurft, als sie zu Zeiten des Jesuiten Kircher zur Verfügung standen.[38] Dem Strindberg-Zeitgenossen wird's gleichviel gewesen sein. Der ‚Abstieg' der Bilderserie vom Menschen – und sei es auch als Geistergestalt – zum Hund hat allerdings Methode: Es ist nicht nur die Degradierung des Wilden zum Tier, sondern auch die Verstärkung der Projektion durch den Zwang zur Identifikation. Der Verwalter als ‚Empfänger' der Bilder wird zur Leinwand, zum ‚screen', übrigens auch dadurch, daß er in eine helle Decke eingehüllt ist.

„Das Gehirn des Tattare arbeitete nun wie es sollte, sein weiterer Weg war dem Opfer so klar vorgezeichnet, daß es schon vor dem nächsten Bild auf allen vieren stand [...], und als der Schemen des Hundes im Rauch auftauchte, setzte es sofort mit fürchterlichem Bellen ein, als habe es nur darauf gewartet. Vom Hintereingang her hörte man nun fürchterlichen Lärm, [...] indes die acht ausgehungerten Hunde herausstürzten und über den lästigen fremden Hund herfielen. In dem Moment sah der Magister das Ende voraus, wollte es beschleunigen und richtete die Laterne nach unten, damit das Hundebild direkt auf die weiße Decke fiel. Die Meute konnte nicht fehlgehen, in einem Furor lagen alle acht jaulend übereinander auf ihrem zerfleischten Herrn." (S. 460)

Der Schluß erscheint eher grotesk denn gruselig, jedenfalls aus heutiger Sicht. Die Glasbilder hatte der Magister übrigens selbst gemalt, „grob und breit, so daß der Tattare sie leicht erkannte" (S. 453). Die Vorlagen dazu aber hatte der Verwalter ihm selbst geliefert: „In seinem erregten Zustand entsann [der Magister] sich, daß der Tattare ihm von einem Traum erzählt hatte, der ihm oft im Schlaf wiederkehrte: wie er sich erst in eine Natter verwandele, dann in eine Maus und zuletzt in einen Hund; und wie er stets in großer Angst erwache. Der Magister glaubte nicht an Träume, schrieb ihnen aber eine gewisse, noch unergründete Bedeutung zu, nicht im Sinn des Weissagens von Zukunft, sondern im Sinn von Erinnerungsbildern, vielleicht aus Präexistenzen der Vorväter. Warum kehrte dem Tattare dieser Traum beständig wieder und warum erfüllt er ihn mit Schrecken?"

Törners fragendes Verlangen nach einer neuen Traumtheorie bleibt zeitbedingt ungelöst auf halber Strecke zwischen antiker Prophezeiung und Freudscher Deutung. Strindberg indessen setzte dem wiederkehrenden Angsttraum zuvor denjenigen Sinn entgegen, den Freud eigentlich meinte: den Traum als Wunscherfüllung. Hier, im Rückblick auf die Vorgeschichte, wird endlich die Abhängigkeit des Magisters deutlich. Der Mord am Verwalter hat nämlich, in dieser Lesart, einen ganz bestimmten, halb vergessenen, halb verdrängten Anlaß. Dieser hatte dem Magister seine (gar nicht) schöne, aber (natürlich) wilde und minderjährige Schwester mit Namen Magelone zu erotischen Diensten angeboten. Törner lehnte zunächst entrüstet ab, aber bald „meldeten sich die Instinkte mit fürchterlicher Macht. Das Bild des Mädchens im blauen Kleid kam daher, *wie aus einer Zauberlaterne*, mit bloßen Schultern, feurig schlangenhaften Bewegungen in Hüften und Rücken [...]. Eine Sehnsucht, sie grob zu umarmen, animalisch wie ein Rüde eine Hündin, erwachte in ihm [...]. Und die Phantasie malte ihm das Ganze aus, so wie er vorstellte und wünschte, daß es geschehe." (S. 419; Hervorhebung von mir, TFS)

Und siehe – ein paar Seiten später: „Alles fand genauso statt, wie er es sich in seiner Phantasie ausgedacht hatte", doch sind Phantasie und Realität zweierlei Ding, „nach dem ersten Kraft- und Lustgefühl kamen aber Angst und Ekel." Denn: „Er hatte ein Tier umarmt [...]." (S. 424)

Magister Törner durchlebt wie sein Opfer Jensen in seinen Träumen eine Reihe von Tiermetamorphosen: Schlange und Hund.[39] Woher aber der Ekel, woher die Angst? Schlechtes Gewissen kann es nicht gewesen sein. Nein, was den Magister so bestürzt und zur Ausrottung des anderen antreibt, ist etwas anderes. Er fürchtet die Ansteckungsgefahr. Zumal er, „da er sich nun zu beobachten begann, bemerkte [...], daß er Gebärden des Tattare übernommen [...] hatte" (S. 404).

Mit anderen Worten: Selbst-Haß und Selbst-Ekel werden auf den anderen (rück-) projiziert. Nachdem er ein Tier (eine Schlange) umarmt und sich dabei wie ein Hund verhalten hat – schließlich fand ja alles so statt, wie er es sich ausgemalt hatte –, verwandelt der erklärte Hundehasser Törner[40] den Verwalter in einen ‚fremden' Hund, der als Eindringling angesehen und von den eigenen Hunden zerfleischt wird.

August Strindberg nimmt die Freudsche Projektion ernst und vorweg. Er nimmt sie wörtlich. Er braucht dazu (noch) einen richtigen, besser gesagt: seinerseits narrativ projizierten Projektor. Er braucht noch eine technische Apparatur, während Freud sich diese nur noch vorstellt, zum Beispiel als einen ausziehbaren psychischen Apparat (das Fernrohr-Modell).[41] Strindbergs Törner dagegen legt mit diesem Apparat auf den inneren – oder den ins Innerste eingedrungenen – Gegner an, so wie im selben Jahr 1895, als Freud erstmals die Projektion im Zusammenhang mit der Paranoia als einen psychischen Abwehrvorgang beschreibt, eine andere Projektion auf den Zuschauer anlegt, um dessen innere Ängste und Wunschphantasien noch spektakulärer nach außen zu projizieren: der Film.

IV. Epilog

Seltsamerweise wird die Laterna Magica, wenn sie im 20. Jahrhundert hier und da in der Literatur auftaucht, noch mehr zu einer intimen Angelegenheit. In einer Erzählung von Friedo Lampe, halb zwischen Hoffmann, Kafka und Zweigs „Traumnovelle“ angesiedelt, bleibt der Protagonist offensichtlich der einzige, der die Laterna-Magica-Vorstellung sehen konnte. Und dem jungen Marcel Proust soll sie helfen, auch ohne mütterlichen Beistand in den Schlaf zu finden. „Gewiß, sie waren nicht ohne Reiz, diese glitzernden Projektionen, die aus merowingischer Vorzeit zu kommen schienen und Bilder längst vergangener Zeiten an mir vorüberziehen ließen. Aber ich kann gar nicht sagen, wie unheimlich mir dennoch dieses Eindringen des Mysteriums und der Schönheit in ein Zimmer war, das ich endlich so sehr mit meinem Ich erfüllt hatte, daß ich ihm nicht mehr Aufmerksamkeit schenkte als eben diesem.“[42] Der Roman allerdings, Prousts „Recherche“, ist die Laterna Magica, in dem die Bilder längst vergangener Zeiten an ihm – und dem Leser – vorüberziehen![43]

Es blieb aber einem Filmregisseur mit Neigung zum literarischen Schreiben vorbehalten, den Übergang zum Film durch sie zu markieren – und zugleich den verführerischen Zauber, der von einem Apparat ausgeht, der Bilder in Bewegung zu versetzen vermag. Mit „Laterna Magica“ überschrieb Ingmar Bergman seine Memoiren im schwedischen Original.[44] Ganz ähnlich wie Proust dient ihm ein solcher Apparat als Fluchtmittel in die – oder aus der – Einsamkeit in einem strengen, freudlosen Elternhaus und seiner von Strafen und Zurücksetzungen geprägten Kindheit. Als vielleicht größte Demütigung erfährt er jenes Weihnachtsfest, als den Kinematographen nicht er, sondern sein verhaßter Bruder bekommt. So sehr hatte sich der kleine Ingmar den Apparat gewünscht, seit er das erste Mal eine Vorstellung im Sture-Kino gesehen hatte, daß er nun alles daransetzt, den Apparat im Tausch doch noch zu bekommen. Ein Apparat übrigens, der durch seine Ausstattung (Film und Glasbilder) beides ist, noch Laterna Magica und schon Filmvorführgerät. Und so schildert Bergman den entscheidenden, den alles verändernden Moment des ersten Liebesglücks mit einem erotischen Apparat: „Der Kinematograph gehörte mir. Es war keine komplizierte Maschine. Lichtquelle war eine Petroleumlampe, die Kurbel war mit einem Zahnrad und einem Malteserkreuz verbunden. An der hinteren Schmalseite des Blechgehäuses saß ein einfacher Reflexspiegel. Hinter der Linse befand sich ein Halter für kolorierte Lichtbilder. Zu dem Apparat gehörte auch eine violette Schachtel. Sie enthielt teils einige Glasbilder, teils einen sepiafarbenen Filmstreifen (35 mm). Er war etwa drei Meter lang und zu einer großen Schleife zusammengeklebt. Auf dem Deckel fand sich ein Hinweis: der Film hieß ‘Frau Holle’. Wer diese Frau Holle war, wußte niemand, aber später stellte sich heraus, daß sie ein volkstümliches Gegenstück zur Liebesgöttin der Mittelmeerländer ist.“[45]

ASTRONOMIE DES DAMES

G. de GONET, Editeur.

OPTIK WISSEN PERSPEKTIVE

„ASTRONOMIE DES DAMES“
in: J.J. Grandville,
Les Étoiles dernière Féerie
Lithographie, Paris 1849

DIE BEOBACHTUNG DES STERNENHIMMELS
in: Silvio Belli,
Libro del Misurar con la Vista
Venedig 1570,
Holzschnitt
S. 134

In venetia, appresſo Giordano Ziletti.
M. D. LXIX.

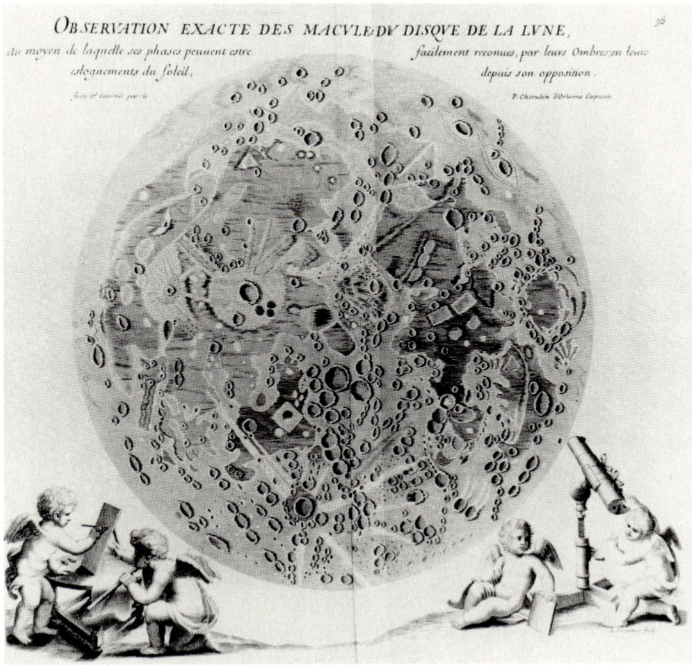

DIE BEOBACHTUNG DES MONDES
in: Chérubin d'Orléans,
La Dioptrique Oculaire
Paris 1671, Tafel 38

„CONSTELLATIO PLEIADUM"
in: Galileo Galilei,
Sidereus Nuncius
London 1682,
Tafel 1 zu S. 32

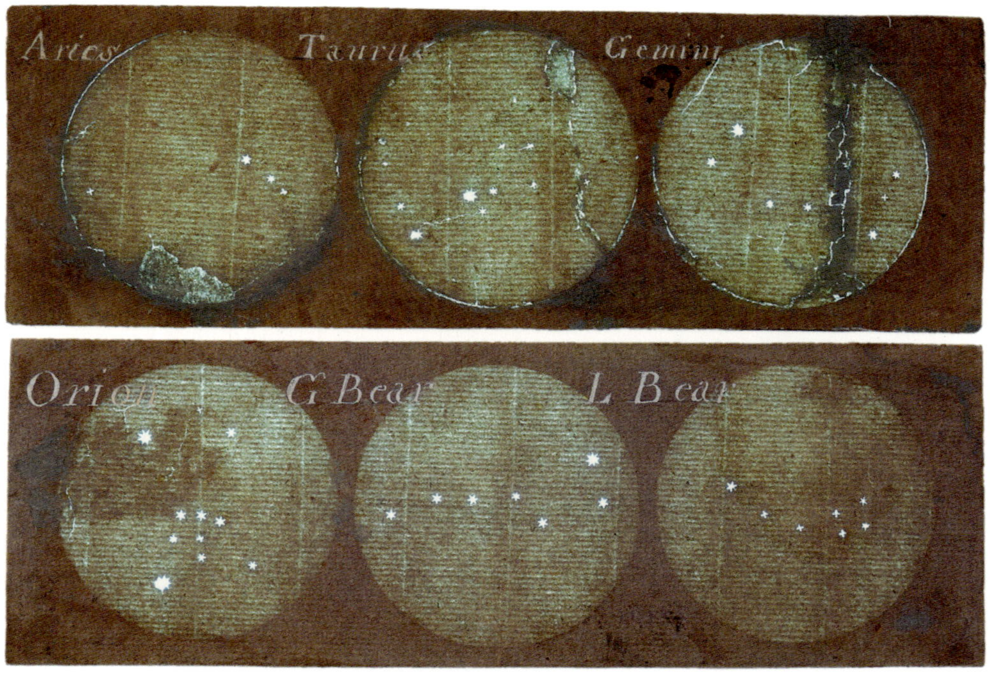

WILLIAM HARRIS
Astronomische *Laterna Magica-Bilder auf perforiertem Papier
London, um 1800

„DIE SONNE.
Photographiert von Lewis Morris Rutherford in New York am 22. September 1870. 9h 52m 10s (Sternzeit)“
Eine der ersten Photographien der Sonne
Albuminpapier
Frontispiz in:
Angelo Secchi, Die Sonne
Braunschweig 1872

WILLIAM HARRIS

Die Himmelsmechanik der nördlichen Hemisphäre übertragen auf ein bewegliches *Laternenbild

Astronomisches *Laterna Magica-Bild auf perforiertem Messing
London, um 1800

„A COMPENDIUM OF ASTRONOMY;

being a concise description of the most interesting phenomena of the heavens“ (Ein Abriß der Astronomie; eine kurze Beschreibung der interessantesten Himmelsphänomene)

Beispiele aus einer Serie von *Laternenbildern zur Visualisierung der 'Himmelsmechanik'.
Hersteller: Carpenter und Westley
London 1849

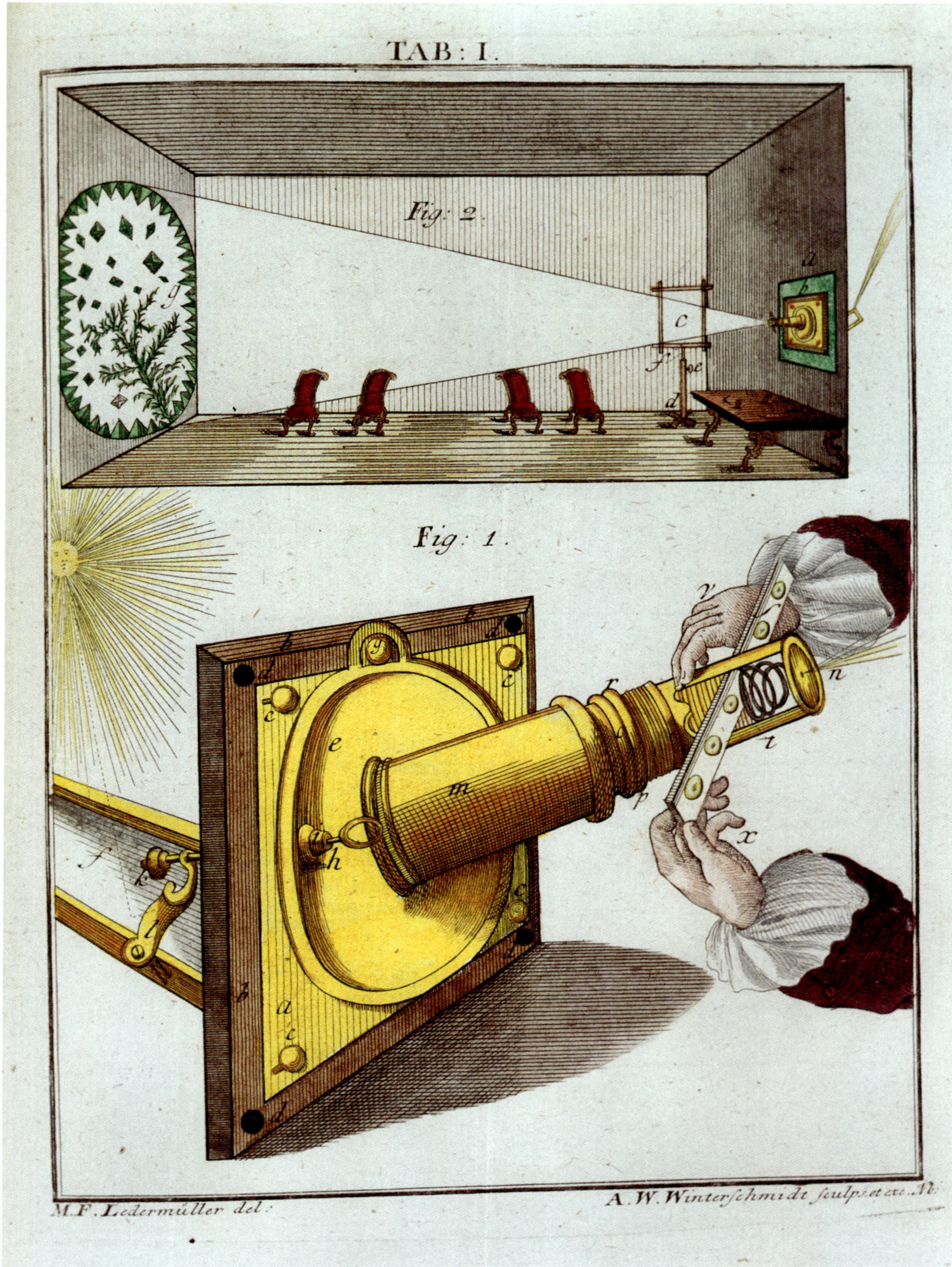

*PROJEKTION MIT DEM *SONNENMIKROSKOP
in: Martin Frobenius Ledermüller, Mikroskopische Gemüths- und Augen-Ergötzung Nürnberg 1763, S. 6, Tafel 1

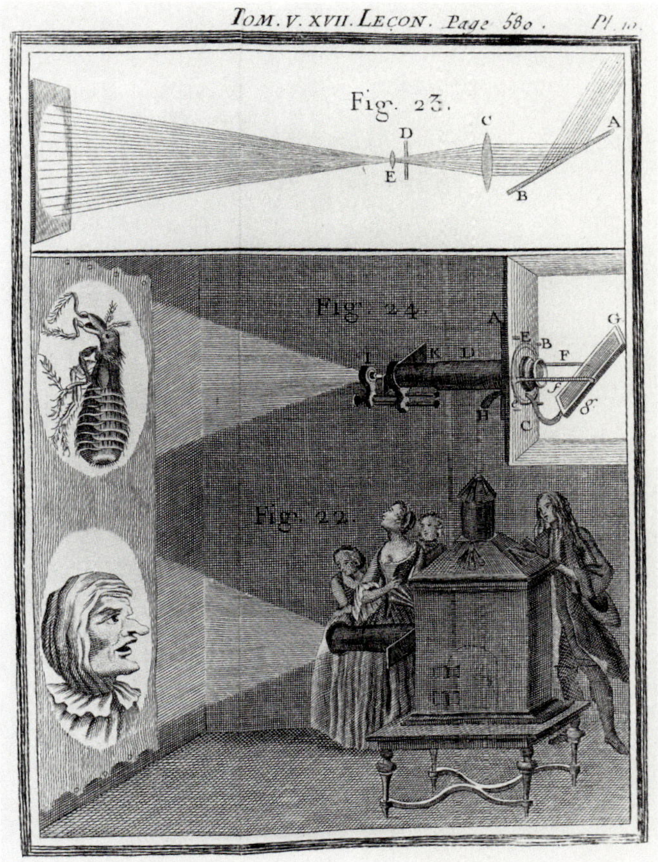

***PROJEKTIONEN MIT *SONNENMIKROSKOP UND *LATERNA MAGICA**
in: Jean Antoine Nollet,
Leçons de Physique experimentale
Paris 1777, 5. Bd., S. 580, Tafel 10

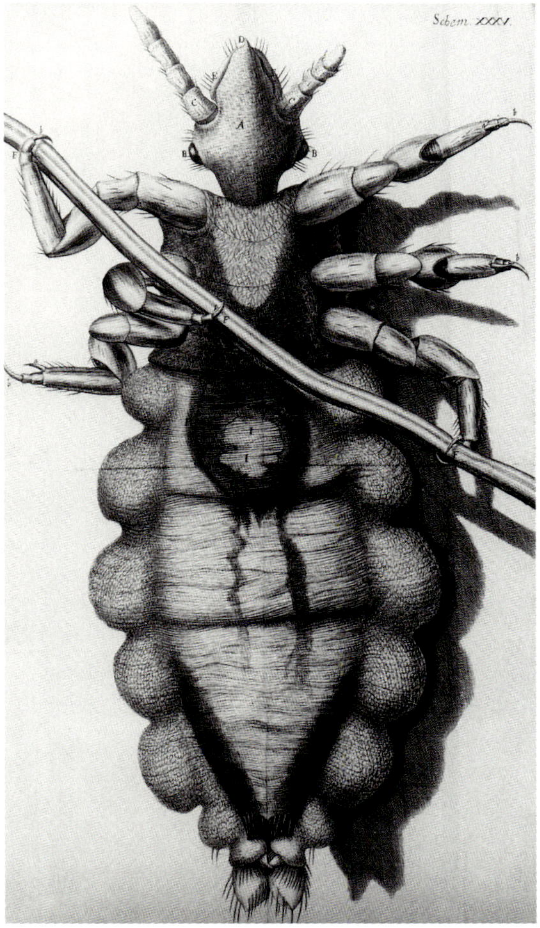

DER ERSTE VERGRÖSSERTE BLICK DES MENSCHEN AUF DIE LAUS
in: Robert Hooke, Micrographia:
or some Physiological Descriptions of Minute Bodies
made by Magnifying Glasses
London 1665, S. 221, Tafel 35

***MIKROSKOPVORSATZ**
für die *Laterna Magica (links)
***SONNENMIKROSKOP**
mit Objektträgern und *Okularen (rechts)
England, um 1750

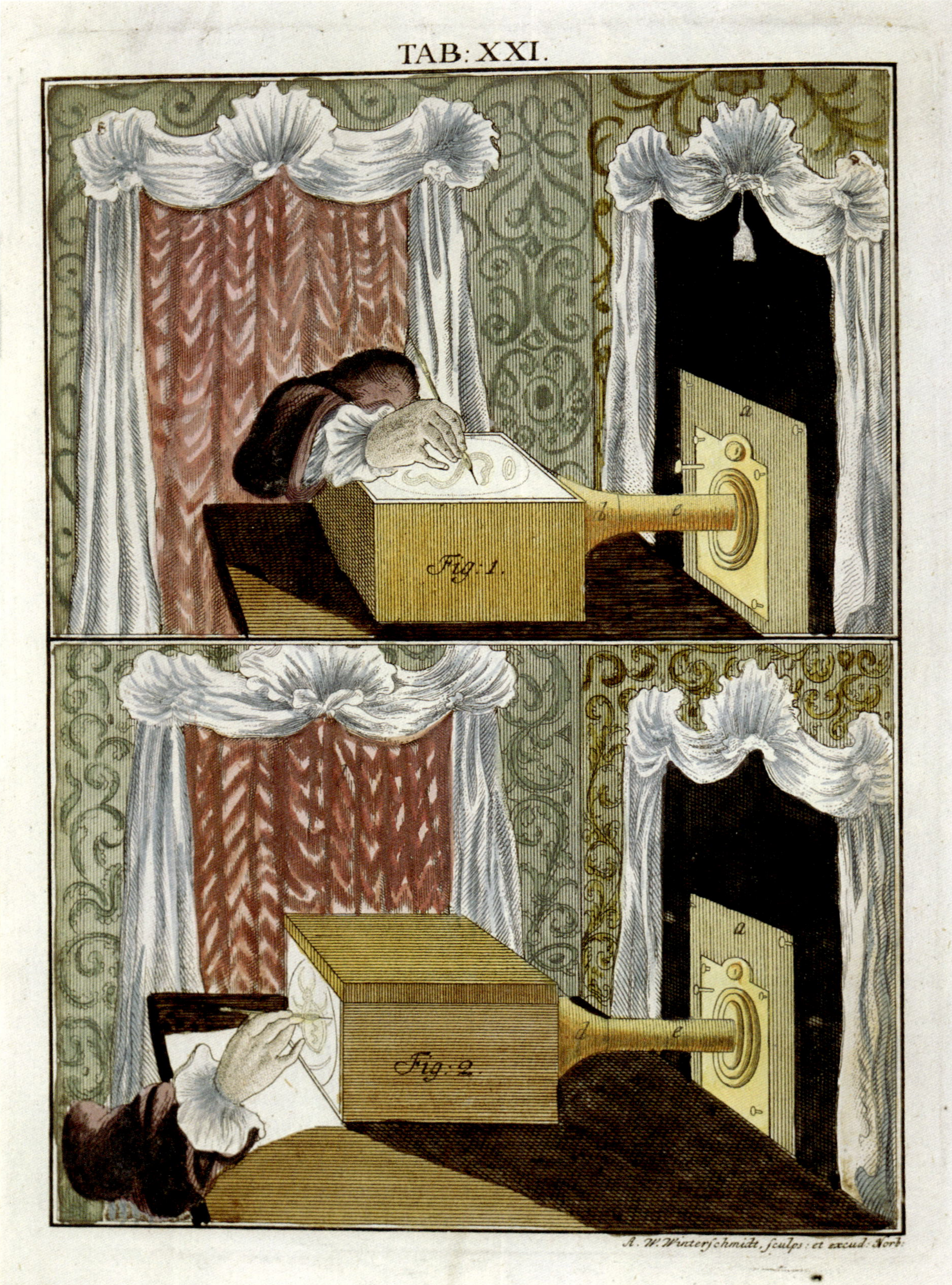

ZEICHNEN IN DER *CAMERA OBSCURA MIT HILFE DES *SONNENMIKROSKOPS
in: Martin Frobenius Ledermüller, Mikroskopische Gemüths- und Augen-Ergötzung Nürnberg 1763, S. 41, Tafel 21

MIT HILFE DES *SONNENMIKROSKOPS GEZEICHNETE FLIEGE MIT SCHMAROTZERN
in: Martin Frobenius Ledermüller: Mikroskopische Gemüths- und Augen-Ergötzung Nürnberg 1763, S. 12

*STANHOPE-BUCH

Die Pariser Weltausstellung in einem mikrophotographischen Album.
*Die Mikrophotographien sind auf kleine *Mikroskop-*Linsen aufgeklebt.*
Paris 1889

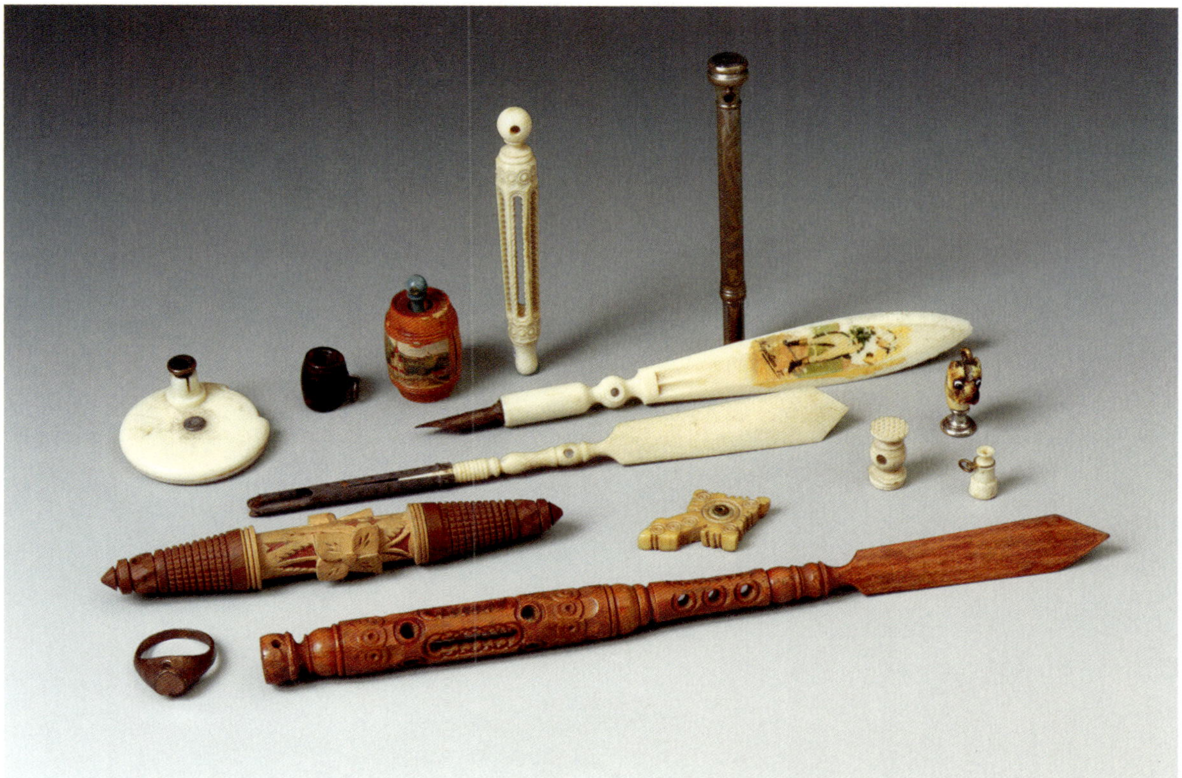

***STANHOPE-ENSEMBLE**
In den verschiedenen Gegenständen sind mikroskopisch verkleinerte Bilder versteckt.
um 1900

„SIÈGE DE PARIS" (DIE BELAGERUNG VON PARIS)
*Während der Belagerung von Paris wurden Brieftauben mikroskopisch verkleinerte Nachrichten mitgegeben, die dann, mit Hilfe der *Laterna Magica vergrößert, wieder entschlüsselt wurden.*
Holzschnitt, um 1880

DAS FARBSPEKTRUM DES REGENBOGENS
in: Johannes Jacob Scheuchzer,
Physica Sacra
Augsburg und Ulm 1731, Bd. 1,
I. Buch Mosis, Tafel 66

ERFORSCHUNG DER SPEKTRALFARBEN
mit Hilfe eines *Prismas
in: Gulielmo Jacobo 'sGravesande,
Physices Elementa Mathematica
Genf 1748, S. 910, Tafel 116

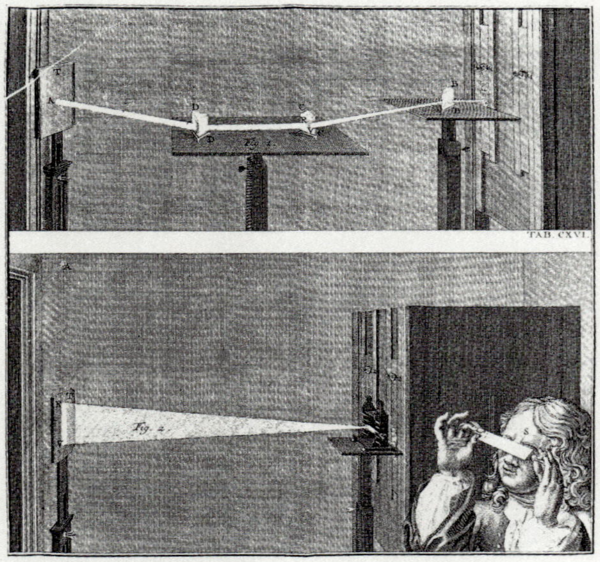

***PRISMA MIT HOLZSCHATULLE**
Aus dem Besitz von Étienne Pascal, dem Vater des Mathematikers und Philosophen Blaise Pascal
Frankreich, um 1620

ISAAC NEWTON
Die Farbzerlegung des *Prismas
in: François Marie Arouet de Voltaire, Elémens de la Philosophie de Neuton
Amsterdam 1738, S. 174

***POLARISATIONS-BILD FÜR DIE *LATERNA MAGICA**
Die Iris nimmt mit Hilfe eines Drehmechanismus alle Farben des Regenbogens an.
England, um 1850

DER AUFPRALL EINES ELEKTRONS AUF EINEN POLYESTERKERN
Im Elektronenbeschleuniger LINAC werden Elektronen mit 18 Megaelektronenvolt auf 99,99 % der Lichtgeschwindigkeit beschleunigt und mit 20 Nanosekunden getaktet, bei einer Stromstärke von etwa 1 Ampere. Zum Vergleich: Licht legt in einer Nanosekunde die Strecke von 30 cm zurück.
Lise-Meitner-Institut
Berlin, um 1985

A. HILGER

***Polariskop mit Nicol-Prismen**

Gerät zur Demonstration der Farberscheinungen von polarisiertem Licht

London, um 1840

ISAAC NEWTON

Elbow-*Polariskop für wissenschaftliche Demonstrationen mit der *Laterna Magica

*Es wird genutzt, um z.B. flache Plättchen aus Selenit, Kristall oder *Mica (Marienglas) in Form von Schmetterlingen, Blumen, geometrischen Formen etc. mit *polarisiertem Licht in den phantastischsten Farben zu projizieren. Hierzu muß der Lichtstrahl durch einen Analyser und einen Polariser geschickt werden, wobei meist der Polariser aus Glas und der Analyser aus *Icelandic spar (Isländischem Kalkspat) in der Form eines Nicol-Prismas besteht.*

London 1878

CHINESISCHER ZAUBERSPIEGEL (*MAGIC MIRROR)
Der vom Sonnen- oder Punktlicht angestrahlte Bronzespiegel „projiziert“ seine reliefartige Rückseite als Schattenstruktur.
19. Jahrhundert, das Prinzip ist seit dem 5. Jahrhundert bekannt

*PROJEKTION DER RÜCKSEITE DES CHINESISCHEN ZAUBERSPIEGELS (*MAGIC MIRROR)

JOHN GORHAM
„The Kaleidoscopic Colour-Top"
(Der kaleidoskopische *Farbenkreisel)
zur Illustration aller wichtigen
Farbphänomene.
London 1859

*LORRAIN-SPIEGEL
Schwarzer Weitwinkelspiegel als Zeichenhilfe zur Verkleinerung von Landschaftsansichten und zur Harmonisierung des Farbzusammenklangs durch Kontrastreduzierung, benannt nach dem Maler Claude Lorrain.
Frankreich, um 1800

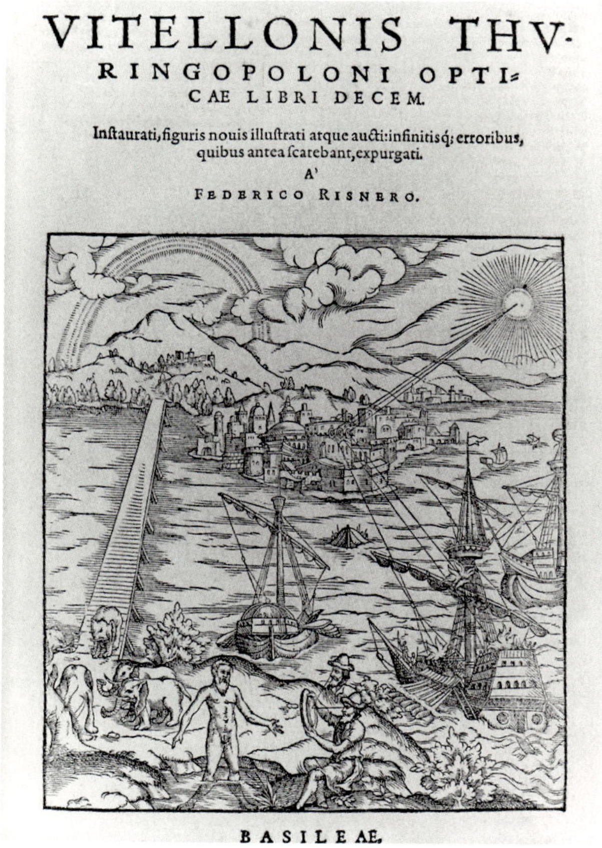
VITELLONIS THV-
RINGOPOLONI OPTI=
CAE LIBRI DECEM.
Inſtaurati, figuris nouis illuſtrati atque aucti: infinitisq; erroribus,
quibus antea ſcatebant, expurgati.
A'
FEDERICO RISNERO.
BASILEAE.

OPTISCHE PHÄNOMENE

Der Brennspiegel projiziert das Abbild des Kopfes in die Luft (unten)

Frontispiz in: Vitello, Opticae libri decem
Basel 1572

PORTA IN SEINEM *SPIEGELKABINETT

in: Giovanni Battista della Porta, Magia Naturalis. Libri viginti
Nürnberg 1713, S. 940

EIN GEFANGENER VERSUCHT, MIT HILFE EINER SAMMELLINSE (BRENNGLAS) DAS GITTER SEINER ZELLE ZU SCHMELZEN

in: Johannes Baptista Thioly und Petrus Taillandier, Theses Opticae et Astronomicae
Lyon 1693, S. 29

Das Brockengespenst.

„DAS BROCKENGESPENST“
Die Reflexion der
***Schatten in der Luftfeuchtigkeit.**
in: Wilhelm Schütte,
Das Reich der Luft
Leipzig 1875, S.122

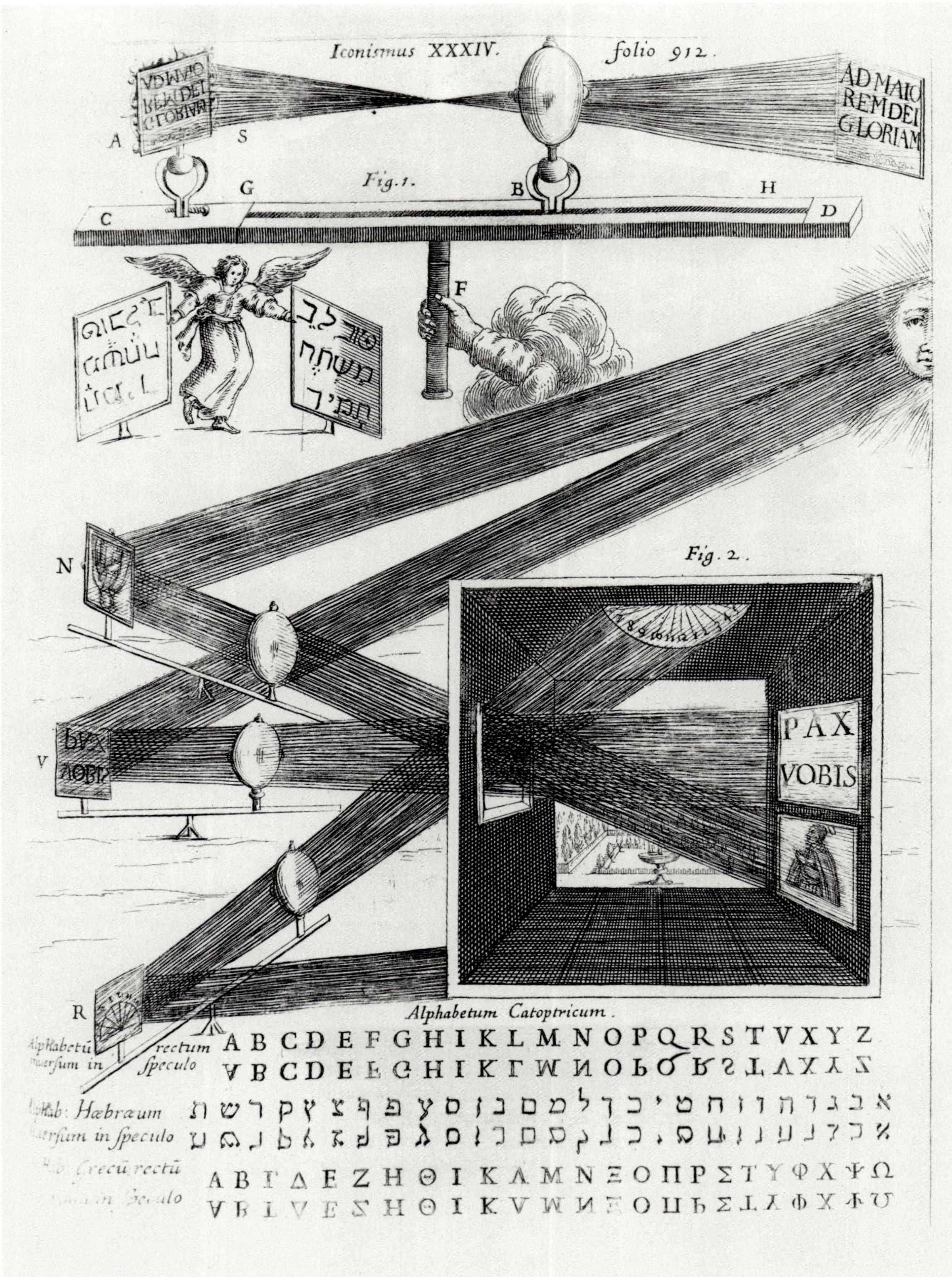

***SCHRIFTPROJEKTION DURCH SAMMELLINSEN**
in: Athanasius Kircher,
Ars Magna Lucis et Umbrae
Rom 1646, S. 912, Tafel 34

BRENNSPIEGEL
Durchmesser 43,5 cm
Frankreich, um 1840

SORCIÈRE (*HEXENSPIEGEL)
Weitwinklige Konvexspiegel innerhalb einer Spiegelfläche, die das sich spiegelnde Bild vervielfältigen.
Frankreich, um 1800

HOHLSPIEGEL
Frankreich, um 1730

METAMORPHOSENMASCHINE
Die auf dem Rad angebrachten Bilder von Dämonen zeigen sich dem Betrachter im Spiegel E
in: Zacharias Traber, Nervus Opticus sive Tractatus Theoricus in tres libros Opticam Catoptricam Dioptricam distributus Wien 1675, 2. Buch, Tafel 13

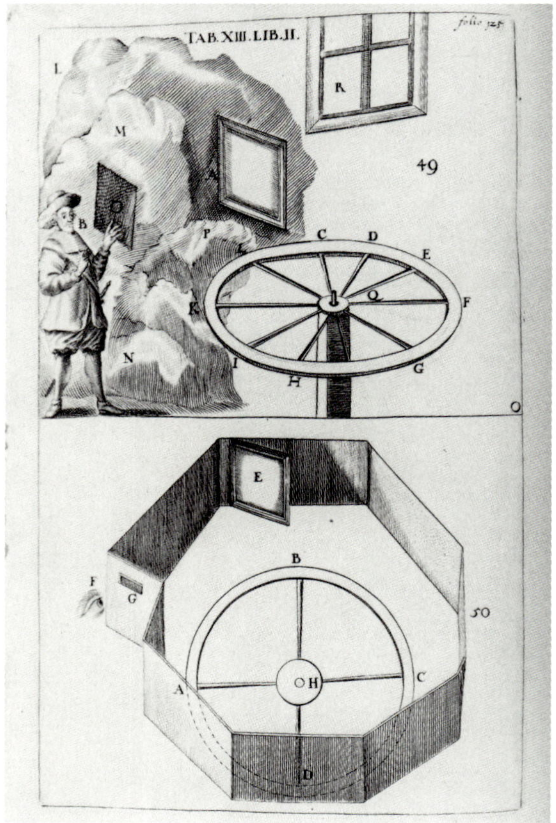

METAMORPHOSENMASCHINE
Durch Drehung der Maschine verwandelt sich der Betrachter in die verschiedensten Tiergestalten, und durch den sich alternierend vor- und zurückbewegenden Spiegel über der Trommel sieht der Betrachter entweder sich selbst oder seinen Körper mit einem Tierkopf.
in: Athanasius Kircher, Ars Magna Lucis et Umbrae Rom 1646, S. 901, Tafel 33, Fig. 4

VERSCHIEDENE *SPIEGELKABINETTE,
in denen einzelne Figuren sich unendlich vervielfältigen
in: Athanasius Kircher, Ars Magna Lucis et Umbrae
Rom 1646, S. 892, Tafel 32

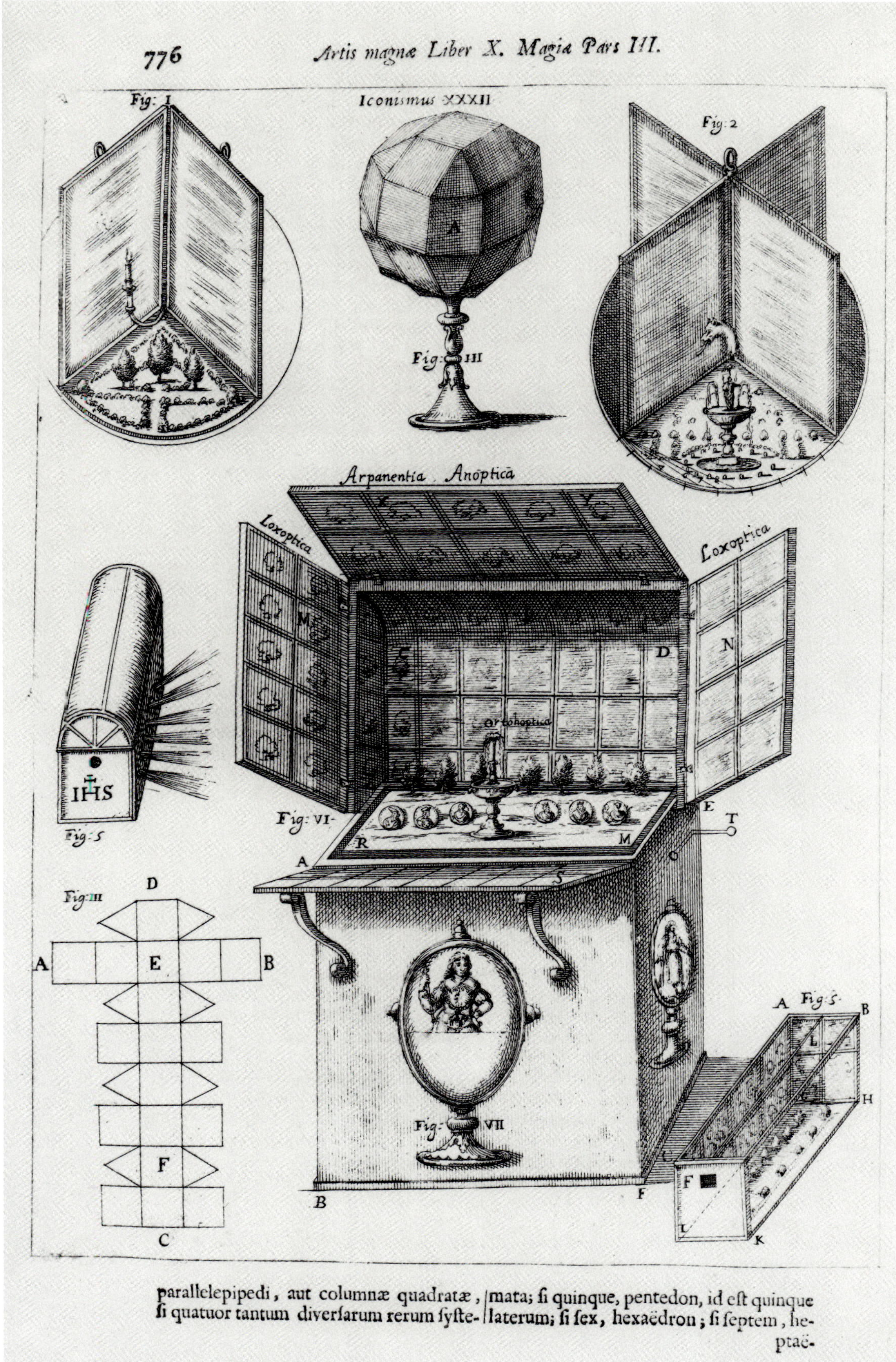

***POLEMOSKOP-ZAUBERKASTEN**
*Der Blick durch das *Okular scheint geradlinig zu verlaufen und nicht durch das schwarze Tuch gestört zu werden. In Wirklichkeit wird der Blick über winklig angeordnete Spiegel im Inneren des Kastens um das Hindernis herumgeleitet.*
Frankreich, um 1770

VERSCHIEDENE *KALEIDOSKOPE (SCHÖNBILDSEHER)
Winklig zueinander plazierte Spiegel vervielfältigen das Bildsegment zu symmetrischen Mustern.
Um 1850

MAGISCHE QUADRATE
Der Jesuit Boÿer entwickelte beeindruckende symmetrische Großformen Magischer Quadrate.
In: Jean Jacques Boÿer, Livre de Raison (Tagebuch) Lavergne, zwischen 1764 und 1771

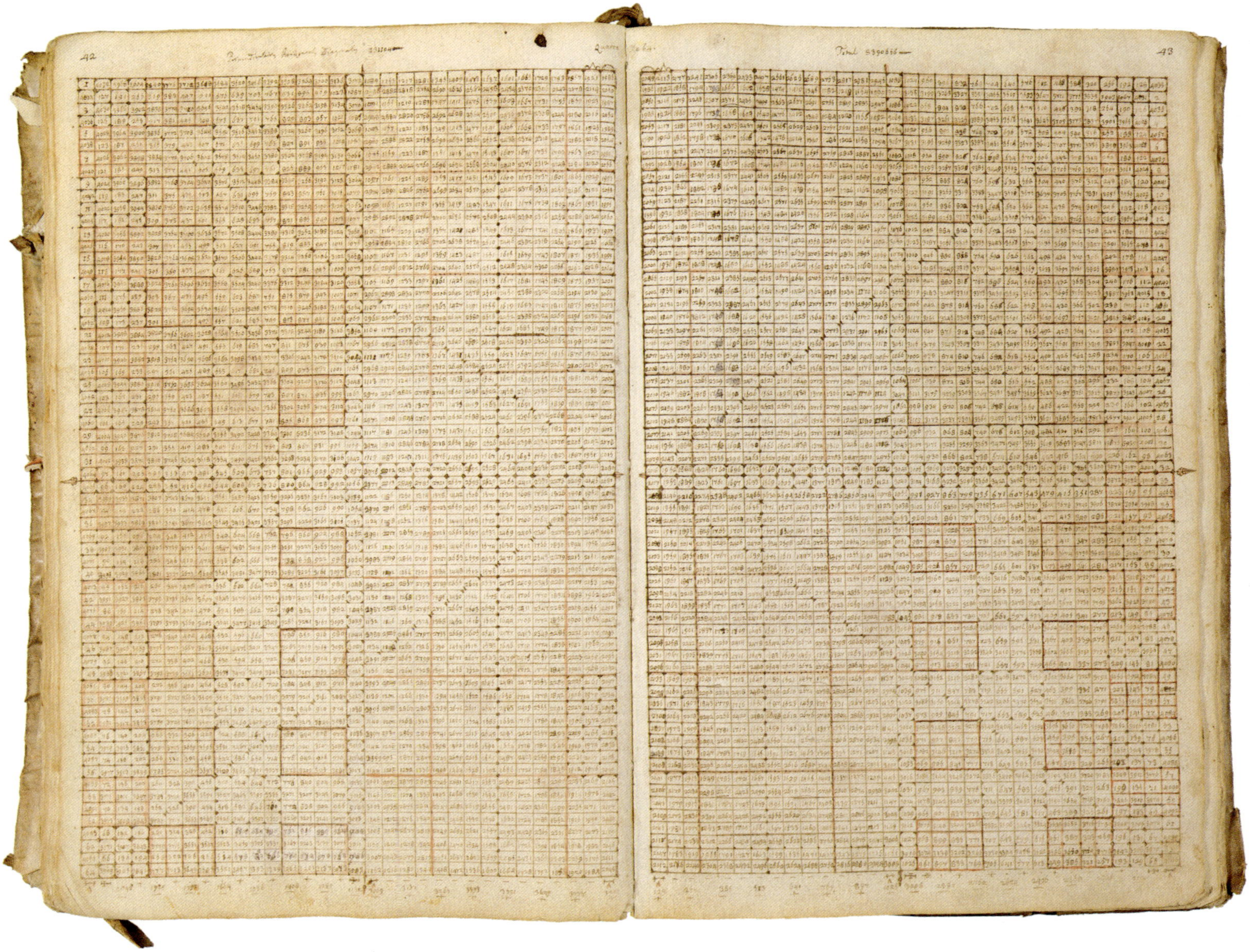

MAGISCHE QUADRATE
in: Jean Jacques Boÿer,
Livre de Raison (Tagebuch)
Lavergne, zwischen 1764 und 1771

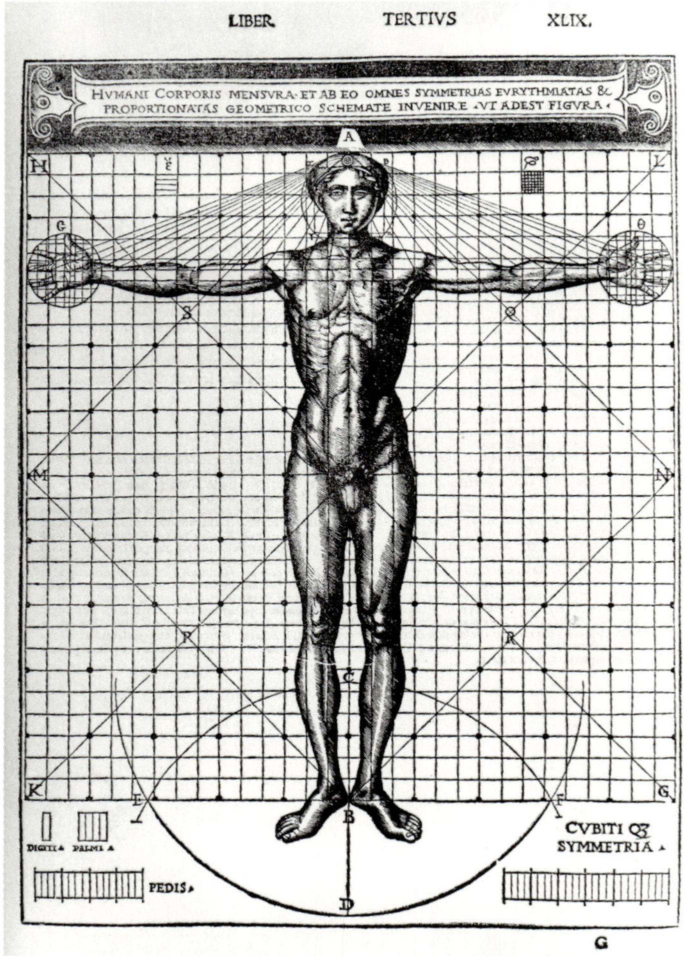

DIE GEOMETRISCHEN PROPORTIONEN DES MENSCHLICHEN KÖRPERS

Leonardo da Vinci zugeschrieben
in: Pollio Marcus Vitruv,
De Architectura libri decem (mit einem Kommentar von Cesar Cesariano)
Como 1521, S. 49

DIE SEHSTRAHLEN
in: Johannes Zahn,
Oculus Artificialis Teledioptricus
Nürnberg 1702, S. 210

***ZENTRALPERSPEKTIVE**
in: Jan Vredeman de Vries,
Perspective
Leyden 1599, Tafel 28

HENRICUS HONDIUS
„Colosseum Romae"
Betrachtet man die perspektivisch verzerrt erscheinende Abbildung aus nächster Nähe durch eine Lupe, entsteht ein räumlicher Eindruck.
Stich nach Petrus Stephanus
in: Samuel Marolois,
Ars Perspectiva
Arnheim 1615, Tafel 54

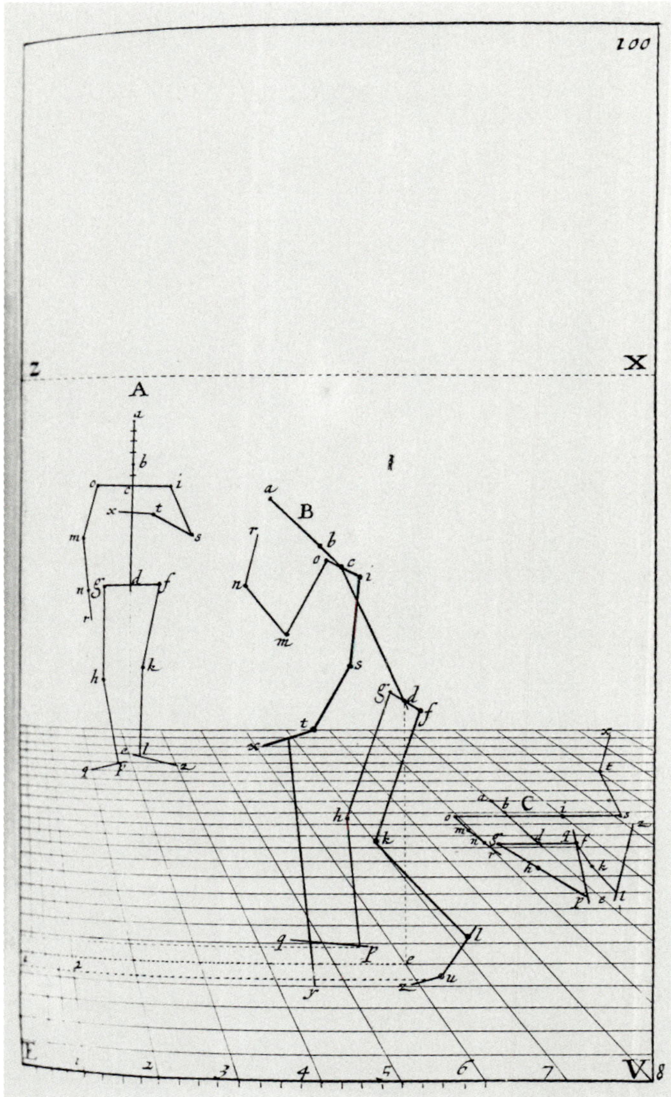

DIE GESETZE DER GEOMETRIE
auf die perspektivische Abbildung des Menschen angewandt
in: Abraham Bosse, Manière universelle de Mr Desargues, pour practiquer la perspective par petit-pied
Paris 1648, Tafel 100

DIE GESETZE DER GEOMETRIE
auf die perspektivische Abbildung des Menschen angewandt
in: Abraham Bosse, Manière universelle de Mr Desargues, pour practiquer la perspective par petit-pied
Paris 1648, Tafel 2

DIE GESETZE DER GEOMETRIE

auf die perspektivische Abbildung des Menschen angewandt

in: Abraham Bosse, Traité des Pratiques Géométrales et Perspectives Paris 1665, Tafel 59

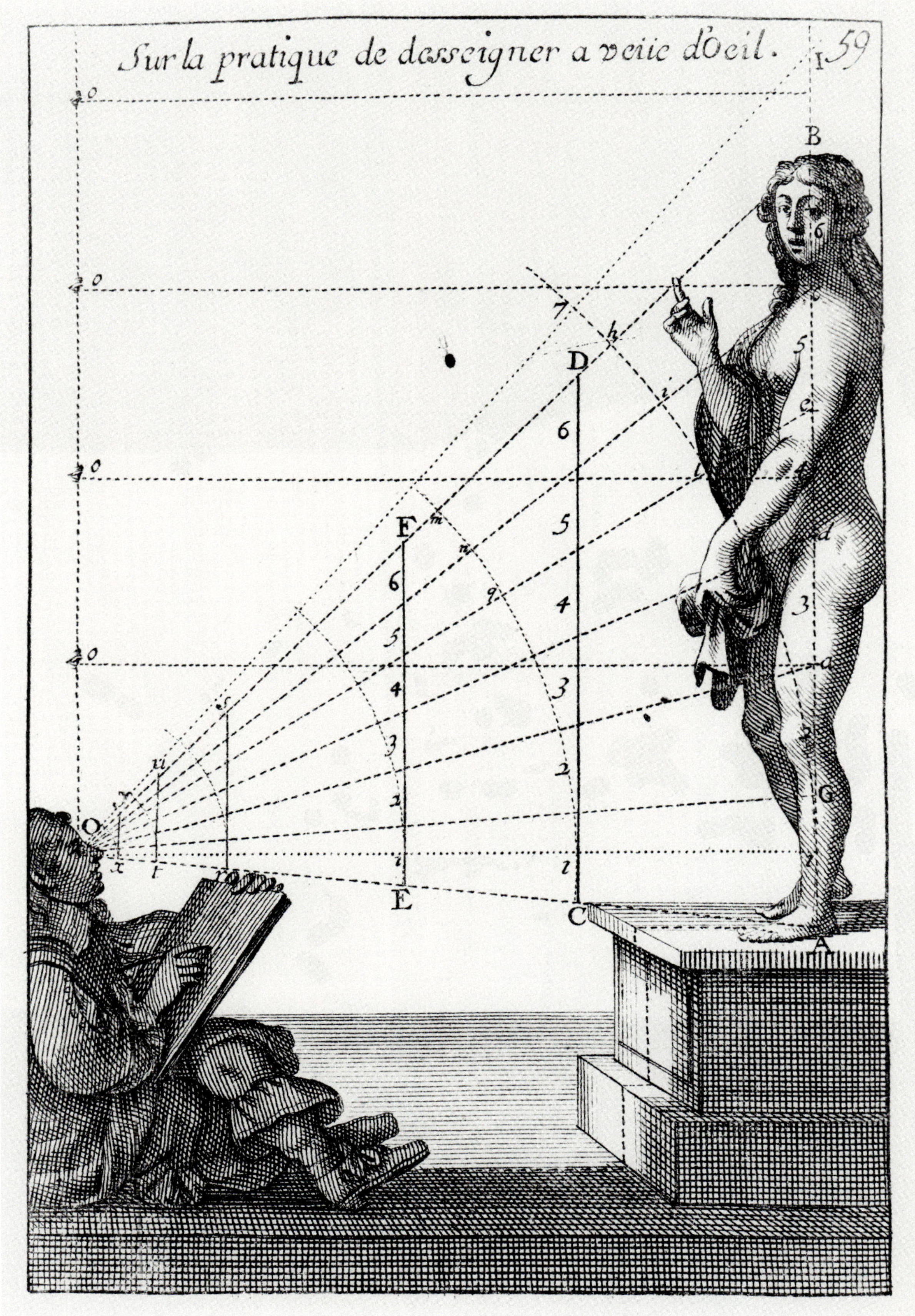

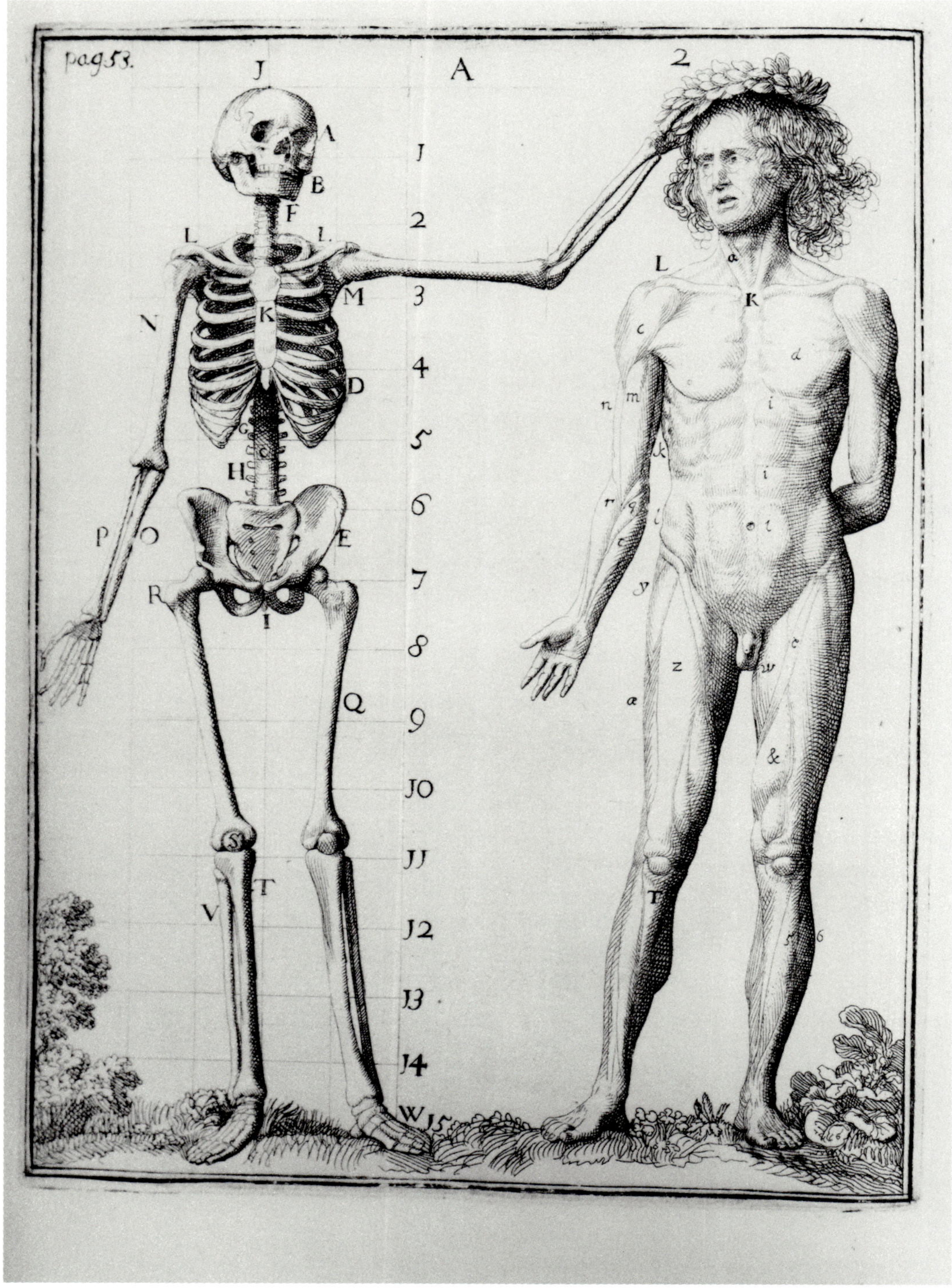

DIE MENSCHLICHEN PROPORTIONEN
BEI HOOGSTRATEN

in: Samuel van Hoogstraten,
Inleyding tot de Hooge Schilderkonst
Rotterdam 1678, S. 53

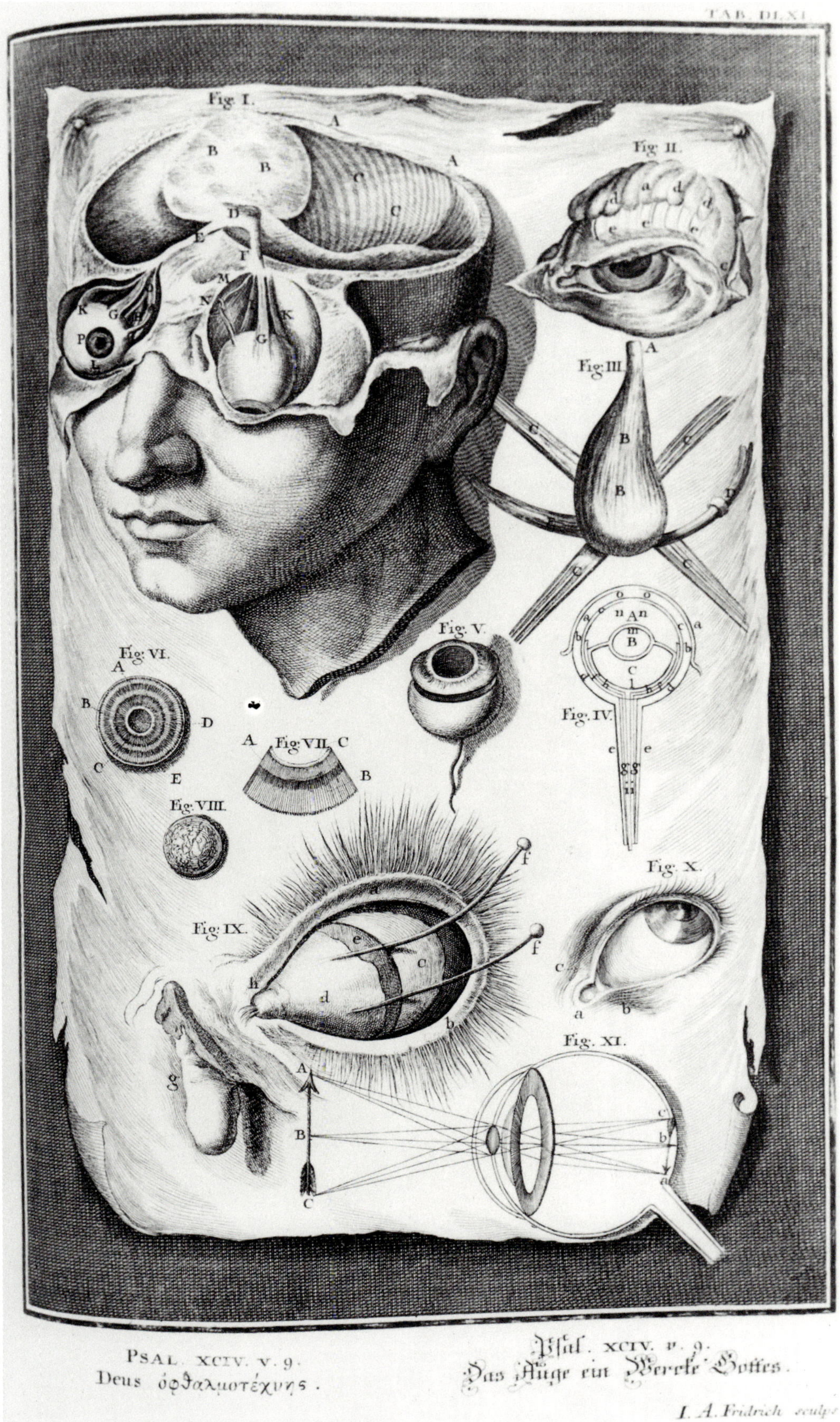

DIE PHYSIOLOGIE DES MENSCHLICHEN AUGES
in: Johannes Jacob Scheuchzer,
Physica Sacra
Augsburg und Ulm 1733,
Bd. 3, Tafel 561

SPIRALZEICHENTECHNIK
angewandt für eine anatomische Darstellung
in: Frederik Ruysch, Thesaurus Anatomicus
Amsterdam 1739, Tafel 3

CORNELIUS HUYBERTS
Anatomische Montage
nach Frederik Ruysch
in: Frederik Ruysch,
Thesaurus Anatomicus Tertius
Amsterdam 1724, Tafel 1

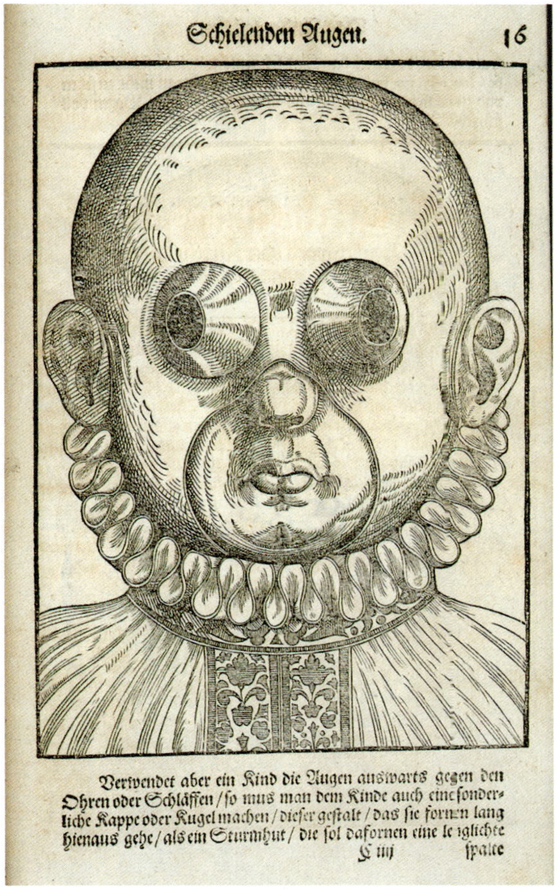

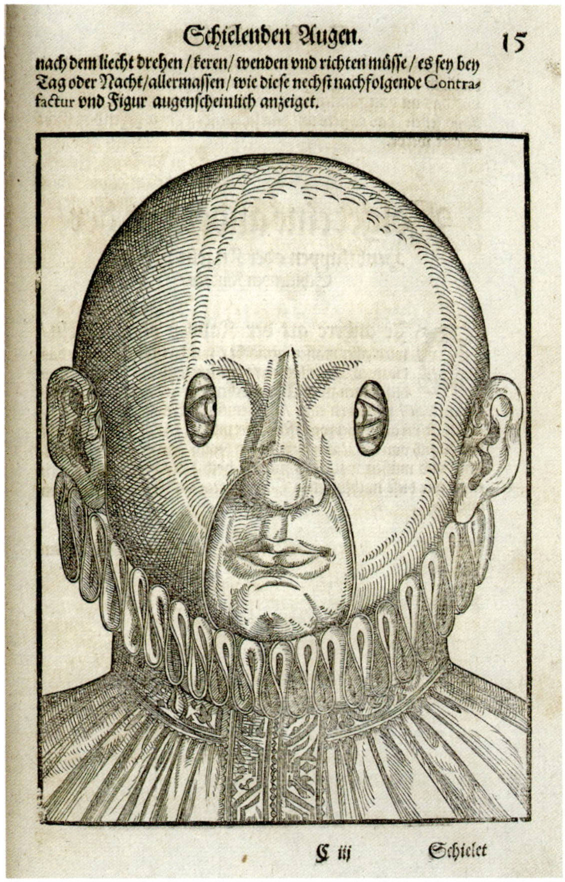

AUGENMASKEN GEGEN DAS SCHIELEN
in: Georg Bartisch,
Augendienst
Dresden 1583,
S. 15, 16

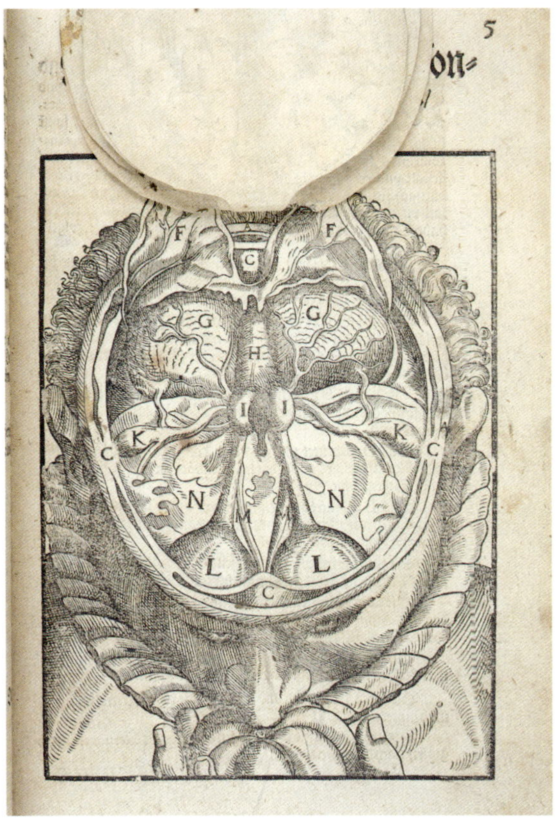

DER MENSCHLICHE SCHÄDEL NACH OBEN IN SCHICHTEN AUFKLAPPBAR
in: Georg Bartisch, Augendienst
Dresden 1583, S. 5

LUCAS KILIAN

Der menschliche Körper kann in Schichten aufgeblättert werden, wie die Seiten eines Buches
in: Johannes Ludovicus Remmelin, Catoptrum microcosmicum, suis aere incisis visionibus splendens
Kupferstich
Augsburg 1619

LUCAS KILIAN

Der menschliche Körper kann in Schichten aufgeblättert werden, wie die Seiten eines Buches

in: Johannes Ludovicus Remmelin, Catoptrum microcosmicum, suis aere incisis visionibus splendens

Kupferstich

Augsburg 1619

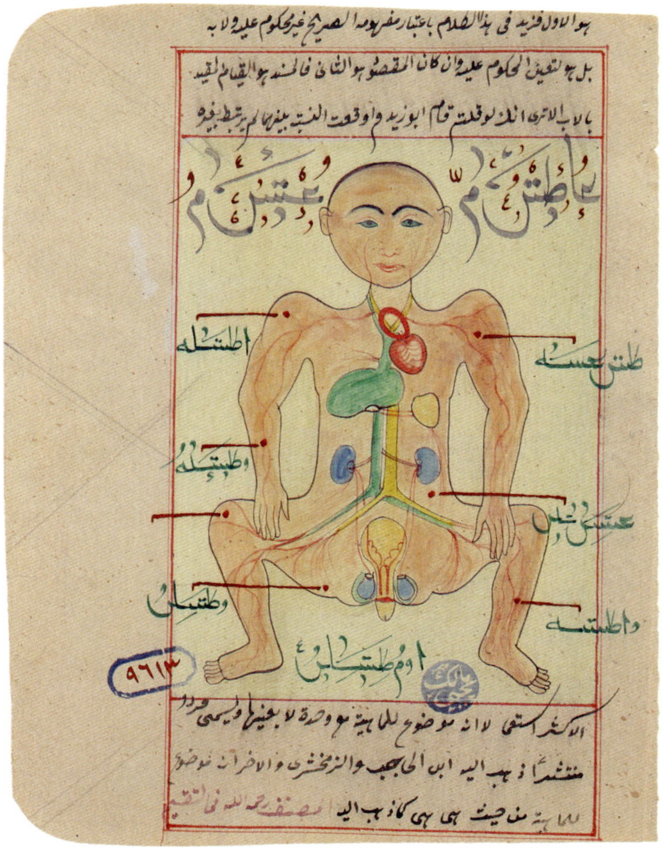

DER BLICK IN DEN MENSCHLICHEN KÖRPER
Nach einem persischen Manuskript des 14. Jahrhunderts

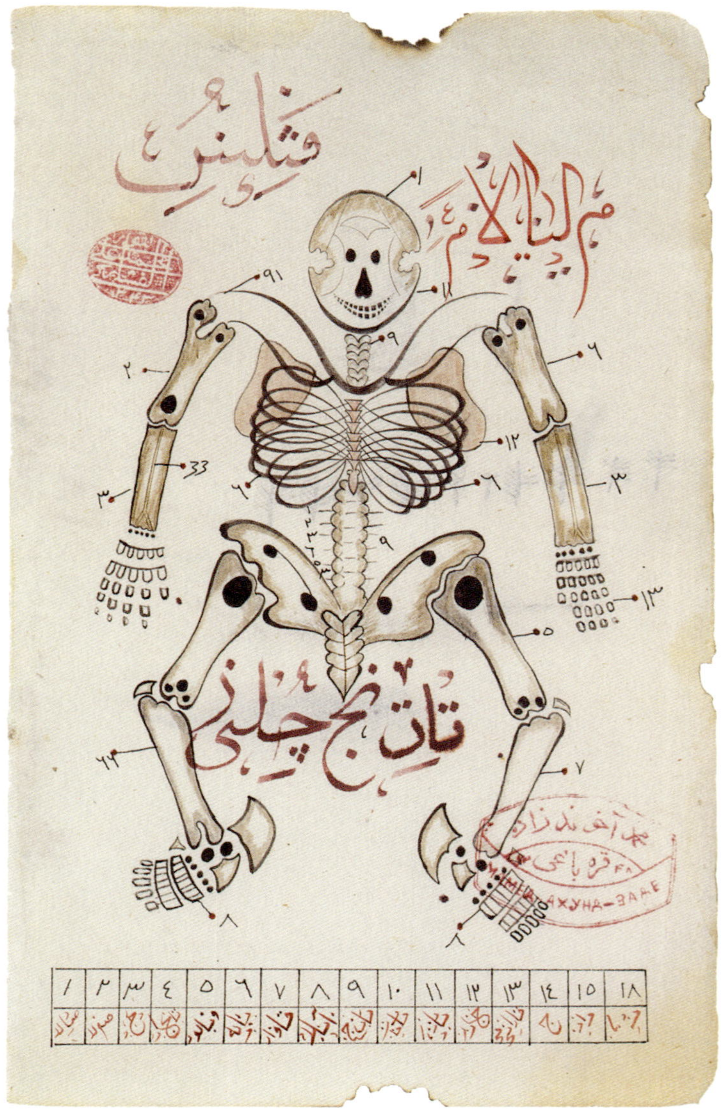

DAS MENSCHLICHE SKELETT
Nach einem persischen Manuskript des 14. Jahrhunderts

DER PHOTOGRAPHISCHE BLICK
in den menschlichen Körper, ermöglicht durch die *Röntgenphotographie
Frontispiz in: Daniel Bellet,
Les dernières Merveilles de la Science
Paris, um 1900

GEPÄCKKONTROLLE MITTELS RÖNTGENSTRAHLEN
in: Daniel Bellet, Les dernières Merveilles de la Science
Paris, um 1900, S. 21

Klaus Barthelmeß

Kosmologie und Sammlung

Optische Instrumente und Sehspielzeuge in den Kunst- und Wunderkammern des 16. bis 18. Jahrhunderts

Spannen wir den Bogen einmal vom „Park der Intelligenz", einer Menagerie-, Kunst- und Instrumentensammlung des chinesischen Kaisers Wan Weng (um 1150 v. Chr.), zur „Media Magica" des Werner Nekes. Loten wir von diesen historischen Eckpunkten die verschiedenen Manifestationen des Sammelns aus, treten in der Renaissance Sammlungen mit einer neuen konzeptionellen Programmatik hervor: „orbis in domo" oder „Die Welt in der Stube". Den Hintergrund dieser Sammlungsprogrammatik bildete die Naturphilosophie der frühen Neuzeit, die von der Vorstellung eines mathematisch proportionierten, schichtweise strukturierten Kosmos ausging.[1]

Die Ordnung des Kosmos

Das griechische Wort „Kosmos" bedeutet „kunstvolle (An)Ordnung". Verschiedene antike Universumsmodelle gingen bereits von Ordnungsstrukturen auf der Grundlage rationaler, durch Zahlen und geometrische Formen nachvollziehbarer Anordnungsprinzipien aus. Man dachte sich das Universum – für das alsbald der Begriff „Kosmos" metonymisch wurde – meist als mehrschichtige Kugel- oder Halbkugel-Sphären, die eine scheiben-, linsen- oder kugelförmige Erde umgeben. Beobachtungen aus Astronomie und Musik amalgamierten bei Platon zur Vorstellung einer Sphärenharmonie. Die harmonischen Proportionen der Sphären fanden ihre geniale geometrische Analogie in den regelmäßigen Polyedern, den sogenannten platonischen Körpern (die in der Renaissance den ästhetischen Kanon ganz entscheidend prägen sollten).

Proportionierter Kosmos und wesenhafte Gottheit waren „natura". Dergegenüber bildete der Mensch eine für sich bestehende, vernunftbegabte eigene „natura", die ebenfalls mathematisch proportionierten „kosmischen" Strukturprinzipien folgte. Sie waren Grundlage der antiken Medizin, der Humoralpathologie, die von einem harmonischen – oder im Krankheitsfalle gestörten – Mischungsverhältnis der vier Körpersäfte Blut, Schleim, gelbe Galle und schwarze Galle ausging. Die Säfte hatten ihr Analogon in den vier Elementen Erde, Wasser, Luft, Feuer. Tun und Wirkweise des Menschen waren nicht „natura", sondern antinomisch: „ars" – „Kunst".

In der christlich-mittelalterlichen Kosmologie erfuhr der antike Dualismus „Gottheit & Kosmos" vs. „Mensch" eine Wandlung zu einem Dualismus „Gottheit" vs. „Kosmos & Mensch", denn Kosmos und Mensch wurden gleichermaßen als von Gott geschaffen gedacht. Im Zentrum der von einem allumfassenden göttlichen Heilsplan geleiteten Schöpfung stand die unsterbliche Seele des gottesebenbildlich geschaffenen Menschen. Alles Geschehen, alle

Abläufe, alle Wirkweisen der Naturgegenstände und Lebewesen wurden dementsprechend rein heilsgeschichtlich interpretiert. „Rerum novarum cupidus", also neu-gierig zu sein galt mittelalterlichen Gelehrten als ein Zeichen von allzu geringem Vertrauen in den göttlichen Heilsplan und somit als Gefahr für die Seele des Neugierigen. Gleichwohl war das christliche Mittelalter nicht wissenschaftsfeindlich. Der „computus", die astronomisch-kalendarische Berechnung des heilsgeschichtlich bedeutsamen Ostertermins (erster Sonntag nach erstem Frühlingsvollmond), nutzte durchaus antike Wissenschaften und adaptierte das geozentrische Weltbild der Antike in wichtigen Teilen. In den Sphären des antiken Kosmos bzw. „Himmels" wurden nun die in Gottes Nähe weilenden Seligen und Heiligen verortet. Das Geschöpf des sechsten Tages, dem die Schöpfung der vorangegangenen fünf Tage untertan sein sollte, stand nun im Zentrum der mittelalterlichen Kosmologie; das geozentrische Weltbild war anthropozentrisch geworden.

Die Vorstellung eines planvollen göttlichen Heilsgeschehens führte ein zusätzliches Element in das mathematisch proportionierte Ordnungssystem des Kosmos ein, nämlich den Faktor Zeit. Das menschliche Individuum, seinem Seelenheil zustrebend, erhielt eine zeitliche Stelle im teleologischen Geschehen zwischen Erschaffung und Ende der Welt. Damit fand der Mensch, sein Tun, sein Leben, eine intensive Entsprechung im kosmischen Geschehen: Der Mensch war ein Kosmos im Kleinen, ein Microkosmos im Macrokosmos. Es war der Gelehrte Isidor von Sevilla, der im 6. Jahrhundert die Macrokosmos-Microkosmos-Analogie in das christliche Weltbild einführte.

Die Umwälzungen des 15. Jahrhunderts – das allmähliche Wiederanwachsen der europäischen Bevölkerung nach den Pestepidemien und ein sich damit intensivierender Handel nebst Informationsaustausch; der Fall von Konstantinopel 1453; der Abschluß der Reconquista mit dem Fall Granadas 1492; Entdeckungsreisen; der Buchdruck – erzwangen geradezu eine christliche Neubewertung der „rerum novarum cupiditas", der Neu-Gier. In der gelehrten Welt fand eine allmähliche Abkehr von einer heilsgeschichtlich fundierten Kosmologie und Hinwendung zu einem nach Erkenntnis suchenden Naturbeobachten statt. Fußend auf der gleichzeitigen Neuentdeckung antiker wissenschaftlicher Methoden, namentlich mathematischer, wurde Naturbeobachtung meßbar, ihre Resultate intersubjektiv überprüfbar, vergleichbar, systematisierbar. Erkenntnisse wurden zu Wissen, und dieses kognitiv weiter zu nutzen, bedurfte es einer Ordnung.

Sammeln – Ordnen

Reiche Römer hatten griechische oder ägyptische Kunst gesammelt, Fürsten und betuchte Männer des Mittelalters gern antike Kleinglyptik wie Münzen oder Gemmen. Trophäenbündel und kostbare Votivgaben in Tempeln, Schatzkammern in Fürstenhäusern waren Sammlungen, die Reichtum demonstrierten und durch ihren materiellen Wert für potentielle Krisenzeiten Herrschaft legitimierten. Wundersame Hierozoika – vermeintliche Zeugnisse der heiligen, in der Bibel genannten Tierwelt wie ausgestopfte Krokodile, Großtierknochen, Straußeneier, Narwalzähne etc. – und Exotica in katholischen Gotteshäusern führten dem Gläubigen Dinge vom Beginn der biblischen Schöpfungsgeschichte oder von der Peripherie des christlichen Weltkreises vor Augen und unterstrichen so den umfassenden Herrschaftsanspruch der Kirche. Wo Fürstenhäuser sich – wie die Klöster – als Stätten der Naturbeobachtung verstanden, wurden ab dem 14. Jahrhundert entsprechende Instrumente gesammelt. Im Inventar der Sammlung des burgundischen Herzogs Jean de Berry (1340-1416) finden sich wissenschaftliche Instrumente wie Räderuhren, linsenlose Sehrohre und Astrolabien.[2] Lorenzo de' Medici (1449-1492) amalgamierte kirchliche wie auch profane italienische und französische Sammlungstraditionen, indem er eine vom Großvater und Vater aufgebaute Kunst- und Pretiosen-Sammlung um Objekte wie Naturalien und Landkarten, aber auch sakrale Gegenstände

erweiterte. Dies war Ausdruck eines ausgreifenden Herrschaftsanspruchs über alle Bereiche der Schöpfung.
Das Wort „theatrum" – vom griechischen Verb „theatai", „schauen" –, das eigentlich den Ort dramatischen Schauspieler-Handelns bezeichnet, wurde seit dem Spätmittelalter in Nebenbedeutung für öffentliche Plätze mit einem vielfältigen Warenangebot verwendet. Diese Konnotation der „Schau-Stätte" wurde in der ersten Hälfte des 16. Jahrhunderts von dem Bologneser Gelehrten Giulio Camillo (ca. 1480-1544) in einem kosmologischen Modell des Weltganzen umgesetzt. Im Auftrag des französischen Königs François I. errichtete er ein hölzernes Amphitheater mit einer siebenreihigen „Tribüne" zu je sieben Blöcken. Doch sollte der Besucher das „theatrum" nicht von der „Tribüne", sondern von der „Bühne" her rezipieren. Im unteren, inneren Rang präsentierten sich ihm Sinnbilder der sieben Planeten, im zweiten Darstellungen der Elemente und ihrer planetarischen Zuordnungen, alsdann der Mischelemente. Der vierte, mittlere Rang führte den Menschen in das Modell ein, zunächst mit Sinnbildern seines Geistes und seiner Seele. Im fünften war die Einheit von Seele, Geist und Körper thematisiert, im sechsten menschliche Handlungen, im siebten schließlich seine schöpferischen Tätigkeiten im Bereich der Künste und Wissenschaften. Camillos begehbare, mit mehreren Sinnen erlebbare „Schau-Stätte" prägte dem Betrachter/Besucher das Wissen vom Weltganzen durch die architektonisch-kosmologischen Analogien ein. Sie verknüpfte gutteils abstrakte Begriffe mit räumlicher Struktur, war somit ein Instrument universaler Wissenvermittlung auf der Grundlage der antiken Gedächtniskunst („ars memorativa", Mnemonik, Mnemotechnik). Camillos „Schau-Stätte" wurde vermutlich nie vollendet, aber ihre naturphilosophische Konzeption inspirierte den gelehrten Diskurs ihrer Zeit, vor allem, nachdem 1550 in Florenz Camillos kosmologisch-mnemotische Programmschrift „L'idea del theatro" posthum erschienen war. Die hierin ausgearbeiteten Ordnungsstrukturen regten auch einen Antwerpener Mediziner namens Samuel Quicchelberg (1529-1567), der in Diensten der Fugger und des bayerischen Herzogs Albrecht V. mit der Verwaltung ihrer Bibliotheken und Sammlungen betraut gewesen war, zum Entwurf eines einprägsamen, sinnfälligen Ordnungsschemas für dergleichen bis dato eher akkumulative Sammlungen an. Seine Programmschrift erschien 1565 in München unter dem Titel „Inscriptiones vel tituli theatri amplissimi ...". Camillo wie Quicchelberg verwendeten den Begriff „theatro della sapienza" bzw. „theatrum sapientiae" und betrachteten das begehbare Universumsmodell bzw. die begehbaren Sammlungsräume als „Schau-Stätten des Wissens", deren Anordnung neben der eigentlichen Naturerkenntnis auch die Aufgabe erfüllte, „für uns die Dinge, Wörter und Künste zu bewahren, die wir ih[nen] übergeben, so daß, wann immer wir sie brauchen, wir sie auf einmal finden können".[3] Für den Sammlungsverwalter Qicchelberg war das „theatrum" also auch Findmittel. Sein Ordnungsschema unterschied sich von dem Camillos, und es wäre unsinnig anzunehmen, daß nun schlagartig die Sammlungen der Zeit einheitlich nach einem bestimmten Schema, etwa Quicchelbergs, neu geordnet wurden. Vielmehr standen das zunehmende Wissen vom Weltganzen und der akkumulative, gleichwohl universelle Charakter traditioneller Sammlungen vor der philosophischen Herausforderung, irgendwie geordnet und damit operational gemacht zu werden. Die vielfach nun beginnenden Neuordnungen alter Sammlungen setzten die mnemotechnisch-theatralische Ordnungsstruktur räumlich-thematisch um, wobei die seit der Antike tradierte Macrokosmos-Microkosmos-Analogie das konzeptionelle Grundgerüst bildete.[4]

Die Welt in der Stube

Für die Sammlungen wurden Raumarchitekturen mit Schränken, Regalen und Hängeflächen geschaffen, deren mathematisch proportionierte Anordnung die kosmologischen Strukturvorstellungen modellhaft augenfällig machte, sie imitierte. Sammlungsschränke etwa mochten je

einem der vier Elemente gewidmet sein und in ihren inneren Fachungen die antiken Korrespondenzen zwischen Element, Planeten, „natura“ und „ars“ begreifbar machen. Die elementare Vierfachgliederung konnte horizontal im Regalsystem nachgeahmt werden, oder die sieben Planeten, fünf Sinne oder neun Musen gaben Ordnungsstrukturen vor, je nach sammlerischem Tenor. Die Dichotomie von „natura“ und „ars“ indes korrespondierte immer mit allen diesen kosmologischen Ordnungskriterien.
Der mathematischen Proportionierung entsprechen die idealtypischen Bilddarstellungen solcher Sammlungsräume. Sie waren häufig als Frontispiz den im späten 16. Jahrhundert aufkommenden gedruckten Inventaren vor allem bürgerlicher Gelehrten-Sammlungen vorgebunden. Fast ohne Ausnahme sind diese Räume zentralperspektivisch wiedergegeben.[5] Der Betrachter hat damit den Standort des Besuchers von Camillos kosmologisch-mnemotechnischem Theater, als das der damalige Rezipient die Sammlungen auch begriff. In der zeitgenössischen Terminologie wurden sie dementsprechend oft „theatrum mundi“ oder „theatrum naturae et artis“[6] genannt. Der Begriff „museum“ – nach den Musen – kommt ebenfalls im 16. Jahrhundert als Sammlungsbezeichnung auf. Im übrigen bildeten sich die Bezeichnungen „Raritätenkammer“ und „Kunstkammer“ bzw. „Kunstkabinett“ heraus. Das Begriffspaar „Kunst- und Wunderkammer“ – dessen zweiter Teil im 20. Jahrhundert zum Lehnwort in allen europäischen Sprachen wurde – taucht in jener Zeit offenbar nur einmal auf, im Testament des Erzherzogs Ferdinand von Tirol 1595.

„Ars“ im „theatrum mundi“

Es ist bereits gesagt worden, daß Tun und Wirkweisen des Menschen nicht als „natura“, sondern von ihr abgehoben als „ars“, also „Kunst“ aufgefaßt wurden. Menschliches Schöpfertum war in Camillos kosmologisch-mnemotechnischem „theatrum“ in der oberen Reihe verortet. In den Sammlungs-Schau-Stätten der frühen Neuzeit war damit programmatisch Raum geschaffen nicht nur für die traditionell sammelwürdigen Werke der bildenden Kunst und des Kults, für Pretiosen und Trophäen, sondern auch für Gegenstände, die, indem sie Naturbeobachtung meßbar machten, dem ausgreifenden Herrschaftsanspruch des Menschen über immer weitere Bereiche der Schöpfung dienten. Dies waren insbesondere die physikalischen Instrumente (in anderen Sprachen meist wissenschaftliche oder philosophische Instrumente genannt). Kleriker, Astronomen und Philosophen hatten seit jeher Interesse an präziser Zeitmessung, und um 1300 traten Sanduhren und (astronomische) Räderuhren neben herkömmliche Sonnen- und Elementaruhren. Zunehmender Fernhandel erforderte exaktere Kalibrierverfahren für Gewichte, Maße, Legierungen. Planimetrische und stereometrische Meßinstrumente dienten nicht nur Astronomen zur Erforschung des Macrokosmos, sondern auch unmittelbar den terrestrischen Grundlagen von Herrschaft, etwa Landvermessung, Seefahrt, Geschützballistik.

Optica in frühneuzeitlichen Sammlungen

Platon hatte das Auge als das beste Werkzeug des Verstandes bezeichnet. Daß meßbare Naturbeobachtung, empirische Forschung also, in der frühen Neuzeit – ebenso wie das ästhetische Erleben bildender Kunst – vorrangig auf visueller Wahrnehmung basiert und daß die kosmologisch-mnemotechnische Programmatik der frühneuzeitlichen Sammlung diese als „Schau-Stätte“ auffaßte, diese Tatsachen boten sich für sinnfällige Korrespondenzen und Analogien allenthalben an. Nicht zufällig repräsentiert in Jan Brueghels d.Ä. und Peter Paul Rubens’ fünfteiligem Gemäldezyklus über die Sinne von 1617 just eine Kunstkammerdarstellung den Gesichtssinn.[7] (Abb. 1) Im wahrnehmungs- und kunsttheoretischen Diskurs der frühen Neuzeit ging es einmal um Theorien und Modelle der Perspektive, zum anderen um die Phänomenologie der visuellen Sinnestäuschung, der Illusion.

Abb. 1
JAN BRUEGHEL D.Ä. UND PETER PAUL RUBENS
Allegorie des Gesichtssinns.
1617. Öl / Holz, 65 x 109 cm.
Madrid, Prado.
Bemerkenswert die künstlerische Rezeption des Teleskops in dieser Kunstkammerdarstellung nur wenige Jahre nach seiner Erfindung.

Frühneuzeitliche Perspektivtheorien, basierend auf den mathematischen Optiklehren von Euklid (um 365-300 v.Chr., überarbeitet im 4. Jahrhundert n.Chr.) und Abu Ali al-Hasan (965-1039), wurden in Leon Baptista Albertis (1404-1472) Schrift „De pictura“ von 1435, Albrecht Dürers (1471-1528) „Underweysung der Messung“ von 1525 und Daniele Barbaros (1513-1570) „La prattica della perspettiva“ von 1568 entwickelt. Gleichzeitig widmete sich die sogenannte „Naturmagie“ – beginnend mit Marsilio Ficinos (1433-1499) Bearbeitung einer spätantiken Sammlung okkulter Texte in den Jahren 1463/64, dem „Corpus hermeticum“ – dem Auffinden verborgener, wesenhafter Korrespondenzen zwischen den mathematisch beschreibbaren kosmologischen Strukturen, sie suchte im Unterschied deren Einheit. Giovanni Battista della Porta (1535-1615) publizierte 1558 seine „Naturmagie“ in vier Bänden, die er bis 1585 auf eine 20bändige Ausgabe erweiterte und die über 30 Ausgaben in mehreren Sprachen erlebte. Er betonte darin, daß die Naturmagie eine Wissenschaft sei, die die geheimen Zusammenhänge zwischen Ursachen und Wirkungen in der Natur zu ergründen trachte und dabei „miracula et monstra“, staunenerregende und ungewöhnliche Wirkungen hervorrufe, ohne jede schwarze Magie.[8] Die Naturgesetze konnten also der Erzeugung ungewöhnlicher und vergnüglicher Phänomene dienen. Das Wundersame war mithin Ausdruck naturgesetzlicher Korrespondenzen zwischen verschiedenen kosmologischen Strukturen.
Zum Standardinventar einer Kunst- und Wunderkammer gehörten daher Werke der bildenden Kunst und des Kunsthandwerks, die diesen zeitgenössischen wahrnehmungs- und kunsttheoretischen Diskurs thematisierten. Dabei ging es einmal um Theorien und Modelle der Perspektive[9], zum anderen um die Phänomenologie der visuellen Sinnestäuschung, der Illusion.
Den naturmagischen Aspekt des Wundersamen exemplifizierten anthropomorphe – seltener zoomorphe – Stilleben und Landschaftsbilder. Giuseppe Arcimboldos (1527-1593) aus unbelebten Gegenständen wie Pflanzenteilen oder Büchern manieristisch zusammengesetzte „Porträts“, von denen die meisten am Prager Hof Rudolfs II. entstanden, waren spektakuläre Schaustücke verschiedener fürstlicher Kunstkammern.[10] Spätestens um 1600 wurden auch graphische Darstellungen gesichtsgestaltiger Landschaftsformationen populär, Vexierbilder, die je nach wahrnehmungspsychologischer Akzentuierung Landschaften oder Gesichter

erkennen ließen. Durch Athanasius Kirchers (1602-1680) Werk „Ars magna lucis et umbrae" (1646, 1671), wo ein solcher „Campus anthropomorphus" als Kupfertafel erschien, wurde dieses Thema weit verbreitet und viel kopiert. Zoomorphe Landschaften waren seltener.[11]
Sogenannte Bilder im Stein waren farbliche Strukturen, die beim Anschliff in verschiedenen Gesteinen sichtbar wurden. Da es sich meist um Sedimente handelte, erweckten die geschichteten Linien den Eindruck landschaftlicher Texturgradienten von großer perspektivischer Raumtiefe.[12] Auf diese Anschliffe, die als Gesteine dem Elementarbereich Erde und damit den Naturalia zugehörten, wurde gern gemalt. Durch Vordergrundmotive und geeignete Betonung mancher Steinstrukturen wurde die Illusion von raumtiefen Landschaftsgemälden oder Seestücken geschaffen. Die meist kleinformatigen Bilder im Stein eigneten sich als bildprogrammatische Kassettenfüllungen in Kunstkammerschränken; die wohl berühmtesten wurden von dem Augsburger Patrizier Philipp Hainhofer (1587-1647) in Auftrag gegeben und an fürstliche Sammlungen, etwa die von König Gustav Adolf von Schweden, veräußert. Bilder im Stein schufen eine wundersame, spielerische Korrespondenz zwischen Naturalium und Artificialium, die dem kosmologischen Analogiegedanken und der Naturmagie entsprang und auch in kunstgewerblichen Kunstkammerstücken verwirklicht war.[13]
Trompe-l'œil-Darstellungen mit ihrer Sonderform des Quodlibet verwirklichten ebenfalls spielerisch Analogien zwischen den verschiedenen Ordnungskategorien und exemplifizierten Naturmagie. Aus der Medici-Sammlung stammt ein anonymes Gemälde aus der zweiten Hälfte des 17. Jahrhunderts, das in Trompe-l'œil-Manier die Ansicht eines geöffneten Kunstschranks zeigt, in dem auch etliche der hier angesprochenen Optica zu sehen sind.[14] (Abb. 2)
Im kunst- und wahrnehmungstheoretischen Diskurs der Zeit spielten die fünf platonischen Körper – in ihrer Exaktheit Modelle antiker Kosmosvorstellungen – eine große Rolle.[15] Darstellungen stereometrischer Körper finden sich – diesen Diskurs reflektierend – in Gemälden, als Intarsien auf Kunstschränken und anderen Produkten des Kunsthandwerks. Sie erfuhren eine handwerkliche Weiterentwicklung in den sogenannten Contrefait-Objekten, typische Kunstkammerstücke, meist aus Elfenbein, die die Grundform der platonischen Körper manieristisch potenzierten, teils unter dem Einfluß orientalischer Elfenbeinschnitzerei (Kugel in der Kugel). Schatten und Durchsichten erzeugten optische Nebeneffekte. Einzelne Contrefait-Objekte wurden von den fürstlichen Sammlern selbst hergestellt, unter denen seit der Mitte des 16. Jahrhunderts das Drechseln – „ars" – von Elfenbein – „natura" – geradezu Mode geworden war.[16]
Die mathematisch fundierten Perspektivlehren lagen auch Raumdarstellungen in Zentralperspektive und Bildern mit Symmetrie als ausgeprägtem Kompositionsprinzip zugrunde, die zum Standardinventar von Kunstkammern gehörten. Eine naturmagisch-

Abb. 2
ANONYM (DOMENICO REMPS?)
Trompe l'œil eines Kunstschranks
2. Hälfte 17. Jahrhundert.
Öl / Leinwand, 98,5 x 135 cm. Florenz, Museo dell'Opificio delle Pietre Dure.
In diesem Gemälde sind etliche Optica erkennbar, die zum Standardinventar einer Kunst- und Wunderkammer gehörten.

Abb. 3
„PORTA KÄMPFT GEGEN SEINEN AUS DEM HOHLSPIEGEL HERAUSGESPIEGELTEN DEGEN“
Frontispiz, in: Giovanni Battista della Porta, Magia Naturalis. Libri viginti, Nürnberg 1713

spielerische Weiterentwicklung dieser Lehren fand sich in den Perspektivkästen, die zur Mitte des 17. Jahrhunderts populär wurden. Ihr renommiertester Schöpfer ist Samuel van Hoogstraten (1627-1678). Es handelt sich um Kästen, deren beleuchtetes Inneres durch ein Guckloch betrachtet werden kann. Anamorphotisch bemalte Flächen, in unterschiedlichen, doch genau berechneten Winkeln zueinander montiert, erzeugen die Illusion, als befände sich der Betrachter in einem wirklichen Innenraum.[17]
Eine optisch-spielerische Korrespondenz zwischen Naturalium und Artificialium bestand auch bei künstlerisch bearbeiteten Muschelschalen, meist Perlaustern (Pinctada sp.), deren ästhetischer Reiz sich erst durch Beleuchtung der Rückseite entfaltet. Sie fanden sich spätestens im 18. Jahrhundert in zahlreichen Kabinetten.[18]
Unter den „mineralia“, die besondere optische Effekte aufwiesen und somit Korrespondenzen zwischen verschiedenen Kunstkammerbereichen herstellten, ist etwa isländischer Kalkspat zu nennen, der lichtpolarisierend wirkt und von dem Kopenhagener Arzt Erasmus Bartholin (1625-1698) erstmals beschrieben wurde.[19] Der Leuchteffekt von Uranglas war lange bekannt, bevor Tischgefäße daraus den Weg in das Physikalische Kabinett des Teylers Museum, Haarlem, fanden.[20]
Ein optisch-magischer Effekt war auch hauptsächliche Raison d'être eines Ethnographicums in europäischen Kunstkammern, nämlich des japanischen „Zauberspiegels“. Eine gegossene Bronzescheibe von einigen Millimetern Dicke, auf der einen Seite mit einem Motiv in Relief oder Intaglio, auf der anderen plan und spiegelnd poliert, wirft das Motiv der Reliefseite seitenrichtig auf eine helle Projektionsfläche, wenn Licht auf die polierte Seite fällt. Der magische Effekt, lange physikalisch rätselhaft, wird bei der Politur der Spiegelfläche erzeugt. Die Reliefseite wird auf einen festen Untergrund gelegt. Beim Polieren mit einem hobelartigen Werkzeug geben die nicht unterstützten Partien nach und werden weniger abgetragen als die unterstützten. Die so entstandenen, bei Aufsicht kaum wahrnehmbaren Konkav- und Konvexflächen der polierten Seite bilden das Muster der reliefierten bzw. eingetieften Seite nach.[21]
Micrographie verkehrt den kommunikativen Grundkonsens über den Zweck von Text, nämlich ad hoc lesbar zu sein, ins Gegenteil und erzeugt dabei eine andere visuelle Ästhetik. Jean, Herzog von Berry, besaß in seiner Sammlung ein Johannes-Evangelium, das vollständig auf ein münzgroßes Pergamentstück geschrieben war.[22] Zeichnungen, später Drucke, deren graphische Linien aus kleinstgestalteten, nur mit Lupe lesbaren Texten bestanden, fanden sich in vielen Kunstkammern.[23]

Beobachtungs- und optische Meßinstrumente

Im Todesjahr von Nikolaus Kopernikus (1473-1543) erschien sein Hauptwerk über die Planetenbewegungen, das den Wandel zum heliozentrischen Weltbild einleitete. Der einsetzende Gelehrtenstreit über die konfligierenden Kosmosmodelle berührte die kosmologischen Vorstellungen über die mathematische Proportionierung von Macro- und Microkosmos, deren Analogien und die naturmagischen Korrespondenzen zwischen Strukturen und Dingen indessen nur am Rande. Die kopernikanische Wendezeit bot zuallererst ein exponential erweitertes Feld astronomischer Beobachtung. Sie fiel zeitlich zusammen mit dem gleichfalls exponentialen Wissenszuwachs im Gefolge der europäischen Expansion um die Erde. Zwei Dritteljahrhunderte nach Kopernikus wurden Mikroskop und Teleskop erfunden und verschoben den Wahrnehmungshorizont des frühneuzeitlichen Menschen in der Folgezeit allmählich weiter.
Schon seit dem 13. Jahrhundert waren geschliffene Glaslinsen als Sehhilfen bekannt. Ihr Einsatz in der Dunklen Kammer[24] ist – je nach semantischer Textinterpretation – vielleicht schon 1550 belegt, spätestens jedoch 1568.[25] Weitere Verbesserungen schufen die technischen Voraussetzungen für die Entwicklung des Mikroskops, die bereits 1590 einsetzt.
Die Brüder Hans und Zacharias Janssen in Middelburgh scheinen zwischen den Jahren 1590 und 1610 den Bau von Mikroskopen aufgenommen zu haben.[26] Robert Hooke (1635-1702) entwickelte sie weiter und veröffentlichte 1665 sein Buch „Micrographia, or, some physiological descriptions of minute bodies made by magnifying glasses", dessen 38 Kupfertafeln dem interessierten Publikum erstmals eine Anschauung von der Welt unterhalb der microkosmischen Wahrnehmungssphäre verschafften (Abb. S. 165). Der niederländische Tuchhändler und Staatsbeamte Antoni van Leeuwenhoek (1632-1723) begann 1671 als Amateur, Linsen zu schleifen und Mikroskope zu bauen, mit denen er drei Jahre später das „Leben im Wassertropfen" entdeckte.[27]
Ebenfalls in Middelburgh wurde – etwas später als das Mikroskop – das Teleskop erfunden, für das ein Brillenmacher namens Hans Lipperhey im Oktober 1608 ein Patentgesuch stellte. Im Sommer des Folgejahres wurden kleine Ferngläser mit geringer Vergrößerung in Paris feilgeboten. Galileo Galilei (1564-1642) erfuhr im Mai 1609 von diesen Geräten und der Middelburgher Entwicklung und begann umgehend mit dem Bau eigener Teleskope und deren ständiger Verbesserung. Er machte innerhalb weniger Monate die ersten astronomischen Beobachtungen, die ihn und seine Anhänger alsbald von der Richtigkeit des kopernikanischen Modells überzeugen sollten.[28]
Als Instrumente zur Verschiebung des Wahrnehmungshorizonts, die sowohl empirische Naturbeobachtung als auch quasi-naturmagische optische Effekte ermöglichten, fanden Mikroskope und Teleskope rasch Eingang in die Kunst- und Wunderkammern ihrer Zeit[29] und, mit zunehmender Spezialisierung des Wissens, in die daraus hervorgehenden physikalischen Kabinette.

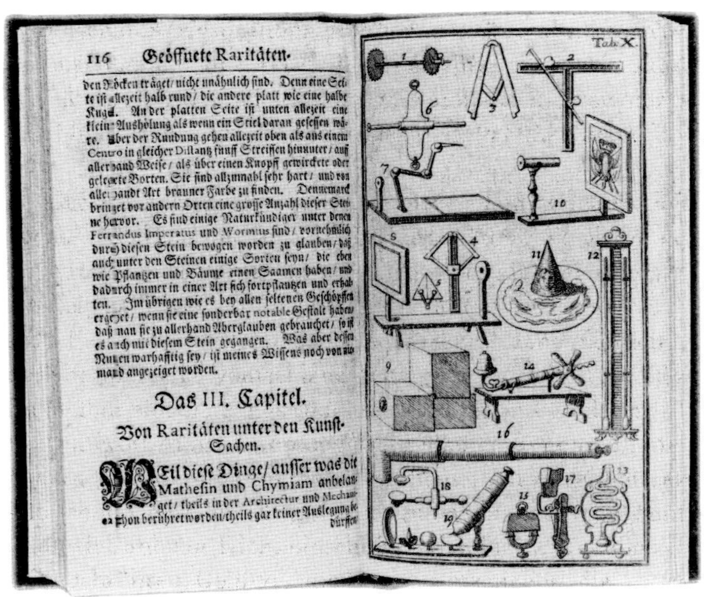
116 Geöffnete Raritäten.

den Röcken träget/ nicht unähnlich sind. Denn eine Seite ist allezeit halb rund/ die andere platt wie eine halbe Kugel. An der platten Seite ist unten allezeit eine klein-Aushölung als wenn ein Stiel daran gesessen wäre. Uber der Rundung gehen allezeit oben als aus einem Centro in gleicher Distantz fünff Streiffen hinunter/ auf allerhand Weise/ als über einen Knopff gewirckete oder gelegte Borten. Sie sind allzumahl sehr hart/ und von allerhandt Art brauner Farbe zu finden. Dennemarck bringet vor andern Orten eine grosse Anzahl dieser Steine hervor. Es sind einige Naturkündiger unter denen Ferrandus Imperatus und Wormius sind/ vornehmlich durch diesen Stein bewogen worden zu glauben/ daß auch unter den Steinen einige Sorten seyn/ die eben wie Pflantzen und Bäume einen Saamen haben/ und dadurch immer in einer Art sich fortpflantzen und erhalten. Im übrigen wie es bey allen seltenen Geschöpffen ergehet/ wenn sie eine sonderbar notable Gestalt haben/ daß man sie zu allerhand Aberglauben gebrauchet/ so ist es auch mit diesem Stein gegangen. Was aber dessen Nutzen warhafftig sey/ ist meines Wissens noch von niemand angezeiget worden.

Das III. Capitel.

Von Raritäten unter den Kunst-Sachen.

Weil diese Dinge/ ausser was die Mathesin und Chymiam anbelanget/ theils in der Architectur und Mechanica schon berühret worden/ theils gar keiner Auslegung bedürffen

Abb. 4
OBJEKTE EINER RARITÄTENKAMMER
in: o. A., Die geöffnete Raritäten- und Naturalien-Kammer, Hamburg 1704, Tafel 10

Optische Demonstrationsgeräte und Spielzeuge

Das optisch-visuelle Phänomen des Spiegelbildes bot seit jeher Anlaß zu magischen Konnotationen. Della Portas Kapitel zur „Katoptrik" seiner „Magia naturalis" ziert eine Kupfertafel mit Ansicht eines optischen Kabinetts. Neben zwei Teleskopen, ein paar Perspektiven, Mikroskoptuben und -haltern dominieren Spiegel aller Art in dem Kreuzrippengewölbe. Vergrößert, verkleinert, wellig verzerrt, diffus, kopfstehend erscheinen der Raum und sein menschlicher Besucher in einem knappen Dutzend unterschiedlicher spiegelnder Flächen vom großen Wandspiegel über Zerrspiegel bis zur Spiegelkugel an der Decke. Man vermißt in der Abbildung eine Sorcière, einen Hexenspiegel, einen Spiegel mit mehreren konvexen Spiegelfächen, die das Spiegelbild des Betrachters vervielfachen, wie sie zu della Portas Zeit aufkamen und beispielsweise in den Sammlungen von Schloß Ambras erhalten[30] oder im Inventar des Physikalischen Kabinetts am portugiesischen Königshof im 18. Jahrhundert beschrieben sind.[31] (Abb. S. 176)

Auf Schloß Rosenborg, 1608 als Sommerhaus des dänischen Königs begonnen, das ab etwa 1658 die königlichen Kunstkammerstücke beherbergte, wurde unter Frederik IV. (*1671, reg. 1699-1730) ein Spiegelzimmer eingerichtet, das fast unverändert erhalten ist. Boden, Decke, alle Wandflächen und Wandschranktüren sind mit bleigefaßten Spiegelplatten bedeckt, in denen sich der Besucher unendlich vervielfacht erblickt.[32]

Zum Standardinventar einer Kunstkammer gehörten ab dem zweiten Viertel des 17. Jahrhunderts auch Kegel- bzw. Zylinderanamorphosen, die das anamorphotische Bild, nach Perspektivregeln verzerrt, auf einem stereometrischen Körper spiegelnd aufbauten.[33] (Abb. 4)

Kristallkugeln, seit der Antike angeblich zur Kühlung der Hände benutzt, verkörperten zugleich durch ihre Transparenz und ideale Gestalt die Form des Kosmos. Wahrscheinlich schon sehr früh erlangten sie okkulte Bedeutung in der Cristallomantie, wie sie John Dee (1527-1608), Astrologe der Königin Elizabeth I., praktizierte. Rudolf II. besaß mehrere in seiner Prager Kunstkammer, und Hainhofer beschrieb den Zweck einer solchen, die zu dem zwischen 1611 und 1615 entstandenen Pommerschen Kunstschrank gehörte, mit den Worten: „die händ im sommer daran zu khuelen, und die augen daran zu erfrischen".[34] Der optische Brechungseffekt war also gleichfalls Maßstab für die Anwesenheit von Kristallkugeln in einer Kunstkammer.[35] Kristallzylinderstäbe waren seltener vertreten.

Der prismatische Effekt, die Brechung des Lichts durch dreikantige Kristall- oder Glaskörper, war seit Descartes bekannt, wurde aber erst durch Isaac Newtons (1642-1727) Experimente um 1700 physikalisch verstanden.[36] In Ole Worms (1588-1654) ein Jahr nach seinem Tod veröffentlichtem Sammlungskatalog „Museum Wormianum" (S. 362) sind ein „prisma cristallinum trigonum" und seine Wirkung beschrieben, und in der Sammlung Nekes ist ein Prismenstab aus dem Besitz von Etienne Pascal (1588-1651) erhalten. (Abb. S. 171)

In seiner „idea del theatro" hatte Camillo bereits den utilitaristischen Aspekt des geordneten Wissens herausgestellt, eben im Bedarfsfalle verfügbar zu sein. Die „Schau-Stätten" des Wissens erfüllten mithin grundsätzlich auch den didaktischen Zweck, nicht nur ihrem Besitzer, sondern auch anderen Erkenntnis zu ermöglichen. Die naturmagischen Vorführungen della Portas oder Kirchers zielten selbstredend auf Publikumswirkung ab. Universitätslehrer wie Ulysse Aldrovandi (1522-1605) oder Ole Worm nutzten ihre privaten Sammlungen zu Demonstrationen vor ihren Studenten. Neue Konsumformen des Wissens erhellen aus dem Buchmarkt, der gegen Ende des 16. Jahrhunderts aufnahmefähig wurde für gedruckte Inventare bürgerlicher Sammlungen, die zugleich das gesellschaftliche Prestige belegen, das mit dem Besitz einer Sammlung verbunden war. Ein knappes Jahrhundert später manifestiert sich mit öffentlichen Vorführungen in physikalischen Kabinetten eine weitere Kommerzialisierung der Wissensvermittlung für ein bürgerliches Publikum. William Whiston (1667-1752), Newtons Nachfolger in Cambridge, bestritt nach seiner Verweisung von dieser Universität im

Jahre 1710 zusammen mit dem Londoner Instrumentenmacher Benjamin Martin seinen Lebensunterhalt als Wanderreferent mit physikalischen Vorführungen in Kaffeehäusern und Dorfgaststätten.[37] Auch die sich im zweiten Drittel des 17. Jahrhunderts konstituierenden gelehrten Bürgergesellschaften boten ab etwa 1700 naturwissenschaftliche Demonstrationen in ihren Instrumentensammlungen für ein zahlendes Publikum an.[38] Wissen wurde bürgerliche Attitüde. Aus der ersten Hälfte des 17. Jahrhunderts stammt ein elfenbeinernes Kunstkammerstück, dessen verspielte Multifunktionalität es großteils disfunktional macht, denn es kombiniert ein nutzloses Fernrohr mit einem Schreibset, Nagelpflegeset, Zahnstocher, Ohrlöffel und anderen praktischen Gerätchen ... ein reines „conversation piece".[39] Leonhard Christoph Sturm (1635-1703) publizierte unter dem Titel „Die geöffnete Raritäten- Und Naturalien-Kammer" ein kleines Handbuch mit Reiseführer, „Worinnen Der Galanten Jugend / andern Curieusen und Reisenden gewiesen wird / wie sie Galerien, Kunst- und Raritäten-Kammern mit Nutzen besehen und davon raisoniren sollen".[40] Der Leidener Ratsherr und Sammler Laurens Theodoor Gronovius (1730-1777) ließ ein Familienidyll malen, das ihn und seine beiden Kinder in seinem Naturalienkabinett zeigt, das Mikroskop prominent auf dem Kaminsims. (Abb. 5) Gegen Ende des 18. Jahrhunderts konnte noch ein bürgerliches Kabinett wie das des Haarlemer Seidenhändlers und Wissenschaftsmäzens Pieter Teyler van der Hulst (1702-1778) entstehen, dessen Sammlungsprogrammatik mit so disparaten Schwerpunkten wie Fossilien und wissenschaftlichen Instrumenten zwar noch an frühneuzeitliche Kunstkammern erinnert, vom quantitativen Umfang der Spezialsammlungen her indes Konzeptionen der Forschungsorganisation verwirklicht. Das Anwachsen wissenschaftlicher Erkenntnis machte einen Diskurs erforderlich, der bürgerliche Partizipation am Wissen in neue Organisations- und Kommunikationsformen lenkte: Museen, Vereine, neue Massenmedien.

Abb. 5
ISAAC LODEWIJK LA FARGUE
Der Sammler Laurens Theodoor Gronovius in seinem Kabinett
Aquarell, 1775. Leiden, Museum de Lakenhal.

Ein halbtausendjähriger, exponential beschleunigender Wissenszuwachs machte einen Menschen wie Leonardo da Vinci, der alles zu seiner Zeit Wißbare noch wissen konnte, obsolet und die frühneuzeitliche Programmatik der Sammlung als eines universalkosmologischen „theatrum naturae et artis" gleichermaßen Werner Nekes' Sammlung „Media Magica" aus dem letzten Fünftel des 20. Jahrhunderts kann also keine nostalgische Renaissance der

Abb. 6
BILDER IM STEIN, PIETRA PAESINA (LANDSCHAFTSKALKSTEIN)
13,5 x 22,7 cm, Toscana, 19. Jahrhundert

Kunst- und Wunderkammer sein. Sie hebt sich sogar von deren Anspruch ab, auch diejenigen „artes“ zu inkorporieren, deren technologisches Fortschreiten menschliche Herrschaft über immer weitere Bereiche der Welt, der Individuen, ja des Unterbewußtseins ermöglicht. Endet sie mit ihrer programmatischen Frage „Was geschah wirklich zwischen den Bildern?“ doch vor dem bewußtseinsmächtigen Surren des Films und weit vor dem visuellen „blast“ der virtuellen Realität. Und doch, Wunderkammer in einem nicht historischen, sondern anthropologischen Sinne ist die Sammlung Nekes. Unsere Physiologie der Wahrnehmung ist nicht mutiert, die Perspektivregeln folgen keiner neuen Mathematik. Nekes' „Media Magica“ evoziert beim Besucher das gleiche Staunen, das naturmagische Vorführungen à la della Porta und Kircher bei ihrem Publikum erzeugten. Der Sammler Nekes demonstriert das Funktionieren der – damals neuen, heute vergessenen – wunderlichen optischen Effekte mit der gleichen freudigen Kennerschaft, die Zeitgenossen bei den fürstlichen und gelehrten Sammlern der frühen Neuzeit beobachteten. Seine Fachbibliothek mit vielen Rara verbindet sich mit dem Gesammelten zu einer Forschungseinrichtung, wie sie in den Programmschriften Camillos oder Quicchelbergs postuliert wurde. Was schließlich das auf die Optik und den Gesichtssinn bezogene Standardinventar einer Kunst- und Wunderkammer anbelangt, so steht die Sammlung Nekes ihm an Vollständigkeit kaum nach.

Gerhard Kolberg

Die Animation der Kunstfigur

Von Automaten, Androiden und Cyborgs

Bewegung als kosmisches Grundgesetz ist eine Voraussetzung für Leben. Sie ist der Pulsschlag des Universums. Um diesem auf die Spur zu kommen, war die Philosophie der Griechen anfangs auch eine Naturphilosophie, die die Weltentstehung, den „Kosmos" zu ergründen trachtete. Die Vorsokratiker erforschten den „Uranfang" und den „Urstoff". Heraklit von Ephesos (ca. 535-475 v.Chr.) erkannte ihn im „vernünftigen" Urfeuer.[1] Dieses wird noch, wie Karl Vorländer zusammenfaßt, in der Logik und Physik der späteren Stoiker als „ewige allbelebende Urkraft (...) sehr naturalistisch aufgefaßt", als „eine Einheit von Materie und Kraft", die „alle Dinge erzeugt, belebt und bewegt. Noch kennzeichnender ist der Begriff der Pneuma, des belebenden Atems und Hauchs, der alles stofflich-dynamisch durchströmt und die Welten zu einem beseelten Ganzen macht. Alles in der Welt folgt gemäß dieser einen Urkraft mit Naturnotwendigkeit aus einander; diese unerbittliche Notwendigkeit nennt der Mensch auch Verhängnis oder Schicksal"[2]. Heraklits These vom Sein und Werden, daß „alles eins" sei, daß „alles dasselbe" sei, daß man „nicht zweimal in denselben Fluß" steigen könne[3], beschreibt zugleich das universale Bewegungsprinzip, das bereits in menschlicher Urzeit rein empirisch mit der Belebung der Natur in Zusammenhang gebracht wurde. Allgemein gilt: Was sich nicht bewegt, ist tot – aber bereits in den archaischen Kulturen und ebenso bei heutigen Naturvölkern mit Einschränkungen. Denn auch im Wachsen, Reifen und Erblühen ortsgebundener Pflanzen erkannte man (zu Recht) eine belebende und bewegende Kraft in Gestalt der dies bewirkenden Götter und Naturgeister, eine Art von Beseelung der Natur, eine „Animation" der menschlichen, tierischen und pflanzlichen Körper. Man spricht vom Animismus als Lehre von der Beseeltheit der Dinge, die erheblich auf Naturreligionen basiert. Dieser archaischen Natursicht verpflichtet, waren die ersten gestalterischen Schöpfungen, sowohl plastische wie die neolithische „Venus von Willendorf" als auch felsmalerische wie die von Altamira, als magische Idole erheblich von der Beschwörung Existenz gewährender Naturgewalten inspiriert. Furcht und Verehrung bedingten einander.

Je mehr aber in der ägyptischen, orientalischen und griechischen Antike die Erforschung natürlicher Zusammenhänge, die Mathematik und die Philosophie, die gewonnenen Kenntnisse von Natur und Geometrie eine nützliche Anwendung in Landwirtschaft, Technik und Medizin fanden, um so naturalistischer gerieten auch die Kunstwerke, die Bildnisse der Götter eingeschlossen. Im antiken Griechenland gingen einige Künstler und Ingenieure sogar daran, in ihren Werken die Natur nicht nur täuschend nachzuahmen, sondern dieser womöglich gleichzukommen, sie vielleicht sogar zu übertreffen. Die bei zahlreichen Völkern verbreitete Vorstellung von der göttlichen Schöpfung des Menschen, nur verschieden erzählt, näherte sich, abgeleitet vom handwerklichen Schaffen, zuweilen der Arbeit eines mit Erde formenden

Abb. 1
AUTOMATENFIGUR EINES PREDIGENDEN MÖNCHS
um 1560, Gehäuse: Pappelholz, Mechanik: Eisen (Herstellungsort unbekannt), Deutsches Museum München (Photo Deutsches Museum München)

Bildhauers oder das glühende Erz formenden Schmiedes an. Alle kennen die Schöpfungsmythen von Vulkanos, der die Menschengestalt hämmerte, und dem Titanen Prometheus, der den Menschen aus Lehm gestaltete und ihm darüber hinaus das belebende und Vernunftkraft verleihende göttliche (Geistes-)Feuer schenkte. Für seine Anmaßung, Gott und „Animateur" sein zu wollen, fesselte Zeus den Frevler an den Kaukasus. Solche religiösen, bald auch moralischen und ethischen Konflikte, inwieweit der Mensch in die göttliche oder naturgegebene Schöpfung eingreifen darf, währten über Jahrtausende bis auf den heutigen Tag fort und beruhen erheblich auf den jeweils neuesten wissenschaftlichen Erkenntnissen, deren Ausführbarkeit unbedingt bewiesen sein will. Anfänglich geschah dies aus philosophischem Erkenntnisstreben, inzwischen geschieht es aus pragmatischem Nutzungsdenken. Die Animation, die versuchte „Beseelung" geformter Materie in Orientierung am natürlichen Wirken und Wesen, ist in Kunst und Technik begrifflich eng mit der scheinbar eigenständigen Bewegung von artifiziellen Körpern und Objekten verbunden, die die griechische Bezeichnung „Automat" erhielten.

Wie ein Naturforscher vermaß der griechische Bildhauer Polyklet um 450 vor Christus die Gestalt des Menschen und stellte mit seinem „Kanon" eine ideale Proportionsregel für diese auf, nach der er und zahlreiche nachfolgende Künstler mathematisch-harmonisch gegliederte, zwar unwirkliche, aber als schön gebaut empfundene Menschenfiguren schufen. Polyklets Bildwerke sollten perfekte Körper darstellen, ähnlich wie sie über zwei Jahrtausende später in der Kunstgestalt des „Cyborg" angesprochen wurde, welche, anfänglich Fiktion, heute fast Realität, eine biotechnische Symbiose verkörpert.[4] Die bronzenen Figuren des Polyklet standen gemäß seinem Bestreben nach Gestaltung eines göttlich gebauten Athletenmenschen – in dessen vollkommenem Körper selbstverständlich auch ein idealer Geist wohnen sollte – nicht nur den Legenden von Vulkanos und Prometheus nahe; mit seiner Idee vom vorzüglich proportionierten Leib griff er gewissermaßen den Ideen Platons (427-347 v.Chr.) von einem idealen und zur Herrschaft auserkorenen Menschengeschlecht der Philosophen vor, wie dieser es in seiner Schrift vom idealen Staatswesen, der „Politeia", forderte. Platon „konstruiert (...) den zu ihrer Techne gehörenden Stand, der aus Menschen besteht, die eine Wachthundnatur besitzen, für die Polis und die Politik erzogen, in ihr ausgebildet sind und nur ihr leben. In diesem Stande konzentriert sich das ganze politische Leben. (...) Musische und gymnastische Erziehung sollen Seele und Leib hierzu vorbereiten." Platons Philosophie von einer idealen Polis gründet im wesentlichen auf seine „höchsten Ideen" vom Wahren, Schönen und Guten sowie auf seiner Ansicht, die Dinge der Wirklichkeit seien nur unvollkommene Abbilder bzw. Nachahmungen der Ideen. „Für die Ideenlehre wichtig ist das hier eingeführte Bild vom Maler, der das ‚Paradigma' des schönsten Menschen in einem Gemälde gestaltet, aber nicht nachzuweisen vermag, ob es möglich ist, daß es einen solchen Menschen gibt."[5]

Im Kontrast zu den statuarischen Kuroi der griechischen Archaik stellten Polyklets Menschenbilder wegen ihres lebensnahen Kontrapostes aus Stand- und Spielbein und ihrer proportionalen Naturtreue einen naturkundlichen und philosophischen Fortschritt dar, verbunden mit der Wandlung vom überlieferten Wissen der Gestalt hin zum erforschenden Erkennen des menschlichen Körpers. Sie gaben nicht nur der künstlerischen Realitätssicht einen enormen Impuls. Dieses Bestreben nach einer Animation „toter" Bildhauermaterialien wie Lehm, Holz, Stein, Bronze, Edelmetalle und Farbe wird vorbildlich in der antiken Legende vom zyprischen Bildhauer Pygmalion erzählt, der in starker Liebe zu seinem geschaffenen Bildwerk, einer schönen Frau, entbrannt war. Aphrodite, bei Ovid als Venus zuständig für die Liebe, bewirkte die Animation der steinernen Figur, die sodann vom Sockel der Künstlichkeit hinab zu Pygmalion in die Welt der Lebenden trat, wie spätere Künstler das Wunder gerne schilderten. Der römische Dichter Ovid (43 v.Chr. – ca. 18 n.Chr.) würdigt in seinen „Metamorphosen", den Kleinepen aus griechischer und römischer Mythologie, Pygmalions vollendete Imitation des Lebendigen zugleich als Leistung, die Täuschung nicht als solche erkenn-

bar werden zu lassen, mit folgenden Worten, die auch auf Werke realer antiker Künstler zutreffen: „ars ades latet arte sua“ – So sehr verbarg seine Kunst die Kunst.[6] Von ähnlichen Taten künstlerischer Sinnestäuschung berichtet Plinius Secundus der Ältere (23/24 v.Chr. – 79 n.Chr.) in seiner Schrift „Naturalis Historiae“: Apelles (4. Jh. v.Chr.) soll Alexander dem Großen versprochen haben, dessen Geliebte Campaspe so malen zu können, als stehe sie außerhalb der Leinwand. Ferner erwähnt Plinius den wundersamen Wettstreit der Maler Parrhasios und Zeuxis. Letzterer, dessen gemalte Trauben Vögel angelockt haben sollen, unterlag, weil er einen von Parrhasios imitierten Vorhang beiseiteziehen wollte.[7]
Solche legendären Kunstschöpfungen sollten die Naturwirklichkeit täuschend erreichen, sollten den Eindruck von Leben bewirken. Jedoch darf man diese wundersamen Werke nicht als triviale Gaukelei bewerten, sie vielmehr im Geiste der altgriechischen Denker und Naturforscher betrachten, deren Streben mehr auf eine von kommerziellem Nützlichkeitsdenken freie Erkenntnis gerichtet war. All dies geschah in einer Epoche, die bereits die Kraft des Wasserdampfs und die Funktion kommunizierender Röhren kannte und die Mechanik klugen Zahnräderwerks für Bewässerungs-, Bau- und Belagerungsmaschinen anwendete. In diese Geisteswelt des Dialogs von Natur und Realität, von Idee und Imagination fügen sich zum Beispiel die mechanischen Tableaux Herons von Alexandrien (Abb. S. 222) logisch ein, eines Mechanikers und Mathematikers des 1. nachchristlichen Jahrhunderts, den die „Alexanderlegende“ sogar als einen der Architekten Alexandriens in die Zeit um 300 v.Chr. zurückdatiert. Im Kapitel „Tempeltricks der Griechen“ seiner erstmals 1898 in New York erschienenen Publikation „Magic – Stage Illusion and Scientific Diversions, including Trick Photography“[8] untersucht Albert A. Hopkins die antiken Puppenspiele und Theaterbühnen und hebt diesbezüglich besonders Herons technische Automaten hervor. Unter diesen befand sich ein tempelartiger „Schrein des Bacchus“, dessen raffiniertes Räderwerk und geheim durch Säulen geführte Seilzüge auf seiner Dachspitze eine Victoriafigur und darunter eine stehende Bacchusgestalt mit Thyrosstab und Weinpokal bewegte sowie eine Schar Bacchantinnen tanzen ließ.[9] Das Kunstwerk wurde dem Publikum bei effektvoller Beleuchtung von Priestern vorgeführt und gestattete mehrere Szenenwechsel. Die Figuren ekstatischer Mänaden tanzten zu Klängen von Trommeln und Cymbalis. Ein ausgeklügeltes Röhrensystem ließ aus dem

Abb. 2
ORPHEUS ALS CELLO SPIELENDER MUSIKAUTOMAT IN EINER GROTTE
in: Salomon de Caus, Les Raisons des Forces mouvantes avec diverses Machines tant utilles que plaisantes aus quelles sont adjoints plusieurs Desseings de Grotes et Fontaines, Frankfurt 1615, Livre second, Tafel 17

Thyrosstab des Dionysos Wasser oder Milch, aus des Gottes Pokal Wein fließen.[10]
Heron von Alexandrien legte in seiner überlieferten Schrift „Pneumatica", die sich mit der Animation und der „Erscheinung" der Dinge beschäftigt[11], detailliert die Arrangements und Proportionierungen der Mechanik seiner Maschinen dar und zeigte, wie ein solcher Wunderschrein gebaut werden kann. Anschaulich demonstrierte er seinen Zeitgenossen verschiedene analoge Apparaturen, etwa einen „Feuerzauber" der Tempelpriester oder eine „Wunderbare Statue der Kybele", aus deren zahlreichen Brüsten Milch geflossen sein soll. Durch Feuer, theatralisch inszeniert, wird Luft erhitzt. Diese dehnt sich aus und preßt die Milch durch ein Röhrensystem aus dem Inneren des Altars nach oben.[12] Einen ähnlichen Apparat aus einem antiken Tempel, so berichtet Hopkins weiter, soll noch der deutsche Universalgelehrte und Jesuit Athanasius Kircher (1602-1680), Erfinder der Urform der Laterna Magica, in seinem römischen „Museum" besessen und „Oedipus Aegyptiacus" genannt haben.[13] So, wie Heron akrobatisch einen leichten Ball auf einem Wasserdampfstrahl schweben ließ, so spielerisch konstruierte er auch einen „Wunderbaren Altar" mit zwei ägyptischen Götterfiguren und einem schlangendekorierten Bronzegefäß mit offenem Feuer, den der alexandrinische Ingenieur etwa so beschrieb: Der Feuerwind, vermischt mit Wasser, steigt durch die Röhre aufwärts zu den Gittern, und diese passierend, drückt er auf den Wein im Altarinnern und läßt diesen durch Syphons austreten. Der Wein durchfließt die Hände der Figuren, die somit den Anschein von Trankopfern geben – solange das Feuer brennt. Durch eine zweite Röhre entweicht der Dampf zum bronzenen Schlangenmaul hinaus und verursacht dabei ein zischendes Geräusch.[14] Ehrfurcht, zumindest Erstaunen werden die damaligen Tempelbesucher verspürt haben.
Während der Renaissance, um nicht zu sagen: Reanimation der Antike beschäftigten sich europäische Gelehrte und Künstler sowohl mit den überlieferten philosophischen und naturwissenschaftlichen Erkenntnissen des Altertums als auch mit dem, nicht selten durch die arabische Kultur erhaltenen technischen Wissen und natürlich auch mit der Kunst der Griechen und Römer, die anfänglich durch spektakuläre plastische Funde wie die wahrhaft animierte Laokoongruppe die gebildete Welt in Erstaunen versetzte und die Künstler zur Nachahmung anspornte. Kreative Anregungen lieferten Schriften des Vitruvius über die Baukunst wie Herons erwähnte „Pneumatica".
Herons Schrift hatte auch der Architekt, Physiker und Gelehrte Salomon de Caus (1576-1626) zum Vorbild eigener Automatenerfindungen und visionärer Projekte genommen, die er, versehen mit zahlreichen phantastischen und die Mechanik der Apparaturen darlegenden Illustrationen, 1615 zu Frankfurt am Main unter folgendem Titel der deutschen Übersetzung verlegen ließ: „Von Gewaltsamen bewegungen. Beschreibung etlicher, so wol nützlicher alß lustigen Machiner beneben Vnderschiedtlichen abriessen etlicher Höllen od' Grotten und lust Brunnè."[15] Der vielgereiste Caus kannte die bewegten Gebilde und androiden Automaten der im 16. Jahrhundert in Mode gekommenen fürstlichen „Kunst und Wunderkammern"[16], worunter die klappernd schreitende, mit den Augen rollende und die Hände wie beim Rosenkranzbeten bewegende Automatenfigur eines Mönchs (Abb. 1) aus der Zeit um 1560 eins von vielen Beispielen ist. Im Zusammenhang mit diesem Mönch, der einst im Besitz Kaiser Karls V. gewesen sein soll und heute zur Sammlung des Münchner Deutschen Museums gehört, muß an die sicherlich große Faszination des damaligen Publikums angesichts der scheinbar eigenmächtigen Puppenbewegungen erinnert werden. Einige Zeitgenossen werden sogar an Zauberei gedacht haben. Der Vergleich zur Legende von der Erschaffung des Golems durch den Prager Rabbi Löw, einem Zeitgenossen des Kunstkammerbesitzers Kaiser Rudolf II., der den Riesen zum Schutz der bedrängten jüdischen Bevölkerung formte und mittels kabbalistischer Magie animierte, kommt in den Sinn. Im Hebräischen bedeutet Golem „ungeformte Materie" und bezeichnet in Psalm 139, Vers 16 „Adam während dessen Schöpfung. Die kabbalistische Tradition spricht nicht selten davon, daß große Meister die Herstellung von

‚robot'-artigen Dienern aus Lehm mit Hilfe des Schöpferwortes (schem hamphorasch) verstanden hätten (...).“[17]
Salomon de Caus war sicherlich mit den komplexen mechanischen Grottenwerken seines Landsmannes Bernard Palissy[18] sowie den phantastischen Wasserspielen und Automaten der Villa Medici in Pratolini und der Villa d'Este in Tivoli vertraut. Wenige dieser automatenbetriebenen Grotten sind erhalten geblieben. Zu ihnen gehört die in Hellbrunn bei Salzburg entstandene „Grottenwelt“ mit römischem Theater, unter der Leitung von Santino Solaris 1612-1619 gebaut. Hingegen ist die berühmte, 1667 fertiggestellte Thetisgrotte in Versailles nicht mehr existent. Sie sollte den „Triumph über die Natur“ feiern und zeichnete sich durch „autonome Skulpturen“ aus.[19] Von Salomon de Caus konnte außer dem „Hortus Palatinus“ in Heidelberg, beauftragt vom Pfalzgrafen Friedrich V., bisher keine Gartenanlage nachgewiesen werden, wenngleich er in Brüssel und England tätig gewesen war. Bei Ausbruch des Dreißigjährigen Krieges verließ de Caus Heidelberg, trat in die Dienste Ludwigs XIII. von Frankreich und ließ den vielgerühmten Garten unvollendet. In seinem ersten Buch „Des forces mouvantes“ (Von Gewaltsamen bewegungen...) stellt er unter „Problem XXIIII“ eine seiner bedeutendsten Erfindungen vor: den Grottenautomaten „Polyphem und Galatea“ (Abb. S. 225). Der schalmeiblasende Kyklop Polyphem sitzt in zerklüfteter Felslandschaft, umgeben von Schafen und Böcken, Schnecken- und Muschelgehäusen. Zwei Delphinfiguren und die in einer Riesenmuschel thronende Galatea werden im Bassin des Vordergrundes per verborgenen Seilzügen auf dem Wasser hin und her bewegt. Wie Heron, so legt auch de Caus die Bau- und Funktionsweise seines bühnenbildartigen Automaten in einem benachbarten Kammereinblick offen. Es sind ein wasseruhrähnlich kontrolliertes Mühlenrad mit angeschlossenem Zahnräderwerk sowie eine links- und eine rechtsläufige Walze, die den Antriebsrhythmus regelmäßig wechseln lassen. Wir erblicken ein Automatentheater, wie es ähnlich bereits Herons Zeitgenossen erstaunte und in verwandter Weise auch die prächtigen Szenenbilder der Barockopern animierte.

Abb. 3
CHARLES-NICOLAS COCHIN
La charmante catin,
Kupferstich 1731

In seinem zweiten Buch mit dekorativem Titelblatt, auf dem Allegorien der Wissenschaften und Künste, Athena und Merkur, vereint sind[20], präsentiert Salomon de Caus unter „Problem XVI“ eine weitere Grotte, in der Orpheus der artenreich anwesenden Tierwelt auf einem Cello vorspielt (Abb. 2). Dieses mythologische Bildwerk samt Musikus sollte mittels einer Wassermechanik animiert werden, ebenso der Wasserfall der Zeichnung „Problem XIV“ des zweiten Bandes, der aus dem riesigen Krug eines proportional zur baumbewachsenen Felslandschaft gigantischen Flußgottes quillt. Betont schreibt de Caus zu seiner Orpheusgrotte von „le mouvement de la musique“, von der Bewegtheit der Musik, die er wohl im Sinne eines synästhetischen Gesamtkunstwerks aus mechanischem Rhythmus und synchroner Musik als auch – hinsichtlich der von Orpheus' Klängen ausgelösten Gemütsbewegung – als Emotion zu verstehen scheint. Der Aspekt der Geräusch- bzw. der Musikerzeugung, bereits von Heron suggestiv berücksichtigt, darf schlicht als ein ursprüngliches, das Leben bekräftigendes und der Lebensbekundung Ausdruck verleihendes Element verstanden werden. Für die Zeitgenossen des Stummfilms mögen die ersten Tonfilme eine ähnliche Wahrnehmung angesichts der animierten Bilder ausgelöst haben. Nun erst schien mit der Sprache und den Tönen das physische Leben der Personen und der Natur virtuell und doch täuschend realistisch eingefangen zu sein. Die elektronischen Welten des Cyberspace haben diese Illusion inzwischen noch übertroffen.

Leistete die optische Linse in der späteren photographischen Technik eine wesentliche Funktion bei der filmischen Animation, so wurde schon frühzeitig ihre das Sonnenlicht fokussierende Wirkung erkannt und von Salomon de Caus in Form einer Linsenwand zur Erhitzung eines Boilers vorgeschlagen. Der so entstehende Dampf- und Luftdruck sollte, wie in de Caus' erstem Band zu sehen, einen Springbrunnen antreiben (Problem XII). Diese Dampftechnik plante der einfallsreiche Erfinder auch für raffinierte Spieluhren oder für eine von einer Herkulesfigur gespielte Wasser-/Dampforgel[21], wie sie bereits in römischen Amphitheatern „geschlagen" wurde, weshalb der Organist „Pulsator" hieß. Auf dem Titelblatt von Salomon de Caus' 1615 erschienenen ersten Band „Les Raisons des forces Mouvantes avec diverses machines..." (Abb. S. 224) betont der Autor die antiken Ursprünge seiner Erfindungen in Gestalt von Merkur und Vulkanos, der Denker und Forscher Archimedes (mit spezifizierender Waage) und Herone Alexandriae (mit gebogenem Rohr) sowie durch Gerätschaften wie Spirale, Flaschenzug, Waage, Rohre und reflektierender Spiegel, aber auch durch Verweise auf Pferdemühlen, Pumpen, kommunizierende Röhren, Mühlenräder, Wasserschrauben (wie die von Archimedes erfundene) oder Zahnradgetriebe von Baukränen, die raffiniert größte Gewichte meistern. Horst Bredekamp lenkt in seinem Buch über „Antikensehnsucht und Maschinenglauben" die Aufmerksamkeit auf bedeutende technische und philosophische Publikationen des 16. und 17. Jahrhunderts[22], darunter auf das Maschinenbuch „Theatrum Instrumentorum et Machinarum" von Jacques Besson, 1578 in Lyon erschienen, und auf Johann Valentin Andreaes (1568-1654) utopische Schrift von einer christlichen Gesellschaft, „Christianopolis" genannt, in der dieser die Nachahmung „des künstlerischen Charakters des göttlichen Verstandes" (Bredekamp) kritisch betrachtet: „Doch betreiben sie diese Dinge nicht aus Notwendigkeit, sondern in der Absicht, einen künstlerischen Wettstreit im Gange zu halten, (...) damit die Vernunft oder vielmehr der uns verbliebene göttliche Funke, die Möglichkeit bekomme, in jedem uns verfügbaren Material herrlich hervorzuleuchten."[23] Weniger der Vernunft als dem Spieltrieb gilt also der kritische Vorwurf angesichts der Erschaffung von Automaten und Androiden, kurz: künstlicher Menschen, die natürliche Bewegungen imitieren, wie etwa der erwähnte Mönch. Auch die Buchtitel des Salomon de Caus bestimmen seine Erfindungen für höfische „maisons de plaisances"; dennoch darf der kreative und die Vernunft unterrichtende Aspekt des Spielerischen nicht geringgeschätzt werden, zumal diese bühnenbildnerischen und androiden Automaten ohne die Vernunft ihrer ausgeklügelten, lebendige Bewegungen imitierenden Mechanik gar nicht funktionieren würden. Homo faber und homo ludens sind eben oft identisch.

Wolfgang Pircher, der seinen Aufsatz über „Das Bild der Maschine" mit den vielsagenden Worten beginnt: „Maschinen kommen in der Natur nicht vor", erinnert an Leonardos konstruktives Zeichentalent – berühmt wurde dessen geometrisch-anatomische Proportionsstudie mit körperlichem Bewegungsradius – als auch an Albrecht Dürers Radierung von der „Underweysung der messung", Nürnberg 1525, einer Rahmen- und Fadenvorrichtung zum perspektivischen Abzeichnen (Herausreißen) eines Objekts, denn zu damaliger Zeit waren die Geometrie und die Zeichnung elementare Voraussetzungen sowohl für die verstandesmäßige Aneignung des Wirklichen als auch für die Erfindung und Konstruktion der Mecha-

Abb. 4
GERRIT DOU
Eine alte Frau mit Kerze hinter einer Halbtür,
1661, Öl/Eichenholz 31 x 23 cm, Wallraf-Richartz Museum/ Stiftung Corboud, Köln

niken von Maschinen und Automaten.[24] Noch 1644 finden wir in einer allegorischen Frontispiz zu Joseph Furttenbachs in Augsburg erschienenem „Mechanischen Reißladen" „dem Vater ‚Mechanica' Töchter und Söhne zugeordnet". Während die Töchter Zeichentechniken für verschiedene Gebiete wie Arithmetica, Geometrica, Geographica etc. repräsentieren, sind seine Söhne universell und stehen fürs „Grottenwerck, Wasserlaitungen, Fewrwerck" etc.[25]

Abb. 5
PIERRE JAQUET-DROZ UND JEAN FREDERIC LESCHOT
Schreibautomat in Gestalt eines Knaben, 1773 Neuchâtel (Schweiz), Musee d'Art et d'Histoire

Parallel zum zeichnerischen Begreifen der plastischen Wirklichkeit wird der uralte Wunsch, ein Bildnis über den Rahmen hinaus in die Realität hineinwirken zu lassen, seit der Renaissance von Malern, die ein zentralperspektivisches Raumempfinden zu suggerieren verstehen, hundertfach umgesetzt. So wird das Pygmalionphänomen – bei Berücksichtigung, daß eine Skulptur stets plastische Realität, nur ihr Motiv Imagination ist – in der Kunst bis zum heutigen Tag, zum Beispiel im Hyperrealismus, fortgesetzt. Die Tableaux und Automaten von Heron, de Caus und anderen erfindungsreichen Ingenieuren, die Androiden wie der wandelnde Mönch oder jene von Pierre Jaquet-Droz (Abb. 5) setzten plastisch in Szene, was die Malerei zuweilen auf der Fläche vorzutäuschen versucht. Kaspar Schott spricht in seiner „Magia Optica", 1671 zu Bamberg veröffentlicht und auf ältere Sujets zurückgreifend[26], von der Kunst als „der Natur Aff"[27]. Viele bildende Künstler verschiedener Epochen griffen diese kunstphilosophische Erkenntnis auf. Jean Siméon Chardin etwa schuf 1735/40 das Bild „Der Affe als Maler"[28], und der Pariser Puppenbauer Gustave Vichy verkehrte im ausgehenden 19. Jahrhundert diese Perspektive ins Ironische, indem er 1878/1890 einen 90 cm großen mechanischen „artiste peintre" baute, der, mit 19 verschiedenen Bewegungsmöglickeiten programmiert, den Zuschauer professionell fixiert und ihm zum Schluß auf seinem Zeichenblock das Konterfei eines Affen mit Melone und Schlips entgegenhält.[29] Dieses karikierte Imitationsbestreben zum Zwecke der manipulierenden oder ergötzlichen Täuschung ist wahrlich „archaisch" zu nennen und, wie jüngste wissenschaftliche Versuche mit Primaten und Delphinen bestätigen, mit einem (mehr oder weniger entwickelten) Identitätsbewußtsein eng verbunden. Denn besitzt der Mensch die Mittel zum Täuschen, dann werden sie bis zum heutigen Tag und wohl in alle Zukunft meisterhaft und mit durchschlagendem Erfolg genutzt und weiter perfektioniert. Täuschen und getäuscht werden bereitet großes Vergnügen. Selbst die Gliederpuppe, wie sie spätestens seit der Renaissance in unzähligen Künstlerateliers aus Holz oder Stoff, simpel oder kunstvoll gearbeitet, der Imitation anatomisch korrekter Körperpositionen und natürlicher Bewegungen diente, erwies sich als treuer Begleiter des Täuschungs- und androiden Automatenwesens. Dieses gelenkige Werkstattmodell, kostümiert und an kaum sichtbaren Fäden von einem zuweilen verborgenen Spieler bewegt, konnte zur Marionette oder mit verpupptem Mechanismus zum Automaten werden, zum scheinbar eigenbewegten Androiden wechseln. Mit seiner berühmt gewordenen Marionettenfigur Pinocchio legte der italienische Schriftsteller Carlo Collodi (eigentlich

C. Lorenzini; 1826-1890) in seiner 1881-83 erschienenen Erzählung „Le avventure di Pinocchio" besonderen Wert darauf, daß nicht eine Maschinenmechanik, sondern, wie bei Pygmalion, Liebe und Zuneigung die märchenhafte Animation und Menschwerdung des „hölzernen Bengele" bewirkten.

Auf einem Kupferstich von Charles-Nicolas Cochin aus dem Jahr 1731 sehen wir eine Salongesellschaft von Damen und wenigen Herren bei entzückter Betrachtung einer auf dem Boden agierenden mechanischen Puppe, vom Künstler „La charmante catin" betitelt (Abb. 3). In der Gleichsetzung von Puppe und „Catin" (Kurtisane) erkennt Horst Bredekamp eine beiläufige naive Moral, weil „der Text die Käuflichkeit und die verborgene Steuerung scheinbar freier und autonomer Bewegung" ironisiert, und lenkt sogleich die Aufmerksamkeit auf die berühmten Automaten des Jacques de Vaucanson – Flötenspieler, Trommler, Ente –, die Voltaire zu der Ansicht brachten, „der kühne Vaucanson, Rivale des Prometheus", ahme die „Triebkräfte der Natur" nach und scheine „das Feuer der Himmel zur Belebung der Körper zu nehmen"[30]. Die raffinierten Automaten von Pierre Jaquet-Droz und Jean Frédéric Leschot beherrschten sogar Tätigkeiten wie Klavierspielen, Malen und Schreiben. Beider Künstler Schreibautomat von 1773, ein am Tisch sitzender Knabe (Abb. 5), brachte erstaunlich selbstbewußt anmutende Bekenntnisse zu Papier wie: „Wir sind die Androiden", aber auch René Descartes' berühmtes „Cogito ergo sum" – „Ich denke, also bin ich". Descartes (1569-1650), der das Prinzip der Erhaltung der „Quantität der Bewegung" erforschte, erkannte, „daß die Fähigkeit oder das Vermögen, sich selbst zu bewegen, die in einem Körper vorhanden ist, sehr wohl ganz oder teilweise auf einen anderen übergehen und so nicht länger in dem ersten verbleiben kann, nicht aber, daß sie überhaupt nicht auf der Welt sein könne"[31]. Von seiner rationalistisch-mechanischen Denkweise ließ Descartes sich sogar dazu verleiten, im lebenden Organismus eine Maschine zu erblicken.

Abb. 6
WOLFGANG RITTER VON KEMPELEN
Schachautomat in Gestalt eines Türken
Ende 18. Jh. „Erklärungsversuche, wie er dem Publikum vorgeführt wurde und wie er funktionierte", Illustration aus: Freiherr Joseph Friedrich zu Racknitz, Über den Schachspieler des Herrn von Kempelen, Leipzig 1789

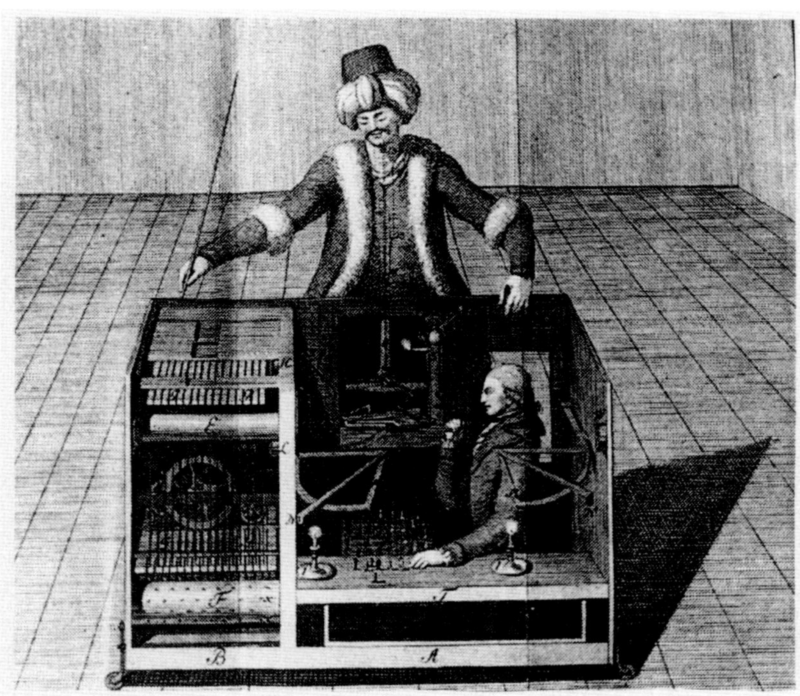

Eine „Schreibmaschine" in Menschengestalt, die im Zeitalter der Aufklärung erwähnte existentielle Ansprüche erhob, mag manchem Zeitgenossen ähnlich beklemmende Zukunftsvisionen abgenötigt haben wie zweihundert Jahre später die Fiktion vom Cyborg, die um 1960 der Computererfinder Manfred Clyne sowie Nathan Kline als Wortkombination aus Kybernetik (Cybernetics) und Organismus (Organism) ersonnen haben. „Die Menschen wollten immer Cyborgs sein, sie sind heute unter uns, als Bilder und Artefakte", behauptete jüngst Chris Hables Gray, der im historischen Rück- und Ausblick folgert: "Die Automaten führten zu den automatischen Webstühlen und letztendlich zu den automatischen Waffen (...) sowie zu einer Reihe von Systemen, die Marionetten ebenso steuern können wie Prothesen."[32] Albertus Magnus' verfertigter Androide, „der eine Tür öffnete und die Eintretenden begrüßte", der „Adler, der den Kaiser Maximilian mit Flügelschlag und Kopfbewegungen begrüßte"[33], die Legenden vom Golem, die faustischen Homunculi der Alchimistenzeit, die mechanische, um 1530 konstruierte Eiserne Hand des Ritters Götz von Berlichingen, die Grottenautomaten des Salomon de Caus und die noch perfekteren Androiden von Pierre und Henry Louis Jaquet-Droz sowie Frédéric Leschot begleiten, mal mystisch beängstigend, mal wissenschaftlich vernünftig, nicht nur die maschinellen Simulationen von natürlicher Bewegung, sondern sie standen auch Pate bei den vorgetäuschten kreativen Handlungen, dem Musizieren, Malen, Schreiben und Schachspielen, die den Androiden sogar das intelligente Denken zu gestatten, sogar das Sprechen zu ermöglichen schienen. In dieser Hinsicht setzte sich bereits der deutsche Denker und Forscher Agrippa von Nettesheim (1486-1535), der in Mailand oder in Fontainebleau Leonardo da Vinci getroffen haben könnte, ebenso wie dieser mit künstlichen Lebensformen auseinander. Leonardos zahlreiche anatomische Bewegungsstudien, die, wie die gezeichnete „Rumpfbeugung des Menschen" (Codex Huygens, Fol. 12), verschiedene Abläufe „cinematographisch" verbinden, legen „einen Bezug zur Konstruktion menschlicher Automaten" nahe.[34] Von Nettesheim erwähnte sogar, die Schranke der bisherigen Sprachlosigkeit androider Automaten könne durch demiurgische Effekte überwunden werden, also „die Bewegung, das Leben, das Gefühl, die Sprache, die Ahnung und Weissagung, selbst bei weniger geeigneten, d.h. nicht von Natur, sondern bloß durch Kunst erzeugte Materie" bewirkt werden. „So sollen sprechende und wahrsagende Bilder verfertigt werden können, wie Wilhelm von Paris von einem zur Zeit des Aufganges des Saturns gegossenen ehernen Kopfe erzählt, der mit Menschenstimme gesprochen haben soll."[35]

Abb. 7
APPARATUR ZUR BEWEGUNGSMESSUNG
Etienne-Jules Marey, La machine animale, Paris 1872, aus: Pia Müller-Tamm/Katharina Sykora (Hg.), Phantasmen der Moderne, Köln 1999, S. 28

Und wenn dann auch noch des Automatenbauers Wolfgang (Farkas) Ritter von Kempelen Schach spielender Türke, gegen den einst auch Napoleon angetreten sein soll, das cartesianische „Cogito ergo sum" mit verblüffend intelligenten Reaktionen auf unvorhersehbare Züge des jeweiligen Kontrahenten beweisen konnte, wen wundert es da, wenn zeitgenössische romantische Schriftsteller dieses Thema dramatisch ausmalten? E.T.A. Hoffmann läßt in seinem 1816 veröffentlichten Roman „Der Sandmann" den unglücklichen Helden sich bis zur Selbstzerstörung in eine „Automate" mit Namen Olimpia verlieben; Jacques Offenbach gab diesem mechanischen Geschöpf in seiner Oper „Hoffmanns Erzählungen" charakteristische Töne zwischen Wohlklang und (tragischer) maschineller Unzulänglichkeit. Zur grausigen, aber menschlich logischen Überspitzung brachte es die englische Autorin Mary Shelley in ihrem 1818 in London erschienenen Roman vom besessenen Wissenschaftler „Frankenstein oder Der moderne Prometheus" (so der volle Romantitel), der ein fleischliches Monster mit dem Vermögen zu denken und zu sprechen erschafft. Auch der Sagenstoff vom stummen Golem wurde in der Romantik von Autoren wie E.T.A. Hoffmann („Die Geheimnisse", 1812) und Achim von Arnim („Isabella von Ägypten", 1812) phantastisch ausgemalt. Alle diese androiden Geschöpfe finden jedoch, weil im Gegensatz zur göttlichen Schöpfung stehend, ein mißliches Ende, denn die Angst, sie könnten Wirklichkeit werden und bleiben, ist bis heute groß. Diese archaische Furcht ist in vielen Kulturen verbreitet. Gaben nicht auch die im Laufe der Zeit immer realistischer gestalteten „Effigie"-Puppen, wie sie seit dem 14. Jahrhundert vor allem in Frankreich und England im langwierigen höfischen Begräbniszeremoniell als lebensgroße „Platzhalter" für den gerade verstorbenen Fürsten entwickelt wurden, Nahrung dafür, die Abwesenheit des Verstorbenen imaginär in lebendige Gegenwärtigkeit zu verwandeln? Ein Vorgang von „metaphysischer Art" ereignete sich.[36] Hinsichtlich des unangenehmen Unerklärbaren atmeten sicherlich viele Zeitgenossen des besagten „Schachtürken" auf, als gerade Edgar Allan Poe (1809-1849), der das Okkulte und Phantastische poetisch beherrschte, den bravourösen Schwindel des Herrn von Kempelen auffliegen ließ. Die Schachmaschine war „nach mannigfaltigen Irrfahrten mit dem sogenannten Chinesischen Museum (Raritätenkabinett) des Herrn Willson Peale in Philadelphia 1854 verbrannt."[37]
Der ungarische Ritter und Hofkammerrat von Kempelen (1734-1798) hatte, wie es Albert A.

Abb. 8
GUILLAUME DUCHENNE DE BOULOGNE
Mécanisme de la physionomie humaine (Die Mechanik des menschlichen Gesichtsausdrucks),
Photographie, in:
Guillaume Duchenne de Boulogne, Mécanisme de la physionomie humaine, Paris 1862

Hopkins in seinem erwähnten „Magic"-Buch anschaulich schildert, gegenüber der Kaiserin Maria Theresia in Wien Wort halten müssen, eine alles Bisherige übertreffende Maschine zu schaffen. Zuvor hatte er bereits eine Sprech- und Schreibmaschine konstruiert. Von Kempelen erschuf daraufhin besagten automatischen Schachspieler, gegen den zu spielen jedermann möglich war. Die in türkische Tracht gekleidete Figur saß auf einem Stuhl hinter einer hölzernen Kiste mit dem Schachspiel darauf (Abb. 6). Der „Türke" setzte die Spielfiguren, kommentierte mit dem Kopf gestikulierend die Züge gegen König und Königin und signalisierte: Schachmatt! Aus dem Kisteninneren waren Geräusche eines Räderwerks zu vernehmen, welches regelmäßig nach erfolgten Zügen vom Assistenten des Schaustellers – es war der Wiener Musiker Mälzel – aufgezogen wurde. Zumeist gewann der Automat, jedoch erlitt er – wie menschlich – auch Niederlagen. Demonstrativ wurden Skeptikern und Neugierigen vor Spielbeginn die Kistentürchen geöffnet, um sie davon zu überzeugen, daß nicht mehr als ein Automatenwerk den Schachspieler antrieb. Das Türeöffnen geschah geschickt, denn tatsächlich, was nüchtern Denkende immer vermuteten, entzog sich ein kleinwüchsiger Mensch durch flinken Standortwechsel den Blicken und war auch derjenige, der in den hohlen Türkenkörper schlüpfen konnte, um als Schachkundiger dessen beweglichen rechten Arm zu führen. Wie gesagt, es war Edgar Allan Poe, der die Illusion entzauberte und den „Zwerg" nachwies. Hopkins bildet in seiner Publikation den Trickvorgang in elf anschaulichen Zeichnungen ab und beschreibt dazu ausführlich die ausgeklügelten Positionen der Täuschung.[38] Zudem lüftet er zum Schluß die Identität des verborgenen Schachspielers. Es sei ein polnischer Offizier gewesen, der einst gegen Katharina die Große revoltierte, im Kampf beide Beine verloren habe und von Kempelen auf diese Weise vor den Schergen der russischen Geheimpolizei verborgen wurde. Also vollzog sich im Schach spielenden Türken des Ritters von Kempelen bereits eine wahrhaftige Metamorphose aus Kybernetik und Organischem, aus Maschinellem und Intelligentem, wie sie im modernen „Cyborg" aufgegriffen wird und wie sie beispielsweise der amerikanische Filmemacher und Bildhauer Matthew Barney in seinen androgynen und prothesenmedizinischen Metamorphosegestalten phantastisch und realistisch zugleich anspricht.[39] Doch das Glück ist solchen Schöpfungen nicht hold. Deshalb versuchten auch die erwähnten romantischen Literaten, die sich vornehmlich mit dem Metaphysischen und Phan-

tastischen, mit den „Apparaturen und Medien (...), die ihr unheimliches Dasein einem verborgenen Anderen verdanken“[40], beschäftigten, mittels der ihnen zu Gebote stehenden Ironie die Reize und Gefahren dieser Kunstwesen in folgender Reihenfolge zu bannen: Vorbild (Urbild), Abbild, Nachbild, Zerrbild. Alle diese Aspekte sind ein wirksamer Teil der anderen.
Parallel zu den beschriebenen androiden Automaten, den „intelligenten Maschinen“, die ihr mechanisches Inneres hinter menschlicher Äußerlichkeit verbergen, entwickelten sich zahlreiche weitere Formen der technischen und bildlich reduzierten Animation, die spielerisches Ergötzen und lehrreiche Verwunderung erregten, jedoch formal niemals wirkliches Leben nachahmen oder vortäuschen wollten. Zusammen waren alle historischen Aspekte der Animation die Wegbereiter unserer heutigen multimedialen Hyperillusion. Vor zweihundert Jahren erfreuten Jung und Alt Animationsbücher wie die lustigen „Moveable Shadows“ von W. Newman, erschienen bei Dean & Sons, Lithographers and Publishers in London (Abb. S. 26). 1749 waren ähnliche humorige Schattenspiele als „The Shadows of human figures of Forchlight“ veröffentlicht worden, nämlich in der Publikation „The Practice of Perspectives Or an Easy Method of Representing Natural Objects According to the rule of Arts... A work highly necessary for Painters, written in French by Jean Dubrein a Jesuit of Paris.“ Dort sehen wir zwei (real bewegte) Personen in einem Raum, während das von oben einfallende Kerzenlicht ihre (bewegten) Schatten zweidimensional auf die Wand projiziert. Diese Veröffentlichung ist vergleichbar mit der „Inleyding tot de Hooge Schoole der Schilderkonst: anders de zichtbare Werelt door Samuel van Hoogstraaten tot Rotterdam by Francois van Hoogstraaten, 1678“, die ein Schattentheater mit hinter einer großen Leinwand agierenden Personen zeigt. Auch werden Illustrationen bewegt gestikulierender Akte, getrennt nach Männern und Frauen, sowohl in Rücken-, Seiten- und Vorderansicht in quasi cinematographischer Phasenbewegtheit zum Zweck des angeregten Anatomiestudiums präsentiert (Abb. 9). Des weiteren finden wir in diesem Buch ein Skelett und einen lorbeerbekränzten männlichen Akt (Abb. S. 190) abgebildet, mit Maßen und Proportionsangaben der Körperteile beschriftet, was an Polyklets „Kanon“ von der meßbaren menschlichen Idealstatur erinnert. Diese körperkundlichen Sujets waren damals, als die Anatomieforschung sich gegen die kirchlichen Einwände endgültig durchsetzte, sehr verbreitet. Man denke nur an Rembrandts Gemälde „Die Anatomie des Dr. Deymann“ von 1656, zu sehen im Rijksmuseum Amsterdam. Auch der Bologneser Maler Bartolomeo Passarrotti (1529-1592) zeichnete um 1580-1584, von seinem „Selbstbildnis“ präsentiert, eine Art drapierter Tischbühne, auf der in identischer Pose und von links aus halbkreisförmig in die Tiefe gestaffelt, ein Skelett, ein écorche (ein Muskelmann), ein Mann, eine Frau, ein Knabe gleichsam in „filmischer“ Abfolge präsentiert stehen. Zugleich läßt sich von solchen Kompositionen die traditionelle Allegorie der Lebensalter ablesen, hier verbunden mit der (perspektivischen) Bewegung in Zeit und Raum.[41]
Die bereits angesprochenen Animationsbücher, die sich beim Öffnen bühnenartig entfalteten oder als Ziehbilder vom Betrach-

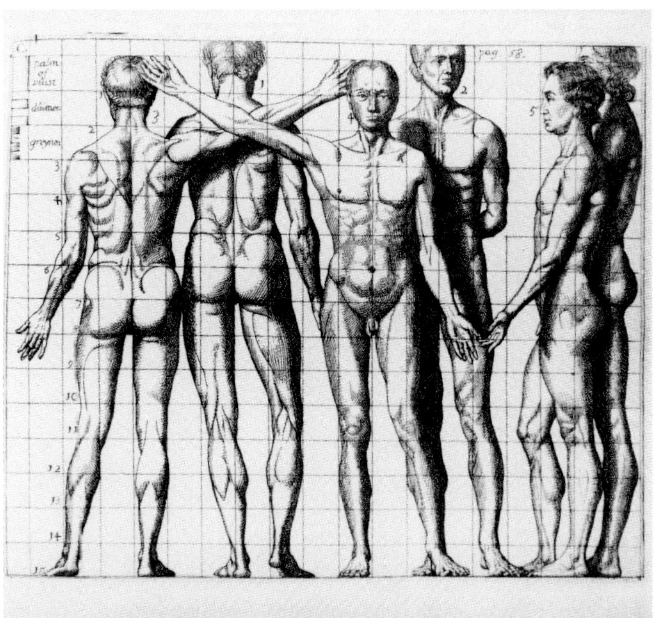

Abb. 9
MENSCHLICHE PROPORTIONEN
in: Samuel van Hoogstraten, Inleyding tot de Hooge Schoole der Schilderkonst, Rotterdam 1678, S. 58/59

ter nach Lust und Laune in Bewegung versetzt werden können, indem man an einer seitlich herausragenden Kartonlasche zieht, erfreuten sich noch bis ins ausgehende 19. Jahrhundert großer Beliebtheit. Ein Beispiel dafür bietet das Ziehbilderbuch von Lothar Meggendorfer, „Die Reiseabenteuer des Malers Daumenlang und seines Dieners Damian", erschienen 1890 im Verlag von J.J. Schreiber in Eßlingen. Die vom Betrachter bestimmten Bewegungen der flächigen Karikaturen regen räumliche Vorstellungen als auch Emotionen an (Abb. S. 232). Desgleichen finden wir in der mit einem Umschlagmotiv von Henri de Toulouse-Lautrec gestalteten Publikation „The Motographia Moving Picture Book", London 1898, farbige Drucke von Ruderern, Tänzerinnen oder einem Schaufelraddampfer, über die horizontal gerasterte Gelatinefolien gezogen werden können, was einen kinetischen, einen Op Art-Effekt bewirkt. Zu dieser Zeit, 1895, war den Brüdern August und Louis Jean Lumière mit ihrem universal nutzbaren Kinematographen (Kamera und Abspielgerät in einem) bereits ihre erste Kinofilmvorführung gelungen. Aspektreich wurde im 19. Jahrhundert mit der Erfindung der Photographie und jenen Geräten, die über stroboskopische Effekte bildliche Bewegungsabläufe erzeugten (Abb. S. 346), mit den Media-Magica-Wundertrommeln, die infolge schneller Rotation kinetische Nachbilder bewirken, den Thaumatropen, rotierenden Bilderscheiben und Wundertrommeln (als „Wheels of Life" in den USA verbreitet) sowie den daumenkinoartig blätternden Papierbilderautomaten (Abb. S. 398) jenes Zeitalter vorbereitet, in dem „die Bilder das Laufen lernten". Die Photographie lichtete per „Objektiv" das Leben so scheinbar unbestechlich real ab, wie es der subjektiv sehende Maler nicht erzielen konnte, wenngleich er psychologisch tiefgründiger die Wirklichkeit erfassen konnte. Zu lange hielt man deswegen die „handwerklich" anmutende Photographie von der Kunst getrennt, die ja nach der Erfindung der Lichtbildnerei neue gestalterische Ziele suchte. Doch erscheint die phototechnisch abgebildete Illusion von Wirklichkeit bis heute, und erst recht vor einhundert Jahren, eigenartigerweise dem wahren Leben näher, authentischer zu sein als jene traditionelle Illusion der vom malenden Künstler subjektiv gesehenen Wirklichkeit. Die spontane Bewegungen erfassende Photographie sowie die Chronophotographien von Etienne-Jules Marey und Eadweard Muybridge, die geschwinde Phasenabläufe springender Männer oder rennender Pferde zeigen und bald zum richtigen Filmen führten, erlaubten nicht nur die wissenschaftliche „Messung der Bewegung", wie sie Marey 1873 mit seiner cyborgartigen Metamorphose aus Organismus und Gerät, „La machine animale", versuchte (Abb. 7). Noch mehr erweckten die filmisch animierten Bilder aber die Illusion, das wahre Leben sei eingefangen worden und könne per Projektor jederzeit reanimiert werden.

Bereits in den fünfziger Jahren des 19. Jahrhunderts hatte der französische Wissenschaftler Duchenne de Boulogne zusammen mit dem Photographen Nadar beeindruckende wissenschaftliche Aufnahmen von Versuchspersonen gemacht, deren Physiognomien durch elektrische Impulse zu unwillkürlichen Reaktionen und Grimassen gereizt wurden, ähnlich, wie sie der einhundert Jahre zuvor lebende deutsche Bildhauer Franz Xaver Messerschmidt (1736-1783), berühmt durch seine okkult inspirierten Charakterköpfe, nicht besser vor seinem Spiegel hätte schneiden können (Abb. 8). Galvanische Elektrizität, die einst demonstrativ Muskelreflexe toter Frösche stimulierte, spielt auch bei der fiktiven Belebung des Frankenstein-Monsters eine Rolle. Hier sind die Anfänge dafür zu sehen, was heute nicht mehr als unrealistisch erscheint, nämlich einem Androiden eine emotionale Mimik zu geben.

Die Vision und die Absicht, einen Androiden oder Roboter zu schaffen, bleibt über das gesamte 20. Jahrhundert bis heute ein zeitloses und spannendes Thema. Charlie Chaplin stellte in seinem Film „Moderne Zeiten" von 1936 mit Ironie einen Fließbandarbeiter dar, dessen mechanische Bewegungen der neuartigen Akkordarbeit wie Reflexe tragikomisch nachwirken. Der deutsche Filmemacher Paul Wegener hatte in seinem 1914, 1917 und 1920 entstandenen Film vom „Golem" die mystische Figur zum Leben erweckt und entsprechend der Thematik doch zugleich die illusionistischen Grenzen der damals stummen Filmkunst aufgezeigt. Und allen Kinofreunden ist aus Fritz Langs 1930 gedrehtem Tonfilm „Metropolis" die utopische Schöpfung eines weiblichen Androiden bekannt. Wie schnell in totalitären Herrschaftssystemen der Mensch zum willfährigen „Roboter" mutieren kann, beweist die Geschichte des 20. Jahrhunderts, zu der auch der nationalsozialistische Plan, „Herrenmenschen" zu züchten, zählt. Der Surrealist Hans Bellmer hatte in den dreißiger Jahren mit seinen plastischen „Poupées" die seelische Deformation und manipulierte Fragmentierung des Menschen zum aktuellen Thema gemacht. Was bisher jedoch in seiner relativen Unzulänglichkeit und bewußten Künstlichkeit noch Traum, Spiel, Vision oder Horror war, stellen zeitgenössische Wissenschaft und High-Tech heute bereit. Die Transplantations- und Gentechnik ermöglicht es, Organe und Hautgewebe zu züchten, biotechnische Prothesen zu schaffen, auch Lebewesen zu klonen. Elektronische und nanotechnische Meisterleistungen, die sich fast täglich im Erstaunlichen überbieten, und das computergestützte intelligente Denken mit hyperschnellen Reaktionen und Ergebnissen lassen uns fragen, ob nicht schon sehr bald künstliche, aber perfekte Androiden unter uns leben werden? Oder sollte man zu ihnen „Menschen" sagen, weil sie vielleicht sogar im umfassenden Sinne des Wortes „Animationen" sind? Gewiß werden sie, was bereits heute Computer als „künstliche Künstler"[42] vermögen, Kunstwerke schaffen und eines Tages sogar Menschen – wie Prometheus.

FAR CHE CON L'ACQVA D'VN CANALE SOLO si vegga bollire vna Fucina, nella quale vn Fabro tenga à bollire vn ferro, poi volgasi, & lo ponga sù l'incudine, & subito tre altri Fabri battano su'l detto ferro in terzo, & ogni colpo faccia schizzar fuori acqua, come dal bollente battuto ferro scintillano le fauille. Theor. Terzo.

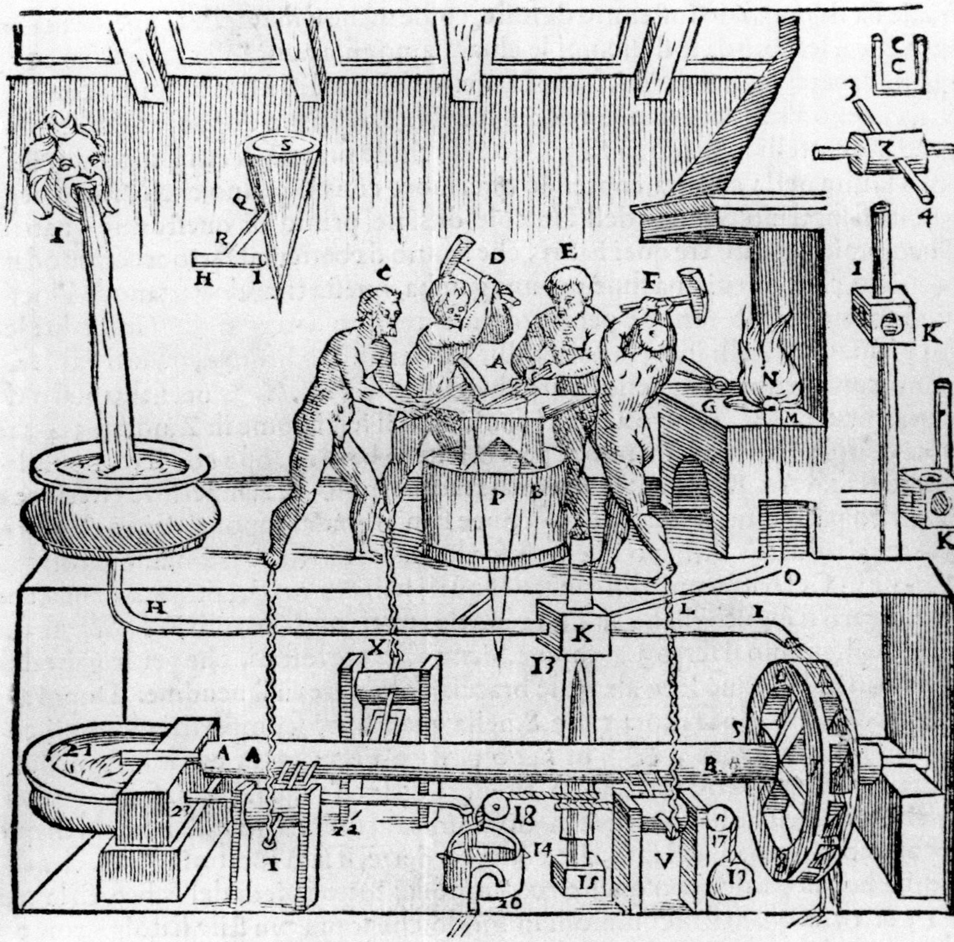

FABRICATO lo Incudine A. sopra il zocco B. come i Fabri usano sopra un piano siano disposti i Fabri C.D.E.F. delli quali sia accommodato al Fabro C. in mano un ferro, & tutti questi siano di rame, ò di bronzo, purche siano uoti di dentro basta. Sia anco accommodata la fucina, della quale il piano G. sia l'istesso in altezza, che l'altezza dell'in-

ANIMATION MONTAGE VERSTECKTE BILDINFORMATION

DAS *AUTOMATENTHEATER DES HERON VON ALEXANDRIEN
in: Heron von Alexandrien, Gli Artifitiosi et Curiosi Moti Spiritali
(Übers. von Giovanni Battista Aleotti)
Ferrara 1589, S. 93

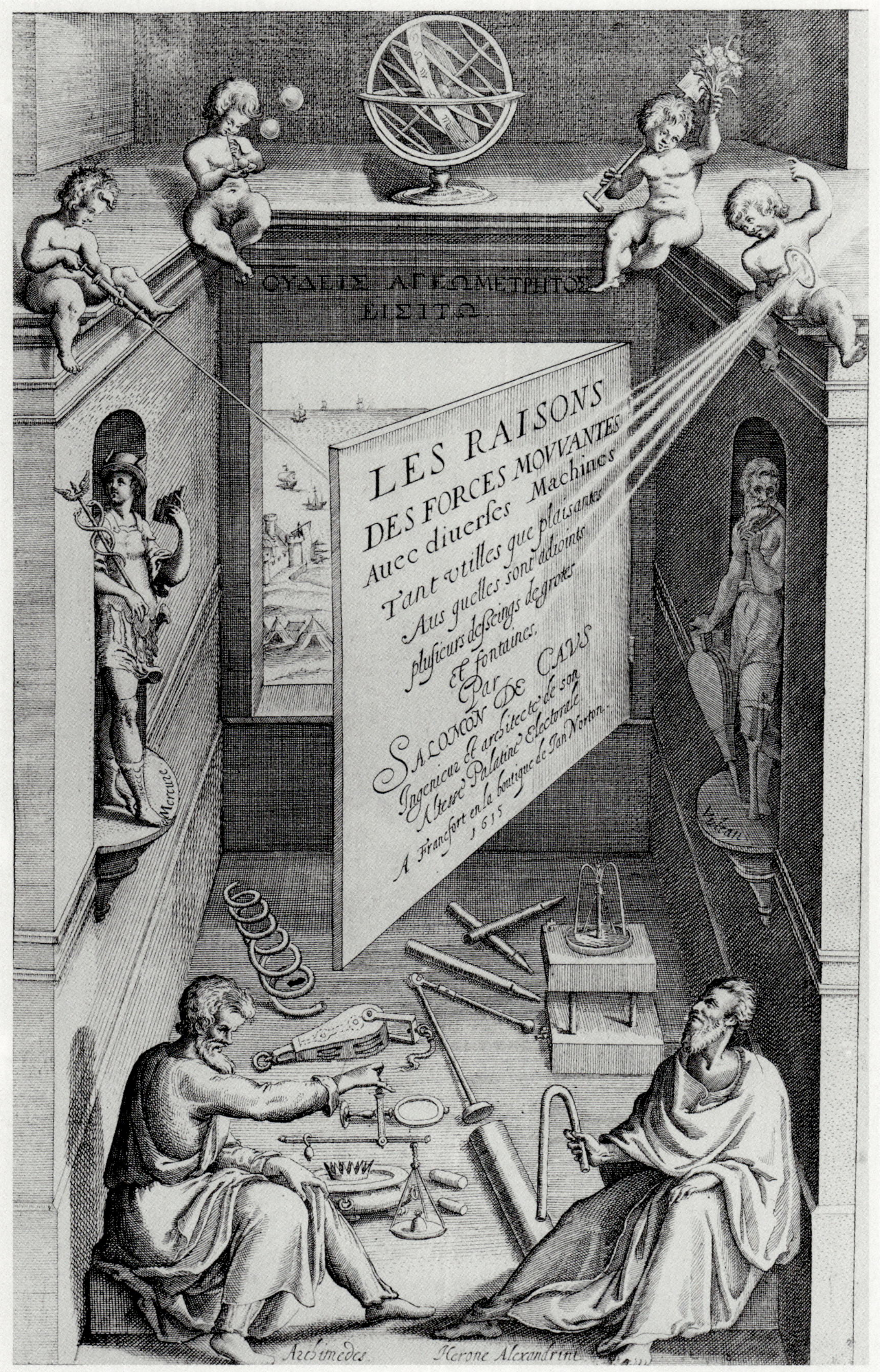

DIE GRÜNDE DER BEWEGUNGSKRÄFTE VERSCHIEDENER, EBENSO NÜTZLICHER WIE ERFREULICHER MASCHINEN,

denen mehrere Zeichnungen von Grotten und Springbrunnen beigefügt sind

Frontispiz in: Salomon de Caus, Les Raisons des Forces mouvantes avec diverses Machines tant utilles que plaisantes aus quelles sont adjoints plusieurs Desseings de Grotes et Fontaines
Frankfurt 1615

MUSIKAUTOMAT MIT SINGENDEN VÖGELN
in: Salomon de Caus, Les Raisons des Forces mouvantes avec diverses Machines tant utilles que plaisantes aus quelles sont adjoints plusieurs Desseings de Grotes et Fontaines Frankfurt 1615, Livre premier, Tafel 30

DIE ENERGIE DER SONNE BETREIBT DEN SPRINGBRUNNEN
in: Salomon de Caus, Les Raisons des Forces mouvantes avec diverses Machines tant utilles que plaisantes aus quelles sont adjoints plusieurs Desseings de Grotes et Fontaines Frankfurt 1615, Livre premier, Tafel 22

MUSIKALISCHES *AUTOMATENTHEATER IN DER GROTTE
in: Salomon de Caus, Les Raisons des Forces mouvantes avec diverses Machines tant utilles que plaisantes aus quelles sont adjoints plusieurs Desseings de Grotes et Fontaines Frankfurt 1615, Livre premier, Tafel 32

EQUILIBRISTENPÄRCHEN
Gleichgewichtsspielzeug
Elfenbein und Ebenholz, Höhe 29 cm
Deutschland, um 1800

EQUILIBRIST
Gleichgewichtsspielzeug
Elfenbein, Höhe 11,2 cm
Frankreich, um 1770

JAN SNELLEN

Akrobaten nach chinesischem Vorbild

Die Körper der Figuren und die Leiter sind mit Quecksilber gefüllt, wodurch die Akrobaten sich überschlagend die Treppe hinunterbewegen. Rotterdam, um 1760

ZWEI MEMENTO MORI

***Hauchbild oder Hausenbild**
Klosterarbeit
8 x 11 cm
Deutschland,
um 1700

*HAUCHFIGUREN

Um die Hauchfiguren geheimnisvoller erscheinen zu lassen, wurden sie als „chinesische empfindsame Blättchen“ bezeichnet. Auf die Handfläche gelegt, offenbaren sie durch ihre Bewegungen den Charakter der jeweiligen Person. Tatsächlich werden die Bewegungen der Figuren durch die Handwärme verursacht.
8 x 3 cm
Frankreich, um 1820

HAFENANLAGE EINER NORDFRANZÖSISCHEN STADT

Dreidimensionales Animationsspiel

Die einzelnen Elemente, Wellen, Schiffe, Wale etc., schaukeln auf gespannten Drähten.

Frankreich, um 1860

SANDANIMATION
Nach Drehen des Kastens versetzt der im Kasteninneren rinnende Sand die Figuren in scheinbar nicht enden wollende Bewegung.
Paris, um 1840

SCHIESSBUDENANIMATION
Ein Treffer ins Ziel läßt den Maler malen und dem Portraitierten eine lange Nase wachsen.
Frankreich, um 1870

HEINRICH FRIEDRICH MÜLLER
Liebesbotschaft
Animationszugkarte
Kolorierte Radierung
Wien, um 1815

„DAMIANS ZEITVERTREIB"
Ziehanimation
in: Lothar Meggendorfer,
Reiseabenteuer des Malers
Daumenlang und seines Dieners
Damian. Ein Ziehbilderbuch
Eßlingen 1889

VERSTECKTE INFORMATION

In dem grotesken Ornament sind viele Gesichter versteckt.
In: Simon Cammermeir, Neues Zierathen-Buch, darinnen allerhand schöne Zierathen zu finden: So von denen Mahlern, Bildhauern, Goldschmieden, Schreinern, Steinmetzen können angewendet werden
Nürnberg, um 1670, Tafel 29

KAISER LEOPOLD I. UND SEINE DRITTE FRAU ELEONORE MAGDALENA VON PFALZ-NEUBURG

***Mikrographie**
Alle Haarpartien des Kaiserpaares bestehen aus winziger, gewundener Schrift.
Kupferstich
um 1676

JOHANN MARTIN WILL

Die Hirschjagd

Zoemorphe Landschaft. Dreht man den Stich um 90°, erkennt man einen Hirsch.

Kupferstich

Augsburg, um 1780

JOHANN MARTIN WILL

***Anthropomorphe Landschaft**

Dreht man den Stich um 90°, erkennt man den Kopf eines Mannes.

Kupferstich

Augsburg, um 1780

***ANTHROPOMORPHE LANDSCHAFT**
Dreht man das Aquarell um 90°, erkennt man den Kopf eines Mannes.
Matthäus Merian d.J. zugeschrieben
Aquarell
um 1650

NICOLAS DE L'ARMESSIN
„Habit de Vannier"
(Der Korbmacher)
Der Körper des Mannes setzt sich aus Körben zusammen.
Kupferstich
Paris, um 1700

GIUSEPPE, MEMENTO MORI

Wendekopf

Teil einer gebundenen Sammlung italienischer Wendeköpfe
(*Oben-unten-Bilder).
Kupferstich
Italien, um 1700

BERNARD GAILLOT

„Le Peintre Artiste" (Der Maler)
***Vexiercomposita**
in: Bernard Gaillot,
Les Arts et les Métiers,
Recueil de Carricatures
gedruckt von Aloys Senefelder
Paris, um 1820

„PERSPECTIVA"
Von einem bestimmten Gesichtspunkt aus betrachtet vereinigen sich die Teile der Bilder auf den Säulen zu einem Gesamtbild.
Kupferstich
in: Johannes Baptista Thioly und Petrus Taillandier, Theses Opticae et Astronomicae Lyon 1693, S. 19

DER WIEDERAUFERSTANDENE CHRISTUS
Tabula Scalata
*Der Christus ist nur zu erkennen, wenn man das Bild in einem aufgerichteten *Spiegel betrachtet.*
Inschrift auf den Holzprismen: „Surrexit, non est hic vide illum per Speculum in Aenigmate" (Der Wiederauferstandene ist nicht hier, siehe ihn in dem Rätsel-Spiegel).
in: Mario Bettini, Apiaria Universae Philosophiae Mathematicae Bologna 1642, Teil 5, S. 28

JESUS UND MARIA

Riefelbild,
dem Kreis um Guido Reni zugeschrieben
Je nach Blickpunkt kann Jesus (von rechts) oder Maria (von links) allein betrachtet werden.
33,5 x 26,5 x 2,5 (Tiefe) cm
Italien, 1. Hälfte 17. Jahrhundert

CHARLES-AMÉDÉE-PHILIPPE VAN LOO:

Zwei Motive:
„Saint Charles Borromée und Saint Jean Baptiste"
Jalousiebild, bestehend aus je neun horizontalen Segmenten
Zwei Kupferstiche
Frankreich, um 1760

JOHANNES SMIT

**„De beijen storten hier het eelste dat zy leezen,
om de oude stok te voen, en de ouderloozen weezen“
Jalousiebild**

*In einem Proszenium des Theaters Schouwburg
in Amsterdam verwandeln sich vier Szenen:
1. bemalter Bühnenvorhang mit einem Bienenkorb (Yver)
2. Rokoko-Innensaal: Gesellschaftsszene
3. Außenhof mit holländischen Giebelhäusern und Menschengruppe
4. Kircheninneres mit einer Szene aus „Gysbreght van Aemstel“.*

Vier kolorierte Kupferstiche
in sieben Segmenten hinter aquarelliertem Proszenium
52,5 x 60,5 x 8 (Tiefe) cm
Holland 1774

TENNISSPIELERINNEN
***Fore-edge-painting im Goldschnitt eines Buches.**
Die versteckte Bildinformation läßt sich erst, wenn man den Buchschnitt in die Schräge preßt, entdecken.
Carl Heinrich von Bogatzky,
A Golden Treasury for the
Children of God
London, um 1840

MARIA MIT DEM JESUSKIND
***Fore-edge-painting**
Die gepunzte Bordüre wird zum Bestandteil des im Buchschnitt verborgenen Bildes.
Uffizio della B.V. Maria
tutti i tempi dell'Anno
Rom 1756

DUCHESS OF GLOUCESTER

Landhaus zu verkaufen, aber erschrick' nicht vor dem Inneren *Bienenkorbbild

Das Bild besteht aus zwei Aquarellen. Das obere zeigt ein ländliches Anwesen und ist in eine hauchfeine, bienenkorbförmige Netzstruktur zerschnitten, die sich mit Hilfe eines Fadens anheben läßt. Nun wird das zweite Aquarell, eine Maus, sichtbar, die im Bienenkorb wie in einem Käfig gefangen ist.

England, um 1840

„THE ENCHANTED CASTLE OR PERSPECTIVE RUN MAD" – DAS VERWUNSCHENE SCHLOSS ODER DIE PERSPEKTIVE SPIELT VERRÜCKT

Perspektivspiel

Bei der einäugigen Betrachtung des verwunschenen Schlosses scheint dieses räumlich aufzustehen, wenn man den Kopf langsam von unten zur Bildmitte hin bewegt.

Hersteller: John Wallis

London, um 1840

ZOOLOGISCHE GROTESKEN
in: J.J. Grandville,
Un autre Monde
Paris 1844, S. 106

GRADUELLE GESTALTVERWANDLUNG
in: J.J. Grandville, Un autre Monde
Paris 1844, S. 243

Natura, & Differentijs. Lib. II. 191

tes equinas habentem; in morem hominum recens natorum vagientem. Idem in Ariſtotelis o Paradoxorum libro ſecundo, quem deſideramus, legit aſinam peperiſſe puellam formoſiſſimam, ſed aſininis cruribus præditam. p Cælij Rhodigini obſeruatione apud Sybarim capella infantem peperit humana facie, caprinis cruribus, ac veluti ſatyrum. Ex Polydoro q Virgilio legimus, ex Liuio, r Fabio conſule, ex Valerio ſ Maximo, & ex Rueffo t puerum natum cum elephanti capite, in hanc effigiem.

o Parallel. 29.
p Lib. 25. cap. 32.
q 3. de Prodigijs
r de cad. 3. l. 7.
ſ lib. 1. c. 6
t 3. de concep. c. 3.

Paræi relatu, monſtrum in Italia peperit, mulier Hebræa; quod erat infans ore leonino, intuſque eo dentibus duobus candidioribus, & alio quodam oſſe pectori gallinaceo non abſimili deformatum poſterius

rius

KÖRPERMONTAGEN

Auf der Suche nach biologischen Erkenntnissen hielt man zu dieser Zeit jegliche Monstrosität für möglich.

In: Fortunius Licetus, De monstrorum natura, caussis et differentiis
Padua 1634, S. 191

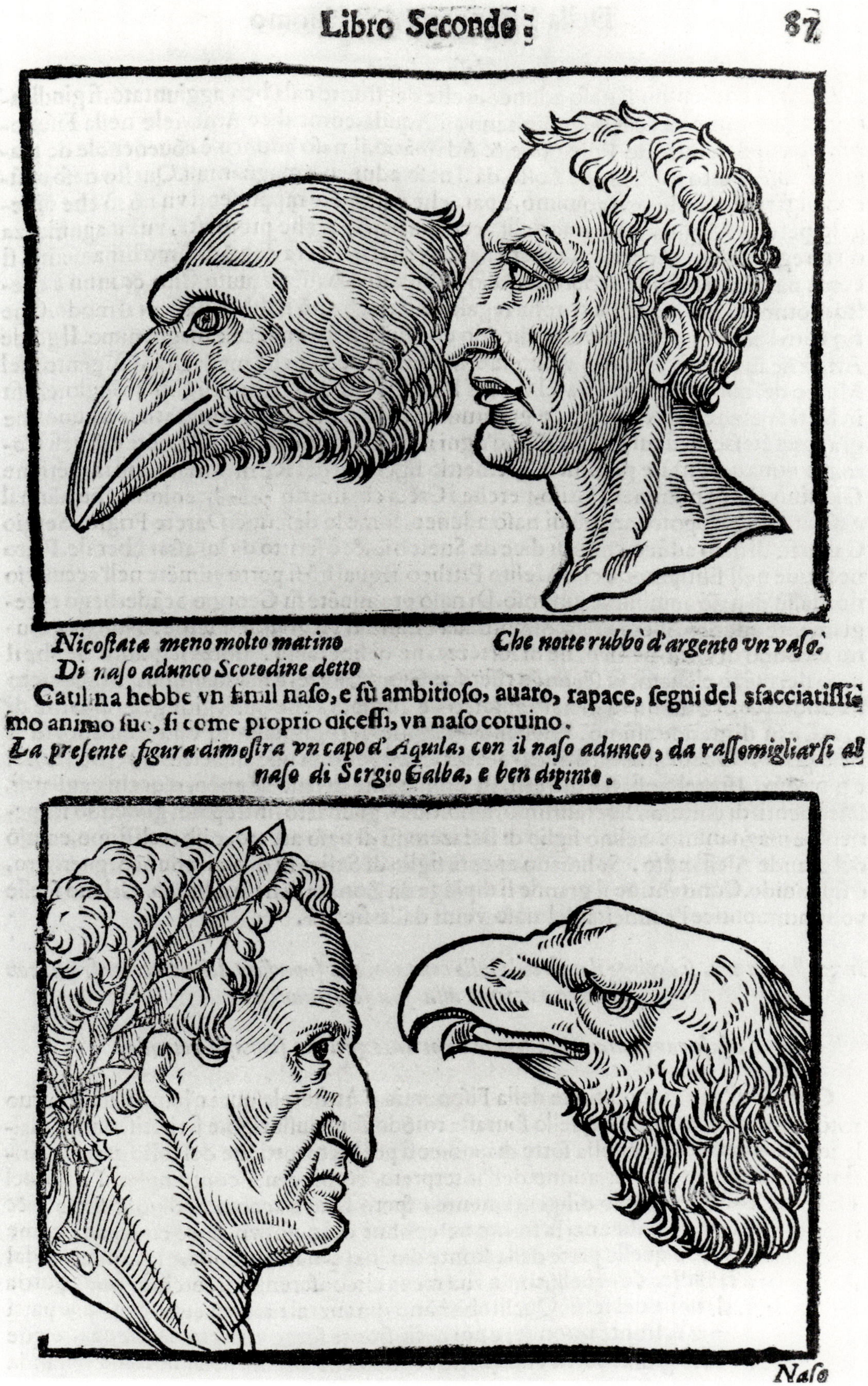

Libro Secondo. 87

Nicostata meno molto matino
Di naso adunco Scotodine detto
Che notte rubbò d'argento vn vaso.

Catilina hebbe vn simil naso, e fù ambitioso, auaro, rapace, segni del sfacciatissimo animo suo, si come proprio dicessi, vn naso cotuino.

La presente figura dimostra vn capo d'Aquila, con il naso adunco, da rassomigliarsi al naso di Sergio Galba, e ben dipinto.

Naso

PHYSIOGNOMIE
Della Porta meinte, aus Ähnlichkeitsmerkmalen zwischen Tieren und Menschen Rückschlüsse auf den Charakter der Menschen ziehen zu können.
In: Giovanni Battista della Porta, Della Fisionomia dell'huomo
Venedig 1644, S. 87

JOHANN RUDOLPH SCHELLENBERG
***Morphing**
In 15 Schritten verwandelt sich eine Wildkatze zunächst in einen Mann und dann in eine Frau oder – je nach Leserichtung – umgekehrt.
15 Aquarelle,
Basel, um 1780

THEODOR GALLE

Faltmontage

*Die schöne Frau verwandelt sich in ein Tier. Den Knienden, den sie mit ihrer Milch nährt, nimmt sie mit einem Netz gefangen. Diese die *Harlekinaden vorwegnehmende Faltmontage verwandelt viele einzelne Bildelemente und dient hier als Warnung vor der Wollust.*

Kupferstich,
9,6 x 9,5 cm / 27,3 x 19 cm
Antwerpen, um 1600

THEODOR GALLE
Faltmontage
Kupferstich
Antwerpen, um 1600

HARLEKINADE

Zusammengefaltet und aufgeklappt. Aufeinanderstoßende Bildhälften ergeben jeweils einen neuen Bildinhalt.
Faltmontage mit vier Bildhälften
Aquarell, 12 x 6,3 cm
England, um 1750

HARLEQUIN SKELETON
Faltmontage mit 16 Bildhälften
Hersteller: Robert Sayer,
15,6 x 32 cm
London 1772

***ZAUBERBILDERBUCH**
Das Vexierbilderbuch zeigt unterschiedliche Bildwelten, je nach Position des durchblätternden Daumens.
Handkolorierte, eingeklebte Kupferstiche
Frankreich, um 1750

***ZAUBERBILDERBUCH**
Handkolorierte Kupferstiche
Deutschland, um 1700

***ZAUBERBILDERBUCH**
Handkolorierte Kupferstiche
Deutschland, um 1700

„EIN ARTLICHES BUCH ZU MACHEN/DASS IM UMBLÄTTERN ALLERLEY FIGURN BRINGET/DOCH AUFF EIN UMSCHLAGEN ALLZEIT NUR EINERLEY."
Herstellungsanleitung für ein *Zauberbilderbuch
in: M. Daniel Schwenter, Deliciae Physico Mathematicae oder Mathemat: und Philosophische Erquickstunden
Nürnberg 1636, S. 522

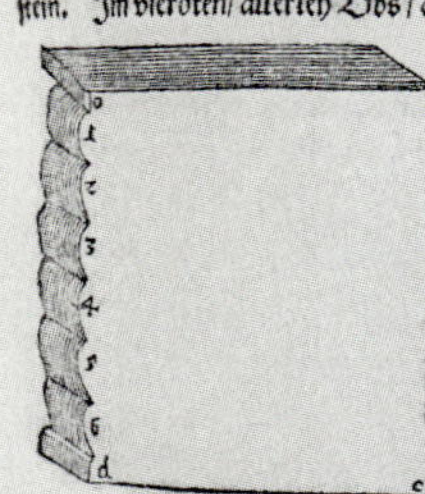

Vierzehender Theil der Erquickstnden. 523

scheinen. Im andern / allerley Trinckgeschirr. Im dritten/allerley Edelgestein. Im vierdten/ allerley Obs / als Oepffel/ Birn/ Pfirsing/ rc. (Weintrauben ausgenommen.) Im fünfften/ allerley Schrifften / und dann zum sechsten / gantz nichts / als rein Pappr. Nun sey ein Buch eingebunden / nur in lind Perment / dann es muß sich an allen Orten biegen lassen / so muß auch das Perment am Pappr / wie an andern Büchern/ nicht vorstehen/ und sey a b c d. So muß es also beschnidten werden / daß es forne keine Rundung habe/ sondern gantz eben seye/ theile solchen Schnidt in sechs gleiche Theil / nur daß bey a und d die Theil nicht gar an die Linien a b, d c reichen/ und solche seynd gezeichnet mit 1.2.3.4.5.6 Nun müssen solche Theil mit einem scharffen Mäisselein bucklicht ausgestochen seyn/ wie aus der Figur zu sehen. Wann auch diß geschehen / so nemen wir für den Buckel mit 1. verzeichnet/ wenden das erste Blat des Buchs um / lassen das Stücklein 1 daran. Darnach von den ersten 5 Blättern / so nächst folgen / schneiden wir solche halbrunde Stücklein weg/ an dem folgenden Blat lassen wir es stehen / und von denen fünff folgenden schneiden wir es wieder weg/ und also durch das gantze Buch hindurch. So diese Reyen verfertiget / komme ich über den Buckel mit 2 verzeichnet/ schneide von dem ersten Blat den Buckel 2 weg / am andern laß ich ihn stehen / und von denen 5 Blättern / so darauf folgen / schneide ich sie ab / an dem folgenden lasse ich es wieder stehen / und so gantz durch. Also verfahre ich auch mit den andern Bucklen/ doch muß man den Anfang in acht nemen/ dann bey numero 3 wendet man zwey Blat um / und schneidet die Buckel von solchen / bey numero 4 schneidet man erstlich 3 weg bey numero 5 vier / und bey numero 6 fünff/ und also ist das Buch bis an die Figuren zugerichtet.

Nun auch die Figuren darein zubringen / so laß auf das erste Blat mahlen einen Weintrauben / auf das ander ein Trinckgeschirr / auf das dritte ein

Xxx 2 Edel-

WAS VERBIRGT DAS KLEID?

Klapp-*Vexierbild
Aquarell,
35,5 x 25 cm
Deutschland,
um 1770

EIN WINDSTOSS VERRÄT, WAS DAS KLEID VERBIRGT

Klapp-*Vexierbild
Aquarell,
35,5 x 25 cm
Deutschland,
um 1770

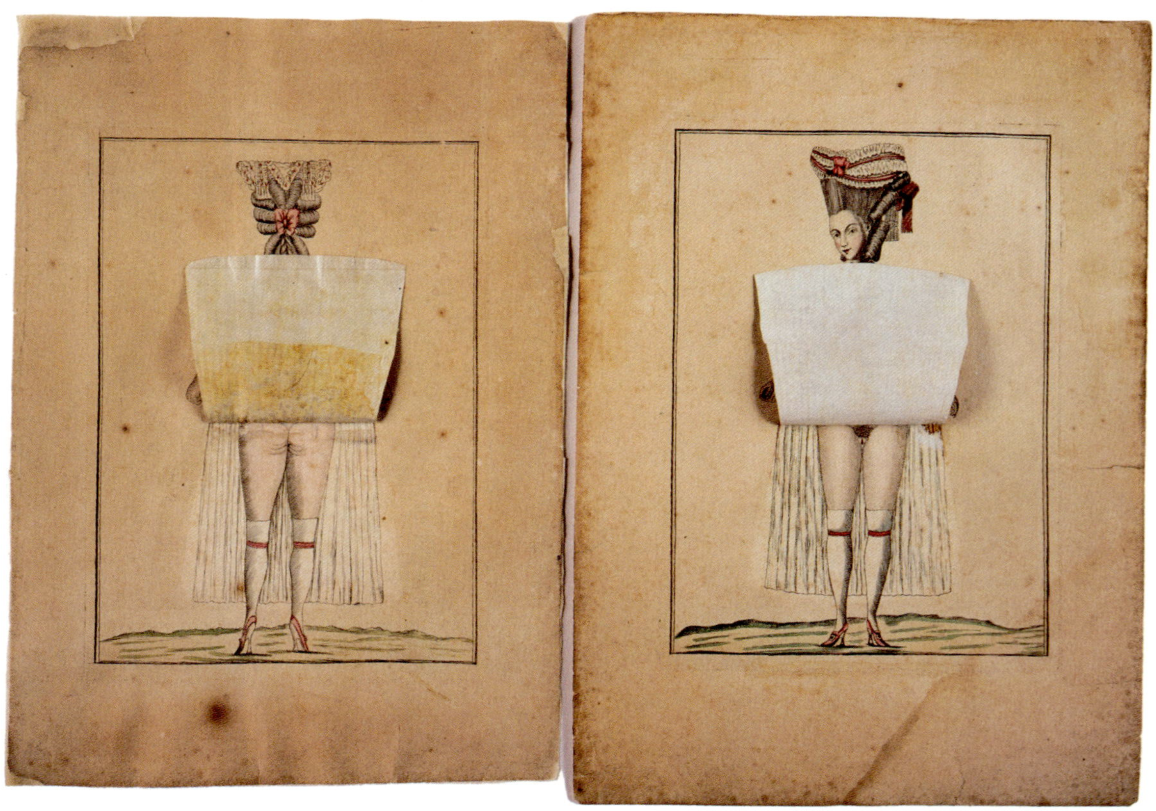

„THE GENERAL VIEW FROM THE PAVILION"
(Ist-Zustand im Winter)
Mit dieser Faltmontage stellte H. Repton dem Prince of Wales seine Pläne zur architektonischen Umgestaltung Brightons vor.
In: Humphrey Repton, Designs for the Pavilion at Brighton, 38 x 86,3 cm, London 1806, Schlußtafel

(Vision im Sommer) Faltmontage
in: Humphrey Repton, Designs for the Pavilion at Brighton London 1806, Schlußtafel

„GROSSES METAMORPHOSEN-THEATER IN ERNSTER UND POSSIERLICHER DARSTELLUNG"

Drehverwandlungsfiguren

Jede Figur hat zwei Oberkörper, einen seriösen und einen grotesken. Durch Drehen um die Mittelachse wird der hinter dem Unterleib versteckte zweite Oberkörper sichtbar gemacht.
Deutschland, um 1860

INDISCHE MUSIKER

Auflegbilder (*Overlay-Bilder) aus Marienglas (*Mica)

Die transparenten aquarellierten Marienglasscheiben geben dem Kopf unterschiedliche (Musiker-)Körper.

Indien, um 1800

DIE KÖPFE BILDEN DIE GRUNDLAGE FÜR DIE DEMONSTRATION UNTERSCHIEDLICHSTER KOSTÜMIERUNG.
Auflegbilder (*Overlay-Bilder)
Aquarelle
England, um 1800

„THE HABIT MAKES THE MAN" (DAS ÄUSSERE BESTIMMT DIE PERSÖNLICHKEIT)
Die Auflegbilder zeigen auf, daß ein Baby in die verschiedensten gesellschaftlichen Rollen hineinwachsen kann.
Aquarelle
England, um 1790

CHARLES PHILIPON

„Incroyable de l'an 9" (Der Modenarr des Jahres 9 – nach dem Revolutionskalender das Jahr 1800/1801) Aus der Serie „Mascarade improvisée"

*Kopfmontage mit *Spiegel. Karikaturen der Mode, welche die herrschende Schicht zur Zeit der französischen Revolution trug. Die Gesichter sind ausgeschnitten und mit einem kleinen weitwinkligen konvexen Spiegel hinterlegt, so daß der Betrachter des Bildes sein eigenes Gesicht im Spiegel sehen kann.*

Kolorierte Lithographie
Frankreich, um 1830

„GARRICK AND HOGARTH OR THE ARTIST PUZZLED"

Drehmontage – mechanische Transformationen

Der berühmte englische Schauspieler Garrick verwirrt den Maler Hogarth. Als Hogarth das Bild nach der Fertigstellung mit seinem Modell vergleicht, nimmt dieses einen neuen Gesichtsausdruck an, so daß Hogarth sein Portrait 30 Mal neu beginnen muß, um eine Ähnlichkeit herzustellen.

Als Vorlage für die Abbildung von Garrick dienten Bilder von Sir Joshua Reynolds, Gainsborough, Parkinson, Roberts etc.

Farblithographie

England, um 1830

JEAN-PIERRE BRÈS
„Componium Pittoresque – Collection de plusieurs milliers de Paysages composés dans divers Genres“ (Malerische Kompositionen – Sammlung von Tausenden von Landschaften in verschiedenen Stilen)
Myriorama – Vieltausendschau, vertikal zu montierendes Streifenpanorama
Die Elemente der Landschaft werden zerlegt in Personen, Tiere, Pflanzen, Boden, Himmel, Wasser etc. im Stile der berühmtesten Landschaftsmaler wie Poussin, Lorrain, Canaletto, Callot, Ruisdael u.v.a. Sie können in unendlichen Variationen als geschlossene Formationen zusammengelegt werden, da die Horizontlinien und die Pflanzenwelt sich immer passend zusammenfügen.
Handkolorierte Aquatinta
Paris 1825

DER UNENDLICHE WALZER

„Les Cartes Musiciennes ou Mille et une Valses"
*Nach dem Montageprinzip des *Myrioramas kann mit diesem Spiel eine unendliche Reihenfolge von Walzertakten zusammengefügt werden. Solche aleatorischen Kompositionsprinzipien – auch nach Würfeln – waren schon in der zweiten Hälfte des 18. Jahrhunderts beliebt, wie sich anhand von Mozarts musikalischem Würfelspiel belegen läßt.*
Handkolorierte Radierung
Frankreich, um 1830

„NEUESTES FRAG- UND ANTWORT-SPIEL"
Bildmontage aus drei horizontalen Segmenten für groteske Figuren und Sinnzusammenstellungen
Farblithographien
Deutschland 1840

„DIE UNERWARTETEN VERÄNDERUNGEN – **Komisches Verwandlungsspiel“**
Bildmontage mit einem horizontalen und zwei diagonalen Segmenten
Farblithographien
Deutschland 1840

„REITER-VERWANDLUNGEN – **Prinz Albert, Gemahl der Königin Victoria von England“**
Bildmontage aus drei diagonalen Segmenten
Farblithographien
Deutschland 1840

„DIE PORTRAIT-SAMMLUNG IN TAUSENDERLEI FORM UND GESTALTEN.

Ein Domino- und Metamorphosen-Spiel“

Bildmontage aus acht rechteckigen Segmenten, in sechs horizontalen und vier vertikalen Schnitten. Farblithographien Deutschland 1840

„NOUVELLE RÉCRÉATION – L'ART DE COMPOSER DES PAYSAGES SANS AVOIR APPRIS À DESSINER"
Neue Belustigung – Die Kunst, Landschaften zusammenzufügen, ohne zeichnen zu können
Horizontale Steckbildmontage auf vier Ebenen. Zwei Hintergründe mit jeweils vier Ebenen, in die 28 ausgeschnittene Elemente eingeschoben werden können, um Landschaften und deren Bewohner darzustellen.
Handkolorierte Kupferstiche
Frankreich, um 1830

„JEU D'OVIDE OU DES MÉTAMORPHOSES"
Das Spiel Ovids oder die Verwandlungen
Sieben horizontale und zwei vertikale Ebenen, auf denen jeweils 23 unterschiedliche Gesichtselemente miteinander kombiniert werden können.
Auf Stoff gedruckt
Frankreich, um 1870

Barbara Krafft

Bilder verstecken – Bilder entdecken

Eine Sehreise entlang den Klippen des Augenscheins

Zeuxis hatte guten Grund, sich für den besten Maler von Athen zu halten: Die Vögel wollten an seinen gemalten Trauben picken. Als dann beim Wettstreit Kollege Parrhasios seine Arbeit vorstellte, verlangte Zeuxis ungeduldig, man möge endlich das Leintuch von dessen Bild wegziehen. Das Gemälde zeigte nichts als einen derart gut gemalten Vorhang, daß sich sogar das erfahrene Malerauge täuschen ließ. Viele Diskussionen über den Kunst-Wert der bis zur Sinnestäuschung vollendeten Naturnachahmung gingen von dieser antiken Künstleranekdote aus.[1] Ein Trompe-l'oeil des holländischen Stillebenvirtuosen Gijsbrechts (um 1675) zeigt die Rückseite eines Gemäldes: Holzrahmen, Leinwand, Nägel, aufgeklebter Inventarzettel – so glaubhaft, daß der Betrachter es umdrehen und von der „richtigen" Seite anschauen möchte. Dieses paradoxe Bild mit zwei Rückseiten ist Selbstreflexion der Malerei im Spiegel der barocken Vanitas; es regt auch an zum Sinnieren über die Möglichkeit, „nichts" darzustellen.[2] Man kann diese beiden im Kunst- und aktuellen Bilddiskurs vielbemühten Bilder aber auch einmal unter dem Aspekt heranziehen, daß sie mit dem vermeintlichen Vorhandensein eines unter dem Vorhang oder auf der „Vorderseite" der Leinwand offen *versteckten* Bildes spielen. Die Sammlung Nekes, deren systematisches Augen-Merk sich auf die Vorgeschichte des bewegten Bildes richtet, umfaßt unter denkbar verschiedensten Aspekten wirklich oder scheinbar versteckte, das heißt der Wahrnehmung auf den ersten Blick entzogene, ineinander verborgene oder sich auseinander entwickelnde Bilder. Um sie zu finden, muß man sie drehen und wenden, klappen und falten, gegen das Licht halten, aus einem bestimmten Winkel betrachten, mit einfachen oder komplizierten optischen Hilfsmitteln entschlüsseln. Manche von ihnen dienen streng wissenschaftlichen Zwecken. Die Mehrzahl ist spielerisch, aber so gut wie nie ohne didaktischen Nebeneffekt. Im Spannungsfeld zwischen Pikanterie und Pornographie gibt es Bilder, die sich verstecken „müssen" – natürlich auch nur, um aufgedeckt werden zu können.[3]

Jedes versteckte/entdeckte oder von Phase zu Phase verwandelte Bild bringt die Wahrnehmung eines Unterschieds vorher/nachher mit sich – im bewußten Mit-Erleben, wenn die Veränderung überschaubar langsam vor sich geht, oder als Überraschungseffekt. Beim Sichten „Versteckter Bilder" kann man sich also von verschiedensten Seiten und in unendlich variablen Schritten und Stufen dem nähern, was im Film „wirklich zwischen den Bildern" geschieht, nämlich der Verschmelzung zweier aufeinanderfolgender zu dem „dritten Bild" im Kopf des Zuschauers, das Werner Nekes als das „Kine", die „kleinste Einheit der filmischen Information", definiert.[4]

Weil die Spielarten unerschöpflich sind, wird eine solche Untersuchung zwangsläufig fragmentarisch bleiben. Aufmerksamkeit verdient die Tatsache, daß viele zum Teil sehr alte Techniken und Tricks in den Alltag der Gegenwart hereinwirken, insbesondere im Dienste der Gebrauchsgraphik, der Werbung.

Alle die halbseriösen Lotterien und Preisausschreiben ködern heute mit verdeckten Bildsymbolen oder Losnummern zum Freirubbeln, mit Laschen zum Herausziehen, mit Puzzleteilen zum Einsetzen. Versteckte Bilder sollen aber auch vor offenen Gaunereien schützen: Als Sicherheitsmerkmale auf Banknoten sind Wasserzeichen ebenso unentbehrlich wie die Durchsichtregister, diese beidseits „zerstückelt" aufgedruckten Zahlen, die sich im Gegenlicht paßgenau ergänzen. Im elektronischen Zeitalter bietet die Steganographie neuerdings die Möglichkeit, ein beliebig-unverdächtiges, aber vom Empfänger "abziehbares" Bild per E-mail zu verschicken, unter dem Spionagematerial digital kaschiert sein kann.

Aus dieser Betrachtung ausdrücklich ausgeklammert sollen die als Rebus bekannten Bilderrätsel sein, denn bei ihnen gilt es nicht, versteckte Bilder ausfindig zu machen, sondern einen verborgenen *Wort*sinn, der sich aus dem Lautwert dargestellter Dinge (lat. „rebus") und Zeichen (Buchstaben, Zahlen) zusammensetzt.[5] Ebenso die reine Kryptographie, das ist die spielerische oder aber meistens bitterernst geheimdienstliche Verschlüsselung von *Text*informationen, die für Unbefugte unlesbar sein sollen.[6] Es versteht sich, daß auch diese Abgrenzung ihre Randunschärfe hat, zumal es sich dabei vielfach um Montagetechnik handelt, ein für den Film grundlegendes Verfahren.

„... wenn du es siehst": Imaginäre Bilder

Das Geheimnis bei einem großen Fundus „versteckter" Bilder besteht darin, daß sie offen zutage liegen und sich doch nicht gleich zu erkennen geben. Voraussetzung ist die Bereitschaft und Fähigkeit, sie in ungewisse Formen „hineinzusehen".

Zufallsbilder (chance images) nannte H. W. Janson solche Entdeckungen in Teilen der Natur, wie Wolken und Felsen, oder in vom Menschen unabsichtlich produzierten Strukturen.[7] „Schäfchenwolken" ist ein feststehendes Sprachbild. Im Französischen heißen auch die Schaumkronen des Meeres „moutons" (Schafe). Einen Cirrus-Fisch oder einen Cumulus-Pudel hat wohl jeder schon am Himmel ausgemacht. Bei Aristophanes gleichen Wolken einem Kentauren, Pardeltier, Wolf, Stier und Hirschen. Bei Shakespeare stehen Wolkenbilder als anschauliche Metaphern für das Irrationale, Unstete. In der berühmten Hamlet-Szene fließen Kamel, Wiesel, Walfisch ineinander, und Antonius spricht:

„Oft sehn wir eine Wolke, drachenhaft,
Oft Dunstgestalten gleich dem Leu, dem Bär,
Der hochgetürmten Burg, dem Felsenhang,
Gezackter Klipp' und blauem Vorgebirg',
Mit Bäumen drauf, die nicken auf die Welt,
Mit Luft die Augen täuschend."[8]

Einen umgekehrten Weg geht das Lege-Spiel „Le sage dans les nuages", vier Karten mit nebulosen Wolkenformationen, aus denen sich bei richtiger, fächerartiger Montage der Kopf des Sokrates ergibt (Abb. 1).

„Im Faltenwurfe einer Decke / Klagt ein Gesicht, / Wenn du es siehst", dichtet Ringelnatz, und Morgensterns „Palmström haut aus seinen Federbetten, / sozusagen, Marmorimpressionen: / Götter, Menschen, Bestien und Dämonen."[9] Wer willig ist, sich auf die Physiognomie der Dinge einzulassen, findet ein Gesicht im Lichtschalter und in der Rohrzange einen Papageienschnabel. Das kann sogar zum Zwang werden. Es gibt Leute, die ihr Auto nach seinem "Gesicht" auswählen. – Beim Intermezzo „Eheliche Ergötzlichkeiten" in der sonst katastrophengesättigten Knopp-Trilogie (1875) widmet Wilhelm Busch der verschmitzten Hosenmimik seines Helden eine ganze Bilderfolge.

„Gern wendet Frau Doris anitzo den Blick
Auf Knopp sein Beinbekleidungsstück,

Abb. 1
„UN SAGE DANS LES NUAGES"
Der Weise Sokrates erscheint in den Wolken, wenn die Karten in einer bestimmten Weise zusammengelegt werden.
Montagespiel, Frankreich, um 1900

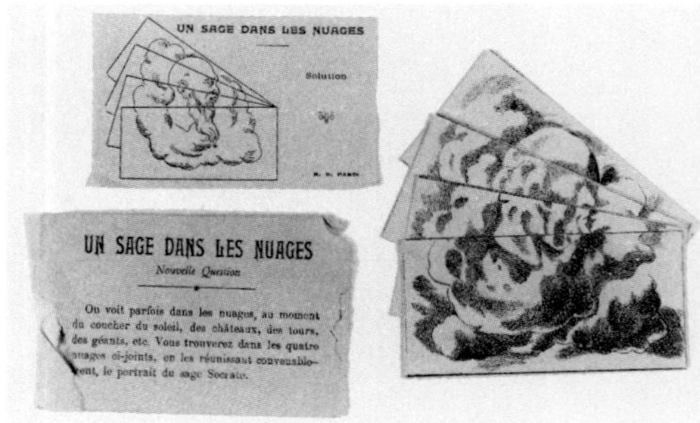

Welches ihr immer besonders gefiel
Durch Ausdruck und wechselndes Mienenspiel."

Eine assoziative psychische Leistung bewirkt im Auge das Umspringen vom Formlosen zur Vorstellung. Ein schönes Beispiel aus dem Milieu des mystischen Expressionismus steht in einem Alt-Prager Roman von Leo Perutz. Der weise Rabbi Loew rettet einen erbarmungslos gehetzten Christenmenschen vor dem Erschöpfungstod: Er läßt auf einer Mauer „durch seine zauberische Kraft aus Mondlicht und Moder, aus Ruß und Regen, aus Moos und Mörtel ein Bild entstehen", in dem der Verfolger plötzlich eine so erschütternde Ecce-homo-Darstellung erblickt, daß er von seiner Rache abläßt.[10]

Leonardo da Vinci gibt in seinem Malertraktat vom Ende des 15. Jahrhunderts zu, daß man in einer fleckigen Mauer Entwürfe von Landschaften, Tieren oder gar Schlachtenszenen finden könne – allerdings nur als Anregung, niemals in künstlerisch durchdrungener Vollendung, zu der einzig das Studium führe. Dementsprechend richtete sich die 1759 von Alexander Cozens vorgeschlagene „blotting method" an mehr oder weniger begabte Dilettanten: Zufällig hingekleckste Tuscheflecken (blots) sollten als mechanische Vorgabe für das Erfinden eigener Landschaftskompositionen die „powers of invention" seiner Schüler wecken.[11]

Vorgefundene „malerische" Strukturen in per se kostbarem Material wurden von Kunsthandwerkern des Manierismus und Barock gerne als Malgrund verwendet („Marmormalerei"). In die polierten Flächen von lebhaft geäderten Gesteinen, namentlich Marmor, Achat und Alabaster, deuteten sie mit dem Pinsel Götterhimmel, Bibelszenen, Seestücke hinein. Ganz ohne künstlerisches Zutun kann der Ruinenmarmor auskommen, meist hellbraun mit dunkler „Zeichnung", aus dessen scharf gebrochenen Verwerfungslinien Städte, Burgen, Zeltlager, Gebirge, Trümmerstätten und Schiffbrüche zutage treten – wenn man sie nur darin sehen will –, dank feinverästelter Kristallausblühungen (Dendriten) oft noch um Baumschlag und Gebüsch bereichert. Mit diesem sogenannten Florentiner oder Ferrareser Marmor wurden Kunstschränke und Schmuckgegenstände ausgestattet.[12]

Weniger flüchtig als Wolken, reizen Gebirgsformationen zur Gestaltausdeutung. In Verwitterungspfeilern, vulkanischen Gebilden, auch in Stalagmiten, sieht man gern Lots Weib. Die Postkartenständer zu Füßen des Watzmanns präsentieren heute noch den bösen König Watze mit Frau und sieben Kindern. Und ein Berg auf St. Helena trug prophetischerweise schon vor dessen Verbannung den Profilumriß Napoleons samt Zweispitz.[13] Auf dem Grat dieser charakteristischen Nase verläuft aber schon die Grenze zu den klassischen Vexierbildern.

In der Biedermeierzeit, die eine Vorliebe für die „irrationalen" Klangerzeuger Äolsharfe, Maultrommel, Glasharmonika entwickelte, die ihre Möbel auf schlichteste Formen reduzierte, damit sich die Fladerung des Furniers zu bizarren Formgebilden entfalten konnte – in dieser Zeit untersuchte der schwäbische Arzt und Dichter Justinus Kerner parapsychologische Phänomene. Dem in seiner Sehkraft geschwächten Autor tropften aus der Schreibfeder „Tintensäue" aufs Papier und ergaben, zusammengefaltet und gequetscht, axialsymmetrische Zufallsgebilde. Obwohl sie ihm als kindliche Spielerei vertraut waren, nahm er sie ernst als „Erscheinungen aus dem Nachtgebiete der Natur". Er erkannte vornehmlich Geister und Geistinnen („sehr niedern Grades"), Skelette, Urnen, diabolische Schmetterlinge. Kerner nannte sie „Hadesbilder" und versah sie mit gereimten, moralisierenden Deutungen (Abb. 3). Einen Gleichgestimmten fand er in dem wegen seiner Kasperl-Komödien nachmals weltberühmten Grafen Franz von Pocci in München. Auch ihm gelangen „sehr schöne Kerls ..., die ich wirklich beinahe selbst fürchte", allerdings mit Zeichenfeder und Schere humoristisch

nach-gedeutet. Auf den lebhaften brieflichen Tintenbilder-Austausch der beiden geht möglicherweise sogar der Terminus technicus „Klecksographie" zurück.[14]
Victor Hugo hat etwa zur gleichen Zeit wie Kerner, ab 1850, seine berühmten „taches et pliages" (Flecken und Faltgebilde) gemacht, von einer Tiefenschwärze, die direkt aus der Unterwelt zu kommen scheint. Aus der Zeit von Hugos Exil auf Guernsey stammen wunderbare Beschreibungen von anthropomorphen Felsen der Atlantikküste.[15] Und August Strindberg, stets das Übersinnliche suchend und von ihm verfolgt, sammelte Photos von Felsen mit Gesichtern (z.B. „Le Nez du Géant", White Rocks an der irischen Küste); eines seiner Ölgemälde stellt eine umgischtete Klippe dar, die, auf den Kopf gestellt, sein eigenes Profil zeigt. Strindberg verzeichnet in seinem okkulten Tagebuch die geheimen Landschaften in der Kristallstruktur von verzinktem Blech; er untersucht Klecksographien; in den Querschnitten von Gesimsen und Konsolen aus der Kuppel des Invalidendoms erkennt er die Profile Napoleons und seines Marschalls Bernadotte, und auf derselben Albumseite macht er sich Notizen über die Gesichter in Stiefmütterchenblüten.[16] Die Testtafeln mit teilweise mehrfarbigen Klecksbildern, die Hermann Rorschach ab 1910 entwickelte, spielen als psychodiagnostisches Hilfsmittel heute noch eine gewisse Rolle. Der Dichter Peter Rühmkorf erschuf unter dem Titel „Kleine Fleckenkunde" (1982) manches „Klexogravieh", wobei er allerdings dem Zufall kräftig nachhalf und alles mit hinterhältigen Schüttelreimen und (ebenfalls „axialsymmetrischen") Palindromen garnierte.[17]

Necken und quälen: Vexierbilder

Lateinisch „vexare": eine heftige Bewegung, hin- und herzerren, schütteln, plagen, zum besten haben, irreführen. Auch bei diesen Such-Bildern ist sozusagen auf offener Bühne (mindestens) ein Bild in ein anderes hineinverrätselt. Wegen ihres ambiguen Charakters haben sie oft etwas Beunruhigendes. Ist das Versteck gut, erschließt es sich auch dem geübten Betrachter nicht sofort. Hat man es aber einmal durchschaut, so ist ein Zurückspringen des Blicks in die „unbewußte" Anschauung vor der Entdeckung oft nicht mehr möglich. Man sieht dann zwei Bildrealitäten gleichzeitig.
Jeder kennt die vasen- oder balusterförmigen Gebilde, deren leicht asymmetrische Umrisse „negativ" von zwei Profilen gebildet werden. Viele Suchbilder politischen Inhalts konzentrieren sich auf die französische Revolution und auf Napoleon. Der Umgang mit Silhouettenportraits war den Zeitgenossen selbstverständlich. Klassisches Beispiel sind „Vier geheim verborgene Silhouetten von außerordentlicher Ähnlichkeit". Ein Knäuel von Schlangen, die an der bourbonischen Lilie nagen, verbirgt zwischen zerbrochenen Herrscherinsignien die Profile von Marie Antoinette und Ludwig XVI., daneben fügen sich König George III. und seine Gemahlin zwischen die blühende Rose und die strahlende Krone Englands (Abb. 4). Als Umriß zwischen zwei melancholischen Trauerweiden wandelt der Geist Napoleons auf seinem Grab. Oder man findet den Kaiser und seine Familie in einem Strauß der für ihn so bedeutungsvollen Veilchen. Der Napoleon-Kult wurde während der Restauration bis 1830 unterdrückt. „Wo ist Mephisto?" Wo ist Schneewittchen, wo der Kanzler Bismarck? In Postkartenkultur und Kinderbuchillustration sind Suchbilder häufig.[18]
Ein anderer Typus gibt einer Landschaft, Burg oder Ruine ein menschliches Gesicht. Die Erfindung im Sinne einer beseelten Natur wird oft Giuseppe Arcimboldo zugeschrieben, findet sich aber schon im frühen 16. Jahrhundert. Mit Athanasius Kircher, Matthäus Merian und Wenzel Hollar beginnt dann eine Serie von Nachahmungen eines Prototyps: Ein liegendes, buschbärtiges Haupt hebt sich als Felsmassiv aus einer Wasserlandschaft, das Ohr ist eine Mauerterrasse, die Nase ein Ruinenturm, das Auge eine Schießscheibe oder eine Zisterne.[19] Der für optische Spielereien so ergiebige Augsburger Kupferstecher Johann Martin Will brachte im 18. Jahrhundert eine abenteuerlich überhängende Jagdlandschaft heraus. Im Uhrzeigersinn um 90° gedreht, zeigt sie einen Hirsch; eine Hafenklippe wird so zur Hyäne,

Abb. 2
BILD AUF FLORENTINISCHEM RUINENLANDSCHAFTSSTEIN UND VEGETATIONSBILDER AUF DENDRITISCHEM MARMOR,
in: Denis Diderot und Jean d'Alembert, Encyclopédie, ou Dictionnaire Raisonné des Sciences, des Arts et des Métiers, par une Société de Gens de Lettres, Amsterdam und Paris 1751-80, Stichwort Minéralogie, Tafel 12 im 6. Tafelband

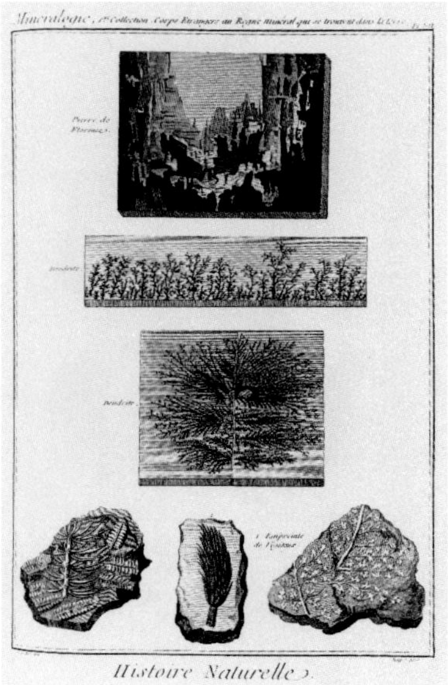

eine Palmenwildnis zum Löwen. Natürlich gibt es später auch die Ruinenlandschaft mit dem Profil Napoleons.
Hochberühmt sind Arcimboldos allegorische Köpfe der Jahreszeiten, Elemente und Berufe, die sich aus ihren Früchten, Tieren, Attributen zusammensetzen. In ihrer Nachfolge entstanden Vexierbilder wie die lithographische Serie „Les Arts et les Métiers" von Bernard Gaillot (Paris um 1820), so raffinierte Stilleben aus Handwerkszeug, daß man erst auf den zweiten Blick die Personifikation erkennt (Abb. S. 237). Köpfe, ganz aus verschlungenen menschlichen Leibern oder Tieren gebildet, oder „umspringende" Vexierbilder, worin man zum Beispiel abwechselnd einen Totenkopf oder eine schöne Frau vor dem Spiegel sehen kann, sind weitere typische Vertreter der Gattung. Salvador Dalís Gemälde „Sklavenmarkt mit der verschwindenden Büste Voltaires" (1940) halluziniert mit letzterem Prinzip.
Kompakt-zwittrige Schöpfungen sind die Wendeköpfe (engl. double head, franz. tête-en-bas): Umkehrbilder, die das Kunststück fertigbringen, sich das Augenpaar zu teilen und irgendwie auf der Stirn den Mund ihres Widerparts zu verstecken. Motivisch griff man bei diesen horizontalen Janusköpfen am liebsten zu Gegensatzpaaren. Aus der Reformationszeit gibt es scharf satirische, antipapistische Holzschnitte und Medaillen (Papst/Teufel, Kardinal/Narr). Gewöhnlich läßt sich Jung in Alt verkehren, Mann in Frau, Mensch in Tier, Lachen in Trauer, stolze Schönheit in den Vanitas-Schädel, begleitet von moralisierenden oder frivolen Sprüchen (Abb. S. 237). Die Inventionen des Leipzigers Andreas Luppius (um 1670) wurden von diversen französischen und italienischen Stechern wie auch vom Augsburger Will im 18. Jahrhundert weiter variiert.[20]
Wieder andere Vexierbilder führen ein literarisch-graphisches Doppelleben und fordern die Kunst des Kalligraphen heraus. Schriftportraits sind aus Schriftzügen gestaltete Bildnisse, wobei der Text inhaltlichen Bezug zum Dargestellten besitzt: Biographie, Deklaration, Verfassung, Bibeltext, Heiligenlegende. Dem Hinein-Sehen steht das Heraus-Lesen gegenüber. Entweder wird mit feinsten, „mikrographischen" Schriftzügen wie mit Linien gezeichnet. Oder es hebt sich aus den fortlaufenden Zeilen einer Textseite dort ein Bild heraus, wo die Feder stärker aufgedrückt, der Stichel tiefer eingegraben wurde. Auch Drucklettern müssen sich ins Bild fügen, von barocken „Carmina figurata", den „Bilder-Reimen" in Form von Denkstein, Pokal, Rose, Sanduhr, Labyrinth, bis hin zu den „Kalligrammen" der Moderne.[21]
Im Doppelbildnis von Kaiser Leopold I. und seiner Gemahlin (um 1676) sind Haare, Bart und Augenbrauen aus Druckbuchstaben gekräuselt (Abb. S. 233).

Zerrbilder: Anamorphosen

Der geheime Bilderkosmos der Anamorphosen ist äußerst umfangreich und intensiv erforscht; er kann hier nur gestreift werden.[22] Diese höchst artifiziellen Bilder verkehren die Gesetze der Perspektive gegen sich selbst, um deren wissenschaftliche Beherrschung zu demonstrieren und doch spielerisch zu opponieren. Anamorphosen gehörten zur enzyklopädischen Ausstattung von Kunstschränken im 17. und zur unterhaltsamen Wissenschaftspopularisierung im 18. Jahrhundert; ihre Konstruktionsprinzipien sind unerläßlich für die illusionistische Deckenmalerei des Barocks. Die Darstellungen präsentieren sich so „ungestalt" deformiert, daß sie nur aus einem extremen Blickwinkel oder mit Entzerrungsgeräten „richtig" gesehen werden können. Die giraffenartigen Proportionen des Gepards (von Joseph Friedrich Leopold, Augsburg um 1700) erscheinen zurechtgerückt, wenn man das Blatt sehr schräg von der unteren Schmalseite her betrachtet: eine Längenanamorphose (Abb. 5/5a). In gleicher Weise prüft noch heute jeder Schreiner, ob eine Leiste krumm oder gerade ist, und auf den Straßen wird die Asphaltmarkierung für die niedrige Augenhöhe des Autofahrers so gestreckt angelegt. – Als Gesinnungsversteck den politischen Vexiersilhouetten vergleichbar ist die Längenanamorphose des 1649 hingerichteten englischen Königs Charles I., die wohl auf einen Kupferstich zurückgeht (Abb. S. 67).

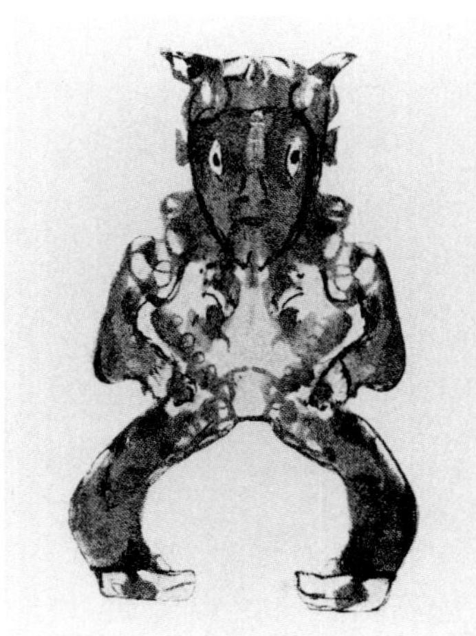

Abb. 3
KLECKSOGRAPHIE
in: Justinus Kerner, Kleksographien, Stuttgart 1890, S. 70

Die aufwendigeren Versionen müssen von einem bestimmten Blickpunkt aus in einem zylindrischen, kegel- oder pyramidenförmigen Metallspiegel betrachtet werden (Abb...). Satire und Erotik nutzen diese heimliche Gelegenheit gerne. Am eindrucksvollsten sind oft die einfachsten Effekte: drei grüne Balken, die im Konus gespiegelt sich zu einem Kleeblatt krümmen; eine rosa Fläche mit innerem Zackenrand, die zur Nelke wird; vier grobe Kammgebilde, die sich zu feingekurvten Jakobsmuscheln zusammenziehen (Abb. 6). Bei der dioptrischen Anamorphose verbinden sich in einem Bild verstreute Fragmente zu einer vorher nicht wahrnehmbaren Darstellung, wenn man sie durch eine Facettenlinse betrachtet. Manche solcher – selbst als Rätselfragen gestalteten – Blätter sind ohne die dazugehörigen Linsen heute nicht mehr zu entschlüsseln.[23] Gleich mit zwei Spielarten wartet „The Enchanted Castle“ auf, von E. Wallis in London um 1840 herausgegeben: Zuerst muß man das Puzzle – seinerseits eines der denkbar effektivsten Bilderverstecke! – zusammensetzen, dann kann man (mit einem Auge) je nach Blickwinkel die räumliche Anamorphose des Schlosses schwanken und sich wieder aufrichten lassen. (Abb. S. 244)

Im Stadtviertel Mermoz in Lyon, wo die Brüder Lumière hundert Jahre zuvor ihren populärsten Film „L'Arroseur arrosé“ (Der begossene Gärtner) gedreht hatten, wurde ihnen 1997 durch Claude Gazier (geb. 1952) ein Denkmal gesetzt. In einem 2,30 m hohen Zylinder von 1,40 m Durchmesser spiegelt sich eine Szene aus diesem Film, anamorphotisch als Kieselsteinmosaik in die Bodenplatte eingelegt.

Schon vor 1900 wurden Porzellanschälchen für Sake, den japanischen Reiswein, hergestellt, die am inneren Boden eine fast halbkugelige Glaslinse haben. Ist der Becher leer, erkennt man gar nichts. Ist er gefüllt, gleicht die Flüssigkeit die Verzerrung der Linse aus: Das Photo einer Geisha kommt zum Vorschein. Kein Grund, das Schälchen gleich auszutrinken – aber doch das geleerte rasch nachzufüllen.[24]

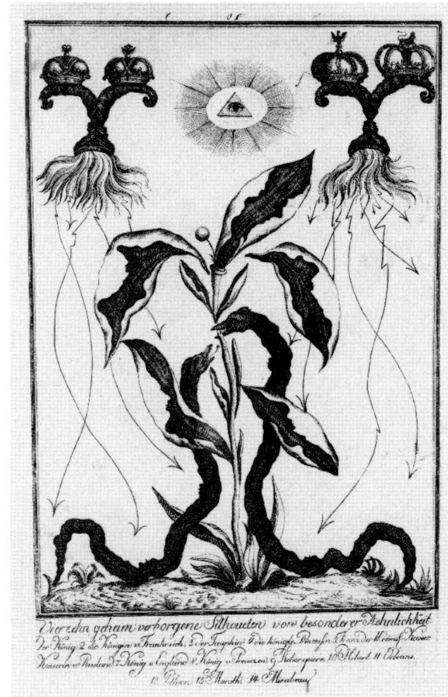

Abb. 4
VIERZEHN VERBORGENE SILHOUETTEN
Deutschland, um 1800

Eine Frage des Standpunkts: Wechselbilder

Zerlegt man Bilder in Streifen und ordnet diese räumlich an, so kann man innerhalb eines Rahmens zwei oder sogar drei völlig verschiedene Darstellungen sehen. Das Prinzip scheint im späten 16. Jahrhundert in der Literatur auf und wird seit Gaspar Schott (1657) in den Lehrbüchern der „natürlichen Magie“ erläutert.[25]

Auf zickzackförmig gefalteten Karton oder nebeneinandergelegte Dreikanthölzer wird jeweils nach der einen Seite ein Motiv Streifen für Streifen gemalt oder geklebt, nach der anderen Seite ein anderes Motiv. Von links oder rechts (bzw. je nach Anordnung von oben oder unten) schließen sich die Streifen für das Auge des Betrachters wieder zu den zwei verschiedenen Bildern zusammen, während die Frontalansicht nur Verworrenes zeigt. (Abb. S. 239) Bei diesen Riefelbildern kann auch die dem Betrachter zugewandte Seite leer bleiben; das Bildmotiv der Gegenseite kann man ihm dann recht mirakulös in einem geneigten Spiegel erscheinen lassen. Die andere Konstruktion besteht aus einem (nur) frontal sichtbaren Mittelbild, vor dem rechtwinklig angebrachte Lamellen beiderseits die anderen zwei Motive streifenweise tragen. Diese sind nur in Seitenansicht zu erkennen. Die profanen wie die (häufiger erhaltenen) geistlichen Darstellungsinhalte bilden spezifische Paare und Trios: Kreuzigung/Auferstehung, Ehemann/Ehefrau; bei den Lamellenbildern Kruzifix, Ecce Homo und Maria Dolorosa (also die Ausstattung eines ganzen „Herrgottswinkels“ in einem Bild) oder die Heilige Familie. Schlichten Gemütern konnte man damit auch eine theologische Unbegreiflichkeit wie die Einheit der drei göttlichen Personen in der Trinität anschaulich machen. Der Elsässer Pfarrer und Philanthrop Johann Friedrich Oberlin (1740-1826) setzte Streithähne seines Sprengels einander gegenüber vor ein Riefelbild. Sah der eine eine Rose, so sah der andere einen Vogel, und beide sahen ein, daß man auf dem Weg zur Versöhnung auch den Standpunkt des anderen berücksichtigen muß, denn von dort kann sich dieselbe Angelegenheit erheblich anders darstellen.[26]

Abb. 5/5a
JOSEPH FRIEDRICH LEOPOLD
Leopard
Längenanamorphose, 36,5 x 10 cm
Deutschland, um 1700

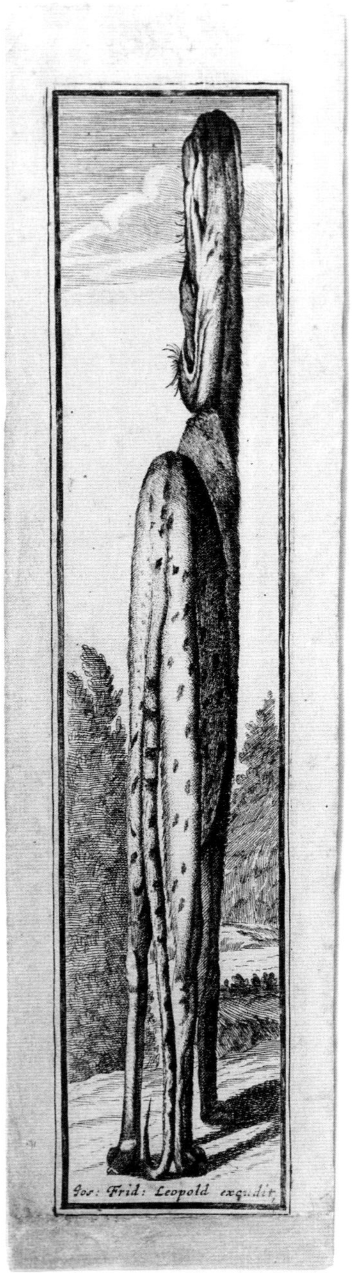

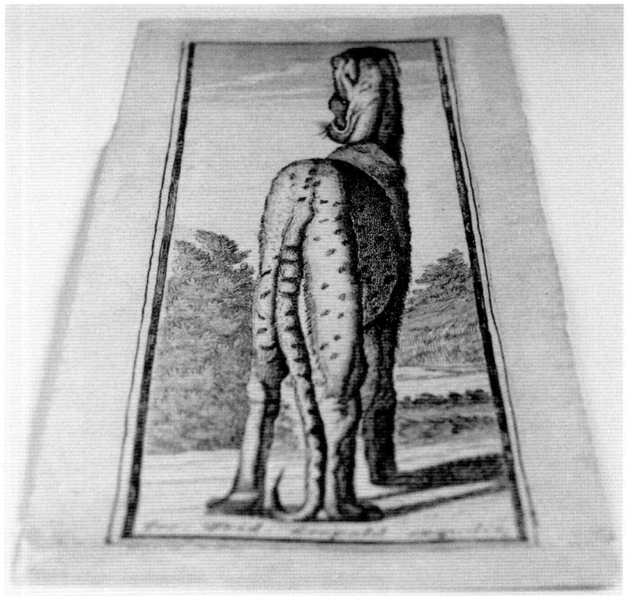

In der Frühgeschichte der Kryptographie bedienten sich die Spartaner der „Skytále“: Auf einen Stab wird ein langer schmaler Pergamentstreifen dicht aufgewickelt und dann quer zu den Windungen beschrieben. Abgelöst trägt das Pergament eine unsinnige Buchstabenfolge, wenn es der Empfänger aber wieder auf einen Stab genau gleichen Durchmessers aufwickelt, kann er die Botschaft lesen. Der Neapolitaner Giovanni Battista della Porta schlägt in seiner „Magia naturalis“ von 1588 die Verbesserung vor, statt des Streifens einen Faden zu nehmen, der nach dem Beschreiben, als Knäuel oder in einem Hemdsaum vernäht, nur unverdächtige Pünktchen aufweist.[27] Beim fleißig aufwickelnden Empfänger setzt sich die Punktinformation zeilenweise wieder zum (Schrift-)Bild zusammen. Zeilenweise Punktauflösung und Wiedergabe von Bildinformation – wenn auch auf völlig andere, elektronische Weise erstellt – ist Grundbedingung für den Aufbau eines Bildes auf dem Fernsehschirm. Auf Zeilenanordnung beruht auch das Linsenrasterverfahren, das entweder dreidimensionale oder kippend-bewegungsimulierende Bilder liefert.
Bibliophile Wunderwerke der Zeilenmontage sind die „Fore-edge paintings“. Der Vorderschnitt eines Buches wird seitlich verbogen, so daß von jeder Buchseite ein Millimeterbruchteil sichtbar wird. Die so entstandene Bild-Fläche, auf das kunstvollste mit nicht fließenden Farben bemalt, verschwindet vollständig, wenn der Buchblock wieder geschlossen ist, und der Goldschnitt läßt nichts Verborgenes ahnen. Das Prinzip beschreibt schon della Porta; man könne es auch auf Spielkarten oder „Frauen-Zimmer-Wädel“ (Fächern) anwenden. Das früheste datierte Fore-edge entstand 1653 in London; die Blütezeit war 1785-1835.[28] Fromme Erbauungsbücher werden durch passende Darstellungen noch sonntäglicher – oder weniger langweilig: Beim Tennisspiel (Abb. S. 242) konnte sich die Besitzerin von „A Golden Treasury for the Children of God“ ein wenig von den Bibelbetrachtungen für jeden Tag des Jahres erholen. Es müßte kein so gutes Bilderversteck sein, wenn sich nicht auch in galanten Lyrikbändchen erotische Darstellungen unterbringen ließen, womöglich noch in der technisch anspruchsvollsten Form: Nach links und nach rechts gepreßt zeigt der Schnitt zwei verschiedene Darstellungen (double fore-edge).

Aufklappen – Zuklappen

Das technisch einfachste und daher variabelste Verfahren, Bilder aufzuzeigen oder verschwinden zu lassen, ist das Aufklappen und Umfalten. Frühe Beispiele stehen im Dienst der Wissenschaft, um die Geheimnisse der Natur aufzudecken. Im anatomischen Lehrbuch „Ophthalmologeia Das ist / Augendienst“ von Georg Bartisch (Dresden 1583) kann man aus der Scheitelperspektive die übereinandermontierten Holzschnitte von Haarboden, Schädeldecke und Schichten des Gehirns bis zu den Augäpfeln abheben (Abb. S. 193). Die Computertomographie wendet dieses Verfahren heute auf elektronischer Ebene an. Das „Catoptrum microcosmicum“ des Ulmer Arztes Johann Remmelin (1619) legt vielschichtig in zum Teil sogar beidseitig bedruckten Kupferstichen den inneren Bau von Mann und Frau dar. Die

Anschaulichkeit dieser Darstellungsweise konnte erst durch die elektronischen Medien eingeholt, kaum überholt werden. Um 1910/20 war „Der Kopf des Menschen in zerlegbaren Abbildungen" ein internationaler Bestseller des J. F. Schreiber Verlags Esslingen, und die Schuljugend nach 1945 konnte im Großen Brockhaus (16. Auflage) beim Stichwort „Mensch" diesen anhand übereinander montierter Innenansichten auf Klarsichtfolie „entdecken".[29]

Nicht nur den Medizinern, auch dem kunstliebenden Publikum muteten die Holzschneider den „unter die Haut" gehenden Blick zu. Auf dem ältesten bekannten Klappbild aus dem frühen 16. Jahrhundert, einem Neujahrsglückwunsch, bewundert sich eine hübsche junge Frau im Spiegel; unter der Klappe erscheint ihr künftiges Bild, der verwüstete Schädel. Beim zweiten Typus aus der gleichen Zeit kann man den Rock der Schönen heben und muß dort Verfall und Wurmgeringel finden. Diese überkonfessionellen Memento-mori-Bilder gingen immer mit der Mode, bis hin zu den recht verbreiteten Klappbriefen mit Rokoko- und schließlich Biedermeierpaaren, die sich in aufgeklapptem Zustand als Skelette in Reifrock und Zylinder entpuppen.[30] Ein ikonographisch und handwerklich bedeutendes Seitenstück dazu ist ein mehrfach gefalteter Kupferstich (um 1600) von Theodoor Galle, der in Antwerpen für Rubens arbeitete. Er warnt vor den Fallstricken der irdischen Liebe (Abb. S. 250). Frau Venus ködert die Männer mit Milch und Honig, sie küssen ihre Füße. Offengelegt erweist sich der Honig als Krötenekel, der Leib ist ein Nest von Schlangengezücht, der Kopf mit dem Maul einer wilden Bärin entstellt. Unten brennt die Seele in der Hölle. Der Text sagt, du siehst, wohin die Fleischeslust führt, nun sieh auch, wohin die Keuschheit führt. Mit einer 90°-Drehung weiter aufgeklappt, wird der steile Dornenweg der Tugend sichtbar, schließlich die Klugen Jungfrauen in Anschauung des Heiligenhimmels. Die Bildteile, die sich im geschlossenen Zustand überdecken, korrespondieren genau miteinander, so daß sich eine anschauliche Kon-Sequenz der Erscheinungen ergibt.

Es liegt nahe, daß man unter aufgehobenen Kleidern nicht nur Verwesung sehen wollte. Der Leichtsinn pustet gern Röcke in die Höhe und freut sich des Fundes (Abb. S. 256). Hinter Tischdecken, Fensterläden, Türvorhängen, Wagenschlägen, Heuhaufen ... verbirgt sich in der galanten Graphik alles, was sich zu entdecken lohnt, in scherzhafter Laune, auf den Liebhaber des Ungewöhnlichen zugeschnitten, oder auch als gezielte Enttäuschung vorwitziger Erwartungen.

Im handkolorierten Luxusfolianten „Designs for the Pavilion at Brighton" (1806) legte der Architekt Humphrey Repton seinem König George III. durch zahlreiche Klapp-Verwandlungen (overlay) dar, wie vorteilhaft sich das Gelände durch Anlage eines Teiches und durch Abriß von Arbeiterwohnungen verändern würde (Abb. S. 257). Neben der Lose-Streifen-Kombination ist das Klappprinzip die Grundlage der meisten Metamorphosenbilder, von den frühen Harlekinaden, der Leidenschaft des 18. Jahrhunderts für die Commedia dell'arte entsprungen (Abb. S. 253), bis zu Lothar Meggendorfers Verwandlungsbildern mit der anarchischen Lust am grotesk „Unpassenden".[31] Sehr effektvoll und den Vexierbildern verwandt sind die overlay-Verwandlungen: Auf ein lebhaftes Bild wird eine neutrale Schablone mit Binnenausschnitt gelegt. Deren Umriß bringt aus einer zuvor unauffälligen Fläche eine ganz neue Darstellung zum Vorschein. So kann ein Wolfskopf mitten in der Schafherde auftauchen, ein Gockel im Blumenbeet (Abb. 7/8). – Mit aufgelegten Kostümvariationen läßt sich der Spruch „The habit makes the man" überprüfen: Durch die Aussparung des Gesichts schaut immer dieselbe Dame, derselbe Kavalier heraus, aber wie verändern sie sich mit Hut und Kleidung! (Abb. S. 260) Und wie sähe

Abb. 6
SCHWARZES KLEEBLATT ALS KEGELANAMORPHOSE
aus einer Edition von 12 Zylinder- und 24 Kegelanamorphosen mit Spiegeln und Holzkasten, der physikalischen Werkstatt van Musschenbroek zugeschrieben, signiert AvM.
Handkolorierter Kupferstich
Leyden, um 1720

Abb. 7
VEXIERBILD AUS EINER ZEHNTEILIGEN SERIE
Farblithographie,
Frankreich, um 1830

Abb. 8
SCHABLONE ZUR RÄTSELAUFLÖSUNG DES VEXIERBILDES
Kolorierte Lithographie,
Frankreich, um 1830

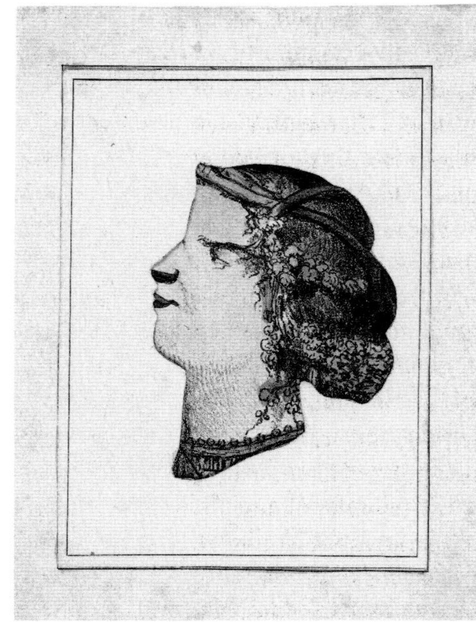

man selbst aus als eitler Stutzer, bucklig, oder als Marquise? Der wohl raffinierteste Typus dieser Modemetamorphosen, die „Mascarade improvisée“ von Charles Philipon, hat statt der Gesichter fingernagelgroße Konvexspiegelchen eingeklebt, die des Betrachters eigene Züge im richtigen Maßstab hineinverkleinern (Abb. S. 261)

Von fragilem Zauber sind die Spinnennetzbilder, englisch „bee-hive“ (Bienenkorb) genannt.[32] Das Deckblatt aus feinem Papier – weiß oder bemalt – ist dicht mit konzentrischen Einschnitten versehen. Zieht man an einem im Mittelpunkt angeknüpften Bändchen, so dehnt sich das Papiernetz kuppel- oder eben bienenkorbförmig und gibt den Blick auf die Überraschung darunter frei: einen Glückwunsch, eine pikante Szene, eine Maus in der Falle („Monsieur Souris' Hall“)(Abb. S. 243). Es können auch mehrere „Blumenkäfige“ ineinander gefangen sein, die sich mit *einem* Fadenzug aufrichten lassen, um auf ihrem Grunde „Vergiß mein nicht“ zu bitten.

Mit einem äußerst vertrackten Klappversteck arbeiten die Zauber- oder Vexierbilderbücher. Wenn man das reich illustrierte Buch aufblättert, erscheint immer nur einerlei Sorte Bilder, z.B. nur Soldaten, nur Blumen, nur Scherenschnitte, Spielkarten oder auch leere Seiten, scheinbar das ganze Buch hindurch – je nachdem, an welcher Stelle der Daumen auf einer Art kaum sichtbarem Registerschnitt aufliegt (Abb. S. 254). Das Prinzip ist schon 1550 im 18. Kapitel des Buchs „De subtilitate“ von Girolamo Cardano erwähnt. Daniel Schwenter gibt in seinen „Erquickstunden“ 1636 die erste deutsche Erklärung. Damals waren solche Bücher bereits im Handel erhältlich. Mit entsprechend präparierten Exemplaren verblüfften die fahrenden Marktschreier und „Umstandskrämer“ ihr einfältiges Publikum. Die Zuschauer konnten in ein vermeintlich leeres Buch ihre Wunsch-Bilder „hineinblasen“ (daher engl. „blow-book“). Die Anwendung eines Flickbuches wird in „Der seltzame Springinsfeld... / Samt seiner wunderlichen Gauckeltasche“ beschrieben, einer der „simplizianischen Schriften“, die sich 1670 an J. J. Christoph von Grimmelshausens Hauptwerk anschließen. Der extrem seltenen Erstausgabe scheint eine solche „Gauckeltasche“ beigelegen, sich aber in keinem Fall erhalten zu haben.[33] Später wurden Flickbücher als Kinderbücher populär.

Lila Geist auf gelber Wolke: Nachbilder

Als „Metamorphosen“ nicht der Form, sondern der Farbe sind hier die Nachbilder einzureihen. Das Verschmelzen von zwei Filmbildern zu einer Kontinuität im Auge des Betrachters ist (in Verbindung mit dem Stroboskopeffekt) möglich, weil durch die Trägheit der Netzhaut ein Lichteindruck einen Sekundenbruchteil lang bestehen bleibt. Blickt man jedoch unverwandt längere Zeit, etwa eine halbe Minute, auf eine unbewegte, kontrastreiche Darstellung, so läßt sich der Lichtreiz noch einige Sekunden lang bewußt nacherleben: Wenn man von der Darstellung weg auf eine weiße Fläche schaut oder aber die Augen schließt, so erscheint das „Nachbild" in entgegengesetzten Helligkeits- und Farbwerten. Das subjektive Empfinden der Komplementärfarben hängt mit dem Regenerationsprozeß der Netzhaut nach der Anstrengung des Betrachtens zusammen.

Goethe malte um 1810 zu seiner „Farbenlehre" zwei Aquarelle für Nachbildversuche, einen fratzenhaften Männerkopf mit Schnurrbart und das „Bild eines Mädchens in umgekehrten Farben": ein Mohrengesicht mit schwarzen Brüsten und blauen Wangen, die sich als Nachbild ins adrette Gegenteil verkehren.[34] Das handkolorierte Bilderbuch „Trugbilder" von A. Refell (1865) verbindet spielerische Belehrung über optische Täuschungen mit der Absicht, „dem blinden Aberglauben und den thörichten Erinnerungen aus der Ammenzeit" – gemeint ist der damals grassierende Spiritismus – „entgegen arbeiten zu können". Es enthält schwarze und bunte Gespenster, Ahnfrauen, Humoresken und einen Regenbogen, der im Nachbild erstaunlich realistisch auf gewitterdunklem Grund steht.[35] Seit der Jahrhundertwende laden vor allem die recht verbreiteten Postkarten mit Politikern, Filmstars oder Nationalflaggen zur Nachbild-Meditation ein.

„Versteckte Bilder" können auch die Testtafeln für Farbenfehlsichtigkeit enthalten, manchem von der Musterung beim Militär her erinnerlich. Auf einer Fläche von Farbpunkten mit gleichem Helligkeitswert heben sich für Normalsichtige durch Farbunterschiede deutliche Zahlen ab, während für den gestörten Farbensinn andere oder gar keine zu erkennen sind.

Durchschaut! Transparenteffekte

Vesuvausbruch! Explosion des Pulverlagers! Besuch der Tellskapelle mit Fackeln, festliche Gondeln bei Nacht... Im Guckkasten, auf dem Papiertheater, im Diorama und auf Postkarten werden die packendsten Verwandlungen durch Transparenteffekte zustandegebracht. Die versteckte Ansicht ist dünn hinter die Hauptansicht kaschiert oder auf deren Rückseite aufgemalt, für besondere Illuminations- oder Sternenhimmeleffekte mit Nadelstichen perforiert. Stimmungen und Jahreszeiten gehen ineinander über, Eisläufer wechseln mit Radfahrern, Promenadewetter mit Schnürlregen. Über blutrot schwelendem Brigantenfeuer geht das kühle Mondlicht auf. Eine Kathedrale verwandelt sich in ein Stahlwerk. An der Bahnlinie Paris-Rennes langweilt sich in staubiger Mittagsglut ein Wartehäuschen, bis funkenspuckend der Nachtzug daherbraust. (Abb. S. 310)[36] Mit Transparentbildern lassen sich märchenhafte Verzauberungen, Traumvisionen und Spiegelerscheinungen wiedergeben (Abb. S. 303). Eine halbverständliche Darstellung wird zur überraschenden Pointe ergänzt. Es gibt unverdächtig aussehende Spielkarten, die im Durchlicht die drolligsten biedermeierlichen Obszönitäten zeigen.[37] Nichts fürs Mädchenpensionat, ebensowenig wie die halb spielkartengroßen Porzellantäfelchen im Sechseretui für die Westentasche, die man sich in der Herrenrunde bei vorgehaltener Hand, aber dahintergehaltener Kerze besah. Teilweise haben sie dieselben erotischen Graphiken als Vorlage wie das Kartenspiel.

Lithophanien heißen die dünnen Reliefs aus Biskuitporzellan, die je nach Materialstärke mehr oder weniger lichtdurchlässig sind. Im Auflicht sieht man von diesen „Durchscheinbildern" nur formlose Unebenheiten. Man muß sie als graphische Technik in keramischer Substanz verstehen; ihre Wirkung gegen das Licht ist weich wie die eines Schabkunstblattes. Es gibt auch farbige Lithophanien, aber der Kenner schätzt das subtile Hell-Dunkel-Spiel der unbemalten höher (Abb. S. 304). Um 1830 aus Paris in die deutschen Porzellanmanufakturen übernommen, waren diese „Lichtbilder" (!) in Lichtschirmständern aus filigranem Eisenguß oder als Fensterbilder in bunter Bleiverglasung (und natürlich mit wohlgesitteten Motiven) bis

zur Jahrhundertwende beliebt, bis heute sind sie es als „Bodenbilder“ in Bierkrügen oder Teetassen (Geisha-Motiv).[38]
Jedes Wasserzeichen im Papier ist ein „verstecktes Bild“ dieser Kategorie, denn eine Drahteinlage im Schöpfsieb vermindert die Papierdicke. Für schattierte Bilder im Papier – das erste war ein Bildnis Friedrich Wilhelms III. von Preußen – wurde bezeichnenderweise im selben Jahrzehnt (1833) das Patent erteilt.[39] Solche „Schattenwasserzeichen“ benötigen ein feines Relief im Sieb. „Papyrophanien“ oder „Papyrographien“ kann man aber auch selbst machen, indem man Papiersorten unterschiedlicher Stärke übereinanderklebt, teilweise ausschneidet, dünner schabt oder mit Deckweiß retuschiert. 1897 erschien ein französisches Anleitungsbüchlein.[40] Ein Meisterwerk, wohl kaum von Dilettantenhand, ist der Lichtschirm oder Kaminfächer mit der Darstellung eines dorischen Palasthofes mit Fackelreflexen (Abb. S. 305). Was im Durchlicht wie eine wolkig lavierte Pinselzeichnung wirkt, ist ausschließlich aus Papierschichten aufgebaut.
Man kann Transparentbilder auch verstecken, indem man sie fast bis zur Unsichtbarkeit verkleinert: Lord Stanhope (gest. 1816) erfand eine Lupe in Form eines winzigen Glaszylinders mit einem flachen und einem konvexen Ende, die nach dem Prinzip des Wassertropfenmikroskops ein Objekt mit bis zu 150 Dioptrien vergrößert. Auf die flache Seite aufgeklebte Mikrophotographien von ein bis zwei Millimetern Größe sind damit, dicht ans Auge gehalten, gut zu erkennen. „Stanhopes“ mit Ortsansichten wurden mit Vorliebe in Souvenirgegenstände, Miniatur-Ferngläser, Nadelbüchsen, Federhalter, Schmuckstücke eingearbeitet (Abb. S. 169). Ein als Büchlein getarnter Holzrahmen enthält 20 Stanhopes von der Pariser Weltausstellung 1900.[41]

Die Verschwörung der Schatten

Eine Schattenbildtechnik, deren Wirkung der Lithophanie verwandt ist, scheint um 1800 im Gefolge der Silhouettenkultur aus Frankreich oder Holland gekommen zu sein. Die Darstellung – vorzugsweise Portraits und Charakterköpfe – wird aus hellem Papier so ausgeschnitten, daß die Lichter weggenommen werden, während die Schattenpartien stehen bleiben. In der Hand betrachtet ist ihr Sinn versteckt und unverständlich; mit einer Kerze auf eine weiße Fläche projiziert, haben diese „Lichtobjekte“ gleich mehrere erstaunliche Eigenschaften: durch ihre Hell-Dunkel-Vertauschung benützen sie den Negativ-Effekt lange vor dessen Anwendung in der Photographie; durch die weich modellierenden Halbschatten entlang der Binnenschnitte erzielen sie eine fast dreidimensionale Wirkung; im Flackern des Lichtes und durch die Bewegung der Hand rühren sie auch noch an die Grenze zur Animation: man glaubt Augen zwinkern und Münder sprechen zu sehen.
Die frühesten datierten Exemplare (1818) sind im Nachlaß des erwähnten Elsässer Pädagogen Oberlin.[42] Um 1820 kamen fünf Serien nach französischer Vorlage in Wien heraus, Radierungen zum Selbstausschneiden mit dem Titel „Coptographische Unterhaltungen/ Amusements coptographiques“.[43] Dieses gelehrte Kunstwort leitet sich vom griechischen „kóptein“ (schlagen, schneiden) her. Die beiliegende Erläuterung betont, daß diese „Ausdrucks- und Phantasie-Köpfe ... beyläufig die Wirkung einer gewischten Zeichnung nach Gyps-Modellen, die bey Lampenschein gemacht ist, hervorbringen“. Gleichzeitig (oder früher?) erschienen die nämlichen Motive in Amsterdam. Ein deutsches Beschäftigungsbuch für die Jugend von 1841[44] übernimmt den exotischen Namen, während Bilder entsprechender Machart, von Grandville gezeichnet, 1847 in „Le Magasin pittoresque“ nur als „découpures“, „cartes découpées“ oder „ombres blanches“ bezeichnet werden. Eine umfangreiche lithographierte Vorlagensammlung erschien 1851 in Amsterdam als „Coptographische Avond-Uitspanningen“. So darf man den Begriff Coptographie vielleicht für diese Technik beibehalten, die der Sache nach freilich am präzisesten mit „Halbschattenbilder“ benannt wäre. In der französischen Schattenspielliteratur liest man auch von „images mégalographiques“

(griech. megalo- = groß-), weil die Projektionen vergrößert an der Wand erscheinen.[45] Von fast archaischer Wucht sind die einfachsten Coptographien, etwa ein Mann mit Federhut in Rembrandts Manier, für dessen Lichtpräsenz nur vier Binnenschnitte notwendig sind. Je kleinteiliger die Bilder durchbrochen sind, desto mehr geht von der plastischen Halbschattenwirkung verloren. In geprägten Rahmen auf einer Art Tüll fixierte, gestanzte Schattenbilder aus Frankreich (um 1870) sind ästhetische Kostbarkeiten – oder aber die äußerst seltenen beweglichen wie „Joey. A new mechanical Shadow of a celebrated Clown... Which rolls its eyes and twists its mouth / In all directions North and South" (London 1820 bei Gouyn) nach dem englischen Clown Joseph Grimaldi, der bis 1823 auftrat (Abb. S. 29). Künstlerisch hervorragende, bis vor kurzem kaum beachtete Exemplare hinterließ Adolph von Menzel.[46]

Daß der Schatten verborgene Wahrheiten ausplaudern kann, ist eine alte Bildmetapher. Zu Grandvilles frühesten Arbeiten für die politische Zeitschrift „La Caricature" gehörten 1830 zwei Blätter „Les Ombres portées" – das Deutsche hat dafür die noch nachdrücklichere Übersetzung „Die Schlagschatten". Vertreter verschiedener Stände offenbaren sich als Flasche, Teufel, Schwein und Puter, zwei Geistliche als Löschhütchen, ein Bettelmönch als Weinkanne.[47] Solche Schattenbilder verfestigen Klischeevorstellungen und schaffen zugleich die komische Distanz. Eines der frühesten beweglichen Spielbücher für Kinder heißt „Moveable Shadows" (vom „Punch"-Zeichner W. Newman, bei Dean/London um 1860 verlegt). Zieht man am Papierstreifen die ausgeschnittenen Gestalten eines leichtfüßigen Mädchens, eines plumpen Viehhändlers beiseite, so erscheint ihr wahrer Charakter als Schatten an der Wand, gemäß den Bildunterschriften: „A wild duck", „Honest John Bull" (Abb. S. 26). Vergleichbar den politischen Vexier- und Suchbildern, französisch „Estampes séditieuses" (aufrührerische Drucke) genannt, kursierten in bewegten Zeiten auch „Jouets séditieux", verschwörerische Drechselkunststücke, die ihr Geheimnis nur im Schattenwurf preisgaben. Aus Hartholz oder Elfenbein gedreht, erhielten Stockknäufe, Petschafte oder Schachfiguren das Profil derjenigen Großen, als deren Parteigänger man sich nur unter Gleichgesinnten zu erkennen geben wollte. Im „Magasin pittoresque" von 1862 wird eine Kindheitserinnerung aus dem Winter 1817 erzählt: Ein Veteran der Großen Armee schraubt feierlich seinen Stockknauf ab, wirft damit den Schatten Napoleons auf weißes Papier und murmelt mit Tränen in den Augen: „Wir werden ihn wiedersehen." Wenn in einem Schachspiel jedoch ausgerechnet die (als erste geopferten) Bauern und die Läufer (franz. fou = Narr) die Züge des Usurpators tragen, wird es nicht gerade von Bonapartisten gespielt worden sein.[48] (Abb. S. 27) Werner Nekes merkt hierzu an: „Man darf annehmen, daß der Besitzer dieses einzigartigen Figurensatzes seinem Spielpartner hiermit seine politische Überzeugung offenbaren wollte. Sollte sich sein Gegenüber nicht als Gleichgesinnter zu erkennen geben, hätte der sich Bekennende noch die Möglichkeit des Rückzugs, indem er die Zufälligkeiten des flackernden Lichts beschuldigen könnte, solch brisante Schatten zu werfen. Das aufwendige Verstecken der visuellen Botschaft setzt die Erwartung voraus, daß der Empfänger den medial geschulten Blick hat, also im Besitz des Schlüssels ist, die Mitteilung auftun und lesen zu können. So richten sich versteckte Bilder fast immer an eine geringere Anzahl von Betrachtern, die gelernt haben müssen, hinter dem Augenschein die eigentliche Mitteilung zu finden. Man darf dies als Aufforderung an uns alle verstehen, unseren Blick auszubilden, um den medialen visuellen Herausforderungen mit entsprechenden Strategien der erkenntniskritischen Betrachtung zu genügen."

Astrid Weidauer

So weit das Auge reicht

Das Panorama als Massenmedium des 19. Jahrhunderts

Prolog im Dämmerlicht

Das Reich des Sammlers wendet der Welt den Rücken zu. Gleichgültig läßt seine schmucklose Außenhaut die Blicke der Vorübergehenden an sich abperlen. Auf ein Klingelzeichen hin öffnet sich eine schwere Eisentür. Noch während sie ins Schloß fällt, entfernen sich die Geräusche der Straße, entschwindet der letzte Sonnenstrahl. Diffuses Dämmerlicht umfängt die Besucherin. Der Weg zu den Schätzen des Sammlers führt hinab in die Tiefe, von der Richard Wagners Rheintöchter zu singen wissen: „Traulich und treu ist's nur in der Tiefe: falsch und feig ist, was dort oben sich freut!"[1] Der steile Abstieg ins Innere des Hauses gleicht einem Abschied von der Welt und ruft geradezu körperlich den wohligen Schauer ins Bewußtsein, von dem vor rund 200 Jahren die Besucher jener ersten monumentalen Panorama-Gebäude befallen worden sein mögen, die sich nach außen hin als schlichte Zentralbauten präsentierten, in ihrem Inneren aber dem wahrhaft Mirakulösen eine Heimstatt boten: Vollständig abgeschirmt von der Außenwelt, beschritt der Besucher zunächst einen über eine Treppe führenden, absichtlich dunkel gehaltenen Gang. So konnte sich sein Auge an das im Innern herrschende Dämmerlicht gewöhnen und war nach diesem Prolog gleichsam konditioniert für den unerhörten „Ausblick", der sich ihm nun bot: Auf einer Plattform stehend, sah sich der Staunende ins Zentrum eines Riesenrundgemäldes versetzt, das ihm wie von einem Kirchturm oder einem Berggipfel einen weiten, scheinbar unbeschränkten Blick nach allen Seiten gewährte (Abb. 5). Die hier abgebildete Panorama-Rotunde, die am 25. Mai 1793 am Leicester Square in London eröffnet wurde, war in zweifacher Hinsicht bemerkenswert: Zum einen stellte der nach Plänen des schottischen Architekten Robert Mitchell auf Betreiben des „Panorama-Erfinders" Robert Barker[2] errichtete Zentralbau ein absolutes Novum dar – mit ihm entstand die erste Panoramarotunde der Welt. Zum anderen beherbergte der beeindruckende Rundbau, im Unterschied zu fast allen späteren Rotunden, in seinem Inneren gleich zwei Rundgemälde, die über verschiedene Zugänge erreichbar waren.[3]

Betritt man das Reich des Sammlers Werner Nekes, wird man von einem ähnlichen Wahrnehmungsschwindel wie die Panoramabesucher des 19. Jahrhunderts befallen. Der Welt inzwischen entrückt im fensterlosen Raum[4], öffnet sich nun dem umherschweifenden Auge eine Wunderkammer des Profanen – ein Arsenal des scheinbar Disparaten. Der Sammler Werner Nekes verkörpert wohl jenes Idealbild, das Walter Benjamin in seinem „Passagen-Werk" entwarf: „So aber ergeht es mit den Dingen dem großen Sammler. Sie stoßen ihm zu. Wie er ihnen nachstellt und auf sie trifft, welche Veränderungen in allen Stücken ein neues Stück, das hinzutritt, bewirkt, das alles zeigen ihm seine Sachen in ständigem Fluten. (...) Man hat

nur einen Sammler zu verfolgen, der die Gegenstände seiner Vitrine handhabt. Kaum hält er sie in Händen, so scheint er inspiriert durch sie, scheint wie ein Magier durch sie hindurch in ihre Ferne zu schauen."[5] So wird für diesen Sammler jedes aus seinem ursprünglichen Zusammenhang gelöste Fundstück zu einer faszinierenden Enzyklopädie seiner Zeit, das ihm die Grabungsspur zu dessen Urgeschichte weist.
Aus der Inkubationszeit der „Panoramania"[6], die um 1830/40 ihrem ersten Höhepunkt zusteuerte, förderte Werner Nekes Erstaunliches zutage: Zeugnisse einer Geschichte der Wahrnehmung, die ihren eigenen Reiz im Kontext der Ausstellung entfalten und hier nur streiflichtartig illuminiert werden können.

Abb. 1
OX-EYES
Bewegliche Optiken zur Montage einer Camera Obscura in die Wand, England, um 1700

Kleine Genealogie des Panoramas

Der Begriff „Panorama" ist ein Kunstwort, das erst gegen Ende des 18. Jahrhunderts, genauer 1791, im Umkreis des bereits erwähnten Robert Barker geprägt wurde. Das aus zwei griechischen Wörtern („pan" = all/ganz und „horan" = sehen) zusammengesetzte „pan-horama" bedeutet soviel wie ein „Alles-Sehen", also Allsicht, Rundsicht oder Übersicht.[7] Wesentlich älter als der Begriff sind, faßt man ihn etwas weiter, die vielfältigen Antizipationen des panoramatischen Blicks, die hier nur kursorisch gestreift werden können. Panoramatisch etwa erscheinen bereits die tiefenscharfe, überdeutlich ausgebreitete Kompositlandschaft im Hintergrund von Jan van Eycks „Rolin-Madonna"[8], um 1435, oder Albrecht Dürers extrem breitformatige Fernsicht „Tal von Kalchreuth"[9], die um 1500 entstand. Eine grandiose perspektivisch überdehnte Übersicht aus fiktiver Höhe gewährt El Grecos „La ciudad de Toledo con su planta" von 1610/14.[10] Besonders das 16. Jahrhundert bringt eine Fülle von topographisch exakten Teilansichten hervor (exemplarisch sei hier lediglich der schweizerische Kupferstecher Matthäus Merian genannt), zumeist Grundriß-Schrägbilder aus parallelperspektivischer Vogelschau, aber auch Ortsplanveduten im Rund, Horizontalpanoramen etc. Sie stellen einerseits artistische Kabinettstückchen dar, die auf die Täuschung und Verblüffung des menschlichen Auges zielen. Zum andern spricht aus ihnen nichts Geringeres als der Wunsch nach einer beherrschbaren, übersichtlich geordneten Welt.
Die Entwicklungen auf dem Gebiet der Perspektivtechniken und der Spezialoptiken (etwa der sich um 1600 vollziehende Wandel von der fest im Raum installierten zur tragbaren Camera Obscura oder Daniel Schwenters Erfindung des so genannten „Ochsenauges" im Jahre 1636 [eines erstmals schwenkbaren Objektivs, mit dem unterschiedliche Blickwinkel der Außenwelt in den Innenraum projiziert werden können]) erleichtern den Landschaftsmalern und Vedutenkünstlern die Wahl des Bildausschnitts. (Abb. 1) Ab 1755 leiten die Alpenpanoramisten (mit Jacques-Barthelemy Micheli Du Crest, Horace Bénédict de Saussure und Hans Conrad Escher von der Linth seien wichtige Protagonisten zumindest benannt), die mit geometrischen Prospekten die unbekannte Bergwelt erschlossen, die wissenschaftlich orientierte Panoramenkunst ein und beschleunigen damit den Prozess der Eroberung von Raum und Ferne. Eines der eindrücklichsten Beispiele hierfür, fraglos ein Kulminationspunkt der Gattung, stellt das „Panorama oder Zirkel-Aussicht vom Rigi-Berg auf dem Kulm gezeichnet" von Ludwig Pfyffer von Wyher dar. (Abb. 3) Diese an Detailbesessenheit kaum zu überbietende zirkumpolare Rundkarte bietet dem Bergsteiger eine ungemein informative und verläßliche Orientierungshilfe – ihr Vorbild ist Marc Théodore Bourrits „Vue circulaire des Montagnes qu'on découvre du sommet du Glacier de Buet", die 1779 von ihrem Urheber Horace Bénédict de Saussure publiziert worden war.[11]
Doch neben diesen kurz vorgestellten Vorläufern des Panoramas, die von einem schier unstillbaren Bedürfnis nach Entgrenzung zeugen, lassen sich noch andere „genealogische" Verzweigungen ausmachen. Unbekümmert darum, ob Begriffs-Puristen über eine solche Ahnengalerie die Stirn runzeln, hat ihnen der Sammler Werner Nekes einen würdigen Platz innerhalb seines imaginären Panorama-Stammbaums zugedacht. Es sind dies aufwendige

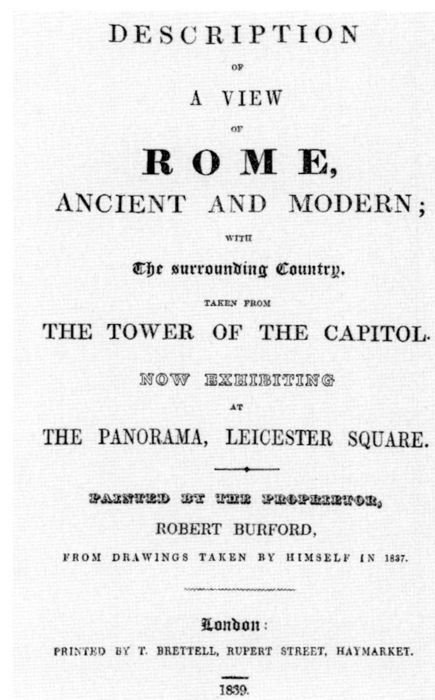
DESCRIPTION
OF
A VIEW
OF
ROME,
ANCIENT AND MODERN;
WITH
The surrounding Country,
TAKEN FROM
THE TOWER OF THE CAPITOL.
NOW EXHIBITING
AT
THE PANORAMA, LEICESTER SQUARE.
PAINTED BY THE PROPRIETOR,
ROBERT BURFORD,
FROM DRAWINGS TAKEN BY HIMSELF IN 1837.
London:
PRINTED BY T. BRETTELL, RUPERT STREET, HAYMARKET.
1839.

Abb. 2
„DESCRIPTION OF A VIEW OF ROME ANCIENT AND MODERN WITH SURROUNDING COUNTRY"
Titelseite des Prospekts vom Panorama am Leicester Square, London 1839

Abb. 3
LUDWIG PFYFFER VON WYHER
Rundblick-Panorama vom Rigiberg auf der Kulm gezeichnet,
Umrißradierung und Aquatinta, koloriert, 55,1 x 55,5 cm
Luzern 1838

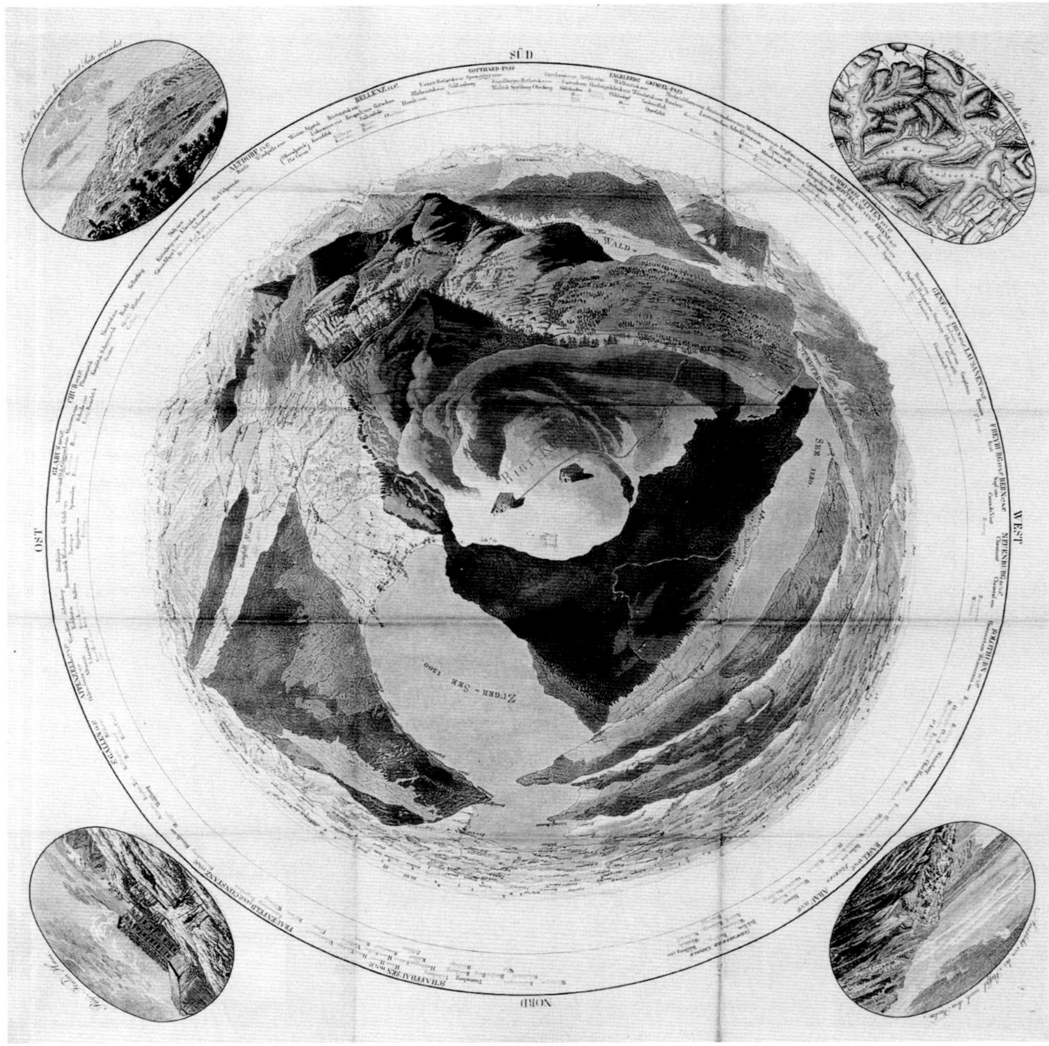

graphische Darstellungen von Trionfi, Funeral- oder Krönungsprozessionen der Barockzeit, die den meist voluminösen Beschreibungen als Illustrationen beigefügt waren. So beispielsweise auch die in Kupfer gestochene Trauerprozession für den 1660 verstorbenen schwedischen König Carl Gustav. (Abb. S. 295) Auf diesem auf 7 Platten gestochenen, 14mal gefalteten Bild scheint sich der Kondukt der schwarz verhüllten Trauergestalten von links nach rechts in einem endlosen Defilée am zentral situierten Sarg des Schwedenkönigs vorbeizuschieben – in Wirklichkeit ist es natürlich der Betrachter selbst, der sich, um das gesamte Bild erfassen zu können, nolens volens in den Zug der Trauernden einreihen und dem königlichen Sarg seine Reverenz erweisen muß. Die beeindruckende Kulisse dieses streng feierlichen Kondukts, der freilich nicht im Sinne eines Endlos- oder Rundbildes zu verstehen, sondern deutlich eingerahmt ist, bilden Salut schießende Schiffe und die Silhouette von Stockholm. Die Verknüpfung des Memento-mori-Topos mit einer genau lokalisierbaren topographischen Ansicht findet sich weitaus drastischer im „Lübecker Totentanz" – einem wiederum extrem breitformatigen Kupferstich von 1701, der eine Kopie von Bernt Notkes berühmtem „Totentanz"-Fries für die Beichtkapelle der Lübecker Marienkirche darstellt. (Abb. S. 294) Notkes nahezu lebensgroß gemalter Fries (Originalmaße: 1,92 m x ca. 30 m) entstand 1463, wurde 1701 von Anton Wortmann auf eine neue Leinwand kopiert und fiel schließlich 1942 vollständig den Flammen zum Opfer.[12] Das Auge des Betrachters wandelt an den 24 Paaren des Frieses entlang, die vor der weiten Landschaft der Lübecker Umgebung angeordnet sind. Die

Abb. 4
F. APPEL
Panorama-Gebäude auf den Champs-Élysées,
Lithographie, Paris, um 1830

Einmaligkeit dieses Totentanzes rührt daher, daß „er den Tanz der Sterbenden mit dem Tod und das heimische Stadtportrait in der ostholsteinischen Landschaft miteinander kombiniert. Dadurch zwingt er den Betrachter, sich nicht nur in seinem Standesvertreter zu erkennen, sondern auch zu sehen, daß ihm hier und jetzt ein Spiegel vor Augen gehalten wird, in dem er sich selbst im Tanz mit dem Tod erblickt."[13] Dem kunstvoll verknüpften Band der widerstrebend mit dem Tod Tanzenden im Bildteil korrespondiert die darunter angeordnete Dialogfolge zwischen Tod und Lebenden in niederdeutscher Sprache. Ohne Unterschied von Alter und Stand, gleich ob Greis oder Wiegenkind, Papst oder Bauer zieht der Tod in diesem Panorama des Lebens und Vergehens jeden in seinen Reigen.

Ein Massenmedium wird erfunden

Es war, wie dieser kurze Rekurs nur in Ausschnitten zeigen konnte, eine Frage der Zeit, bis die Geburtsstunde des Panoramas schlagen sollte. Sein Beginn ist exakt mit dem 19. Juni 1787 markiert. An diesem Tag nämlich meldete der oben bereits erwähnte Robert Barker in Edinburgh ein Patent an, das er als „an entire view of any country or situation, as it appears to an observer quite round"[14] umschrieb. Schon länger hatte Barker mit der Idee eines großformatig-illusionistischen Rundumgemäldes, das in einem eigens dafür errichteten Gebäude ausgestellt werden sollte, geliebäugelt.[15] Für zunächst vierzehn Jahre erwarb er sich die ausschließlichen Rechte an seiner Erfindung, die er vorerst nicht „Panorama", sondern „la nature à coup d'oeil" (Die Natur auf einen Blick) nannte. In der Patentbeschreibung maß Barker der Technik der Bildaufhängung ebensolchen Wert bei wie dem 360-Grad-Bild selbst. Wie die gerundete Leinwand anzubringen, eine natürliche Beleuchtung mittels Oberlichtern zu bewerkstelligen sei, wie der Betrachter daran gehindert werden solle, die Ober- und Unterkanten des Bildes zu sehen, kurzum, wie sich der Eindruck größtmöglicher Illusion erzielen lasse – all dies beschrieb er sorgfältig. Eine erste praktische Umsetzung seiner Patentidee ließ er alsbald folgen: Am 31. Januar 1788 stellt Barker in einem Versammlungsraum in Edinburgh ein 360-Grad-Bild aus, das eine Ansicht der schottischen Hauptstadt zeigte. Sein Sohn Aston hatte dazu die zeichnerische Vorarbeit geleistet. Das endgültige Ergebnis bestand aus einem in Wasserfarben auf papierkaschierter Leinwand gemalten Rundbild, das jedoch wegen seines geringen Durchmessers von lediglich 7,6 Metern nur einen ungenügenden Betrachterabstand gewährte und somit die beabsichtigte illusionistische Wirkung verpuffen ließ. Barker, ein Mann der Tat, entschloß sich daraufhin, ein größeres Bild zu malen, das er jedoch mangels eines geeigneten Ausstellungsraums nur als 180-Grad-Gemälde ausführen konnte. Dieses von 1791 bis 1794 in einer provisorischen Hütte hinter seinem Londoner Wohnhaus Castle Street 28 gezeigte Bild gewährte den Betrachtern

Abb. 5
„EXPLANATION OF THE ISLAND OF ELBA"
Prospekt mit Gesamtansicht und Erklärungen des Panoramas der Insel Elba, Panorama am Leicester Square, Kupferstich, London 1815

Abb. 6
PAUL PHILIPPOTEAUX
Anfertigung des Cycloramas der Schlacht von Gettysburg (120 x 15 m),
in: Albert A. Hopkins, Magic.
Stage Illusions And Scientific Diversions,
London 1897, S. 357

einen Blick vom Dach der Albion Mills in London und wurde mit dem bis dato unbekannten Namen „Panorama" beworben.[16] Durch den starken Publikumszuspruch beflügelt, ging Barker schließlich aufs Ganze: Er pachtete an der Nordseite des Leicester Square ein Grundstück, wo er 1793 von dem schottischen Architekten Robert Mitchell ein eigens für die Aufnahme eines Rundgemäldes[17] bestimmtes Gebäude errichten ließ. (Abb. S. 294/295) Dies war ein Quantensprung: Zum ersten Mal waren die in Barkers Patent formulierten Ansprüche an ein Panorama vollständig erfüllt. Nach außen hin präsentierte sich der trommelähnliche Bau zwar recht schmucklos, doch die architektonische Lösung des labyrinthischen Inneren war so ausgefeilt, daß sie die größtmögliche Illusion von Realität gewährte: Mit einem Durchmesser von 27,5 Metern und einer Höhe von 17,4 Metern besaß der Hauptausstellungsraum nun jene monumentalen Maße, die einen angemessenen Betrachterabstand ermöglichten – die Besucher auf der mittleren Plattform befanden sich in einer Entfernung von mindestens 10 Metern zum Gemälde und waren vollständig von ihm umfangen. So markiert der 25. Mai 1793, als Barker seine Rotunde mit dem Ölgemälde „The Grand Fleet at Spithead in 1791" eröffnete, einen Meilenstein in der Geschichte der Massenmedien.
Der Erfolg des Panoramas war sensationell. Selbst die königliche Familie ließ es sich nicht nehmen, das Riesenrundgemälde mit ihrem Besuch zu beehren. „Man erzählte, Prinzessin Charlotte habe sich plötzlich seekrank gefühlt, als sie überall Schiffe erblickte. Die Plattform war dem Achterdeck einer Fregatte nachempfunden, so daß der Betrachter sich völlig vom Meer umgeben wähnte."[18] Der enorme Ansturm auf Barkers Londoner Rotunde wurde durch

den Umstand noch begünstigt, daß man in regelmäßigen Abständen die Bilder auswechselte und somit die Sehlust des Publikums immer wieder neu entfachte.
Als besonders spektakulär wurde das 1799 gezeigte Panorama der „Schlacht von Abukir" empfunden. „Das Publikum war so begeistert, daß der Korrespondent des deutschen ‚Journal London und Paris' seinen Lesern riet, ein wenig mit dem Besuch zu warten, da man das Bild wegen des großen Ansturms nicht ungehindert betrachten könne."[19] Seinen ursprünglichen Plan, in anderen britischen und europäischen Städten mit weiteren Rotunden zu expandieren, gab Barker spätestens 1798 auf. Vielmehr verlegte er sich nun auf die Verwertung bereits gezeigter Panoramen, indem er diese an Aussteller verkaufte, die die Leinwände in England (später auch in Deutschland, Frankreich und Holland) vorführten, bis sie regelrecht verschlissen waren. „Es waren vor allem Barkers Panoramen oder deren Kopien, die das Publikum in ganz Europa und sogar in der jungen amerikanischen Republik mit der neuen Kunstform bekannt machten. Bereits 1795 war in New York eine Kopie von ‚London from the Roof of the Albion Mills' zu sehen gewesen."[20]
In puncto Geschäftstüchtigkeit und unternehmerischem Weitblick waren die Barkers (zum Familien-Clan gehörte neben Vater Robert und Sohn Henry Aston auch noch dessen Bruder Thomas Edward, der 1802 das Londoner Panorama am Strand eröffnete) der Konkurrenz meilenweit voraus. Dem hohen Niveau des Leicester Square Panoramas konnte bestenfalls das 1829 eröffnete Londoner Colosseum zeitweilig Paroli bieten. Es beherbergte lange Zeit ein einziges Panorama, das London von der Kuppel der St. Paul's Cathedral zeigte.[21]
Als Panorama-Pionier blieb Robert Barker jedoch so kontinuierlich wie kein zweiter (gewissermaßen über seinen Tod hinaus) seiner verkündeten Absicht treu, der Öffentlichkeit „nach und nach die interessantesten Ansichten und die bekanntesten Städte Europas"[22] vorzustellen. Bis zum Abriß der Rotunde 1861 wurden am Leicester Square insgesamt 126 Riesenrundgemälde gezeigt!

Panoramania auf dem Festland

Wie bereits erwähnt, breitete sich das englische Panorama-Virus schon bald über das europäische Festland aus. In Frankreich waren es der amerikanische Ingenieur Robert Fulton, sein Landsmann James Thayer sowie die beiden Maler Pierre Prévost und Charles Langlois, die in der ersten Hälfte des 19. Jahrhunderts erfolgreich mehrere Rotunden betrieben.[23] Fulton hatte sich 1799 mit Robert Barker über eine Importlizenz seines Patents geeinigt, die ihm für den Zeitraum von 10 Jahren erteilt wurde. Bereits acht Monate später verkaufte Fulton das Patent an Thayer weiter. Damit blieb das Panorama in ganz Frankreich in den Händen eines Unternehmers. All-Ansichten ferner Städte und Landschaften hatten in den Pariser

Abb. 7
EINTRITTSKARTE FÜR DAS PANORAMA AMSTERDAM
**Ausgestellt wurden das von Tetar van Elven gemalte Panorama „Het Beleg van Haarlem in 1572"
(Die Belagerung von Haarlem 1572), sowie das Diorama
„De Ruine van Brederode"
(Die Ruine von Brederode)**
Amsterdam 1891

Panoramen ebenso Konjunktur wie Schlachtenbilder. Besondere Erwähnung verdient hierbei die „Seeschlacht von Navarino“, mit der Charles Langlois 1831 seine Rotunde in Paris eröffnete. Die traditionelle Besucherplattform dieses mit einem Durchmesser von 38 Metern stattlichen Baus war durch das Achterdeck der Fregatte „Scipion“, die an diesem denkwürdigen Gefecht teilgenommen hatte, ersetzt worden. Zur Vervollkommnung der Illusion setzte Langlois zudem Gaslicht und Ventilation ein, um Feuer und Seewind akustisch zu simulieren. Die Grenzen zwischen Malerei und „Wirklichkeit“ gingen schließlich beinahe nahtlos ineinander über, weil das Licht nicht durch einfaches Glas, sondern durch Milchglasscheiben von oben einfiel. Unter den begeisterten Besuchern der „Seeschlacht von Navarino“ befand sich auch der in Paris tätige deutsche Architekt Jakob Ignaz Hittorf(f).[24] Er rühmte an Langlois' Gemälde „eine so außergewöhnliche Lebensechtheit, daß sie seither nicht übertroffen wurde und es wohl auch nie werden wird“.[25]
Für die Geschichte des Panoramas folgenreich sollte die Zusammenarbeit von Hittorff und Langlois werden: 1838 erhielt der Architekt von Langlois den Auftrag zu einer Panorama-Rotunde an den Champs-Élysées. Vorgegeben waren der gewaltige Durchmesser von 40 Metern und die Eliminierung des bis dahin unverzichtbaren, jedoch die Sicht beeinträchtigenden zentralen Stützpfeilers. Hittorff, geschult durch sein Studium schmiedeeiserner Konstruktionen in England, bediente sich zur Lösung dieses Problems eines ebenso genialen wie simplen Kniffs: Er hängte den hölzernen Dachstuhl der Rotunde an 12 schmiedeeisernen Zugbändern auf – „offensichtlich in Kenntnis, daß Schmiedeeisen dann wirtschaftlich am günstigsten eingesetzt ist, wenn ihm Zugkräfte übertragen werden. Zum Abfangen der großen Lasten führte er die Zugbänder über gußeiserne Standsäulen und verankerte sie im Säulenlauf des das Gebäude umgebenden Arkadenrings.“[26] Hittorffs Hängekonstruktion blieb zwar in ihrer Zeit ohne Nachfolge, wurde aber zum Prototyp für alle Panoramengebäude, die in der zweiten Phase der Panoramenmalerei (nach 1860) entstanden.
Als erstes Rundgemälde in dieser mit einer außergewöhnlich eleganten Fassade geschmückten Rotunde an den Champs-Élysées wurde ab Mai 1839 „Der Brand von Moskau“ unter großem Publikumszuspruch gezeigt. Auch das 1843 nachfolgende Panorama der „Schlacht von Eylau“ brachte Langlois den gewünschten finanziellen Erfolg – indem das Panorama ein historisches Ereignis in seiner Totalität festhielt und unentwegt reproduzierte, schuf es der kollektiven Erinnerung, der sich hier besonders die Kriegsveteranen überließen, einen Ort.
In Deutschland hingegen bot sich in den ersten Dezennien des 19. Jahrhunderts ein völlig anderes Bild: Hier wurden zunächst Panoramabilder aus England und Frankreich importiert und in hölzernen Rotunden gezeigt. So machte beispielsweise Robert Barkers London-Panorama die Runde – freilich mit unterschiedlicher Publikumsresonanz. Während das Gemälde in Hamburg 1799 beim Publikum noch „einschlug“, fiel es bei seiner Leipziger Präsentation ein Jahr später durch – zum einen, weil es durch den Transport bereits arg ramponiert war; zum anderen, weil das Publikum auf eine Doppelplattform verteilt wurde und sich somit für die Hälfte der Besucher (nämlich die auf den billigeren Plätzen der unteren Ebene plazierten) die illusionistische Wirkung kaum herstellte. Ins Jahr 1800 fiel die Eröffnung des ersten deutschen Panoramas in einer auf dem Berliner Gendarmenmarkt aufgestellten Bretterbude: Es zeigte eine Ansicht Roms, „gesehen von den Ruinen des Kaiserpalastes“, und stammte von Friedrich Ludwig Kaaz und dem Magdeburger Theatermaler und Perspektivtheoretiker Johann Adam Breysig. Letzterer ging weniger dieses Panoramas wegen, sondern „dank“ einer kuriosen Fußnote in die Geschichte dieses optischen Mediums ein. Er reklamierte lange Zeit für sich, der eigentliche Erfinder des Panoramas zu sein. Dieser Prioritätenstreit kulminierte 1799, als er öffentlich behauptete, die Idee zu einem kompletten Rundgemälde bereits ein Jahr vor Barker, nämlich 1788, entwickelt zu haben.[27] Er verstieg sich gar in die Vermutung, seine Ideen könnten nach England gelangt sein, da er viele Freunde in seine Pläne eingeweiht hatte.[28] Auch sein Rom-Panorama brachte ihm nicht den

gewünschten Erfolg. Das „Journal des Luxus und der Moden" verglich es mit einer schlecht gemalten Theaterkulisse und bemängelte, der Maler habe die beabsichtigte Illusion nicht erreicht. Die einzige feststehende Rotunde im deutschsprachigen Raum befand sich in dieser frühen Phase des Panoramas in Wien, wo William Barton als Unternehmer tätig war.[29] Abgesehen von den vereinzelten Leistungen Karl Friedrich Schinkels[30] und Eduard Gaertners[31] in Berlin sowie des Panoramaunternehmers Johann Michael Sattler (er stellte 1829 in Salzburg ein Rundbild der Stadt aus und tourte mit diesem Bild und einer zerlegbaren Rotunde von 1830 bis 1838 durch halb Europa), sind die Anfänge des deutschen Panoramas als eher zaghaft zu bezeichnen. Es sollte sich bestätigen, daß das Panorama vor allem eine großstädtische Erscheinung war (zum Vergleich: Anfang des 19. Jahrhunderts lebten in Berlin etwa 150 000, in London hingegen bereits über eine Million Menschen).

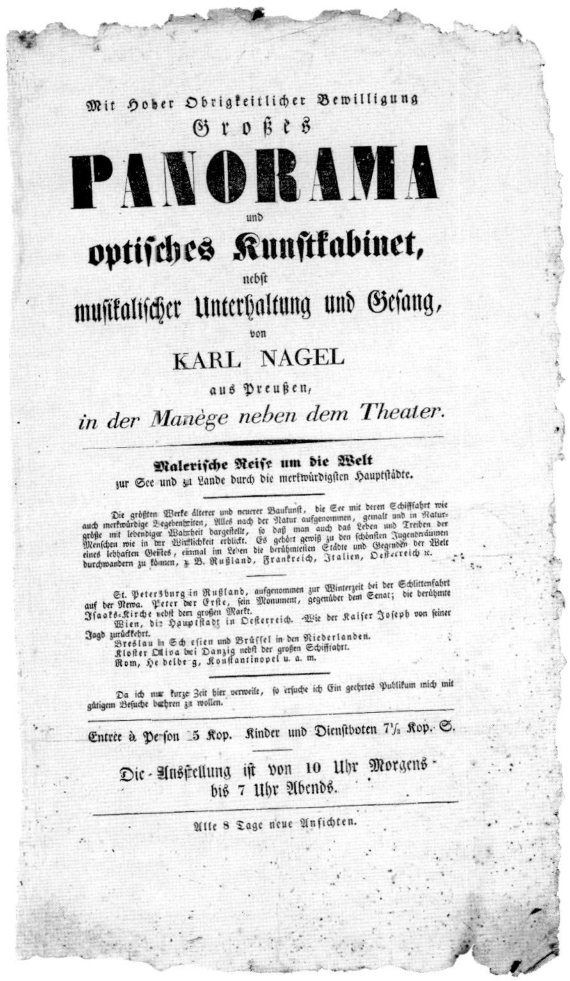

Abb. 8
Plakatwerbung für das Panorama von Karl Nagel ‚aus Preußen', um 1850

Hinterm Horizont geht's weiter

Im gleichen Jahr, 1787, als Robert Barker in Edinburgh erstmals eine Landschaft im totalen Rundumblick malte, erlebte Goethe während seiner Seereise von Neapel nach Palermo eine Epiphanie besonderer Art. Am 30. März notierte er in seinem Tagebuch: „Der Vesuv verlor sich gegen vier Uhr aus unseren Augen, als Capo Minerva und Ischia noch gesehen wurden. Auch diese verloren sich gegen Abend. Die Sonne ging unter ins Meer, begleitet von Wolken und einem langen, meilenweit reichenden Streifen, alles purpurglänzende Lichter... Nun war kein Land mehr zu sehen, der Horizont ringsum ein Wasserkreis..."[32] Noch tagelang wirkt das Erlebnis des Horizonts – jener geschlossenen Linie, in der Himmel und Wasser ineinander zu verfließen scheinen – heftig nach: „Hat man sich nicht ringsum vom Meere umgeben gesehen, so hat man keinen Begriff von Welt und seinem Verhältnis zur Welt. Als Landschaftszeichner hat mir diese große simple Linie ganz neue Gedanken gegeben", resümiert Goethe am 3. April 1787.[33]
Der konkret sinnlichen Erfahrung des Horizonts, die erst im Laufe des 18. Jahrhunderts für immer mehr Bildungsreisende zum Allgemeinbesitz werden sollte, ging zunächst eine mathematisch abstrakte Idee voraus: erstmals ist das Wort „Horizont" (der gelehrte Name für „Gesichtskreis") 1477 in einer Münchner Handschrift nachzuweisen. Albrecht Dürer verwendet es 1525 in seiner perspektivtheoretischen Schrift „Unterweisung der Messung". Stephan Oettermann faßt in seinem aufsehenerregenden Buch „Das Panorama. Die Geschichte eines Massenmediums" (es ist bis heute das Standardwerk zu diesem Thema) die Begriffsgeschichte zusammen: „Mit der Einführung des Horizonts in die Vorstellungswelt des Abendlandes wird nicht nur die Entdeckung neuer, bis dahin ungeahnter Welten hinter dem Horizont möglich, auch die Entdeckung und Erforschung einer neuen Welt, die von ihm eingeschlossen wird,

Abb. 9
LÄNGEN-SCHRIFTANAMORPHOSE AUF DER RÜCKSEITE DER EINTRITTSKARTE FÜR DAS PANORAMA AMSTERDAM.
Die Anamorphose ist von zwei Seiten zu betrachten. Text: „Panorama Amsterdam – Dagelijks geopend", Amsterdam 1891

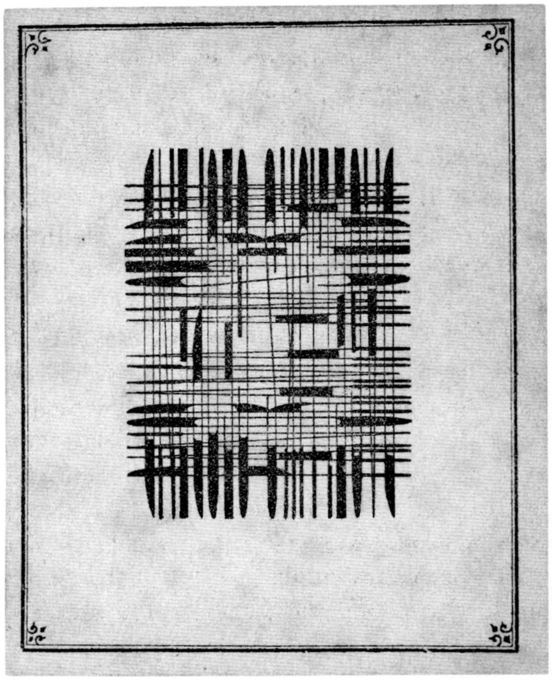

nimmt mit der Ausrichtung des Sehens auf die Zentralperspektive ihren Anfang."[34] Dieser Moment lässt sich zeitlich um das Jahr 1465 fixieren, als Dirk Bouts mit seinem „Abendmahl" (der Mitteltafel des Löwener Sakramentsaltars) das erste zentralperspektivisch „richtige" Bild malt. Mit der körperlichen Innewerdung des Horizonts, wie sie Goethe eindrücklich beschrieb, war auch eine Grenzerfahrung und zugleich die Sehnsucht nach Überschreitung dieser Grenze markiert. Nicht zufällig also fallen die Anfänge des Alpinismus, Berichte über Turmbesteigungen und Ballonfahrten (der erste Heißluftballon steigt am 5. Juni 1783 in Frankreich auf) genau in die Zeit der Entdeckung des Horizonts und der Erfindung des Panoramas. Das Panorama, das im Schutze eines geschlossenen Raums scheinbar unbegrenzte Ausblicke über Land und Meer gewährte, lieferte so gesehen eine geradezu logisch anmutende Antwort auf die Erfahrung des Horizonts. Wie stark es selbst die Erfahrung von Höhenangst oder Seekrankheit zu simulieren verstand, bezeugen die zahlreichen Berichte über die ersten Panoramabesucher, die angesichts der täuschend echt gemalten Ausblicke von Unwohlsein und Schwindelgefühlen befallen wurden.
Als bequeme und erschwingliche Alternative zu den Fernreisen, die noch am Beginn des 19. Jahrhunderts nur den happy few vergönnt waren, bot sich das Panorama der Frühzeit auch in seiner miniaturisierten Form an. Weit verbreitet war etwa das Längenpanorama – eine „Westentaschenvariante" des Rundpanoramas in Form eines bis zu 10 Meter langen bemalten Papierstreifens, der, zum Leporello gefaltet, aus einem zylindrischen Behältnis herausgezogen oder hinter einem Guckkastenfenster auf zwei Rollen aufgewickelt wurde. Die Bilder dieser beweglichen Panoramen glitten ebenso gemächlich an dem Auge des Betrachters vorbei wie die Landschaft, die man durch das Fenster einer fahrenden Kutsche oder vom Deck eines Flußdampfers aus betrachtete.[35] (Abb. S. 296)
Mit solcher Intensität und Beschaulichkeit des Reisens räumt um die Jahrhundertmitte das neue Transportmittel Eisenbahn, das wie ein Projektil das bisherige Raum- und Zeitkontinuum zerschlägt, laut fauchend auf. Es führt zu einer ungeahnten Mobilität und gebiert eine neue Art der Wahrnehmung, bei der sich die am Abteilfenster vorbeihuschenden Bilder zum Panorama zusammenschließen. Die Landschaft wird nun nicht mehr auratisch, sondern impressionistisch er-fahren. Erscheint den Reisenden der ersten Stunde eine Fahrt mit der Eisenbahn zunächst noch als beängstigend, ja lebensbedrohlich, entwickeln sie allmählich neue Verhaltens- und Wahrnehmungsformen, die schließlich im Film ihre adäquate Verbildlichung finden.[36]

Glanzvolles Scheitern

Dem letzten grandiosen Aufbäumen eines medialen Dinosauriers glich die kurze zweite Blütezeit des Panoramas nach dem Deutsch-Französischen Krieg. Vor allem propagandistische Schlachtengemälde, aber auch Bilder aus den Kolonien oder anderen exotischen Regionen hatten Konjunktur und zogen ein Massenpublikum an. Nach einer Schätzung Oettermanns müssen für den Zeitraum zwischen 1880 und 1900 in Deutschland mindestens 10 Millionen Panoramabesucher veranschlagt werden.[37] Die nun wie Pilze aus dem Boden schießenden belgischen und französischen Panorama-Aktiengesellschaften, die im internationalen Stil die Rotunden betrieben und die Zirkulation der Rundgemälde organisierten, witterten ein großartiges Geschäft. Mühelos waren sie in der Lage, die immensen Summen, die der Bau einer Rotunde und die Herstellung einer Panoramaleinwand verschlangen, aufzubringen. Besonderes Fingerspitzengefühl war bei der Auswahl der Bildthemen gefragt – schließlich sollten die Rundgemälde, hierin vergleichbar mit dem späteren Filmvertriebssystem, in den mittlerweile größenstandardisierten Rotunden international „kompatibel" sein. Von wenigen Ausnahmen abgesehen, tauschten die Erzrivalen Deutschland und Frankreich ihre Panoramen zum 1870er Krieg nicht aus.

Nachdem 1879 die Renaissance der Panoramamalerei mit der „Verteidigung von Paris" (gemalt von Félix Philippoteaux) auf der Pariser Weltausstellung eingeläutet worden war und die Entstehung weiterer Rotunden und Rundgemälde in der französischen Capitale nach sich zog, kam es im Deutschen Reich ab 1880 zum späten Panorama-Boom. Das inzwischen zur modernen Großstadt avancierte Berlin mit seinen zwischen 1880 und 1913 entstandenen sechs Rotunden bildete zweifellos den Mittelpunkt der deutschen Panoramaproduktion.[38] Als berühmtestes Rundgemälde Berlins, dessen Eröffnung am Sedanstag 1883 den Kulminationspunkt der neuerwachten Panoramabegeisterung darstellte, darf das für eine Million Goldmark errichtete „Sedanpanorama" am Alexanderplatz gelten. Zwanzig Jahre lang erfüllte es die Funktion eines nationalen Memorials, das besonders häufig von Schulklassen und Veteranenvereinen besucht wurde.

Waren die Panoramen der Frühzeit oftmals noch das Werk eines einzelnen Malers gewesen, ließen die Riesenformate der später entstehenden Gemälde eine solch traditionelle Arbeitsweise nicht mehr zu. Malertrupps von zehn und mehr Mitarbeitern teilten sich die Arbeit. Im Falle des „Sedanpanoramas" waren an diesem industriell-arbeitsteilig anmutenden „Fließbandverfahren" neben dem federführenden Anton von Werner 14 weitere Künstler beteiligt. Um den Schein der künstlerischen Geschlossenheit zu wahren, wurde nicht selten ein Anweiser notwendig, der den komplexen Malprozeß vom Zentrum der Rotunde aus koordinierte. (Abb. 6)

Vom eisernen Rhythmus des Maschinenzeitalters sollte im übrigen auch die Opernbühne erfaßt werden: in Richard Wagners „Kunst des feinsten Übergangs", der „unendlichen", scheinbar aus einem Guß geformten Melodie zeigte sich eine Krisis an, die Adorno diagnostizierte: „So ingeniös hat Wagner die musikalische Arbeitsteilung organisiert. Sie erfaßt alle Schichten seines Komponierens und erlaubt jenes Ineinanderpassen der Elemente, das die Lücken verstopft und den Schein absoluter Geschlossenheit und Präsenz zeitigt."[39] Nicht zuletzt verstärkte das „unsichtbare Orchester", wie es durch den besonders tief gelegten und verdeckten Graben im Bayreuther Festspielhaus zu erleben war, den Eindruck vollkommener „panoramatischer" Illusion. Nicht nur die Musik, auch Naturwissenschaft und Literatur weisen im 19. Jahrhundert einen panoramatischen Gestus auf. Dies haben Dolf Sternberger am darwinistischen Panorama der „Entwicklung" (ein Zauberwort der Epoche) und Walter Benjamin an der französischen Literatur (hier v.a. Balzacs „Comédie humaine") exemplifiziert.[40] Der Eindruck, den die rund 90 Romane der „Menschlichen Komödie" mit ihrer mehr als 2000köpfigen Personage beim Leser erwecken, ist ähnlich erdrückend wie beispielsweise das 1889 entstandene „Panorama de l'Histoire du Siècle" von Alfred Stevens und Henri Gervex mit seinen mehr als 640 in Lebensgröße gemalten Protagonisten aus Politik, Wissenschaften, Literatur, Kunst und Militär, das auf der Pariser Weltausstellung gezeigt wurde. Er habe, so behauptete Balzac gegenüber Madame Hanska, eine „ganze Gesellschaft" in seinem Kopf getragen. Und das ist, nachdem sich die Figuren mit all ihren Eigenheiten zu einer

Enzyklopädie im Kopf des Lesers abgerundet haben, auch tatsächlich der Eindruck, den die „Menschliche Komödie" hinterläßt: das Bild einer gesellschaftlichen Ganzheit. Egon Friedell bezeichnete Balzac treffend als „eine wunderbar gebaute Riesenmaschine, die unermüdlich dampft, stampft, mahlt und aus Materie Materie macht. Der Genius ist zum Perpetuum mobile geworden! Balzacs gigantische Fabrik walzt Menschen, in allen Größen und Qualitäten, pausenlos und massenhaft, und speit sie auf den Markt; er ist Leiter eines ‚Menschenwerks'."[41]
Gegen Ende des 19. Jahrhunderts begann das Interesse an den Panoramen deutlich abzuflauen. Neben Institutionen der Vergnügungs- und Unterhaltungsindustrie wie Varieté, Zirkus oder Panoptikum traten zunehmend die photographischen Bildmedien in Konkurrenz zu den einst so erfolgreichen Publikumsmagneten. Geradezu lautlos machten sie sich aus dem Staube – ein Großteil der Rotunden war um 1900 bereits abgerissen oder diente anderen Zwecken, die Riesenleinwände fielen dem Verfall und der Vernichtung anheim. Einen letzten Seufzer schickte Max Brod dem Panorama hinterher: „Hat niemand mehr Lust, mit mir in ein Panorama zu gehen?"[42]

Wonne und Wahn

Was aber hatte die Masse einst so unwiderstehlich ins Panorama gezogen? Auf welche kollektiven Ängste und Träume reagierte es? Über diese Fragen läßt sich freilich nur spekulieren. Zum einen muß man sich die Tatsache vor Augen führen, daß es, abgesehen vom sakralen Bildschmuck der Kirchen, bis um 1800 für die breite Bevölkerung keine Möglichkeit gab, Gemälde zu betrachten. Optische Information war zu dieser Zeit auf bestimmte Gelegenheiten wie Messen und Märkte beschränkt, wenn Bänkelsänger ihre Bildtafeln oder Schausteller ihre Guckkästen vorführten. Erst die Kunstform des Rundpanoramas leitete die Demokratisierung der Bildrezeption ein und zog als Bildungs- und Unterhaltungsmedium ein extrem heterogenes Massenpublikum in seinen Bann. „Wie das Fernsehen wurde es zugleich Instrument der Entfremdung wie der Emanzipation, es popularisierte die Kultur, die einst der Elite vorbehalten war – ohne eine eigene Kultur hervorbringen zu können."[43]
War es zunächst der Hyperrealismus der Bilder, jener scheinbare Triumph des Künstlichen über das Natürliche, der das Publikum verblüffte und begeisterte, trat von Beginn an ein zweites Moment hinzu: die ersten Panoramen luden nicht etwa zu einer Augen-Reise in ferne Gegenden ein, sondern zeigten überraschenderweise das Nächstliegende – die Städte nämlich, in denen sie zunächst ausgestellt wurden. Besonders in Paris und London, jenen wuchernden Metropolen, die seit Beginn des 19. Jahrhunderts einem rasanten, vielfach als verunsichernd und bedrohlich wahrgenommenen Modernisierungsprozeß unterworfen waren, fungierten die Panoramen als Refugien der Übersichtlichkeit. Sie verhalfen dem Betrachter zu dem beruhigenden Gefühl, über den Dingen zu stehen und Herr der Lage zu sein. In einer zunehmend sich spezialisierenden und zerfallenden Welt, über die sich mehr und mehr ein metaphysisches Vakuum breitete, glich das Panorama einer Opiumhöhle. Mit dem Eintritt in das dunkle Labyrinth der Gänge wich die feindliche Welt des Hier und Jetzt und machte dem wohligen Zustand der Entrücktheit Platz. Panoramen waren, darin den Passagen verwandt, „Traumhäuser des Kollektivs"[44], in denen die Welt noch als beherrschbare Ganzheit erlebt werden konnte. Mochte sich für das bürgerliche Publikum der Gründerzeit, das nun auch außerhalb der Panorama-Rotunden über Land und Meer reisen konnte, der Reiz des Panoramas vornehmlich in dessen Unterhaltungsfunktion erschöpfen – das Panorama blieb, bis zu seiner Ablösung durch den Film, ein Zufluchtsort, an dessen Zauberkreis die Zumutungen des Alltags zunichte wurden. Hierin gleicht es dem dekorüberladenen, durch mehrfache Vorhänge abgeschlossenen gründerzeitlichen Wohnzimmer mit seinem Horror vacui, den Sternberger als Wahn, als „Versicherung gegen das Schicksal" beschrieb.[45]

Im Zwielicht

Benommen von der übermächtigen Fülle der Eindrücke, verläßt die Besucherin das Reich des Sammlers. Es ist die blaue Stunde, in der so mancher zu melancholischen Betrachtungen neigt. Ernüchterung, fast ein wenig Neid macht sich breit, sucht man heute nach einem dem Panorama ähnlichen Faszinosum. Im Zeitalter der Simulation, in dem es scheinbar weder Geheimnisse zu lüften noch Grenzen mehr zu überwinden gibt, muten die rund 30 erhaltenen Panoramen weltweit (davon 23 in Rotunden, vier in Museen und eines in einem Salzburger Spielcasino) wie die letzten Reservate des naiven Sehens an.[46] Wie ein verglühendes Abendrot wirken die Versuche der letzten Jahrzehnte, die Kunstform Panorama in verschiedenen Adaptionen wiederzubeleben.[47] Was bleibt, ist die Hybris des gottverlorenen Menschen, Raum und Ferne rauschhaft erobern zu wollen. Das Territorium des Imaginären indes ist unaufhaltsam am Schwinden...

EXPLANATION
OF A GRAND VIEW OF
LA VALETTA,
THE CAPITAL OF
MALTA,
Taken from the CONSERVATORY, and painted upon 10,000 Square Feet of Canvas, by HENRY ASTON BARKER, now Exhibiting in the great Rotunda of the
PANORAMA, LEICESTER SQUARE.
THE UPPER CIRCLE
CONTAINS
AN INTERESTING VIEW OF THE
Siege of Flushing,
THE TOWN IN FLAMES, &c.
Open from Ten till Dusk.
Admittance to each 1s.
J. Adlard, Printer, Duke-street, Smithfield.
Island of Sicily
Palace of the Governor.
Part of the Conservatory.
Roof of the Armory.
Mediterranean Sea.
Church of St. John.

PANORAMA
◐ DIORAMA

***PANORAMA LEICESTER SQUARE**
„Explanation of a grand View of La Valetta, the Capital of Malta, taken from the Conservatory and painted upon 10,000 Square Feet of Canvas by Henry Aston Barker, now Exhibiting in the great Rotunda of the Panorama, Leicester Square“
Erläuterung zum Rundpanorama von „La Valetta“,
der Hauptstadt Maltas, das im Panorama
Leicester Square ausgestellt wurde.
Kupferstich,
England 1816

DER LÜBECKER TOTENTANZ

***Panorama, 26,5 x 259 cm**

Folge von 8 montierten Kupfertafeln, gestochen nach dem 1463 von Bernt Notke gemalten „Totentanz"-Fries in der St. Marienkirche zu Lübeck. Im Hintergrund erkennt man das Panorama der Stadt mit der von Schiffen befahrenen Trave und ihren Ufern.

Kupferstich (Ausschnitt)

Deutschland 1701

FREDERICK BIRNIE
„London from the Roof of the Albion Mills"
(Blick auf London vom Dach der Albion Mills)
Erstes 360°-Bild, 42,7 x 331 cm
Handkolorierte Aquatinta
nach einem Gemälde von Robert Barker
London 1792

ERIK JONSSON
Die Beerdigung von König Carl X. Gustaf
**Panorama, 39 x 461,5 cm*
Folge von sieben montierten Kupfertafeln,
aus: Samuel Pufendorf, De rebus a Carolo Gustavo gestis commentariorum libri VII, elegantissimis tabulis aeneis exornati (Ausschnitt)
Nürnberg 1696

JOHN CLARK
„View of London from the Adelphi"
Schuber mit 2 Längenpanoramen, 23,1 x 174 cm
Handkolorierte Aquatinta
Herausgeber: Samuel Leigh
London 1824

JOHN CLARK
„Description of the Most remarkable Places between London and Richmond"
Längenpanorama, 21,5 x 1815 cm
Handkolorierte Aquatinta
Herausgeber: Samuel Leigh
London 1824

CHRISTOPH, CORNELIUS UND PETER SUHR
Schausteller auf der Reeperbahn
Ausschnitt aus dem „Panorama einer Reise von Hamburg nach Altona und wieder zurück"
Kolorierte Lithographie
Hamburg 1827

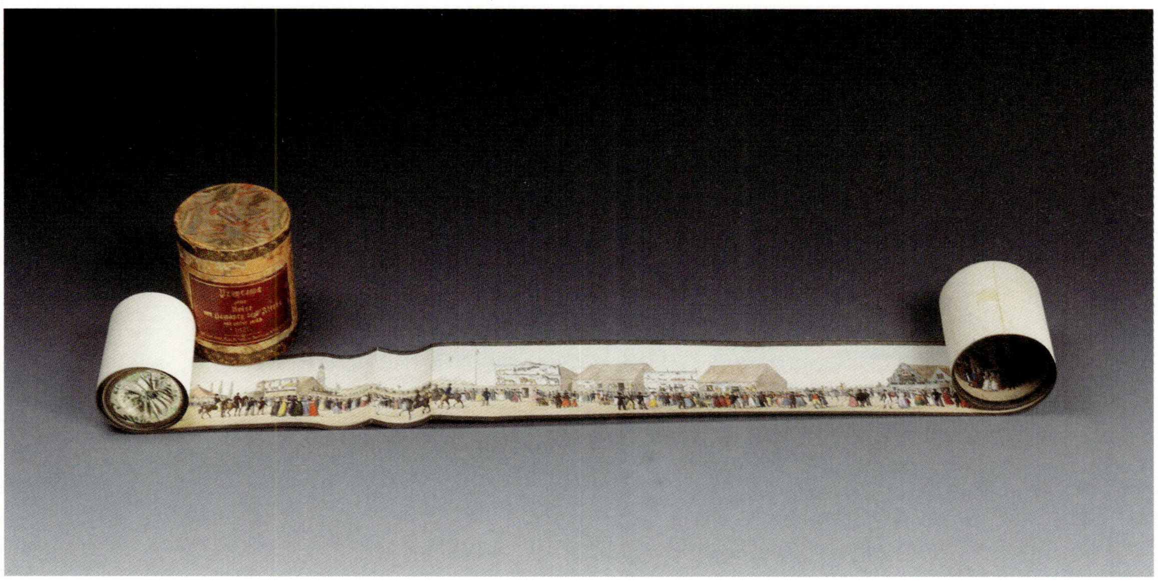

CHRISTOPH, CORNELIUS UND PETER SUHR
„Panorama einer Reise von Hamburg nach Altona und wieder zurück"
Längenpanorama, 8 x 486 cm
Kolorierte Lithographie
Hamburg 1827

„THE DELUGE – DIE SÜNDFLUTH – LE DÉLUGE“
*Vereinigung des Prinzips des vertikalen *Perspektivtheaters mit dem Rollpanorama. Man schaut durch ein *Perspektivtheater-Proszenium auf die sich abrollende Geschichte der Sintflut.*
Kolorierte Lithographie
Um 1830

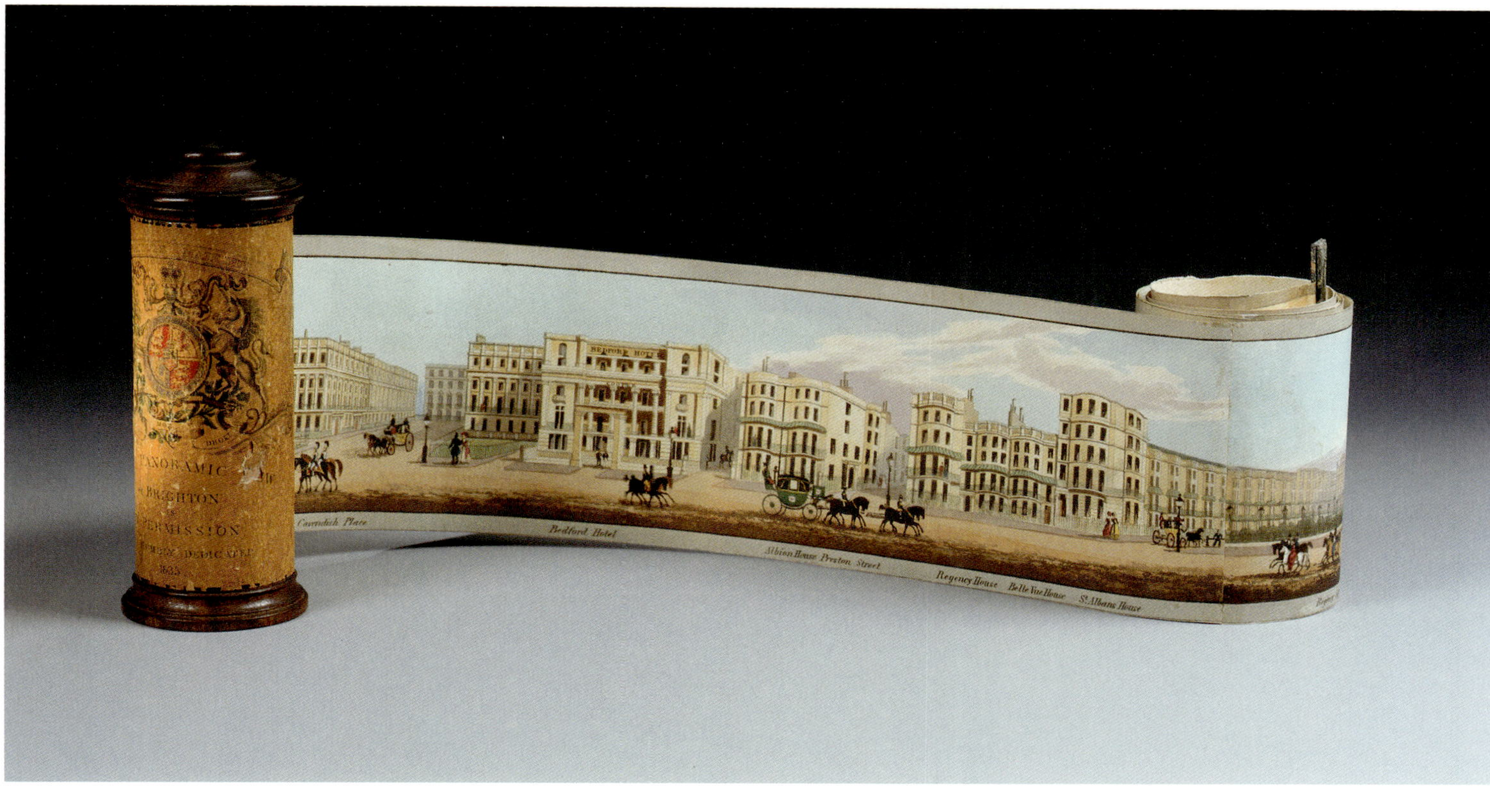

A. EDINGTON
„Brighton“
Längenpanorama, 11 x 470 cm
Handkolorierte Aquatinta nach
H. Wilds und W. H. Mason
London 1833

EADWEARD JAMES MUYBRIDGE
„Panorama of San Francisco“ mit „Key“ (Erläuterungsblatt)
*Eines der frühesten photographischen 360°-*Panoramen*
30,7 x 231 cm / 21 x 29,5 cm
11 montierte Albuminabzüge
San Francisco 1877

HENRY IV

Unzählige kleine Nadelstiche im Papier lassen im Durchlicht Henry IV., König von Frankreich, erkennen.
Nadelstichbild, 15 x 13 cm
Frankreich, um 1700

„DER SICH SCHÖN EINBILDENDE“
Transparentes Rätselbild (im Auf- und Durchlicht),
aus einer süddeutschen Rätselbilderreihe.
Im Durchlicht erscheinen die derben, sinngebenden Vervollständigungen der Bilder.
Kupferstich,
8,5 x 11,2 cm
Deutschland, um 1700

JAMES GILLRAY

„Exhibition of a Democratic Transparency, with its Effect upon Patriotic Feelings“ (Zurschaustellung der Transparenz in der Demokratie und ihre Wirkung auf patriotische Gefühle)

Karikatur
Kolorierter Kupferstich,
36,5 x 44,8 cm
England 1799

„LA LANTERNE MAGIQUE"
„L'OURS MAGICIEN"
„LA SILHOUETTE"
„LA PSYCHÉ"

***Transparente Verwandlungskarten**

*Die Karten sind vorder- und rückseitig bedruckt, wobei die Rückseite zusätzlich mit weißem Papier beklebt wurde, so daß das Motiv, das im Durchlicht eingeblendet wird (Napoleon als Reiter, der alte Mann und seine beiden Töchter, die *Coptographie Napoleons und der junge Mann im Spiegel), im Auflicht versteckt ist. Zu jeder Karte gehört ein begleitendes Textheft, in dem die Geschichte zum Bild erzählt wird.*

Aus einer Serie von 12 transparenten Lithographien
7 x 5,6 cm
Paris, um 1830

SCOTT

Chinesische Laternenträger
*Transparentbild,
nach Edward Orme
in: Edward Orme,
An Essay on Transparent Prints and
on Transparency in General
London 1807, S. 61, Tafel 6

INDIANER

***Lithophanie (im Auflicht und im Durchlicht),**
auch „leuchtender Stein“ genannt
Gerahmt in hölzernem Lichtschirm
Preußische Porzellan Manufaktur, PPM 104
Reliefprägung in unlasiertes Biscuitporzellan
Berlin, um 1840

LITHOPHANIETRÄGER
Die Reliefprägung ist farbig bemalt.
Preußische Porzellan Manufaktur,
PPM 775
Berlin, um 1840

RÖMISCHE TEMPEL-RUINEN
***Papyrographie-Lichtschirm**
Die einzelnen Bildelemente wurden aus Papier ausgeschnitten und zu einem Tiefenrelief montiert, so daß die Schichtstärken die Helligkeits- bzw. Dunkelheitswerte des im Durchlicht zu betrachtenden Bildes bestimmten.
Italien, um 1840

WILLIAM SPOONER

„Napoleon at the Battle of Wagram, changing to The Conflagration of Moscow", „Spooner's *Protean Views No. 21"

Napoleon in der Schlacht von Wagram (im Auflicht)

Frühe Form der Verwandlung transparenter Bilder. Mit Hilfe der Durchleuchtung ist der Wechsel zu einer anderen Zeit an einen völlig anderen Ort der Welt möglich.

Farblithographie

England, um 1830

WILLIAM SPOONER

„Napoleon at the Battle of Wagram, changing to The Conflagration of Moscow", „Spooner's *Protean Views No. 21"

Die Feuersbrunst von Moskau (im Durchlicht)

Farblithographie

England, um 1830

WILLIAM SPOONER
„The Magic Lantern“, „Spooner’s *Protean Views No. 5
*Transparentes Verwandlungsbild. Familienszene mit einer *Laterna Magica (im Durchlicht): Die Laterna Magica projiziert ein groteskes Bild.*
Farblithographie
England, um 1830

JOHN HEAVISIDE CLARK

„The *Portable Diorama. Romantic, Grand and Picturesque Scenery. An elegant Present for the Families of Nobility and Gentry"

Tragbares Diorama

Neben „romantischen, großartigen und pittoresken Szenen" enthält der Kasten eine Mechanik, mit deren Hilfe Lichtstimmungen, wie Sonnenauf- und -untergänge, Mondlicht, Regenbogen und das Vorüberziehen von Wolken erzeugt werden können. Teil des Spielzeugs ist ein Buch mit Zeichenanleitungen „The Amateur's Assistant".

*Transparente, handkolorierte Lithographien und transparente Aquarelle
London 1826

***GUCKKASTEN FÜR DREI BETRACHTER**
Mit zwei alternierenden Flügelklappen für Auf- und Durchlicht zur Vorführung von Tag-Nacht-Verwandlungsbildern
vermutlich Frankreich, um 1830

VERSCHIEDENE FORMEN DES *POLYORAMA PANOPTIQUE
*Durch eine *Linse können *Transparentbilder betrachtet werden. Die beliebten Verwandlungseffekte entstehen durch alternierendes Öffnen und Schließen der Deck- und Rückklappen.*
Patent: Pierre Henri Armand Lefort
Hersteller: Lemaire
Paris, ab 1849

VERSCHIEDENE BILDMOTIVE DES *POLYORAMA PANOPTIQUE (IM AUFLICHT)
Transparente Verwandlungsbilder. Hintermalte und zum Teil perforierte Lithographien
Paris, ab 1849

VERSCHIEDENE BILDMOTIVE DES*POLYORAMA PANOPTIQUE (IM DURCHLICHT)
Transparente Verwandlungsbilder. Hintermalte und zum Teil perforierte Lithographien
Paris, ab 1849

„THE MYRIOPTICON – A HISTORICAL *PANORAMA OF THE REBELLION“, „PANORAMA OF THE VISIT OF SANTA CLAUS TO THE HAPPY CHILDREN“, „THE HISTORISCOPE – A PANORAMA AND HISTORY OF AMERICA“

*Ensemble der drei von Milton Bradley hergestellten Rollenpanoramen, die mit Kerzenlicht durchleuchtet vorgeführt wurden. Diese Form des Rollenpanoramas wurde zunächst in Europa „*Moving Panorama“ genannt. Bradley wählte die Bezeichnung „Myriopticon“ (Vielbildseher) für das historische Panorama des Bürgerkriegs, „Historiscope“ (Geschichtsseher) für das Panorama der Geschichte Amerikas von Columbus bis zu den Revolutionskriegen und „*Panorama“ (Allesseher) für eine Weihnachtsgeschichte.*

Springfield/Massachusetts, um 1865

SCHWEIZER LANDSCHAFT

Lichtschirm- oder Fächerpanorama

Das in das Landschaftsmotiv des Lichtschirms integrierte Rollenpanorama kann im Auflicht und Durchlicht betrachtet werden.

Farblithographie

Hersteller: Alphonse Giroux

Paris, um 1830

„SCHNEEWITTCHEN“
(IM AUF- UND DURCHLICHT)

***Transparentes Verwandlungsbild**
in: Theoder von Pichler, Transparent-Verwandlungsbilder zu sechs der schönsten Märchen. Mit einem Beiheft zu den Märchen „Tischlein deck dich“, „Sterntaler“, „Aschenbrödel“, „Däumling“, „Schneewittchen“ und „Dornröschen“. Stuttgart 1879

CARLO PONTI

***Megalethoscope**

*Zur Betrachtung von transparenten, großformatigen Photographien für Tag- und Nachtansichten von architektonischen und landschaftlichen Sehenswürdigkeiten. Die Albuminabzüge sind teilweise perforiert und rückseitig bemalt und werden durch eine vergrößernde *Linse betrachtet.*

Italien, um 1860

Birgit Verwiebe

Lichtspiele und Bewegungsbilder

Zur Geschichte des Dioramas

Von alters her nimmt das Licht eine lebenspendende und daseinserhellende Rolle im Leben der Menschen ein. Das Licht ist ein Urphänomen und Ursymbol der Religionen und Mythologien fast aller Zeiten und Völker. Ihm wird eine elementare schöpferische Qualität zugeschrieben: Licht ist die Bedingung von Leben, bedeutet Sichtbarmachen von Seiendem und Erkennen von Welt. Das Licht, das die Welt sichtbar macht, ist selbst unsichtbar. Erst wenn Licht auf ein Objekt fällt, kann es gesehen werden. Licht entscheidet über Sichtbarkeit, ihm verdankt sich die Erscheinung der Farben.

Bereits in der griechischen Lichtmetaphysik verwandelten sich die Epiphanien der Sonnen- und Lichtgötter zu Sinnbildern der Erkenntnis. Das Sein wurde dem Licht gleichgesetzt, im Licht manifestierte sich die Geordnetheit der Welt. Durch die Luzidität, die Transparenz schaffende Kraft des Lichtes wurde die Welt greifbar und begreifbar. Der Flug des Ikarus zur Sonne, das Eindringen des Prometheus in den Bereich des Göttlichen versinnbildlichten den Wunsch des Menschen, sich dem Licht zu nähern und es in Besitz zu nehmen.

Zugleich entwickelten die Menschen Heilserwartungen gegenüber dem Himmel und seinen Lichterscheinungen. Im Christentum symbolisierte insbesondere der Sonnenstrahl die Emanation des Göttlichen. Mit der wissenschaftlichen Erforschung des Lichts durch Christiaan Huygens und Isaac Newton setzte im 17. Jahrhundert allmählich seine Säkularisierung ein. Im Zuge der europäischen Aufklärung wurden Lichtmetaphern auf Rationalität und Vernunftdenken bezogen. Gleichwohl blieb die magische Anziehungskraft von Licht- und Himmelserscheinungen erhalten. Licht und Schatten, Hell und Dunkel blieben Zeichen elementarer menschlicher Erfahrungen.

Im Streben nach Inbesitznahme und Handhabung des natürlichen wie künstlichen Lichtes entstanden um 1800 neuartige Lichtmedien. Einerseits dem Bann magischer Lichtverhältnisse von Helligkeit und Dunkelheit, von Sichtbarem und Unsichtbarem unterworfen, vermittelten diese Medien als Spiegel der Lebenswelt des 18. und 19. Jahrhunderts zugleich Kenntnisse und Unterhaltung. Diese Lichtmedien, darunter die Transparentmalerei und das Diorama, waren ästhetisch-technische Schöpfungen, in denen das Licht eine zweidimensionale Bildillusion erzeugte. Der lebendige, sich in Raum und Zeit ausbreitende Lichtstrahl bewirkte eine neue dynamisierte Präsentationsform. Durch Lichtveränderungen hervorgerufene Bildverwandlungen und Bewegungen ließen das Vergehen von Zeit sichtbar werden; die Entwicklung dieser Licht-Medien führte schließlich zum Bewegungsmedium Kino. Während in der klassischen Gattung Malerei die Zeit „stillsteht" bzw. nur symbolisch eingeschlossen ist, entfalteten die Lichtspiele und Bewegungsbilder der Transparentmalerei und des Dioramas ihre Präsentation in der Zeit: Das Bewegungsbild ist von der Zeit modelliert, es ist eine Form der Zeit.[1]

Dies entsprach den künstlerischen und wissenschaftlichen Bestrebungen des 19. Jahrhunderts nach Entdeckung von Zeitlichkeit und Bewegung als universellem Lebensprinzip. „Die wissenschaftliche Revolution der Neuzeit bestand darin, die Bewegung nicht mehr auf herausgehobene Momente, sondern auf jeden beliebigen Moment zu beziehen."[2] Die gesamte Erscheinungswelt wurde „Ereignis, nicht Zustand"[3].

Empfindsame Mondscheine um 1800

Als eine Spielart im experimentellen Vorfeld des Kinos kam in den 1780er Jahren das illuminierte transparente Bild auf. Zu dieser Zeit häufen sich Nachrichten und Beschreibungen von geselligen Ereignissen, bei denen auf lichtdurchlässige Materialien gemalte und beleuchtete Bilder bei Dunkelheit vorgeführt wurden. In Italien und Deutschland wird zunächst das „Mondscheintransparent" populär. Stimmungsvolle Naturdarstellungen trafen den Nerv jener Zeit um 1800, in der Gefühlsstimulanz durch Kunst eine wesentliche Rolle spielte.
Philipp Hackert, einer der bekanntesten Maler im 18. Jahrhundert, galt als der Erfinder dieser Technik. Friedrich Johann Lorenz Meyer, Doktor der Rechte und Kunstliebhaber aus Hamburg, sah 1783 bei dem in Italien lebenden Hackert ein Mondscheintransparent und schrieb dazu in seinen Reiseerinnerungen: „...über der Thür seines Kabinets in Rom hatte Hackert einen solchen Mondschein. Er führte seine Freunde Abends in dieses dunkle Zimmer, wo das Bild allein auf vorbeschriebene Art beleuchtet war. Man setzte sich vor demselben in einen Kreis. Alles schwieg. Die Empfindungen einer wohlthätigen Melancholie, welche diese Vorstellungen einer einsamen und ruhigen, auf der einen Hälfte vom Mondstrahl sanft beleuchteten, auf der anderen unterbrochen von Blumen beschatteten, nur hie und da von einem weidenden Pferde belebten Landschaft erregt, theilen sich durch keine Worte mit."[4] Hackert malte die transparenten Mondscheine nicht nur für seinen persönlichen Gebrauch. Sowohl für den König von Neapel, in dessen Diensten er stand, als auch für den russischen Hof schuf er transparente Bilder, die ihm beachtliche Honorare einbrachten. Für eine Ansicht bei Rom bezahlte man ihm 200 Zechinen, eine Summe, die er normalerweise für

Abb. 1
PHILIPP HACKERT
Mondscheinlandschaft,
um 1785, Transparentbild mit ausgeschnittenem Mond, Aquarell und Tempera auf Papier, 66 x 93 cm, Schloß Emkendorf, Schleswig-Holstein

Abb. 2
ANDREAS NESSELTHALER
Mondscheinlandschaft
um 1785, Transparentbild, Öl auf Papier, teilweise ausgeschnitten, mit Batist überklebt, 48 x 66,5 cm, Kupferstichkabinett, Staatliche Museen zu Berlin

seine Ölbilder einnahm. Auf dem einzigen erhaltenen Transparentbild Hackerts ist eine nächtliche Seenlandschaft im Mondschein mit Bergen im Hintergrund dargestellt. Unter einem Baum sitzt eine Menschengestalt, ihr Schatten fällt auf ein daneben befindliches Grabmal (Abb. 1).

Hackerts Erfindung wurde rasch bekannt und nachgeahmt. Der ebenfalls in Italien lebende Salzburger Maler Andreas Nesselthaler schuf etwa gleichzeitig wie Hackert transparente Mond- und Feuerbilder. Mit einer weißen Stoffschicht überklebt, werden sie erst bei Durchleuchtung sichtbar (Abb. 2). Herzogin Anna Amalia von Weimar weilte zwischen 1788 und 1790 in Italien, wo sie Nesselthaler begegnete und sich dessen Transparente vorführen ließ. Möglicherweise ist auf diesem Wege die Nachricht von der neuen Technik nach Weimar gelangt. Dort annoncierte im Jahre 1799 Georg Melchior Kraus, der Freund und Zeichenlehrer Goethes, im „Journal des Luxus und der Moden" seine „portativen Mondscheintransparents". Neben „Pastilles orientales" und der „Englischen Puppe" wurden sie als Weihnachtsgeschenke für Damen empfohlen. „Auf Verlangen mehrerer Liebhaber der Kunst- und optischer Belustigungen, für welche ich schon seit Jahren die bekannten italienischen Transparents, welche meistens in Mondscheinszenen und nächtlichen Feuerstücken bestehen, hier verfertigen ließ, habe ich diese angenehme Vorstellung nun bequemer eingerichtet, und sie mit einem leicht portativen Kästchen versehen, welches man bequem auf Reisen bey sich führen und zur Vorstellung einrichten kann. Ein fertiges solches Kästchen, 20 Zoll lang und 15 Zoll hoch, Pariser Maaß, mit dazu gehörigen Leuchtern und einem Transparenten Mondschein-Tableau liefere ich für 2 Carol. hier zur Stelle."[5]

Nicht nur in Italien und Deutschland wurden transparente Licht-Spiele populär, vor allem London war ein Zentrum der Entstehung und Entwicklung visueller Künste und Spektakel. Hier erfand der Maler Thomas Gainsborough seine „Exhibition Box"[6]: Mittels einer Linse besah er sich in einem hölzernen Guckkasten die von ihm eigenhändig auf Glas gemalten Naturszenen, welche durch eine Kerze illuminiert waren. Gainsborough hatte sich von Philipp Jacques de Loutherbourgs „Eidophusikon" anregen lassen, das als illusionistisches mechanisches Licht-Spieltheater weit über London hinaus Berühmtheit erlangte. Für Gainsborough war die Exhibition Box nicht nur eine originelle, unterhaltsame Erfindung, sie inspirierte auch die Malerei seines späten, lichtvollen Landschaftsstils.

Abb. 3
THOMAS GAINSBOROUGH
Hütte im Mondlicht,
um 1781/82, Öl auf Glas, 30 x 33,7 cm, Victoria & Albert Museum London

Der Londoner Verleger Rudolph Ackermann war einer der ersten, die die Drucktechnik der Aquatinta für Transparentbilder nutzten und in größeren Mengen auf den Markt brachten. Beschreibungen zum Herstellungsverfahren veröffentlichte er 1799 in seinen „Instructions for Painting Transparencies". Die farbigen Aquatinten wurden mit Firnis oder Öl getränkt und rückseitig bemalt, so daß bei Durchleuchtung transparente Farb- und Verwandlungseffekte entstanden (Abb. 6).

Ackermann, der sich zunächst als Entwurfszeichner für Kutschen betätigte, hatte um 1800 in London einen weitverzweigten Kunstbetrieb aufgebaut, dem neben einer Kunsthandlung eine Zeichenschule, eine Druckerei sowie ein Kunstverlag angegliedert waren. In seiner Galerie stellte Ackermann zwischen 1813 und 1815 unter Bezugnahme auf die Ereignisse der napoleonischen Kriege mehrfach großformatige Transparentgemälde aus. Im Juli 1814, anläßlich der offiziellen Friedensfeier in London, präsentierte Ackermann eines der größten Schaubilder der Stadt: Vor seiner Kunsthandlung stand ein 30 Fuß (10 m) hohes, mit Gaslicht beleuchtetes Transparent, gemalt von John B. Papworth. Diese Art von Transparentbildausstellungen auf der Straße, im öffentlichen Raum, waren in London seit Jahren populär. Häufig wurden auch auf politische Ereignisse bezugnehmende illuminierte Karikaturen in Galerieschaufenstern präsentiert. James Gillrays 1799 entstandene Karikatur „Exhibition of a Democratic Transparency" stellt die übergroße Angst der konservativen Regierung Pitt in England vor revolutionären Bewegungen bloß. Bereits seit 1795 war die Redefreiheit abgeschafft worden, und ab 1799 wurde die Versammlungsfreiheit eingeschränkt. Gillray nahm direkt Bezug auf einen Bericht des Secret Committee an das Parlament vom März 1799, worin der Opposition „vaterlandsverräterische" Aktivitäten unterstellt wurden (Abb. S. 302).[7]
1807 erschien in London Edward Ormes „Essay on Transparent Prints" (Abb. S. 304), in dem sich der Verfasser als Erfinder dieser Technik pries. An den Kenner und Laien gewandt, versuchte Orme, seine Leser zur Herstellung von Transparenten verschiedenster Gebrauchszwecke anzuregen. Nicht nur in England wollte er wirksam werden, eine Übersetzung ins Französische lag gleichzeitig vor. Orme illustrierte seine Veröffentlichung mit zahlreichen Verwandlungsbildern: Die Augen einer Katze begannen zu glühen, aus einer Sommerdarstellung wurde eine Winterlandschaft, oder eine Tagesansicht veränderte sich zur Mondscheinnacht. Sogar ein transparentes Panorama wollte sich Orme vorstellen und ahnte damit die erst 15 Jahre später entstehenden Dioramen voraus.

Romantische Licht- und Zeitmetaphern

Um 1830 entdeckte der deutsche Romantiker Caspar David Friedrich die Technik der Transparentmalerei für sich. Während Friedrich Lichterscheinungen üblicherweise mit Ölfarben auf Leinwand festhielt, entstand mit dem Transparentbild eine neue Situation: Es war nicht mehr gemaltes Licht zu sehen, sondern reales, sinnlich erlebbares, sich in Raum und Zeit ausbreitendes Licht. Wie kein anderes Medium kam das Transparent seinem Interesse an Lichtmetaphern und Zeitsymbolen entgegen. Vor allem Tages- und Jahreszeitenzyklen besaßen im geistigen Kosmos Friedrichs einen besonderen Stellenwert. Wie andere Künstler der Romantik verknüpfte Friedrich mit dem Thema des Zeitenwandels eigene Erfahrungen der Lebensentwicklung zwischen Geburt und Tod. Zugleich artikulierten sich darin romantische Sehnsüchte nach Beherrschung zeitlicher Abläufe. Auf diese Weise wurde der Rhythmus, der den Menschen, die Naturerscheinungen und das kosmische Geschehen trägt und formt, deutlicher empfunden.
Nicht nur im Werk von Caspar David Friedrich, im Schaffen vieler Romantiker erlangte die Lichtmetaphorik eine wesentliche Bedeutung. Naturphilosophisch begriffen sie das Licht als Gegensatz zur Materie und als eine „alle Realität in sich auflösende Idealität"[8]. Das Eindringen des höheren göttlichen Lichts ins innere Bewußtsein erfuhren die Romantiker als Offenbarung und Erleuchtung. Und für den Künstler, der durch Ahnung, Gefühl und Phantasie mit seinem inneren Göttlichen eng verbunden ist, bedeutete Erleuchtung zugleich Inspiration. Das vom Licht durchschienene Transparente wurde zur Metapher, mit der ein hinter dem Materiellen befindliches geistiges Wesen sichtbar werden sollte. Novalis' Worte beschreiben dies treffend: „Jeder durchsichtige Körper ist in einem höheren Zustande – er scheint eine Art des Bewußtseins zu haben."[9] Und Friedrich selbst habe geäußert, daß er die Transparenz benutze, um „die Materialität der Farbe aufzuheben".[10]

Abb. 4
CASPAR DAVID FRIEDRICH
Gebirgige Flußlandschaft bei Tage,
1830/35, Vorderseite des Transparentbildes bei Auflicht, Aquarell und Tempera auf Papier, 76 x 130 cm, Staatliche Kunstsammlungen Kassel

Abb. 5
CASPAR DAVID FRIEDRICH
Gebirgige Flußlandschaft bei Nacht,
1830/35, Rückseite des Transparentbildes bei Durchlicht, Aquarell und Tempera auf Papier, 76 x 130 cm, Staatliche Kunstsammlungen Kassel

Abb. 6
JENNER
„Funeral of Eloisa"
Handkolorierte Aquatinta, mit Firnis getränkt, so daß die Lichtquellen wie Fenster, Mond, Fackeln durchscheinend sind. Nach einem Bild von George Holmes, London 1799

Unter den Lichtmetaphern haben die Romantiker vor allem den Mondschein favorisiert, der für sie verzaubernde, phantasieanregende Kräfte besaß. Mit der Mondnacht drückten sie die gegenüber der Aufklärung entwickelte Erkenntnis von der „Nachtseite der Dinge" und gleichzeitig poetisches Empfinden aus. Die mondbeschienene Landschaft wurde als eine Begegnung mit dem Ewig-Göttlichen erlebt, die auf das eigene Dasein zurückwirkt. Friedrich selbst hat diese Vorliebe mit ironisierenden Worten bedacht: Er werde nach seinem Tod sicherlich in den Mond kommen, da er lauter Mondschein male.[11]

Vermutlich angeregt durch den russischen Dichter, Staatsrat und Prinzenerzieher Wassilij Schukowski, plante Friedrich seit 1830, vier Transparentbilder für den jungen Thronfolger Alexander anzufertigen. In mehreren Briefen teilte er Schukowski die inhaltliche Konzeption der von ihm als Zyklus gedachten Bilder mit, für die er neben einer aufwendigen Lichtinstallation auch Musikbegleitung vorsah. Für ein „junges kindliches Gemüt" sollte mittels musikallegorischer Darstellungen die Verwandlung der Welt vom dämonischen Zustand über das Diesseitige, dann das Vergeistigte hin zum Transzendenten geschildert werden. Erst fünf Jahre später führte Friedrich sein Vorhaben aus. Die vier nach Petersburg gesandten Transparente sind einschließlich ihres Vorführapparates dort angekommen, gelten heute jedoch als verschollen.

In der Gemäldegalerie Kassel hat sich aus dem Nachlaß Friedrichs ein Dioramabild erhalten, das seinem Spätwerk zuzurechnen ist.[12] In einer Mischtechnik aus Aquarell und Tempera ist die „Gebirgige Flußlandschaft" auf durchscheinendes Papier vorder- und rückseitig gemalt, wodurch bei Lichtwechsel Verwandlungen entstehen. Zunächst kann man die Tagesansicht bei Auflicht betrachten. Die Flußlandschaft ist in zarten, pastellartigen Tönen ausgeführt. Der breite, mächtige Fluß, aus dem sich Inseln erheben, wird von sanften Berghängen flankiert. Im Vordergrund schwimmt ein einsamer Kahn, der ein Liebespaar und den Bootsmann trägt, am Horizont verschmelzen Himmel und Wasser. Dieselbe Ansicht wird zur nächtlichen Szene, wenn das Bild rückseitig beleuchtet wird. Statt der Sonne scheint jetzt der Mond in mildem Licht über der Landschaft. Die dritte Variante entsteht, wenn der Betrachter vor die Rückseite tritt und bei Auflicht die dort seitenverkehrt gemalte Nachtansicht betrachtet. Diese wird erst bei Durchleuchtung zum beeindruckenden Lichtschauspiel. Nun beherrscht der transparente

Abb. 7
KARL FRIEDRICH SCHINKEL
Der Brand zu Moskau,
1812, Transparentbildentwurf, Tuschzeichnung, 45,1 x 64,8 cm, Kupferstichkabinett, Staatliche Museen zu Berlin

Lichteffekt das Bild. Der weite wolkenreiche Himmel erglüht in den Strahlen des Mondscheins, sein Licht ergießt sich in goldenen Reflexen über das Wasser. In der Ferne ragt vor hohen Bergketten die bei Tage unsichtbare Silhouette einer Stadt mit gotischen Kirchtürmen auf. Die Figuren im Kahn – nur noch als dunkle Schatten sichtbar – werden zu Andächtigen des Naturschauspiels (Abb. 4/5).

Mehr als zwanzig Jahre vor Caspar David Friedrichs Lichtexperimenten malte der junge Karl Friedrich Schinkel zwischen 1807 und 1815 in Berlin transparente Schaubilder, von denen jedoch nur Entwürfe und Zeichnungen überliefert sind. Besonders zur Weihnachtszeit fanden seine Licht-Bilder großen Anklang. Schinkel stellte sowohl Mondscheinlandschaften, Architekturen, Fantasiestücke als auch aktuelles Zeitgeschehen in Begleitung von Musik aus. Zu den beliebtesten und eindrucksvollsten Darstellungen gehörten Ansichten gotischer Kathedralen. Vor allem zu Zeiten der antinapoleonischen patriotischen Bewegung begeisterten sich die Romantiker für die gotische Baukunst, von der angenommen wurde, sie sei deutschen Ursprungs. Schinkel und seine Zeitgenossen erhoben das deutsche Mittelalter zum Ideal nationaler Einheit und Stärke, zum Wunschbild für die eigene Gegenwart. Die filigrane Immaterialität und kristalline Transparenz der durchlichteten gotischen Bauwerke wurde für Schinkel wie für die gesamte Romantik zum visionären Symbol der Durchdringung von Architektur und Natur und ließ sich im Transparentbild in gesteigerter Lichtqualität darstellen. Die dem romantischen Synästhesiebestreben entsprechende musikalische Untermalung vervollkommnete das Kunsterlebnis.

1808 zeigte Schinkel, gemeinsam mit fünf anderen Transparenten, den Dom zu Mailand, „das größte und schönste Werk altdeutscher und gothischer Baukunst. Kühn erheben sich", schreibt der Berliner Architekt Ludwig Catel, „unzählige Thürme und Spitzen in die Luft gleich frommer Gebete zur Gottheit. Sanft umwallt das Mondenlicht den erhabenen Bau. Eine feierliche Prozession im Fackelscheine lockt den Blick in die erleuchtete Kirche und zwingt die Einbildungskraft den inneren Bau derselben sich mit Freiheit zu gestalten."[13] Ein Jahr später, 1809, stellte Schinkel die Innenansicht des Mailänder Doms aus und erfuhr wiederum vielfache Würdigung. Unter den Gästen dieser Ausstellung waren neben den Repräsentanten des Königlichen Hauses zahlreiche Persönlichkeiten des öffentlichen Lebens, Intellektuelle wie Künstler. Im Februar 1811 schuf Schinkel einen „Gotischen Dom im Morgenlicht", ein Jahr später folgte eine Darstellung, die seine berühmteste werden sollte. Diesmal widmete sich der Künstler aktuellem Zeitgeschehen: Sein Transparent „Brand zu Moskau" (Abb. 7) erregte ein „ungemeines Aufsehen", das „freilich durch den Enthusiasmus jener Tage zunächst hervorgerufen war".[14] Es gab einen gewaltigen Menschenandrang. „Schon um sechs Uhr des Abends waren alle Strassen in der Nähe der Ausstellung mit Equipagen gefüllt, und nur mit wahrer Lebensgefahr vermochte man zum Eingange zu gelangen."[15] Schinkel hatte mit diesem Schaubild auf die ganz Europa erschütternden Ereignisse der napoleonischen Kriege reagiert. Sein „Feuer-Bild" bezeichnete „das Umschlagen der Weltverhältnisse"[16] und bereitete den Zuschauern Entsetzen und patriotische Hochstimmung zugleich. Ein Bericht in der Spenerschen Zeitung zeugt davon: „Man erblickt zur Linken den Kreml mit seinen vielen verschiedentlich gestalteten Thürmen, vor demselben die Moskwa mit ihrer schönen auf einer Reihe gewölbter Bogen ruhenden Brücke und, jenseits dieser, die weitgedehnte Stadt in einem Flammen-Meere. Der Effect des Feuers ist vortrefflich und fast noch schöner sind die Massen der Rauchwolken mit den Reflexen des Feuers! Der Brand wüthet an dem vom Zuschauer entferntesten Theile der Stadt... Auf der Brücke wogen die Menschen (kleine bewegliche Figuren) in großem Gedränge hin und zurück, und um die Einbildungskraft noch mehr in Anspruch zu nehmen hört man, während der Musik, die, auf dem Fortepiano, der Flamme gleich, wirbelt und rollt, abwechselnd Kanonenschüsse."[17]

Abb. 8
FRANZ NIKLAUS KÖNIG
Der Rigi-Kulm,
um 1815, Transparentbild im hölzernen Vorführungskasten, Aquarell auf Papier, 84 x 119 cm, Kunstmuseum Bern

Licht- und Bewegungsbilder im Diorama

Unter dem vielversprechenden Namen „Diaphanorama“ eröffnete der Schweizer Franz Niklaus König im Jahre 1815 in seiner Berner Wohnung eine Lichtbilder-Schau. Als Bemaler transparenter Lampenschirme war er auf die Idee gekommen, „ähnliche durchscheinende Gemälde in größerem Maßstab auszuführen und dem Publikum gegen Eintrittsgeld zugänglich zu machen“[18]. König zeigte hauptsächlich Schweizer Gebirgsansichten und Szenen aus dem Bauernleben, die er mit einem Vortrag kommentierte. Für Installation und Beleuchtung der Bilder hatte er einen hölzernen Kasten bauen lassen (Abb. 8). Ab 1816 unternahm König mit beachtlichem Erfolg und begleitet von ausführlichen Presseberichten über mehrere Jahre hinweg Tourneen nach Deutschland und Frankreich: „Es ist wohl in der Malerei eine ... mit den Farben allein gar nicht zu lösende Aufgabe, ... alle Gegenstände mit dem wirklichen Licht der Sonne, des Mondes und des Feuers darzustellen. ... Dem Herrn König muß man in der Tat Zeugnis geben, daß seine Schweizeransichten auf dem Punkte stehen, wo die Kunst endigt und jenseits der Linie die Wahrheit beginnt.“[19]
Nur zwei Jahre nach einer einjährigen Diaphanorama-Schau von König in Paris eröffnete Louis Jacques Mandé Daguerre sein Diorama (Abb. 9), wozu ihn gewiß Königs Vorstellungen inspiriert hatten. Daguerres Erfahrungen als Panoramamaler und Bühnenbildner sowie eine herausragende Erfindungskraft waren die Voraussetzung für den Erfolg dieses Unternehmens. Für den Begriff „Diorama“ (griech. dia = durch; horama = das Gesehene) hatte sich Daguerre offenbar auf Königs „Diaphanorama“ gestützt und auf „Diorama“ reduziert. Nach eigenen Plänen ließ er ein Gebäude aus Stein, ausgestattet mit einer komplizierten Technik für Lichtgestaltung, errichten. Während das Publikum sich in einem kreisförmigen verdunkelten Saal aufhielt und mit Blick durch einen 13 Meter langen Sehtunnel eines der beiden erleuchteten Transparente bestaunte, wurde nach 15 Minuten das Auditorium hin zum zweiten Sehtunnel gedreht. Nachdem sich der Vorhang wieder hob, wurde das zweite Transparent gezeigt. Der auf den überlieferten Grund- und Aufrissen (Abb. 10) sichtbare dritte Sehtunnel des Pariser Dioramas diente als Atelier, in dem die übergroßen Transparente (14 x 22m) gefertigt wurden. Das zur Illumination notwendige Tageslicht drang durch Wand- und Dachfenster ein und wurde gespiegelt und eingefärbt. Die Illusionskraft dieser Licht-Spiele stellte alles Bisherige in den Schatten. Daguerres Diorama wurde das Berühmteste und war für die Entwicklung der visuellen Kultur des 19. Jahrhunderts von epochaler Bedeutung.[20]
Zur Eröffnung am 11. Juli 1822 zeigte Daguerre in seinem Lichttheater eine Schweizer Ansicht und ein Kircheninterieur. Während er das „Tal von Sarnen“ selbst gemalt hatte, stammte die „Kathedrale von Canterbury“ von seinem Kompagnon Charles Marie Bouton. Das Ereignis fand große Resonanz bei Publikum und Presse. So schrieb das Journal de Paris: „Das Diorama, zu welchem das Publikum seit dem Eröffnungstage in Scharen strömt, ist eine von jenen Erfindungen, die eine neue Epoche in der Geschichte der Malerei eingeleitet hat... Wir können nicht genug jene dazu auffordern, welche gern ohne Anstrengungen reisen und die Hauptstadt dabei nicht verlassen möchten, in die Schweiz und nach England zu fahren.“[21]
Im La Quotidienne hieß es: „Das Diorama ist eine neue Errungenschaft, eine glückliche Anwendung der optischen Gesetze auf die Malerei. Die Ergebnisse sind magisch und recht-

fertigen den Ausruf eines Kindes, welches meinte, das Diorama sei wahrer und schöner als die Natur."[22] Der Almanach des Spectacles verkündete: „Das Diorama als Sensation Europas ist eine Ehre für unsere Epoche und unser Land. Es erweckte grenzenlosen Wissensdurst und erhielt den Beifall aller Künstler und gebildeten Persönlichkeiten."[23]

Die Vorstellungen in diesem begehrten Etablissement waren nicht billig: Zwei Francs kostete der Eintritt, die Loge sogar 3 Francs. Jedes Jahr zeigte Daguerre zwei neue Licht-Bilder, meist eine Landschaft und das Innere einer Kirche. 1834 überraschte Daguerre sein Publikum erneut: Mit der Erfindung des „Doppeleffektes" war es in neuer Qualität möglich, Bewegungen und Verwandlungen höchst illusionistisch darzustellen. Das beidseitig durchscheinend oder deckend bemalte Bild konnte im Wechsel von Auf- und Durchlicht Tages- und Jahreszeitenveränderungen oder das Kommen und Gehen von Figuren vortäuschen. Hierbei wußte der Künstler die Tatsache zu nutzen, daß sich Komplementärfarben zu Schwarz ergänzen.

Die „Mitternachtsmesse in der Kirche St. Etienne-Du-Mont" wurde das erfolgreichste aller transparenten Bewegungsbilder Daguerres. Kurz vor der Ausstellung dieses Bildes schrieb Daguerre an den Kritiker Charles Maurice Descombes: „Wenn Sie wüßten, wie ich in den vergangenen drei Monaten an diesem Dioramabild gearbeitet habe und welche Schwierigkeiten es zu überwinden galt. Stellen Sie sich ein leeres Kirchinterieur bei Tageslicht vor. Dann beginnt die Dunkelheit; die Kirche ist erleuchtet und gestattet uns, viele Figuren zu sehen. Schließlich die Mitternachtsmesse. Und all das ist auf ein und dieselbe Leinwand gemalt! Ich hoffe, das Bild findet Gefallen. In einigen Tagen möchte ich Sie um Ihr Urteil bitten."[24] Ein anschaulicher Bericht ist von Gustave Deville überliefert: „Zuerst war es Tag und im Kirchenschiff waren leere Stühle zu sehen. Allmählich kam Dunkelheit auf, gleichzeitig wurden Kerzen im Chorraum angezündet. Schließlich war die gesamte Kirche von Lichtern erhellt und die Stühle füllten sich nach und nach mit Gläubigen... Die Mitternachtsmesse erklang und mitten in großer Andacht war sogar ein Nachhallen der Orgelmusik im Gewölbe zu hören. Dann brach die Morgendämmerung an, die Gemeinde verschwand, die Kerzen erloschen und die Kirche mit ihren leeren Bänken erschien wieder wie zuvor. Das war Magie!"[25]

Abb. 9
DAS DIORAMA IN PARIS
um 1825, kolorierter Kupferstich, International Museum of Photography George Eastman House, Rochester

Dieses Transparent war ohne Unterbrechung drei Jahre ausgestellt. Die Zuschauer strömten herbei, um gegen Eintrittsgeld etwas anzuschauen, was sie in der Realität kostenlos hätten erleben können.
Daguerres Schöpfung fand weltweit Beachtung. In vielen europäischen (London, Berlin, Köln, Stockholm, Breslau u.a.) wie amerikanischen (Philadelphia, New York, Boston, Washington u.a.) Städten wurden vom Pariser Vorbild inspirierte Bauten errichtet oder in bereits existierenden öffentlichen Gebäuden Transparentbildvorführungen organisiert. Bereits ein Jahr nach der Pariser Gründung, 1823, veranlaßte Daguerre die Errichtung des Dioramas in London. Sein Schwager und Assistent Charles Arrowsmith und der Architekt Auguste Charles Pugin erbauten das Diorama am Regent's Park in nur vier Monaten. Viele von Daguerres Transparenten wurden im Anschluß an die Pariser Vorführung nach London gebracht und dort mit großem Erfolg gezeigt: „Unter den zahlreichen Ausstellungen der Metropole ist keine, die anziehender und aufregender ist als das Diorama. Das Neuartige der Anlage und die einzigartige Illusion der Bilder überraschte die gesamte Stadt. Schließlich gab es sogar Streit darum, ob die Szenen wirklich oder nur gemalt waren."[26] Während seines fast 30jährigen Bestehens bis 1850 etablierten sich in London zahlreiche Konkurrenzunternehmen, darunter Veranstaltungen wie Theatres Royal, Queen's Bazar, Bazaar at St. James Street, Chinese Gallery at Hyde Park Corner, Egyptian Hall at Piccadilly, Gallery of Illustration at 14 Regents Street, National Gallery of Practical Science and Works of Art at Adelaide Street, New Society of Painters in Water Colours at 53 Pall Mall usw.
Fünf Jahre nach der Gründung des Pariser Dioramas wurde das Berliner Diorama von dem

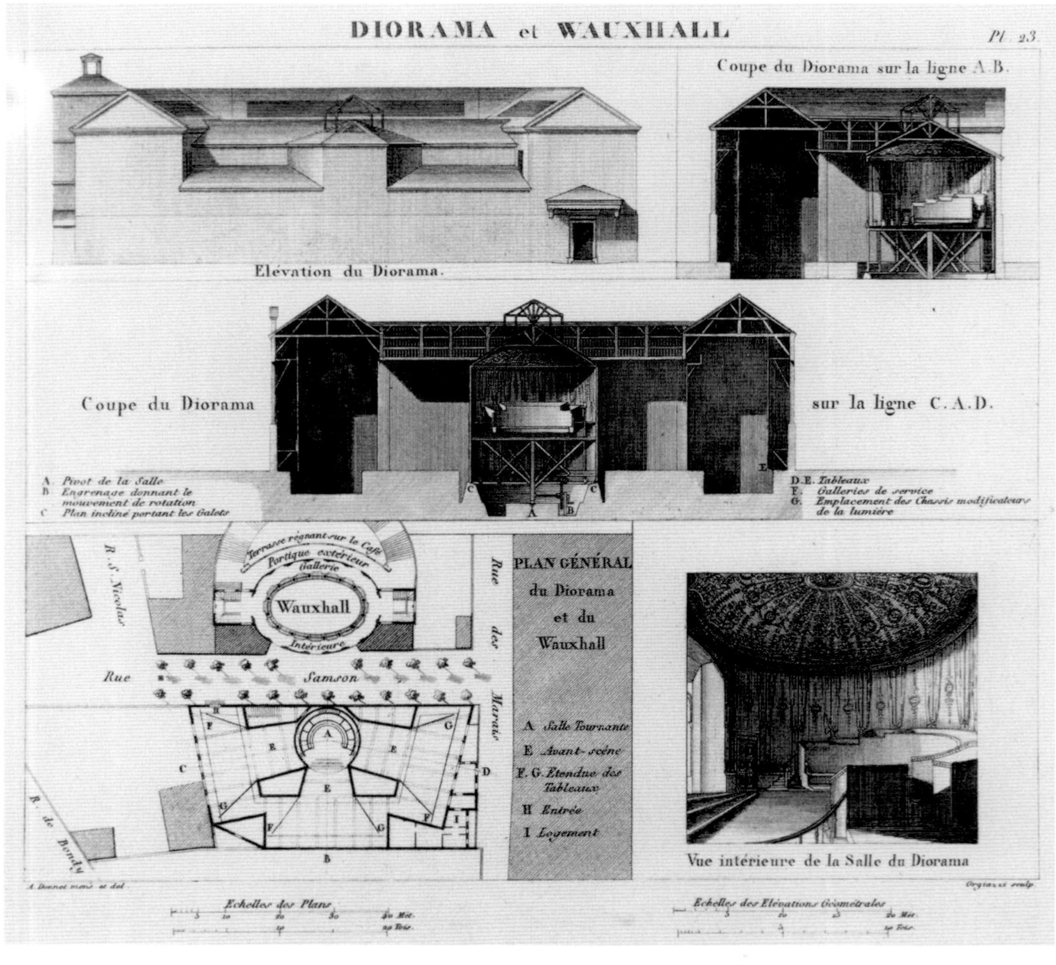

Abb. 10
AUF- UND GRUNDRISSE DES PARISER DIORAMAS
um 1825, Kupferstich, International Museum of Photography George Eastman House, Rochester

Theatermaler Carl Gropius eröffnet. Reisen nach Frankreich und Besuche in Daguerres Etablissement im Jahr 1822 lieferten ihm entscheidende Anregungen. Das Gebäude des Berliner Dioramas war, nachdem der König eine geräumige Baustelle zur Verfügung gestellt hatte, an der Ecke Georgen- und Universitätsstraße errichtet worden (Abb. 11). Im Oktober 1827 begannen die Diorama-Vorführungen und sollten sich über 23 Jahre hinweg großer Beliebtheit erfreuen. Die Geschäftsanzeigen des Carl Gropius in der Spenerschen Zeitung waren unmittelbar denen der Königlichen Schauspiele und des Königstädtischen Theaters angeschlossen, was nicht zuletzt die Wertschätzung dieses Unternehmens unterstreicht. In den „bewegten Zeiten des Massenandrangs"[27], vor allem zur Weihnachtszeit, seien jeden Tag mehr als 3000 Personen in das Gropiussche Haus geströmt, obwohl das Eintrittsgeld 10 Silbergroschen betrug. Man sei aus einem Umkreis von zehn Meilen nach Berlin gekommen, „um das Wunder zu schauen".[28] Auch der Besuch des Königs und seines Gefolges war keine Seltenheit. Vor allem die jährlichen Weihnachtsausstellungen wurden vom Königshaus gern besichtigt.

Abb. 11
DAS DIORAMA IN BERLIN, UM 1830
Kupferstich, in: H. Spiker, Berlin und seine Umgebung im 19. Jahrhundert, Berlin 1833

Mehr als zwei Jahrzehnte nach den Diorama-Gründungen in Paris oder London eröffneten die Gebrüder Meister 1843 das Kölner Diorama in der Wolfstraße 5. Die Architektur des Gebäudes war ähnlich repräsentativ wie die vergleichbarer Einrichtungen in Paris oder London. Eine große Anzahl der Transparente wurde von dem Maler Nikolas Meister geschaffen, aber auch Bilder von Bouton, Renoux oder Diosse, die zuvor in London zu sehen waren, wurden in Köln ausgestellt. Noch bis 1869 – die Dioramen anderer Großstädte waren längst geschlossen – erfreute sich das Kölner Unternehmen vor allem als Touristenattraktion großer Beliebtheit.[29]

Miniatur-Lichtspiele

In der Nachfolge des Pariser Dioramas entstanden für den privaten Gebrauch vielgestaltige und leicht handhabbare Lichtspiel-Apparate und Techniken. Der Londoner Spielwarenhersteller Samuel Leigh offerierte in der Times vom 25. Januar 1826 ein „Portable Diorama", das der als Waterloo-Clark bekannte Maler John Heaviside Clark entwickelt hatte (Abb. S. 308). Geeignet als „elegantes Geschenk für Familien des Adels und der besitzenden Stände", konnte man damit Metamorphosen „romantischer, grandioser und pittoresker Szenen" betrachten. Die Motive der transparenten kolorierten Lithographien waren mit verschiedenen Effekten des Sonnenaufgangs, Sonnenuntergangs, des Mondlichts, von Wolken und Regenbogen kombinierbar. Je nach Wunsch wurde der entsprechende, nur bei Durchleuchtung sichtbare Effekt „hinterblendet". Clark hatte zu seinem „Portable Diorama" eine Herstellungsanleitung verfaßt: „The Amateur's Assistant" sollte zur Nachahmung anregen.
In den dreißiger Jahren spezialisierten sich in London William Morgan und William Spooner auf transparente Verwandlungsbilder. Sie verzichteten auf jegliche Apparatur, lediglich beim Halten gegen das Licht wurde den Bildern ihr durchscheinendes Geheimnis entlockt. Verschiedene ebenfalls druckgraphisch hergestellte Serien kamen in Gestalt der Transparencies, Transformations oder Protean Views (Proteus = griechischer Gott der Verwandlung) auf den Markt. Die Blätter trugen erläuternde Unterschriften. So ist auf Spooners Transformation No. 2 zu lesen: „The Microscope. Displaying to the horror stricken old woman the wonderful inhabitants of a Drop of Water" (Abb. 13). Transformation No. 12 heißt: „The Union of the

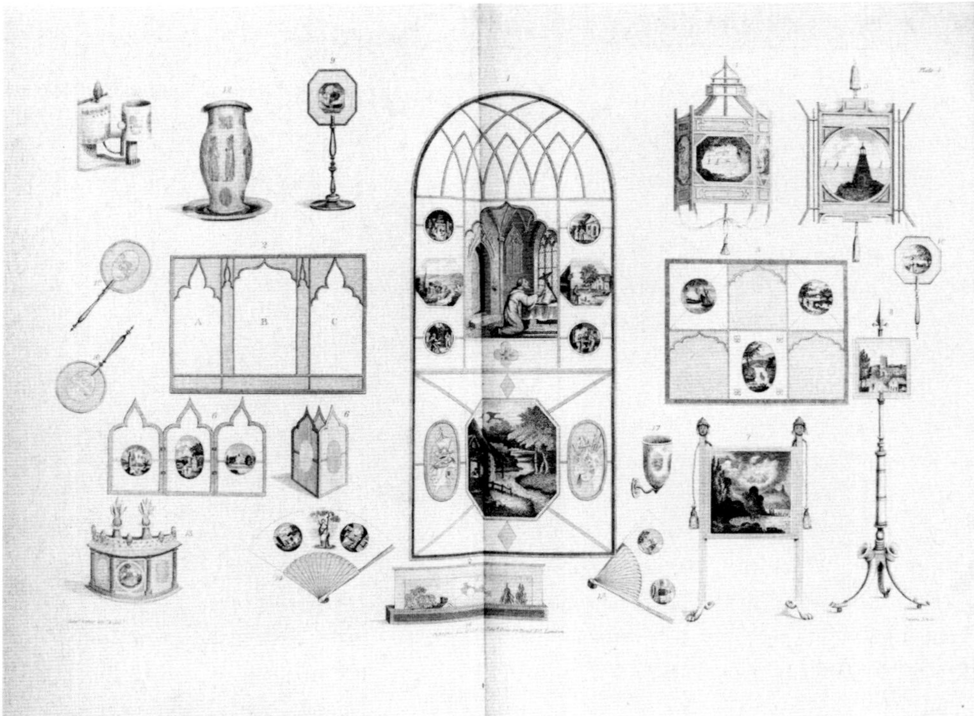

Abb. 12
GEBRAUCHSGEGENSTÄNDE, DIE MIT TRANSPARENTBILDERN AUSGESTATTET SIND
in: Edward Orme, An Essay on Transparent Prints and on Transparency in General, London 1807, S. 25, Tafel 4

Flowers or the Royal Marriage“. Protean View No. 2 zeigt „A Snow Scene, which is being held before a strong light changes to a perspective view of a Tunnel“. Protean View No. 5 stellt „The Magic Lantern“ dar (Abb. S. 307). Auf Protean View No. 17 heißt es: „Rein Deer Travelling in Lapland, with the appearance of the Northern Lights in that Country“. Protean Views No. 23 ist bezeichnet „An Interior of a Cathedral, with the celebration of Midnight Mass“. No. 25 dieser Reihe heißt „The New House of Parliament. Which seem to rise from the Ruins & Conflagration of the Old Buildings“. Auf No. 38 ist zu lesen „Roslin Chapel changing to Iron Works in the North of England“. William Morgans Improved Protean Scenery No. 13 hat den Titel „Napoleon at Elba“: „This Print at first represents the late Emperor on the Seashore at Evening Contemplating his escape from the Island and upon raising the print to the light you will perceive Napoleons enthusiastic reception on this return at Fontainebleau, published 1838, London“ (vgl. Abb. S. 306).

Die Hersteller transparenter Lichtspiele erfanden und erprobten immer neue Techniken und Materialien. Im Jahre 1827 wurde unter der Bezeichnung „Lithophanie“ ein spezielles Verfahren zur Herstellung transparenter Porzellanbilder durch den Pariser Diplomaten Baron Paul de Bourgoing entwickelt. Hierbei wurden Reliefbilder in unglasierte Porzellanplatten gepreßt, welche nach dem Brennen durch die unterschiedliche Scherbenstärke im einfallenden Licht erkennbar waren. Die dickeren Stellen ergaben die Schatten, die dünneren Stellen die Lichter der jeweiligen Darstellung. Der Name „Lithophanie“ entstammt dem Griechischen (Lithos = Stein; Phaenin = leuchten, scheinen, ans Licht bringen) und bedeutet „Leuchtender Stein“.[30] Ein Jahr nach Bourgoings Erfindung gelangte die Nachricht von den französischen Lithophanien nach Deutschland. 1828 bot der Dresdner Kaufmann Carl Friedrich Höltzel der Sächsischen Landesoeconomie-, Manufaktur- und Commerziendeputation Lithophanien sowie Kenntnisse zum Herstellungsverfahren an, die er von seinen Reisen aus Paris und Lyon mitgebracht hatte. Die ersten Versuche der Meißner Porzellanmanufaktur mit der noch unerforschten Technik schlugen fehl. Erst nach und nach erreichte man mit Farbe und Masse des Scherbens zufriedenstellende Ergebnisse und Umsätze. Weitaus glücklicher und rascher verlief die Entwicklung und Produktion in Berlin. Dort gelang es 1828 Georg Friedrich Christoph Frick, transparente Porzellanbilder herzustellen. Seine Rezeptur aus Porzellanerde, Feldspat und Speckstein erwies sich als besonders gelungen (Abb. S. 304). Binnen kurzem nahm die Königliche Porzellanmanufaktur die Fabrikation der Lithophanien auf und wurde darin führend. Insgesamt hatte man dort in etwa 30 Jahren 136 730 Porzellan-Lichtbilder hergestellt. Die Lithophanien wurden rasch beliebt und gern gekauft. Als Fensterschmuck, Lampenglocke oder als Lichtschirm waren sie begehrt und zierten nahezu jedes bürgerliche Interieur.

Als eine weitere Variante der Miniatur-Lichtspiele kam um 1850 das „Polyorama panoptique“ (Abb. S. 309) auf den Markt, dessen Name soviel wie „die Vielfältigkeit der Welt betrachten“ bedeutet. In einem leicht handhabbaren Holzkästchen, das es in verschiedenen Größen gab, konnten transparente Bilder durch eine Linse betrachtet werden. Durch alternierendes Öffnen und Schließen der Deck- und Rückenklappe waren die durchscheinenden Bilder in verschiedenen Lichtsituationen mit entsprechenden Verwandlungen zu sehen. Der französischen Patentliste des Institut national de la propriété industrielle vom 21. Februar 1849 zufolge ließ sich der Pariser Spielzeugmacher Pierre Henri Armand Lefort seine Version vom Polyorama panoptique, ausgestattet mit einem zusammenfaltbaren Sehtunnel, für eine 15jährige Frist patentieren. Am 16. April 1849 reichte er ein weiteres Schreiben ein, in dem er sechs verschiedene Lichteffekte favorisierte: 1. eine Tagesansicht, 2. einen Sonnen-Effekt, 3. einen Nacht-Effekt, 4. einen Mond-Effekt, 5. einen teilweisen Beleuchtungseffekt, 6. einen vollständigen Beleuchtungseffekt.[31] Zum führenden Hersteller wurde der Optiker Lemaire, der solche Apparate in hohen Stückzahlen auf den Markt brachte. Wie bei den englischen Transparenten handelt es sich um kolorierte Lithographien, die teilweise ausgeschnitten, geschabt, durchlöchert, rückseitig bemalt und beklebt sind. Erst bei Durchleuchtung wird die verborgene Nachtansicht sichtbar. Die vom Diorama inspirierten Motive umfassen Stadtansichten, Mondscheinszenen, Kircheninterieurs, Naturereignisse, Zeitgeschehen, Kriegs- und Katastrophendarstellungen, Vulkanausbrüche, Feuerwerk u.a.m. (Abb. S. 310). Ähnliche Szenen, jedoch nochmals verkleinert, konnte man im Polyorama lorgnette, auch Lorgnette pittoresque genannt, betrachten. Dieses fernrohrartige Schaugerät entstand in Abwandlung des Polyorama panoptique. Man blickte ebenfalls durch eine Vergrößerungslinse, allerdings diesmal auf runde, 6 oder 8 Zentimeter messende Transparentbildscheiben, die je nach Lichteinfall verschiedene Ansichten zeigten.

Transparente Verwandlungsbilder wurden zunehmend auch zur Buchillustration verwendet. Im Stuttgarter Verlag Gustav Weise erschien um 1850 das aufwendig gestaltete Buch „Transparente Verwandlungsbilder zu sechs der schönsten Märchen“, dessen ganzseitige transparente Illustrationen von Th. v. Pichler geschaffen wurden. Als französische Ausgabe wurde das Buch unter dem Titel „Contes Fantastiques Variés Choisis – à Gravures Transparentes“ in Paris von Guérin-Müller & Cie herausgegeben. (Abb. S. 312)

Mit der Erfindung und Entwicklung der Photographie entstand eine weitere Spielart der Miniatur-Dioramen: Im Megalethoscope (Abb. S. 313) kam das neue moderne Medium Photographie zur Anwendung und wurde zugleich mit der vergleichsweise antiquierten Technik der transparenten Verwandlungsbilder verknüpft. Dies an sich wurde bereits schon in der Stereographie ab Mitte der fünfziger Jahre praktiziert. Neu am Megalethoscope waren die Großformatigkeit der transparenten Photographien (ca. 25 x 34 cm) und die aufwendige, teilweise luxuriöse Ausstattung der Apparate. Am 11. Januar 1862 hatte Carlo Ponti, der Erfinder des Megalethoscopes, am Venezianischen Patentamt die Patentierung beantragt. Im gleichen Jahr wurde seine Erfindung auf der Londoner Weltausstellung mit einem Grand Prix gewürdigt. In den englischen „Patents for Inventions“ vom 10. Juli

Abb. 13
WILLIAM SPOONER
„The Microscope“, „Spooner's Transformations No. 2,
Transparentes Verwandlungsbild im Durchlicht, Farblithographie, England, um 1830

Abb. 15
GEORGES MAILE
„Un Clair de Lune“ (Im Mondlicht),
Aquatinta nach einer Zeichnung von Louis Jacques Mandé Daguerre, Paris, um 1830

1862 wird das Megalethoscope erwähnt, jedoch unter dem Vorbehalt: „Provisional protection only.“[32] Es ist Ponti aufgrund eines administrativen Chaos in Venedig nie gelungen, dieses Patent tatsächlich zu erhalten, was lebenslängliche Konkurrenzkämpfe mit anderen Photographen und Nachahmern zur Folge hatte. Auch der Versuch, unter anderen Namen wie Amfortoscope, Dioramoscope, Pontioscope, Cosmorama Fotografico ein Patent zu erringen, mißlang. Bei fast allen Photographien des Megalethoscopes handelt es sich um Albuminabzüge von nassen Kollodiumnegativen. Sie geben meist landschaftliche oder architektonische Spots wieder. In einem speziellen Verfahren ließ Ponti die Photos für das Megalethoscope präparieren. Um Effekte wie Mondschein oder Wasserreflexionen zu erreichen, wurden die Photos mit Löchern versehen, auf Holzrahmen gespannt und rückseitig bemalt sowie mit einer dünnen lichtdurchlässigen Gaze beklebt, die sowohl der Lichtdiffusion diente als auch stabilisierend wirkte. Durch Öffnen und Schließen der Belichtungsklappen am Megalethoscope ließen sich Richtung und Menge des einfallenden Lichts ändern. Mit Blick durch die Linse eines solchen Megalethoscopes ist zunächst eine monochrome Photographie zu sehen, die, dem Stand damaliger Technik zufolge, zeitlos und statisch wirkt. Plötzlich aber, im Augenblick der Illumination, leuchten Farben auf, Figuren scheinen sich zu bewegen und Szenen haben sich verwandelt. Die Zeitlichkeit einer Mondnacht, einer bestimmten nächtlichen Stunde, eines Festes oder eines Naturereignisses scheint nun definiert.
Nahezu ein Jahrhundert lang bezauberten transparente Licht- und Bewegungsspiele ihr Publikum. Das Diorama als „Salle de Miracle“ wurde eine „wahrhaftige Heimat des Wunderbaren: In dessen Schaubildern – Edinburgh im schaurigen Schein einer Feuersbrunst oder Napoleons Grab, von der natürlichen Aureole eines blutroten Sonnenuntergangs verklärt –

zuckten deutlicher bengalisch die supranaturalen Lichterscheinungen nach, von welchen ehedem Himmelfahrt, Kreuzigung oder der Anbruch des Jüngsten Tages begleitet waren. Solche zwar unbestimmt gewordene, aber doch noch erschauern machende Zeichensprache des Lichts [hatte] nach dem Untergange des geistlichen Theaters barocker Kirchdekorationen eben in jenen Wundersälen eine flüchtige Stätte gefunden.“[32] Nicht gemaltes, sondern wirkliches, sich wandelndes Licht belebte und veränderte die Bildillusion der Transparente. Der Zuschauer wurde Augenzeuge von Weltgeschehen, ohne wirklich teilzuhaben, und konnte reisen, ohne wirklich zu reisen. Die durch Lichtvariation bewirkten Metamorphosen der transparenten Bilder eröffneten Zeiträume und stellten Vergänglichkeit aus. In Vorwegnahme kinematographischer Mittel wurde das durchscheinende Licht-Bild neben anderen populären Schaukünsten schließlich zum Vorreiter und Vorbereiter des am Ende des 19. Jahrhunderts entstehenden Licht- und Bewegungsmediums Kino.

Detlef Hoffmann

Spiel, Zauberei und fröhliche Wissenschaft

Optische Vergnügen des 19. Jahrhunderts

Schaut man sich heute die Objekte der fröhlichen Wissenschaft, die Anamorphosen und Stroboskope, die Myrioramen und Linsenstereoskope, die Magischen Laternen und die Thaumatrope an, so haben sie gleichermaßen mit Physik und hier der Optik, mit Spiel und mit Zauberei zu schaffen. Die Zeitgenossen wußten das, und es beförderte ihr Vergnügen an derartigem Spielzeug. So heißt es im Vorwort eines „Natürlichen Zauberbuches", das in Nürnberg 1766 erschien: „Der Endzweck gegenwärtigen Zauberbuchs beziehlet die anständige Ergötzung derjenigen Personen, welche von ihrer verdrießlichen Berufsarbeit ermüdet, bei noch müßigen Stunden theils in beliebiger Einsamkeit, theils auch in aufrichtiger und lustiger Compagnie an allerhand curiösen Kunst- und Ergötzlichkeiten, (deren Vollziehung meistentheils in einer erlernten Geschwindigkeit, zweydeutigen Verstand und heimlichen Würkung der Natur bestehet) ein höchst-gefälliges Belieben tragen." Der uns nicht bekannte Autor weist im nächsten Abschnitt seines Vorwortes auf das Spannungsverhältnis von Vergnügen und Wissen hin. Das klingt in seiner Sprache so: „Dieweilen aber dergleichen Belustigung dadurch um ein ziemliches gemehret wird, wann man benebst den Augen und Gehör auch zugleich das Gemüth ergötzet und aufmundert; als haben wir zu solchem End bey jeder Aufgabe und derselben Vollziehung auch zugleich ihre verborgene Ursachen angeführet ...". Da ein so ergötzliches Vorwort zur Nachahmung verleitet, soll in einem ersten Teil über das Spielen, in einem zweiten über die Zauberei und in einem letzten über die Physik und die Physiologie gehandelt werden. Es folgen dann, sofern nicht schon vorher eingestreut, die Geräte, die vorzustellen der Anlaß dieser Zeilen ist.

Der Autor des „Natürlichen Zauberbuches" hatte uns für das Thema Spiel schon einen hilfreichen Hinweis gegeben. Sein Buch behandelt die „Ergötzung", die er in Opposition zur „verdrießlichen Berufsarbeit" sieht. Mit dem Wort „Berufsarbeit" entgeht er einer Schwierigkeit, vor die wir uns gestellt sehen, wenn wir Spiel und Arbeit als Gegensatzpaare behandeln, denn sie haben vieles gemeinsam. Beide Betätigungen bedürfen großer Ernsthaftigkeit zu ihrer Durchführung; beide sind bestimmt durch Gesetzmäßigkeiten, zuweilen sogar durch Gesetze; beide haben ein Ziel, einen Zweck. Trotzdem würde niemand annehmen, Spiel und Arbeit seien das gleiche, obwohl viele Betätigungen gleichermaßen als Spiel wie als Arbeit beschrieben werden können. Der Guckkastenmann, der auf den Jahrmärkten mit dem Ruf „Zahl sie Kreuzer, guck sie Loch" seine Kundschaft anlockte, machte kaum andere Handgriffe als der junge Bürgersmann, der zu einer kleinen Vorstellung einlud, um die Städte Europas in seinem Guckkasten vorzuführen. Auch er griff wie sein Pendant auf dem Jahrmarkt auf luminaristische Effekte zurück, spielte mit den malerischen Möglichkeiten des Geräts und bezauberte durch Überraschungseffekte. Doch er spielte, der Mann auf dem Jahrmarkt

jedoch hoffte das Geld zu seinem Lebensunterhalt zu verdienen. Arbeit und Berufsarbeit könnte hier der Gegensatz lauten.
Seit der Erfindung von Kindheit zu Ende des 18. Jahrhunderts beobachten Eltern und Pädagogen die spezifischen Tätigkeiten von Kindern und bezeichnen sie als Spiel. Nur wenn ein Kind Arbeiten ausführen muß, die seit dieser Zeit als typisch für Erwachsene erachtet werden, sprechen wir von Arbeit. Kinderarbeit wird als etwas schlechtes angesehen, bürgerliche westliche Gesellschaften verbieten sie sogar durch Gesetze. Bei Erwachsenen nun ist es umgekehrt, für sie ist die Arbeit das Übliche, das Spiel hingegen unüblich. Während bürgerliche Gesellschaften den Kindern die Arbeit verbieten, verbieten sie den Erwachsenen das Spiel, jedenfalls das Glücksspiel. Und nachdem die bürgerlichen Gesellschaften des späten 19. Jahrhunderts erfolgreich das öffentliche Hazardieren verboten hatten, wollten die Moralisten dem Börsenspiel an den Kragen – aber da verhinderten mächtigere Interessen den Erfolg. Das Schachspiel und das vernünftige Kartenspiel hingegen sind erlaubt. Schließlich gibt es Sportarten, die als Spiel bezeichnet werden, etwa das Fußballspiel, obwohl die 22 Herren schwere Arbeit verrichten. Alle die Tätigkeiten, die wir als Spiel bezeichnen, machen den Eindruck, sie gingen leicht von der Hand. Sie haben den Anschein, als folgten sie keinem besonderen Zweck. Absichtslose Tätigkeit wird auch dann als Spiel benannt, wenn es kein spielendes Subjekt gibt: Das Licht spielt auf dem Waldboden, der Wind auf den Wellen, er spielt auch in den Haaren, und kommt ein Sturm auf, dann spielt er gar mit dem Schiff. Leichtigkeit und Zwecklosigkeit, oft auch Eleganz, Schwerelosigkeit und Harmonie werden in solchen Bildern beschworen. Spiel signalisiert das Reich der Freiheit, fern der Notwendigkeit des beruflichen Gelderwerbs. Ähnliches lesen wir auch im Grimmschen Wörterbuch. Es definiert „spielen“ als „eine thätigkeit, die man nicht um eines resultates willen, sondern zum zeitvertreib, zur unterhaltung und zum vergnügen übt“. Einen Vogel mittels eines Thaumatrops in den Käfig zu setzen, einen Seiltänzer aufs Seil und einer schlafenden Schönen einen teuflischen Alb auf die Brust (Abb. S. 359) bereitet nicht nur Vergnügen, weil wir uns dabei beobachten können, wie wir einer optischen Täuschung anheimfallen, sondern auch deswegen, weil wir mit Leichtigkeit etwas tun können, das uns im Reich der Notwendigkeit viel Mühe kosten würde.
Verbleiben wir noch einen Augenblick beim Gegensatz zwischen dem Reich der Freiheit und dem Reich der Notwendigkeit, denn das, was wir an optischen Vergnügen kennenlernen, gehört zum Reich der Freiheit, auch der scheinbaren Freiheit von den Naturgesetzen. Dieses

Abb. 1
STEREOSKOP-ENSEMBLE
um 1900

Abb. 2
„LA FÉE DU TIR" (DIE FEE DES SCHUSSES)
Schüsse mit Erbsen auf die Kopfbedeckungen lassen neue Figuren zum Vorschein kommen, da der jeweilige Körper über die Mittelachse herunterklappt.
Frankreich, um 1850

Reich wurde im 19. Jahrhundert als eine zukünftige Zeit beschrieben, in der wir fischen werden, ohne Fischer zu sein, und jagen werden, ohne Jäger zu sein. Damit sind wir der Dichotomie von Arbeit und Spiel nahe. In Sigmund Freuds Kulturpsychologie findet sich eine – stärker am erlebenden Subjekt entwickelte – Beschreibung des Konflikts zwischen Lebensnot und freier Triebentwicklung, zwischen Realitätsprinzip und Lustprinzip. Das Bild jedoch von dem, der jagt, ohne Jäger zu sein, bringt die Synthese der sich scheinbar schroff gegenüberstehenden Gegensätze: Nicht die Betätigung als solche ändert sich, ihre Struktur wird eine andere. Herbert Marcuse hat die Arbeit, die ihren Charakter so verwandelt, „dem freien Spiel menschlicher Fähigkeiten" gleichgesetzt. Während die Arbeit Zwecken diene, die außerhalb ihrer selbst liegen, sei es das Grundmerkmal des Spiels, daß es Befriedigung an sich schafft.

Die Zauberei, oder wie es unser Zauberbuch nannte, die „natürliche Zauberkunst" im Gegensatz zur schwarzen Magie, von der man annahm, sie werde von Menschen ausgeübt, die mit dem Teufel im Bunde seien, simuliert ein Reich der Freiheit. Dinge und Menschen verschwinden, was nach den Naturgesetzen nicht möglich ist. Der Zauberer ist schneller mit den Fingern, als es den Augen der Zuschauer möglich ist, ihm zu folgen. Zudem ist er ein guter Psychologe: Er bindet die Aufmerksamkeit an einem Punkt, um an einem anderen etwas Überraschendes vorzubereiten. Im Düsseldorfer Goethe-Museum befindet sich ein Zauberkasten, ein Kasten also voller unterschiedlicher präparierter Geräte für Zauberkunststücke, der den Enkeln des Dichters gehörte. Der alte Herr beschrieb die Taschenspielerkunststücke als „ein herrliches Mittel zur Übung der freien Rede und Erlangung einiger körperlicher und geistiger Gewandtheit". In einem Buch von 1890, „Der junge Tausendkünstler", schreibt Fritz Anders ähnliches: „Es handelt sich um eine nette Unterhaltung, die vom Künstler fordert, zu wissen, welche kleinen Zwischenglieder er zwischen Wahrnehmung und Urteil einschieben

muß, um den Schein der Täuschung hervorzurufen; es handelt sich um Gewandtheit in Sprache und Benehmen und um eine unerschütterliche Geistesgegenwart". Die jungen Menschen treten mit diesen Spielen in die Welt der Erwachsenen ein, sie üben soziale Praktiken, erlangen Anerkennung, proben im Spiel und im Schutz des elterlichen Hauses, was sie später auf der freien Wildbahn des gesellschaftlichen Lebens beherrschen müssen.
Auf den Verpackungen optischer Spielzeuge des 19. Jahrhunderts finden wir die unterschiedlichsten Szenen der Kooperation Spielender. Der Deckel des „Großen Metamorphosen-Theaters, in ernster und possierlicher Darstellung" zeigt ein großes Auditorium von Jung und Alt. Da die kleinen Figuren aus Pappe von Hand geführt werden und die Metamorphose, die Verwandlung, durch eine geschickte, nicht oder doch kaum sichtbare Bewegung der Hand erfolgt, verlangt die Vorstellung von den Künstlern Konzentration und Geschicklichkeit. Dafür zeigt sich das Publikum höchlichst interessiert. Links ein sehr erwachsenes Paar, der Herr mit Frack und Brille, die Stirn schon recht hoch, die Dame – wie alle ihre Geschlechtsgenossinnen – mit Herzmündchen, Mittelscheitel und Blumen im Haar. Sie weist auf die Bühne, der Herr lacht. Rechts von den beiden das jüngere Publikum, die kleinsten in den vordersten Reihen. Man spricht miteinander, tauscht Beobachtungen aus, ermahnt Jüngere zur Aufmerksamkeit. Eine freudig erregte Schar, wohlwollend, wie es jungen Künstlern geziemt. Das Spiel wurde um 1855 hergestellt, Rosen und Efeublätter sowie Rocaillen und Kandelaber rahmen die Szene, ein leicht parfümierter Geschmack, bürgerliches Rokoko. Die Beschriftungen in französischer, englischer, deutscher und italienischer Sprache signalisieren den europaweiten Vertrieb.
„La Fée du Tir" (Abb. 2), die „Fee des Schusses", in Frankreich hergestellt, stammt aus der gleichen Zeit. Bei diesem Spiel bleiben die Kinder unter sich. Auf der Illustration des Deckels umringen drei Jungen die in den Wolken thronende Fee. Sie gibt ihnen die Pappfiguren, die alle durch eine große, hohe Kopfbedeckung ausgezeichnet sind. Vorne links steht, schon ganz wie ein Alter, die Linke in die Hüfte gestemmt, mit der Rechten eine Pistole im Anschlag, ein Junge. Er zielt auf die Figur einer Holländerin mit großer Haube. Ihm schaut ein Mädchen zu, scheint ihn anzufeuern, während er zielt. Die Geschichte ist nicht so dramatisch, wie sie aussieht, die Pistolen sind mit einer Feder ausgestattet und einer trockenen Erbse geladen. Trifft der Schuß die Haube, dann verwandelt sich unsere Holländerin mittels eines Klappmechanismus. So kann ein Zauberer zu einem Mädchen oder ein Mädchen zu einem Harlekin werden. Die Fee deutet einen Anflug von Magie an, der Schuß läßt anscheinend eine Person verschwinden, eine andere tritt an ihre Stelle. Ein Spiel wie dieses würde üblicherweise nicht in einer Sammlung mit optischem Spielzeug zu finden sein, lediglich die kreative Interpretation des Sammlers und Filmemachers Werner Nekes bezieht alle das Auge täuschenden Veränderungen in unseren Kontext ein. Ich folge ihm willig, denn Spiele wie „La Fée du Tir" zeigen nicht nur das ungebrochene Vergnügen des 19. Jahrhunderts an derartigen geselligen Vergnügungen, sie verraten uns auf indirektem Wege, warum ein Showman wie Jacques Mandé Daguerre so erfolgreich sein konnte. Die Spiele der Kleinen signalisieren die Lust der Großen. Deswegen finden wir in der Sammlung Nekes noch viel einfachere Verwandlungsspiele. „Die unerwarteten Veränderungen" ist ebenfalls in die Zeit um 1850 zu datieren. Der ein wenig gepuderte Stil ist uns schon vertraut, die Technik der Metamorphose jedoch viel einfacher, es braucht weder geschossen noch gedreht zu werden, durch Anlegen eines dreieckigen Papptäfelchens erhält eine Balletteuse einen Ziegenkopf, während ihr ein verliebter Geiger zum Tanz aufspielt, auch er kann einen Teufelskopf und Eselsbeine bekommen. Auf der Illustration sehen wir heranwachsende Mädchen und Jungen beim Spiel, die Älteste hält das erst einmal fertige Bild in der Hand, während die anderen Köpfe und Röcke anreichen. Die Veränderung ist sichtlich ein kommunikatives Vergnügen unter Jugendlichen. Gerahmt wird das Titelblatt von Ranken mit würdigen Gestalten, Prinzessinnen und Rittern, einem Herrn beim Liebesschwur und einer geduldig lauschenden Dame – sie alle können in

Schornsteinfeger und Ziegenböcke, Hampelmänner oder Füchse verwandelt werden, ganz oder teilweise.

Daß die optischen Vergnügungen ein soziales Ereignis sind, sehen wir auch auf der Schachtel eines Stereobetrachters, hintersinnig beschriftet mit „Von Nah und Fern“ (Abb. 1). 8 Personen einer Familie sind mit zweien solcher Geräte beschäftigt, sie können gar nicht genug davon bekommen, die Photos zu betrachten. Es sind wohl Bilder aus aller Welt, wie sie Ende des 19. Jahrhunderts beliebt waren. Rechts sehen wir ein Mädchen, das aufmerksam ein Stereobild anschaut, ein etwas älterer Jüngling erklärt ihr, indem er auf den Globus weist, wohin sich ihre Augen verirrt haben. Während am Tisch eine schlanke, junge Frau ein Photo mit dem Gerät studiert, reichen Alt und Jung, Männer und Frauen weitere gedoppelte Photos an. Eine gestische Neugier und Ungeduld beherrscht die Szene, eine Szene, die vielfältig das Schauen thematisiert. Was uns heute als Besonderheit auffällt, war seinerzeit vertraut. So scheint sich das Stereoskop häufiger in den Händen von Frauen als von Männern zu finden. Vielleicht weil die Weltreisenden ihre visuelle Beute ins traute Heim, das Reich der Frauen, bringen. Eine Illustration aus dem „Journal des Demoiselles“ von 1866 (Abb. S. 388) läßt uns zwei elegant gekleidete Frauen sehen. Natürlich führen sie vor allem Kleider vor, aber irgendwie müssen sie sich so beschäftigen, als ob diese Kleider nichts Besonderes wären, sie müssen natürlich erscheinen. So schaut die eine Dame dem Vogel in seinem Käfig zu, die andere reicht einem Mädchen Photos an, die sie in ihrem Stereoskop (ein anderes Fabrikat als in der besprochenen Schachtel) betrachten kann. Bevor wir uns der Physik widmen, wollen wir festhalten, daß das 19. Jahrhundert das Jahrhundert der Seh-Lust war. Auch heute gibt es riesige Schauveranstaltungen, aber im vorvorigen Jahrhundert war das Sehen Thema, Bilder behandeln es als Ereignis, sehen ist ein Vergnügen und eine Wissenschaft, es ist ein Lebenselixier. Der Glaube, daß es möglich ist, die Welt in einer endlichen Zahl von Bildern einzufangen, prägt nicht nur die optischen Spielzeuge, bei denen ein benennbarer Vorrat immer wieder verwandt wird, er prägt alle Lebensbereiche und die Wissenschaften. Die Begeisterung, die Orte der Welt in der guten Stube zu betrachten, erfüllt die Verpackung „Von Nah und Fern“ für das Stereoskop.

Wir müssen uns, um die Sprache des Zauberbuches zu benutzen, „der heimlichen Würkung der Natur“ zuwenden, die es möglich macht, daß wir meinen, wir sehen einen Alp auf der Brust der schönen Schlafenden, wo doch, wenn sich das Thaumatrop nicht bewegt, auf der einen Seite die Schlafende, auf der anderen das Teufelchen ist. Die Wissenschaft, die „die Würkung der Natur“ beschreibt, heißt Physik, und uns interessiert die Optik, die Lehre vom Licht. Von diesem stellt das Meyersche Konversationslexikon lakonisch fest, es sei die „Ursache der Sichtbarkeit der Gegenstände“. Diese Sammlung des Wissens hilft uns auch weiter, indem es zwischen der geometrischen Optik – der Lehre von der ungestörten Ausbreitung des Lichts und von der Lichtstärke – und der physikalischen Optik – der Lehre von der Farbzerstreuung, Emission und Absorption des Lichts – unterscheidet. Die geometrische Optik wird uns vor allem interessieren, denn die älteste Form der Bildprojektion ist der Schatten, eine Form der teilweise gestörten Ausbreitung des Lichts. Mit der Zauberlaterne, der Vorläuferin des Filmprojektors, haben wir eine gezielte Ausbreitung von Licht vor uns. Um den Anschein von Bewegung zu erklären, müssen wir jedoch noch die physiologische Optik, die Lehre von der Gesichtswahrnehmung, kennenlernen. Wir erfahren in dieser Wissenschaft von der Trägheit unseres Auges, ein Bild bleibt uns noch einen Augenblick vor Augen, auch wenn es schon materiell verschwunden ist. Das ist der Grund, warum das Vogelbild und das Käfigbild des Thaumatrop sich mischen und zu einem einzigen Bild werden. 16 Bilder kann unser Auge in einer Sekunde noch getrennt wahrnehmen, dann mischen sie sich zu einer Bewegung. Eine Maus kann erheblich mehr Bilder pro Sekunde differenzierend sehen, weswegen es für Mäuse langweilig wäre, ins Kino zu gehen. Das erklärt, warum wir uns bei manchen Filmen und noch mehr bei Fernsehshows wie Mäuslein im Kino fühlen. Doch die Tiere mit den schnellen Augen haben uns von der Wissenschaft abgelenkt, denn es fehlt uns noch die angewandte Optik, jene Kunst, die unsere körperlichen Schwächen durch Geräte kompensiert, etwa mit einer Brille, oder verbessert, etwa mit einem Mikroskop oder einem Fernrohr. Auch die Linsen, die wir dringend für die Magische Laterne und den Filmapparat brauchen, gehören in diesen Zusammenhang.

Das Schattenspiel ist die älteste und vielleicht vergnüglichste Projektionskunst. Die nüchterne Definition, der Schatten sei der nicht oder weniger beleuchtete Raum hinter einem reflektierenden oder stark absorbierenden bzw. lichtundurchlässigen Körper, verrät wenig über diesen Gefährten der Menschen. Er gehört zu einer Person und ist doch gleichzeitig ein anderer. Schattentheater beziehen ihren Reiz aus dieser Doppelgesichtigkeit. Wer kennt nicht das Schattenspiel vom Arztbesuch, bei dem ein Patient mit lebendiger Gestik über Magenbeschwerden klagt. Der Doktor heißt ihn auf einem Stuhl Platz nehmen, schaut in den geöffneten Mund und beginnt nach demonstrativen Bewegungen mit dem Kopf, die Staunen verraten, dem Patienten in den Schlund zu greifen. Erst holt er Messer und Gabel heraus, dann einen Hammer... Das soll genügen, denn das Publikum kreischt deswegen, weil im Schatten alles echt aussieht, wie eben im Leben – und doch kann das, was man sieht, nicht wahr sein, obwohl man es sieht. Daß der Schatten zu unserem Körper gehört, immer als ein Teil seines Besitzers gesehen wird, prägt Märchen und Dichtungen.

Da wir uns mit den Bildkünsten beschäftigen, wollen wir uns kurz eines Berichts des Plinius über die Erfindung der Malkunst erinnern. Genaugenommen erzählt er ausführlicher über die Erfindung der Skulptur. Der Töpfer Butades aus Sikyon, tätig in Korinth, habe Abbilder aus Ton zum ersten Mal hergestellt. Die Anregung stammt von seiner Tocher, die aus Liebe zu einem jungen Mann, der in die Fremde ging, beim Schein einer Lampe sein Gesicht an der Wand mit Linien umzog und so fixierte. Leonardo da Vinci hält fest: „Die erste Malerei bestand nur aus einer Linie, welche den Schatten eines Menschen umzog, den die Sonne auf

Abb. 3
EMILE REYNAUD
Praxinoskop-Ensemble
Paris, um 1880

Abb. 4
JUNIN UND LAZARD
„Le Phénakistiscope"
Deckel eines Kartons für Phenakistiskop-Scheiben, Farblithographie
Paris, um 1840

einer Wand erzeugte." Die Doppelnatur des Schattens – er ist die Sache selbst, ohne ihre Präsenz nicht denkbar, und doch etwas anderes – bestimmt die Medien bis auf den heutigen Tag. Einerseits bildet ein Photo eine Person ab, und der Kommentar lautet, daß dies die Großmutter sei, nicht, wie es richtiger hieße, das Photo der Großmutter. Bei Familientreffen werden Photos ausgepackt, und man zeigt sich, wie groß und wie hübsch die Kinder geworden sind. Gleichzeitig werden Photos vernichtet, weil die abgebildete Person behauptet, so sehe sie nicht aus. Der Schatten begleitet die Geschichte des projizierten und des bewegten Bildes, einmal wird die Täuschung und die Illusion in den Vordergrund der Debatten gestellt, dann wieder der Naturalismus der Abbilder.
Bleiben wir beim Naturalismus. Wie ein farbiger Schatten wirken Bilder, die Körper, die vom hellen Licht bestrahlt werden, in dunkle Räume, wo allein man sie sehen kann, werfen. Der Lichtreflex erscheint als Projektion. Das „Dunkle Zimmer", die Camera Obscura, ist der Raum, in dem die Lichtstrahlen zu sehen sind – durch ein kleines Loch dringen sie ein. Arthur Maria Rabenalt, ein Autor, der sich wenig um Ehren der Wissenschaft bemüht, berichtet – allerdings ohne Nachweise – von einer eigenwilligen Vorstellung. Papst Alexander VI. habe sich mit weiteren Zuschauern in einen dunklen Kellerraum gesetzt. Durch ein Loch in der Wand wurden die Liebesspiele eines Paares, das sich auftragsgemäß im lichterfüllten vatikanischen Garten eingefunden habe, in das Dunkel projiziert. Rabenalt vermutet hier das

erste pornographische Lichtspiel, wir hingegen haben durch die Intervention des Papstes die Camera Obscura kennengelernt, ein im 17. Jahrhundert häufig verwendeter Zeichenapparat. 1839 wurde sie zum Photoapparat, einem Gerät, in das Licht geregelt eindringen kann. Schon im 18. Jahrhundert können wir das süchtige Verlangen beobachten, daß die Bilder identisch seien mit dem, was sie abbilden. So gab es, um den Schatten zu fixieren, Silhouettiermaschinen, mit denen ein Profil, das man für besonders charakteristisch hielt, festgehalten wurde. Mal als hübsches Bild an der Wand, mal als Material für die physiognomische Forschung, bestimmten Silhouetten über Jahrzehnte das Bild vom unverwechselbaren Gesicht eines Individuums. Die Photographie löste sie ab. Erhalten haben sie sich in physiognomischen Verwandlungsspielen, die es ermöglichen, einem braven Biedermann eine Pinocchionase anzufügen. Der Lust, die unverwechselbaren Kennzeichen der Geschlechter zu vermischen, kann man mit derartigen Spielen ebenfalls nachgehen. Aus der Notwendigkeit von Wissenschaft und sozialer Etikette wird eine Entdeckung zur Freiheit des Unfugs abgeleitet und eröffnet so ein kreatives Feld, das sich wiederum auf ernsthafte Neuerungen auswirkt – langfristig den Film.

Damit Zuschauer nicht wie Papst Alexander VI. und seine Freunde in einen dunklen Kellerraum müssen, um ein Lichtspiel zu sehen, war es notwendig, die Helligkeit der Projektion zu verstärken. Das gelang mit der Laterna Magica, einem Projektionsapparat. Die dunkle Kammer blieb bis heute erhalten. Wenn das Licht im Kino endgültig – nach verschiedenen Formen des Halbdunkels für die Reklame – ausgeht, wissen wir, daß der Hauptfilm, der Film, den zu sehen wir ins Kino gehen, beginnt. Im Halbdunkel wird uns die Zeit gestohlen. Immer muß das Licht der Projektion von der Konkurrenz des ständigen Lichts befreit werden. So wird schon aus rein technischer Notwendigkeit unsere Aufmerksamkeit nur auf die Projektionsfläche gerichtet, normalerweise eine Leinwand, die Leinwand. Damit das Licht zum Lichtspiel wird bedarf es eines Bildes. Auf eine gläserne Scheibe gemalt oder – später – gedruckt, wird es in den Projektionsapparat geschoben, und es erscheint seitenverkehrt und überkopf auf der Leinwand, falls der Projektionskünstler das Bild nicht seitenverkehrt und überkopf in den Projektor gesteckt hat. Gegen Ende des 18. Jahrhunderts, dem Jahrhundert der Aufklärung, benutzte man die Magische Laterne zu echter Magie, indem Scharlatane, Taschenspieler also, in Rauchwolken Geister erscheinen ließ – Herren zogen den Degen, Damen fielen in Ohnmacht, so zeigen es die Abbildungen. Doch schließlich drang das Licht der Wissenschaft in das Geisterdunkel, und die Magische Laterne zeigte Bilder der Wissenschaft, der populären wie der spezialisierten. Ende des Jahrhunderts hatte der Diaprojektor einen festen Platz in den Wissenschaften, die auf Anschauung angewiesen sind. Gegenwärtig tritt der „Beamer" an die Stelle der Zauberlaterne – bei unveränderter Funktion. Allerdings kann er das stehende und das bewegliche Bild zusammenführen, vorher brauchte man dafür zwei Geräte.

Geblieben ist trotz der vielen Zerstörungen und des Verschleißes, der Kontingenz des Lebens, die wir Zahn der Zeit nennen, ein Schatz an Bildern. Die wissenschaftlichen werden langsam wiederentdeckt, eine Bildkultur beginnt ihre Geschichte zu erforschen, die populären sind verschollen, nur in dem Kinderspielzeug blieb die gesamte Breite des Bildbestandes erhalten, ohne aller-

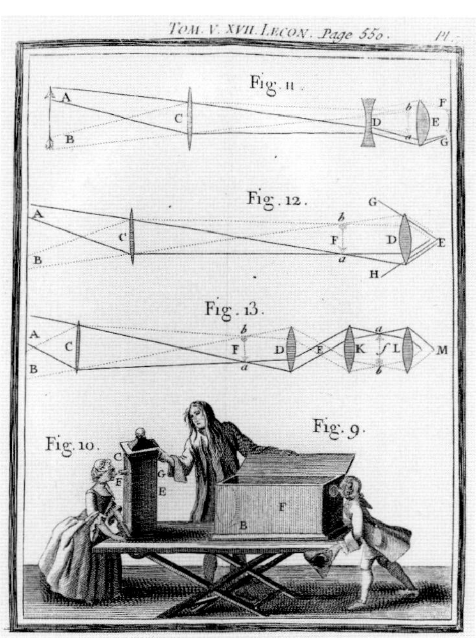

Abb. 5
DIE BETRACHTUNG IM *GUCKKASTEN
in: Jean Antoine Nollet,
Leçons de Physique experimentale,
Paris 1777, 5. Band, S. 550, Tafel 7

Abb. 6
„PETIT PANORAMA UNIVERSEL“
Frontispiz eines Panoramenspiels, Chromolithographie
Frankreich, um 1890

dings bisher erfaßt zu sein. Wie bei öffentlichen Vorführungen, bei denen die Professoren, wie die Projektionskünstler hießen, Lustiges, Vergnügliches und Augenschmäuse zwischen das Wissenswerte streuen, so findet sich auch im Kinderzimmer Lehrreiches und Komisches. Natürlich dürfen auch hier Märchen nicht fehlen, doch die Sagen, die griechische und die germanische Mythologie, bekamen auch die Großen gezeigt. Das gesamte Bildwissen des 19. Jahrhunderts könnte man mit diesen Vorläufern der Diapositive katalogisieren. Für das des 18. Jahrhunderts müßte man auf den Guckkasten zurückgreifen, hier wurden die Städte dieser Erde, das Leben Jesu, Theaterstücke, die Festungsbaukunst, Bauten der alten Welt sowie wichtige Ereignisse, meist Schaurig-Schönes, Brände und Katastrophen, das Erdbeben von Lissabon und die ersten Ballonflüge gezeigt.
Vollständig wird unser Überblick erst mit dem bewegten Bild, wir hatten es zwar schon im Keller des Papstes Alexander VI. kennengelernt, aber die Lichtreflexe waren synchron zum Ereignis, die Camera Obscura hat das Bild nicht erzeugt, lediglich gezeigt. Erst das Phänakistiskop, das Lebensrad, läßt uns ein bewegtes Bild sehen. Was heute wie ein harmloses Spielzeug aussieht, in jedem Bastelunterricht herzustellen, ist die Verdinglichung einer epochalen Entdeckung, der Trägheit unseres Auges. Joseph von Plateau hatte sehr lange und intensiv den stroboskopischen Effekt studiert und 1832 das erste Lebensrad konzipiert. Wie so häufig sind es zwar Individuen, die zu einem bestimmten Datum an einem bestimmten Ort eine Erkenntnis veröffentlichen, aber wie bei der Photographie beschäftigen sich viele Menschen gleichzeitig und unabhängig voneinander mit dem Problem des bewegten Bildes. Die Rede vom Zeitgeist oder daß etwas in der Luft liege, erzeugt Metaphysik, wo doch ein intensives Interesse an Bildern und optischen Vergnügungen, an Neugier und Schaulust Europa erfüllt. 1834 veröffentlicht der Wiener Professor Simon Stampfer einen Aufsatz mit dem Titel „Über die optischen Täuschungs-Phänomene, welche durch die stroboskopischen Scheiben (optische Zauberscheiben) hervorgebracht werden“. In einer Vorbemerkung erklärt er, daß sein

wissenschaftlicher Aufsatz in den „Jahrbüchern des polytechnischen Instituts in Wien" gleichsam als Nachdruck erscheine, denn zuvor (1833) sei der gleiche Text seinen „Stroboskopischen Scheiben" als Erläuterung beigefügt worden. Sie würden von der Kunsthandlung „Trentsensky und Vieweg" vertrieben. Diese Verleger handeln mit Bilderbogen und populären Druckwerken, aber nicht mit wissenschaftlicher Literatur. So wird ein letztes Mal belegt, daß die Lust der Allgemeinheit, das Vergnügen an der Zauberei, das die optischen Scheiben erzeugen, den Vorrang vor der Wissenschaft hat. Die Erforschung der „heimlichen Würkung der Natur" folgt der Augenlust.

Herstellen kann man das Lebensrad denkbar einfach. Auf einer Kartenscheibe zeichnet man in gleichmäßigen Abschnitten die einzelnen Phasen einer einfachen Bewegung. Zwischen den Zeichnungen, ebenfalls in gleichen Abständen, schneidet man in das Scheibenrad schmale Spalte. Wenn man vor einem Spiegel durch einen dieser Schlitze schaut, sein Auge also fixiert, und die Scheibe dreht, werden die einzelnen Bilder zu einer einzigen, vollständigen Bewegung. Das Prinzip ist somit auf dem freien Markt, das Vergnügen an dem Effekt belohnt die Mühe der Tüftler. Eine Verbesserung folgt der anderen, bis schließlich Emile Reynauds „Optisches Theater" 1882 Bewegung und Projektion zusammenführt. Ein Etablissement, das schon lange der Schaulust gewidmet war, das Musée Grevin, ist verdientermaßen der Ort der ersten Aufführung.

Im 19. Jahrhundert hat die bildende Kunst noch mit den Schaukünsten, dem Panoramen und dem Diorama konkurriert, und für die süffige Oberfläche eines Gemäldes von Hans Markart verzichtet man gern auf die Bewegung, die das Lebensrad so bezaubernd generiert. Doch die großen visuellen Spektakel, zu denen der Film in der Lage ist, haben zu einem Rückzug der Kunst von dem Versuch, kulinarisch zu sein, geführt. Die Unterscheidung zwischen U(nterhaltungs)musik, die sich selbst tragen muß, und E(rnsthafter) Musik, die gefördert wird, ist nur ein beredtes Beispiel. Vielleicht gelingt es uns, ein Stück von jener Schaulust zurückzugewinnen, die mir für das 19. Jahrhundert so typisch scheint. Hier lernen wir, daß das ganz Große und das ganz Kleine keine Konkurrenz bilden müssen – vielleicht müssen wir vor allem unsere emotionalen Ambivalenzen ertragen.

JEU DU THAUMATROPE
M.D. PARIS
IL ÉTAIT UNE BERGÈRE
AU CIRQUE
L'OISEAU S'ENVOLE
LE PUITS QUI PARLE
SUR LE PONT D'AVIGNON
C'EST LA MÈRE MICHEL
LA FORCE PRIME LE DROIT
UNE GRANDE REPRÉSENTATION
L'AQUARIUM
LA LANTERNE MAGIQUE
LA MALLE DES INDES
STEEPLE-CHASE

PERSISTENZ
◐ OPTISCHES SPIELZEUG

„JEU DU THAUMATROPE"
(*Thaumatrop- oder Wunderscheiben-Spiel)
Das die Trägheit der Wahrnehmung nutzende Thaumatrop wurde 1825 von John Ayrton Paris in England erfunden. Versetzt man die Scheibe durch Zwirbeln der Fäden in horizontale Drehungen, verschmelzen die beiden unterschiedlichen, sich ergänzenden Bilder auf Vorder- und Rückseite der Scheibe zu einem einzigen Gesamteindruck.
Frankreich, um 1900

„APOCALYPSE DU BALLET"
(*Persistenztanz)
in: J.J. Grandville,
Un autre monde
Paris 1844, S. 53

APOCALYPSE DU BALLET.

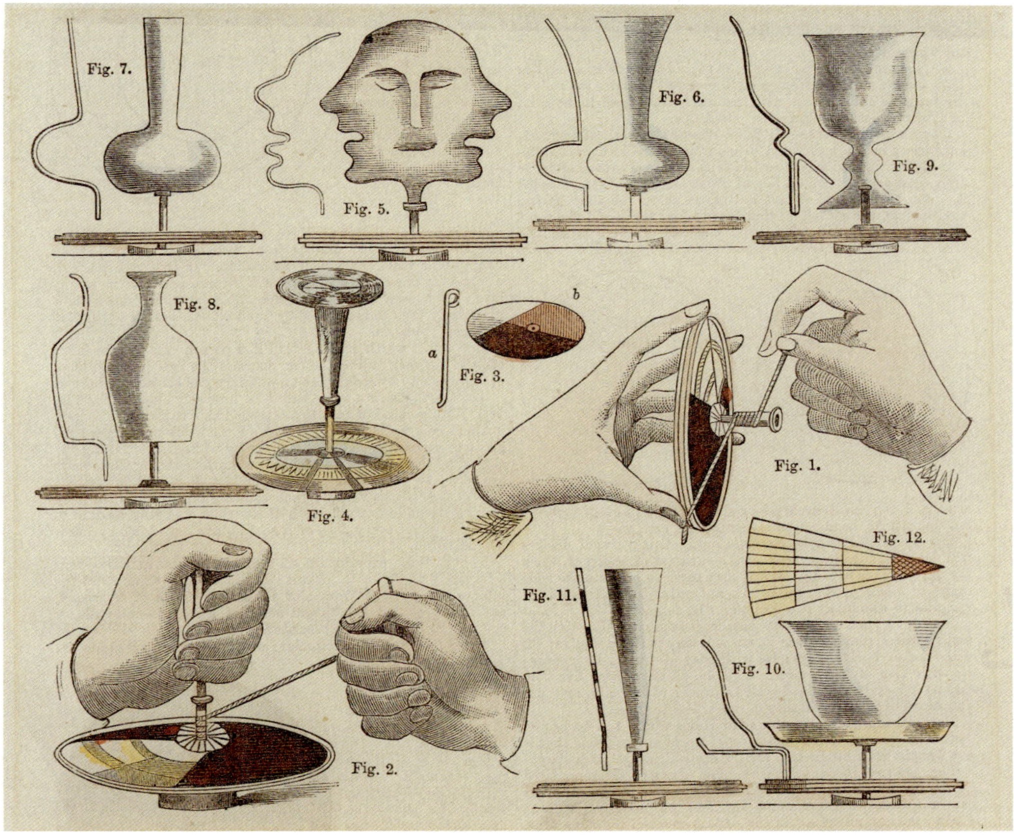

ILLUSTRATION VON PERSISTENZSPIELZEUG

*Um 1860 kamen in Europa Kreisel als *Persistenzspielzeuge auf den Markt, die sowohl das Phänomen der Farbverschmelzung als auch das der Raumschreibung gebogener Drähte illustrieren. Beim Optic Marvel werden Farbblättchen auf die untere schwarze Scheibe gelegt und gebogene Drähte aufgesteckt. Die eingeblasene Luft versetzt die Farbscheiben und den Draht in schnelle Rotation, so daß die Farben sich mischen und der gebogene Draht als Körper erscheint.*

Aus: The Popular Educator, London-Paris-New York, um 1860

„THE *OPTIC MARVEL ILLUSTRATES IN A MOST REMARKABLE MANNER, THE NATURAL PHENOMENON OF PERSISTENCE OF VISION" (DAS OPTISCHE WUNDER ILLUSTRIERT AUF EINDRUCKSVOLLE WEISE DAS NATÜRLICHE PHÄNOMEN DER TRÄGHEIT DES SEHSINNS)

***Persistenzspielzeug**

England, um 1860

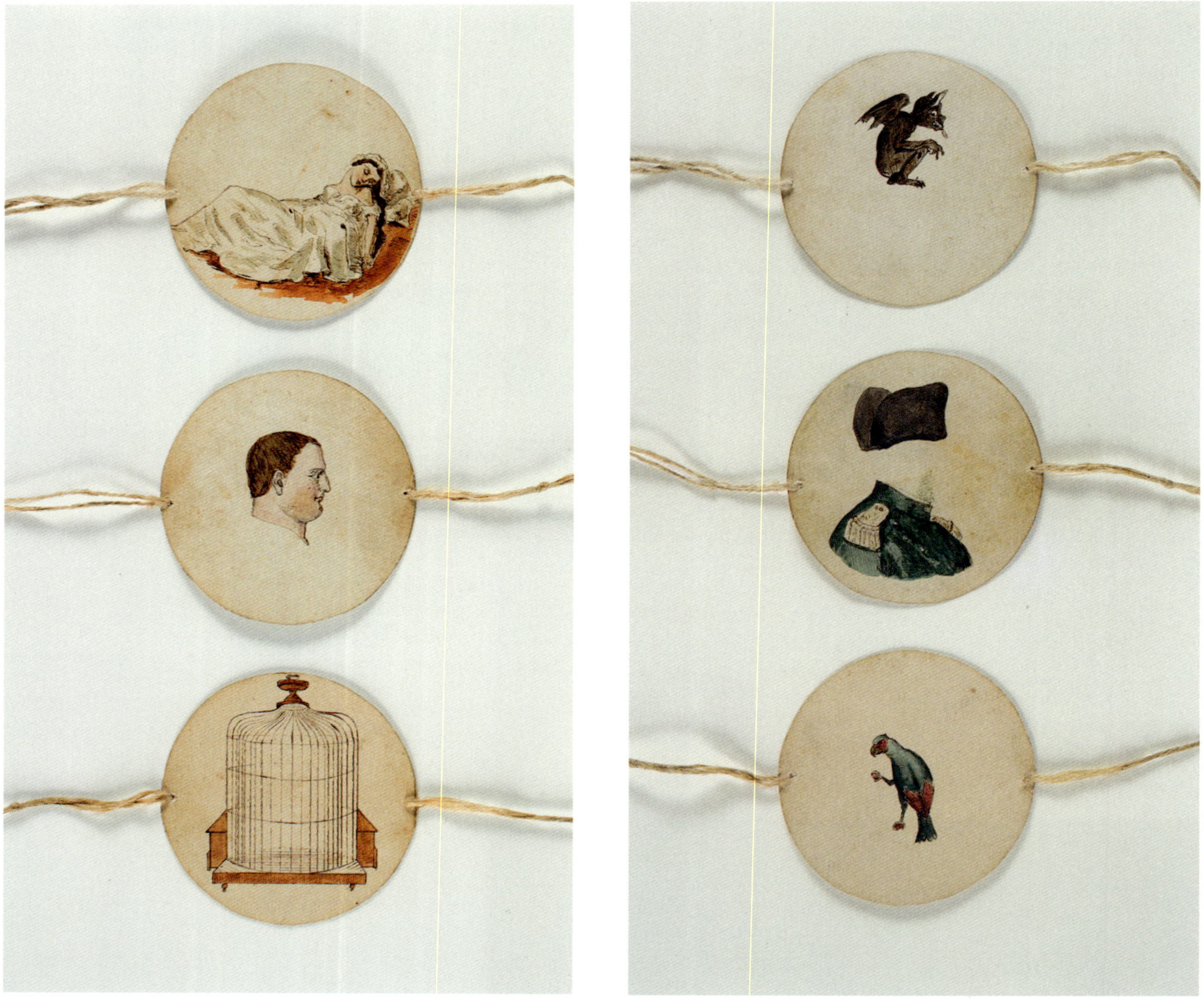

*THAUMATROPE ODER WUNDERSCHEIBEN
Frankreich, nach 1826

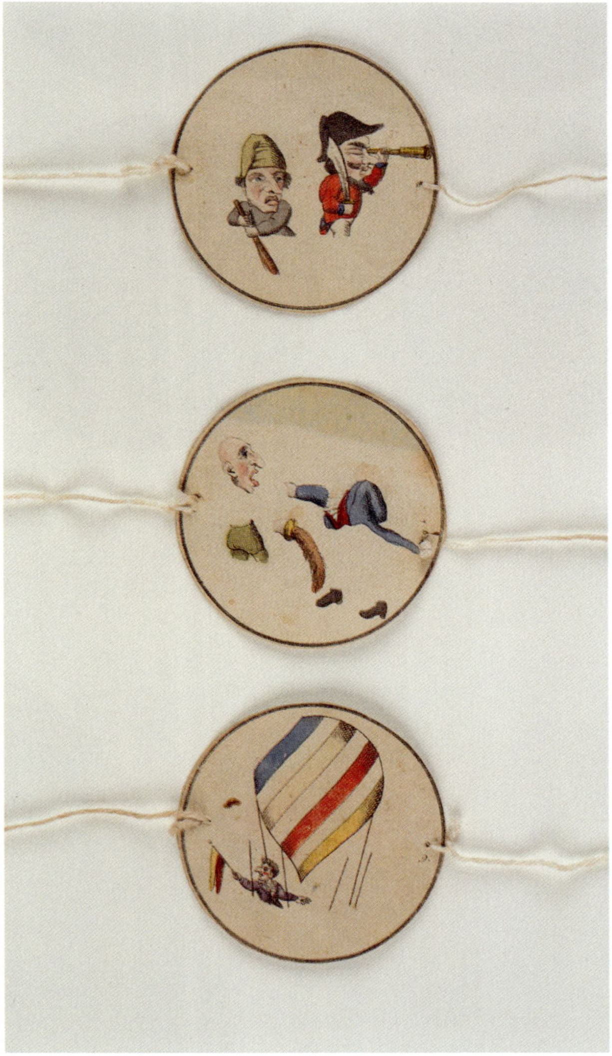

JEAN-BAPTISTE MADOU
Verschiedene Scheiben für Joseph Plateaus „*Anorthoscope“ (Richtigseher)
Paris 1836

JEAN-BAPTISTE MADOU
Scheibe für Joseph Plateaus „*Anorthoscope“ (Richtigseher)
Ø 24,5 cm
Paris 1836

JOSEPH PLATEAU

„L'*Anorthoscope" (Richtigseher)

*Gerät, mit dessen Hilfe ein *zylinderanamorphotisch verzerrt gemaltes, rotierendes Bild während der Betrachtung durch eine in entgegengesetzter Richtung rotierende schwarze Vierschlitz-Scheibe entzerrt wird.*

Farblithographien, die in Öl getränkt wurden, um Transparenz zu erzielen.

Paris 1836

SCHUBER FÜR *PHENAKISTISKOP-SCHEIBEN
Deutschland, um 1835

ENSEMBLE VON *PHENAKISTISKOP-SCHEIBEN UND *SPIEGEL
*Das *Phenakistiskop, auch *Stroboskop oder Lebensrad genannt, zeigt erstmals eine kontinuierliche Bewegung, dem Film vergleichbar. Man sieht ein Bild, dann kein Bild, dann ein gering differierendes zweites Bild, wodurch im Kopf des Betrachters die Illusion der Bewegung erzeugt wird.*
Brüssel und Wien, ab 1833

RATTE

Bildscheibe für Joseph Plateaus Phenakistiskop

Die Ratte scheint aus der Mitte der Scheibe herauszukriechen und über den Rand der Scheibe hinweg zu verschwinden.

Hersteller: Ackermann
London, ab 1833

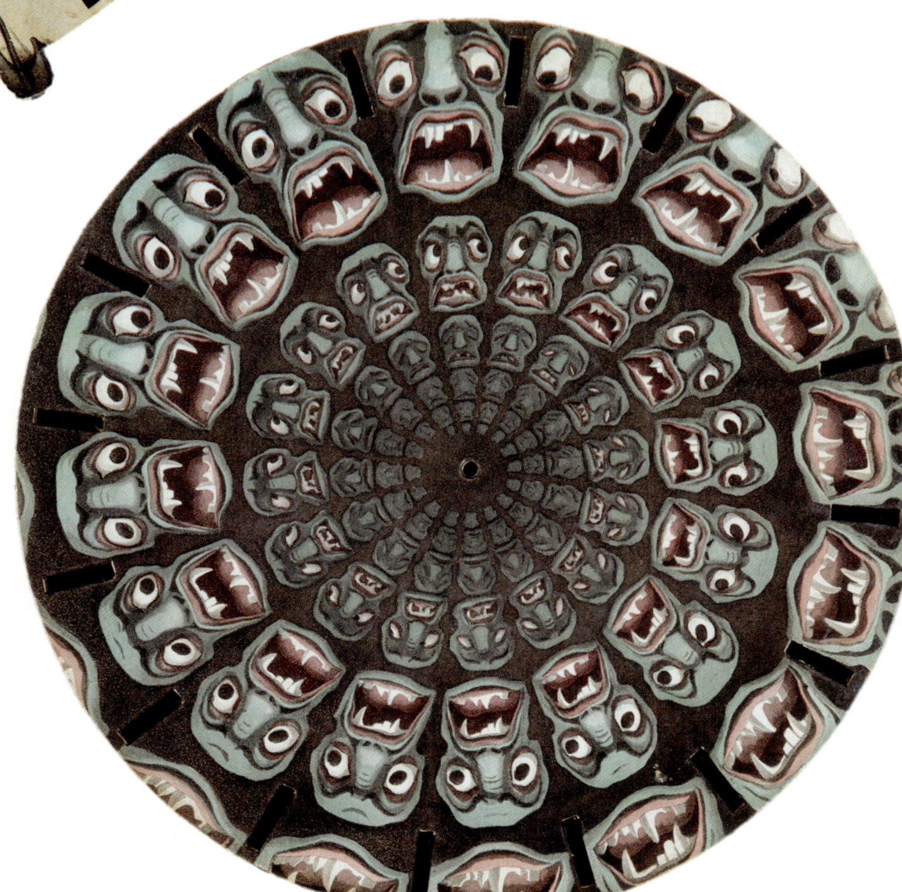

DÄMON

Bildscheibe für Joseph Plateaus Phenakistiskop

Der Dämon wächst augenrollend aus dem Zentrum der Scheibe heraus.

Hersteller: Ackermann
London, ab 1833

***ZOETROPE - WUNDERTROMMELN**
Der in die Trommel eingelegte Bildstreifen mit Bewegungsphasen wird durch die Schlitze der rotierenden Trommel als unendliche Filmschleife gesehen.
Um 1860

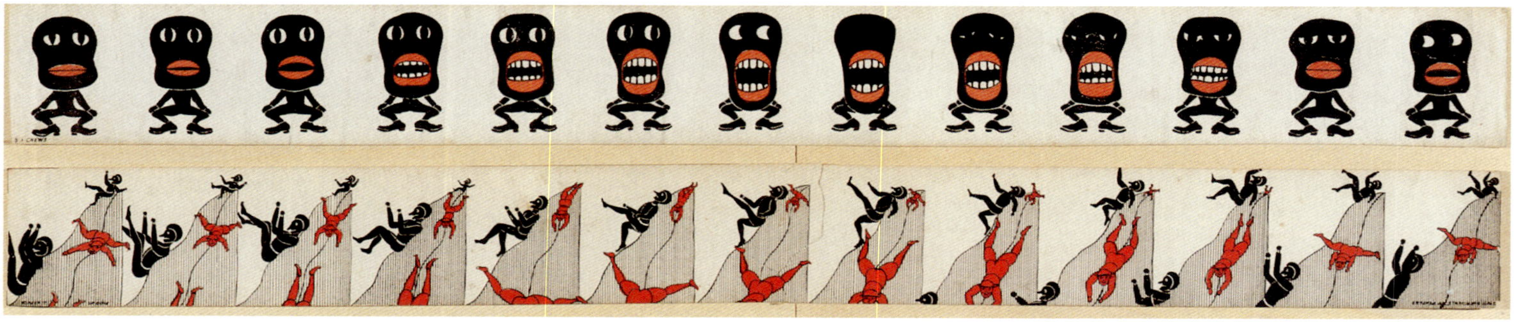

***ZOETROP-STREIFEN**
Bildstreifen mit gezeichneten Phasenbildern
Lithographien, 9 x 92 cm
Herausgeber: London Stereoscopic and Photographic Company
England, um 1860

*ZOETROP-STREIFEN

Bildstreifen mit gezeichneten Phasenbildern
Lithographien, 9 x 92 cm
Herausgeber: London Stereoscopic and Photographic Company
England, um 1860

EMILE REYNAUD

***Praxinoskop-Theater (Tätigkeitsseher)**
*Beim *Praxinoskop entsteht die Bewegungsillusion durch den Blick in die winklig zueinander angeordneten *Spiegel. Der Moment, in dem der Blick des Betrachters auf den Winkel zwischen den Spiegeln fällt, ersetzt die Schwarzphase zwischen den Schlitzen des Zoetrops und vermittelt dem Betrachter einen wesentlich helleren Bildeindruck. Beim *Praxinoskop-Theater wird zusätzlich zum Bildstreifen noch ein austauschbares Theater-Dekor eingespiegelt und das Bild durch ein in den Kastendeckel eingelassenes Bildfenster betrachtet.*
Paris 1879

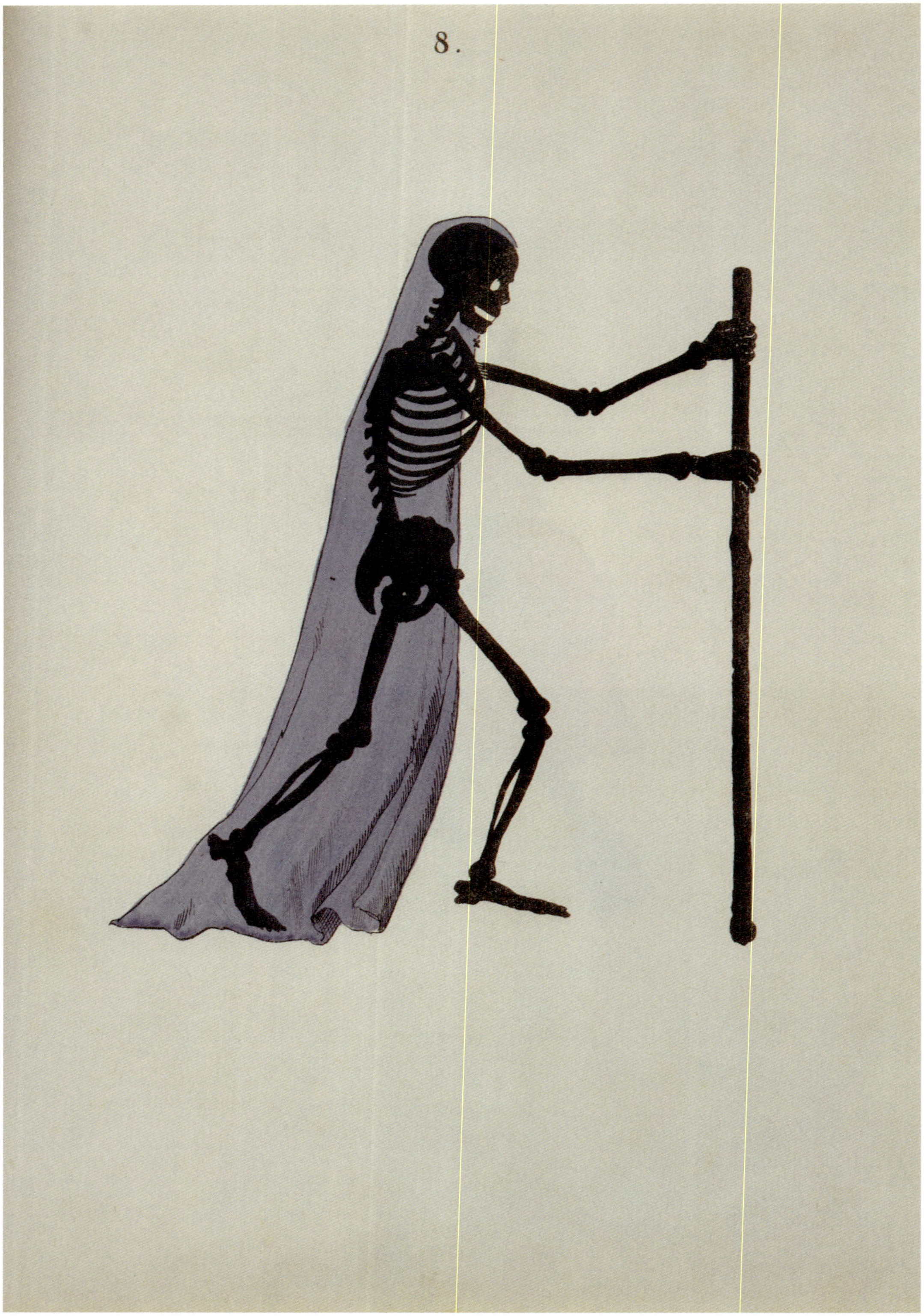

***NACHBILD, ODER: WIE BILDER ZAUBERN KÖNNEN**

Schaut man, ohne die Augen zu bewegen, etwa eine Minute lang auf das abgebildete Negativ und anschließend auf eine weiße Fläche, erscheint ein positives Nachbild.
In: Dr. A. Refell, Trugbilder
Stuttgart 1865, Tafel 8

MUSIK-*PRAXINOSKOP
Da weltweit nur drei Exemplare bekannt sind, wird vermutet, daß es sich um Spezialanfertigungen eines Spieluhrenfabrikanten handelt.
Frankreich, um 1880

OTTOMAR ANSCHÜTZ

Unterseite der Trommel des Tachyskops – *Schnellsehers
mit Abbildungen der photographierten Bildstreifenmotive

*Das Tachyskop, eine neue Form des *Zoetrops, erlaubt neben der horizontalen auch eine vertikale Rotation der Trommel. Als Bildstreifen dienen Anschütz Photoserien seiner Reihenaufnahmen.*

Deutschland 1891

ZWEI *ZOETROPE UND DAS TACHYSKOP (*SCHNELLSEHER)
von Ottomar Anschütz
mit horizontalen und vertikalen Reihenphotographie-Bildstreifen (Lichtdrucke)
Ab 1892

ERNST PLANK
Heißluftbetriebener *Kinematofor
*Fast identische Kopie des Reynaudschen *Praxinoskop-Theaters, jedoch mit Heißluft angetrieben.*
Nürnberg, um 1900

Jens Thiele

Der Augenblick des Verweilens und die Flüchtigkeit des Blickes

Bildstillstand und Bildwechsel in ,vorkinematographischen Zeiten'

Die Geschichte der sogenannten vorkinematographischen Künste, von den mechanisch bewegten Laternenbildern über die Faradaysche Scheibe zur Erforschung stroboskopischer Bewegungstäuschung bis hin zu den gezeichneten Animationsfilmen Emile Reynauds, wird weithin als eine kontinuierliche Entwicklung zum Film wahrgenommen, quasi als eine Abfolge von Vorübungen zu den Filmprojektionen der Brüder Lumière im Jahre 1895.[1] Bereits der Begriff des ,Vorkinematographischen' legt eine solche lineare Sicht auf komplexe kulturhistorische Entwicklungen nahe. Dabei gerät leicht aus dem Blick, daß die zwei Jahrhunderte vor der Erfindung des Kinematographen von ganz unterschiedlichen Sehinteressen an stehenden und bewegten Bildern geprägt waren, daß es keineswegs nur um die Sehnsucht nach den schnellen, laufenden Bildern ging, sondern immer auch um das Bedürfnis nach gegenläufigen Erfahrungen des langsamen, intensiven, verweilenden Blickes.
Die ganzheitliche Bilderfahrung im schweifenden Blick über das scheinbar unbegrenzte Panoramabild, das bewußte Erleben von Zeit in der sich wandelnden Dioramaszenerie gegenüber dem plötzlichen Bildwechsel durch Verschieben, Umklappen oder Schnitt, etwa in den Verwandlungsbüchern – solche Dualismen haben im Verlauf der neueren Kulturgeschichte des Sehens nur scheinbar bestanden; vielmehr belegen die unterschiedlichen optischen Erfindungen zwischen Laterna Magica und Kinematograph, daß sich der verweilende und der flüchtige Blick und mit ihnen die Lust an ganz unterschiedlichen Formen des Bilderlebens gegenseitig beeinflußt, überlagert und durchkreuzt und schließlich sogar bedingt haben: Erst durch den raschen, stets unterbrochenen Filmtransport konnten im laufenden Filmbild wieder Langsamkeit, Dehnung und Intensivierung des nun bewegten Bildes entstehen. Erst als die technischen Voraussetzungen für den Kinematographen geschaffen waren, konnte die Erfahrung der Bildintensivierung und Langsamkeit über den Umweg der Bildzergliederung und Bildbeschleunigung wieder neu gemacht werden. Mit der Zeitdehnung im Film (durch erhöhte Anzahl der Bilder während der Aufnahme) wurde Langsamkeit paradoxerweise zu einer Qualität der schnellen Filmbilder.
Zeit in ihrem vermeintlichen Stillstand, in ihrer Verlangsamung, aber auch in ihrer Beschleunigung, Flüchtigkeit und Brechung wurde zwischen 1700 und 1900 zu einer sehr widersprüchlich und unterschiedlich empfundenen Erfahrung an den für ein Massenpublikum produzierten Bildern. Die folgende, freilich nur punktuelle Untersuchung einiger früher Unterhaltungskünste aus der Sammlung Werner Nekes soll verdeutlichen, an welchen Bildern, Spielen und Apparaten sich Momente der Blickverlangsamung und Blickbeschleunigung einstellten und in welchen kulturellen Kontexten diese scheinbar gegensätzlichen Bilderfahrungen stattfanden.

Die Erfahrung der Langsamkeit – Die Panoramen um 1800

Dem Bedürfnis nach Weitung und Intensivierung des durch Rahmung und Format begrenzten Bilderlebens müssen die großen Panoramen um 1800 mit ihren illusionistisch angelegten 360°-Bildern in besonderer Weise entgegengekommen sein. Die ‚Fensteraussicht' auf die Natur dehnte sich hier in die Totale. „Der Panoramabesucher steht dem Bild nicht gegenüber, sondern ist ihm von allen Seiten ausgesetzt."[2] Angesichts heutiger Blickschnelligkeit und Bildzerlegung muß man sich die Besonderheit des damaligen panoramischen Blickes vor Augen führen: Losgelöst von sichtbaren Bildrändern oder Einrichtungsgegenständen stand der Betrachter auf der Plattform quasi mitten im Bild, sein Blick konnte in selbstgewählter Richtung und Zeit schweifen – eine bei den großen und sorgfältig inszenierten Rundbildern fraglos eindrucksvolle Gesamtbilderfahrung.
Daß es dennoch sehr unterschiedliche Reaktionen des Publikums gab, belegen Zeitdokumente. Der hohe Grad der Illusion bei gleichzeitiger Starrheit und Stille des Rundbildes führte neben der Bewunderung zu Gefühlen des Unwohlseins. Die Künstlichkeit der Inszenierung wurde vor allem an der fehlenden Bewegtheit des Bildes festgemacht: „...der ganzen Scene fehlt auch selbst die stete Naturbewegung, die unaufhörliche Veränderung des Ortes, der Stellung, der Gestalt, die auch in die ödeste Gegend noch Bewegung bringt."[3]

Abb. 1
„VOR DEM STEINSCHLAG IM GEBIRGE"
Laterna-Magica-Bild, Liverpool, nach 1841, aus: Detlef Hoffmann/Almut Junker, Laterna Magica. Lichtbilder aus Menschenwelt und Götterwelt, Berlin 1982, S. 39

Flüchtigkeit des Blickes – Beschleunigung der Bilder

Das Bedürfnis des Publikums, Abbilder der empirischen Wirklichkeit nicht nur in künstlicher Starre, sondern auch durch natürliche Bewegtheit zu erleben, wurde im beginnenden 19. Jahrhundert in mehrfacher Weise befriedigt, realiter durch mechanische oder optische Manipulationen an projizierten und inszenierten Bildern, aber auch aufgrund bildnerischer Qualitäten. Wie Monika Wagner an den instabil, flüchtig und momentan erscheinenden Landschaftsdarstellungen des vielreisenden William Turner nachweist, überlagerten sich in seinen Landschaftsbildern Eindrücke verschiedener Blicke, Stimmungen und Zeiten und führten im Auge des Betrachters zu einer latent bewegten Bildstruktur[4], die zumindest von Teilen des zeitgenössischen Publikums als ‚filmisch' erlebt worden sein dürfte.
Die Mobilisierung des Blickes um und nach 1800 ging bekanntlich einher mit der Mobilisierung der Gesellschaft: das Reisen (Fahrten mit Kutschen und Dampfern, später mit der Eisenbahn) hatte Blicklenkung, Wahrnehmungsformen und Zeitempfinden nachhaltig beeinflußt und verändert. Das Überbrücken von großen Entfernungen mit immer schneller werdenden Transportmitteln führte im Zuge der Reiselust zur Verdichtung ehemals getrennt erfahrener Sinneseindrücke und ‚Bilder' und als Folge zu einer neuen Erfahrung des prozessualen, vergänglichen Sinneseindrucks. Der Weg vom verharrenden, selbstbestimmten Blick über ablaufende Bilderfolgen bis hin zu einem Kontinuum von vorbeiziehenden Bildstreifen[5] markiert eine Entwicklung, die sich im Rahmen einer neu erlebten gesellschaftlichen Mobilität entwickelte.
Diese Entwicklung setzte sich fort über die Bilder der Lebensräder und Wundertrommeln, über die Serienphotographien eines Muybridge und die Chronophotographien eines Marey, und zeigte sich schließlich im Kinematographen der Brüder Lumière als kontinuierliche filmische Bewegungsillusion. Mit der Perfektionierung der bewegten Bilder kamen der Betrachter und sein Blick dagegen immer mehr zum Stillstand. Der Besucher der frühen Filme saß bewegungslos im abgedunkelten Raum und starrte auf die Leinwand, während die Bilder an ihm vorbeieilten.

Abb. 2
„STEINSCHLAG IM GEBIRGE"
Laterna-Magica-Bild, Liverpool, nach 1841, aus: Detlef Hoffmann/Almut Junker, Laterna Magica. Lichtbilder aus Menschenwelt und Götterwelt, Berlin 1982, S. 39

Die Bilder ziehen vorbei – Moving Panoramas

Monika Wagner hebt zurecht hervor, daß sich mit der Popularisierung der bewegten, vorbeiziehenden Kulissenbilder in den Moving Panoramas eine wichtige Wahrnehmungsqualität verschiebt: das Auge des Betrachters, im stehenden Panorama noch tastend, schweifend, beweglich, fixiert sich nun auf den Ausschnitt des tatsächlich bewegten Bildes, das „Dauer und Intensität der Bildbetrachtung" vorgibt.[6] Beliebt waren in den Moving Panoramas simulierte Eisenbahn- und Dampfschiffahrten, auf denen im Bildausschnitt langsam vorbeiziehende wechselnde Landschaften sichtbar wurden. Solche Erfahrungen konnten zeitgleich auch im Theater gewonnen werden, wo lange, bemalte Kulissenwände über Walzen als sogenannte Wandelpanoramen am Publikum vorbeigezogen wurden.[7] Der Wunsch nach Veränderung des Bildes, ob im Detail oder als ganze Szene, ob am stehenden oder am vorbeiziehenden Bild, führte gerade in der ersten Hälfte des 19. Jahrhunderts zu einer Vielzahl von populären Bildinszenierungen, in denen die Darstellung zeitlicher Abläufe zu einem konstitutiven Merkmal wurde. Aus der Tradition des 18. Jahrhunderts heraus hatten sich die projizierten Bilder der Laterna Magica immer weiter differenziert und Projektionsformen entwickelt, die sich vor allem den Übergängen zwischen zwei Bildern widmeten.

Zeiterfahrung zwischen den Bildern

Die handgemalten Bilder der Laterna Magica, die in massiven Holzrahmen vor das Objektiv geschoben wurden, erlaubten es, szenische Bilder zu entwerfen, die eine Reihe bis heute grundlegender medialer Merkmale aufwiesen: In öffentlichen Vorführungen zeigten wandernde Laternenkünstler vor und nach 1800 Landschaftsansichten, Naturereignisse, komische Situationen oder stimmungsvoll-gruselige Szenen, die man durchaus als populäre Unterhaltungsgenres bezeichnen kann, indem sie das Publikum in wechselnde Stimmungen versetzten. In ihrer naturalistischen Malweise suchte die Glasmalerei, ähnlich heutigen Medienbildern, einen hohen Illusionsgrad zu erzielen. Über sogenannte Nebelbildwerfer wurden zwei Glasbilder allmählich mittels zweier Objektive exakt auf dieselbe Projektionsfläche ausgerichtet. Durch mechanische Erfindungen wie den „dissolver", also einen Lichtverteiler und Lichtauflöser, der sich vor die Objektive schiebt, konnte ein Szenenbild in ein zweites so behutsam und dramaturgisch raffiniert überführt werden, daß sich der Eindruck wechselnder Stimmungen, veränderter Lichtverhältnisse und einer Bewegung ergab. Zu sehen ist in Abb. 1/2 die illusionistische Darstellung einer teils schroffen, teils lieblichen Alpenlandschaft mit schneebedecktem Bergmassiv, Hütte und einer Bergbauerfamilie. Dies war ein beliebter Topos der damaligen Bildindustrie. Die hier gezeigten beiden Bilder wurden nach 1841 im Londoner Polytechnikum als Teil eines längeren Programms öffentlich vorgeführt. Die Technik der „dissolving pictures", der verschwindenden Bilder, ermöglichte es, die heitere, idyllische Bergszene in ein Bild des Schreckens zu verwandeln, durch Töne, etwa das Grollen eines herannahenden Steinschlags, durch Verdunkelung, durch Überblendung, durch Lichteffekte, durch Einblenden neuer Motive. Neben dem intensiven Erleben von Stimmungen ging es in solchen Vorführungen immer auch um das Erleben von Zeit in der Bildbetrachtung. Bildbewegung und Bildveränderung öffneten die Wahrnehmung für die Dimension der Zeit und füllten die statischen Bilder mit neuen Erlebnisqualitäten.

Die Überblendtechnik der Laterna Magica machte die Dehnung oder auch Raffung von Zeit zu einer besonderen ästhetischen Seherfahrung. Der allmähliche Wechsel von Tag zu Nacht war ein populäres Motiv in den öffentlichen Bildvorführungen des 19. Jahrhunderts. Die Übergänge von hellem Tageslicht über die Dämmerung bis in die nächtliche Abdunklung führte dem Zuschauer zum einen die Langsamkeit der Bildveränderung vor Augen. Er konnte verfolgen, wie sich das Licht allmählich stufte, nicht in Form eines plötzlichen Bildwechsels, sondern in Form eines scheinbar gedehnten Prozesses. Zum anderen wurde die Realzeit de facto gerafft, denn der Wechsel von Tag zu Nacht dauerte nur Sekunden, allenfalls wenige Minuten. So entstand eine zeitlich gedrängte, aber doch als extrem gedehnt erfahrene Bildwirkung.

Im großen Diorama von Louis Jacques Mandé Daguerre (der heute als Theaterkulissenmaler

weniger bekannt ist, als früher Photograph aber in die Mediengeschichte einging) und seinem Malerkollegen Bouton perfektionierten sich die illusionistischen Momente der Bildveränderung durch sanften Übergang von einer Bildszene in die andere noch einmal deutlich gegenüber den Laternenbildprojektionen. Der große Erfolg dieser technisch hochentwickelten Bildinszenierungen ab 1822 muß wohl vor allem, wie Buddemeier dokumentiert, auf die Erfahrung von Bewegung und Zeit zurückgeführt werden.[8] Nicht mehr der illusionistische Charakter der Malerei selbst (wie noch im Panorama) wurde bewundert, sondern die am Bild erlebten Veränderungsprozesse.
„Das Interesse des Publikums richtete sich in erster Linie auf die Darstellung von Bewegung und damit auf die Vervollkommnung der Abbildungstechnik."[9] Das vergehende Bild, das aktuell aufscheinende und das kommende Bild verschmelzen zu einem gedehnten Gesamtbild in der Zeit, zu einem subjektiv erlebten Kontinuum, in dem sich die Erfahrung des allmählichen Übergangs, des Wandels von Stimmungen, Tageszeiten, Jahreszeiten, die Instabilität des Augenblicks und das Vergehen von momentanen Eindrücken zu einem Zeitstrom verdichten. Insbesondere das Doppeleffekt-Diorama von 1834, in dem wechselnde Lichtübergänge zwischen Vorder- und Rückseite des Bildes möglich wurden, vermochte das stufenlose Zeiterleben zu intensivieren.

Morphing – Metamorphosen-Spiele

Zeiterfahrungen ganz anderer Art konnten schon frühzeitig an den zahlreichen Varianten der Metamorphosenbilder gewonnen werden. Der heutige Begriff des Morphing, der auf die möglichst differenzierte, unmerkliche Umwandlung von Gestalten abzielt und im gegenwärtigen digitalen Zeitalter zur Identitätsbestimmung, aber auch zu einem Spiel mit wandelnden Identitäten genutzt wird, weist in der Geschichte der optischen Unterhaltungskünste eine Vielzahl von Vorläufern auf. Kulturhistorisch kann das Morphing in Form der sogenannten Metamorphosen-Spiele den Medien zugeordnet werden, die die Erfahrung von Zeit in den Prozeß der Bildbetrachtung eingebracht haben. Die physiognomische Verwandlung einer Figur durch Darstellung mehrerer Ansichten, Phasen oder Stationen schließt den Zeitfaktor in die Betrachtung bewußt ein. Die Sichtbarmachung von formalen oder physiognomischen Analogien, etwa zwischen Mensch und Tier, zwischen Jung und Alt, zwischen schön und häßlich, stimulierte die Phantasie des Betrachters und machte Prozesse sichtbar, die sich in der Alltagswahrnehmung nicht zeigten. Eine sehr anschauliche Form der Metamorphose hat Johann Rudolf Schellenberg 1780 in Basel gewählt: In einer Folge von fünfzehn Rundbildern,

Abb. 3
„DER LECKERHAFFTE LIEBHABER"
Transparentes Rätselbild im Auflicht aus einer süddeutschen Rätselbilderreihe.
Kupferstich, Deutschland, um 1700

Abb. 4
„DER LECKERHAFFTE LIEBHABER"
Im Durchlicht erscheint die derbe, sinngebende Vervollständigung des Bildes.
Kupferstich, Deutschland, um 1700

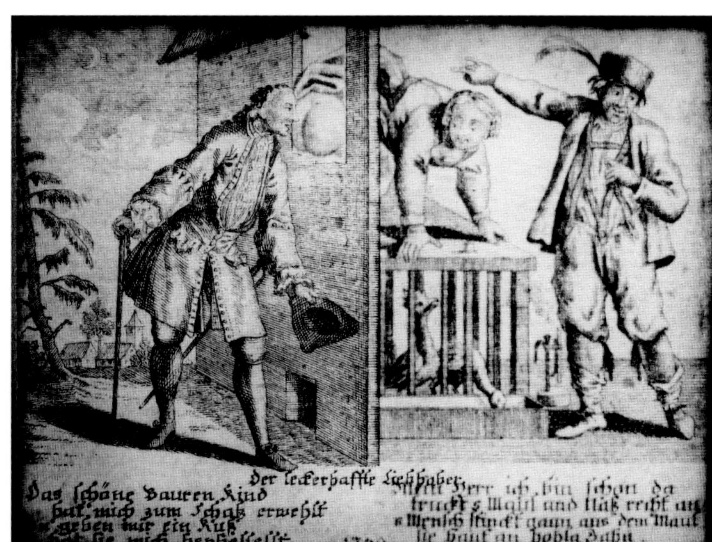

Abb. 5
„JEU D'OVIDE OU DES MÉTAMORPHOSES„ (DAS SPIEL OVIDS ODER DIE VERWANDLUNGEN)
Sieben horizontale und zwei vertikale Ebenen, auf denen jeweils 23 unterschiedliche Gesichtselemente miteinander kombiniert werden können.
Auf Stoff gedruckt, Frankreich, um 1870

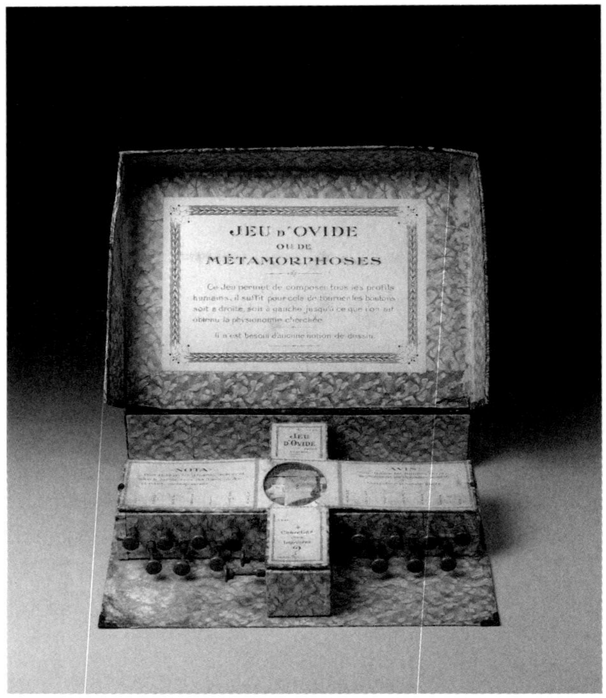

gemalt in Aquarelltechnik, wird die Verwandlung eines Frauengesichts in ein Männergesicht vorgeführt, das schließlich in ein Tiergesicht übergeht (Abb. S. 248/249); dieser Verwandlungsprozeß läßt sich auch in umgekehrter Reihenfolge wahrnehmen. Formal werden alle Köpfe im Profil gemalt, so daß es zwischen den Veränderungsphasen stets Konstanten gibt, die den Bezug untereinander wahren. Das Morphing ergibt sich in diesem Falle durch das schweifende Auge des Betrachters, das an der Bildreihe entlangläuft. Die Leerstellen zwischen den neun Einzelstationen können in der Vorstellung mit den ‚übersprungenen' Phasen der Metamorphose gefüllt werden, so daß sich der Eindruck einer lückenlosen Kontinuität der Verwandlung einstellt, obwohl es sich de facto lediglich um ausgewählte Stationen eines gedachten Verwandlungsprozesses handelt. Über sogenannte Riefel- oder Lamellenbilder, die sich aus zwei oder drei im Winkel zueinander gestellten, formal angenäherten Bildern ergaben, konnten sich Figuren durch Verlagerung der Blickposition des Betrachters verwandeln. Das Prinzip der Lamellenbilder findet auch heute noch im öffentlichen städtischen Raum, meist an Werbetafeln, Verwendung. Der Reliefcharakter der Lamellen gibt, je nach Position des Betrachters, immer nur eine Bildansicht frei, läßt aber bei Zwischenpositionen auch die Übergänge sichtbar werden, die sich durch Schnitte der Lamellen ergeben. Im allmählichen Wechsel der Betrachterposition zu den unterschiedlichen Bildphasen stellt sich die Illusion einer Motivverwandlung ein, auch hier unterstützt durch die Bereitschaft des Betrachters, die ‚Sprünge' zwischen den Lamellen als kontinuierlichen Übergang zu erleben (Abb. S. 239).

Eine wesentlich verfeinertere Technik der Verschiebung physiognomischer Merkmale ist in der Sammlung Nekes an einem Tischspiel, dem „Jeu d'Ovide" um 1860/70, zu entdecken (Abb. 5): Der kreuzförmig gebaute Kasten ist in beide Richtungen mit Holzrollen versehen, über die schmale Stoffstreifen dicht nebeneinander geführt werden. Die einzelnen Streifen sind mit verschiedenen mimischen Merkmalen bemalt. Im Zentrum des Kreuzes werden die senkrecht und waagerecht ineinandergeflochtenen Streifen zusammengeführt zu einem variablen Gesicht im Profil. Verschiebt man nun mit Hilfe der Rollen die verschiedenen Streifen leicht zueinander, ergeben sich immer neue physiognomische Konstellationen. Indem die Streifenbahnen wie ein Flechtwerk im rechten Winkel zueinander angeordnet sind, entstehen fast unbegrenzt viele Gesichtsvariationen. Diese Vorform heutiger computergestützter Fahndungsbilder ergibt sich aus einem grundsätzlichen Gedanken, der in den vorkinematographischen Bildproduktionen eine wichtige Rolle spielte: Die Herstellung des Ganzen setzt zunächst seine Zerlegung in Einzelteile voraus, die dann in einen neuen Präsentationsrahmen gesetzt werden. In der Wundertrommel, im Lebensrad sowie im Abblätterkino und schließlich im Kinematographen führte diese Erkenntnis zur kontinuierlich erscheinenden Bewegungsillusion mittels einer spezifischen Bildtransporttechnik.

Bildschnitt und Plötzlichkeit

Das Prinzip des Dioramas, ein von vorn betrachtetes Bild durch langsames oder schnelles Hinterleuchten zu verändern, tauchte im Zuge der Popularisierung inszenierter, veränderbarer Bilder bereits in den frühen Alltagsmedien des 18. Jahrhunderts auf. Der Wechsel zwischen zwei Bildszenen durch Lichtmanipulation war im Bereich der Gebrauchs- und Spielmedien freilich nicht auf Zeitdehnung und Bewegungsabläufe hin konzipiert, sondern vor allem auf Komik, Überraschung und Plötzlichkeit, um den Spiel- und Unterhaltungscharakter zu betonen. Hinterleuchtspiele in Kartenform wie das des „leckerhaften Liebhabers" (Abb. 3/4) gab es bereits um 1700. Die Karten mit zunächst nur einer auf der jeweils linken Seite sichtbaren Szene erzählten über Bild und Text von erotischen, moralischen oder heiteren Alltagsszenen. Das ‚Fehlen' der rechten Bildszene ließ bereits Erwartungen auf die Fortsetzung der kleinen Episoden entstehen, die dann beim Hochhalten gegen eine Lichtquelle befriedigt wurden. Plötzlich erhält das vermeintlich erotische Rendezvous in Abb. 4 eine peinliche, aber vor allem natürlich derb-humorvolle Wendung. Das Spiel mit offenen und verdeckten Bildszenen enthielt auch Vorstellungen des Schreckens, wie auf der Karte „Le Cauchemar" (Der Alptraum), in der der Teufel plötzlich auf der Brust der schlafenden Schönheit erscheint (Abb. 6). Durch das unvermittelte, aber zeitlich doch versetzte Aufscheinen einer zweiten Bildszene ergibt sich bei diesen Hinterleuchtkarten bereits der Eindruck einer Art filmischer Montage, eines indirekten Schnittes zwischen zwei Bildern, die durch die Trennung erst in einen erzählerischen Dialog gebracht werden. Verwandlungsbilder, in denen sich durch einfallendes Licht von hinten oder durch mechanisch bewegliche Teile Elemente im Bild verändern, gab es auch im Bereich der zeitgenössischen Karikatur. Das Verwandlungsbild in Abb. S. 262 ist ein Beispiel für mechanische Bildmanipulation. Es zeigt einen „artist puzzled", einen verwirrten Künstler, nämlich William Hogarth, der den berühmten Theaterschauspieler David Garrick in verschiedenen Rollen portraitiert. In dem Bild, datiert um 1830, ist eine Form von innerer Montage zu entdecken; in dieser Atelierszene verwandelt sich durch Drehmontage das Gesicht des Modells und kurioserweise mit ihm das Portrait auf der Leinwand. Der besondere Spaß ergibt sich dadurch, daß der malende Hogarth offensichtlich seiner eigenen Malkunst nicht mehr trauen kann, da ihm auf der Leinwand immer andere Physiognomien des Schauspielers entgegenblicken. Solche Teilverwandlungen innerhalb einer Bildszene tauchten auch im Papiertheater auf.[10]

Markierten die Bilderfahrungen an Panorama, Diorama und den Metamorphosen-Spielen den Wunsch nach einem intensivierten Erleben von Zeit in den Momenten des Übergangs und der Verwandlung von Bildern, so standen solchen Inszenierungen die der Plötzlichkeit, des Schreckens und der Überraschung gegenüber. Der unvermittelte Zeitsprung durch Bildwechsel und Bild-

Abb. 6
„LE CAUCHEMAR" (DER ALPTRAUM)
Transparente Verwandlungskarte.
Die Karte ist vorder- und rückseitig bedruckt, wobei die Rückseite zusätzlich mit weißem Papier beklebt wurde, so daß das Motiv, das im Durchlicht eingeblendet wird, im Auflicht versteckt ist. Der Sukkubus quält die Schlafende im Durchlicht.
Aus einer Serie von 12 transparenten Lithographien, Paris, um 1830

Abb. 7
BILDFOLGE AUS EINEM FRÜHEN COMIC
in: Rodolphe Toepffer, Mr. Pencil
Lithographie, Paris 1861

schnitt korrespondierte mit dem Bedürfnis der Moderne, sich der Erfahrung der Zeitbeschleunigung und in ihrer Folge der Plötzlichkeit bis hin zum Schock hinzugeben. Nicht zufällig erlebten Lebensrad und Wundertrommel, die bewegten Vorläufer des Films, als populäre Spielgeräte im Verlauf des 19. Jahrhunderts einen Boom, denn sie führten Schnelligkeit, Überraschung und Bewegung vor Augen. Auch die erfolgreichen Zeichner dieses Jahrhunderts stellten in ihren Blättern den plötzlichen Bild- und Szenenwechsel als dramaturgische Höhepunkte heraus, etwa der Genfer Karikaturist Rodolphe Toepffer in seinen Bilderromanen, z. B. „Mr. Pencil" (1846; Abb. 7) oder Wilhelm Busch in seinem bekannten Bubenstreich „Max und Moritz" von 1865.

Heinrich Hoffmann arbeitete in seinem „Struwwelpeter" von 1845 in verschiedenen Episoden einen pointierten Augenblick heraus und fixierte den ereignishaften Moment. Zwischen dem Schaukeln und dem Umkippen des Stuhles im „Zappelphilipp" liegen nur wenige Sekunden. Hoffmann hebt auf die Augenblicklichkeit der Darstellung ab, auch wenn er die Szenen noch mit einer buchtraditionellen Ornamentik ziert und damit die Modernität durch „Zeitlosigkeit" bricht. Seine Leistung bestand in der Verdichtung von Bewegungsabläufen, in der Verringerung des zeitlichen Abstands „dazwischen" und in der bildnerischen Zuspitzung auf den Moment des Schreckens, wenn der Schneider mit der Schere in die Stube springt, wenn der Jäger in den Brunnen fällt oder wenn Hans Guck-in-die-Luft den falschen Schritt macht und ins Wasser fällt.[11]

Popularisiert wurden die auf Veränderung und Szenenwechsel hin ausgerichteten Bilderfahrungen vor allem durch die zahlreichen Faltbögen in Klapp- und Ziehkarten bzw. -büchern, die durch Abdecken, Aufdecken und Verschieben überraschende Veränderungen der Bilder ermöglichten, vergleichbar dem Prinzip der oben erwähnten Metamorphosen-Bilder. So entdecken wir in einem „Reiter-Verwandlungsspiel" aus der Mitte des 19. Jahrhunderts, das in vier Sprachen erschien, je zwei diagonale Schnitte, die die Spielkarten in drei miteinander kombinierbare Teile (ein Reiter, zwei Tierkörper) trennten. Auch hier ergab der Bildschnitt die Möglichkeit zur komischen, belustigenden Zusammenfügung nicht passender Motive. In der Abb. S. 265 erscheint Kaiser Napoleon durch Kartenwechsel plötzlich auf einem springenden Ziegenbock. Bis heute erfreuen sich die Schiebe- und Verwandlungsbilder, ob in Spielkarten, Büchern oder auch als Verpackung von Schokolade, großer Beliebtheit. Das

Prinzip des Bildschnitts, der das Moment der Überraschung durch Bildtrennung und Bildzusammenführung enthält, hat sich beispielsweise auch im Experimentalfilm, im Animationsfilm oder im Videoclip erhalten.

Das Erleben von Zeit an stehenden und bewegten Bildern hat sich in dem hier untersuchten Zeitraum in widersprüchlichen, aber doch stets aufeinander bezogenen Erfahrungen vollzogen. Zwischen dem schweifenden Blick mit Muße und dem ungeduldigen Blick, der den schnellen Bildwechsel sucht, gab es innerhalb der vorfilmischen Entwicklung vielfältige technische, apparative, physiologische und psychologische Bezüge. Die technischen Entwicklungen der bildproduzierenden Apparate, die wechselnden medialen Kontexte und die kollektiven Bedürfnisse des Publikums standen stets in einer Wechselbeziehung. Der Augenblick des Verweilens und die Flüchtigkeit des Blickes markieren auch heute in der Diskussion um das „Verschwinden der Bilder" zwei scheinbar konträre Positionen, auch wenn wir heute, im Zeitalter der Bildfragmentierung und Bildbeschleunigung, wieder stärker nach der Langsamkeit des Blickes suchen, nach der Leerstelle, nach der Blickintensivierung, nach einer selbstbestimmten Zeit der Betrachtung.[12] Der langsame, genußvolle Blick auf ein Gemälde und das ungeduldige Zappen zwischen den TV-Programmen stehen sich aber nur scheinbar unversöhnlich gegenüber. Denn auch das Zappen, also das zufällige Schneiden und Montieren von parallel laufenden Bildern, Szenen und Sequenzen, ermöglicht im Prinzip wieder die Entdeckung der Langsamkeit.

Laurent Mannoni

Geburt und Kommerzialisierung der Chronophotographie

Die Daguerreotypietechnik Daguerres, die 1839 eingeführt wird, geht blitzartig um die Welt wie die Laterna Magica im 17. Jahrhundert und die Kinematographie ab 1896. Zudem bringt die ‚Daguerreotypomanie' eine neue Welle von Forschungen zur Animationsphotographie hervor, parallel zu den Experimenten der ‚Laternisten', die handgemalte Bilder projizieren, welche durch immer komplexer werdende mechanisierte Systeme bewegt werden. Es dauert gut zehn Jahre, bis die Idee der bewegten Photographie klar formuliert wird, sehr wahrscheinlich befördert durch den zunehmenden Erfolg zweier wichtiger Apparate: die Stroboskop-Scheibe des Belgiers Joseph Plateau und des Österreichers Simon Staempfer und das Stereoskop, das der Engländer Charles Wheatstone zwischen 1833 und 1838 erfindet – noch vor der Ausbreitung der Daguerreotypie. Im Stereoskop kann man dank zweier Linsen zwei leicht unterschiedliche Bilder betrachten (gezeichnet oder photographiert), die in der Überlagerung einen deutlichen reliefartigen Effekt ergeben.[1] Das Phenakistiskop dagegen erlaubt es, handgemalte Figuren zu animieren, die eine beliebige Bewegung wiedergeben.[2]

Charles Wheatstone und Joseph Plateau haben den Forschern den Weg der photographischen und stereoskopischen Animation gewiesen. Wheatstone bringt Plateau auf den Gedanken, das „Prinzip des Stereoskops mit dem des Phenakistiskops [zu] verbinden". Der belgische Physiker beschreibt 1849 die Möglichkeiten einer solchen Synthese: „Die Figuren werden alle äußeren Eindrücke des Lebens vollständig darstellen... Die Illusion der Kunst wird ihren Gipfel erreichen."[3] Trotz einiger mehr oder weniger gelungener Versuche (zum Beispiel 1853 das „fantaskopische Stereoskop" des Franzosen Antoine Claudet) werden die Prometheus-Naturen des 19. Jahrhunderts ihre Ungeduld zügeln und von dem Ziel abrücken müssen, sofort das schwierige Problem zu lösen, eine zugleich bewegte und plastische Szene zu erzeugen.

Dennoch muß man darauf hinweisen, daß Jules Dubosq 1852 für sein Stereo-Fantaskop oder Bioskop eine Stroboskopscheibe entwirft, die mit Stereoskopaufnahmen auf Albuminpapier versehen ist. Die Negative zeigen eine Dampfmaschine in Betrieb. Bis jetzt ist keiner der „stereofantaskopischen" Apparate von Dubosq wieder aufgetaucht, aber vor kurzem, 2000, fand man in den Beständen des Genter Museums der Wissenschaften ein Exemplar einer Originalscheibe Dubosqs wieder.[4]

Wheatstone selbst gelingt es, wenngleich viel später (um 1868), ein Stereoskop mit bewegten und plastischen Bildern herzustellen – die Szene, die man sehen konnte, zeigte eine „ganz solide" Lokomotive „mit laufenden beweglichen Teilen". Der Fast-Perfektion nahe kommen – etwa gleichzeitig mit Wheatstone – der Engländer Henry Cook und der Italiener Gaetano Bonelli: Ihr „Fotobioskop", das sie 1867 der Société française de photographie vorstellen, erlaubt die Ansicht von Photo-, Stereoskop- und Mikroskop-Aufnahmen, die auf dem äußeren Rand einer Glasscheibe verteilt sind. Im Zusammenhang mit diesem Apparat erachtet Henry Cook „die Lebensfrage" für gelöst. Er sagt mit Recht „eine vollständige Revolution in der photographischen Kunst" voraus.

Diese Revolution wurde in ihrem Elan jedoch durch die geringe Lichtempfindlichkeit der photographischen Platten behindert. Die Verfahren der Daguerreotypie waren nicht schnell genug, um zehn bis zwölf aufeinanderfolgende Negative zu erfassen, die in „einigen Sekundenbruchteilen" aufgenommen werden, wie es sich der Belgier Henry Du Mont 1861 wünschte[5], oder „Wellen, die sich brechen" (Henry Cook). Die ersten Filmanimateure sind gezwungen, eine simulierte Bewegung zu photographieren: Zum Beispiel müssen, wie Claudet 1853 beschreibt, „um das Bild eines Mannes zu zeigen, der seinen Hut abnimmt und wieder aufsetzt, ein Bild von dem Mann mit dem Hut auf dem Kopf und eines mit dem abgenommenen Hut in seiner Hand gemacht werden"[6]. Diese ziemlich primitive Technik hindert aber den Franzosen Louis Ducos du Hauron nicht daran, 1864 sehr genau alle Möglichkeiten einer von ihm entworfenen Kamera zu beschreiben, die ihm zufolge fähig sein soll, „eine vorbeiziehende Menschenschar, eine Theaterszene, physiognomische Studien, die Bewegungen von Wellen, die jagenden Wolken in einem Gewitterhimmel, den Ausbruch eines Vulkans wiederzugeben"[7].

Sein Apparat, mit einer Armee von 290 Objektiven bestückt, funktioniert mit einem abrollenden Verschluß-Streifen, der nach und nach alle Linsen aufdeckt. Eine letztlich unpraktikable Technik, die aber den Weg für fast alle späteren Verfahren bahnt und Ducos du Hauron zu weiteren Experimenten inspiriert, die er im gleichen Anlauf durchführt. So projiziert er die mit Hilfe seiner Kamera erstellten Negative auf Leinwand, photographiert Bild für Bild eine Folge bewegter Zeichnungen und rollt zwischen zwei Spulen ein langes Stoffband ab, auf das er eine Folge von Positiven geklebt hat.

Trotz ihrer geringen Lichtempfindlichkeit werden die Daguerreschen Platten 1874 bei der Aufnahme einer Bewegung zum Einsatz kommen: Am 9. Dezember gelingt es dem französischen Astronomen Jules Janssen mit Hilfe seines „photographischen Revolvers", wenn auch nicht „die jagenden Wolken in einem Gewitterhimmel", wie Ducos du Hauron es sich erträumte, so doch den Venusdurchgang aufzunehmen – ein Ereignis, das von den Wissenschaftlern mit Spannung erwartet worden ist. Janssens astronomischer Revolver ist der erste Apparat zur Photographie der verschiedenen Phasen einer nicht simulierten Bewegung. Die photographische Platte ist auf einem gezahnten Teller befestigt, der mittels einer kleinen Drehnase in Intervallen vorschnellt. Eine bewegliche Verschluß-Scheibe braucht für eine Drehung 18 Sekunden, aber die lichtempfindliche Scheibe dreht sich viermal langsamer. 48 verschiedene Ansichten können in 72 Sekunden aufgenommen werden. Janssen sagt 1876 vor den Mitgliedern der Société française de photographie die Zukunft dieser Art Apparate voraus: „Die Eigenschaft des Revolvers, automatisch eine Vielzahl schnell variierender und beliebig dicht aufeinanderfolgender Bilder einer Erscheinung zu liefern, wird es ermöglichen, interessante Fragen des physiologischen Apparats im Zusammenhang mit dem Gehen, dem Fliegen und den diversen Bewegungen der Tiere anzugehen."[8]

„Physiologischer Apparat": In jener Epoche stellt die Bewegungsphysiologie in Europa eine expansive Forschungsrichtung dar, vor allem dank des Arztes Etienne-Jules Marey, von dem noch die Rede sein wird. Die Bewegungsphysiologie – Wie geht der Mensch? Wie fliegt ein Vogel? Wie galoppiert ein Pferd? – bildete in der zweiten Hälfte des 19. Jahrhunderts das entscheidende Moment in der Geschichte des Aufkommens kinematographischer Techniken. Übrigens engagiert der reiche Ex-Gouverneur von Kalifornien Leland Stanford den englischen Photographen Eadweard Muybridge, weil er wissen will, welches die Bewegungsphasen eines Pferdes im Galopp sind; Muybridge schafft 1873 ein Negativ im nassen Kollodiumverfahren, das das Pferd Occident im vollen Lauf zeigt.

Abb. 1
DAS PHOTOGRAPHISCHE GEWEHR VON MAREY
Holzschnitt, in: Etienne-Jules Marey
Le Mouvement, Paris 1894

Im selben Jahr ersinnt er ein extrem schnelles Verschluß-System: zwei sich anschließende, vertikal angebrachte Plättchen, die während einer 1/500stel Sekunde eine Öffnung von einem achtel Zoll frei lassen. Das Negativ ruft ein immenses Interesse – und auch eine gewisse Ungläubigkeit – in Photographenkreisen hervor, wo man gerade erst anfängt, dank der Silberbromid-Gelatine-Trockenplatten des Engländers Richard Leach Maddox die Wunder der Momentaufnahmenphotographie zu entdecken. Die ersten Forschungen von Muybridge und Stanford werden durch eine Bluttat unterbrochen: Der englische Photograph erschießt am 17. Oktober 1874 mit einem Gewehr den Geliebten seiner Frau, George Harry Larkyns. 1875 entlassen, nimmt Muybridge 1878 seine Arbeit in Palo Alto bei Stanford wieder auf.
Er wendet zu jener Zeit eine perfektionierte Methode an, die es ihm erlaubt, „eine Serie von Ansichten" aufzunehmen, „die den Gang eines Pferdes in allen seinen Positionen zeigt", gemäß dem Wunsch Stanfords – die wahre „Photographie der Bewegung" von Mensch und Tier (der Reiter und sein Pferd) und zugleich der erste fast vollkommene Erfolg auf diesem Gebiet, auch wenn die eingesetzte Technik sehr schnell überholt sein wird. Sie besteht darin, zwölf Photoapparate nebeneinander aufzustellen, deren Objektive mittels des genannten, von Elektromagneten ausgelösten Verschluß-Systems nacheinander jeweils eine 1/2000stel Sekunde geöffnet sind. Die Verschlüsse werden von dem Pferd selbst betätigt, und zwar mit dem Aufsetzen seiner Hufe auf die galvanisierten Fäden, die über die Rennbahn gespannt sind.
Ab 1878 verlegt Muybridge photographische Platten seiner Bilderfolgen und verbreitet sie quer durch die Vereinigten Staaten und in Europa. Die erste der von ihm herausgegebenen Serien zeigt das Pferd Occident im Trab (727 Meter in der Minute, 12 Positionen), Abe Edgington im Trab (715 Meter/Minute, 12 Positionen; 200 Meter/Minute, 8 Positionen), denselben im Schritt (106 Meter/Minute, 6 Positionen), Mahomet im kurzen Galopp (6 Positionen) und Sallie Gardner im Galopp (1142 Meter/Minute, 11 Positionen). Die Bilder sind präzise kommentiert. Zur „Sallie Gardner"-Serie äußert sich Muybridge wie folgt: „Eine Bemerkung ist notwendig, was die Unschärfe bestimmter Partien dieses Bildes betrifft, verglichen mit denen des Pferdes im Trab: Sie ergibt sich daraus, daß sich die Füße der Stute während eines Teils des Galoppsprungs mit einer Geschwindigkeit von 40 Metern in der Sekunde bewegen, das entspricht 20 Millimetern bei einer Belichtungszeit von einer 2000stel Sekunde. Bei den nächsten Photographien beträgt die Belichtungszeit jeweils nur eine 5000stel Sekunde; während dieser Zeitspanne reduziert sich die Verschiebung der Füße auf 8 Millimeter."[9]
Die Figurenserien Muybridges, die in verschiedenen Ausführungen – als photographische

Platten, als zootropische Streifen und sogar als Streifen für das Praxinoskop (1879 von Tegetmeier in London) – geliefert und in der internationalen Wissenschaftspresse veröffentlicht werden, ziehen die Aufmerksamkeit des französischen Physiologen Etienne-Jules Marey auf sich. Er hat die Negative des Engländers in der Zeitschrift »La Nature« vom 14. Dezember 1878 entdeckt. Einen Monat zuvor hatte Marey in derselben Zeitschrift einen Artikel über die „Belebten Motoren“ veröffentlicht, in dem er die verschiedenen Haltungen des Pferdes beim Schritt, Trab und Galopp sowie die Fehler erklärte, die Maler und Bildhauer bei der Darstellung der Bewegungen des Tieres begangen haben – was Mareys Interesse für die Ästhetik beweist, wenn es denn eines solchen Beweises überhaupt bedurfte. Seit den 1850er Jahren studiert Marey leidenschaftlich alle Arten der Bewegung von Mensch und Tier. Er hat ein Mittel gefunden, um „die Grenzen unserer Sinne zu erweitern, ihre zu beschränkte Wahnehmung aufzuwiegen“: noch nicht die „photo-graphie“, aber die „graphische Methode“, die für ihn eine universelle Sprache darstellt, vergleichbar dem Lateinischen als Sprache der Gelehrten früher. In der Tat ist jeder Wissenschaftler in der Lage, eine Graphik zu lesen, „diese Blätter, auf denen, weiß umrissen auf grabesschwarzem Grund, in unendlichen Variationen der Lobgesang auf das Leben abrollt“[10], wie der Photograph Nadar es ausdrückt, der Mareys Labor Ende der 1860er Jahre staunend besucht.
Mareys erster Erfolg nach Vorlage seiner Dissertation in Medizin ist 1859 der „Sphygmograph“, ein vom Deutschen Karl Vierordt inspirierter Apparat zur Aufzeichnung des Pulsschlags. Die Apparate „zur Erforschung der Bewegung“, die Marey in der Folge entwickelt hat (Kardiograph, Pneumograph, Myograph, Polygraph usw.), beruhen alle ungefähr auf demselben Bauprinzip: ein Foucaultscher Regulator, ein mit geschwärztem Papier umwickelter Zylinder, feine Schreiber und verschiedene hochempfindliche Systeme zur Erfassung und Übertragung der Bewegung des Menschen oder des Tieres (Luft- oder Wasserampullen, elastische Federn, „Untersuchungsschuhe“ mit Druckluftkapseln, Hufeisen mit Kautschukkugeln und elektrischen Kontakten, „Vogelgöpel“ und aerodynamische Antriebsvorrichtungen usw.).

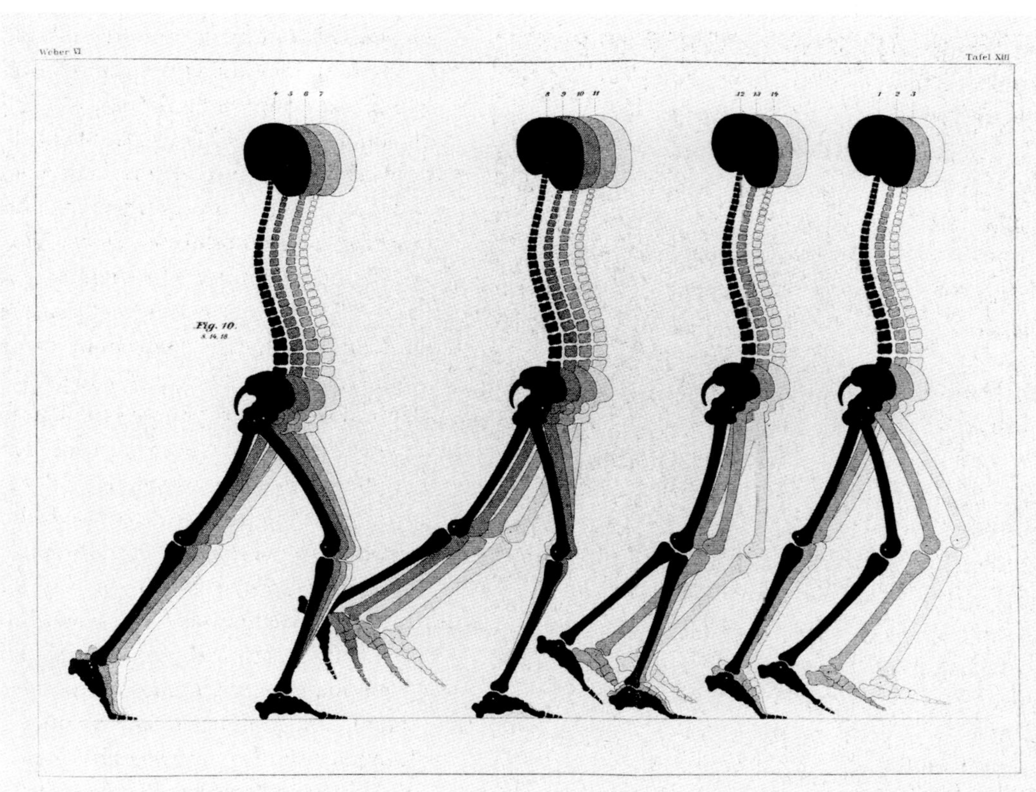

Abb. 2
DAS GEHENDE SKELETT
in: Wilhelm und Eduard Weber, Mechanik der menschlichen Gehwerkzeuge, Göttingen 1836
Tafel 13

Abb. 3
„SAUT À LA PERCHE"
Die Phasen des Stabhochsprungs auf einer Chronophotographie von Etienne-Jules Marey Paris, um 1890

Marey, der wie Descartes oder La Mettrie den Menschen für eine Maschine voller Räder, Ventile und Treibriemen hält, schafft aus der Verbindung von mechanistischen Theorien und Physiologie die „Bio-Mechanik". Darüberhinaus findet er mit der grafischen Methode eine Methode der Bewegungsaufzeichnung, die zur „Chronophotographie" führen wird, zum Aufschreiben der Zeit mittels des Lichts. Wenn man bedenkt, daß der Film als Kunst und Technik vor allem Darstellung von Zeit und Bewegung ist, wird Marey, dessen ganzes Werk um diese beiden Begriffe kreiste, zur zentralen Figur in der Frühgeschichte der Filmkunst. Auf jeden Fall macht Marey dank der graphischen Methode große Fortschritte im Studium des menschlichen Gangs, des Vogelflugs und der Fortbewegung des Pferdes, was sich in zahlreichen Studien, Berichten und grundlegenden Arbeiten niederschlägt, die in dichter Folge entstehen. Er liebt es zu popularisieren und andere an seinem Wissen und seinen Entdeckungen teilhaben zu lassen. Vor allem liefert er den Beweis dafür, daß das Pferd im Galopp während einer kurzen Zeitspanne über dem Boden schwebt, aber auch, daß es in einem bestimmten Moment auf nur einem Vorderbein ruht. Diese damals neuartige Beobachtung bringt Stanford, nach der Veröffentlichung von Mareys „La Machine animale" 1873 dazu, seine Versuche zur Photographie des Pferdes in Bewegung wiederaufzunehmen.
Nachdem sie 1879 einige sehr freundschaftliche Briefe gewechselt haben, kommt es 1881 in Paris zu einer persönlichen Begegnung zwischen Muybridge und Marey. Muybridge hat handbemalte Glasscheiben dabei, die ein ganzes Bestiarium von Hunden, galoppierenden Pferden und Vögeln in ihren jeweiligen Bewegungen zeigen – Figuren, die er nach in Kalifornien entstandenen Negativen hergestellt hat. Mit Muybridges Projektionsapparat, dem mit einem Verschluß versehenen Zoopraxiskop, ist es möglich, bewegte Bilder auf einer Leinwand zu zeigen.
Offensichtlich haben Muybridges Arbeiten Marey dazu veranlaßt, seinerseits die Reihenphotographie anzuwenden, die weniger abstrakte und sogar klar figurative Beobachtungsmöglichkeiten bot. Gleichwohl wird Marey seine geliebte graphische Methode nie aufgeben; im Gegenteil, er verbindet sie mit der Chronophotographie und erzielt auf diese Weise Negative und Simultangraphe von einer nie zuvor erreichten wissenschaftlichen Genauigkeit. Möglicherweise haben auch andere Personen als Muybridge Marey davon überzeugt, sich der

Photographie zuzuwenden: Janssen und sein berühmter Bericht von 1876, in dem er zum Gebrauch des astronomischen Revolvers rät, um die „noch so dunklen“ Fragen zum „Mechanismus des Fluges“ zu lösen; die Arbeiten der Gelehrten Ernest Onimus (1865) und Charles Ozanam (1869), die die Photographie einsetzen, um den Kreislauf des Blutes im Herzen und am Puls zu studieren; und schließlich die Überlegungen einer Handvoll von „Luftfahrern“ aus Mareys Umgebung, besonders Hureau de Villeneuve und Alphonse Pénaud, die 1873 mit erstaunlicher Hellsichtigkeit „die beachtliche Zukunft“ der Bewegungsphotographie voraussehen: „Wir schlagen vor, die Theorie des Vogelflugs mit Hilfe der Momentaufnahmenphotographie zu studieren. Diese Methode kann auf alle möglichen Bewegungen angewendet werden, ob es sich um Lebewesen oder um unbelebte Körper handelt... Ihre Zukunft ist beachtlich.“[11]

Mareys erster, 1882 entwickelter Apparat zur Aufnahme zwölf aufeinanderfolgender Phasen einer Bewegung auf einer achteckigen photographischen Platte ist noch nicht mehr als eine perfektioniertere und schnellere Version des Revolvers von Janssen. Mareys „photographisches Gewehr“ (Abb. 1) arbeitet mit einem Uhrenmotor, einem Exzenter und einem mit Sperrklinke versehenen Stift, der dazu dient, die Zähne der Verschluß-Scheibe anzutreiben. Der Apparat kann zwölf Negative in der Sekunde aufnehmen. Aufgrund dieser begrenzten Bildzahl hat Marey dieses Gerät nicht lange verwendet; ab 1882 arbeitet er an einer wesentlich zufriedenstellenderen Methode. Er bestückt eine mit einer gläsernen photographischen Platte versehene Kamera mit einer rotierenden Opakscheibe, in die ein Fenster geschnitten ist: das „Marey Wheel“, nach dem Ausdruck der Amerikaner vom Ende des 19. Jahrhunderts. Diese Scheibe dreht sich zehnmal pro Sekunde um die eigene Achse, bei einer Belichtungszeit von mindestens 1/500stel Sekunde. Marey erzielt auf diese Weise wunderbar klare und genaue Negative vom gehenden Menschen oder seinem „Skelett“ (Bewegungsanalyse durch auf den Körper gesetzte Lichtpunkte und -striche, was Bilder in der Art von denen der Brüder Weber aus dem Jahr 1843 ergibt, jedoch wesentlich exakter). Diese Chronophotographien stellen eine wirkliche Revolution in der Geschichte der ästhetischen Formen dar; sie sind Vorboten der modernen Kunst, von Abstraktion und Futurismus des 20. Jahrhunderts.

1888 hofft Marey, dank der Einführung des Eastman-Rollfilms „eine Bildserie auf einem langen Streifen Photopapier zu erhalten, die durch eine schnelle Übertragung, mit Stopps bei den Belichtungen, animiert“[12] werden soll. Er benutzt damals einen Elektromagneten, der dazu dient, den Streifen in dem Moment anzuhalten, in dem sich der Verschluß öffnet. Während des Sommers 1889 nimmt Marey, wie dem Werk »Equitation«[13] des Kommandanten Bonnal zu entnehmen ist, seine ersten Filme auf Zelluloid auf. Er hat in der Tat den 90 Millimeter breiten und 1 bis 2 Meter langen Zelluloidfilm der Eastman Photographic Materials Company in seine Kamera eingepaßt. Das Film-Transportsystem ist abgeändert: Der mit seinem Vorlauffilm auf eine Abwickelspule gewickelte Film ist in den Apparat eingesetzt und

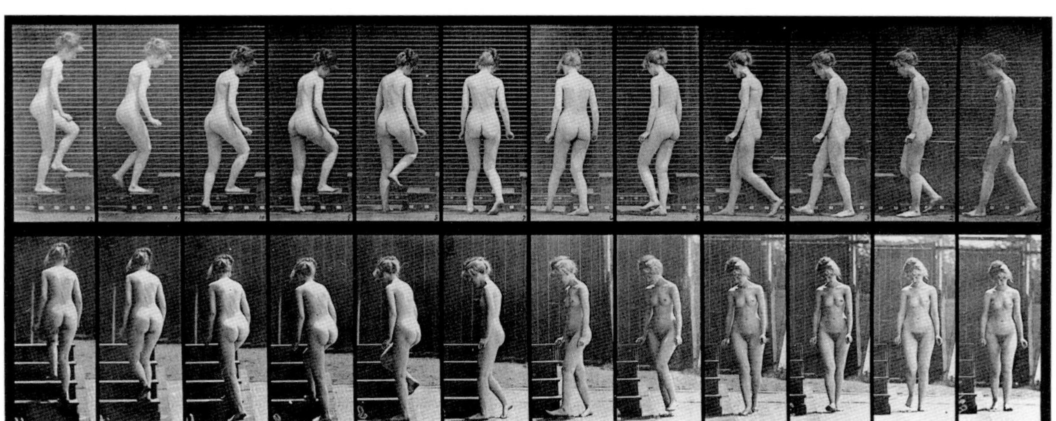

Abb. 4
„TURNING AND ASCENDING STAIRS“
24 Kameras in Serie nehmen die 12 Phasen der Bewegung aus zwei Perspektiven auf.
Serienphotographien, Lichtdruck, in: Eadweard Muybridge, Animal Locomotion, Pennsylvania 1887, Tafel 98

Abb. 5
BEWEGUNGSCHRONOPHOTOGRAPHIE
1. Versuch (ohne Belastung),
in: Wilhelm Braune und Otto Fischer, Der Gang des Menschen
Leipzig 1895, Tafel 3

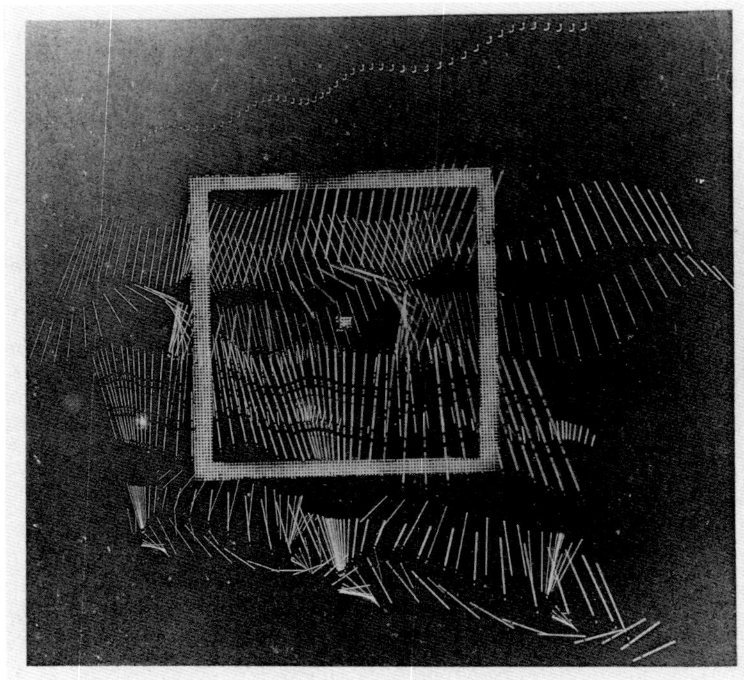

am äußersten Ende einer Empfangsspule befestigt. Ein Kompressorelement („Druckrahmen" genannt) blockiert den Film im Fokus des Objektivs, zeitgleich mit dem Öffnen des Verschlusses. Ein Kalander sorgt für den gleichmäßigen Transport des Streifens und dient dazu, den Film im Moment seiner Blockierung durch den Druckrahmen zu spannen. Sobald sich der Druckrahmen ablöst, läßt eine Feder den Film wieder ‚anspringen'. Marey hat mehrere Versionen seiner Kamera gebaut: mit Feder-, Gewichts- und Elektroantrieb (mit einem Elektromagneten). Eines der hergestellten Modelle kann zugleich zur Aufnahme auf Platte und auf Zelluloidfilm verwendet werden. Das System des „photochronographischen" Apparats (das Wort „Chronophotographie" wird 1889 offiziell eingeführt, aber Marey benutzt häufig beide Ausdrücke nebeneinander) wird am 3. Oktober 1890 patentiert.[14] Die Filmkameras arbeiten heute noch immer nach dem von Marey angewandten Prinzip: Ein lichtempfindlicher Streifen wird in Intervallen in den Fokus eines Objektivs befördert, wobei die Blockierungen mit der Öffnung des Verschlusses zusammenfallen.

So wie Muybridge in Palo Alto und dann in Philadelphia, so besitzt auch Marey ein Aufnahmestudio, die „Station physiologique" im Bois de Boulogne bei Paris. Die Station besteht seit 1882 und wird vom französischen Staat und von der Stadt Paris subventioniert. Sie hat eine Kreisbahn, auf der die zu chronophotographierenden Sujets umherfahren können, und daneben einen dunkel grundierten Schuppen, der dazu dient, ihr Bild bei der Aufnahme zu isolieren. Die Kamera ist auf eine kleine, bewegliche Holzhütte montiert, die auf einer Schiene steht und so leicht vor und zurück gefahren werden kann wie für eine Fahraufnahme, was die Möglichkeit schafft, Bildeinstellung und Bildtiefe zu verändern. Später richtet Marey in der Station ein Museum ein, das alle Bausteine seiner Forschungen versammelt; bedauerlicherweise wird dieses erste „Marey-Museum" – das erste „Filmmuseum" überhaupt – nach seinem Tode aufgelöst.

In der Physiologischen Station und in einem anderen Studio, das er sich in seiner Villa in Neapel eingerichtet hat, dreht Marey, von Georges Demenÿ (1850-1917) assistiert, eine große Zahl von Filmen auf Zelluloid. Allein die Cinémathèque française besitzt mehr als 400 Originalnegative Mareys; weitere Negative befinden sich in Privatbesitz oder ruhen in anderen Archiven, was eine Vorstellung von der beachtlichen Filmographie dieses ersten ‚Filmregisseurs' des 19. Jahrhunderts gibt.[15]

Mareys Filme, die eine bemerkenswerte technische und ästhetische Qualität aufweisen, dienten vor allem dem Studium der Bewegung. Sie sind das Werk eines entschlossen der Wissenschaft zugewandten Geistes und zeichnen sich durch ihre formale und intellektuelle Strenge aus. Dennoch entbehrt Mareys durchdringend-scharfer Blick auf Lebewesen nicht einer

gewissen Wärme. Es existieren ‚freiere' Filme, auf denen man zum Beispiel ein seilspringendes Mädchen sieht, Kinder mit ihrer Mutter beim Spiel, und sogar ein Selbstporträt von einem lächelnden, in die Kamera sprechenden Marey findet sich (Demenÿs Versuch eines „sprechenden Porträts"). Indessen ist das nichts im Vergleich zu der Freiheit, die im Studio in Philadelphia zu herrschen scheint, wo sich Muybridge und seine Entourage zusammen mit Stanford eingerichtet haben. Muybridge läßt seine jungen Modelle nackt posieren und mehr oder weniger extravagante pantomimische Szenen darstellen: Ein junges, nacktes Mädchen, das Zigarette raucht und sich auf einen Stuhl setzt, zwei Frauen im Evakostüm, die sich mit Wasser bespritzen und eng umschlungen tanzen.
Es ist schwierig, Mareys filmisches Schaffen mit dem der anderen „Chronophotographiker" der Jahre 1888-1895 zu vergleichen, denn diese sind wenig zahlreich und ihre Werke haben sich zum Teil nicht erhalten. Beispielsweise haben die Engländer William Carr Crofts und Wordsworth Donisthorpe am 15. August 1889 einen Apparat zur Aufzeichnung und Wiedergabe von Reihenansichten auf Zelluloidfilm patentieren lassen.[16] Es existiert noch ein mit 10 Bildern pro Sekunde aufgenommener Film, der eine Straßenszene zeigt und trotz einiger Verschlußprobleme von sehr schöner Qualität ist. Wie bei einer Laterna Magica sind die Bilder rund.
Der unglückliche William Friese-Greene, ein anderer englischer Pionier, hat seit 1889 ebenfalls mehrere Kamerasysteme entwickelt.[17] Die Filme auf Zelluloid, die er zu jener Zeit gedreht hat und von denen einige Fragmente in der Cinémathèque française aufbewahrt werden, sind allerdings von ziemlich mittelmäßiger Qualität: schlechte Abstandsgleichheit der im übrigen schlecht lesbaren Bilder.
Auch der Franzose Louis Le Prince, der in London arbeitet, hat ab 1888/89 eine mit einem einzigen Objektiv und lichtempfindlichem Streifen ausgerüstete Kamera gebaut. Im Oktober 1888 filmte er eine kleine Familienszene und eine Ansicht des Verkehrs auf der Brücke von Leeds – ein unbestreitbarer Erfolg, der aber ohne Fortsetzung bleibt. 1890 gibt Le Prince seine Forschungen auf und verschwindet unter geheimnisvollen Umständen.[18]
Ein anderer Franzose, Léon Bouly, meldet 1892 und 1893 zwei Patente für eine reversible Kamera an, das heißt eine sowohl zur Aufnahme als auch zur Wiedergabe von Bildern geeignete Kamera – wozu aber erst das Negativ in ein Positiv umgewandelt und der Apparat mit einer zusätzlichen Lichtquelle versehen werden mußten. Boulys System war interessant und wurde 1895/96 von nicht wenigen Pionieren aufgegriffen: Es war eine zur Hälfte ausgehöhlte Rolle, die den Film mittels Reibung transportierte.[19] Die Idee der Reversibilität fand 1895 ebenfalls Nachahmer; zu nennen wäre hier vor allem Louis Lumière, der von Bouly auch den Namen des Apparates übernahm, den dieser zwei Jahre zuvor hat patentieren lassen: „Kinematograph".
In Italien sind, so scheint es, Oreste Pasquarelli und Filoteo Alberini die ersten, die sich daran wagen, bewegte Ansichten zu filmen. Ersterer meldet am 22. August 1894 ein Patent auf einen „chronophotographischen Apparat" an, der ein einziges Objektiv hat und „von einfacher Bauart" ist. Diese historische Maschine wird im Turiner Filmmuseum aufbewahrt. Tatsächlich ist der von Pasquarelli verwendete Mechanismus ziemlich komplex: Um 1895/96 gibt er sein erstes System auf und macht Boulys Rolle für sich nutzbar.[20] Die ersten italienischen Filme aus den 1890er Jahre sind leider verlorengegangen.
Von dem Deutschen Ottomar Anschütz hat dagegen eine reiche Ikonografie die Zeit überdauert: Momentaufnahmennegative aus seiner ersten Periode, Reihenaufnahmennegative für seinen „Schnellseher" (d.i. eine große vertikale Stahlscheibe mit 90 durchscheinenden Ansichten, die nacheinander durch eine Geißlerröhre beleuchtet werden) und eine schöne Ausbeute von zootropischen Streifen mit photographischen Bildern. Die von Anschütz aufgegriffenen Themen sind etwas unterhaltender als die, die Marey in der Physiologischen Station behandelte: Elefantendressur, Hindernisrennen, Reitübungen, Die Ballett-Tänzer, Der sprin-

Abb. 6
CHRONOZYKLOGRAPHIE
Aufnahmen des arbeitsphysiologischen Instituts von Gastjeff
Die chronophotographisch fixierten Lichtpunkte zeigen die optimale Arbeitsleistung.
Aus: René Fülöp-Miller, Das Gesicht des Bolschewismus Zürich-Wien-Leipzig 1926, Tafel 171

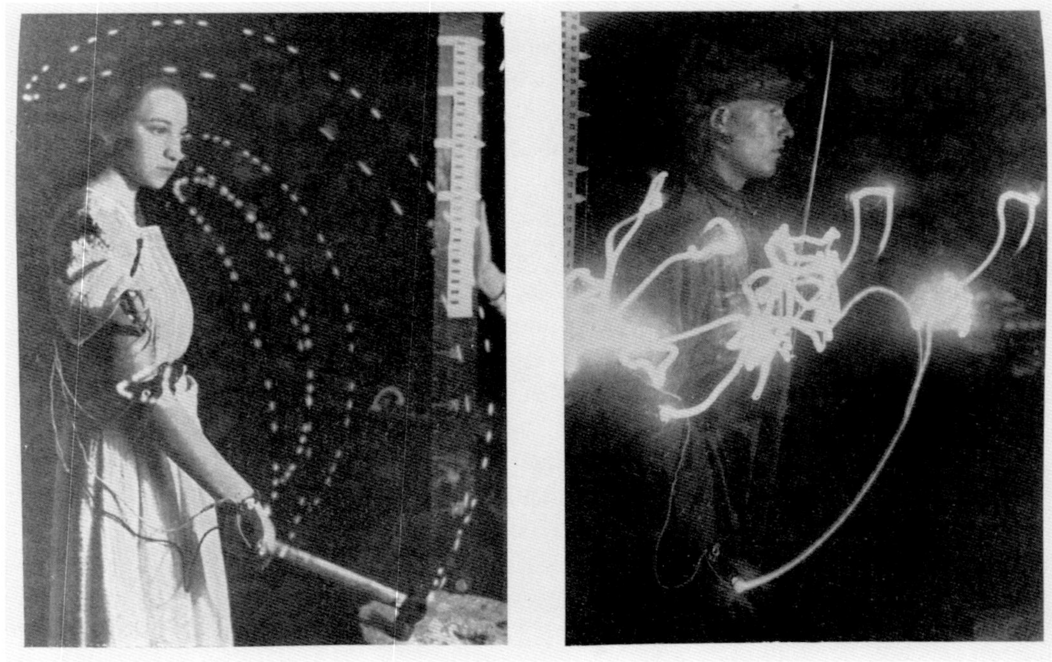

gende Hund, Vorbeimarschierende Soldaten, Reiten im Park[21]; einige Themen kündigen schon die späteren Filme Edisons an (der von der Existenz des Schnellsehers weiß): Tanz von Sitting Bull, Akrobaten, Boxer im Ring und andere. Anschütz ist sicher der erste gewesen, gefolgt von Georges Demenÿ in Frankreich, der die bewegten Photographien kommerzialisiert hat. Er gab zahlreiche zootropische und photographische Streifen heraus, vor allem aber hat er dem Publikum eine einfache Ausführung des Schnellsehers an die Hand gegeben: einen mit Geldeinwurf versehenen Automaten. Es genügte, eine Münze einzuwerfen, um das Rad mit den Reihennegativen in Bewegung zu setzen.

Georges Demenÿ, Mareys Assistent, ist einer der allerersten gewesen, der eine Finanzgesellschaft gründete, die nur für die wirtschaftliche Nutzung der bewegten Photographie bestimmt war. Gewiß ließe sich einwenden, daß der Glasbläser Adolphe Langlois und der Großhändler Amédée Lipman bereits am 3. August 1867 in Paris die Kommanditgesellschaft Langlois et Cie gegründet haben, die der Vermarktung „eines Gemeinschaftspatents vom 13. Juli 1867 zu bewegten Photographien“[22] diente. Dieses Patent betrifft aber lediglich ein Spielzeug, mit dem mikroskopische Photographien animiert werden können. Bis zu den „lebendigen Bildern“ von Anschütz, Marey oder Demenÿ ist es noch ein weiter Weg.

1891 schafft Demenÿ einen Apparat, der das Betrachten und die Projektion von chronophotographischen Bildserien erlaubt, die er mit Marey in der Physiologischen Station aufgenommen hat. Das Phonoskop besteht aus einem auf einen Sockel oder einen Fuß montierten Holzkasten. Eine auf der Vorderseite vor dem Apparat angebrachte Linse dient der Vergrößerung der Bilder, die von der anderen Seite durch eine Lichtquelle beleuchtet werden. Die Reihenaufnahmen sind auf dem äußeren Rand eines Glases angeordnet (meist mit einem Durchmesser von 42 cm) und werden mittels einer mit Fenster versehenen Metallscheibe verschlossen. Eine Kurbel setzt das Ganze in Gang. Eine zusammen mit einer Laterna Magica von Alfred Molteni gelieferte Version erlaubt die Projektion der Reihennegative auf Leinwand. Das Phonoskop von Demenÿ ist der erste chronophotographische Projektor. Dieser Apparat stellt eine erste und leistungsfähige Kombination zwischen der alten Laterna Magica und der modernen, von Marey befürworteten Technik dar.

Dieser experimentiert, parallel zu den Versuchen Demenÿs, ebenfalls mit der Projektion eige-

ner Filme. 1892-93 entwickelt er einen chronophotographischen Projektor, der jetzt im Musée des Arts et Métiers in Paris aufbewahrt wird. Dieser Apparat arbeitet zwar nicht zufriedenstellend, weist aber vielen nachfolgenden Pionieren den Weg, den es zu beschreiten gilt: Während Demenÿ die chronophotographischen Bilder ausschneiden und am Rand einer durchscheinenden Glasscheibe aufkleben muß, zieht Marey es vor, den Film direkt zu projizieren (wenn er auch gezwungen ist, ihn mit kautschutierten Streifen einzurahmen). Er hat auch verstanden, daß die „Reversibilität" der Kameras – ein Prinzip, das erst Bouly, dann Lumière predigt – die Technik eher komplizieren als vereinfachen. Edison wiederum wird wie Marey für zwei verschiedene Apparate optieren: die Kamera für die Analyse einerseits (der Kinematograph), den Apparat für die Synthese andererseits (das Kinetoskop).
Dem Franzosen Emile Reynaud gelingt es mit Hilfe seines Optischen Theaters, das im Oktober 1892 im Pariser Musée Grévin eingeweiht wird, die Technik der bewegten Projektion zu meistern.[23] Reynaud braucht das Problem der Aufnahme nicht zu lösen, da er seine Filme Bild für Bild malt. Dafür aber findet er eine äußerst sinnreiche Lösung für die Projektion und den Verschluß seiner Bilder: die von Foucault und Koenig inspirierten drehbaren Prismenspiegel.
Die „Phonoskop-Gesellschaft" von Georges Demenÿ wird am 20. Dezember 1892 in Paris gegründet, mit zwei Gesellschaftern, denen die Finanzierung der Angelegenheit obliegt: dem Deutschen Ludwig Stollwerck und dem Schweizer William Gibbs-Clarke. Das Ziel der Gesellschaft besteht in der „industriellen und kommerziellen Nutzung des Phonoskop genannten Apparates, der dafür bestimmt ist, die Illusion der Bewegung von Menschen oder von bewegten Objekten wiederzugeben, entweder durch direkte Ansichten oder durch Lichtprojektionen". Dieses erste Unternehmen sieht sich jedoch mit so vielen Schwierigkeiten und Turbulenzen konfrontiert, daß der glücklose Demenÿ zweifellos die schwierigste Zeit seines Lebens durchmacht. Erst weigert sich sein Meister Etienne-Jules Marey nach vielen Verhandlungen – aus Verärgerung darüber, daß sein Laborgehilfe eine Gesellschaft gegründet hat, die, ohne auch nur seinen Namen zu erwähnen, Profit aus den Verfahren der Chronophotographie schlägt –, ihm Kameras zur Verfügung zu stellen. Demenÿ entwickelt daraufhin seinen eigenen Apparat, eine am 10. Oktober 1893 patentierte und am 27. Juli 1894 verbesserte Kamera: An diesem Tag findet er ein neues System für den besseren intermittierenden Transport des Films, den „Pendelnocken" („came battante"), der wesentlich gleichmäßiger arbeitet als der von Marey verwendete „Druckrahmen" und der bis zum Ersten Weltkrieg in vielen Projektoren und Kameras Verwendung findet.
1894 verlangt Marey die Entlassung Demenÿs, der seit 1882 sein Mitarbeiter gewesen ist. Damit endet eine bemerkenswerte intellektuelle Allianz, die außergewöhnliche Techniken und Bilder hervorgebracht hat. Demenÿ muß trotz seines Protests die Station verlassen. 1893 gründet er sein eigenes Labor für Chronophotographie. Dieses Studio (in Wirklichkeit eine mit einer Leinwand abgeschlossene Garten-Estrade) befindet sich nahe Paris in Levallois-Perret, in einer kleinen Villa in der Rue Chaptal. Dort entsteht zwischen 1893 und 1895 Demenÿs eigenes filmisches Werk.
Die in Levallois-Perret gedrehten Filme machen deutlich, daß sich Demenÿ von dem zusammen mit Marey entworfenen wissenschaftlichen Programm abgewandt hat, um die Chronophotographie in ein populäres und attraktives Schauspiel zu verwandeln. Zwar kommt es noch vor, daß er den Trab eines Pferdes filmt, doch achtet er dann darauf, daß hinter dem Pferd, wie im Theater, eine in Trompe-l'œil-Manier gemalte Leinwand gespannt ist. Dieser Theaterinszenierungseffekt wäre in der Physiologischen Station, wo stets vor schwarzem oder weißem Hintergrund photographiert wurde, undenkbar gewesen.
Demenÿ wählt für seine Filme – wahrscheinlich beeinflußt durch die Filme des Edison-Kinetoskops (dieser Apparat kommt im Juli 1894 nach Frankreich, doch sind Bilder amerikanischer Filme schon zuvor in den Zeitungen abgedruckt worden) – Sujets, die der Rigorist

Abb. 7.
„EFFORTS SUCCESSIFS DE TRACTION"
15 Momentphotographien
in: Etienne-Jules Marey und Georges Demenÿ, Études de Physiologie Artistique faites au moyen de la Chronophotographie, Première Série No. 1, Des Mouvements de l'Homme, Paris 1893, Tafel 4

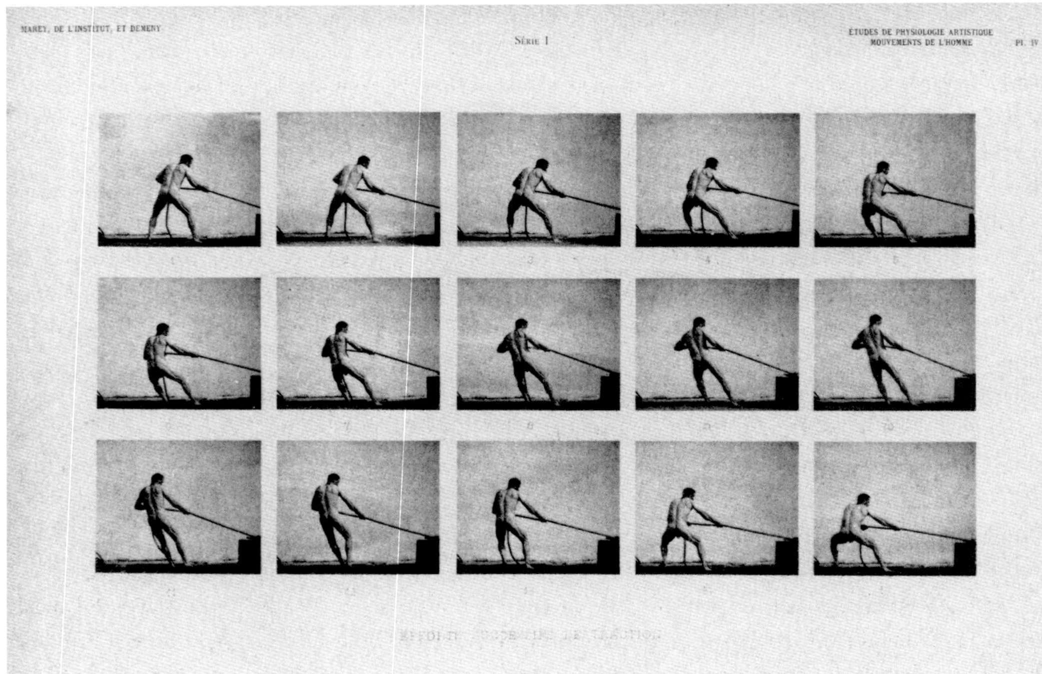

Marey niemals aufzugreifen gewagt hätte: Cancantänzerinnen, die großzügig ihre Unterröcke enthüllen, eine Frau, die dem Zuschauer Kußhände zuwirft, eine Frau an einem Kneipentisch, die ein Gläschen leert. Viele Szenen sind rein unterhaltend oder spiegeln die Aktivitäten des Alltagslebens und der kleinen Handwerksberufe: Der Schmied (der Ähnlichkeit mit der im Mai 1893 gedrehten Blacksmithing Scene Edisons aufweist), Porträts verschiedener redender, lachender, essender oder rauchender Personen in Großaufnahme, Lavanchy-Clarke beim Schuheputzen, der Zauberkünstler Raynaly bei der Vorführung von Kartenkunststücken, die ersten Schritte eines Babys oder – ganz erstaunlich – Die Vorbeifahrt eines Zuges in Courbevoie, um 1894 gedreht.

Alle diese Filme haben keine weite Verbreitung gefunden. Gewiß sind einige Bilder in der populärwissenschaftlichen Presse veröffentlicht worden; aber ihre ursprünglichen Ziele, so wie sie im Dezember 1892 formuliert wurden, hat die Phonoskop-Gesellschaft nie erreicht. Im Juni 1895 werden die Verträge zwischen Stollwerck, Gibbs-Clarke und Demenÿ aufgelöst. Demenÿ wendet sich daraufhin an Léon Gaumont, den jungen Direktor des Comptoir général de la photographie. Beide bringen ganz zum Ende des Jahres 1895 den phonoskopischen Bildbetrachter-Projektor (umbenannt in „Bioskop") und die Pendelnocken-Kamera (genannt „Biograph") für nichtperforierte Filmstreifen auf den Markt. Aber es ist zu spät. Standen Demenÿs Apparate während der Jahre 1891-1894 noch an der Spitze der Chronophotographiertechnik, so sind sie 1895 hoffnungslos veraltet – so schnell hat sich in diesen stürmischen Jahren die Technik weiterentwickelt. Die Forscher, die mit diesem Tempo nicht Schritt halten können, werden rücksichtslos aus dem Rennen geworfen.

1894 gelingt dem Amerikaner Thomas Edison, worum sich Demenÿ und Anschütz seit mehreren Jahren vergeblich bemüht haben: ein schneller und glänzender finanzieller Erfolg dank der einträglichen öffentlichen Nutzung der Chronophotographie. Edison hat das „Grundprinzip" – nach einigen enttäuschenden Versuchen mit einem „optischen Phonographen", der in der Lage ist, Tausende von mikroskopischen Reihenansichten auf einem Zylinder aufzunehmen – auf der Weltausstellung von 1889 gefunden, als er von nahem eine chronophotographische Filmkamera von Marey und das Optische Theater von Emile Reynaud sieht. „Wenn Ihr Grundprinzip stimmt, dann ist es nur eine Frage der Zeit und eine Sache von

Kleinigkeiten, um die Maschine zu vollenden", erklärt Edison 1891.[24] Tatsächlich wird es aber noch einige Zeit dauern, bis die Probleme, die sich aus einer Vielzahl von „Kleinigkeiten" ergeben, gelöst sind. Zwar meldet Edison am 24. August 1891 Patente für die Kamera „Kinetograph" und den Bildbetrachter „Kinetoskop" an, die beide vor allem den perforierten Zelluloidfilm beschreiben; er muß dann aber doch noch bis 1894 warten, bis er endlich mit der öffentlichen Nutzung der „Moving Pictures" beginnen kann, und zwar in Gestalt des durch Münzeinwurf funktionierenden Kinetoskops.

Wenn die Entwicklung der Kamera und des Bildbetrachters lange gedauert hat, so liegt dies sicher daran, daß die Forschung rund um die bewegten Bilder in Edisons Labor in West Orange nur eine der Aktivitäten des „elektrischen Hexers" darstellt. Mit der Herstellung der Apparate und Filme ist der junge, in Frankreich geborene Schotte William Kennedy Laurie Dickson betraut, der seit 1888 an dem Problem arbeitet.[25] Das erste annähernd endgültige Kinetoskop wird am 20. Mai 1891 dem Federation of Women's Club vorgestellt, der sich zu Besuch in Edisons Labors aufhält. Diese Damen sahen im Innern eines Kastens das Bild eines Mannes – Dickson selber –, der „sich verbeugte, lächelte, mit Natürlichkeit und Eleganz seinen Hut zog; die ganze Bewegung war perfekt, ohne Holpern und Rucken«[26].

Das Kinetoskop ist ein 1,23 Meter hoher Holzkasten. Man sieht durch eine Öffnung in der Oberseite ins Innere; eine Linse vergrößert die Bilder des Films, der dort gleichmäßig abläuft. Der Filmstreifen, der in der Länge 15 Meter mißt, ist in Ringform aufgezogen und läuft über eine Reihe von Führungswalzen und eine gezahnte Abwickelspule ab. Eine horizontal angebrachte Drehscheibe mit enger Fensteröffnung bewirkt den Verschluß. Die Kinetograph-Kamera, die nicht den Weg in die Öffentlichkeit findet, arbeitet mit einem Hemmungsrad und zwei Abwickelspulen, die für den intermittierenden Transport des 35mm-Films sorgen. Vier rechteckige Löcher sind jeweils zu beiden Seiten der Bilder gestanzt (Edisons Filmstreifen und -perforierungen werden heute noch benutzt). Das mechanische System des Kinetographen hätte Edison schon 1893 in den Stand gesetzt, seine 35mm-Filme auf Leinwand zu projizieren: 1896 werden einige Pioniere das Hemmungsrad für ihre Projektoren verwenden. Aber Edison zieht es, wie die Teilhaber der Phonoskop-Gesellschaft, vor, von der altüberlieferten Neugierde der 'Voyeure' dadurch zu profitieren, daß er sie einzeln für das Schauspiel der bewegten Bilder zahlen läßt, das der „optische Kasten" ihnen bietet. Die Überlegung war nicht schlecht, da das Kinetoskop Edison ein beträchtliches Vermögen einbrachte; aber die Zukunft gehörte der „chronophotographischen Laterna Magica", der „Magic Lantern Kinetoscope", wie wir weiter unten sehen werden.

Der erste „kinetoscope parlor" – ein für das Publikum geöffneter Saal, wo man Edisons „geheimnisvolle Kästen" sehen konnte – wird am 14. April 1894 am Broadway eröffnet. Er bringt einen unmittelbaren und schnellen Erfolg; die Apparate werden überall bekannt, erst in den Vereinigten Staaten, dann in Europa. Man schätzt die Zahl der von Edisons Firma hergestellten Kinetoskope auf mehr als eintausend. Dieser Erfolg erklärt sich nicht nur aus der Tatsache, daß die photographische Animation, die im Innern dieser Kästen geboten wurde, ein praktisch noch nicht dagewesenes Schauspiel war, sondern auch aus der äußersten Lebendigkeit und Attraktivität der Filme, die man durch die „Luke" sehen konnte.

Charles Musser zufolge[27] haben Edison und Dickson zwischen 1890 und 1895 in Black Maria (dem in West Orange eingerichteten Studio) oder bei Außenaufnahmen 148 Filme produziert. Auf das Varieté entfallen die meisten Sujets; Gewehrschützen, Schlangenmenschen, Dresseure und die ganze Truppe von Buffalo Bill haben als Akteure vor dem Kinematographen gestanden. Tänzerinnen sind sehr gefragt, vor allem wenn sie ihre Unterröcke zeigen (Carmencita, 1894). Einige dramatische Szenen wie Fire Rescue weisen ziemlich ausgearbeitete inszenatorische Elemente auf: kostümierte Schauspieler, Rauch- und Farbeffekte (der Film war von Hand nachkoloriert), Spielhandlung. Komödiantisches kommt ebensowenig zu kurz (zu nennen wäre die Trilby Death Scene, April 1895) wie Historisches: Execution of Mary Queen

Abb. 8
BOCKSPRINGEN
Bildstreifen mit insgesamt 24 Aufnahmen
180 x 12 cm
Vertikal montierte Reihenphotos von Ottomar Anschütz für das große Tachyskop
Lissa, um 1890

Abb. 9
WEISSGEKLEIDETER VOR SCHWARZEM HINTERGRUND MIT ZEITUHR
in: Etienne-Jules Marey, Développement de la méthode graphique par l'emploi de la photographie, Paris 1885, S. 23

of Scots zum Beispiel, im August 1895 von William Heise gedreht – ein Film, in dem, lange vor Georges Méliès, Trickaufnahmen durch Kamerastillstand eingesetzt werden. Boxkampf-Filme finden allgemein Beifall. Die amerikanischen Zuschauer jedenfalls scheinen von Gewaltdarstellungen bereits ganz fasziniert zu sein. Man konnte im Kinetoskop eine Vielzahl von Hahnen- und Hundekämpfen sehen, Schlägereien zwischen Trunkenbolden, Razzien in Opiumhöhlen, eine Indian Scalping Scene oder ein Mexican Knife Duel. Schließlich hat Edison sogar wissenschaftliche Dokumentationen (In the Dentist's Chair) und politische Filme (Topack and Steele) gedreht. Bleibt zu erwähnen, daß Edison 1895 Tonfilme herausbringt: Das Kinetoskop (umbenannt in „Kinetophon") ist inzwischen mit einem Phonographen versehen worden, der in Synchronisation mit dem Film läuft.

Mit der Ankunft des Kinetoskops in Europa (ab Juli 1894) entsteht augenblicklich ein lebhafter Parallelmarkt für Fälschungen. Es steht außer Frage, daß es Edisons Kinetoskop ist, das die quasi-internationale Industrie der „Moving Pictures" begründet. Denn Edisons betrügerische Nachahmer begnügen sich nicht damit, Kopien des Kinetoskops herzustellen, sie erneuern auch das Filmrepertoire und entwickeln zu diesem Zweck ihrerseits neue Kameras. Diese verwandeln sich schon bald in Filmprojektoren, werden „reversibel", entsprechend dem Wunsch, den der Erfinder des „Kinematographen" Léon Bouly 1893 formuliert hat. Die „Neuankömmlinge" der Jahre 1895-96 sind Industrielle (Louis Lumière) oder einfache Kaufleute, die mit Photoapparaten handeln (Léon Gaumont, George William de Bedts, Robert William Paul), Metzgersöhne (Charles Pathé), Photographen (Birt Acres, Paul Nadar), Zauberer und Theaterdirektoren (Georges Méliès, David Devant, John Maskelyne, Carl Hertz, Félicien Trewey), Mechaniker und Ingenieure (Henri Joly, Auguste Baron) oder ehemalige Kinetoskopbesitzer (Charles Urban, die Brüder Werner). Sie alle, um den Balzac der „Verlorenen Illusionen" zu zitieren, verfolgen das Ziel der Perfektionierung („durch eine Schraube" oder mehr) der Apparate jener, die „zehn Jahre ihres Lebens" damit verbracht haben, nach „einem Geheimnis der Industrie, einer Maschine, irgendeiner Entdeckung zu suchen". Diese Halbdiebe haben von Mareys und Demenÿs chronophotographischer Methode aus der

Zeitung erfahren und wissen durch Schausteller und die vielen „kinetoscope parlors" von Edisons Apparaten zur Bildbetrachtung. Sie haben, im Anschluß an Edison, sehr schnell begriffen, welches kommerzielle Potential in den bewegten Photographien liegt; doch nur wenige unter ihnen haben die zukünftige chronophotographische oder kinematographische Vorstellung vorausgeahnt, d. h. die Projektion von Filmen auf Leinwand; diese kann erst durch eine letzte Verschmelzung von Huygens' Laterna Magica und den modernen, von Marey und Edison empfohlenen Methoden entstehen.

Diese Verschmelzung, die bereits Demenÿ und Marey mit ihren jeweiligen chronophotographischen Projektoren einleiten, wird im Lauf des Jahres 1895 erfolgen, wenn auch zögernd. Der Industrielle Louis Lumière, der das Kinetoskop untersucht hat und die Projektionsapparate von Emile Reynaud und Demenÿ kennt, meldet am 13. Februar 1895 ein Patent über einen reversiblen „chronophotographischen Apparat" an, der noch nicht „Kinematograph" benannt ist wie jener Boulys und der am 22. März 1895 in Paris vor den Mitgliedern der Société d'encouragement vorgestellt wird. Diese Vorführung des „Projektions-Kinetoskops" (so taufte man Lumières Maschine damals) wird von den Zuschauern sehr geschätzt, doch kann das seinen Urheber nicht zur Vermarktung des Apparates bewegen oder dazu, ihn einem breiten Publikum vorzustellen. Erst am 28. Dezember 1895, bei der berühmten Vorstellung im Grand Café in Paris, zeigt Lumière dem „gemeinen Volk" gegen Eintritt rund zehn eigene Filme mit dem Kinematographen.

Diese Filmvorführung, die einen wirklichen Erfolg hatte, deren Bedeutung aber von der französischen Historiographie etwas übertrieben wurde, darf verschiedene wesentliche Tatsachen nicht vergessen lassen. Zunächst: Lumière hat die Zukunft der chronophotographischen Projektion nicht erkannt, was sich – wie schon erwähnt – übrigens auch von einem großen Teil der zeitgenössischen Pioniere sagen läßt. Er hat fast ein Jahr gewartet, bis er seine Filme einem zahlenden Publikum vorführte; er wollte sich ein Alleinnutzungsrecht für seinen Projektor vorbehalten, den er vertraglich Filmvorführern überließ, und als er sich 1897 endlich dazu entschloß, ihn zum Verkauf zu bringen, war der Markt bereits mit mehr oder weniger leistungsfähigen Projektoren und Kameras gesättigt. Außerdem hat Lumière Edisons 35mm-Film kopiert, es aber für richtig gehalten, ihn anders zu perforieren (ein rundes Loch zu jeder Seite des Bilds), während sich der Edisonfilm überall durchsetzte. Schließlich ist Lumière am 28. Dezember 1895 nicht der erste, der die Zuschauer für die Teilnahme an einer Filmvorführung zahlen läßt. Was den Entwurf des „Kinematographen" selbst betrifft, so scheint auch Eugène Trutat, Verfasser eines 1899 erschienenen Nachschlagewerks zur bewegten Photographie, Balzac gelesen zu haben: „Die Elemente unterscheiden sich vollkommen von jenen des Kinetoskops, und sie sind zum großen Teil auch von jenen des Chronophotographen von Marey verschieden; aber alles in allem ist es noch nicht mehr als eine Abwandlung der ursprünglichen Erfindung."[28]

Noch einmal, wenn man sich strikt an die Chronologie hält, scheint der erste, der mit der Vorführung bewegter Photographien auf Leinwand Geld verdiente, der Amerikaner Henry Renno Heyl gewesen zu sein. Am 5. Februar 1870 führt Heyl vor mehr als tausend Menschen das „Phasmatrop" vor, „eine neue wissenschaftliche Erfindung, die dafür bestimmt ist, Objekte und Figuren, die auf ein weißes Tuch projiziert werden, in eine möglichst lebensnahe Bewegung zu versetzen"[29]. In Wirklichkeit handelte es sich um die Projektion von 18 Reihennegativen, die eins nach dem anderen in den Fokus einer mit einem Verschluß versehenen Laterna Magica geschoben wurden. Dem guten Beispiel Heyls folgend, sind die Amerikaner die wahren Begründer der zu bezahlenden kinematographischen Vorstellung gewesen – mit dem Projektor „Pantoptikon" der Brüder Otway und Gray Latham, vorgestellt in New York am 21. April 1895, und mit dem „Phantoskop" von Thomas Armat und Charles Francis Jenkins, das das Publikum Atlantas im September 1895 anlockt. Am 1. November 1895 schließlich erfolgt in Berlin durch den Deutschen Max Skladanowsky der glanzvolle Start des ‚Bezahl-

Abb. 10
NIAGARA FALLS IN SUMMER AND WINTER
Spirograph-Scheibe, die bis zu ca. 1200 spiralförmig angeordnete Filmphotographien faßte und in einem Spirographen abgedreht werden konnte
Zelluloid, Durchmesser 26,7 cm
Urban Motion Picture Industries No. 104
New York, um 1923

kinos' in Europa dank seines „Bioskops" für perforierte Filme. Damit feiert die Laterna Magica ihre triumphale Wiederkehr und löst die Mode der „optischen Kästen" ab, die 1894 mit dem Kinetoskop Edisons wieder aufgekommen war.
In der langen Geschichte der Geburt des Kinos haben sich, wie man weiß, die beiden Hauptströmungen der Forschung – das individuelle Sehen im Kasten einerseits, die Filmvorführung für das große Publikum andererseits – immer in Kühnheit gegenseitig zu überbieten versucht, um die Aufmerksamkeit der „Schaulustigen" auf sich zu ziehen. Huygens' Laterne scheint, in Verbindung mit Mareys Chronophotographie, Edisons Kinetoskop endgültig der Vergangenheit zu überantworten – tatsächlich hat der Apparat bis 1896 keinen Erfolg mehr. Die etwa 1200 Exemplare des Kinetoskops werden verramscht und schließlich systematisch zerstört (weltweit bleiben nur ungefähr fünfzehn erhalten). Doch ab 1897 kehrt mit dem Mutoskop[30] auch die Mode des „Voyeurismus" wieder: die einsame Betrachtung von bewegten und mitunter unanständigen Bildern. Der von William Kennedy Laurie Dickson (der so seinen Arbeitgeber Edison verriet) und Herman Casler entwickelte Apparat greift die „Kineographen"-Idee des Engländers John Barnes Linnett (1868) wieder auf. Dabei werden mehrere hundert Bilder durchgeblättert, die die aufeinanderfolgenden Positionen einer bewegten Szene zeigen. Dickson schlägt vor, ein Rad mit einer Folge von auf Papier abgezogenen Photographien zu versehen; das Rad dreht sich, wobei die Bilder jeweils für einen kurzen Moment von einer kleinen Knagge angehalten wird. Der Zuschauer betrachtet die Szene durch eine Lupe, wie beim Kinetoskop. Für die Herstellung der Filme haben Dickson, Casler und Harry Norton Marvin eine bemerkenswerte Kamera gebaut, den „Mutograph", der mit 68 mm-Film arbeitet (die Perforierung erfolgt während der Aufnahmen, um Edisons Patente zu umgehen). Das

Mutoskop hat in den Vereinigten Staaten und in Europa großen Erfolg; die American Mutoscope Society, die am 27. Dezember 1895 in Jersey City gegründet wird (einen Tag vor der Vorstellung im Grand Café in Paris) und mit einem Kapital von zwei Millionen Dollar ausgestattet ist, stellt die gefährlichste Konkurrenz für Edison dar, der seinen Rückstand so gut es geht wettzumachen versucht, indem er Armats Projektor kauft, um seinerseits Filmvorführungen zu organisieren (das „Vitaskop", New York, 23. April 1896).
Die Entstehungsphasen der kinematografischen Industrie überstürzen sich also im Zeitraum von drei Jahren (1894-1896). Der kommerzielle und künstlerische Streit zwischen Filmvorführung und individueller Betrachtung ist damit jedoch nicht zu Ende, wie es Jean-Louis Breton, ein französischer populärwissenschaftlicher Autor, 1897 voraussieht: „Die Chronophotographie wird – aufgrund der Verbesserungen, die die Apparate bald erfahren werden, und dank Farbphotographie und Phonograph – das Theater von morgen sein, und dies morgen ist vielleicht nah; wahrscheinlich werden viele von denen, die diese Zeilen mit einem ungläubigen Lächeln lesen, zu seinen Zuschauern zählen. Was das Theater von übermorgen angeht, so wird es mit den gleichen Apparaten verwirklicht werden, unter Hinzufügung des Fernsprechers, der bereits erfunden wurde, und des Fern-Sehers, der bis jetzt nur im Keim vorhanden ist. In einem zentralen Gerät wird die Chronophotographie Szenen, die ein für allemal festgehalten wurden und die den Schauspielern nicht mehr als ein paar Stunden Arbeit abverlangt haben werden, in ihrer ganzen Realität wiedergeben; Fernsehapparate werden diese Szenen übertragen und auf die Leinwand bringen, die jedermanns kleines persönliches Theater darstellen wird; der Phonograph schließlich wird den Schauspielern die Stimme geben, die an alle Zuschauer weiterzuleiten das Telefon übernehmen wird. In jedem Fall mögen sich die Ungläubigen nur einige Jahre zurückversetzen – mit welch mitleidigem Lächeln hätten sie nicht denjenigen angesehen, der ihnen vorhergesagt hätte, daß bald ihr Knochengerippe auf eine Leinwand projiziert werden könne, und der ihnen eine Photographie gezeigt hätte mit den Worten, daß es nicht mehr lange dauere, bis dieser starre und leblose Abzug Leben bekommen und eine lange bewegte Szene wiedergeben könne! – [31]

Il prépara ses instruments, fit chauffer ses drogues, et choisit la plus belle plaque de toute sa provision.....

PHOTO
GRAPHIE ◐
STEREO
◐ CHRONO
PHOTO
GRAPHIE ◐
FILM ◐ TV

„DER SIEGESZUG DER PHOTOGRAPHIE"
in: J.J. Grandville, Scènes de la Vie privée et publique des Animaux
(Szenen aus dem privaten und öffentlichen Leben der Tiere)
Paris 1842, S. 162

WILLIAM HENRY FOX TALBOT
Zwei Männer auf dem Deck eines Schiffes
*Erster Originalabzug einer Talbotypie (*Kalotypie) in einer Zeitschrift,*
in: The Art-Union, Monthly Journal of the Fine Arts
London, 1.6.1846,
Bd. 8, S. 143

UNBEKANNTER PHOTOGRAPH
Frau mit Perlenkette und Schlüssel
Handkolorierte *Stereodaguerreotypie
Frankreich, um 1850

ADOLPHE-EUGENE DISDERI
CARTES-DE VISITE – VISITENKARTENPORTRÄTS

Neues photographisches Format, das sich der Photograph Adolphe-Eugène Disdéri patentieren ließ. Er vereinte auf einer einzigen Glasplatte acht kleine Photographien, um den Preis der Einzelabzüge zu senken. Wenige Jahre später entwickelten sich die Visitenkartenportraits zu einer umsatzträchtigen Modeerscheinung. In Disdéris Atelier wurden durchschnittlich 200 Kunden pro Tag photographiert und 2400 Abzüge hergestellt.
Paris, um 1860

CAMILLE COROT

„Le grand Cavalier sous Bois" (Großer Reiter im Wald)
***Cliché-verre (Glasklischee)**

Photographischer Abzug einer Zeichnung, die in einer hellen, lichtundurchlässigen Schicht mit einer Radiernadel auf einer Glasplatte angefertigt wurde. Der Künstler legte die Glasplatte auf einen schwarzen Untergrund, so daß er seine Zeichnung schon während der Arbeit im Positiv sah. Das Verfahren wurde hauptsächlich ab 1853 in Arras von der Künstlergruppe „Barbizon" um Camille Corot angewendet. Zu ihrer Zeit wurden diese Abzüge wenig geschätzt. Erst Maurice Le Garrec vereinte 1921 wesentliche Arbeiten zu der einzigen Edition dieser Klischees.

Frankreich 1921, 31,5 x 25,5 cm
Abzug von dem um 1853 gezeichneten Original-Negativ

EUGÈNE DELACROIX

„Tigre en Arrêt" (Lauernder Tiger)
Cliché-verre (Glasklischee)
Frankreich 1921, 19 x 21 cm
Abzug von dem um 1853 gezeichneten Original-Negativ

GUILLAUME-BENJAMIN DUCHENNE DE BOULOGNE

Mécanisme de la physionomie humaine
(Die Mechanik des menschlichen Gesichtsausdrucks)
Photographie (Albuminpapier)

Erstes medizinisches Buch, das mit Originalphotographien illustriert wurde. Duchenne de Boulogne wendete sich mit dieser „Elektro-physiologischen Analyse des Ausdrucks der Seele“ in gleicher Weise an Wissenschaftler wie an Künstler. Sein Ziel war es, eine Grammatik der menschlichen Physiognomie in Abhängigkeit von den ausdrucksformenden Muskeln zu erstellen. Mit Schwachstromelektroden reizte er bestimmte Muskeln unter der Gesichtshaut und rief damit auf einem entspannten Gesicht Ausdrucksformen der Seele hervor, die, wie Charles Darwin hervorhob, universell gleich interpretiert werden können.

Frontispiz in: Guillaume Duchenne de Boulogne,
Mécanisme de la physionomie humaine
Paris 1862

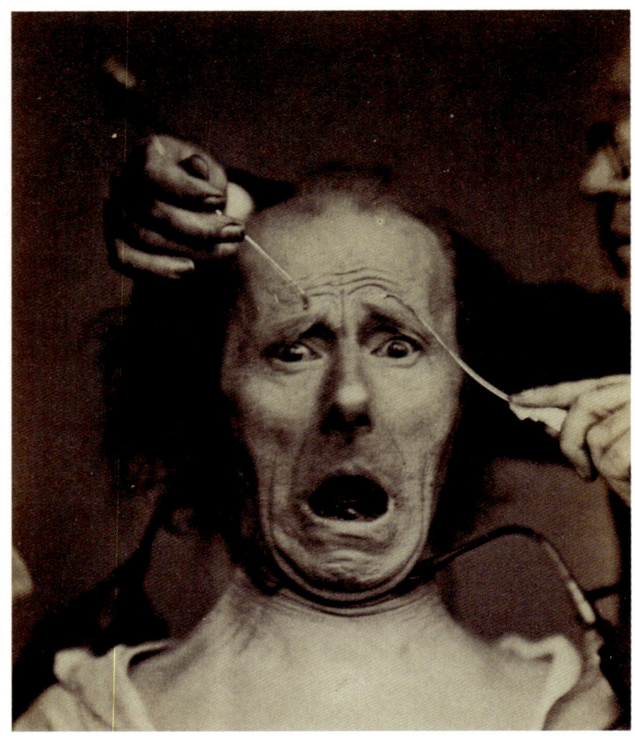

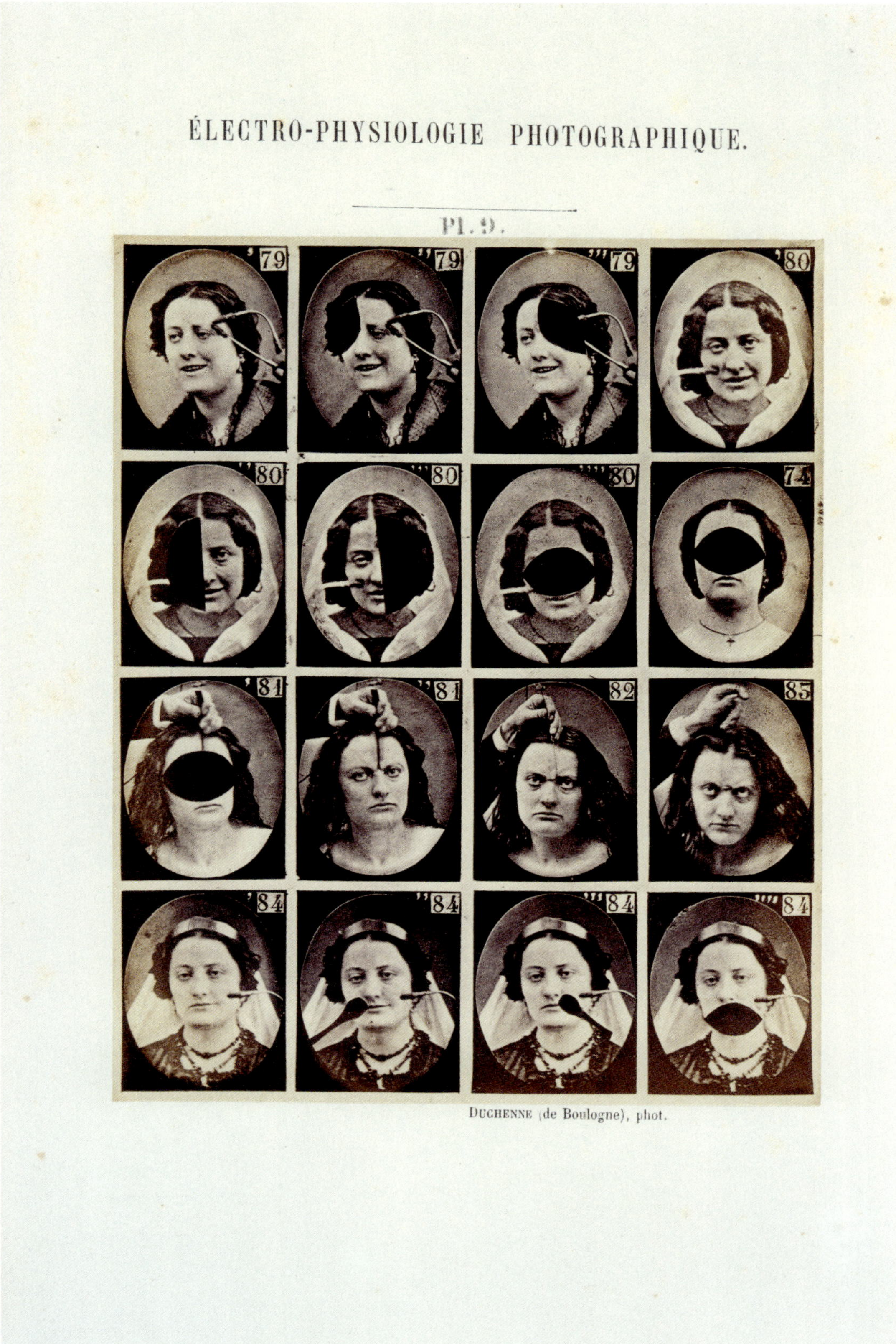

GUILLAUME DUCHENNE DE BOULOGNE
Mécanisme de la physionomie humaine (Die Mechanik des menschlichen Gesichtsausdrucks)
Photographie
In: Guillaume Duchenne de Boulogne, Mécanisme de la physionomie humaine
Paris 1862, Tafel 9

FRANCIS FRITH

„Turkish Summer Costume" (Selbstportrait in türkischer Sommerkleidung)

Unter den größten klimatischen Schwierigkeiten – Staub, Sand, Hitze, bei der das von ihm hergestellte Kollodium auf den Glasplatten zu kochen begann – stellte Francis Frith ab 1856 seine berühmten Bildbände über Nubien, Palästina, Ägypten und Syrien her.

Kollodium-Photographie/ Albuminpapier
Frontispiz in: Francis Frith,
Egypt Sinai and Palestine
London 1862

FRANCIS FRITH

„The Temple of Maharraka Nubia"

Kollodium-Photographie/ Albuminpapier
in: Francis Frith, Upper Egypt and Ethiopia
London 1862, Tafel 27

DIE PHOTOGRAPHIE KOMMT NACH JAPAN
Zur Eröffnung des Hafens von Yokohama versucht ein Photograph, eines der ersten Photos in Japan aufzunehmen. Hunde und Affen wollen dies verhindern.
Holzschnitt
In: Gohuntei Sadahide, Yokohama kaido kenbushi
Japan 1862

DER EINZUG DER *STEREOPHOTOGRAPHIE INS KINDERZIMMER
Farblithographie
in: Journal des Demoiselles
Paris, Dezember 1866

PIAZZI SMYTH
Guayara
*Erstes Buch, das mit eingeklebten *Stereophotographien illustriert wurde.*
In: Piazzi Smyth, Teneriffe, an Astronomer's Experiment
Albuminpapier
London 1858, S. 173

STEREO-SÄULE
*Einzigartiger Stereobetrachter, angefertigt zur Zeit der Eröffnung des Eiffelturms und der Weltausstellung in Paris, zur Betrachtung mehrerer hundert Parallaxen-*Stereobilder.*
Frankreich, dat. 18. März 1889

VERSCHIEDENE STEREOBETRACHTER UND *STEREOKARTEN
um 1900

THE NATURAL STEREOSCOPE (TISCH-STEREOSKOP)
Über Drehhebel kann der Augenabstand eingestellt werden. An der rückwärtigen Innenwand sind zwei Rollen befestigt, auf denen transparenter, verschiedenfarbiger Stoff vertikal abgerollt werden kann, um die schwarz-weißen Glasstereos mit einer entsprechenden Hintergrundfarbe sehen zu können. Von diesem Betrachter sollen nicht mehr als 20 Stück angefertigt worden sein.
Hersteller: C.H. Charlesworth
England/Huddersfield 1862

LOUIS LUMIÈRE

Portrait eines Kameramannes von Lumière
Photostereosynthese
*Räumliches Bild in sieben Schichten, das ohne Hilfe einer *Anaglyphen- oder Stereoparallaxen-Brille räumlich gesehen werden kann. Nur das, was auf der entsprechenden räumlichen Ebene liegt, wird scharf auf den Photographien abgebildet. Die unscharfen Bereiche entfallen. Die einzelnen Glasbilder wurden in der Distanz, die dem Originalobjekt entspricht, hintereinander in einen Holzkasten montiert. Im Durchlicht erscheint das räumliche Abbild. Nur zehn verschiedene Porträt-Photostereosynthesen sind bekannt.*
Holzkastenrahmung mit sieben Glaspositiven, 55 x 45 x 32 (Tiefe) cm
Frankreich 1920

ETIENNE-JULES MAREY

***Myograph**

*Seit 1860 entwickelte Marey die unterschiedlichsten Apparate, um Bewegungen graphisch aufzuzeichnen, wie den Sphygmographen für den Pulsschlag des Menschen, den *Myographen für die Bewegung eines Muskels u. a.*

Hersteller: Charles Verdin
Paris, um 1880

EADWEARD JAMES MUYBRIDGE

Akrobat auf Pferd
***Phenakistiskop-Scheibe für das *Zoopraxiskop aus der Serie „Popular Zoopraxography"**

Für die Weltausstellung in Columbia 1893 brachte Muybridge im Selbstverlag eine Serie von Phenakistiskop-Scheiben zum Selberbasteln heraus, die er nach seinen in „Animal-Locomotion" veröffentlichten Studien entworfen hatte. Die farbige Scheibe diente als Vorlage zur Anfertigung der Phenakistiskopschlitze und der Kolorierung der weiteren 49 Scheiben. Die Zoopraxography-Scheiben fanden jedoch keine Käufer. Enttäuscht vernichtete Muybridge die Auflage, so daß nur wenige Exemplare erhalten sind.

Aus: Eadweard James Muybridge,
Popular Zoopraxography
Pennsylvania, Selbstverlag 1893

EADWEARD JAMES MUYBRIDGE

Mann mit Sulky und Pferd

Serienphotographien, aufgenommen mit 24 Kameras, die jeweils ausgelöst wurden, wenn der Wagen die mit den Auslösern verbundenen Fäden überfuhr.

Albuminpapier,
Montage von 24 Einzelbildern
auf einem Blatt
Palo Alto, USA 1881

ETIENNE-JULES MAREY

„Images Successives d'un même Sujet (Chronophotographie sur plaque fixe) La Marche, La Course Rapide"
Serienbilder (*Chronophotographie auf feststehender, photographischer Platte) Der Gang, Der schnelle Lauf Autotypie
in: Etienne-Jules Marey und Georges Demenÿ, Études de Physiologie Artistique faites au moyen de la Chronophotographie, Première Série: Des Mouvements de l'Homme
Paris 1893, Serie 1, Tafel 6
(weitere Serien sind nicht erschienen)

ETIENNE-JULES MAREY
„Le Sauteur" (Der Springer)
Die Phasen des Hochsprungs
auf einer *Chronophotographie.
in: Etienne-Jules Marey,
Le Mouvement, Paris 1894
Abzug vom Originalnegativ
Paris, vor 1890

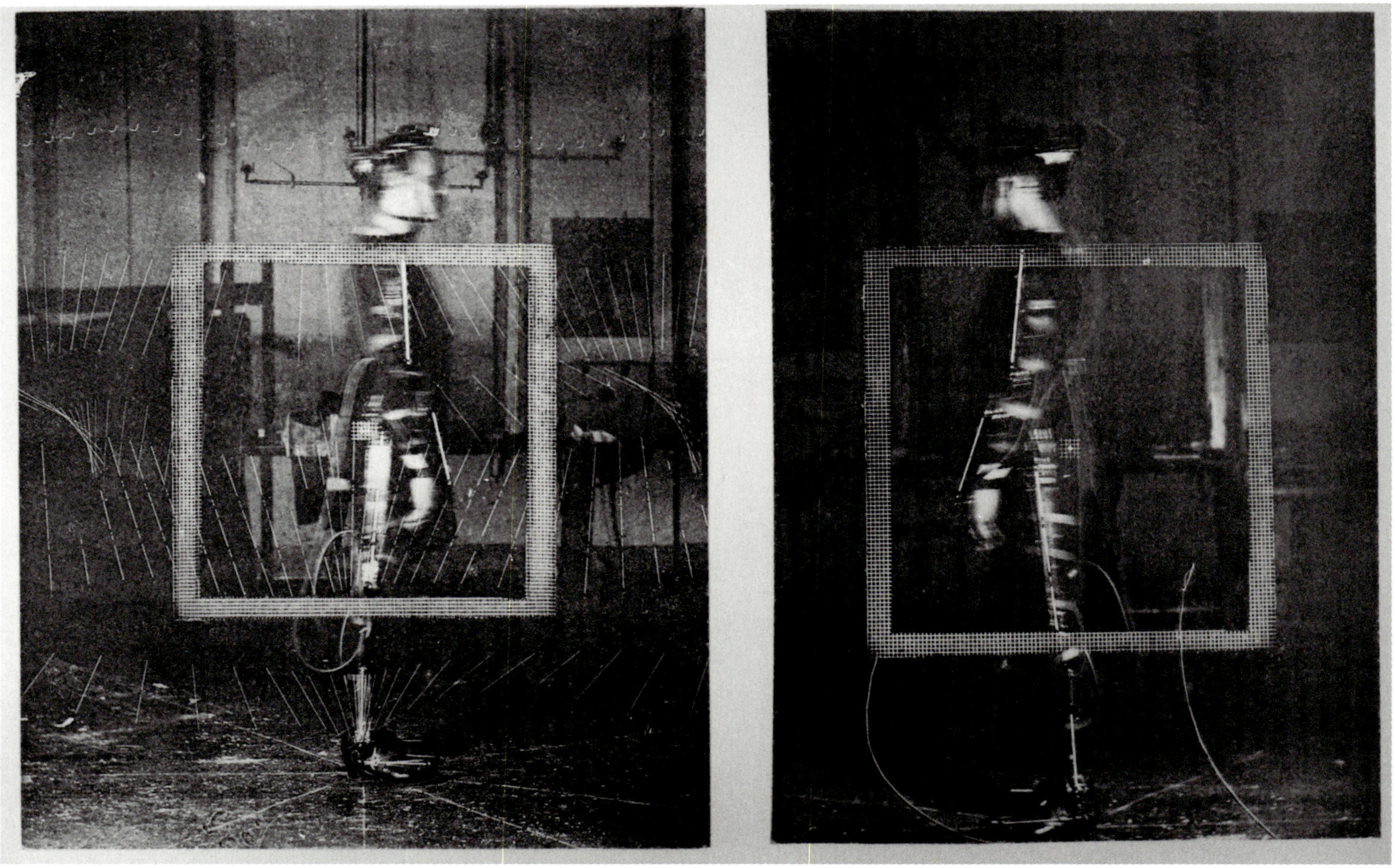

WILHELM BRAUNE UND OTTO FISCHER

Der Gang des Menschen. Ansicht von rechts, Ansicht von links

*Für die geometrische *Chronophotographie kleidete Marey den Gehenden schwarz und befestigte weiße Gelenkpunkte, die er mit weißen Fäden verband. Diese Resultate wollten Braune und Fischer auf eine wissenschaftliche Basis stellen.*

In: Wilhelm Braune und Otto Fischer,
Der Gang des Menschen
Leipzig 1895, Tafel 1

WILHELM BRAUNE UND OTTO FISCHER

Der Gang des Menschen
Das Versuchsindividuum in voller Ausrüstung

Um die Bewegungsgesetze in allen Einzelheiten mit voller Schärfe erkennen zu lassen, ersetzten Braune und Fischer die Punkte und Fäden Mareys durch Geisslersche Röhren. So konnten sie den Bewegungsvorgang auf ein rechtwinkliges, räumliches Koordinatensystem beziehen.

In: Wilhelm Braune und Otto Fischer, Der Gang des Menschen
Leipzig 1895, Tafel 2

VERSCHIEDENE *DAUMENKINOS

Durch schnelles Abblättern der Bücher vermeint der Betrachter Bewegung zu sehen.

Um 1900

LUXUSAUSFÜHRUNG DER *KINORA FÜR DREI BETRACHTER

Die Filmbilder werden mit Hilfe eines aufgezogenen Federwerks abgeblättert.

England 1903

*MUTOSKOP (STUMMBILDSEHER) IN MUSCHELFORM

Betrachtungsgerät für Abblätterfilme

Hersteller: Herman Casler
New York 1894

„THE EXOTIC DANCER"

***Mutoskop-Abblätterfilm im Muschelmutoskop**

Um 1900

„SALLE DE L'ÉTOILE"
Eines der ersten Filmplakate.
Im Freiraum rechts unten wurden die jeweils gezeigten Filme angekündigt.
Paris, um 1900

CINÉMATOGRAPHE LUMIÈRE

*Der Cinématographe (zweites Gerät von rechts) ist Aufnahmekamera, *Projektor und Kopiermaschine in einem. Der Film wurde im Sandwichverfahren kontaktkopiert. Um längere Filme kopieren und vorführen zu können, entwickelte Lumière einige Monate später einen separaten Projektor (links) und eine separate Kopiermaschine (rechts). Das schwarze Lampengehäuse, eine *Laterna Magica, diente dem Projektor als Lichtquelle.*
Hersteller:
Jules Carpentier
Paris 1896,
Der Cinématographe
hat die Serien-Nr. 423.

EINER DER ERSTEN FARBPROJEKTOREN

Zweifarben-35mm-Projektor-Laufwerk

*Der *Projektor hat zwei Objektive, mit denen zwei identische Bilder exakt aufeinander projiziert werden. Das doppelte Bildfenster des Projektors ist oben mit einem roten und im unteren Teil mit einem grünen Glas-Filter versehen, so daß in der Projektion eine Farbmischung von rot und grün und damit ein farbiger Bildeindruck entsteht.*
Frankreich, um 1908

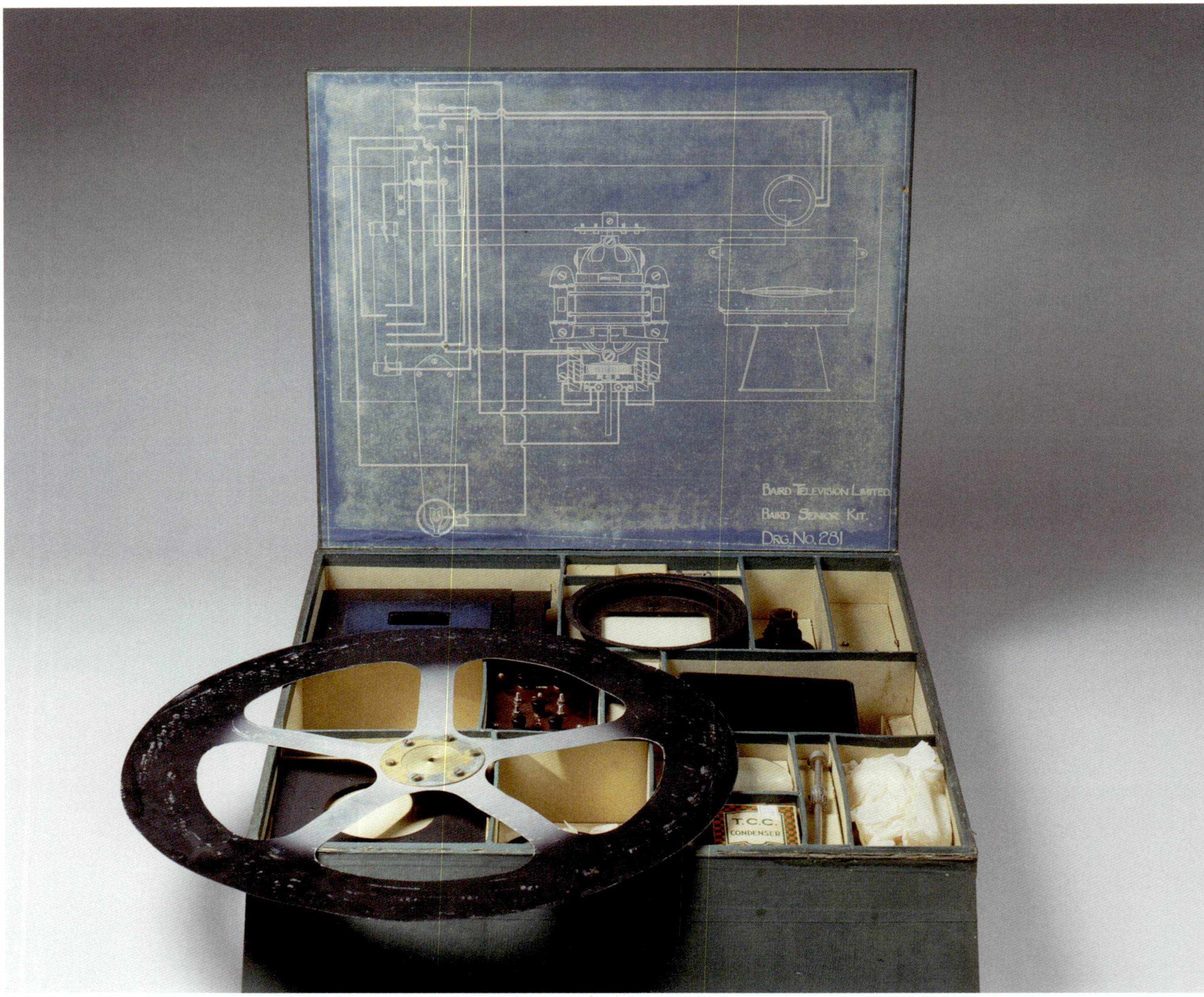

BAIRD TELEVISION SENIOR KID

Um 1929 entwickelte Baird den 30-Zeilen-Televisor mit einem 10 x 8 cm großen Bildschirm. Er nannte diesen ersten Fernseher mit Nipkow-Scheibe „The Eye of the World". Ungefähr 1000 Exemplare wurden produziert. Abgebildet ist ein Baukasten für diesen Fernseher.
England 1929

***SCOPITONE-FILMBOX**
Von der französischen Firma Cameca entwickelte Filmbox, als filmisches Pendant zur Wurlitzer, der Schallplatten-Juke-Box
Frankreich 1958

MULTIMEDIA 1957

Radiocinéphone

*Da das Fernsehen 1957 erst eine Stunde am Tag sendete, entwickelte eine französische Firma dieses Fernseh-Imitat. Es ermöglicht die Projektion eines 16mm-Lichttonfilms ins Innere des Gehäuses. Über zwei *Spiegel wird das Bild auf die Mattscheibe geworfen. Darunter befindet sich ein Radio-Weltempfänger und links daneben ein Plattenspieler, in den eine Umwickelvorrichtung für die Filme integriert ist.*

Frankreich 1957

*PROJEKTOREN,

die für das Heimkino Ton und Bildprojektion synchronisieren

Um 1950

DAS FERNSEHEN IST DA

Titelblatt der englischen Zeitschrift John Bull vom 1. Mai 1954

Das Radio hat seinen Dienst erfüllt und wird abtransportiert. Das neue Medium Fernsehen zieht mit einer Fußballübertragung in die Wohnzimmer ein.

Martin Loiperdinger

Sammler, Historiographie und gesellschaftlicher Bedarf

Perspektiven für die Geschichte der visuellen Medien

Im kurzlebigen Gedächtnis der Postmoderne gelten Film und Kino und sogar das Fernsehen inzwischen als 'alte' Medien, während uns die Kapitale der Kommunikationsindustrie in immer kürzeren Frequenzen neue Computer- und Handy-Generationen bescheren. Daß es bereits vor Erfindung des Kinos audiovisuelle Massenmedien gegeben hat, die bewegte Bilder darstellen konnten, ist weitgehend unbekannt.

Die Massenkommunikation mit audiovisuellen Medien gilt als Phänomen des 20. Jahrhunderts. Ihre heutigen Formen sind jedoch Ergebnisse aus komplexen historischen Prozessen, die bereits Mitte des 19. Jahrhunderts fertige Sets industrieller Technologien, Distributionsverfahren und Gestaltungsformen ausgebildet hatten, welche die adäquate Versorgung eines Massenpublikums gewährleisteten.

Die gravierende Unkenntnis von den Ursprüngen der modernen audiovisuellen Medien steht im Gegensatz zu Forderungen nach Ausbildung von Medienkompetenz, die gebetsmühlenhaft erhoben werden angesichts der aktuellen Medienumbrüche, die, so scheint es, nicht absehbare gesellschaftliche Folgen zeitigen. Soziale Medienkompetenz, die über Fertigkeiten im technischen Umgang mit neuen Medien hinausgeht, ist ohne die Vermittlung historischer Medienerfahrungen nicht zu haben.

Die Hinterlassenschaft der reichen Vielfalt visueller Medienkulturen, die mit dem Triumph des Kinos vor dem Ersten Weltkrieg in den Hintergrund getreten sind, ist ein weithin verstreutes und weitgehend überwachsenes Trümmerfeld von Artefakten – sofern überhaupt noch etwas übriggeblieben ist.

Von den wichtigen stationären Bildmedien, für deren riesige Raum- und Zeitbilder eigene Gebäude errichtet wurden, ist wenig mehr erhalten als zeitgenössische Berichte und Dokumente. Die Rotunden der einstmals zahlreichen Panoramen sind zerstört – weltweit haben gerade mal zwanzig historische Panoramen überlebt, so etwa die Kreuzigung Christi in Altötting bei München, die Schlacht am Berg Isel bei Innsbruck und die Schlacht von Waterloo in Braine l'Alleud bei Brüssel, das Meerespanorama der Scheveninger Sein-Post-Düne in Den Haag und das frisch renovierte Bourbaki-Panorama in Luzern.[1]

Besser steht es mit den visuellen Medien, zu denen das Publikum nicht in eigene Vorführstätten kommen mußte, sondern die sich selbst verteilt zum Publikum begeben haben, sei es durch Vorführungen von Wanderschaustellern oder ein Warenangebot zur häuslichen Verwendung: Guckkästen mit Bildersätzen, Laterna-Magica-Projektionsgeräte und handbemalte oder in hohen Auflagen photographisch reproduzierte Glasbilder von Projektionskünstlern sind vielfach erhalten; ebenso aus privaten Haushalten Stereo-Gucker und zugehörige Bilder,

optische Spielzeuge mit Bewegungseffekten und Kinderlaternen. Die Museumskultur war im 19. Jahrhundert und bis ins späte 20. Jahrhundert hinein dem bürgerlichen Kult des Originalgenies verschrieben und vernachlässigte die profane Wirklichkeit des Gebrauchs, der von den technischen Errungenschaften im industriellen Alltag gemacht wurde. Für Museen kamen die Artefakte der visuellen Medien als Sammlungsobjekte also zunächst gar nicht in Betracht: Es handelt sich ja weder um künstlerisch noch um naturwissenschaftlich bedeutsame „Meisterwerke" (gemäß dem Motto des 1906 gegründeten Deutschen Museums als „Sammlung von Meisterwerken der Naturwissenschaft und Technik"), sondern um triviale Unterhaltung – oder wenn doch um Kunst und Wissenschaft, dann um popularisierte Massenware wie kolorierte Glasdias von exotischen Tieren oder antiken Plastiken, vorgeführt mit einem standardgerechten Projektor, der selbst in Massenfertigung hergestellt wurde.
Was die Museen zunächst achtlos am Wegesrand liegen ließen, sofern sie überhaupt einmal zufällig darüber stolperten, bot jedoch vielfältige Reize für Sammler, die gern auf „Grenzgebiete" geraten, wie Walter Benjamin den Karikaturen-Sammler Eduard Fuchs charakterisiert.[2]

Die Artefakte der visuellen Medien sind verstreut, vielfach verborgen in Speichern und Kellern. Sie kommen ans Tageslicht meist auf Flohmärkten oder durch gezielte Angebote an Händler, seit einigen Jahren vermehrt auch auf Auktionen. Sie bieten den Sammlern reichhaltige und unterscheidbare Varietäten von Relikten untergegangener Kulturen, nach denen nicht im tropischen Regenwald oder in den Wüsten des Orients gegraben werden muß: Als Perlen im Gewimmel von buntem Tand können sie auf den heimischen Flohmärkten entdeckt werden – oder auch günstigenfalls einmal weit unter ihrem Wert geschätzt auf Auktionen. Mit Leidenschaft und Geschick und mit einer Portion Glück richtige Kaufentscheidungen zu treffen, gehört zu den Freuden des Sammlererfolgs. Auf diesem Feld sind Sammler der Akquisition öffentlicher Sammlungen in jedem Fall überlegen. Bedenken von Museumskuratoren, sie eigneten sich Kulturgüter privat an und schlössen die Öffentlichkeit von ihrem Genuß aus, können gelassen hingenommen werden. Walter Benjamin meint dazu: „Wenn öffentliche Sammlungen sozial minder problematisch, wissenschaftlich nützlicher sein könnten als private, so entgeht ihnen doch deren größte Chance. Der Sammler hat in seiner Leidenschaft eine Wünschelrute, die ihn zum Finder von neuen Quellen macht."[3] Selbst wenn ein Sammler keinen Zugang zu seinen Fundstücken gewähren würde – die Museen, deren vornehmste Aufgabe die Zugänglichkeit von Kulturgütern für alle ist, hätten sie gar nicht erst aufgespürt. Der Sammler bereitet der Historiographie den Boden schon allein durch das Suchen, Auffinden und Erwerben von Artefakten, die ohne ihn in der Versenkung bleiben würden, aus welcher er sie herausholt. Und selbstverständlich wollen Sammler gerne wissen, was sie erworben haben. Oft ist das gar nicht einfach zu bestimmen. Denn zu Herkunft und Datierung von Bildern, zur Funktionsweise von Geräten und sonstigen Objekten können die Anbieter, die meist mehr oder minder zufällig in den Besitz solcher Objekte gelangt sind, in der Regel nicht viel berichten. So erhebt sich für Sammler, die in den Besitz von Zeugnissen untergegangener visueller Unterhaltungskulturen gelangt sind, meist die Frage nach der genauen Identität der jeweiligen Artefakte. Hierzu müssen sie Kenntnisse selbst erwerben oder nachfragen, üblicherweise bei anderen Sammlern, mit denen sie Kontakte pflegen.
Zum Austausch von Informationen und Sammlungsobjekten und zur Identifizierung erworbener Gegenstände hat sich für das Sammelgebiet der historischen visuellen Medien international eine sachkundige Szene entwickelt. Ihre Organisation ist nicht zufällig in England als dem Mutterland der visuellen Unterhaltungsindustrie des 19. Jahrhunderts am weitesten fortgeschritten durch die seit 1976 bestehende Magic Lantern Society. Diese Gesellschaft richtet regelmäßig Zusammenkünfte aus, beteiligt sich an Fachkonferenzen, gibt die Zeitschrift „The New Magic Lantern Journal" heraus, organisiert Aufführungen historischer Medien und den Besuch von einschlägigen Museen, Archiven und Sammlungen.

Abb. 1
DIE ZEILENSCHRIFT DES FERNSEHENS IN 30 HORIZONTALEN LINIEN
um 1930 von John Logie Baird. *Das Fernsehbild in 30 Zeilen, aufgezeichnet mit einer rotierenden Nipkow-Scheibe mit 30 spiralförmig aufgebrachten Löchern.*
In: West, Percy, Traub et al., Television Today London 1935, S. 21, Fig. 3

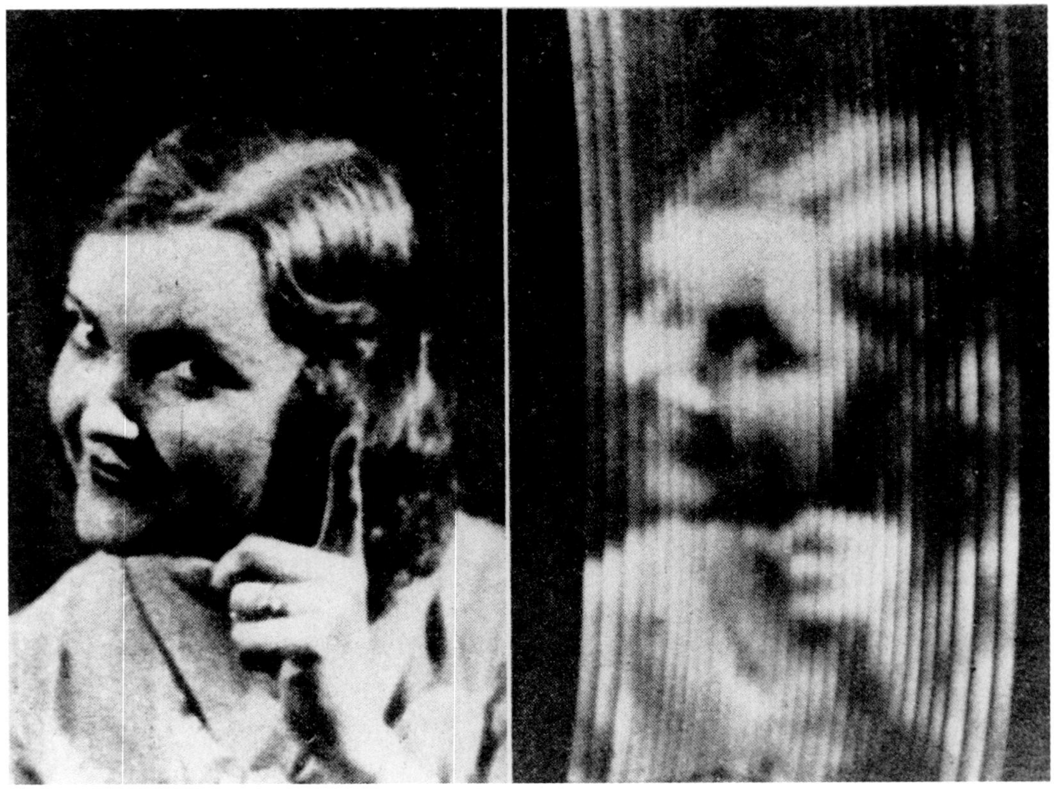

Direkte Bedeutung erlangen Privatsammler für Museen, sobald sie öffentlichen Zugang zu ihren Sammlungen ermöglichen. Im späten 20. Jahrhundert haben einige prominente Sammler maßgeblich zur öffentlichen Beachtung der Geschichte der visuellen Medien beigetragen, indem sie ihre Sammlungen nichtprivaten Institutionen übertrugen, die teilweise eigens dafür gegründet wurden. So bildet die Sammlung Paul Sauerländer den Grundstock für das 1984 eröffnete Deutsche Filmmuseum in Frankfurt am Main, desgleichen die Sammlung Tomàs Mallol für das erste spanische Museu del Cinema in Girona. Ohne die Sammlung des Zahnarztes Paul Genard könnte die Stadt Lyon – Firmensitz der Gebrüder Lumière, die mit der erfolgreichen Vermarktung ihres Cinématographe zu Taufpaten des Kinos wurden – keine repräsentative Ausstellung zur Technikgeschichte der Kinematographie anbieten. Ohne Will Day, den Sammler der ersten Stunde, was kinematographische Artefakte betrifft, wäre die Cinémathèque française nicht nur ohne die wichtigsten Preziosen ihrer Gerätesammlung, wie etwa die von Georges Méliès benutzte Filmkamera – sie hätte auch nicht die berühmte Kollektion der großformatigen Laterna Magica-Bilder des Londoner Royal Polytechnic. Die von Henri Langlois, dem Sammler und Gründer der Cinémathèque française, 1959 angekaufte Sammlung Will Day ist schließlich Mitte der 1990er Jahre unter Leitung von Laurent Mannoni gesichtet, restauriert und katalogisiert worden – veröffentlicht als der erste Bestandskatalog eines Filmmuseums für den Bereich Geräte, der in allgemein zugänglicher Buchform vorgelegt worden ist.[4] Die umfangreiche Sammlung der Gebrüder John und William Barnes, zunächst lange Zeit als privates Barnes Museum of Cinematography abgelegen in Saint Ives an der Küste Cornwalls untergebracht, ist inzwischen unverzichtbarer Bestandteil des 2000 neueröffneten Museo Nazionale del Cinema in Turin, dessen Grundstock die Sammlung von Maria Adriana Prolo bildet.[5]
In den meisten Fällen gehen die erworbenen Privatsammlungen in den Beständen der Museen auf, wobei häufig der für Archivierung und Forschung relevante Sammlungskontext der Objekte verlorenzugehen droht. Wenn für die Erschließung und Präsentation einer

Sammlung eigens eine Institution gegründet wird, ist das mitunter nicht der Fall. So ermöglichte die Schenkung der Sammlung des Filmregisseurs Bill Douglas an die Universität Exeter dort die Gründung des Bill Douglas Center for the History of Cinema and Popular Culture. 1998 eröffnete die Stadt Padua das Museum Collezione Minici Zotti für die gleichnamige Sammlung. Hier sind Sammlung und Museum deckungsgleich.[6]

Eine Reihe von Sammlern wird aus Interesse an den erworbenen Artefakten selbst zu Historiographen – oft genug zu besseren als die Vertreter aus der akademischen Zunft, die häufig nicht über die erforderliche Materialkenntnis verfügen, sofern sie dies überhaupt für nötig erachten. So hat John Barnes aus den umfangreichen Papierbeständen seiner Sammlung und ergänzenden Zeitschriftenstudien in Bibliotheken ein fünfbändiges Standardwerk zu den Anfängen der Kinematographie in England verfaßt.[7] Ein seltener Glücksfall liegt vor, wenn ein der Sammlerszene verbundener Kurator wie Laurent Mannoni für eine renommierte Institution wie die Cinémathèque française arbeitet und neben der Aufarbeitung der Sammlungsbestände auch noch bedeutende Ausstellungen und Publikationen erstellen kann.[8] Auch im Fall der Sammlung Minici Zotti war es ausnahmsweise möglich, einen umfassenden Museumskatalog der eigenen Sammlung zu veröffentlichen.[9]
Viele Sammler greifen nicht zur Feder, weil sie nicht die nötige Zeit haben oder sich dazu nicht berufen fühlen. Besonderer Dank gebührt deshalb Sammlern, die bereitwillig ihre Schatzkammern für Forscher zur Erstellung von Fachpublikationen öffnen, die ohne ihre Sammeltätigkeit nicht geschrieben werden könnten. So hat z. B. Paul Genard die von ihm gesammelte Korrespondenz von Lumière-Operateuren zur Verfügung gestellt, damit der Beitrag dieser jungen Leute für den raschen weltweiten Erfolg des Cinématographe Lumière beschrieben und dokumentiert werden konnte.[10] Eine nicht geringe Zahl von Sammlern betreibt eigene mediengeschichtliche Forschungen, meist ausgehend von den Artefakten und Spezialgebieten der eigenen Sammlung: vor Ort in der heimatlichen Region, zu gewissen Personenbiographien, zu technischen Details von Apparaten oder zu bestimmten Bildern und Bildergruppen. Aufschlußreiche Ergebnisse solcher Mikrostudien sind nachzulesen in „The New Magic Lantern Journal" der Magic Lantern Society. Auch die von dieser Gesellschaft jüngst vorgelegte „Encyclopedia of the Magic Lantern" wäre nicht realisierbar gewesen ohne das Netzwerk der Sammler, die zu Studienzwecken ihre Artefakte und Kenntnisse zur Verfügung stellten.[11] Ein Sonderfall ist der Sammler Hermann Hecht, der neben seinen optischen Apparaten systematisch und akribisch über Jahrzehnte bibliographische Belege zur Geschichte der visuellen Medien gesammelt hat. Aus seiner Arbeit heraus ist schließlich nach seinem Tod die weltweit umfangreichste und reichhaltigste annotierte Bibliographie zum bewegten Bild vor 1896 entstanden.[12]
Was von den Sammlern meist ausgeblendet wird, weil sich in der Regel von ihren Beständen her kein Zugang erschließt, das ist die Geschichte der visuellen Medien im Hinblick auf ihre Verbreitung und Reichweite, das Programmangebot, die Zusammensetzung und die Reaktionen des Publikums. Aus dieser Mediengeschichte im engeren Sinn kann die Historiographie nicht entlassen werden: Es ist ihr ureigenes Gebiet, auf dem sie keine Hilfe in Anspruch nehmen kann, sondern die Kärrnerarbeit der historischen Datenerhebung bei der Suche nach Meldungen und Annoncen in den einschlägigen Presseorganen selbst vornehmen muß. Aus den genannten Dimensionen der Geschichte visueller Medien in Deutschland vor dem Auftritt der Kinematographie ist bisher so gut wie nichts bekannt.

Ein eminent wichtiger Beitrag, den Sammler nicht nur für die Historiographie, sondern allgemein für das Verständnis historischer Medien leisten können, wird häufig gar nicht in Betracht gezogen. Viele Sammler besitzen sowohl historische Bilder wie auch Geräte zu ihrer Vorführung. Sie sind deshalb von den sachlichen Voraussetzungen her grundsätzlich in der

Lage, die Bilder technisch auf halbwegs authentische Weise auch wieder vorzuführen. Einige Sammler tun das im privaten Kreis oder bei Zusammenkünften der Sammlerszene, nur ganz wenige geben auch öffentliche Aufführungen. Das ist sehr schade, denn die Möglichkeit, die seinerzeit weitverbreiteten Laterna Magica-Bilder auf einer Leinwand zu sehen, wird äußerst selten geboten. In Deutschland können Laterna Magica-Projektionen – in Verbindung mit automatischen Musikinstrumenten – besucht werden im Nördlinger Privatmuseum „Der Augenblick", das von Ruth Baumer und Günther Holzhey betrieben wird. Laterna Magica-Aufführungen, die immerhin eine Anmutung vom Standard historischer Vorführungen vermitteln können, müssen jedoch anspruchsvoll inszeniert sein – mit Live-Kommentierung, musikalischer Begleitung und komplexen Bildmanipulationen in einer dramaturgisch ausgefeilten Programmfolge. Diesen professionellen Ansprüchen wird in Deutschland nur das Ensemble des von Karin Bienek und Ludwig Vogl-Bienek betriebenen/geleiteten Illuminativ-Theaters in Limburg an der Lahn gerecht. Durch langjährige internationale Aufführungserfahrung und eine frühzeitige Ausrichtung der Sammlung auf Bildersets, die sich ästhetisch und dramaturgisch für Inszenierungen vor größerem Publikum eignen, konnte das Illuminativ-Theater ein einzigartiges Aufführungsrepertoire aufbauen. In Kooperation mit Universitäten und Fachhochschulen ist es inzwischen gelungen, die Erfahrungen des Illuminativ-Theaters mit Aufführungs-Performance und szenischer Medienpädagogik in ein Projekt zur digitalen Vermittlung der historischen Projektionskunst zu überführen.[13]

Gerade wegen der Singularität dieser Initiativen ist die defizitäre Normalität zu beklagen: Bilder aus den Projektionsmedien der vergangenen Jahrhunderte sind in der Regel nur in den Vitrinen einiger weniger Museen und als Reproduktionen in Büchern zugänglich. Diese Glasbilder waren aber ursprünglich für die Projektion, das heißt für ihre Erscheinung in immenser Vergrößerung als Lichtbild auf einer Leinwand gemacht worden! Eine angemessene sinnliche Anschauung der Bilder und die Erfahrung ihrer Erlebnisqualitäten in szenischen Aufführungen ist für die Historiographie der visuellen Medien ebenso wichtig wie der Besuch von Theatervorstellungen für die Historiographie des Theaters. Was würden wir von Theatergeschichten halten, die nur aus der Lektüre der Bühnenstücke und der Kenntnis historischer Requisiten entstanden sind?
Es werden heutzutage kaum Erfahrungsmöglichkeiten der visuellen Medien des 19. Jahrhunderts angeboten – sehr im Unterschied zu bildender Kunst, Theater und Musik. Ohne das Erlebnis adäquater Aufführungen ist der Zugang zu den Ursprüngen der modernen audiovisuellen Medien für die interessierte Bevölkerung ebensowenig möglich wie zu den Ursprüngen der modernen Kunst, würden wir die Gemälde eines Renoir oder eines van Gogh nur als Kunstdrucke auf Postkarten, in Kalendern und Büchern zu Gesicht bekommen! Der kulturpolitische Konsens stellt zwar Kunsttempel und Konzertsäle, aber keine Möglichkeiten für die adäquate Anschauung der historischen Medien der visuellen Populärkultur bereit. Die sinnliche Erfahrung der spezifischen Qualitäten der visuellen Medien des 19. Jahrhunderts kann jedoch letztlich nur durch professionelle Aufführungen vermittelt werden.

Eine der weltweit bedeutendsten und umfassendsten Privatsammlungen zur Geschichte der visuellen Medien ist bisher von keinem Museum erworben worden: Mit staunenswerter Fachkenntnis hat der Experimentalfilmer Werner Nekes eine geradezu lückenlose Systematik der Erscheinungsformen der historischen visuellen Medien gesammelt. Die Intention seiner Sammlung verband sich von Anfang an mit der Neugier und Experimentierlust des Filmregisseurs an der Erforschung des Sehens. Wie Menschen sehen und was sie sehen und übersehen, ist alles andere als eine selbstverständliche physiologische Fähigkeit. Die geschichtliche Herausbildung des Gesichtssinns ist ein komplexer Kulturprozeß, der vielfältigen gesellschaftlichen und medientechnischen Modifikationen unterliegt. Die Spuren dieses Prozesses,

der sich in unterschiedlichen Kulturen ganz verschieden ausgeprägt hat, lassen sich an der vielfältigen Hinterlassenschaft der visuellen Medien entschlüsseln. Die Besonderheit der Sammlung Nekes besteht darin, daß sie sich nicht nur auf die geschichtlichen Artefakte dieser Medien erstreckt, sondern ihre Inkunabeln und die Erstausgaben der seit dem 15. Jahrhundert erschienenen historischen Fachliteratur systematisch miteinbezieht. Diese Schriften sind für das Verständnis der Formen, in denen sich die Kulturtechniken des Sehens ausbilden, von ausschlaggebender Bedeutung. Werner Nekes hat deshalb sein Augenmerk auch auf die sonst vernachlässigte Visualisierungsliteratur aus der Geschichte der Medizin und Astronomie gelegt.
Die Sammlung Nekes ist nicht zuletzt aus der Lehrtätigkeit des Experimentalfilmers an der Hamburger Hochschule der Bildenden Künste Ende der 1960er Jahre heraus entstanden. Der Sammler Werner Nekes ist durch seine zahlreichen Arbeiten und Tätigkeiten für Filmfestivals, Kunsthochschulen, Museen und internationale Kulturzentren international auch zu einem bedeutenden Vermittler der visuellen Mediengeschichte geworden. Er öffnet die Türen zu den Kabinetten seiner Sammlung mit der jetzigen Ausstellung im Agfa Photo-Historama nicht zum ersten Mal: Er hat es auch zuvor schon verstanden, ohne die Unterstützung eines großen Museums für seine Sammlung eine erstaunliche öffentliche Präsenz zu schaffen. Nicht nur durch Ausstellungen wie „Von der Camera Obscura zum Film“ 1992 in Mülheim an der Ruhr – mit der dauerhaften Installation der weltweit größten Camera Obscura im Broicher Wasserturm – hat Werner Nekes das interessierte Publikum mit Exponaten seiner Sammlung bekannt gemacht.[14] Als profilierter Filmemacher schuf er ein virtuelles Museum seiner gesammelten Artefakte: Aufwendig gedrehte 35mm-Filme wie der Klassiker „Was geschah wirklich zwischen den Bildern?“ (1986) und der Mehrteiler „Media Magica“ (1995-1997) vermitteln dem internationalen Publikum privilegierte Einsichten in die Wunderkammern der Sammlung Nekes.[15] Die fachlich und didaktisch sorgfältig ausgearbeiteten Filme haben in unterschiedlichen mehrsprachigen Fassungen weite Verbreitung gefunden durch Fernsehausstrahlungen sowie über Bildungs- und Kultureinrichtungen wie die Goethe-Institute und das Institut für Film und Bild in Wissenschaft und Unterricht (FWU).

In einem Land wie Deutschland, das seit Anfang des 20. Jahrhunderts der zweitgrößte Markt für visuelle Medien nach den USA ist, reichen wirtschaftlich stets gefährdete Privatinitiativen nicht aus, um angesichts der umfassenden aktuellen Medienumbrüche den gesellschaftlichen Bedarf nach Anschauung und Vermittlung der historischen Ursprünge der audiovisuellen Medien zu decken. Die dauerhafte Präsentation der Sammlung Werner Nekes in einem Museum, das sich als lebendiges Medienzentrum für die Geschichte der menschlichen Wahrnehmung und sinnlichen Erfahrung versteht, wäre ein bedeutender Schritt, um Verständnis und Bewußtsein für die Tätigkeit unserer Augen zu schaffen.

Bazon Brock

Werner Nekes stiftet Mediengeschichte

Zur Korrektur des heutigen Medienwahns

Gegenwärtig wird mit großer Lebendigkeit um den Aufbau eines neuen Faches, der Bildwissenschaften, gestritten. In München veranstaltet die Hubert-Burda-Stiftung zusammen mit Partnern eine mehrsemestrige Vorlesungsreihe „The Iconic Turn" – übersetzbar als die Hinwendung der Wissenschaften zum Bild in der eigenen Forschungs- und Vermittlungspraxis. In dieser Reihe treten alle auf, die in den zurückliegenden Jahren oder derzeit den Bilddiskurs in Spannung hielten: Hans Belting mit seiner Bildanthropologie, Wolf Singer mit einer neuronalen Grundlegung von Ästhetik, Horst Bredekamp mit seinen Überlegungen zur Kunstgeschichte als historischer Bildwissenschaft und viele andere. In den Hochschulen zu Wuppertal, Magdeburg, Tübingen, Karlsruhe arbeiten Gruppen von Praktikern und Theoretikern der verschiedensten Disziplinen an den Vorgaben für eine Medienanthropologie, zu der Wolfgang Müller-Funk 1996 den Sammelband „Inszenierte Imagination" herausgab. Karl Clausberg publizierte 1999 seine „Neuronale Kunstgeschichte", nachdem er mit D.B. Linke, O. Breidbach und anderen seit Jahren eine „Neuronale Ästhetik" propagierte. Die erwies sich als so attraktiv, daß sie Jahre später Zeitgenossen wie der Londoner Biologe Seki als Erfindung für sich reklamierten.

International meldeten sich etwa zwei Dutzend Kulturwissenschaftler, Ästhetiker, Kunst- und Wissenschaftshistoriker mit großem Echo zu Wort, indem sie Wort-Bild-Beziehungen wie etwa die Illustration, die Synästhesien, das Gesamtkunstwerk gleichermaßen historisch und systematisch darstellten.

Die gemeinsame Benutzung von Hard- und Software elektronischer Zeichengebungsmaschinen durch Wissenschaftler und Künstler näherte uns in den zurückliegenden zehn Jahren einem alten Humanistenideal an: der Einheit von wissenschaftlichem und künstlerischem Arbeiten im „Imaging"; diese Orientierung an sinnlicher Evidenz ist tatsächlich auf einen humanistischen Bildbegriff gestützt, demzufolge ein Bild das Beziehungsgeflecht der Zeichen als ein Ganzes aufbaut in Analogie zur Vorstellung der natürlichen Welt als dem einen Großen und Ganzen. Das ergibt die seit dreißig Jahren diskutierten Bildwelten in Analogie zu den seit fünfhundert Jahren konstruierten Weltbildern der Naturwissenschaften.

Für die Felder der Kunstpraxis entdeckte die documenta 5 1972 die Themen „Neue Bilderkriege", „Wirklichkeitsanspruch der Bilder", „Bildsprachlichkeit", „Mediale Weltvermittlung" in außerkünstlerischer Zeichengebung. Diese Bilderstreitfragen spielen seit dem Golfkrieg eine besondere Rolle, nämlich die, die ihnen in aller Welt im Rahmen der blutigen Kulturkämpfe aufgenötigt wird: als Beweis der Wirkungsmächtigkeit von Begriffskonstrukten der Kulturkampfparteien.

Es scheint gegen alle Erwartungen doch nicht selbstverständlich zu sein, daß sich die eben angesprochenen Autoren bei ihren Studien möglichst umfassend mit der Geschichte der Bildgebungsverfahren und des Bildverständnisses beschäftigten; wie gesagt, dem ist nicht so – warum? Eine Antwort lautet ganz sicher, daß schlicht und einfach die Kenntnisse der Mediengeschichte fehlen (mangels überlieferter historischer Zeugnisse und trotz der erheblichen Popularität von Friedrich Kittlers Studien?). Böswillige könnten behaupten, daß viele beteiligte Wissenschaftler und Künstler die Mediengeschichte gar nicht so genau kennenlernen wollen, weil es ihnen dann leichter fällt, von der Neuartigkeit und Einmaligkeit unserer heutigen Medienpraxis zu sprechen. So führt etwa Bredekamp vor, daß der Vorwurf an die Kunstgeschichtler, sich nie für eine allgemeine Bildgeschichte interessiert zu haben, unhaltbar ist (zumindest seit Indienstnahme der Photographie als Arbeits- und Vermittlungsmedium durch die Kunsthistoriker in der zweiten Hälfte des 19. Jahrhunderts).
Wie auch immer, ob willentlich unwissend oder aus Mangel an Kenntnis unbedarft, spätestens jetzt gibt es für die manchmal recht ahnungslosen Mediendiskursler in Deutschland keine Ausrede mehr. Mit der Ausstellung der Sammlung Werner Nekes im Kölner Museum Ludwig wird auch jener Teil der Öffentlichkeit mit der Geschichte der Bildgebungsverfahren seit dem Beginn der Moderne im 15. Jahrhundert konfrontiert, der geflissentlich oder unaufmerksam die bisherigen Dokumentationen von Nekes' Sammlerleistung nicht zur Kenntnis nahm. In den USA, Japan oder Frankreich (besonders in Händlerkreisen) war das anders; seit längerem kooperieren dort Einrichtungen, wie etwa die Getty-Foundation, mit Nekes, von dem sie auch Sammlerstücke erwarben. Es ist allein dem Geschick (dazu gleich mehr) von Werner Nekes zu verdanken, daß er weltweit eine der größten, aber vor allem eine hochdifferenzierte Sammlung zur Mediengeschichte der Moderne zusammengetragen hat. Mir ist nicht bekannt, daß Nekes bei dieser Tätigkeit auf materielle oder ideelle Förderung durch wen auch immer zurückgreifen konnte. Er hat in einem Maße finanzielle Mittel, Forschungsinteresse, Durchhaltevermögen und Enthusiasmus der Kennerschaft eingesetzt, das andernorts dazu ausgereicht hätte, jemanden als Sammlerpersönlichkeit in Großformat und Wohltäter der Allgemeinheit auszurufen. Aus eigener Erfahrung kann ich bezeugen, daß es nicht einmal gelang, die Aufmerksamkeit derjenigen in Deutschland auf Nekes' Sammlungs- und Forschungsleistung zu lenken, die als Herren der Medien heute davon ausgehen können, neben Wirtschaft, Wissenschaft und Politik die Entwicklung unserer Gesellschaft maßgeblich zu prägen.
Wie ist dieses Desinteresse zu verstehen? Medienmächtige und viele Wissenschaftler vermochten Nekes' Arbeit deshalb nicht zu würdigen, weil sie keine künstlerisch-gestalterische Praxis besaßen. Und damit sind wir bei der Begründung des außerordentlichen Geschicks und des Spürsinns, die Nekes an den Tag legte. Ihm war nämlich nicht aus bildungsbürgerlichem Interesse oder aus Spekulation mit dem Museumsboom und dem der Erlebnisparks der Sammelimpuls erwachsen. Vielmehr machte er als Avantgardist der Filmkunst, die seit den sechziger Jahren unter dem bestimmenden Einfluß von Godard stand, die Erfahrung, daß Form- und

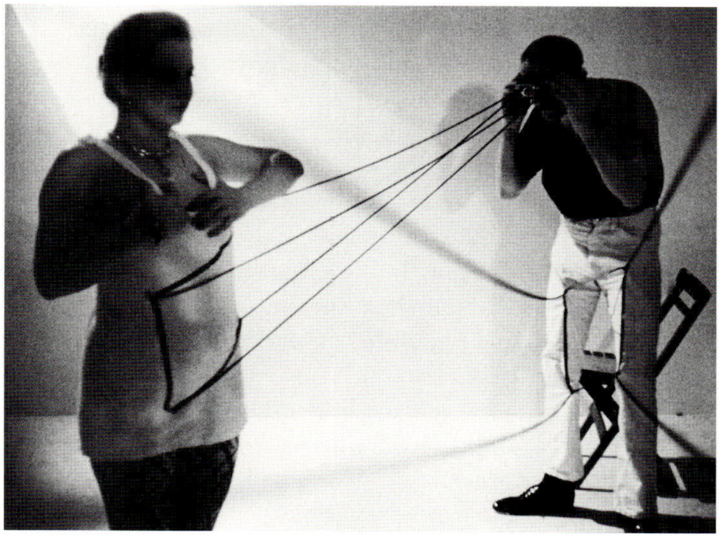

Abb. 1
DIE PERSPEKTIVSEHER
Tabea Bloomenschein und VA Wölfl in „ULIISSES", einem experimentellen Spielfilm von Werner Nekes, einer Hommage an Homer, James Joyce und Neil Oram
Mülheim an der Ruhr 1984

Abb. 2
Innenansicht der Sammlung Werner Nekes in Mülheim a. d. Ruhr, 2002

Gestaltbegriffe der Film- und Photoära viel älter waren als die technischen Medien Film und Photographie. Aber Bildgebungsverfahren der neuen Medien erschlossen die Besonderheit, die spezifische Leistung der „alten" Medien: Photo / Film eröffneten den Zugang zu den genuinen Leistungen von Tafelbildmalerei, Bilderzählung im Historien- oder Ereignisbild, im Stilleben, im Deckenfresko. Dem entspricht McLuhans Diktum, daß die Inhalte neuer Medien aus der Erörterung der spezifischen Leistungen der alten Medien erwachsen. Wie alle Praktiker entdeckte Nekes aber über McLuhan hinaus den Retroeffekt: „Tatsächlich erweist sich nur dasjenige Neue als Avantgarde, das uns zwingt, alles vermeintlich Veraltete und Überkommene mit neuen Augen zu sehen" (Bazon Brock). Damit wird die Vergangenheit aktualisiert und zur Quelle gegenwärtiger Gestaltungspraxis. Nekes überprüfte also die Leistungsfähigkeit der als neu ausgegebenen Techniken anhand der Frage, ob man mit ihnen die Bild- und Begriffsarbeit etwa der Malerei zwischen dem 15. und 19. Jahrhundert für die heutige Kunst als Ressource erschließen könne.
Um diese Erweiterung der Gegenwart durch Vergegenwärtigung der Vergangenheit protofilmischer Epochen zu erreichen, begann Nekes mit der Sammlung der Bild- und Begriffsgebungsmaschinen vom 15. bis zum 19. Jahrhundert, und mehr noch: Er sammelte auch die entlegensten, also seltensten Veröffentlichungen der jeweiligen Epochenkünstler, Bild- und Begriffsmagier sowie deren Techniker, um die historischen Verhältnisse von Theorie und Praxis mit Blick auf die heutigen einschätzen zu lernen. Das ist besonders wichtig, wenn mediale Neuerfindungen etwa von Künstlern gegen ihre Intention verwendet werden – oder wenn unter erweislich falschen Annahmen funktionstüchtige Konstruktionen entstehen – oder wenn Bild- und Begriffskonstrukte in Zusammenhängen gebraucht werden, in die sie nicht gehören. Nekes kennt die historischen Veröffentlichungen derart detailliert, daß er als Filmer sogar noch aus völligen Fehlspekulationen der historischen Theoretiker Funken zu schlagen vermag. In kaum überbietbarer Weise demonstrierte Nekes in der praktischen Arbeit als Filmer, wie man die Geschichte unserer Anschauungsbegriffe und ihrer technisch-medialen Ausprägung als Vergegenwärtigung der Medienanthropologie evident werden lassen

kann. Sein Opus magnum „Uliisses", nach meiner und vieler Kollegen Meinung eines der Meisterwerke der Photo- und Filmgeschichte, rekonstruiert nach dem literarischen Muster der Telemachie die Geschichte der Medien Photo und Film als Heimkehr in die historischen Epochen vor der Erfindung dieser Medien, in denen Anschauungs- und Begriffsarbeit um so dringlicher entwickelt wurden, als es eben die technischen Medien Film und Photo nicht gab. Im 14. Jahrhundert mit Bildsequenzen, wie sie Giotto in Padua freskierte, eine Erzählung mit allen grammatischen Raffinessen von conditional und consecutio temporum, von Psychologik und Kausalität und Konsistenz der Begriffe zu entwickeln, verlangt Vorstellungsvermögen wie es ein Filmer aufzubringen hat, der nicht Sklave technischer Sachlogiken, sondern Herr eines Form- und Gestaltgebungsvorgangs sein will. Nekes erfüllt diesen Anspruch in „Uliisses" in von niemand überbotener Weise.
Mit Blick auf die heutige Debatte zur Bildwissenschaft ergeben die Sondierungen von Nekes am historischen Material, daß buchstäblich alle den heutigen neuen Medien zugeschriebenen Leistungen wie anamorphotische Verzerrung, Bildebenenstaffelung, Mehrfachüberblendungen, Bildanimationen, Morphing, Mapping, Multimedialität, Interaktivität, Mehrphasenmontagen, Vexierkomposita etc. bereits anschaulich evident und begrifflich bestimmt in den historischen Medien vorgegeben wurden (siehe dazu die filmischen Demonstrationen von Nekes, in denen er die historischen Bildmaschinen in Aktion vorführt). Ja, darüber hinaus zeigt Nekes generell, was im speziellen der jüngst verstorbene Felix Burda in seiner Dissertation zum Verhältnis von barocker Deckenmalerei / Raumkomposition und heutiger Videokunst darstellte: Die in den aktuellsten Medien gestalteten Bildwelten bleiben noch weit hinter den Leistungen zurück, die in historischen Medien realisiert wurden. Mit anderen Worten, erst die historischen Leistungen öffnen uns die Augen für das Potential, das in den neuesten Medien liegt. In diesem Sinne ist es unabdingbar, daß jeder heutige Bildwerker sich den von Nekes versammelten historischen Beispielen der Bild- und Begriffsarbeit konfrontiert. Soweit sie Zeichengebungsmaschinen benutzen, also begriffsgestalterisch tätig werden, können auch die oben angesprochenen Bildwissenschaftler nur in der Begegnung mit der historischen Bild- und Theoriegebung überprüfen, ob sie Opfer des grassierenden, technologisch basierten Medienwahns sind oder tatsächlich danach fragen, was man denn mit dieser Maschinerie anfangen kann. Die Antwort lautet, daß sich diese Maschinerie ausschließlich dazu eignet, Bilder und Begriffe zu vergegenwärtigen, von denen wir allzu gern glauben wollten, sie hätten sich allein schon durch die Entwicklung der Bildgebungsmaschinerie erledigt – also Bilder und Begriffe einer Anthropologie, die unser Weltverhältnis immer schon und von vornherein als medial vermittelt versteht, auch wenn wir nur den Kienspan glimmen, statt 1000 Watt erstrahlen zu lassen.

Sebastian Feldmann

Lust und Trug der Augen

Werner Nekes' filmisches Meisterwerk „Media Magica"

„Lust der Augen" betitelte der einstige Bundespräsident Theodor Heuss 1960 einen von ihm herausgegebenen Band über Bildende Kunst. Die Lust, aber auch das Wissen der Augen, den Trug des Schauens vermittelt die geradezu betörende Dokumentarfilmserie des international renommierten, vielfach preisgekrönten Filmemachers Werner Nekes. In fünf Folgen à 55 Minuten breitet Nekes verschwenderisch, unterhaltsam, wissend und durchaus verschmitzt den Reichtum und die Geschichte der Medien aus. Nekes fängt mit der Camera Obscura an und endet beim frühen Film um 1900. Es gelingt ihm, die Welt-Geschichte der optischen Phänomene als filmisches, zelluloidenes Lexikon mit Glück, Geduld und Spucke zusammenzuraffen. Eine Enzyklopädie des Sehens – das heißt immer auch: Augen-Trug – herzustellen, die höchsten Rang beansprucht und auch erfüllt. Schon jetzt darf man dieses Film-Werk, diese Recherche als weltweit museumswürdig klassifizieren: Als Meilenstein der Medien-Geschichtsschreibung.

Mit der Camera Obscura also beginnt Nekes, jenem schwarzen Kasten, in dem ein kleines Loch in der Wand das Bild der Außenwelt kopfstehend auf die Wand gegenüber projiziert. Schon der alte Römer Vitruvius hat das Phänomen (= Erscheinung) beschrieben. Und dann geht es munter weiter. Über Silhouettenpuppenspiele (Java, Japan, China, Türkei, Griechenland) zur vom Jesuiten Athanasius Kircher beschriebenen „Laterna Magica" – dem Dia-Projektor. Der ermöglichte dann schon bald Wechsel-Bilder durch Austausch von projizierten Dia-Elementen: Aus einem Männerhaupt wird ein Tierkopf, die optische Montage ist geboren. Und das auch in beweglichen Bilderbüchern. Oder in Bewegungsspielzeugen.

Anamorphotische (Verzerrungs-)Bilder werden erst durch einen zylindrischen Entzerr-Spiegel verstehbar. Etwa auf einer versilberten Mokkatasse, welche die ansonsten unverständliche Malerei auf der Untertasse entquetscht. Oder: Nur wenn man den Buchschnitt eines Bandes mit der Hand schrägschiebt, wird man des darin versteckten Bildes gewahr. Klar, daß das dann oft anrüchigen Charakters war. Und im gedrechselten Profil einer Schachfigur versteckt sich verstohlen, richtig betrachtet, Napoleons Antlitz.

Weiter geht's mit faltbaren Perspektiv-Theatern aus Papier (Erdbeben von Lissabon) bis mit Thaumatrop, „Lebensrad", Praxinoskop, „Schnellseher" und anderen Vorstufen des Films sich mächtig dessen Erscheinen ankündigt, der dann ebenfalls lebendig und amüsant dokumentiert wird.

Das Interessante und eigentlich Wunderbare an diesem Film-Werk ist, daß es trotz hoher wissenschaftlicher Präzision des besessenen Sammlers Nekes nicht einen Moment langweilt. In der Darlegung der optischen Phänomene erfährt man so ganz nebenbei enorm viel über

den Geist der Zeiten, der Gesellschaftsbilder, des Militarismus, der verflossenen Unterhaltungskultur, sogar der Pornographie im 18. und 19. Jahrhundert.
Höchst bemerkenswert an diesem Rundumblick ist, daß eben gerade nicht die klassischen oder klassizistischen Ideale transportiert oder bedient werden, nicht der Bildungskanon der Oberschicht, nicht „edle Einfalt, stille Größe“ und marmorne Klassik oder Herrscher-Verherrlichung. Sondern Modernität, Fortschritt der Technik sind die Themen; Unterhaltung, Jahrmarkt, Gruseln, das Groteske. Die Teufel. Die Gespenster. Das Abseitig-Obskure.
Die Hoch-Ideale der führenden Klassen oder der Kirchen spielen fast keine Rolle – wenigstens nicht in Nekes' Auswahl. Kann es vielleicht sein, daß diese neuen populären, modernen Medien vor dem Film ein antiklassisches, wenn nicht subversives Gesellschaftsbild herbeikitzelten? Gleichviel – Nekes' Film regt an, über die Wahrnehmung selbst nachzudenken, ihre Zerteilung, Partikularisierung weit vor dem „Kunstwerk im Zeitalter seiner technischen Reproduzierbarkeit“.
Nekes' Filmserie, makellos gedreht vom Kollegen und Experten Bernd Upnmoor im Kinoformat 35 Millimeter mit vielen raffinierten, hochkomplizierten Fahrten und Animationstricks, ist optisch eine Lust, ein Vergnügen. Die Musikauswahl von Dietrich Hahne und Helge Schneider zwischen Scarlatti, Bach, Brahms, Chopin, Debussy und Satie hat eine Dezenz, einen Geschmack und ein Timing, die restlos überzeugen und gewinnen. Wanda Landowska, Walter Gieseking, Alfred Cortot, Fritz Kreisler, Fritz Busch und Wladimir Horowitz heißen einige der Solisten.
Mit dieser Reihe wird die Archäologie, die Gräber-Geschichte all unserer modernen Medien quicklebendig ans Licht gehoben.
Rheinische Post, 8.8.1998

Die Titel der Media-Magica-Serie „Was geschah wirklich zwischen den Bildern?“, „Durchsehekunst“, „Bewegte Bilder“, „Vieltausendschau“, „Bild-Raum“, „Wundertrommel“ sind auch als Video-Cassetten erhältlich über Buchhandlung Walther König oder Gurtrug-Film, Kassenberg 34 B, 45479 Mülheim an der Ruhr

Werner Nekes
Bio-Filmographie

geb. 29. April 1944 in Erfurt/Thüringen. Aufgewachsen in Oberhausen und Mülheim an der Ruhr. Lebt in Mülheim/Ruhr. Studium der Sprachwissenschaft und Psychologie in Freiburg und Bonn.

1964
Leiter des Studentischen Filmclubs Bonn und der FIAG, der Dachorganisation der studentischen Filmclubs Deutschlands.

Seit **1965**
Materialbilder und Objekte.

1966
Initiator und Veranstalter der ersten Internationalen Studentischen Filmwoche Mannheim.

1967
Mitbegründer der Hamburger Filmmacher Cooperative und Mitorganisator der Hamburger Filmschau.

1968-1973
Leiter der Spielstellen „Brüderstr. 5" und des „Prokinoff" in Hamburg.

1969-72
Professor an der Hochschule für Bildende Künste in Hamburg. Seither filmtheoretische Symposien, Seminare, Vorträge und Gastvorlesungen an zahlreichen in- und ausländischen Universitäten, Kunst- und Fachhochschulen etc., wie Berkeley, University of California, MIT, Cambridge, University of Wisconsin, Sarah Lawrence College, New York University, University of Kentucky, Lexington, University of Chicago, Institute of Fine Arts, San Francisco, Universities of Montreal, Vancouver, Yale University, University of San Diego, Maastricht, Universitäten von Barcelona, Madrid, Lissabon, Paris, Jerusalem, Prag, Göttingen, Düsseldorf, Bochum, Filmhochschulen Berlin und München. Medienseminare für Sozialpädagogen, Regierungsmanager etc.

1976
Vorstellung seiner Kine-Theorie auf einem Theorie-Symposium der UNESCO mit Umberto Eco und Woody Vasulka in Paris.

1980
Mitbegründer des Filmbüros NW.

1981/82
Gastprofessur an der Universität Wuppertal.

1982-84
Professor an der Kunsthochschule Offenbach.

1988
Gründungsmitglied des ICNC (International Center for New Cinema) in Riga.

1990-96
Professor an der Kunsthochschule für Medien, Köln.

198191
Idee, Konzeption und Realisation einer begehbaren Camera Obscura als Medienkunstwerk in einem ehemaligen Wasserturm in Mülheim/Ruhr.

1992
Konzeption und Realisation der Ausstellung zum Medienkunstwerk Camera Obscura „Von der Camera Obscura zum Film" anläßlich der Landesgartenschau in Mülheim an der Ruhr MüGa '92.

1993
Ausstellung „SCHATTEN-PROJEKTIONEN", Städtische Galerie Schloß Oberhausen. Festivalleitung „Internationales Schattentheaterfest Oberhausen 1993".

1994-2001
Ausstellungen der Media Magica-Sammlung u.a. „Imagination" und „3D-Beyond the Stereography" beide Metropolitan Museum Tokyo; „Perspektiva" Muscarnok, Budapest; „Das verführte Auge", Focke Museum Bremen; „Devices of Wonder" Getty, Los Angeles.

Zahlreiche Aufführungen, Beteiligungen an in- und ausländischen Festivals. Ausstellungen in Museen etc., wie Documenta 68, 72, 77, Museum of Modern Art New York, Film Jetzt, Film Heute, Film as Film, Projekt, Kunst bleibt Kunst, Intermedia, Prospekte, Film als Film etc.

Retrospektiven
Münchener Filmmuseum, Österreichisches Filmmuseum, Cinémathèque Paris, Cinémathèque Royale de Belgique, Kinemathek Oslo, Jerusalem, Tel Aviv, Algier, Filmmuseum Frankfurt, Anthology Archive New York, Auckland, Wellington, Studio Settanta Rom, Centre Pompidou Paris, Athen, Kopenhagen, Rotterdam, Arnheim, Amsterdam, Belgrad, Split, Zagreb, Budapest, Krakau, Zürich, Göteborg, Madrid, Barcelona, Riga, Volta, Helsinki, Turku, Ankara, Izmir, Eskecir, Kairo, Buenos Aires, Tokio, Tampere, Moskau, St. Petersburg, Minsk.

Filmpreise
1968 Internationaler Filmpreis von São Paulo für *put-putt*. 1969 Bambi für das Gesamtwerk. Deutscher Filmpreis: 1968 für *jüm-jüm* (zus. mit Dore O.), 1971 für *Abbandono*, 1975 für *Hynningen*, 1976 für *Geflecht*. 1972 Spezialpreis in Mannheim und Diplom d'Excellence beim Festival du Cinéma Montréal, Canada für *T-WO-MEN*. 1975 Ruhr-Preis für Kunst und Wissenschaft der Stadt Mülheim gemeinsam mit Dore O. 1981 Preis der deutschen Filmkritik für *Beuys* gemeinsam mit Dore O. 1982 Goldener Filmdukat der Filmwoche Mannheim und Film of the Year beim Filmfestival London für *Uliisses*. 1983 wurde *Uliisses* von der Arbeitsgemeinschaft der deutschen Filmjournalisten als Bester Deutscher Spielfilm des Jahres 1983 bewertet. 1983 Placa de Prata auf dem Festival Internacional de Cinema in Figueira da Foz, Portugal für *Uliisses*. 1986 *Uliisses*: Best experimental feature in Ann Arbor. – Der Film *Was geschah wirklich zwischen den Bildern?* erhielt ab 1987 folgende Preise: In Figueira da Foz, Portugal: Großer Preis der Internationalen Jury, Goldmedaille der CIDALC-Jury, Preis der FICC-Jury. In Chicago, USA: Gold Plaque für den besten Dokumentarfilm. In Bilbao, Spanien: Mikeldi für den besten Dokumentarfilm. In Riga, UdSSR: Großer Preis des Festivals.

Mitgliedschaften
Académie Européenne des Sciences, des Arts et des Lettres; Club Daguerre; Deutsche Gesellschaft für Photographie e.V.; Magic Lantern Society; Filmbüro NW.

Die Filme von Werner Nekes

1965 **Tom Doyle und Eva Hesse**
(30 Min., 8mm, Farbe, stumm)

1966 **Fehlstart**
(15 Min., 16mm, Farbe)

1966 **Start**
(10 Min., 16mm, Farbe)

1966 **Artikel**
(10 Min., 16mm, Farbe)

1967 **Bogen**
(1 Min., unendliche Schlaufe, 16 mm, Farbe)

1967 **Schnitte für ABABA**
(14 Min., 16 mm, Farbe)

1967 **schwarzhuhnbraunhuhnschwarzhuhnweißhuhnrothuhnweiß oder put-putt**
(10 Min., 16mm, Farbe)

1967 **Kratz-, Beiß-, Licht-, Loch- und Flickerfilme**
(120 Min., 16 mm, Farbe)

1967 **jüm-jüm**
(zus. mit Dore O.; 10 Min., 16 mm, Farbe)

1967 **Das Seminar**
(zus. mit Bazon Brock; 32 Min., 16 mm, s/w)

1967 **gurtrug Nr. 1**
(12 Min., 16 mm, Farbe)

1967 **gurtrug Nr. 2**
(13 Min., 16 mm, Doppelprojektion, Farbe)
Beide Filme der Doppelprojektion wurden 1985 unter dem Titel **Gurtrug Nr. 3** einstreifig herausgegeben.

1967 **Ach wie gut, daß niemand weiß**
(7 Min., 16 mm, Farbe)

1967 **K/örper**
(10 Min., 16 mm, Doppelprojektion, Farbe)

1967 **operation**
(12 Min., 16 mm, Farbe)

1968 **vis-à-vis**
(14 Min., 16mm, s/w, stumm)

1968 **Gruppenfilm**
(14 Min., 16mm, s/w, stumm)

1968 **zipzibbelip**
(11 Min., 16 mm, s/w)

1968 **Mama, da steht ein Mann**
(10 Min., 35 mm, s/w, stumm)

1968 **Tarzans Kampf mit dem Gorilla**
(12 Min., 16 mm, s/w)

1968 **Muhkuh**
(14 Min., 16 mm, s/w, stumm)

1968 **Kelek**
(60 Min., 16 mm, s/w, stumm)

1969 **Nebula**
(76 Min., 16 mm, s/w, stumm)

1965-69 **Palimpsest**
(120 Min., 16 mm, Doppelprojektion, stumm)

1970 **Abbandono**
(35 Min., 16 mm, Farbe)

1971 **Spacecut**
(42 Min., 16 mm, Farbe)

1972 **Aus Altona**
(14 Min., 16 mm, Farbe)

1972 **T-WO-MEN**
(90 Min., 16 mm, Farbe)

1973 **Arbatax**
(16 Min., 16 mm, Farbe)

1973 **Diwan**
(eine Folge von 5 Filmen, 85 Min., 16 mm, Farbe)

1974 **Makimono**
(38 Min., 16 mm, Farbe)

1975 **Photophthalmia**
(28 Min., 16 mm, Farbe)

1974 **Amalgam I-IV**
(72 Min., 16 mm, Farbe)

1976 **Falun**
(36 Min., 35 mm, Farbe)

1977 **Lagado**
(79 Min., 35 mm, Farbe)

1978 **Mirador**
(88 Min., 35 mm, Farbe)

1979 **Hurrycan**
(85 Min., 35 mm, s/w und Farbe)

1979 **Bei der Lichtbildnerin**
(16 Min., 35 mm, Farbe)

1979 **Horly**
(8 Min., 35 mm, Farbe)

1979 **Little Night**
(14 Min., 16 mm, Farbe)

1980 **Peggy und die anderen oder Wer trägt die Avantgarde?**
(zus. mit Bazon Brock; 45 Min., 16 mm, Farbe)

1981 **Beuys**
(zus. mit Dore O.; 11 Min., 16 mm, Farbe)

1982 **Blick aus dem harmonischen Gefängnis**
(10 Min., 16mm, Farbe)

1980-82 **Uliisses**
(94 Min., 35 mm, Farbe)

1982 **Nekes**
(zus. mit Dore O.; 33 Min., 16 mm, Farbe)

1986 **Media Magica I. - Was geschah wirklich zwischen den Bildern?**
(83 Min., 35 mm, Farbe)

1987 **Johnny Flash**
(80 Min., 35 mm, Farbe)

1988 **Vorgeschichte des Films:**
Teil I: Die Bewegung und der Raum
Teil II: Das Schreiben mit Licht
Teil III: Vom Nachbild zum Filmbild
(jeder Teil 15 Min., 35 mm, Farbe)

1992 **Mitchell Feigenbaum**
(zus. mit Dore O.; 12 Min., 16 mm, Farbe)

1993 **SCHATTEN-PROJEKTIONEN**
(Videokatalog, zus. mit Rajele Jain; VHS, 100 Min., Farbe)

1995 **Aus der Meistergilde der Schüttelreimer**
(53 Min., Betacam SP)

1995 **Anthony Moore - Musician**
(68 Min., Betacam SP)

1993-96 **SCHATTENTHEATER DER WELT** (Videodokumentation, Betacam SP, neunteilige Serie)
I. China: Schattentheater der Provinz Shaanxi (100 Min.)
Das Laternenfest. Der Kranich und die Schildkröte. Die Maus, die Öl stiehlt. Zwei Freunde. Der rote Hahnenkamm. Schattenspieler: Shaanxi Folk Art Theatre
II. Indien: THOLU BOMMALATA (72 Min.) Sundara Kanda (Hanumans Sprung nach Sri Lanka). Kille Kitragha. Spieler: Nimmalakunta Puppet Group
III. Bali: WAYANG KULIT (130 Min.) Arjuna Tapa (Eine Episode aus dem Mahabharata-Epos). Spieler: Dalang I. Wajan Wija
IV. Thailand: NANG YAI (115 Min.) Hanuman bringt Phra Rams Ring zu Sita (Eine Episode aus dem Ramayana-Epos).
Spieler: Wat Khanon Troupe
V. Thailand: NANG TALUNG (94 Min.) Dhamma Chana Adhamma (Das Gute siegt über das Böse).
Spieler: Suchat Sapsin
VI. Ägypten (88 Min.) Alam und Ta'Adir. Das Stück vom Krokodil. Das Stück von den Soldaten.
Spieler: Zaki El Heresh
VII. Türkei: KARAGÖZ (56 Min.) Kanli Nigár (Die blutige Nigár).
Spieler: Orhan Kurth
VIII. Türkei: KARAGÖZ (87 Min.) Ferhat und Sirin. Spieler: Metin Özlen, Sinasi Celikkol
IX. Griechenland: KARAGIOSIS (60 Min.) Alexander der Große und die verfluchte Schlange. Spieler: Evgenios Spatharis

1995-96-97 **MEDIA MAGICA II - Durchsehekunst**
(55 Min., 35 mm, Farbe)
MEDIA MAGICA III - Belebte Bilder
(55 Min., 35 mm, Farbe)
MEDIA MAGICA IV - Vieltausendschau
(55 Min., 35 mm, Farbe)
MEDIA MAGICA V - Bild - Raum
(55 Min., 35 mm, Farbe)
MEDIA MAGICA VI - Wundertrommel
(55 Min., 35 mm, Farbe)

1997 **Der Tag des Malers**
(84 Min., 35 mm, Farbe)

Anmerkungen

Text: Vorwort, S. 7-9

1 Hermann von Pückler-Muskau: Briefe eines Verstorbenen. Ein fragmentarisches Tagebuch. Bd. 1, hg. von Therese Erler, Berlin 1987.
2 Stephan Oettermann: Das Panorama. Die Geschichte eines Massenmediums, Frankfurt/M. 1980, S. 124.

Text: Reust – Animierte Gespenster, S. 10-15

1 Salvatore Quasimodo: Visibile, Invisibile, in: Tutte le poesie, Milano 1995, S. 197.
2 Tanizaki Jun'ichiro: Lob des Schattens, Entwurf einer japanischen Ästhetik, übertragen von Edouard Klopfenstein, Zürich 1987, S. 54.
3 Vgl. Kat S. 33.
4 Vgl. Victor I. Stoichita: Eine kurze Geschichte des Schattens, München 1999, S. 11ff.
5 Ebd., S. 17.
6 Johann Caspar Lavater: Physiognomische Fragmente, zit. in: Victor I. Stoichita, a.a.O., S. 155.
7 Stoichita, a.a.O., S. 131.
8 Sigmund Freud: Das Unheimliche (1919), in: Psychologische Schriften, Frankfurt/M. 1970, S. 250.
9 Stoichita, a.a.O., S. 264.
10 Henry Fox Talbot: Der Stift der Natur (1844), in: Wolfgang Kemp: Theorie der Fotografie I. 1839-1912, München 1980, S. 62.
11 Stoichita, a.a.O., S. 382.
12 Zit. in Arthur Zajonc: Die gemeinsame Geschichte von Licht und Bewußtsein, Hamburg 1997, S. 377.

Text: Schaaf – Camera Obscura und Camera Lucida, S. 48-53

1 Erasmus Darwin: The Botanic Garden, Part II. Containing the Loves of the Plants, a Poem. With Philosophical Notes. Lichfield, England: gedruckt von J. Jackson, 1789, Bd. 2, S. v-vi.
2 David Hockney: Secret Knowledge: Rediscovering the Lost Techniques of the Old Masters. London 2001.
3 Zitat der Übersetzung von Helmut und Alison Gernsheim: The History of Photography, from the Camera Obscura to the Beginning of the Modern Era. New York 1969, S. 19. Der Inhalt dieser Studien wird beschrieben und illustriert in Martin Kemp, Leonardo da Vinci: The Marvellous Works of Nature and Man. London 1981, S. 328-330.
4 Der klassische allgemeine Abriß über die Camera obscura stammt von John H. Hammond: The Camera Obscura, A Chronicle. Bristol 1981.
5 Unterschiedliche Schritte in diese Richtung werden beschrieben in Joseph Needham: Science and Civilisation in China, Bd. 3, Mathematics and the Sciences of Heaven and Earth. Cambridge 1979.
6 In seiner wissenschaftlichen Enzyklopaedie De Subtilitate, veröffentlicht in Nürnberg.
7 Beschrieben in seinem Werk La Pratica Della Perspettiva, 1568.
8 Die erste Ausgabe wurde 1558 publiziert, eine stark erweiterte zweite Ausgabe 1589, beide in Neapel. Besonders die zweite Ausgabe wurde in viele Sprachen übersetzt.
9 Barbara Maria Stafford und Frances Terpak: Devices of Wonder: From the World in a Box to Images on a Screen. Los Angeles 2001, S. 81.
10 Siehe auch die Diskussion in Martin Kemp: The Science of Art: Optical Themes in Western Art from Brunelleschi to Seurat. New Haven 1990.
11 Friedrich Risner: Opticae, 1606 (posthum veröffentlicht) und Athanasius Kircher, Ars Magna Lucis et Umbrae, 1646.
12 Kaspar Schott: Magia Universalis Naturae et Artis, 1657.
13 Johann Zahn: Oculus Artificialis Teledi optricus, Sive Telescopium, Würzburg 1685.
14 William Cheselden: Osteographia or the Anatomy of the Bones, 1733.
15 Georg Friedrich Brander: Beschreibung Dreyer Camerae Obscurae Nebst Unterricht Wie Man Sich Derselben Bedienen Solle, 1769.
16 Eine faszinierende Studie zu Vermeers Verhältnis zur Camera Obscura stammt von Philip Steadman: Vermeer's Camera: Uncovering the Truth Behind the Masterpieces. Oxford 2001.
17 Rev. Henry Hasted: 'Reminiscences of Dr. Wollaston', Proceedings of the Bury and West Suffolk Archaeological Institute, Bd. 1, Nr. 4, März 1850, S. 126.
18 David Brewster: The Stereoscope, London 1856, S. 171f.
19 Ein guter Überblick stammt von John H. Hammond und Jill Austin: The Camera Lucida in Art and Science. Bristol 1987. Die beiden Hauptwerke, die sich mit Camera Lucida-Zeichnungen befassen, konzentrieren sich auf das Schaffen von Sir John Herschel, wobei das erstgenannte seine Reisebilder untersucht und sich das andere mit seinen botanischen Zeichnungen befaßt: Larry J. Schaaf: Tracings of Light: Sir John Herschel & the Camera Lucida. San Francisco 1989; Brian Warner und John Rourke: Flora Herscheliana: Sir John and Lady Herschel at the Cape, 1834 to 1838. Houghton, Südafrika 1996.
20 Aus der Einleitung zu William Henry Fox Talbots The Pencil of Nature. London 1844.
21 Verweise auf seine Verdienste im Bereich der Optik finden sich in Paul Jay: Niépce: Genese d'une Invention. Chalon-sur-Saône 1988, und Jean-Louis Mariginier: Niépce: L'Invention de la Photographie. Paris 1999.
22 Die beste Zusammenfassung über Daguerre findet sich nach wie vor in Helmut und Alison Gernsheim: L.J.M. Daguerre: The History of the Diorama and the Daguerreotype, London 1956.
23 Vollkommene Dunkelheit (wie z.B. in einer fotografischen Dunkelkammer) ist nicht erforderlich, aber man wird ein wenig experimentieren müssen, um das Problem der richtigen Größe in den Griff zu bekommen. Die Schärfe des Bildes kann verbessert werden, indem man das Loch in ein sehr dünnes Material macht, etwa Alufolie.

Text: Hensel – Mobile Augen, S. 54-63

1 Georg Simmel: Rodin (mit einer Vorbemerkung über Meunier). In: Ders.: Hauptprobleme der Philosophie/ Philosophische Kultur. Hg. von Rüdiger Kramme und Otthein Rammstedt (Georg Simmel. Gesamtausgabe, Bd. 14). Frankfurt/M. 1996, S. 330–348, hier: S. 347.
2 Sergej Eisenstein: Das dynamische Quadrat. In: Ders.: Das dynamische Quadrat. Schriften zum Film. Übers. und hg. von Oksana Bulgakova und Dietmar Hochmuth. Köln 1988, S. 157-176, hier: S. 172.
3 Ebd., S. 172 (Hervorhebung im Original).
4 Zu diesem Begriff siehe Klaus Bartels: Protokinematographische Effekte der Laterna magica in Literatur und Theater des achtzehnten Jahrhunderts. In: Harro Segeberg (Hg.): Die Mobilisierung des Sehens. Zur Vor- und Frühgeschichte des Films in Literatur und Kunst (Mediengeschichte des Films, Bd. 1). München 1996, S. 113-147; sowie Harro Segeberg: Von der proto-kinematographischen zur kinematographischen (Stadt-)Wahrnehmung. Texte und Filme im Zeitalter der Jahrhundertwende. In: Ebd., S. 327-358.
5 Zu den wichtigsten Überblicksdarstellungen jüngeren Datums gehören: Laurent Mannoni / Donata Pesenti Campagnoni / David Robinson (Hg.): Light and Movement. Incunabula of the Motion Picture 1420-1896. Gemona 1995; Harro Segeberg (Hg.): Die Mobilisierung des Sehens. Zur Vor- und Frühgeschichte des Films in Literatur und Kunst (Mediengeschichte des Films, Bd. 1). München 1996; sowie Stephen Herbert (Hg.): A History of Pre-Cinema. 3 Bde. London/New York 2000. Grundlegend für Fragestellungen der Medienarchäologie ist Siegfried Zielinski: Archäologie der Medien. Zur Tiefenzeit des technischen Hörens und Sehens. Reinbek 2002.
6 Wolfgang Kemp: Kunstwerk und Betrachter: Der rezeptionsästhetische Ansatz. In: Hans Belting u.a. (Hg.): Kunstgeschichte. Eine Einführung. 3., durchges. und erw. Aufl. Berlin 1988, S. 240-257, hier: S. 242.
7 Wolfgang Kemp: Einleitung zu Wilhelm Pinder: Die Anerkennung des Betrachters. In: Ders. (Hg.): Der Betrachter ist im Bild. Kunstwissenschaft und Rezeptionsästhetik. Neuausg., erw. und bibliogr. auf den neuesten Stand gebracht. Berlin/Hamburg 1992, S. 51f., hier: S. 52.
8 August Schmarsow: Über den Wert der Dimensionen im menschlichen Raumgebilde (Berichte über die Verhandlungen der Königlich Sächsischen Gesellschaft der Wissenschaften zu Leipzig, Philologisch-Historische Klasse 48). Leipzig 1896, S. 69.
9 James Jerome Gibson: Wahrnehmung und Umwelt. Der ökologische Ansatz in der visuellen Wahrnehmung. München/Wien/Baltimore 1982, S. 239.
10 Einschlägige Studien liegen lediglich für das 19. Jahrhundert vor: Jonathan Crary: Techniken des Betrachters. Sehen und Moderne im 19. Jahrhundert. Dresden/Basel 1996 (englische Originalausgabe 1990); sowie Anne Friedberg: Window Shopping. Cinema and the Postmodern. Berkeley/Los Angeles/London 1993.
11 Die Standardwerke zur Anamorphose sind Jurgis Baltrušaitis: Anamorphoses ou magie artificielle des effets merveilleux. Paris 1969; sowie Fred Leeman/ Joost Elffers /Mike Schuyt: Anamorphosen. Ein Spiel mit der Wahrnehmung, dem Schein und der Wirklichkeit. Köln 1975. Siehe auch Georg Füsslin /Ewald Hentze: Anamorphosen. Geheime Bilderwelten. Stuttgart 1999.
12 Leeman/Elffers/Schuyt (wie Anm. 11), S. 9.
13 Ulrike Hick: Geschichte der optischen Medien. München 1999, S. 90.
14 Zu einem solchen spielerischen Zusammenhang von (Spiegel-)Anamorphose und Film, bezogen auf Ernst Lubitsch, siehe Jürgen Müller /Thomas Hensel: Das Exlibris Ernst Lubitschs. Von Auslassungen und Anspielungen. In: Fotogeschichte. Beiträge zur Geschichte und Ästhetik der Fotografie, 1997, H. 65, S. 25-32 (geringfügig gekürzt und ins Französische übersetzt dies.: „What did Lubitsch want to say?". L'ex-libris d'Ernst Lubitsch. In: Cinémathèque. Revue semestrielle d'esthétique et d'histoire du cinéma, 1997, H. 12, S. 107-112).
15 1646 erschien eine erweiterte lateinische Ausgabe mit dem Titel „Thaumaturgus opticus, seu Admiranda optices per radium directum, catoptrices per radium reflectum".

16 Siehe Leeman/Elffers/Schuyt (wie Anm. 11), Abb. 47-50. Der lateinische Titel der erweiterten Abhandlung Nicérons läßt sich als eine Anspielung auf den Beinamen des Ordensgründers verstehen.
17 Die jüngst erschienenen einschlägigen Publikationen sind: Susan Foister /Ashok Roy /Martin Wyld: Making & Meaning. Holbein's Ambassadors. London 1997; sowie John North: The Ambassadors' Secret. Holbein and the World of the Renaissance. London/New York 2002. Siehe auch Baltrušaitis (wie Anm. 11), insbesondere: S. 91-116; sowie die Deutung als Chronotopos durch Hans Ulrich Reck: On Friendship. Philosophical Reflections on an Economy of Giving and a Style of Expenditure. In: Hans H. Diebner /Timothy Druckrey /Peter Weibel (Hg.): Sciences of the Interface. Tübingen 2001, S. 292-305, insbesondere: S. 294-296.
18 Jacques Lacan: Die Anamorphose. In: Ders., Das Seminar von Jacques Lacan. Buch XI (1964). Die vier Grundbegriffe der Psychoanalyse. 3. Aufl.Weinheim/ Berlin 1987 (französische Originalausgabe 1973), S. 85-96, hier: S. 94.
19 Siehe dazu Elly Dekker /Kristen Lippincott: The Scientific Instruments in Holbein's „Ambassadors": A Re-Examination. In: Journal of the Warburg and Courtauld Institutes, 62, 1999, S. 93-125. Auch North (wie Anm. 17) vermag die von Dekker und Lippincott konstatierten Widersprüche nicht restlos aufzulösen.
20 Vgl. Oskar Bätschmann /Pascal Griener: Hans Holbein. Köln 1997, S. 56.
21 Siehe Mannoni/Pesenti Campagnoni/Robinson (wie Anm. 5), S. 54-57. Für diesen Hinweis danke ich Siegfried Zielinski, Köln.
22 Eine entsprechende Notiz war der Zeichnung beigegeben: „For representations by means of convex glasses with the lamp." In der englischen Übersetzung zitiert nach ebd., S. 55.
23 Vgl. Hick (wie Anm. 13), S. 140f.
24 Gibson (wie Anm. 9), S. 221.
25 Zu Varese siehe Stephan Lutze: Die Kapellenanlage des Sacro Monte von Varese. Phil. Diss. (maschinenschriftlich). Karlsruhe 1984.
26 Zu den Charakteristika der sacri monti siehe grundlegend Gabriele Landgraf: Die Sacri Monti im Piemont und in der Lombardei. Zwischen Wirklichkeitsillusion und Einbeziehung der Primärrealität (Europäische Hochschulschriften, Reihe 28: Kunstgeschichte, Bd. 362). Frankfurt a. M. 2000 (mit Lit.). – Mit der gebotenen Differenzierung versteht Jörg Jochen Berns den Rosenkranz selbst als eine Vorform des filmischen Apparates. Siehe Jörg Jochen Berns: Film vor dem Film. Bewegende und bewegliche Bilder als Mittel der Imaginationssteuerung in Mittelalter und Früher Neuzeit. Marburg 2000.
27 Landgraf (wie Anm. 26), S. 155.
28 Ebd., S. 10.
29 Siegfried Giedion: Raum, Zeit, Architektur. Die Entstehung einer neuen Tradition. 5. Aufl. Zürich/München/ London 1992 (englische Originalausgabe 1941), S. 280.
30 Siehe Franklin Hamilton Hazlehurst: Gardens of Illusion. The Genius of André Le Nostre. Nashville (Tennessee) 1980, S. 77 und 116.
31 Vgl. zum folgenden Jeroen Leo Verschragen: Die „stummen Führer" der Spaziergänger. Über die Wege im Landschaftsgarten (Europäische Hochschulschriften, Reihe 28: Kunstgeschichte, Bd. 372). Frankfurt/M. 2000, S. 34-36.
32 Siehe Charles Perrault: Le Labyrinthe de Versailles, Paris 1677. Nachdruck mit einem Nachwort von Michel Conan, Paris 1982. Zu Deutungen des Programms siehe Verschragen (wie Anm. 31), S. 35 Anm. 76.
33 Leonhard Christoph Sturm: Architectonische Reise-Anmerkungen (1719), zitiert nach Verschragen (wie Anm. 31), S. 35, Anm. 79.
34 Ebd., S. 32.
35 Der Terminus „ausgezeichneter Weg" geht zurück auf Kurt Lewin: Der Richtungsbegriff in der Psychologie. Der spezielle und allgemeine hodologische Raum. In: Psychologische Forschung, Bd. 19, 1934, S. 249-299. Siehe die Nachzeichnung des Ideal-Parcours durch das Labyrinth bei Verschragen (wie Anm. 31), Abb. 21.
36 Ebd., S. 13.
37 Siehe Adrian von Buttlar: Gedanken zur Bildproblematik und zum Realitätscharakter des Landschaftsgartens. In: Gartenkunst, 1990, H. 1, S. 7-12.
38 Siehe Verschragen (wie Anm. 31), S. 104.
39 Ebd., S. 88.
40 Humphrey Repton: Sketches and Hints on Landscape Gardening. London 1795, zitiert nach Verschragen (wie Anm. 31), S. 88. Verschragen faßt die Entwicklung des Betrachters, bezogen auf den Landschaftsgarten, folgendermaßen zusammen: „War der Rezipient anfänglich parasitärer Nutzer der Wege, die übergeordneten Themen und Gesetzen gehorchten, wurde der implizite Rezipient zunächst als visuelles Subjekt, mit dem Aufkommen der ausgezeichneten Wegen [sic!] als ein sich bewegendes, mit den ersten krummen Wegen als kinästhetisches Subjekt und schließlich als Leibsubjekt anerkannt." Ebd., S. 198.
41 Monika Wagner: Der flüchtige Blick. Geschwindigkeitsdarstellungen im 19. Jahrhundert. In: Aufsatzband zur Ausstellung „Zug der Zeit – Zeit der Züge. Deutsche Eisenbahn 1835-1985". Bd. 2. Berlin 1985, S. 529-535, hier: S. 529.
42 Siehe Gaius Plinius Secundus: Naturkunde. Buch XXXV: Farben, Malerei, Plastik. Lat.-dt., hg. und übers. von Roderich König in Zusammenarbeit mit Gerhard Winkler. München 1978, S. 76f. Paragraph 99: „Er [Aristeides, T. H.] malte auch Viergespanne im Laufen (pinxit et currentes quadrigas) [...]"; zu Antiphilos S. 100f. Paragraph 138.
43 William Makepeace Thackeray, zitiert nach Wagner (wie Anm. 41), S. 530. Siehe auch dies.: Wirklichkeitserfahrung und Bilderfindung. William Turner. In: Dies.: Moderne Kunst. Das Funkkolleg zum Verständnis der Gegenwartskunst, Bd. 1. Reinbek 1991, S. 115-134.
44 Siehe Monika Wagner: Bewegte Bilder und mobile Blicke. Darstellungsstrategien in der Malerei des neunzehnten Jahrhunderts. In: Segeberg (wie Anm. 5), S. 171-189, insbesondere: S. 174-177, hier: S. 177. Die daraus resultierende zunehmende Bilddichte fand ihren folgerichtigen Niederschlag in den populären Bildkontinuen etwa von Myriorama und Moving Panorama.
45 Wolfgang Schivelbusch: Geschichte der Eisenbahnreise. Zur Industrialisierung von Raum und Zeit im 19. Jahrhundert. 2. Aufl. Frankfurt/M. 2002 (Originalausgabe 1977), S. 43.
46 Wagner (wie Anm. 43), S. 122.
47 Wagner (wie Anm. 44), S. 189. Vgl. auch Joachim Paech: Unbewegt bewegt. Das Kino, die Eisenbahn und die Geschichte des filmischen Sehens. In: Ulfilas Meyer (Hg.): Kino-Express. Die Eisenbahn in der Welt des Films. München/Luzern 1985, S. 40-49. So schreibt etwa Ulfilas Meyer von einer „Verwandtschaft zwischen einer Eisenbahnreise und filmischem Sehen": „Und so wie der Reisende, in einem Abteil eingeschlossen, die Landschaft als bewegtes Bild durch das Fenster wahrnimmt, so sitzt der Kinobesucher in einem dunklen Saal und sieht auf der Leinwand den Strom der Bilder vorbeifließen." Ulfilas Meyer: Der „Mord im Orientexpress" und andere Kinozüge. Zum Zusammenhang von Eisenbahn und Film. In: Aufsatzband zur Ausstellung „Zug der Zeit – Zeit der Züge. Deutsche Eisenbahn 1835-1985" (wie Anm. 41), S. 617-627, hier: S. 617f. Einschlägig berühmt geworden ist in diesem Zusammenhang auch der Blick durch die Windschutzscheibe eines fahrenden Autos als Metapher für das Kino, propagiert vor allem von Paul Virilio und Jean Baudrillard, aber auch durch A. S. Babenchikov (den Hinweis auf letzteren verdanke ich Christoph Schulz, Bochum): „What goes on in the windshield is cinema in the strict sense." Paul Virilio, zitiert nach Friedberg (wie Anm. 10), S. 203.
48 Vgl. Segeberg (wie Anm. 4), insbesondere: S. 345-347.
49 Gilles Deleuze: Das Bewegungs-Bild. Kino I. 2. Aufl. Frankfurt/M. 1998 (französische Originalausgabe 1983), S. 41. Deleuze unterscheidet das „Bild in Bewegung", seines Zeichens das „sogenannte primitive Bild" aus dem Anfangsstadium des Films, vom „Bewegungs-Bild". Bei ersterem sei die Bewegung an sich noch nicht freigesetzt und noch an die aufgenommenen Elemente, Personen oder Gegenstände, gebunden, die ihr als Vehikel dienten. Wohingegen das Eigentümliche des kinematographischen Bewegungs-Bildes sei, „aus Transportmitteln oder Bewegungsträgern die Bewegung, ihre gemeinsame Substanz, oder aus Bewegungen das Bewegtsein, ihre Essenz, herauszulösen". Ebd., S. 41-44.
50 Siehe Meyer (wie Anm. 47), S. 626.
51 Siehe die Abbildungen in Martin Wörner: Die Welt an einem Ort. Illustrierte Geschichte der Weltausstellungen. Berlin 2000, S. 157.
52 Siehe Wagner (wie Anm. 44), S. 182.
53 Siehe Florian Dering: Volksbelustigungen. Eine bildreiche Kulturgeschichte von den Fahr-, Belustigungs- und Geschicklichkeitsgeschäften der Schausteller vom 18. Jahrhundert bis zur Gegenwart. Nördlingen 1986, S. 132.
54 Martin Tschanz: Totale Gestaltung. „Big Thunder Mountain" im Disneyland Paris. In: Archithese, 26, 1996, H. 2 („Raumsequenzen – Séquences spatiales"), S. 44-49, hier: S. 44.
55 Für eine Koppelung von Betrachter- und Filmbewegung begeisterte man sich auf Jahrmärkten bereits 1904: Bei „Hale's Tours and Scenes of the World" saß der Schaulustige in einem nachgebauten Eisenbahnwaggon. Mit Beginn der illusionären Reise schaukelte der Waggon tatsächlich auf seinen Rädern, und der ‚Reisende' blickte durch das Fenster auf eine Leinwand mit bewegten Bildern. Siehe Meyer (wie Anm. 47), S. 618.

Text: von Dewitz – Eine mobile Bilderwelt, S. 78-85

1 Giovanni Battista della Porta: Magiae naturalis, sive de miraculis rerum naturalium, libri IV, Neapel 1558. Vgl. die umfassende Bibliographie von Hermann Heckt: Pre-Cinema History. An Encyclopaedia and Annoted Bibliography of the Moving Image Before 1896, London 1993. Die Quelle von G. della Porta waren Kommentar und Übertragung der Tractate über Architektur von Vitruv durch Cesare Caesariano (1483-1542), S. 1f.
2 Helmut Gernsheim: Geschichte der Photographie. Die ersten hundert Jahre. Frankfurt/M., Berlin,Wien 1983, S. 15 (History of Photography 1955).

3 Die Initiatorin dieser Ausstellung war Ursula Peters. Schon 1979 publizierte sie ihre Stilgeschichte der Fotografie in Deutschland, 1839-1900, Köln 1979.

4 Friedrich Scheele (Hg.): Rrrr! Ein ander Bild! Guckkastenblätter des 18. Jahrhunderts aus der graphischen Sammlung, Ostfriesisches Landesmuseum Emden, Oldenburg 1999.

5 Vgl. Wojciech Sztaba: Die Welt im Guckkasten. Fernsehen im achtzehnten Jahrhundert, in: Harro Segeberg (Hg.): Die Mobilisierung des Sehens. Zur Vor- und Frühgeschichte des Films in Literatur und Kunst, Bd. 1, Mediengeschichte des Films, München 1996, S. 109.

6 Ulrike Hick: Geschichte der optischen Medien, München 1999, S. 235.

7 J.W. v. Goethe: Die Wahlverwandtschaften. Ein Roman, aus: Goethe's sämmtliche Werke in vierzig Bänden, 15. Band, Stuttgart und Tübingen 1840, S. 237/238.

8 Brief J.W. von Goethes an F. von Schiller vom 23. Dezember 1797, in: Der Briefwechsel zwischen Schiller und Goethe, In zwei Bänden, Leipzig 1912, S. 452. Ich verdanke diesen Hinweis auf den Publikumsgeschmack Heinz Buddemeier: Panorama. Diorama. Photographie. Entstehung und Wirkung neuer Medien im 19. Jahrhundert, München 1970, S. 11.

9 Ulrich Joost, Stephan Oettermann, Sibylle Spiegel (Konzeption): Georg Christoph Lichtenberg, 1742-1799, Wagnis der Aufklärung, Ausstellungskatalog (Darmstadt/Göttingen) München 1992, S. 308.

10 Vgl. Mehr Licht. Europa um 1770. Die Bildende Kunst der Aufklärung, Ausstellungspublikation Frankfurt/M., München 1999, darin Carsten Zelle: Was ist und was war Aufklärung?, S. 449-459.

11 Walter Rehm: Griechenland und Goethezeit. Geschichte eines Glaubens, Leipzig 1936, Abschnitt V. Goethe, Sehnsucht und Fülle, S.119f.; Vgl. Bodo von Dewitz (Konzeption): Das Land der Griechen mit der Seele suchen. Photographien des 19. und 20. Jahrhunderts, Köln 1990 (Ausstellungspublikation).

12 Vgl. die Ausführungen bei Friedrich Scheele (Hg.), a.a.O. Vgl. Georg Füsslin u.a.: Der Guckkasten. Einblick – Durchblick – Ausblick, Stuttgart 1965, S. 28ff.

13 Mein Dank gilt an dieser Stelle Herrn Dr. Christoph Martin Vogtherr von der Stiftung Preußische Schlösser und Gärten Berlin-Brandenburg, der freundlicherweise die Abbildung zur Verfügung stellte. In Kürze erscheint die Patrimonia-Schrift der Kulturstiftung der Länder, die zu diesem Ankauf beigetragen hat. Verwiesen sei auf die eindrucksvolle Darstellung ‚Der Guckkasten' von Johann Anton de Peters (1725-1795). Dazu schrieb ein fraglos kenntnisreicher Mitautor des Katalogs: „Der auf Schragen stehende Guckkasten wird von zwei wilden Gesellen bedient und von der anderen Seite von neugierigem Volk umlagert. Eine Frau mit Kind auf dem Rücken blickt gerade neugierig durch eines der Löcher. Das Marktschreierische und Sensationelle des Geschehens ist treffend charakterisiert." (Johann Anton de Peters. Ein Kölner Maler des 18. Jahrhunderts in Paris, Katalog zur Ausstellung des Wallraf-Richartz-Museums Köln, Köln 1981, S. 156/157) Leider versäumte es der Autor, die Kurbel (links) in seine erklärende Beschreibung mitaufzunehmen. Hierbei handelte es sich mit an Sicherheit grenzender Wahrscheinlichkeit um eine zusätzliche Mechanik, mit der Figuren im Inneren bewegt werden konnten. Die Verwandtschaft zum einstigen ‚Raritätenkasten' ist daran deutlich erkennbar.

14 Johann Christoph Kohlhannsen: Neuerfundene Mathematische und Optische Curiositäten, Leipzig 1677.

15 Friedrich Scheele (Hg.), a.a.O. (zum Bestand des Museums in Emden).

16 Vgl. Georg Füsslin u.a., a.a.O., S. 46f.

17 Ebd., S. 22.

18 Karl Philipp Moritz: Anton Reiser. Ein psychologischer Roman. In: Werke. Hg. von Horst Günther, Bd. 1, Frankfurt/M. 1981, S. 243. Den Hinweis auf diese Lesefrucht verdanke ich Wojciech Sztaba: Die Welt im Guckkasten, a.a.O., S. 109.

Text: Rossell – Laterna Magica, S. 134-145

1 G. L'E. Turner: Collecting Microscopes, London 1981, S. 7; A. Van Helden: „The Birth of the Modern Scientific Instrument", in J. G. Burke (Hg.):The Uses of Science in the Age of Newton, Berkeley 1983, S. 52; J. A. Bennett: „The Social History of the Microscope", in: Journal of Microscopy, 155/3, 1989, S. 270.

2 Christiaan Huygens: Oeuvres Completes, Den Haag 1888-1950, Bd. XXII, S. 197.

3 Siehe Christiaan Huygens: Correspondence, Den Haag 1888, Bd. I, S 16-17.

4 Der beste neuere Bericht zu Huygens und der Laterna Magica findet sich in Laurent Mannoni: Le grand art de la lumière et de l'ombre, archaéologie du cinéma, Paris 1994, S. 42-52, 55f. und 72-74. Zur Anmerkung zu „the glasses for the lantern", die für Grammont bereit sind, vgl. Huygens: Correspondence, Bd. IV, S. 109.

5 Mannoni (Anm. 4) liest sich besonders gut in Zusammenhang mit diesem Familienstreit, siehe S. 49-52.

6 Huygens: Correspondence, Bd. IV, S. 102.

7 Charles François Milliet Dechales: Cursus seu mundus mathematicus..., Lyon 1674, Bd. 2, S. 665.

8 Oligerus Jacobeus: Musaeum Regierum, seu Catalogus rerum, Kopenhagen 1710, Bd. II, S. 2. – Trotzdem starb der König wenige Tage nach der Vorführung. Walgenstens Laterna wurde von seiner Witwe an die königliche Sammlung verkauft. Sie gelangte in die Kunstkammer, deren Katalog der oben genannte Band ist. Zu einem unbekannten Zeitpunkt verschwand sie aus der Sammlung.

9 John Barnes: Barnes Museum of Cinematography. Catalogue of the Collection, Teil 2: Optical Projection, St. Ives 1970, S. 14.

10 Charles Patin: Quatre Relations Historiques, Basel 1673, S. 238f.

11 Johann Christoph Sturm: Collegium experimentale sive curiosum, Nürnberg 1676, S. 165.

12 Henry B. Wheatley (Hg.): The Diary of Samuel Pepys, London 1895, Bd. V, S. 406. Die Vorstellung fand am 19. August 1666 statt.

13 William Molyneux: Dioptrical Nova. A Treatise of Dioptricks, In zwei Bänden, London 1690, I, S. 183.

14 Siehe etwa William Emerson: The Elements of Optics, London 1768, S. 226.

15 Siehe I. C. Jarvie: Movies and Society, New York 1970.

16 Eine Laterna Magica erschien zuerst in Musschenbroeks Katalog vom Oktober 1710 und wurde danach in weiteren Katalogen abgebildet (1714, c. 1730 etc.), bis die Werkstatt geschlossen wurde. Siehe Peter de Clercq: At the Sign of the Oriental Lamp: The Musschenbroek Workshop in Leiden, 1650-1750, Rotterdam 1997, besonders Anhang A-H.

17 Alto Brachner u.a.: G. F. Brander, 1713-1783. Wissenschaftliche Instrumente aus seiner Werkstatt, München 1983, S. 341.

18 London und Paris (Weimar), 1. Jg., 1798. Zit. Helmut Zeraschi: Drehorgeln, Leipzig 1976, S. 75f.

19 William Hone: Ancient Mysteries Described, especially the English Miracle Plays..., London 1823, S. 230f.

20 Siehe etwa Moses Mendelssohn: Herrn Moses Mendelssohns Anmerkungen über einen schriftlichen Aufsatz, die Wunderthaten des berüchtigten Schröpfers betreffend, Berlin [Stettin] 1775; Anon. [Christian August Crusius]: Bedenken eines berühmten Gelehrten über des famosen Schröpfers Geister-Citiren, n. p. [Halle?] 1775; Balthasar Bekker: Chr. Aug. Crusius' Bedenken über die Schröpferischen Geisterbeschwörungen mit antiapocalyptischen Augen betrachtet, Berlin 1775; Joh. Sam. Benedikt Schlegel: Tagebuch seines mit J. G. Schrepfer gepflogenen Umganges, Berlin und Leipzig 5806 [1805]. Die Diskussion um Schröpfer wurde auch von Friedrich Schiller kommentiert. Dessen „Geisterseher", begonnen im Sommer 1786 und zuerst 1787 in Fortsetzungsform erschienen, basiert großenteils auf Schröpfer. Eine neuere Behandlung dieses Themas findet sich in Deac Rossell: Laterna Magica, Stuttgart (erscheint 2003), Kap. 4.

21 Handzettel von Breitrück und Melber, Zürich, 20. und 21 Januar 1797. Sammlung Thomas Ganz, Zürich.

22 Wiener Zeitung 1790, S. 3223f.

23 Zu Enslen siehe Stephan Oettermann: „Johann Carl Enslen (1759-1848) ... und zuletzt auch noch Photographie-Pionier", in Bodo von Dewitz, Reinhard Matz (Hg.): Silber und Salz. Zur Frühzeit der Photographie im deutschen Sprachraum 1839-1860, Köln und Heidelberg 1989, S. 116-141; Stephan Oettermann: „Johann Karl Enslen's Flying Sculptures", in: Daidalos 37, 15. September 1990, S. 44-53.

24 Philidor taucht nach einer Abwesenheit von acht Jahren unter dem Namen Paul de Phillipsthal wieder auf und eröffnet die erste Phantasmagoria-Vorstellung in London am 5. Oktober 1801. Aus Paris brachte er mit einem persönlichen Managementvertrag eine gewisse Madame Tussaud mit, die ihre Wachsfiguren parallel zu seinen Phantasmagoria-Vorstellungen zeigte. Zu seiner Karriere in England siehe Mervyn Heard: „Paul de Philipsthal and the Phantasmagoria in England, Scotland, and Ireland", Teil 1: Boo!, New Magic Lantern Journal, Bd. 8, Nr. 1, Oktober 1996, S 2-7; Teil 2: Shoo!, NMLJ, Bd. 8, Nr. 2, S. 11-16; Teil 3: Phew!, NMLJ, Bd. 8, Nr. 4, S. 6-13.

25 Carpenter and Westley vermarkteten ihr Instrument als „Phantasmagoria Lantern", obwohl es wenig Ähnlichkeit hatte mit der Fantascope Laterna und ihren ausgeklügelten Projektionsmöglichkeiten, außer einem Kaminrohr mit zwei Knickstellen, so daß kein Licht aus der Laterna entweichen konnte. Dies war für Rückprojektionen auf eine verborgene Leinwand bei Phantasmagoria-Vorstellungen eine unabdingbare Voraussetzung. Vielleicht war die Namensgebung nur eine geschickte Vermarktungsstrategie, die sich die Beliebtheit der Phantasmagoria-Vorstellungen zunutze machte. Wahrscheinlicher ist jedoch, daß Carpenter und Westley den Namen Phantasmagoria wählten, weil ihre Laterna, wie das Fantoscope, eine Argand-Lampe hatte: Selbst wenn die Laterna von Carpenter und Westley in einem Klassenzimmer oder einem mittelgroßen Theatersaal eingesetzt wurde, mußte darauf geachtet werden, daß jeglicher Lichtaustritt aus dem Kaminrohr blockiert wurde, damit die feindetaillierten Dias gut zur Geltung kamen.

26 Zu frühen Versuchen, photographische Bilder zu projizieren, siehe Jens Ruchatz: „Fotografie und Projektion. Ein perfektes Paar", in: Fotogeschichte, 19. Jg., Heft 74, 1999, S. 3-12.

27 Samuel Johannes Rhanaeus: Novum et curiosum Laternae Magicae, Jena 1713, S. 7. Zu einer detailllierten Diskussion über frühe bewegliche Dias siehe Hauke Lange-Fuchs: „On the Origin of Moving Slides", in: The new Magic Lantern Journal, Bd. 7, Nr. 3, November 1995, S. 10-14. Es ist möglich, daß bewegliche Dias für die Laterna Magica von Anfang an erhältlich waren; vgl. auch Huygens' Skizzen zum Totentanz und Patins Bericht über Griendels Laterna-Vorstellung, die unter anderem folgendes erwähnen: „the Air fill'd with all sorts of Birds", „the natural and lively wedding scene", und „divers Personages running at the Ring". Hier handelte es sich um ein Spiel, bei dem Reiter einen Ring zu ergreifen versuchten. [Anmerkung 11, oben]. Aber es ist nicht klar, ob sich die Bilder auch wirklich bewegten. Gottfried Leibniz deutet in seinem Drôle de pensée, touchant une nouvelle sorte de Representations von 1675 [Eigenhändige Aufzeichnungen A, Leibniz-Archiv, Niedersächische Landesbibliothek Hannover] ebenfalls bewegliche Laterna-Dias an, wenn er an einer Stelle bemerkt, das verbleibende Licht werfe mit Hilfe der Laterna Magica erstaunenswert schöne und bewegliche Figuren an die Wand. Die kleinen Figuren seien von unten oder an ihren Füßen bewegt worden, so daß diejenigen, die sie bewegten, nicht in Erscheinung getreten seien. Gesang und Musik habe dies alles begleitet. Es ist unmöglich festzustellen, ob all dies seiner Phantasie entsprungen war oder ob er tatsächlich etwas gesehen hatte, was darauf hindeutete, daß Bewegung möglich war.

28 Werner H. A. Debler: Leopold Ludwig Döbler, 1801-1864, Schwäbisch Gmünd 2001, S. 300f.

29 Optical Magic Lantern Journal, Bd. 5, Nr. 59, April 1894, S. 69f.

30 C. Francis Jenkins: Animated Pictures, Washington D.C. 1898, S. 100.

31 Henry V. Hopwood: Living Pictures. Their history, photo-production and practical working, London 1899, S. 188.

32 Robert W. Paul: „Kinematographic Experiences", in: Raymond Fielding (Hg.): A Technological History of Motion Pictures and Television, Berkeley 1967, S. 43.

33 Zur Beziehung zwischen den Anfängen des Kinos und der Laterna Magica siehe Deac Rossell: „Double Think: The Cinema and Magic Lantern Culture", in: John Fullerton (Hg.): Celebrating 1895. The Centenary of Cinema, London u.a. 1998, S. 27-36.

Text: Fechner-Smarsly – Suggestive Projektionen, S.146-157

1 Friedrich Kittler: Die Laterna Magica der Literatur: Schillers und Hoffmanns Medienstrategien. In: Athenäum. Jahrbuch für Romantik. Hg. von Ernst Behler, Manfred Frank, Jochen Hörisch und Günter Oesterle. Paderborn u.a. 1994, S. 220.

2 Siehe hierzu z.B. Klaus Bartels: Protokinematische Effekte der Laterna Magica in Literatur und Theater des 18. Jahrhunderts. In: Harro Segeberg (Hg.): Die Mobilisierung des Sehens. Zur Vor- und Frühgeschichte des Films in Literatur und Kunst. München 1996, S. 120 und 123.

3 Siehe Laurent Mannoni: The Great Art of Light and Shadow. Archaeology of the Cinema. Exeter 2000, S. 296.

4 E.T.A. Hoffmann: Die Elixiere des Teufels. In: ders.: Werke in vier Bänden, Bd. 1: Fantasiestücke und andere Erzählungen. Frankfurt/M. 1967, S. 282.

5 Friedrich Kittler, wie Anm. 1, S. 221.

6 Mannoni, wie Anm. 3, S. 137.

7 Johann Wolfgang von Goethe: Werke. Hamburger Ausgabe. Bd. 3. Dramen I: Faust. München 1986, S. 198-200.

8 Friedrich Schiller: Sämtliche Werke, Bd. 5. München, 9. durchgeseh. Aufl. 1993, S. 62-70, v.a. S. 67.

9 Vgl. Ulrike Hick: Geschichte der optischen Medien. München 1999, hier vor allem S. 115ff. und S. 129f.

10 Vgl. hierzu grundsätzlich Martin Jay: Downcast Eyes. The Denigration of Vision in Twentieth-Century French Thought. Berkeley, Los Angeles 1993.

11 Siehe Harro Segeberg: Literatur im technischen Zeitalter. Von der Frühzeit der deutschen Aufklärung bis zum Beginn des Ersten Weltkriegs. Darmstadt 1997, S. 77.

12 Hoffmann, wie Anm. 4, S. 211.

13 E.T.A. Hoffmann: Meister Floh. In: ders.: Werke in vier Bänden, Bd. 4: Meister Floh. Letzte Erzählungen. Frankfurt/M. 1967, S. 30, 31.

14 Vgl. Laterna magica. Lichtbilder aus Menschenwelt und Götterwelt, hg. von Detlev Hoffmann und Almut Junker. Berlin 1982, S.43f.

15 Hoffmann, wie Anm. 13, S. 30.

16 Mannoni berichtet zum Beispiel von Laterna-Magica-Vorführungen pornographischen Inhalts durch den Journalisten Eugène Chavette. Siehe Mannoni, wie Anm. 3, S. 296.

17 Hoffmann, wie Anm. 13, S. 43. – August Strindberg beschreibt die Erscheinung einer erotischen Phantasie mit ganz ähnlichen Worten in seinem Roman "Tschandala". Erotische Phantasien, und nicht nur sie, scheinen von den jeweils in Gebrauch befindlichen historischen Bildmedien abhängig zu sein, so auch, wenn wir heute gern davon sprechen, daß dies oder jenes wie ein Film abgelaufen sei.

18 Siehe zuletzt Heinrich Deterings Herausgabe der „Schrägen Märchen" in Hans Magnus Enzensbergers „Anderer Bibliothek" (1996).

19 Siehe hierzu Gerhard Schwarzenberger: Den ældre Andersen og 'det nye'. In: Danske Studier, Kopenhagen 2/1962, S. 16-47.

20 Hans Christian Andersen: Schräge Märchen, hg. von Heinrich Detering. Frankfurt/M. 1996, S. 21.

21 Ich habe dieses Schatten-Spiel ausführlicher erörtert in Thomas Fechner-Smarsly: Der Spiegel und sein Schatten. Abdrücke der frühen Fotografie in Texten von Aa.O. Vinje, Henrik Ibsen und H.C. Andersen. In: Annegret Heitmann, Joachim Schiedermair (Hg.): Zwischen Text und Bild. Zur Funktionalisierung von Bildern in Texten und Kontexten. Freiburg i.Br. 2000, S. 21-42.

22 Hans Christian Andersen: Werke in Einzelausgaben: Die frühen Reisebücher. Leipzig und Weimar 1984, S. 25f.

23 Vgl. Jørgen Bonde Jensen: H. C. Andersen og genre-billedet. Kopenhagen 1993. Jensen setzt das "Bilderbuch" auch in Beziehung zum Panorama, nicht jedoch zu den gleichzeitig aufkommenden Transparentbildern oder zum späteren Diorama.

24 Vgl. Dansk Mediehistorie Bd. 1, hg. von Klaus Bruhn Jensen). Kopenhagen 1996. Bd. 1, S. 161f.

25 Andersen, wie Anm. 20, S. 283. Alle folgenden Seitenangaben zum "Bilderbuch ohne Bilder" beziehen sich auf diese Ausgabe.

26 Siehe die zeitgenössische Beschreibung in Dolf Sternberger: Panorama oder Ansichten vom 19. Jahrhundert, Frankfurt/M. 1974, S. 202f.

27 August Lewald: Ein Menschenleben. August Lewald's gesammelte Schriften in einer Auswahl. Leipzig 1845, S. 353.

28 Zur Empfänglichkeit vieler Romantiker für die Transparentbilder vgl. Birgit Verwiebe: Lichtspiele. Vom Mondscheintransparent zum Diorama. Stuttgart 1997, S. 45. Auch spezielle Einrichtungen wie Phillippe Jacques de Loutherbourgs Eidophusikon könnte Andersens Interesse gefunden haben. Zumindest der Katalog der Effekte, den Verwiebe aus dem "Journal des Luxus und der Moden" zitiert, paßt zum "Bilderbuch". Vgl. Verwiebe, S. 33.

29 Zitiert (und von mir übersetzt) nach Niels Kofoed: Prosaskitse og Arabesk. Genreproblemet i H. C. Andersens "Billedbog uden Billeder". In: Kortprosa i Norden. Fra H. C. Andersen til den moderne novelle. (Akter fra den XIV. studiekonferanse for Skandinavisk Litteratur) Odense 1982, S. 177.

30 August Strindberg: Fräulein Julie. In: ders.: Dramen in drei Bänden. München 1984, S. 214. Alle Seitenangaben beziehen sich auf diese Ausgabe.

Text: Barthelmeß – Kosmologie und Sammlung, S.198-208

Literatur

anonym [Sturm, Leonhard Christoph], Die geöffnete Raritäten- und Naturalien-Kammer, worinnen der galanten Jugend, anderen Curieusen und Reisenden gewiesen wird, wie sie Galerien, Kunst- und Raritäten-Kammern mit Nutzen besehen und davon raisonnieren sollen. Wobey eine Anleitung, wie ein vollständiges Raritäten-Hauß anzuordnen und einzurichten sey, samt angefügten sehr nützlichen Observationibus vor die Anfänger dieses Studij. Hamburg 1704.

Art de la nacre, coquillages sacrés. Kat. Musée Océanographique. Monaco 1993.

Baltrušaitis, Jurgis, Imaginäre Realitäten. Köln 1984.

Bencard, Mogens, Kongelige kunstdreijere. Kopenhagen-Rosenborg 1998.

Bernes, Anne-Catherine, Optics. In: Ingenuity and art. A collection of instruments of the Real Gabinete de Fisica. Kat. University of Coimbra and Calouste Gulbenkian Foundation. Coimbra/Lissabon 1997, S. 289-291.

Bolzoni, Lina, Das Sammeln und die ars memoriae. In: Andreas Grote (Hg.), Macrocosmos in microcosmo. Die Welt in der Stube. Zur Geschichte des Sammelns 1450 bis 1800. Opladen 1994, S. 129-168.

Boyer, Jean Jacques, [magische Quadrate, unbetiteltes Manuskript in Französisch, zeitgenössischer Pergamentband, unpaginiert, Folio.] o.O. 1764 [Sammlung Werner Nekes].

Bräunlein, Peter J., Theatrum mundi. Zur Geschichte des Sammelns im Zeitalter der Entdeckungen. In: Focus Behaim Globus. Kat. Germanisches Nationalmuseum. Nürnberg 1992/93, Bd. 1 (von 2), S. 355-376.

Bragg, William, Die Welt des Lichts. Braunschweig 1935.

Brenni, Paolo, Lenti, prismi e giochi ottici. In: Mara Miniatti (Hg.), Istituto e Museo di Storia della Scienza – Catalogo. Florenz 1991, S. 78-89.

Catel, P.F., Mathematisches und physikalisches Kunst-Cabinet, dem Unterrichte und der Belustigung der Jugend gewidmet. Berlin/Libau 1790.

Checa, Fernand, El coleccionismo en España. De la cámera de maravillas à la galeria de pinturas. Madrid 1985.

Christian IV og Europa. Den 19. Europarådsudstilling, Danmark 1988, hg. von Steffen Heiberg, Kat. verschiedener Ausstellungsstätten in Kopenhagen und Umgebung. Kopenhagen 1988.

De wereld binnen handbereik. Nederlandse kunst- en rariteitenverzamelingen, 1585-1735, hg. von Ellinoor Bergvelt und Renée Kistemaker, Kat. Amsterdams Historisch Museum, 2 Bde., Zwolle 1992.

Devices of wonder. From the world in a box to images on a screen, hg. von Barbara

Maria Stafford und Frances Terpak. Kat. J. Paul Getty Museum. Los Angeles 2001.
Düsseldorf, Hauptstaatsarchiv, Akten Roerdepartement Nr. 108, Blatt 14-32: Inventaire du Cabinet de Mathématique et de Physique, Cologne, 28 Vendémaire An X [20. Oktober 1801]. Transkription von Dr. Gunter Quarg, Universitäts- und Stadtbibliothek Köln, freundlichst zur Verfügung gestellt.
Engländer, Hans, Das Naturkundemuseum in Köln (1892-1944) und seine Vorgänger. In: Martin Schwarzbarch (Hg.), Naturwissenschaften und Naturwissenschaftler in Köln zwischen der Alten und Neuen Universität (1798-1919). Studien zur Geschichte der Universität zu Köln, Bd. 2. Köln/Wien 1985, S. 185-199, 6 Abb.
Ertz, Klaus, Jan Brueghel der Ältere (1568-1625). Die Gemälde mit kritischem Œuvrekatalog. Köln 1979.
Eser, Thomas, Augsburger Anamorphosen des 18. Jahrhunderts. In: John Roger Paas (Hg.): Augsburg, die Bilderfabrik Europas. Essays zur Augsburger Druckgraphik der Frühen Neuzeit. Augsburg 2001, S. 173-188.
Euw, Anton von, Zeit der Kirche. In: Wie Zeit vergeht. Kat. Kölnisches Stadtmuseum, Köln 1999/2000, S. 42-43.
Euw, Anton von, Zeitrechnung, Naturlehre und Himmelskunde zur Zeit Hildebalds von Köln (vor 787-818). In: Jahrbuch des Kölnischen Geschichtsvereins, 69, 1998, S. 1-30.
Finocchiaro, Giuseppe, Il Museo di curiosità di Virgilio Spada. Una raccolta romana del Seicento. Rom 1999.
Giusti, Anna Maria et al. (Hg.), Il Museo dell'Opificio delle Pietre Dure a Firenze. Mailand 1978.
Gloede, Wolfgang, Vom Lesestein zum Elektronenmikroskop. Berlin (DDR) 1986.
Gottorf im Glanz des Barock. Kunst und Kultur am Schleswiger Hof 1544-1713, Bd. 2: Die Gottorfer Kunstkammer, hg. von Mogens Bencard, Jørgen Hein, Bente Gundestrup und Jan Drees, Kat. Schleswig-Holsteinisches Landesmuseum, 4 Bde., hg. von Heinz Spielmann und Jan Drees, Schleswig 1997.
Grau, Conrad, Berühmte Wissenschaftsakademien. Von ihrem Entstehen und ihrem weltweiten Erfolg. Leipzig/Frankfurt/M. 1988.
Grote, Andreas (Hg.), Macrocosmos in microcosmo. Die Welt in der Stube. Zur Geschichte des Sammelns 1450 bis 1800. Opladen 1994.
Helden, Albert van, Istituto e Museo di Storia della Scienza – Catalogue of early telescopes. Florenz 1999.
Hemmerling, Kurt / Hanns Feustel, Historische Mikroskope des Physikalischen Kabinetts im Hessischen Landesmuseum Darmstadt. Darmstadt 1983.
Hick, Ulrike, Geschichte der optischen Medien. München 1999.
Hulten, Karl Gunnar Pontus et al., The Arcimboldo effect. Transformations of the face from the sixteenth to the twentieth century. Venedig/New York 1987.
Impey, Oliver / Arthur MacGregor (Hg.), The origins of museums. The cabinet of curiosities in sixteenth- and seventeenth-century Europe. Oxford 1983.
Ingenuity and art. A collection of instruments of the Real Gabinete de Fisica. Kat. University of Coimbra und Calouste Gulbenkian Foundation. Coimbra/Lissabon 1997.
Jacobaeus, Oligerus, Museum regium, seu catalogus rerum tam naturalium, quam artificialium. Kopenhagen 1696.
Kier, Hiltrud / Frank Günther Zehnder (Hg.), Lust und Verlust. Kölner Sammler zwischen Trikolore und Preußenadler, Kat. Museen der Stadt Köln. Köln 1995.
Krafft, Fritz, Das Bild vom Kosmos im Wandel der Zeit. In: Focus Behaim Globus. Kat. Germanisches Nationalmuseum, Nürnberg 1992/93, Bd. 1, S. 39-54.
Kubovy, Michael, The psychology of perspective in Renaissance art. Cambridge 1986, 41993.
Lugli, Adalgisa, Naturalia et mirabilia. Il collezionismo enciclopedico nelle Wunderkammern d'Europa. Mailand 1983, 1990.
Lugli, Adalgisa, Naturalia et mirabilia. Les cabinets de curiosités en Europe. Paris 1998.
McAlpine, Alistair / Cathy Giangrande, Schöner Wohnen mit Sammlungen. München 1999.
Michel, Henri (Hg.), Images des sciences. Les anciens instruments scientifiques vus par les artistes de leur temps. Rhode-St-Genèse/Brüssel 1977.
Miniatti, Mara (Hg.), Istituto e Museo di Storia della Scienza – Catalogo. Florenz 1991.
Morton, Alan Q. / Jane A. Wess, Public and private science. The King George III Collection. Oxford 1993.
Musschenbroek, Pierre van, Essai de physique. Leiden, Luchtmans 1739.
Philippovich, Eugen von, Kuriositäten – Antiquitäten Eine Entdeckungsreise durch merkwürdige und ausgefallene Sammelgebiete. Braunschweig 1966.
Prag um 1600. Kunst und Kultur am Hofe Rudolfs II. Kat. Villa Hügel, Essen 1988. Freren 1988.
Quarg, Gunter, Ein Inventar des Kölner Physikalischen Kabinetts aus dem Jahre 1801. In: 66. Jahrbuch 1995 des Kölnischen Geschichtsvereins e.V., 1995, S. 81-83.
Richter, Fleur, Die Ästhetik geometrischer Körper in der Renaissance. Stuttgart 1995.
Schiedlausky, Günther, Kühlkugel und Wärmeapfel. München 1984.
Schillinger, Klaus (Hg.), Kostbare Instrumente und Uhren aus dem Staatlichen Mathematisch-Physikalischen Salon Dresden. Leipzig 1994.
Spielwelten der Kunst, Kunstkammerspiele, hg. von Wilfried Seipel, Kat. Kunsthistorisches Museum. Wien 1998.
Sturm, Leonhard Christoph, 1704, s.u. anonym 1704.
The age of the marvelous, hg. von Joy Kenseth, Kat. Hood Museum of Art, Hanover, New Hampshire 1991.
Theater der Natur und Kunst – Theatrum naturae et artis. Wunderkammern des Wissens, hg. von Horst Bredekamp, Jochen Brüning und Cornelia Weber, Kat. Humboldt-Universität, 2 Bde., Berlin 2000.
Turner, Gerard l'E., Descriptive catalogue of Van Marum's scientific instruments in Teyler's Museum, part 2. (auszugsweiser Nachdruck aus Martinus van Marum, Life and work, Bd. IV. Haarlem 1936) o.O. [Haarlem/Leiden], o.J. [1973].
Walz, Alfred, Weltenharmonie. Die Kunstkammer und die Ordnung des Wissens. Eine Einführung. In: Weltenharmonie. Die Kunstkammer und die Ordnung des Wissens, Kat. Herzog Anton Ulrich-Museum, Braunschweig 2000, S. 9-21.
Weltenharmonie. Die Kunstkammer und die Ordnung des Wissens, hg. von Alfred Walz. Kat. Herzog Anton Ulrich-Museum, Braunschweig 2000.

1 Für den Abriß zur Kosmologie und Sammlungsprogrammatik sei auf Krafft 1992/93, Bräunlein 1992/93, Walz 2000, Grote 1994, Impey & MacGregor 1983, Lugli 1983, 1990, 1998, The Age of the marvelous 1991, De wereld binnen handbereik 1992 verwiesen.

2 Jules Guiffrey (Hg.), Inventaires de Jean duc de Berry (1401-1416). 2 Bde., Paris 1894-1896.

3 Camillo, 1550, zitiert nach Walz 2000, S. 13.

4 Zwischen 1570 und 1573 wurde von Giorgio Vasari und Vincenzo Borghini im florentiner Palazzo Vecchio des Medici-Fürsten Francesco I. das vielleicht strengste Sammlungskonzept auf der Grundlage einer mnemotechnisch ausgerichteten Raumstruktur verwirklicht. Allegorische Gemälde, präzis proportioniert und nach exaktem kosmologischen Bildprogramm, verbargen Wandschränke, deren Sammlungsinhalt sich jeweils thematisch auf das ihn verschließende Bild bezog. Diese programmatische Strenge, der selbst die Sammlungszusammensetzung unterworfen war, konnte sich als Ordnungsprinzip nicht durchsetzen, trug sie doch auch dem Wunsch der Sammler nach der lustvollen visuellen Wahrnehmung des Gesammelten nicht Rechnung. Waltz, S. 14-15.

5 Die Zentralperspektive war um 1425 von Masaccio in den künstlerischen Kanon eingeführt worden.

6 Microkosmische „Schau-Stätten" des Macrokosmos waren auch die in jener Zeit aufkommenden anatomischen Theater, wo der Microkosmos Mensch seziert wurde, und die Atlanten, die beispielsweise „Theatrum orbis terrarum" oder „Theatrum Europaeum" betitelt waren.

7 Madrid, Prado, Inv. 1394, s. Ertz 1979, S. 332-348, Nr. 327.

8 „Hæc sublimis scientia in rerum, cau...que cognitione versatur, & dum naturæ arca... persequitur, & inuestigat, non vulgaria solum ...pera vt in plerisque apparet, sed omini abdicata superstitione Naturæ monstra qu[e,]dam, & miracula pa..., & ita reliquas omnes excellit...": della Porta, Magiæ naturalis, sive de miraculis rerumnaturalium libri IIII. Antwerpen: Steels, 1557, Widmungsinschrift, fol. 2*r, Sammlung Werner Nekes. Übersetzung „Diese feinsinnige Wissenschaft sucht Erkenntnis über Ursachen und Wirkungen und, indem sie die Geheimnisse der Natur zu ergründen trachtet, entdeckt sie nicht nur die gewöhnlichen, allenthalben erkennbaren Wirkungen, sondern auch die außergewöhnlichen und wundersamen Naturphänomene, und zwar ohne jeglichen Aberglauben; dadurch übertrifft sie alle anderen Wissenschaften."

9 Die frühneuzeitliche Perspektivlehre wurde entschieden von Leon Baptista Albertis (1404-1472) Schrift „De pictura" von 1435 und von Daniele Barbaros (1513-1570) „La prattica della perspettiva" von 1568 beeinflußt.

10 The age of the marvelous, 1991, S. 251-252. Hulten & al., 1987.

11 Philippovich, 1966, S. 23-31.

12 Im Italienischen heißen sie dementsprechend „pietre paesane", Landschaftssteine. Baltrušaitis, 1984.

13 Etwa Pokalen, die Naturalien wie Nautilusgehäuse, Narwalzahnsegmente, exotische Nüsse, Bezoarsteine, o.ä. in aufwendigste, kostbarste Goldschmiedemontierungen faßten, oder Tischaufsätze, die aus Korallen oder unbearbeiteten Mineralien Landschaften nachbildeten, mitunter gar „belebt" von montierten Skeletten.

14 Florenz, Museo dell'Opificio delle Pietre Dure, Inv. 780, s. Giusti & al. 1978, Nr. 580, Taf. 510, dort mit Vorbehalt Domenico Remps zugeschrieben, bei Lugli 1998, Farbtafel I, anonym.

15 Richter 1995; Kubovy 1993.

16 Bencard 1998. Klaus Maurice: Der drechselnde Souverän. Zürich 1985.

17 Devices of wonder, 2001, S. 236-238.

18 Art de la nacre, S. 26-37; De wereld binnen handbereik, Katalogband, S. 58-61.

19 Ein archäologischer Fund könnte darauf hinweisen, daß Kalkspat Wikingern als Navigationshilfsmittel – sein Polarisationseffekt ermöglicht die Lokalisierung der Sonne bei bewölktem Himmel – gedient haben mochte. Erasmus Bartholin, Experimenta crystalli islandici disdiaclastici quibus mira et insolita refractio detegitur. Kopenhagen 1669.

20 Teylers Museum, Instrumentensaal, Vitrine VII: Uranglasgeschirr, 19. Jahrhundert. Den freundlichen Hinweis auf frühere Bekanntheit von Uranglas verdanke ich Marijn van Hoorn, 23.4.2002. Ob Ulexit, ein Bor-Mineral mit natürlich lichtleitender Faserstruktur, bereits als solches in Naturalienkabinetten bekannt war, bedarf noch der Nachforschung; frdl. Hinweis Werner Nekes.

21 Bragg, 1935, S. 27-28.

22 Schlosser, 1978, S. 40.

23 Der naturmagische Effekt der Micrographie hatte eine Entsprechung in der jüdischen Kabbala, in der Micrographie ebenfalls weit verbreitet war.

24 Vgl. den Beitrag über die Camera Obscura von Larry Schaaf in diesem Band.
25 Hieronymus Cardanus, De subtilitate libri, Nürnberg 1550, erwähnt die Sammlung von Lichtstrahlen in der Öffnung einer Camera Obscura durch ein „vitrum", also Glas, doch ob dies ein Spiegel oder eine Linse war, ist unklar. Daniele Barbaro, La pratica della perspettiva, Venedig 1568, beschreibt indessen eindeutig eine Linsen-und-Blenden-Kombination in einer Camera Obscura; Hick, S. 28-30.
26 The age of the marvelous, 1991, S. 356.
27 The age of the marvelous, 1991, S. 352-356.
28 Van Helden, 1999, S. 7-8. Möglicherweise wurde gar schon um 1570 in England ein Teleskop mit Sammellinse und und einem Okular-Hohlspiegel gebaut; ebd.
29 Brueghels und Rubens' Allegorie des Gesichtsinns von 1617 zeigt ein Teleskop als reales oder sinnbildliches Kunstkammerobjekt, wenige Jahre nach Galileis ersten Experimenten von 1609.
30 Hulten & al. 1987, S. 34.
31 Bernes, 1997, S. 319.
32 Autopsie Dezember 2001. Rosenborg ist heute ein Teil Kopenhagens.
33 Devices of wonder, 2001, S. 241-247.
34 Zitiert nach Schiedlausky, 1984, S. 13.
35 The age, S. 265-266.
36 Bernes, 1997, S. 289-291. Isaac Newtons „Optics" erschien 1704; Morton & Wess, 1993, S. 43.
37 Turner, 1985, S. 222.
38 Morton & Wess, 1993, S. 43. Grau, 1988.
39 Wien, Kunsthistorisches Museum, Kunstkammer, Inv. 4804-4823, abgeb. in: Spielwelten der Kunst, 1998, S. 70.
40 Anonym ersterschienen 1704 in Hamburg; Slg. Werner Nekes.

Text: Kolberg – Die Animation der Kunstfigur, S. 210-221

1 Karl Vorländer: Philosophie des Altertums, Geschichte der Philosophie I, mit Quellentexten, Hamburg 1963, S. 29f.
2 Ebd., S. 143f.
3 Ebd., S. 29.
4 Chris Hables Ray: Die Cyborgs sind unter uns, in: Wunschmaschine, Welterfindung. Eine Geschichte der Technikvisionen seit dem 18. Jahrhundert (Hg. Brigitte Felderer), Ausst.-Kat. Kunsthalle Wien 1996, S. 398-410.
5 Zu Platons Politeia zit. nach Paulys Realencyclopädie der Classischen Altertumswissenschaft, neue Bearb. Begonnen von Georg Wissowa, fortgeführt von Wilhelm Kroll und Karl Mittelhaus, 40. Halbband, Stuttgart 1950, S. 2456 und 2459.
6 Ovid: Metamorphosen, zit. nach Ursula Weber-Woelk: Pygmalion, in: Wettstreit der Künste. Malerei und Skulptur von Dürer bis Daumier (Hg. Ekkehard Mai und Kurt Wettengl), Ausst.-Kat. Wallraf-Richartz-Museum/ Fondation Corboud der Stadt Köln, 2002, S. 394.
7 Plinius Secundus d. Ä.: Naturalis Historiae XXXVI, 65 ff. Übers. und hg. von R. König, München 1978, Buch 35.
8 Albert A. Hopkins: Magic-Stage Illusions. Special Effects and Trick Photography, New York 1898, 2. verbesserte Aufl. New York 1976.
9 Ebd., S. 204-207.
10 Ebd., S. 207.
11 Heron von Alexandrien: Pneumatica, 1589 erste Übersetzung aus dem Lateinischen ins Italienische von Giovanni Battista Aleotti: Quattro theoremi Aggicenti a gli artifitiosi spiriti de gli Elementi di Herone da M. Gio. Battista Aleotti su Terrare, Apresso Vittorio Baldini, stampator Ducale, MDLXXXIX.
12 Hopkins, Anm. 8, S. 208-210.
13 Ebd., S. 210.
14 Ebd., S. 235.
15 Salomon de Caus: Von Gewaltsamen bewegungen. Beschreibungen etlicher, so wol nützlicher alß lustigen Machiner (...), Frankfurt/M. 1615.
16 Horst Bredekamp: Antikensehnsucht und Maschinenglauben. Die Geschichte der Wunderkammer und die Zukunft der Kunstgeschichte, Berlin 1993, S. 52f.
17 Hans Biedermann: Handlexikon der Magischen Künste. Von der Spätantike bis zum 19. Jahrhundert, Graz 1968, S. 142f.
18 Bernard Palissy, geb. um 1510, gest. 1589/90 in der Pariser Bastille. Keramiker, Schriftsteller der philosophischen Erkenntnistheorie, Geologie, Chemie und Feldmesserei. Angaben zu seiner Literatur in Thieme-Becker: Allgemeines Lexikon der Bildenden Künstler (Hg. Hans Vollmer), Bd. 26, Leipzig 1932, S. 160-162.
19 Géza Hajós: Automaten in Gärten, in Anm. 4, S. 510f.
20 Livre second du sont desseignées, plusieurs grottes, et Fontaines propres por l'oniement des palais maisons de plaisances et jardins per Salomon de Caus, Altesse Palationo Electorale à Francfort en la boutique de la Jan Norton, Libraire Anglois, 1615.
21 Les Raisons des forces Mouvantes avec diverses machines, tant utilles que plaisantes. Aus quelles sont adiontes plusieurs deßings grotes et fontaines de par Sal. de Caus, Ingenieur de architecté de son Altesse Palatine Electorale A Francfort en la boutique de Jan Norton, 1615, Erster Band, Tafeln 18, 20, 21, 22, 33, 35, 36, 38, 41, 44.
22 Bredekamp, Anm. 16, S. 68-71.
23 Ebd., S. 70, Anm. 160: Johann Valentin Andreae: Christianopolis (Hg. und Übers. Wolfgang Bisterfeld), Stuttgart 1972, S. 32f.
24 Wolfgang Pircher: Das Bild der Maschine, in: Anm. 4, S. 93-108, Abb. S. 95.
25 Ebd., S. 94 mit Abbildung des Frontispiz von Furttenbach, 1644.
26 Etwa in der schaubildartigen Radierung von Matthäus Merian: Bild der gesamten Natur und Spiegel der Kunst, in: Robert Fludd: Utrisque cosmi (...) historia, 1617, siehe Anm. 16, S. 69.
27 Zit. nach Bredekamp, Anm. 16, S. 69.
28 Siehe Anm. 6, S. 342f. mit Abbildung.
29 Siehe Traumwelt der Puppen, bearb. von Barbara Krafft, Beiträge verschiedener Autoren, Ausst.-Kat. Kunsthalle der Hypo-Kulturstiftung, München 1992, S. 131, Kat. u. Abb. 133.
30 Zit. nach Bredekamp, Anm. 16, S. 12; das Zitat Voltaires aus Voltaire: Sixième discours sur la nature de l'homme, in: ders.: Mélanges (Hg. Emmanuel Berl), Dijon 1961, S. 235.
31 René Descartes, zit. nach Ettore Lojacono: René Descartes. Die Welt als Fabel und der Mensch als Maschine, in: Spektrum der Wissenschaft, Biografie (Hg. Enrico Bellone), 3/2001, S. 46.
32 Gray, Anm. 4, S. 399.
33 Friedrich von Zglinìecki: Der Weg des Films, die Geschichte der Kinematographie und ihrer Vorläufer, Berlin 1956, S. 40.
34 Horst Bredekamp: Überlegungen zur Unausweichlichkeit des Automaten, in: Phantasmen der Moderne (Hg. Pia Müller-Tamm und Katharina Sykora), Ausst.-Kat. Kunstsammlung Nordrhein-Westfalen, Düsseldorf 1999, S. 96.
35 Heinrich Cornelius Agrippa von Nettesheim, in: Opera, 2 Bde., Hildesheim 1970, Bd.1, S. 13., zit. nach Bredekamp, Anm. 34, S. 98.
36 Pia Müller-Tamm und Katharina Sykora: Puppen, Körper, Automaten, Phantasmen der Moderne, in: Anm. 34, S. 69.
37 Thieme-Becker: Allgemeines Lexikon der bildenden Künstler der Antike bis zur Gegenwart (Hg. Hans Vollmer), 26. Bd., Leipzig 1927, S. 141.
38 Hopkins, Anm. 8, S. 370-374. Siehe dazu Harald Hartung: Der Türke im Automaten oder Die verborgene Regel, in: Frankfurter Allgemeine Zeitung, 12.3.2002, S. 53, und Ernst Strouhal: Uhrwerk und Schachspiel. Zur Motivgeschichte des Bildes der intelligenten Maschine, in: Anm. 4, S. 458f.
39 Wolfgang Müller-Funk: Die Maschine als Doppelgänger. Romantische Ansichten von Apparaturen, Automaten und Mechaniken, in: Anm. 4, S. 486.
40 Siehe Nancy Spector: Matthew Barney, The CREMASTER Cycle, Ausst.-Kat. Museum Ludwig, Köln 2002, S. 307-309 und S. 330, 332-333.
41 Siehe Stefan Morét in: Anm. 6, S. 354, Kat. u. Abb. 142.
42 Claus Peter Sesín: Künstliche Künstler, Robotik, in: Gehirn und Geist, Das Magazin für Hirnforschung und Psychologie, Spektrum der Wissenschaft, Nr. 2/2002, S. 52f.

Text: Krafft – Bilder verstecken – Bilder entdecken, S. 268-279

1 Die Anekdote, nach der Parrhasios den Sieg davontrug, spielt Anfang des 4. Jahrhunderts v. Chr. und findet sich bei C. Plinius Secundus d. Ä., Naturalis Historia, Buch 35, Kap. 36. Constanze Perez: Nachahmung der Natur. Herkunft und Implikation eines Topos. In: Die Trauben des Zeuxis, Münchner Beiträge zur Geschichte und Theorie der Künste Bd. 2, Hildesheim u.a. 1990, S. 1-39.
2 Das Ölbild „Umgedrehtes Gemälde" von Cornelis Norbert Gijsbrechts befindet sich im Statens Museum for Kunst, Kopenhagen. Vgl. Victor I. Stoichita: Das selbstbewußte Bild. Vom Ursprung der Metamalerei. München 1998, S. 308-312.
3 Thematisch geht der Beitrag aus von einer gemeinsam mit Dieter Nievergelt (Winterthur) entwickelten Idee für einen Vortrag, den ich bei der Jahrestagung 2001 des Arbeitskreises Bild Druck Papier in Bassano del Grappa hielt. Nahezu alle Aspekte dazu ließen sich mit Beispielen aus der Sammlung von Werner Nekes belegen, dem ich für seine großzügige Hilfe sehr dankbar bin. Gleichzeitig mit den „Versteckten Bildern" konnte so die Sammlung Nekes dem Arbeitskreis vorgestellt werden (vgl. Tagungsband Bassano 2001, in Vorbereitung).
4 Werner Nekes: Bilderwelten. In: Uta Brandes (Hg.), Sehsucht. Über die Veränderung der visuellen Wahrnehmung. Schriftenreihe Forum Bd. 4, Göttingen 1995, S. 95-102.
5 Eva Maria Schenck: Das Bilderrätsel, Hildesheim, New York 1973.
6 Rudolf Kippenhahn: Verschlüsselte Botschaften. Geheimschrift, Enigma und Chipkarte. Reinbek 1997; Simon Singh: Geheime Botschaften. Die Kunst der Verschlüsselung von der Antike bis in die Zeit des Internet. München, Wien 2000.
7 Karl-Ludwig Hofmann / Christmut Praeger: Bilder aus Klecksen. Zu den Klecksographien von Justinus Kerner. In: Justinus Kerner. Nur wenn man von Geistern spricht. Briefe und Klecksographien. Hg. von Andrea Berger-Fix, Stuttgart 1986, S. 125-152.
8 Aristophanes: Die Wolken, Vers 346-355; William Shakespeare: Hamlet, 3. Aufzug, 2. Auftritt; ders., Antonius und Kleopatra, 4. Aufzug, 14. Auftritt (Übersetzung von Ludwig Tieck).
9 Joachim Ringelnatz: Komm, sage mir, was du für Sorgen hast. In: 103 Gedichte, Berlin 1933; Christian Morgenstern: Bildhauerisches. In: Palmström. Berlin 1910.
10 Leo Perutz: Nachts unter der steinernen Brücke. Frankfurt/M. 1953 (geschrieben 1924-51), Kapitel „Die Sarabande".
11 Hofmann/Praeger (wie Anm. 7), S. 143-145.
12 Eugen von Philippovich: Kuriositäten Antiquitäten. Bibliothek für Kunst- und

Antiquitätenfreunde Bd. 46, Braunschweig 1966, S. 73-78; Jurgis Baltrušaitis: Imaginäre Realitäten. Fiktion und Illusion als produktive Kraft. Köln 1984, S. 55-89.

13 „In den Jahren seiner Gefangenschaft konnte der Kaiser, wenn er aus seinem Schlafzimmerfenster blickte, dieses mächtige Spiegelbild seiner selbst sehen, ein Scherenschnitt, mit dem Himmel als Hintergrund." Aus: Julia Blackburn: Des Kaisers letzte Insel. Berlin 1996, S. 21f.

14 Kerners „Kleksographien" (sic!) wurden fast 30 Jahre nach seinem Tod von seinem Sohn Theobald herausgegeben, Stuttgart 1890. Franz Pocci (Enkel, Hg.): Justinus Kerner und sein Münchener Freundeskreis. Leipzig 1928, S. 196, 206f.; Hofmann/Praeger (wie Anm. 7). In der Bayerischen Staatsbibliothek München befindet sich bei den „Pocciana" die Mappe 21 mit mehreren hundert Klecksographien.

15 Hofmann/Praeger (wie Anm. 7), S. 145-148.

16 Falaise (1902), Stockholm, Nordiska museet. Torsten Matte Schmidt (Hg.): Strindbergs Maleri. Malmö 1972; August Strindberg: Ockulta Dagboken 1896-1908. Faksimile mit Einführung von Torsten Matte Schmidt. Stockholm 1977, Bl. 50. Strindberg kannte offenbar nicht das Bilderbuch „Viola Tricolor" von Franz v. Pocci (München, New York 1875), in dem die Köpfe gemalter Personen durch ausdrucksvolle Stiefmütterchengesichter ersetzt sind – ursprünglich eine Persiflage Poccis auf den Realismus in der Malerei Courbets.

17 Peter Rühmkorf: Kleine Fleckenkunde. Leipzig 1988 (erstmals veröffentlicht 1982). Darin als Motto: „Die Methode Justinus Kerner / ist der beste Fleckentferner" sowie der „Gruß an Rorschach" zu einer eindeutig zweideutigen Kleksographie (S. 47): „Ich sehe was, was du nicht siehst, / und sag dir im Vertrauen: / Herr Doktor Arschroch, / der mich psychoanaliest, / er wird mich nie durchschauen." Wegen ihres Rätselcharakters begleiten Klecks-Bilder von Frieda Wiegand das Buch von Jürgen Dahl (Hg.): „Es steht hinterm Haus", Deutsche Rätsel aus dem Volksmund. Ebenhausen 1963.

18 Philippovich (wie Anm. 12), S. 23-32; Walter von Zur Westen: Graphische Spiele und Spielereien. In: Zeitschrift für Bücherfreunde 1936, II, S. 42-46; Christa Pieske: Such- und Vexierbilder. In: Gebrauchsgraphik, Jg. 33, 1962, H. 2, S. 32-37. Zum silbernen Regierungsjubiläum von Elizabeth II. 1978 wurde eine Vase hergestellt, deren etwas irreguläre Umrisse vor dunklem Hintergrund die ausgesparten Profile der Königin und Prinz Philips ergeben. Abgebildet in Hetty Paerl: Schattenspiel und das Spielen mit Silhouetten. München 1981, S. 63. – Drei simple, aber wirkungsvolle Vexierverfahren waren in den Kindermalbüchern des 20. Jahrhunderts beliebt: Latenzbilder, sog. „Überraschungsbilder", mit rauher weißer Farbe „unsichtbar" auf glattes weißes Papier gedruckt; mit darüberschraffierendem Bleistift, früher auch mit Silbermünzen zauberte man sie hervor. Bilder aus numerierten Punkten, die der Reihenfolge nach mit Linien verbunden werden müssen. Bilder mit sich kreuzendem, undefinierbarem Liniengewirr; die mit einem Pünktchen bezeichneten Felder waren mit einem Stift dunkel auszufüllen, bis die Darstellung hervortrat.

19 Sigrid Metken: Pierres animées – vivants petrifiés. Les montagnes anthropomorphes. In: Le sentiment de la montagne. Kat. Musée de Grenoble 1998, S. 73-83.

20 Pieske (wie Anm. 18); Adolf Spamer: Deutsche Volkskunde. Berlin 1935, Bd. 2, S. 377; Herbert Pfeiffer: Wende-Köpfe. Von der Kunst der drehbaren Bilder. Frankfurt/M., Leipzig 1993

21 Jeremy Adler / Ulrich Ernst (Hg.): Text als Figur. Kat. Herzog August Bibliothek, Wolfenbüttel 1987.

22 Georg Füsslin / Ewald Hentze: Anamorphosen. Geheime Bilderwelten. Stuttgart 1999; Carsten Jöhnk: Wege in die. Dimension. Von der Entdeckung der Zentralperspektive bis zum Autostereogramm. In: Das verführte Auge. Wege in die 3. Dimension. Hg. von Jörn Cristiansen, Kat. Focke-Museum, Bremen 2001, S. 16-19; Thomas Eser: Augsburger Anamorphosen des 18. Jahrhunderts. In: Augsburg, die Bilderfabrik Europas. Essays zur Augsburger Druckgraphik der Frühen Neuzeit. Hg. von John Roger Paas. Augsburg 2001, S. 173-188.

23 Füsslin (wie Anm. 22) S. 132-147.

24 In heutigen Pariser Chinalokalen kommt der süße Pflaumenwein zum Abschluß des Menüs in solchen Bechern mit Nacktfotos auf den Tisch, wobei man sorgfältig darauf achtet, daß Damen und Herren die jeweils entsprechenden Motive vorgesetzt werden.

25 Dieter Lorenz / Werner Nekes: Wechselbilder: Riefel- und Lamellenbilder. In: Museum heute 6, 1993, S. 27-40.

26 Jean-Frederic Oberlin. Le divin ordre du monde 1740-1826. Hg. von Malou Schneider und Marie-Jeanne Geyer, Kat. Les musées de la ville de Strasbourg, Mulhouse 1991, S. 50f.

27 Ausgaben in der Slg. Nekes: Jo. Baptista Porta: De Furtivis Literarum Notis Vulgo De Ziferis Libri Quinque. Neapel 1602, S. 26; deutsche Übersetzung: Giovanni Baptista della Porta: Magia naturalis. Oder: Hauß-Kunst und Wunder-Buch. Nürnberg 1713, S. 919f.; Nekes (wie Anm. 4).

28 Porta: Hauß-Kunst (wie Anm. 27), S. 920 f.; Carl J. Weber: Fore-Edge Painting. A Historical Survey of a Curious Art in Book Decoration. Irvington-on-Hudson, New York 1966.

29 Der Kopf des Menschen in zerlegbaren Abbildungen. Kurze leichtfaßliche Darstellung der einzelnen Teile des menschlichen Kopfes mit erklärendem Text bearbeitet von Dr. Ergo. Esslingen, München o.J. (um 1910/20). In der gleichen Aufmachung erschienen im J. F. Schreiber Verlag u.a. das Auge, die Mägen der Kuh, das Pferd.

30 Christa Pieske: Die Memento-mori-Klappbilder. In: Philobiblon, 4. Jg., H. 2, 1960, S. 125-145; dies.: Hersteller religiöser Kleingraphik. In: Arbeit und Volksleben. Deutscher Volkskundekongreß in Marburg 1965. Göttingen 1967, S. 180-197; Die letzte Reise. Sterben, Tod und Trauersitten in Oberbayern. Hg. von Sigrid Metken, Kat. Münchner Stadtmuseum, München 1984, S. 35f.

31 Hildegard Krahé: Lothar Meggendorfers Spielwelt. München 1983, S. 99-108.

32 Nicht zu verwechseln mit den ungenau so bezeichneten „Spinnwebbildern", die auf echte Mottengespinste gemalt sind, vgl. Philippovich (wie Anm. 12), S. 42-45; Hanna Egger: Glückwunschkarten im Biedermeier. München 1980, spricht von „Netzkappe" (S. 106).

33 Daniel Schwenter: Deliciae Physico-Mathematicae. Oder Mathemat: und Philosophische Erquickstunden. Nürnberg 1636, S. 522ff.; Volker Huber: Geschichten um das Flickbuch. Ein Begleitheft zu dem Flickbuch von Horst Antes. Offenbach a.M. 2001.

34 Corpus der Goethezeichnungen. Hg. von Rupprecht Matthaei, Bd. 5a. Leipzig 1963, S. 54 und Abb. 152, 153. Das Nachbild des Mädchens ist nachvollziehbar in der Reproduktion bei Petra Maisak (Hg.): Johann Wolfgang Goethe Zeichnungen. Stuttgart 1996, S. 228. Vgl. auch Frederick Burwick: Goethes „Farbenlehre" und ihre Wirkung auf die deutsche und englische Romantik. In: Goethe-Jahrbuch Bd. 111, 1994, S. 213-229.

35 A. Refell: Trugbilder. Eine Anleitung Erscheinungen, auf optischer Täuschung beruhend, nach Belieben hervorzurufen und wissenschaftliche Erklärung derselben. Stuttgart 1865.

36 Birgit Verwiebe: Lichtspiele. Vom Mondscheintransparent zum Diorama. Stuttgart 1997.

37 Trevor Denning: Translucent Playing Cards. Birmingham o.J. (1978); Erwin Kohlmann: Erotisches Kartenspiel des Biedermeier. Beiheft zur Faksimile-Ausgabe. Leipzig 1979.

38 KH. W. Steckelings: Leuchtender Stein. Über den Werdegang der Lithophanie. In: Photo Antiquaria, Mitteilungen des Clubs Daguerre, H. 1/2, 1994, S. 39-48.

39 Wisso Weiß: Zur Entstehung der schattierten Wasserzeichen. In: Gutenberg-Jahrbuch, 56. Jg., 1981, S. 103-111. Bildniswasserzeichen wurden von den italienischen Firmen Enrico Magnani in Pescia und Cartiere Miliani in Fabriano (bis heute) hergestellt. Für seine Hinweise herzlichen Dank an Herrn Dr. Frieder Schmidt, Deutsches Buch- und Schriftmuseum Leipzig.

40 L. de Villanova: La Papyrographie. Art de reproduire et de créer des dessins par transparence à l'aide de papiers de diverses épaisseurs. Paris 1897.

41 1875 ließ der Pariser Spielzeugfabrikant Edmond Rochard eine luxuriöse Porzellanpuppe patentieren, die in ihre Brustplatte ein Collier aus 23 Stanhopes eingearbeitet hat: Traumwelt der Puppen. Hg. von Barbara Krafft, Kat. Kunsthalle der Hypo-Kulturstiftung München 1991, S. 180-183.

42 Fonds J. F. Oberlin, Archives Municipales, Strasbourg.

43 Barbara Krafft: Coptographische Unterhaltungen. Ombres blanches, Cartes découpées, Halbschattenbilder. In: Festschrift für Christa Pieske, Arbeitskreis Bild Druck Papier Bd. 2, Münster u.a. 1999, S. 71-86; F. Marion: L'Optique. Paris 1867, S. 337f.

44 P. F. L. Hoffmann: Quelle nützlicher Beschäftigungen für die Jugend. Altona 1841, S. 79f.

45 Denis Bordat / Francis Boucrot: Les Théatres d'Ombres. Histoire et Techniques. Paris 1956, S. 109.

46 Marie Ursula Riemann-Reyher: Licht- und Schattenspiele – mit Schere und Messer statt Bleistift. Zu Adolph von Menzels Scherenschnitten. In: Marion Ackermann: SchattenRisse Silhouetten und Cutouts. Hg. von Helmut Friedel, Kat. Städtische Galerie im Lenbachhaus, München 2001, S. 120-140.

47 Marion (wie Anm. 43), S. 338-343. Grandville thematisiert am 21. Juli 1831 in „La Caricature" den „Alptraum des Polizeipräfekten oder Die Verschwörung der Spazierstöcke und Regenschirme". Ein Napoleon-Stock „umarmt" eine Marianne: Grandville: Das gesamte Werk. München 1969, Bd. 1, S. 87.

48 Grandville (wie Anm. 47), S. 60 und 62.

Text: Weidauer – So weit das Auge reicht, S. 280-291

1 Richard Wagner: Der Ring des Nibelungen. Vorabend: Das Rheingold (Uraufführung 1869 in München), Ende der vierten Szene.

2 Der Ire Robert Barker (1739-1806) gilt als der Erfinder des Panoramas.

3 Im Upper Circle des Gebäudes erkennt man zweifelsfrei das Gemälde „London from the Roof of the Albion Mills", das Henry Aston Barker (der Sohn Robert Barkers) gemalt hatte. Ob es sich bei dem im unteren Teil der doppelstöckigen Rotunde gezeigten Bild um das Panorama „The Grand Fleet at Spithead in 1791" handelt, ist gerade unter britischen Panoramaforschern strittig. Vgl. dazu: Wilcox, Scott, Erfindung und Entwicklung des Panoramas in Großbritannien. In: Katalog „Sehsucht. Das Panorama als Massenunterhaltung des

19. Jahrhunderts", Bonn 1993, S. 31. Im selben Katalog zweifelt Ralph Hyde (siehe seine Anmerkung zu II.28 auf Seite 133) an der Richtigkeit dieser Vermutung.

4 „Das Wahre hat keine Fenster. Das Wahre sieht nirgends zum Universum hinaus. Und das Interesse an Panoramen ist, die wahre Stadt zu sehen. ‚Die Stadt in der Flasche' – die Stadt im Hause. Was im fensterlosen Hause steht, ist das Wahre. So ein fensterloses Haus ist das Theater. Daher die ewige Lust an ihm: daher die Lust auch an den fensterlosen Rotunden, den Panoramen." (Benjamin, Walter: Das Passagen-Werk. In: ders.: Gesammelte Schriften, Bd. V./2. Hrsg. von Rolf Tiedemann und Hermann Schweppenhäuser, Frankfurt/M. (suhrkamp taschenbuch) 1991, S. 1008.)

5 Benjamin, Walter, Das Passagen-Werk. In: ders.: Gesammelte Schriften, Bd. V./1. Hrsg. von Rolf Tiedemann und Hermann Schweppenhäuser, Frankfurt/M. 1991, S. 272-275.

6 Dieser die Sehsucht des 19. Jahrhunderts äußerst treffend bezeichnende Begriff wurde von den englischen Panoramaforschern wiederentdeckt und inspirierte 1988 zu einer gleichnamigen Ausstellung (Hyde, Ralph, Panoramania! The art and entertainment of the „all-embracing" view. Introduction by Scott B. Wilcox, London 1988).

7 Vgl. auch: Oettermann, Stephan, Das Panorama. Die Geschichte eines Massenmediums. Frankfurt/M., 1980, S. 7.

8 Öl auf Holz, 66 x 62 cm; Musée du Louvre, Paris.

9 Aquarell, 10,5 x 31,6 cm; Kupferstichkabinett Berlin.

10 Öl auf Leinwand, 132 x 228 cm; Toledo, Museo del Greco.

11 Ausführlicher zu diesem Thema: Weber, Bruno, La nature à coup d'oeil. Wie der panoramatische Blick antizipiert worden ist. In: Katalog „Sehsucht", a.a.O., S. 20-27 (wie Anmerkung 3) sowie im selben Katalog der umfangreich bebilderte und kommentierte Abschnitt „Vorläufer: Vues und Veduten" (S. 106-123).

12 Ausführlicher dazu: Katalog „Ihr müsst alle nach meiner Pfeife tanzen". Totentänze vom 15. bis 20. Jahrhundert aus den Beständen der Herzog August Bibliothek Wolfenbüttel und der Bibliothek Otto Schäfer Schweinfurt. Hg. von Winfried Frey und Hartmut Freytag. Harrassowitz Verlag 2000, S. 107-109.

13 Katalog „Ihr müsst alle nach meiner Pfeife tanzen", a.a.O., S. 107f. (wie Anmerkung 12)

14 Barkers 1796 publiziertes Panorama-Patent ist abgedruckt in: Buddemeier, Heinz, Panorama, Diorama, Photographie. Entstehung und Wirkung neuer Medien im 19. Jahrhundert. München 1970, S. 163f.

15 Freilich war seine Erfindung keineswegs voraussetzungslos, wie speziell ein Blick auf die Geschichte des britischen Bühnenbildes, der illusionistisch-dekorativen Entwürfe und der topographischen Malerei in England zeigt. Zur vertiefenden Lektüre seien zwei Autoren besonders empfohlen: Altick, Richard, The Shows of London. Cambridge/Mass. 1978; sowie: Croft Murray, Edward, The Panoramic Room. In: Decorative Painting in England, 1537-1837, Band 2. Feltham, Middlesex 1970, S. 60-66. Zu Barkers Entwicklung des Panoramas: Wilcox, Scott, The Early History of the Panorama. In: Das Panorama in Altötting: Beiträge zu Geschichte und Restaurierung. München 1990, S. 9-16; und: Wilcox, Scott, The Panorama and Related Exhibitions in London. University of Edinburgh, M. Litt. Thesis, 1976.

16 Eine Serie von sechs Aquatintablättern, die vom Standpunkt der Albion Mills aus zusammengefügt eine vollständige Rundansicht Londons zeigen, wurde im Oktober 1792 veröffentlicht.

17 Der zweite, kleinere Ausstellungsraum im Upper Circle der Rotunde wurde erst 1795 eingebaut.

18 Comment, Bernard, Das Panorama. Die Geschichte einer vergessenen Kunst. Berlin 2000, S. 24.

19 Comment, Bernard, Das Panorama. a.a.O., S. 24 (wie Anmerkung 18).

20 Wilcox, Scott, Erfindung und Entwicklung des Panoramas in Großbritannien. In: Katalog „Sehsucht", a.a.O., S. 31 (wie Anmerkung 3).

21 Das Bild basierte auf einer Zeichnung von Thomas Hornor (1821) und wurde von Edmund Thomas Parris ausgeführt.

22 „Monthly Retrospect of the Fine Arts". In: Monthly Magazine, 21. April 1801.

23 Dazu ausführlich: Robichon, François, Die Illusion eines Jahrhunderts – Panoramen in Frankreich. In: Katalog „Sehsucht", a.a.O., S. 52-54 (wie Anmerkung 3).

24 Beide Schreibweisen gebräuchlich.

25 Zitiert nach: Comment, Bernard, Das Panorama, a.a.O., S. 49 (wie Anmerkung 18).

26 Meyer, André, Das Panoramagebäude: Zweckbau und Monument. Formen und Funktionen einer Baugattung des 19. Jahrhunderts. In: Zeitschrift für Schweizerische Archäologie und Kunstgeschichte, 42 (1985), Heft 4, S. 276.

27 Hier irrte Breysig, denn Barkers Patent wurde, wie oben erwähnt, bereits 1787 erteilt.

28 Noch 1889 war die Priorität Barkers als Erfinder des Panoramas umstritten. Vgl. dazu: Hausmann, S., Die Erfindung der Panoramen. In: Kunst für Alle, 4. Jahrgang, 1889, S. 198 ff.

29 Ausführlich dazu: Oettermann, Stephan, Die Reise mit den Augen – „Oramas" in Deutschland. In: Katalog „Sehsucht", a.a.O., S. 43 f. (wie Anmerkung 3).

30 Schinkel malte 1808 sein Panorama „Palermo, gesehen von der Terrasse des Kapuzinerklosters", das in einer hölzernen Rotunde auf dem Berliner Hedwigkirchplatz zu sehen war. Ausführlich dazu: Oettermann, Stephan, Die Reise mit den Augen..., a.a.O., S. 44-46 und Kat.Nr. II.80 (wie Anmerkung 29).

31 Sein „Panorama von Berlin vom Dach der Friedrich Werder'schen Kirche", das 1834 entstand, ist noch heute im Schinkel-Pavillon des Charlottenburger Schlosses zu besichtigen. Genaugenommen handelt es sich dabei jedoch um ein aus sechs Tafeln zusammengefügtes Winkelpanorama, das zu seiner Präsentation zwar eines eigenen Raumes bedarf, aber nicht zwingend an die architektonische Form einer eigens errichteten Rotunde gebunden ist.

32 Goethe, Johann Wolfgang, Italienische Reise, 2. Teil. In: ders., Werke (Sophienausgabe) I. Abt., Bd. 30, S. 82.

33 Goethe, Johann Wolfgang, Italienische Reise, a.a.O., S. 90 (wie Anmerkung 32).

34 Oettermann, Stephan, Das Panorama..., a.a.O., S. 9f. (wie Anmerkung 7).

35 Einen umfassenden Überblick über die vielfältigen Spielarten der Kleinst- und Zimmerpanoramen bietet: Oettermann, Stephan, Das Panorama..., a.a.O., S. 52-56 (wie Anmerkung 7).

36 Ausführlich: Schivelbusch, Wolfgang, Geschichte der Eisenbahnreise. Zur Industrialisierung von Raum und Zeit im 19. Jahrhundert. Frankfurt/M. 1989.

37 Oettermann, Stephan, Das Panorama..., a.a.O., S. 192 (wie Anmerkung 7).

38 Weidauer, Astrid, Berliner Panoramen der Kaiserzeit. Berlin 1996.

39 Adorno, Theodor W., Versuch über Wagner. In: Ders., Die musikalischen Monographien, hrsg. von Gretel Adorno und Rolf Tiedemann. Frankfurt/M. 1990, S. 105.

40 Sternberger, Dolf, Panorama oder Ansichten vom 19. Jahrhundert. Frankfurt/M. 1974 (bes. Kapitel IV und V); Benjamin, Walter, Das Passagenwerk, a.a.O. (wie Anmerkungen 4 und 5).

41 Friedell, Egon, Kulturgeschichte der Neuzeit. Die Krisis der europäischen Seele von der schwarzen Pest bis zum Ersten Weltkrieg. Ungekürzte Ausgabe in einem Band, München o.J., S. 1039.

42 Brod, Max, Über die Schönheit hässlicher Bilder. Ein Vademecum für Romantiker unserer Zeit. Leipzig 1913, S. 59.

43 Comment, Bernard, Das Panorama..., a.a.O., S. 119 (wie Anmerkung 18).

44 Benjamin, Walter, Das Passagen-Werk, a.a.O., S. 511ff. (wie Anmerkung 5).

45 Sternberger, Dolf, Panorama oder Ansichten..., a.a.O., S. 168 (wie Anmerkung 40).

46 Sie sind vollständig aufgeführt bei: Comment, Bernard, Das Panorama..., a.a.O., S. 257ff. (wie Anmerkung 18).

47 Ausführlich dazu: Katalog „Sehsucht...", a.a.O., S. 293-299 (wie Anmerkung 3) / Comment, Bernard, Das Panorama..., a.a.O., S. 248-256 (wie Anmerkung 18) / Weidauer, Astrid, Berliner Panoramen der Kaiserzeit, a.a.O., S. 43f. (wie Anmerkung 38).

Text: Verwiebe – Lichtspiele und Bewegungsbilder, S. 314-327

1 Vgl. Ulrike Hick: Geschichte der optischen Medien, München 1999, S. 293.

2 Gilles Deleuze: Das Bewegungsbild. Kino 1, Frankfurt/M. 1989, S. 18.

3 Werner Hofmann: Grundlagen der modernen Kunst, Stuttgart 1966, S. 298.

4 Friedrich Johann Lorenz Meyer: Darstellungen aus Italien, Berlin 1792, S. 287.

5 Georg Melchior Kraus: Portative Mondscheintransparents, in: Journal des Luxus und der Moden, Weimar 1799, 13. Jg., Bd. 11, S. 594.

6 Vgl. Jonathan Mayne: Thomas Gainsborough's Exhibition Box, in: Victoria and Albert Museum Bulletin, London 1965, 1. Jg., Bd. 3, S. 17-24.

7 James A. Leith, Andrea Joyce: Face à Face. French and English Caricatures of the French Revolution and its Aftermath, Toronto 1989, Kat. Nr. 19.

8 F.W.J. Schelling: Vorlesungen über die Philosophie der Kunst, in: Sämtliche Werke, 1. Abt., Bd. 5, Stuttgart 1859, S. 379.

9 Novalis: Werke und Briefe, hg. von A. Kelletat, Stuttgart 1975, S. 450.

10 W. Sumowski: Caspar David Friedrich Studien, Wiesbaden 1970, S. 223.

11 Alina Dobrzecki: Die Bedeutung des Traumes für C.D. Friedrich. Gießen 1982, S. 104.

12 Eine weitere transparente Mondscheinlandschaft von Caspar David Friedrich (23 x 36 cm) befindet sich seit 1996 in The Pierpont Morgan Library, New York.

13 Ludwig Catel: Darstellung von merkwürdigen Gegenden und berühmten Bauwerken in der Art der Panoramen, in: Spenersche Zeitung, Berlin, 20.12.1808.

14 Franz Kugler: Karl Friedrich Schinkel, Berlin 1842, S. 150.

15 Ebd.

16 Gustav Friedrich Waagen: Karl Friedrich Schinkel als Mensch und Künstler, Berlin 1844, Reprint 1980, S. 348.

17 Spenersche Zeitung, Berlin, 24.12.1812.

18 Herrmann Specker: Die Transparentbilder von F. N. König, in: Berner Zeitschrift für Geschichte und Heimatkunde, Bern 1962, S. 125.

19 Aarauer Zeitung, Nr. 40, 1.4.1820, S. 158.

20 Keines der Daguerreschen Diorama-Transparente hat sich erhalten.

21 Journal de Paris, 22.7.1822, zit. n. Helmut und Alison Gernsheim: L.J.M.

Daguerre. The History of the Diorama and the Daguerreotype, London 1956, S. 17.
22 La Quotidienne, Paris, 4.8.1822, zit. n. ebd.
23 Almanach des Spectacles, Paris 1823, S. 240, zit. n. ebd.
24 Charles Marie Descombes: Histoire anecdotique de Théâtre, Paris 1856, zit. n. Helmut und Alison Gernsheim, ebd.
25 Gustave Deville: Biographies des Hommes du Jour, Paris 1841, zit. n. Gernsheim, ebd.
26 The Mirror of Literature, Amusement and Instruction, London 26.3.1825, zit. n. Gernsheim, ebd.
27 Erich Stenger: Daguerres Diorama in Berlin, Berlin 1925, S. 26.
28 Ebd.
29 Vgl. W. Neite: The Cologne Diorama, in: History of Photography, Vol. 3, Nr. 2, April 1979, S. 105-109.
30 Vgl. Karl Heinz W. Steckelings: Leuchtender Stein. Über den Werdegang der Lithophanie, in: Photo Antiquaria, Mitteilungen des Club Daguerre, 1995, S. 2.
31 Institut national de la propriété industrielle, Patentliste vom 21.2.1849, Patentnr. 7974; Vgl. auch Laurent Mannoni: Le grand art de la lumière et de l'ombre. Archéologie du cinéma, Paris 1994, S. 180.
32 Patents for Invention, Abridgements of Specifications Relating to Photography, Bd. 2, London 1872, S. 55.
33 Dolf Sternberger, Panorama oder Ansichten vom 19. Jahrhundert, Frankfurt/M. 1974, S. 13.

Text: Thiele – Der Augenblick des Verweilens und die Flüchtigkeit des Blickes, S. 354-361

1 Friedrich von Zglinicki: Wege des Films, 2 Bände, Hildesheim 1973.
2 Koschorke in Harro Segeberg (Hg.): Die Mobilisierung des Sehens. Zur Vor- und Frühgeschichte des Films in Literatur und Kunst, Mediengeschichte des Films Bd. 1, München 1996, S. 160.
3 J. A. Eberhard: Handbuch der Ästhetik, Halle 1807; zit. nach Heinz Buddemeier: Panorama, Diorama, Photographie. Entstehung und Wirkung neuer Medien im 19. Jahrhundert, München 1970, S. 174; vgl. auch Koschorke, a.a.O., S. 154ff.
4 Vgl. Monika Wagner: Bewegte Bilder und bewegte Blicke. Darstellungsstrategien in der Malerei des 19. Jahrhunderts. In: Segeberg, a.a.O., S. 184ff.
5 Ebd, S. 177ff.
6 Ebd., S. 180.
7 Vgl. Marianne Viefhaus-Mildenberger: Film und Projektion auf der Bühne, Emsdetten 1961, S. 36ff.
8 Buddemeier, a.a.O., S. 25ff.
9 Ebd., S. 27.
10 Jens Thiele: Zur Intermedialität des Papiertheaters – Die Papierbühne des 19. Jahrhunderts im Kontext der Unterhaltungskünste. In: Doris Weiler-Streichsbier (Hg.): „Es ist nichts, nur Papier, und doch ist es die ganze Welt" (Peter Hoeg). Papiertheater aus der Sammlung Helge Schenstroem, Ausstellungskatalog Landesmuseum Oldenburg, Oldenburg 1998, S. 45ff.
11 Vgl. Martin Deppner/Jens Thiele: Der Struwwelpeter. Zwischen Laterna magica und Postmoderne.
In: Kunst + Unterricht 197/1995, S. 10-11. Vgl. auch Thomas Kleinspehn: Der flüchtige Blick. Sehen und Identität in der Kultur der Neuzeit, Reinbek 1989, S. 241ff.
12 Vgl. Lothar Baier: Keine Zeit.
18 Versuche über die Beschleunigung, München 2000.

Text: Mannoni – Geburt und Kommerzialisierung der Chronophotographie, S. 362-377

1 Zum Stereoskop siehe Denis Pellerin: La photographie stéréoscopique sous le second Empire, Paris 1995; Françoise Reynaud, Catherine Tambrun, Kim Timby: Paris en 3D, de la stéréoscopie à la réalité virtuelle, 1850-2000, Musée Carnavalet – Histoire de Paris, Paris, Paris Musées, Booth-Clibborn Editions, 2000.
2 Zur Erfindung des Phenakistiskops siehe Joseph Plateau 1801–1883, Leven tussen Kunst en Wetenschap, Vivre entre l'Art et la Science, Living between Art and Science, Maurice Dorikens, met bijdragen van Laurent Mannoni, David Robinson, Giusy Pisano-Basile, Gent 2001.
3 Joseph Plateau: „Troisième note sur de nouvelles applications curieuses de la persistance des impressions de la rétine", Bulletin de l'Académie royale des sciences de Bruxelles, 1849, Bd. 16, Nr. 7, S. 38f.
4 Sie wurde zum ersten Mal reproduziert in L. Mannoni: „La Sensation de la vie: débuts de la stéréoscopie cinématographique", Paris en 3D, de la stéréoscopie à la réalité virtuelle, 1850-2000, Musée Carnavalet – Histoire de Paris, Paris, Paris Musées, Booth-Clibborn Editions, 2000, S. 136.
5 Henry Du Mont, Französisches Patent Nr. 49.520, 12. Juli 1861: „Photographischer Apparat zur Wiedergabe der aufeinanderfolgenden Phasen einer Bewegung".
6 Antoine Claudet, Englisches Patent Nr. 711, 23. März 1864: „Verbesserungen in der Stereoskopie".
7 Louis Ducos du Hauron, Französisches Patent Nr. 61.976, 1. März 1864: „Apparat zur photographischen Wiedergabe einer beliebigen Szene mit allen Veränderungen, die sie in einer gegebenen Zeit erfahren hat".
8 Jules Janssen: „Présentation du revolver photographique et épreuves obtenues avec cet instrument", Bulletin de la Société française de photographie, Paris, April 1876, S. 100.
9 Maschinenschriftliche Kommentare, Archiv Pierre Noguès, Filmbibliothek, Sammlung Cinémathèque française.
10 Nadar, Paris-Photographe, 1894, S. 3f.
11 L'Aéronaute, bulletin mensuel de la navigation aérienne, Paris, März 1874, Nr. 3, S. 90-100.
12 „Modifications de Photo-chronographie pour l'analyse des mouvements exécutés sur place par un animal", Comptes rendus des séances de l'Académie des sciences, Sitzung vom 15. Oktober 1888, Bd. 107.
13 Equitation, par le Commandant Bonnal, Paris, Librairie militaire de L. Baudoin et Cie, imprimeurs-éditeurs, 30 rue et passage Dauphine, 1890. Vgl. die Reproduktion der ersten Filme von 1889 in Laurent Mannoni: Etienne-Jules Marey, la mémoire de l'œil, Mailand-Paris, Mazzotta – La Cinémathèque française, 1999.
14 Marey, Patent Nr. 208.617, 3. Oktober 1890, „Photochronographischer Apparat".
15 Vgl. die Filmografie in Marta Braun: Picturing Time, The Work of Etienne-Jules Marey (1830-1904), Chicago-London 1992.
16 Englisches Patent Nr. 12.921, 15. August 1889, „Verbesserungen in der Herstellung und Vorführung von photographischen Momentaufnahmen." Zum Werk Donisthorpes vgl. die bemerkenswerte Arbeit von Stephen Herbert: Industry, Liberty, and a Vision, Wordsworth Donisthorpe's Kinesigraph, London 1998.
17 Vgl. zum Beispiel sein gemeinsam mit Mortimer Evans angemeldetes Patent: englisches Patent Nr. 10.131, 21. Juni 1889, „Verbesserter Apparat für schnelle Reihenphotographie."
18 Christopher Rawlence: The Missing Reel, London 1990.
19 Léon Bouly, Patent Nr. 235.100 vom 12. Februar 1892, „Photographischer Momentaufnahmenapparat zur automatischen und ununterbrochenen Gewinnung von Negativen zur Analyse der Bewegung oder anderen, genannt ‚Der Kinematograph'"; Patent Nr. 235.100 vom 27. Dezember 1893, „Reversibler photographischer und optischer Apparat für die Analyse und Synthese der Bewegungen, genannt ‚Kinematograf Léon Bouly'". Dieses zweite Patent ist abgedruckt in L. Mannoni, D. Pesenti Campagnoni und D. Robinson: Light and Movement, Incunabula of the Motion Picture 1420-1896, Gemona-Paris-Turin, 1995.
20 Pasquarellis Patent ist abgedruckt in Donata Pesenti Campagnonis Standardwerk Verso il cinema, Macchine spettacoli e mirabili visioni, Turin 1995, S. 213-217.
21 Amerikanischer Prospekt, herausgegeben um 1893, Don't Fail to See the Wonderful Electric Photographic Tachyscope, New York, o. J. Zum Werk von Anschütz liegt eine ausgezeichnete Studie von Deac Rossell vor: Ottomar Anschütz and his Electrical Wonder, Deac Rossell, London 1997; Faszination der Bewegung, Ottomar Anschütz zwischen Photographie und Kino, Basel-Frankfurt/M. 2001. Vgl. auch vom selben Autor: Living Pictures, The Origins of the Movies, New York 1998.
22 Die Gründungsakte wird in den Archives de Paris unter der Inventarnummer D31 U3 C 263 Nr. 960 aufbewahrt. Patent Nr. 77.132 vom 13. Juli 1867.
23 Zu Reynaud vgl. die immer noch unerreichte Arbeit von Maurice Noverre: La Vérité sur l'Invention de la Projection animée, Emile Reynaud, sa Vie et ses honoraires, Imprimé pour l'Auteur, Brest 1926.
24 Harper's Weekly, Nr. 1799, 13. Juni 1891.
25 Vgl. Gordon Hendricks: The Edison Motion Picture Myth, Berkeley und Los Angeles 1961, und The Kinetoscope, America's First Commercially Successful Motion Picture Exhibitor, New York, N. Y., The Beginnings of the American Film, 1966. Vgl. auch Charles Musser: History of the American Cinema, Charles Harpole, general editor, 1, The Emergence of Cinema: The American Screen to 1907, Charles Scribner's Sons, New York, Collier Macmillan Canada, Toronto, Maxwell Macmillan International, New York, Oxford, Singapur, Sydney, 1990.
26 Phonogram, Mai 1891, S. 122f.
27 Charles Musser: Filmmaking for Edison's Kinetoscope 1890-1895: A Filmography with Documentation, New York 1994; Edison Motion Pictures, 1890-1900, An Annotated Filmography, Gemona 1997.
28 Eugène Trutat: Bibliothèque photographique, La photographie animée, Paris 1899, S. 60.
29 H. R. Heyl: The Journal of Franklin Institute, Nr. 4, April 1898, S. 310-311.
30 Patentiert am 21. November 1894 vom Amerikaner Herman Casler, Nr. 549.309, „Mutoscope".
31 J. L. Breton: La Revue scientifique et industrielle de l'Année, Année 1897, Paris 1897, S. 215f.

Text: Loiperdinger – Sammler, Historiographie und gesellschaftlicher Bedarf, S. 406-411

1 Vgl. Kunst- und Ausstellungshalle der Bundesrepublik Deutschland: Sehsucht. Das Panorama als Massenunterhaltung des 19. Jahrhunderts, Basel, Frankfurt/M. 1993, S. 368.
2 Walter Benjamin: Eduard Fuchs, der Sammler und der Historiker, Zeitschrift für Sozialforschung 6, 1937, zitiert nach: Walter Benjamin, Das Kunstwerk im Zeitalter seiner technischen Reproduzierbarkeit, Frankfurt/M. 1963, S. 113.
3 Ebd., S. 141.
4 Laurent Mannoni: Le mouvement continué. Catalogue illustré de la collec-

tion des appareils de la Cinémathèque française, Milano, Paris 1996; zu Will Day vgl. The Will Day Historical Collection of Cinematograph & Moving Picture Equipment, 1895 – Revue de l'association française de recherche sur l'histoire du cinéma, numéro hors-série, Octobre 1997.

5 Vgl. zum neueröffneten Turiner Filmmuseum Mario Ricciardi, François Confino: Le nouveau Musée National du Cinéma à Turin/The New National Cinema Museum in Turin, in: Cinémathèque 19, Printemps/Spring 2001, S. 139-150; John Barnes hat im Eigenverlag schon früh zwei Teile eines selbsterstellten Katalogs der Sammlung veröffentlicht: John Barnes: Catalogue of the Collection. Part 1: Precursors of the cinema (1967); Part 2: Optical projection (1970). Barnes Museum of Cinematography, Saint Ives, Cornwall, England. Vgl. dazu die ausführlichen Einträge 672 und 723 in: Hermann Hecht, hg. von Ann Hecht: Pre-Cinema History. An Encyclopaedia and Annotated Bibliography of the Moving Image Before 1896, London, Melbourne, Munich, New Jersey 1993.

6 Vgl. dazu www.ex.ac.uk/bill.douglas

7 Carlo Alberto Zotti Minici (Hg.): Magiche visioni prima del Cinema. La Collezione Minici Zotti, Padova 2001.

8 John Barnes: The Beginnings of the Cinema in England 1894-1901, Exeter 1976-1998.

9 Vgl. das Standardwerk Laurent Mannoni: Le grand art de la lumière et de l'ombre – archéologie du cinéma, Paris 1994, und die Pariser Marey-Ausstellung mit der großartigen Monographie: Laurent Mannoni, Etienne-Jules Marey. La mémoire de Loeil, Milano 1999.

10 Vgl. Jacques Rittaud-Hutinet: Le Cinéma des origines. Les Frères Lumière et leurs opérateurs, Lyon 1985.

11 David Robinson, Stephen Herbert, Richard Crangle (Hg.): Encyclopedia of the Magic Lantern, London 2001.

12 Hermann Hecht, hg. von Ann Hecht: Pre-Cinema History, a.a.O.

13 Im Projektverbund „moving images & interfaces", der im Rahmen des vom Bundesministerium für Bildung und Forschung getragenen Programms „Neue Medien für die Bildung" arbeitet, erstellt Ludwig Vogl-Bienek ein Modul zur historischen Projektionskunst für den Hochschulunterricht. Eine Hypertext-Konfiguration zur Funktionsweise des Laterna magica-Apparats kann in der Ausstellung studiert werden.

14 Vgl. das reich illustrierte Begleitheft zur Ausstellung: Werner Nekes, Von der Camera Obscura zum Film. Eine Ausstellung zur Vorgeschichte des Films mit Objekten der Sammlung Nekes vom 11.4. bis 11.10.1992 im Broicher Wasserturm und im Ringlokschuppen in Mülheim an der Ruhr, hg. von der MüGa Landesgartenschau, Mülheim an der Ruhr 1992, 46 Seiten.

15 Der Dokumentarfilm „Was geschah wirklich zwischen den Bildern" wurde von Fernsehsendern in rund 50 Ländern ausgestrahlt und lief in 35mm-Kinofassungen in den USA, Kanada, Japan, Deutschland und Frankreich. Vier Teile von „Media Magica" waren im August 1998 in ARTE zu sehen.

Glossar der optischen Medien

Alabastra-Theater

[gr.: *alábastros* = Edelgips, der seinen Namen durch den Fundort nahe der ägyptischen Stadt Alabastron, ca. 300 v.Chr. erhielt]

Eine besondere Art der Zusammenführung von *Projektion und Theatervorstellung. Der Begründer der deutschen Kinoindustrie Oskar Messter (1866-1944) griff 1910 mit kinematographischen Mitteln eine ältere Idee auf, die bereits 1863 vom englischen Physiker der Royal Polytechnic Institution in London John Henry Pepper (1821-1900) als wirkungsvolles Ausstattungsmittel des Zaubertheaters angewendet und unter dem Namen Pepper's Ghost bekannt geworden war. Messters Verfahren, das sog. Alabastra-Theater, sollte den plastischen Film ersetzen. Es bestand aus einer transportablen Bühne von 3 x 4 x 3m. Unter der Bühne befand sich ein Kinoprojektor, der ein Filmbild, das nur Personen vor einem schwarzen Hintergrund darstellen durfte, auf eine Leinwand warf. Dieser undurchsichtige Bildschirm und der *Projektor standen auf gleicher Ebene – unterhalb der Bühne – und konnten vom Zuschauer nicht gesehen werden. Das Bild, welches das Publikum zu sehen bekam, reflektierte von dieser um 30° geneigten Leinwand auf eine durchsichtige Glasscheibe, die derart angebracht war, daß sie sich direkt vom Boden der Bühne hochzog. Das Publikum sah die projizierten Personen, als würden sie auf dem Boden der Bühne körperlich stehen und sich in der wirklich vorhandenen Dekoration bewegen. Die Idee fand, wenn auch in einer etwas abgewandelten Form, in den *Tanagra-Theatern auf Rummelplätzen Nachahmer.

Aléthoskop

[gr.: állos = anders; *skopeô* = schauen, sehen]

Ursprüngliche Bezeichnung für *Megalethoskop.

Anaglyphen

[gr.: *aná* = gemäß, entsprechend umstellen; *glypte* = geschliffener Stein]

Anáglyphikós = erhabenes Relief. Photographien oder Zeichnungen, deren linke bzw. rechte, in verschiedene Farben gehaltene Teilbilder übereinander kopiert werden. Bei Betrachtung mit komplementärfarbigen Brillen (z.B. rot-grün oder rot-blau) entsteht dabei ein räumlicher Eindruck. Die Tatsache, daß der rote Filter nur rotes Licht passieren läßt und grünes absorbiert, wobei der grüne Filter nur grünes Licht passieren läßt und rotes Licht absorbiert, macht man sich beim Anaglyphenverfahren zunutze. Jedes der zwei *Stereoteilbilder wird in zueinander komplementären Farben eingefärbt, im Anschluß daran werden die einfarbigen Halbbilder in einem einzigen Bild überlagert. Um diese überlagerten Bilder bei der Betrachtung den Augen wieder getrennt zuführen zu können, werden die bei der Aufnahme benutzten komplementären Farbfilter verwendet. Durch den roten Filter kann das grüne Bild in seinen Kontrasten wahrgenommen werden (die grünen Stellen erscheinen dann dunkel, weil das grüne Licht absorbiert wird) und umgekehrt. Auf diese Weise kann je nach Filter jeweils eines der überlagerten Bilder wahrgenommen werden, wobei damit die notwendige Trennung der beiden Teilbilder gelungen ist. Dieses Verfahren wurde 1853 von dem deutschen Mathematiker Wilhelm Rollmann (1821-1890) und unabhängig davon 1858 von dem französischen Wissenschaftler Jean Charles d'Almeida erdacht. Louis Ducos du Hauron (1837-1920) vertrieb Anaglyphen1894 in Paris.

Anamorphose

[gr.: *aná* = gemäß, entsprechend umstellen; *morphe* = Gestalt, Form]

Umgestaltung oder gesetzmäßig verzerrte Darstellung. Sie offenbart eine deutbare Gestalt erst nach der Entzerrung, durch Sichtwinkelveränderungen (z.B. Betrachten von der Seite) oder Benutzung eines geometrischen Spiegelkörpers oder einer Prismenoptik.

Anamorphosen verdeutlichen die Möglichkeit der Perspektive, unser Sehvermögen zu trügen. Die *Zentralperspektive täuscht Raum auf der Bildebene vor. Ihre Erfindung zwischen 1400 und 1500 leitete eine neue Zeit ein. Das Bild der Welt in einfache meßbare und begreifbare Linien zu zerlegen, veränderte die Kunst des Abendlandes. Um perspektivisch exakt zu zeichnen, bedienten sich die Künstler verschiedener Zeichenhilfen. Albrecht Dürer (1471-1528) benutzte als mechanisches Utensil ein Velum. Es bestand aus einem Holzrahmen mit einem Netz aus schwarzen Fäden. Vor dem Netz fixierte er den Visierstab und somit die Position seines Auges, den Blickpunkt. Beim Betrachten durch das Okular übertrug er die Umrisse des darzustellenden Objekts oder Modells auf eine gleichfalls in Quadrate eingeteilte Zeichenfläche. Beim Einnehmen eines anderen Blickpunktes konnten verkürzte oder verlängerte Perspektiven, veränderte Proportionen von Gegenständen gezeichnet werden, ohne sie zu entstellen. Nach denselben perspektivischen Gesetzen ist auch die Anamorphose konstruiert. Es handelt sich dabei um eine extreme Form, bei der ein Bruch zwischen Gestalt und Aufzeichnung stattfindet. Sie verdankt ihr Entstehen den gleichen Umständen, dem Austauschen des Blickpunktes innerhalb des Rasters. Die erste bekannte Anamorphose stammt von Leonardo da Vinci (1452-1519): eine wolkenähnliche Zeichnung, die beim schrägen Beschauen als ein Kinderkopf ‚entzerrt' wahrgenommen werden kann. Eine frühe Beschreibung publizierte I. L. Vaulezard 1630 in seiner Schrift *Perspective cylindrique et conique*, die er mit einer um 1625 entstandenen Zeichnung von Simon Vouet (1590-1649) illustrierte. Während aber für Leonardo oder den Dürerschüler Erhard Schön (1491-1542) die Anamorphose noch ein kühnes optisches Experiment war, wurde sie um 1630 bei den Pariser *Minimen* (gelehrte Mönche eines Minoritenordens in Rom) zum Gegenstand systematischer Untersuchungen. François Nicéron (1613-1646) und Jacques Ozanam (1640-1717) schrieben frühe theoretische Abhandlungen über die Anamorphose, die ihre Blütezeit im 17. Jahrhundert hatte. Verbreitet wurde sie auch über den Cartesianismus mit seinen philosophischen Zweifeln als Abwandlung des christlichen Vanitas-Gedankens. Auch böt die Anamorphose für Themen mit zweideutigem Inhalt eine ideale Tarnung. Im 18. Jahrhundert erfreute sich diese Kompositionsform mit verzerrter Perspektive großer Popularität, doch sie verlor gleichzeitig ihren metaphysischen Inhalt. Sie hielt als unterhaltsame optische Belustigung Einzug in die Haushalte. Anamorphosen werden in optische (*Längenanamorphosen, Anamorphosen auf geometrischen Körpern), katoptrische (Kegel-, *Pyramiden-, Prismen-, Zylinderanamorphosen) und dioptrische Anamorphosen (das Bild entschlüsselt sich in der Betrachtung durch eine facettierte Linse) unterteilt. Heute haben sie in modifizierter Form eine praktische Rolle im Alltag: Aufgemalte Zeichen und Aufschriften auf der Fahrbahn sind auf den spitzen Blickwinkel des Autofahrers abgestimmt.

Anamorphot

[gr.: *aná* = gemäß, entsprechend umstellen; *morphe* = Gestalt, Form]

Anamorphotisches Spezialobjektiv, welches das Kinobild horizontal um fast die Hälfte preßt und dann mit entsprechender Projektoroptik entzerrt wiedergibt.

Anamorphoten werden meist mittels Zylinderlinsen realisiert und dienen zur Erzielung eines Breitwandeffekts (*Cinemaskop). Dabei wird bei der Aufnahme durch die *Optik der horizontale Bildwinkel derart gestaucht, daß er das Filmbild vollends auszeichnet und bei der anschließenden *Projektion durch einen weiteren Anamorphoten so gedreht, daß das ursprüngliche Verhältnis von horizontalem zu vertikalem Bildwinkel wiederhergestellt und die aufgenommenen Gegenstände in ihren normalen Proportionen wiedergegeben werden. Der Mathematiker und Astronom Henri Chrétien (1870-1956) vom Optischen Institut in Paris hat 1925 das Verfahren entwickelt, das ihm 1952 von der 20th Century Fox abgekauft wurde und als Cinemascope-Breitwandbild herauskam.

Anorthoskop

[gr.: *anorthô* = berichtigen, *skopeô* = schauen, sehen]

Gerät zur Veranschaulichung des optischen Täuschungsphänomens der Verzerrung. Um 1824 untersuchte der Engländer Peter Mark Roget (1779-1869) folgende stroboskopische Täuschung, die als *Zaunphänomen bezeichnet wird: Sieht man durch einen Zaun einen Wagen, der vorüberfährt, so scheinen dessen Räder stillzustehen und die Speichen verlieren ihre Form. Unterstützung erfährt dieses Phänomen auch durch die *Nachbildwirkung. Wahrnehmungstäuschungen, die sich z.B. an Zahnrädern beobachten lassen, weckten die Neugierde mehrerer Wissenschaftler. Hervorgehoben sei der englische Physiker Michael Faraday (1791-1867), dessen Studien um 1821 in einen Apparat mit zwei gegeneinander drehbaren Zahnrädern mündeten. Bei gleicher Geschwindigkeit und Zähneanzahl boten sie den Eindruck eines feststehenden Rades. Wenn hingegen die Geschwindigkeit oder die Zähneanzahl differierten, bewegte sich der Zahnkranz scheinbar. Diese Anregung griffen der belgische Physiker Joseph Plateau (1801-1883) für seine Phenakistiskopscheiben und der Wiener Simon Stampfer für seine stroboskopischen Zauberscheiben auf. 1828 konstruierte Plateau das Anorthoskop, das erst 1836 in Frankreich für den Verkauf hergestellt wurde. Das Anorthoskop besteht aus zwei rotierenden Scheiben, die auf einer gemeinsamen Achse befestigt sind. Während auf der transparenten Scheibe eine anamorphotische Zeichnung dargestellt ist, weist die andere Scheibe vier kreuzförmig angeordnete Schlitze auf. Beim Drehen kann man die Darstellung durch die Schlitze entzerrt wahrnehmen, abhängig von dem Geschwindigkeitsverhältnis und der Rotationsrichtung der beiden Scheiben zueinander. Dem liegt die Bedingung zugrunde, daß die Scheibe mit der verzerrt gezeichneten Figur sich in entgegengesetztem Sinne viermal so schnell um dieselbe Achse dreht wie die Spaltscheibe. Der Beobachter kann dann das stehende Bild entzerrt betrachten.

Anthropomorphe Landschaftsbilder

[gr.: *anthropos* = Mensch; *zoe* = Leben; *morphein* = Gestalt annehmen]

Bilder mit gemalten oder gezeichneten Naturszenerien, die durch eine 90°-Wendung menschliche Gestalt annehmen. Auch zoemorphe Landschaftsbilder genannt, wenn Tierwelten in den Bildern versteckt sind.

Der Versuch, in den Rahmen eines einzigen Bildes ‚Porträts' aus sogenannten ‚Landschaftsmontagen' zu fassen, wurde im 17. und 18. Jahrhundert mehrfach von Künstlern unternommen. Erwähnt sei hier Matthäus Merian (1669-1716), dessen anthropomorphe Landschaft Athanasius Kircher (1602-1680) in seiner *Ars magna lucis et umbrae* (1646) publizierte. Denn für den Jesuitenpater kam das grandiose Schauspiel der Natur einem Wunder gleich, das von dem Gegensatz der Formen und eigenartigsten Kombinationen lebt, deren Zusammenhang Menschen den Gedanken einer schöpferischen Mannigfaltigkeit der Natur eingeben soll. Ähnliche, um 1780 entstandene ‚Naturdenkmäler', die gleichfalls Bewunderung und Erstaunen hervorrufen sollten, schuf auch Johann Martin Will mit seinen Bildern.

Applikationsbilder
Auch Tinselbilder genannt. Als Tinsel werden kleinformatige, ausgestanzte und reliefierte Gold- und Silberplättchen bezeichnet, die in verschiedenen Formen hergestellt wurden.
Als Schnüre, Bordüren oder Borten, aber auch als einzelne Sternchen, Monde, Rosetten und Blüten wurden Tinsel zur Ausgestaltung von Buchbinderarbeiten benutzt. Die häufigste Verwendung fanden Tinselmontierungen zur Verzierung von Wandschmuck. Die schablonenkolorierten Kreidelithographien, meist noch mit schwarz gestrichenem Rand, wurden ausgiebig mit Tinseln beklebt. Dabei betonte man die Konturen und Stoffmuster. Profane wie religiöse Bildmotive wurden von englischen und deutschen Bilddruckverlagen zwischen 1860 und 1875 herausgegeben. In den Applikationsbildern waren zweifellos Nachklänge der barocken Andachtsbildchen, mit Applikationen von Stoff und Metallfäden ausgestattet, zu erkennen.

Autochrome
[gr.: *auto* = in Zusammensetzungen auftretendes Bestimmungswort mit den Bedeutungen selbst, eigen; *chrome* = Farbe]
Farbphotoplatten nach dem Kornrasterverfahren der Gebrüder Lumière.
Die ersten Diapositive, bei denen das farbige Bild erstmals in *einem* Belichtungsgang erzeugt werden konnte, nennt man Autochrome. Als Erfinder gelten die Brüder Auguste Marie Nicolas (1862-1954) und Louis Jean (1864-1948) Lumière, vor allem bekannt durch die Erfindung des ersten brauchbaren *Kinematographen. Sie brachten 1907 die schon 1903 entwickelte farbige Autochrome-Platte auf den Markt. Die Technik war ein additives Rasterverfahren, wie es schon Arthur Louis Ducos du Hauron (1837-1920) Mitte des 19. Jahrhunderts zur Anwendung der Dreifarbentheorie vorgeschlagen hatte. Mikroskopisch kleine Körner der Kartoffelstärke wurden zu gleichen Teilen rot, grün und blau eingefärbt, dann gemischt und auf die Platte aufgetragen. Die Zwischenräume füllte man mit Ruß. Unter der Stärkekörner-Rußlage befand sich eine lichtempfindliche Gelatineschicht. Die Platten lieferten nach der Entwicklung ein Diapositiv. Die so erhaltenen Bilder eigneten sich als Vorlagen für den Farbendruck, vor allem aber für die *Projektion. Noch war das Verfahren aber etwas umständlich und nicht wirklich für Amateure geeignet. Dies änderte sich erst 1916, als die Firma Agfa ein neues Verfahren entwickelte: das Kornrasterverfahren bestand nicht mehr aus Stärkekörnchen, sondern aus gefärbten Harzpartikeln.

Automat
[gr.-lat.-franz.: *automat* = sich selbst bewegend]
Vorrichtung, die einen technisch eingeleiteten Vorgang ohne weiteres menschliches Zutun steuert und regelt.
Die Vorläufer der Automaten reichen bis in die Antike zurück. Überliefert sind u.a. Beschreibungen von einer fliegenden hölzernen Taube (um 400 v.Chr.) über eine kriechende Schnecke bis hin zum Androiden (Automaten in Menschengestalt) des Astronomen Claudius Ptolemäus (87-165. v.Chr.). Es handelte sich um geniale Mechanismen nach einfachen physikalischen Gesetzen, z.B. der Hydromechanik oder Pneumatik. Vom griechischen Mathematiker Heron von Alexandrien (um 150-100 v.Chr.) stammt ein Weihwasserautomat, der vor dem Tempel aufgestellt war und gegen Einwurf eines Geldstücks Weihwasser abgab. Auch hat er eine Automatenbühne – eine Art mechanisches Theater – entwickelt, deren Maschinerien von heißem Wasserdampf angetrieben werden mußten, um eine komplette Vorstellung zu geben. Anfang des 16. Jahrhunderts tauschten sich Leonardo da Vinci (1452-1519) und der Arzt und Philosoph Agrippa von Nettesheim (1486-1535) auf diesem Gebiet aus. Ersterer attestierte den bewegungsfähigen Automaten sogar eine gewisse ‚Lebenskraft'. Schon Mitte des 16. Jahrhunderts begann man Automaten zu bauen, die tanzten, Lauten schlugen, Flöten spielten, Gewehre abfeuerten u.v.m. Doch erst in Verbindung mit der von René Descartes (1596-1650) und Isaac Newton (1642-1727) geprägten mechanistischen Weltanschauung, wurden Automaten wieder erfolgreich. Berühmt wurden im 18. Jahrhundert die Automaten des französischen Physikers und Mechanikers Jacques de Vaucanson (1709-1789). Neben der körnerfressenden und -verdauenden Ente entstanden 1738 ein Flötenspieler und ein Tamburinspieler in seiner Werkstatt. Übertroffen wurden sie noch durch die sprechenden Androiden, die nicht nur Töne, sondern auch Worte ähnlich der menschlichen Sprache hervorbrachten. Die Wertschätzung der vollkommenen Automatenillusion war so groß, daß auch Geräte gebaut wurden, die gar nicht wirklich automatisch funktionierten, sondern von einem raffiniert verborgenen Menschen bedient wurden. Das berühmteste Beispiel ist der schachspielende Türke (1769). Als im Zuge der Industrialisierung im frühen 19. Jahrhundert die Technik immer alltäglicher wurde, verflog auch die Begeisterung für Automaten, und es vollzog sich ein Wandel: Die ehemals als mechanische ‚Kunststücke' betrachteten Automaten lebten um die Mitte des Jahrhunderts nunmehr als Spielwarenfabrikationen wieder auf.

Biedermeier-Glückwunschkarten
Grußkarten, deren Szenerie z.T. auch ‚mechanisch' verwandelt werden konnte durch Ziehen, Drehen oder Klappen.
Zu den kulturgeschichtlichen Zeugnissen der Biedermeierzeit (um 1815-1848) zählen Freundschafts- und Glückwunschkarten. Der Versuch, sich der allmächtigen Obrigkeit zu entziehen, schlug sich nicht zuletzt im Rückzug in die Privatsphäre nieder. So pflegte und kultivierte man die häusliche Welt und sah im Familienleben das höchste Glück. Darin fand man Raum genug für ein Schwelgen in Gefühlen, für Schwärmereien und Gemütsempfindungen. Freundschaft, Liebe und Treue bildeten die bevorzugten Themen der Wunschkarten, die sich zum Modeschlager entwickelten. Von den rund 100 Verlagen, die während der Biedermeierzeit Glückwunschkarten vertrieben, waren allein vierzig in Wien ansässig. Die Stadt war der Geburtsort der ‚mechanischen' Glückwunschkarte, die sich zwischen 1810 und 1830 durch eine schier unerschöpfliche Flut von witzigen Einfällen auszeichnete. Eine beliebte Form stellte die Streifenzugkarte dar, bei der eingesteckte und ausziehbare Zugstreifen oder Seidenbänder Bild und Text enthalten, die sichtbar werden, wenn man an den seitlich überstehenden Enden zieht. Ein weiterer populärer Typ war die Drehkarte, bei welcher der Szenenwechsel über einen durch Fadenknoten entstandenen Drehpunkt ermöglicht wird. Die Verbindung beider Systeme ergab die Hebelzugkarte, welche die Bewegung in alle Richtungen zuläßt. Raffinierteste Anordnungen und Kombinationen von Mechanismen ergaben unzählige Varianten, die allesamt die privaten Geheimnisse und Wünsche zu verbergen und spielerisch zu enthüllen suchten.

Bienenkorbbilder
Engl.: beehive-valentines, flowercage oder cobweb. Eine besondere Form von Freundschaftskarten.
Valentines nennt man im englischen Sprachraum die üppig verzierten Briefe und Karten, die als Freundschafts- oder Liebesgaben am Valentinstag, dem 14. Februar, verschenkt werden. Dieser Brauch stammt aus dem 17. Jahrhundert in England und fand in der viktorianischen Zeit große Verbreitung. Geschenke zum Valentinstag beruhen auf einer alten römischen Sitte, wonach am 15. Februar ein Frühlings- und Fruchtbarkeitsfest gefeiert wurde. Die Römer brachten diese Sitte mit nach England, die Christen verknüpften das heidnische Fest mit dem Tag des Heiligen Valentin, der am 14. Februar 270 den Märtyrertod starb. So wurde Sankt Valentin zum Schutzpatron der Liebenden. Zu den liebenswürdig dekorierten und gestalteten Karten gehören auch die Beehive Valentines (engl.: beehive = Bienenstock), die Motivpaarungen durch den Bienenstock-Effekt veranschaulichten: Ein rundes Stück Papier oder Karton mit konzentrisch versetzten Einschnitten kann an einem Faden nach oben gezogen werden und läßt dann eine darunter befindliche Darstellung zum Vorschein kommen.

Bilderuhr
Bilder in die eine laufende, zeitanzeigende Uhr mit Federwerk integriert ist.

Bioskop
[gr.-lat.: *bio* = Leben; *skopeô* = sehen, schauen]
Reihenbildprojektor der Brüder Skladanowsky.
Die Erfindung dieses Projektionsgeräts gelang den Brüdern Max (1863-1939) und Emil (1866-1945) Skladanowsky, die mit ihrem Vater Carl (1830-1897) als Vorführer von *Nebelbildern (*Dissolving views) tätig waren. Sie benutzten *Serienphotographien, die eine Zerlegung der einzelnen Bewegungsphasen ermöglichen, und deren Wiedergabe eine fließende Bewegung garantiert. Waren die ersten beiden Geräte noch eine Art Kurbelkästen, die keine flimmerfreie *Projektion ermöglichten, gelang Max Skladanowsky 1895 mit dem Bioskop der erhoffte Durchbruch: das Flimmern beseitigte er dadurch, daß er die Bildfrequenz pro Sekunde auf ein Maximum von 16 Bildern erhöhte. Sein Verdienst liegt darin, daß er die Erfindung von Ottomar Anschütz (1846-1907) – den *Schnellseher – mit der Idee von Thomas Alva Edison (1847-1931), den perforierten Film zu benutzen, geschickt zu verknüpfen wußte. Bei Anschütz hatte er den Doppelprojektor für Serienbilder, ein Gerät das Bewegungsphasen zu einem schnellen Bildablauf verschmelzen konnte, gesehen. Von Edison übernahm er das Filmmaterial, das durch die seitlichen *Perforationen einen ruckfreien Transport ermöglichte. Am 1. November 1895 führte Skladanowsky dem Publikum im Berliner Tiergarten erstmals diese Einrichtung zur *Projektion von Filmszenen vor.

Bi-Union
Engl. Bezeichnung – biunial lantern – für die Form einer doppelten *Laterna Magica für die *Projektion von *Nebelbildern.
Die Nebelbilder-Apparate bestehen aus zwei entweder übereinander oder nebeneinander angeordneten Laternen. Diese beiden Formen unterscheiden sich durch die Verwendung des Lichtes. Während bei letzteren Petroleum- oder Gasglühlicht zum Einsatz kam, das ununterbrochen in beiden Laternen brannte, konnte man bei den mit Kalk- oder Bogenlicht funktionierenden übereinander stehenden Laternen die nicht tätige Lampe ausschalten.

Blende
Vorrichtung zur Veränderung der relativen Öffnung des Objektivs.
Während bei einfachen Objektiven die Blende meist vor der *Linse eingebaut wird, befindet sie sich bei Doppelobjektiven zwischen den Linsen. Durch die Blende wird die Menge des einfallenden Lichts reguliert, ohne den Bildwinkel zu beschneiden. War diese Öffnungsblende früher häufiger als starre Lochblende konstruiert, findet sich heute eine variable Irisblende, die durch eine Vielzahl von Lamellen eine nahezu kreisrunde, verstellbare Öffnung bildet. Mit der Blende wird durch Veränderung des bildwirksamen Linsenquerschnitts neben der Bildhelligkeit auch die Schärfentiefe gesteuert. Die Wirkung der Blende ist daher

von größter Wichtigkeit für die Leistung der Objektive. So spielt sie z.B. eine große Rolle bei der *Photogrammetrie. Da in diesem Fall größte Bildschärfe gefordert ist, arbeitet man fast ausnahmslos mit kleinster Blendeneinstellung.

Camera Lucida

[lat.: *camera* = Kammer; *lux* = Licht]
Auch helle Kammer genannt. Gehört zum optischen Repertoire der Hilfsmittel für perspektivisches Zeichnen, welches die Beobachtung des Objekts auf einer Zeichenfläche ermöglicht.
Unter dieser Bezeichnung verbreitete ab 1807 der englische Chemiker und Physiker William Hyde Wollaston (1766-1828) dieses reine Zeichengerät, das fälschlicherweise den Namen ‚camera' trug. Es war eine Vorrichtung zum naturgetreuen Abzeichnen von Gegenständen. In ihrer Grundstruktur ist die Camera lucida ein Glasprisma mit zwei im 135°-Winkel geneigten, reflektierenden Oberflächen, die das Abbild einer Szene im rechten Winkel zum Auge des Betrachters erzeugt. Der Zeichner blickt mit einem Auge durch ein Guckloch nach unten. Dabei werden die vom Gegenstand kommenden Lichtstrahlen vom Prisma so abgelenkt, daß dem Zeichner sowohl der Gegenstand vor dem Gerät als auch dessen Projektion auf der Zeichenebene erscheint und damit ein leichtes Nachzeichnen möglich ist. Auch der spätere Erfinder des *Kalotypie-Verfahrens William Henry Fox Talbot (1800-1877) versuchte bereits 1833 die Landschaft am Comer See unter Zuhilfenahme dieses Gerätes zu skizzieren. Das Ergebnis fand er jedoch nicht zufriedenstellend: Zwar sahen die Zeichnungen durch das Prisma betrachtet eindrucksvoll aus, doch in Wirklichkeit hatte der Zeichenstift kein kunstvolles Bild hervorgebracht. Wenn auch anfangs die Begeisterung für das Hilfsinstrument groß war und es in verschiedenen Varianten gebaut wurde, so konnte es dennoch nicht das künstlerische Zeichentalent ersetzen. Dem zufolge fand die Camera lucida vorzugsweise auf dem Gebiet der technischen und wissenschaftlichen Zeichnung Verwendung.

Camera Obscura

[lat.: *camera* = Kammer; *obscur* = dunkel]
Auch dunkle Kammer genannt. Gilt als direkter Vorläufer der photographischen Kamera.
Zunächst verstand man darunter ein völlig abgedunkeltes Zimmer, in das durch ein kleines Loch in der Wand Tageslicht einfiel. Das so gebündelte Licht erzeugte auf der dem Loch gegenüberliegenden Wand ein seitenverkehrtes und auf den Kopf gestelltes Bild der Außenwelt. Das optische Funktionsprinzip wurde bereits in der Antike erkannt. Aristoteles (384-322 v.Chr.) berichtete in seinem Werk *Problemata* über eine folgenreiche Erscheinung, als er Wolkenabbildungen auf schattigem Erdboden unter einer stark von der Sonne beschienenen Platane entdeckte. 1038 wurde die Camera Obscura in einer Abhandlung des arabischen Gelehrten Ibn al Haitham (um 965-1039) zur Beobachtung einer Sonnenfinsternis erstmals richtig erkannt und beschrieben. Der englische Franziskanermönch und Naturwissenschaftler Roger Bacon (1214-1294) beschrieb die *Projektion von ‚Luftbildern' und soll damit das Prinzip der Camera Obscura benannt haben. Die ersten genaueren Beschreibungen verdanken wir Leonardo da Vinci (1452-1519), der erkannte, daß das Auge wie eine Camera obscura funktioniert. Die Konstruktion einer Camera obscura wird dem italienischen Gelehrten Giovanni Battista della Porta (1535-1615) zugeschrieben, der diese in der Erstausgabe seiner Schrift *Magia naturalis* (1558) detailliert und allgemein verständlich beschrieb. Er verwendete auch einen Hohlspiegel, um das kopfstehende Bild aufrecht zu stellen. Seit dem 16. Jahrhundert wurde die Abbildungsqualität durch Nutzung von Sammellinsen entscheidend verbessert. Das Einsetzen von *Linsen beschrieb der venezianische Edelmann Daniele Barbaro (1513-1570), der dieses als ein von ihm entdecktes Geheimnis reklamierte, 1568 in *La practica della perspettiva*. Des weiteren hat er als erster die Bedeutung des Abblendens erkannt und auf die später wichtig werdenden Anwendungen der Kamera als Zeichenhilfe hingewiesen. Der deutsche Jesuit Athanasius Kircher (1602-1680) beschrieb 1646 eine transportable Camera obscura, in deren Innerem das auf eine Transparentwand projizierte Bild der Außenwelt nachgezeichnet werden konnte. Seit dem 19. Jahrhundert war die Camera obscura derart ausgereift, daß sie als hochwertige Zeichenhilfe eingesetzt werden konnte und breite Verwendung fand. Der Engländer William Hyde Wollaston (1766-1828) benutzte 1812 statt der Sammellinse eine Meniskuslinse und führte eine *Blende ein, wodurch die Abbildungsqualität erheblich verbessert wurde.

Chamäleon Top

Auch *Optic marvel genannt.

Chinesisches Feuerwerk

Franz.: feux pyriques. Engl. artificial fireworks. Für das Chinesische Feuerwerk wird eine perforierte Tafel zuvorderst in einen *Guckkasten eingesetzt. Größe, Form Anordnung und Plazierung der Perforierungen bestimmen maßgeblich den gewünschten Effekt. Hinter ihr bringt ein Uhrwerkmechanismus eine transparente, mit bunten Spiralen bemalte und von Kerzenschein durchleuchtete Papierscheibe zum Drehen, deren Farbenspiel in der Brechung der Perforation die Bildtafeln animiert, so daß der Eindruck eines Feuerwerks entsteht.

Chinesische Schattenbilder

Auch *Ombres Chinoises genannt.

Choreutoskop

[gr.-lat.: *chor* = in Zusammensetzungen auftretendes Bestimmungswort, das sich auf den Tanz bezieht; *skopeô* = schauen, sehen]
Stroboskopische *Projektionseinrichtung.
Die Idee der ‚lebenden Bilder' wurde 1866 von dem Ingenieur L. S. Beale aus Greenwich durch die Verbindung von Lebensrad und *Projektion umgesetzt. Eine Form des Choreutoskops besteht aus einer rotierenden Metallscheibe mit einer Flügelblende, die nacheinander sechs verschiedene Stellungen eines tanzendes Skeletts zeigt; der Bildwechsel wird verdeckt. Bei einer anderen Form des Apparates werden die Figuren nebeneinander auf lange, durch Drehen einer Kurbel sprungweise weiter geschobene Bildträgerscheibe als Phasenbilder angebracht; der jeweilige Bildwechsel wird durch einen vor dem Bildfenster vorspringenden Verschluß abgedeckt und somit die *Projektion unterbrochen. Der Wechsel von Bild zu Bild vollzieht sich dadurch unsichtbar, und es entsteht der Eindruck, als ob sich das Skelett bewege. Sowohl dieses zeitweilige Aussetzen der Bilder (Intermittenz) als auch die Anwendung des Einzahnrades, das einen ruckweisen Transport der Bilder gewährleistet, waren wichtige Schritte zur Entwicklung der *Kinematographie.

Chromatrop

[gr.-lat.: *chrom* = Farbe; *trope* = kehren, wenden]
Laterna-Magica-Bild mit Farbenrad, das als Vorläufer des abstrakten Films angesehen werden kann.
Der englische Maler Henry Langdon Childe (1781-1874) erfand 1839 dieses mechanische Spiel für die *Laterna Magica. Die Chromatrope verlangen einen präzis wirkenden Mechanismus: Zwei runde Glasplatten mit genau abgestimmter Zeichnung sitzen in einem Zahnräderkranz. Durch Kurbelantrieb werden sie gegenläufig gedreht. Dabei bietet das farbige geometrische Muster der Scheiben ein Spektakel von abstraktem Farbenspiel und einem kinästhetischen Effekt, der durch Ausdehnung resp. Zusammenziehung des Musters entsteht.

Chronophotographie

[gr.: *chrono* = in Zusammensetzungen auftretendes Bestimmungswort mit der Bedeutung Zeit]
Photographisches Aufnahmeverfahren, mit dem hintereinander folgende Bewegungsphasen auf einem Bild festgehalten werden. Das Sichtbarmachen von Bewegungsabläufen erfolgt entweder durch eine serielle Anordnung der Einzelbilder oder durch mehrfach belichtete Simultan-Photographien. Etienne-Jules Marey (1830-1904) zählt neben Eadweard Muybridge (1830-1904) und Ottomar Anschütz (1846-1907) zu den herausragenden Erfindern dieser Technik. Bei der Untersuchung der Muskelfunktionen stieß der Physiologe und Arzt Marey auf das Problem, die Darstellung von Bewegungsarten und -abläufen veranschaulichen zu müssen. Nachdem er 1878 die *Serienphotographien von Muybridge gesehen hatte, fand er in der Photographie das entscheidende wissenschaftliche Beobachtungsinstrument für seine Studien. In den folgenden Jahren entwickelte er nunmehr selbst Apparaturen und Versuchsanlagen zur Herstellung chronophotographischer Bilder, wie z.B. das *Photographische Gewehr, eine Kamera, mit der er 12, später bis zu 30 Photographien pro Sekunde aufnehmen konnte. Auf diese Weise entstand eine Serie voneinander getrennter Momentaufnahmen, die aber anders als bei Muybridge, von einem einheitlichen Kamerastandpunkt ‚geschossen' wurden und deren Differenz durch ein Uhrwerk *zeitlich* – und nicht durch das Verhältnis der Bewegung zum Raum – bestimmt war. Dieses Verschlußprinzip behielt Marey auch bei den 1883 entwickelten Chronophotographien bei. Er nutzte eine schnell rotierende Scheibe mit Schlitzen als Verschluß zwischen Glasnegativ und Objektiv. Dadurch verhielten sich die einzelnen Körperhaltungen als Phasen eines Bewegungsablaufs weiterhin differentiell zueinander.

Cinemaskop

[gr.: *kiné* = in Zusammensetzungen auftretendes Bestimmungswort die Bewegung betreffend; *skopeô* = schauen, sehen]
Breitwandverfahren, Breitbildverfahren.
Der Begriff bezeichnet ein besonderes *Projektionsverfahren, bei dem die Wiedergabe von Filmbildern in einem Seitenverhältnis von mehr als üblich (1:1,37) bis zu 1:2,55 steht. Zugrunde lag die Idee, daß das etwas horizontal erweiterte Gesichtsfeld dem beidäugigen Sehen besser entspräche. Schon unmittelbar nach dem Bestehen der *Kinematographie wurden Versuche unternommen, den Betrachter durch Erweiterung des Bildfelds unmittelbar in das Geschehen hineinzuversetzen. 1900 zeigte Raoul Grimoin-Sanson (1860-1941) auf der Weltausstellung in Paris ein lebendes Rundbild (*Cinéorama) von 100m Umfang, erzeugt mit zehn im Kreis montierten Filmprojektoren. Auch wurde mit Breitwandvorführungen auf mehreren nebeneinander liegenden und gebogenen Bildwänden experimentiert. Der Mathematiker und Astronom Henri Chrétien (1870-1956) fand 1925 mit dem *Anamorphot das geeignete Objektivsystem, um superbreite Szenen seitlich zusammengequetscht im Film festzuhalten und bei der *Projektion wieder in die ursprüngliche Proportion zu dehnen, vergleichbar etwa dem *Zerrbild eines schlankmachenden und eines dickmachenden Jahrmarktspiegels. Das System bedurfte noch einer konkaven Großleinwand, hinter der drei stereophonische Lautsprecher angebracht waren, und eines Effektlautsprechers, mit dessen Hilfe man den Zuschauer ins filmische Geschehen zu zaubern versuchte. 1952 verkaufte Chrétien das System, das von nun an Cinemascope genannt wurde, an die 20th Century Fox.

Cinématograph-jouet

[franz.: *jouet* = Spielwerk]
Eine vereinfachte Form des *Mutoskops. Veränderungsseher in Spielzeugform.
Er besteht aus einem hochformatig rektangularen Pappkasten, in dem ein Papierstreifen mit versetzt aufgeklebten Bildern senkrecht eingelegt und, von einer Kugel

beschwert, straff gehalten wird. Mittels einer Kurbel bringt man die Bilder nacheinander in eine aufrechte Position. Ein kleiner Dorn an der Frontoberseite stoppt jedes Bild, bevor es in die aufrechte Position kommt.

Cliché-verre

[franz.: *cliché* = Negativ; *verre* = Glas]
Auch Diaphanradierung genannt. Ein für photographische Abzüge hergestelltes Glasklischee, in das die Zeichnung wie bei einer Radierung eingeritzt wird.
Für dieses Verfahren hatten schon mehrere Photographen, darunter auch William Henry Fox Talbot (1800-1877) das Urheberrecht beansprucht, bis der Landschaftsmaler und Photograph Eugène Cuvelier (gest. 1900) 1856 an die Öffentlichkeit ging und bekanntmachte, daß es bereits seit drei Jahren von einer Künstlergruppe praktiziert wurde. Die Technik ist einfach: Nach dem Überzug einer Glasplatte mit einer hellen, lichtundurchlässigen Schicht legt man die Platte auf eine dunkle Unterlage. Die Zeichnung wird mit einer feinen Radiernadel eingeritzt und anschließend wie ein photographisches Negativ behandelt, von dem man Papierabzüge fertigen kann. Das Bild ähnelt einer Radierung, die aber in der Linienführung größere Freiheit aufweist. Ab 1855 fand das cliché-verre in französischen Künstlerkreisen Verbreitung; vor allem anfangs bei der Gruppe von Arras, später in der Schule von Barbizon. Jean-François Millet (1814-1875), Camille Corot (1796-1875), Gustave Courbet (1819-1877), Eugène Delacroix (1798-1863) oder Charles-François Daubigny (1871-1878) zeigten großes Interesse am cliché-verre und experimentierten mit dieser Technik, die sie als neues künstlerisches Ausdrucksmittel einsetzten.

Coptographien

[gr.: *kóptein* = schlagen, schneiden]
Französich: Découpures oder *Ombres blanches. Englisch: Cut-outs. Ausschneidearbeiten, die aber keine ‚negativen' Scherenschnitte (Weißschnitte) im üblichen Sinne sind.
Die ersten Hinweise auf diese Arbeiten, die hauptsächlich berühmte Zeitgenossen darstellen, reichen bis in die 1780er Jahre zurück. Wird weißes Papier vor einer Lichtquelle gehalten, erscheint der helle Karton schwarz, die durchbrochenen Stellen hell. Im Kerzenschein läßt sich je nach Abstand von Licht und Projektionsfläche ein unterschiedlich großes, mehr oder weniger scharfes Bild, ähnlich einem *Schattenriß, an die Wand werfen, mit dem wesentlichen Unterschied, daß statt eines undurchsichtigen schwarzen Motivs die Ausschnitte sich in lichten Umrissen zeigen. Dieser um 1840 sehr in Mode gekommene Zeitvertreib erfaßte zunächst Holland und Frankreich und verbreitete sich im deutschsprachigen Raum unter der Bezeichnung coptographische Unterhaltung. Anleitungen in Spiel- und Beschäftigungsbüchern wurden zur Hilfe gezogen, bis dann fabrikmäßig hergestellte Bilderbögen die Fertigung vereinfachten: Man mußte nur noch den Linien der Ausschnitte mit einem spitzen Federmesser nachfahren. Der Schattentheaterforscher Denis Bordat nannte 1956 diese ausgeschnittenen Bilderbogenvordrucke Images mégalographiques wegen ihres stark vergrößerten Erscheinungsbildes an der Wand.

Cosmorama

[gr.: *kósmos* = Weltordnung; *horama* = das Gesehene]
Kleinform des *Panoramas.
Ein dunkler Raum war mit in der Wand angebrachten *Linsen versehen, durch die der Betrachter verschiedene Bilder am Ende eines schwarzen Tunnels erblicken konnte. Das erste Cosmorama wurde am 1. Januar 1808 in den glasüberdachten Galerien des Palais Royal in Paris eröffnet. Hier wurden dem Publikum Bilder aus der ganzen Welt vorgeführt. Die Dauerpräsentation wurde monatlich mit Darstellungen der wichtigsten Städte und ihrer Sehenswürdigkeiten erneuert.

Cosmoskop

[gr.: *kósmos* = Weltordnung; *skopeō* = schauen, sehen]
Betrachtungsgerät für großformatige Photographien.
Etwas gewölbt im Deckel eines Kastens angebracht und durch die *Linse betrachtet, wirken *Photographien in dem extra für Großformate gebauten Cosmoskop nochmals vergrößert und räumlicher. Es wurde von der Firma Frith & Co in England, einem der größten photographischen Unternehmen des 19. Jahrhunderts, hergestellt. Der Photograph Francis Frith (1822-1898) war als kaufmännischer Lehrling in Liverpool tätig gewesen, bevor er 1856 in Ägypten und Palästina Aufnahmen machte, die er mit großem Gewinn zu vermarkten wußte. 1870 hatte seine Firma über eine Million Photographien auf den britischen Inseln und dem europäischen Kontinent verkauft.

Cycloidotrop

[gr.: *kyklos* = Kreis, Ring; *trope* = kehren, wenden]
Laternenbild, auf das während der Projektion geometrische Muster in Ruß gezeichnet werden.
Das Gerät besteht aus einem Getriebe mit Zahnrad, in das man eine mit Rußschwärze überzogene Projektionsscheibe einlegt. Auf mechanischem Wege, mittels eines Griffels, werden während der Projektion schwarz-weiße, geometrische Muster eingeritzt. Erstmals wurde das Cycloidotrop 1861 von dem Erfinder und Direktor der Royal Polytechnic Institution in London John Henry Pepper (1821-1900) in *Scientific Amusement for Young People* erwähnt und als Magic Designer bezeichnet. In der Fachliteratur taucht das Gerät erst ab 1885 unter dem Namen Cycloidotrop auf. Unter dem Namen Invisible Drawing Master brachte es die Firma Alfred Pumphrey in Birmingham auf den Markt.

Cyclorama

[gr.: *kyklos* = Kreis, Ring; *horama* = das Gesehene].
Bezeichnung für Rundschau. Nach Photographien gemaltes *Panorama.
Daß das Geschehene packender wiedergegeben werden kann, wenn die Darstellung keine seitlichen Grenzen aufweist, hatte man schon mit dem *Panorama demonstriert. Die Bildgrenzen wurden für den Betrachter scheinbar aufgehoben, indem der Rahmen vom Bild gelöst und unter größerer oder geringerer Verkleinerung davor verlegt wurde. Dadurch wurde er zu einer Einblicköffnung wie beim Guckkasten, und das dahinter liegende Bild erschien dem Betrachter nunmehr ebenfalls als unbegrenzt und in seiner ‚Schaubarkeit' wirksam gesteigert. Dieses Prinzip wurde mit photographischen Mitteln im Cyclorama realisiert, das der Amerikaner Charles A. Chase 1894 in Chicago ausstellte: Bilder des Schlachtfelds von Gettysburg wurden mittels Projektion von Figuren animiert. Die panoramatische Photographie bestand aus zehn Einzelaufnahmen, für die jeweils ein wohlkalkulierter Aufnahmestandpunkt gewählt wurde, der dem späteren Betrachtungsstandort entsprach. In halber Höhe des Rundbildes war eine Plattform aufgebaut, auf der sich mehrere hundert Zuschauer aufhalten konnten. Von der Decke her bildeten die auf einer hängenden Lampe aufgebauten acht durch Bogenlampen betriebenen Doppelprojektoren einen Ring, innerhalb dessen der Vorführer stand. Das Auf- und Abblenden verschiedener Teile des Rundbildes sorgte für eine Steigerung der Illusion.

Daedaleum

[*gr.-lat.: daidallein = kunstfertig arbeiten*]
Auch *Wundertrommel genannt. Siehe *Zoetrop.
Vom Engländer William George Horner (1786-1837) entwickeltes Lebensrad, das sich zum Zeitpunkt seiner Entstehung (1834) jedoch nicht durchsetzte. Erst in den 1860er Jahren fand es – zuerst in den Vereinigten Staaten – unter dem Namen *Zoetrop oder *Wheel of life Verbreitung.

Daguerreotypie

Das erste praktikable photographische Verfahren, das nach seinem Erfinder Daguerre benannt wurde.
Schon während der Beschäftigung mit dem *Diorama wandte sich Louis Jacques Mandé Daguerre (1787-1851) der *Photographie zu. Nach eigenen Aussagen soll er in seinem Bemühen um ‚Unsterblichkeit' erkannt haben, daß nur das ‚Dauerhafte' seinen Ruhm vermehren könne, während dem *Diorama-Bild das Vergängliche zu eigen blieb. Das Verfahren bestand aus folgenden Vorgängen: Eine versilberte Kupferplatte wurde Joddämpfen ausgesetzt, dadurch bildete sich eine lichtempfindliche Silberjodidschicht. Nach Belichtungszeiten in der Kamera (anfangs 10-30 Minuten) wurde das *latente Bild durch Quecksilberdampf entwickelt, welcher sich an den belichteten Stellen niederschlug. Anschließend wurde die Platte in einer Kochsalzlösung fixiert und dann in destilliertem Wasser gespült. Doch die ersten Abbilder von Dauer, die unmittelbar durch die Einwirkung des Lichts in einer *Camera obscura erzeugt wurden, verdanken wir dem Franzosen Nicéphore Niépce (1765-1833). Diesem gelang schon 1827, ein beständiges Abbild nach der Natur auf einer asphaltbeschichteten Zinnplatte festzuhalten. Zwar gingen Daguerre und Niépce eine Zusammenarbeit ein, doch letzterer erlebte die Fertigstellung des Verfahrens nicht mehr. Den alleinigen Ruhm erntete Daguerre, nachdem er im Februar 1839 seine Erfindung der Französischen Akademie vorstellen durfte. Am 19. August desselben Jahres wurde sie dann der Öffentlichkeit übergeben. Innerhalb kürzester Zeit wurde die Daguerreotypie als populäre Porträtkunst entdeckt und blieb, in Europa bis zur Mitte der 1850er Jahre, in den USA noch länger, allgemein in Gebrauch. Wenn auch das Ergebnis der Daguerreschen Glanzleistung durch Schärfe, Brillanz und harmonisch verlaufende Tonwerte bestach, wies sie doch einige nicht zu unterschätzende Nachteile auf: Die Herstellung bedurfte eines erheblichen Aufwands an Apparaturen und Handgriffen, das erzeugte Bild war seitenverkehrt und konnte nur als Unikat gefertigt werden. Den Silberbildern fehlte ein entscheidendes Merkmal der modernen Photographie – die Vervielfältigbarkeit. Auf die Idee, von einem Negativ positive Abzüge zu machen, kam fast zeitgleich der Engländer William Henry Fox Talbot (1800-1877).

Daumenkino

Englisch: Flip-book.
Auch Abblätterbuch oder Folioskop genannt. Eine einfache Methode, Bilder in Bewegung zu setzen. Ohne komplizierte Geräte können eine Reihe von an sich unbewegten Bildern dem Auge so dargeboten werden, daß der Betrachter Bewegung zu sehen vermeint.
Gezeichnete, später auch photographierte oder gefilmte Phasenbilder, die übereinandergelegt sind, werden schnell mittels Daumen und Zeigefinger abgeblättert. Die ersten kleinen Bücher dieser Art erschienen Mitte des 19. Jahrhunderts und kamen unter verschiedensten Namen – *Kineograph (Bewegungsschreiber), Taschenkinoskop, Abblätter-Kineoskop, Kleinkinoskop, Postkartenkino, Taschenkinematograph – in den Handel. Für den deutschen Erfinder der Kinematographie, Max Skladanowsky (1863-1939), bildeten die Abblätterbücher mit kinematographisch aufgenommenen Einzelbildern jahrelang die Haupteinnahmequelle. Er nannte sie Biofix. Gedreht wurden die Sequenzen mit dem *Bioskop, das er selbst erfunden und 1892 erprobt hatte. Während vor der Erfindung der Photographie die Abblätterbuch-Hersteller die einzelnen Bewegungsphasen zeichnen mußten, behalf man sich in den 1850er

Jahren mit gestellten Zeitaufnahmen, d.h. es mußte jede einzelne Phase der wiederzugebenden Bewegung separat photographisch festgehalten werden. Auch wurden etliche Vorrichtungen ersonnen, die das Abblättern erleichtern sollten. Eine Methode war das Einsetzen des *Filoskops, eines Metallrahmens, in dem das Buch so eingespannt war, daß ein Hebel den Daumen ersetzen konnte. Eine besonders ausgefeilte mechanische Großform des Abblätterbuchs ist das *Mutoskop.

Diablerien

[lat.-it.: *diabolo* = Teufel]
Teufeleien. Bezeichnung für Stereokarten mit phantastischen Motiven, die gruselige Szenen mit Skeletten, Teufeln und Geistern zeigen.
Die zur Durchleuchtung gedachten Albuminabzüge sind hintermalt, perforiert und mit lichtbrechendem Pergamentpapier hinterklebt. Entstanden sind sie in Frankreich in den 1870er Jahren, wo sie sich großer Beliebtheit erfreuten. Sie wurden auch in Standbetrachtern gezeigt, die Magazine enthielten und mehrere Dutzend *Stereophotographien faßten.

Diaphanie

[gr.: *diaphan* = durchsichtig, durchscheinend]
*Transparentbild, das erst im Durchlicht das Motiv zu erkennen gibt.
Der Begriff steht für ein durchscheinendes Bild, dessen Beschaffenheit verschiedenen Techniken zu verdanken ist. Diaphanbilder wurden entweder direkt auf Glas gemalt oder als farbige Lithographien auf dünnes, mit Diaphanlack, einer Lösung von Harz in Terpentinöl, durchsichtig gemachtes Papier gedruckt und dann auf eine Glasplatte oder zwischen zwei solche Platten geklebt. Für den Betrachter erlangten sie erst gegen das Licht gehalten die rechte Wirkung. Eine schon im 16. Jahrhundert in der Schweiz verbreitete Form sind die dem Diaphanbild verwandten Kabinettscheiben, u.a. die Wappenscheiben. Auch *Lithophanien werden oft als Diaphanbilder bezeichnet. Der Maler Philipp Hackert (1737-1807) gilt als der Erfinder der diaphanen Bilder, die nach Meinung seiner Zeitgenossen aus den bekannten *Chinesischen Schattenbildern (*Ombres chinoises) und dem *Chinesischen Feuerwerk hervorgegangen sein sollen. Eine besondere Erwähnung in diesem Zusammenhang gilt dem Schweizer Franz Niklaus König, der durch seine Tätigkeit als Maler transparenter Lampenschirme auf die Idee gekommen war, ähnliche durchscheinende Gemälde in größerem Maßstab auszustellen und 1815 gegen Entgelt dem Publikum vorzuführen. Er bezeichnete sie als Diaphanoramen, die zu Vorläufern des *Dioramas werden sollte.

Diorama

[gr.: *dia* = durch; *horama* = das Gesehene]
Durchschaubild, das eine Bereicherung des panoramatischen Bildes durch Lichteffekte erzielt.
Im Gegensatz zum *Panorama beruhten die Effekte des Dioramas auf einem weit komplizierteren technischen Verfahren. Jedes Dioramabild, von denen immer zwei ausgestellt wurden, hatte eine Höhe von 22 m und eine Breite von 14 m. Als Farbträger diente transparente Leinwand, die je nach gewünschtem Effekt deckend oder durchscheinend bemalt wurde. Das Licht fiel teils durch ein Oberlicht vor dem Bild, teils durch Fenster in der Rückwand des Gebäudes ein und konnte sogar durch farbige *Blenden reguliert werden. Die Zuschauer saßen in Rängen in einem völlig dunklen Raum, der um seine Mittelachse gedreht werden konnte. Die Entfernung zwischen ihnen und dem Bild wurde durch einen schwarz drapierten Sehtunnel überbrückt, womit ein ähnlicher Effekt an Tiefenwirkung wie bei einem rahmenlosen *Guckkasten erzielt wurde. Nach dem Bestaunen des ersten Bildes, wurde der Zuschauerraum samt dem Tunnel vor das zweite Bild gedreht. Der spätere Erfinder der Photographie Louis Jacques Mandé Daguerre (1787-1851) war der Schöpfer dieses weltweit populären Mediums. Als er zur ersten Vorstellung am 11. Juli 1822 in der Rue Sanson einlud, war er dem Publikum schon als erfolgreicher Ausstattungschef der Pariser Oper bekannt. Hier machte er sich durch seine ungewöhnliche Geschicklichkeit, mit der er die *Trompe-l'œil-Malerei für illusionistische Bühnendekorationen praktizierte, einen Namen. Bald wurde er auch zum Fachmann für trickreiche Beleuchtungseffekte. Das Beherrschen dieser Techniken gab ihm den Anstoß zur Eröffnung des Dioramas, dessen bildliche Darstellungen, meist eine Landschaft und das Innere einer Kirche, verstärkt durch Lichteffekte, die Zuschauer ins Staunen versetzten. Ab 1834 überraschte Daguerre sein Publikum mit einer neuen Qualität, die auf eine Steigerung der Illusion abzielte. Mit der Erfindung des ‚Doppeleffekts' wurde es möglich, Veränderungen darzustellen. Das zweiseitig durchscheinend oder deckend bemalte Bild konnte im Wechsel von Auf- und Durchlicht erscheinen. Daguerres Schöpfung übte weltweit einen enormen Einfluß aus. In vielen europäischen und amerikanischen Städten wurden nach Pariser Vorbild Bauten errichtet (London 1823, Berlin 1927, Philadelphia 1838), in denen Vorführungen von *Transparentbildern stattfanden.

Dissolving Views

[engl.: *dissolvable* = auflösbar; *view* = Ansicht]
*Nebelbilder.
Der Ausdruck Nebelbilder bezieht sich weniger auf das, was die Bilder zeigen als auf die Projektionstechnik der Laterne.
Zwei Ansichten derselben Landschaft, z.B. einmal bei Tag und einmal bei Nacht, werden langsam ineinander projiziert, und zwar so, daß ein fließender Übergang erzielt wird. Zur *Projektion dieser Bilder benötigt man zwei Laternen (*Bi-Union), die mit Blendvorrichtungen oder der Möglichkeit der Lichtquellenregulierung versehen sind und auf demselben Niveau stehen, denn die Lichtkreise der beiden Apparate müssen auf der Bildfläche kongruent sein. Durch Ausblenden des einen Bildes und allmähliches Aufblenden des zweiten Bildes kann beispielsweise ein Dämmerungseffekt in die Darstellung einer Landschaft bei Tageslicht hineingebracht werden. Dieser wird durch dissolver, Verschlußvorrichtungen, die vor dem Objektiv befestigt werden, oder durch Drosseln der Lichtquelle erreicht. Eine noch erhaltene Eintrittskarte für eine Vorstellung aus dem Jahr 1833 kündigte „dessolvent views" an, was bedeutet, daß zu dieser Zeit die Bilder nur zum Verschwinden gebracht werden konnten. Paul de Philipsthal stand mit Henry Langdon Childe (1781-1874) in Verbindung, einem Hersteller von mechanisch beweglichen *Laternenbildern, der ihm Bildmaterial zur Verfügung stellte. Dieser wiederum übernahm nicht nur Techniken Robertsons (Etienne-Gaspard Robert, gen. Robertson (1763-1837)) und Philipsthals, sondern kombinierte sie so, daß Verwandlungsbilder – dissolving views – entstanden, als deren Erfinder er gilt. 1837 konnte der Vorführkünstler Childe bereits zu Darbietungen von dissolving views einladen. Später wurden die Nebelbilderapparate auch übereinanderstehend, zu dritt oder zu noch mehreren verwendet. Für die Anwendung der Dreifachlaterne (Tri-Union) wird immer wieder folgendes Beispiel angeführt: Die erste *Laterna Magica projizierte eine grüne Landschaft, während der zweite Apparat Schneeflocken darüber warf, bis der dritte die Sommerlandschaft in den Winterschlaf versetzte. Im deutschsprachigen Raum war es der berühmte Wiener Zauberkünstler Ludwig Döbler (1801-1864), der 1843 erstmals zu Vorführungen von *Nebelbildern ins Josephstaedter Theater einlud. Zehn Jahre später konnte er durch den Erwerb des von Franz Freiherr von Uchatius (1811-1881) erbauten Projektions-*Stroboskops sein Programm um glanzvolle Vorführungen erweitern.

Dufaycolor

Farbrasterverfahren nach dem Erfinder Louis D. Dufay benannt.
Werden kleine rote, grüne und blaue Farbelemente nebeneinander gesetzt und visuell betrachtet, so verschmelzen sie zu einem Farbbild. Diese Art der additiven Farbensynthese hatte Ducos du Hauron (1837-1920) schon 1868 erkannt, aber nicht praktisch durchgeführt. Den ersten bleibenden Erfolg erreichten die Brüder Lumière mit ihren *Autochromeplatten, gefolgt von den Agfacolor-Farbrasterplatten. Im Unterschied zu diesen beiden Platten, die mit dem Kornraster arbeiteten, war Dufaycolor ein Linienraster-Verfahren, das regelmäßige, deutlich erkennbare und sich kreuzende Farbstofflinien in rot, grün und blau aufwies. Das Verfahren setzte sich um 1935 durch und blieb konkurrenzlos, bis es ab 1958 von neuen Farbfilmen mit hoher Empfindlichkeit und großem Auflösungsvermögen ersetzt wurde.

Durchleuchtungsbilder

Auch *Transparentbilder genannt.

3D-Bilder

Dreidimensionale Bilder. Heutiger Sammelbegriff für *stereoskopische Effekte.
Die Fähigkeit zur plastischen Wahrnehmung von dreidimensionalen Objekten ist bei normalsichtigen Menschen angeboren. Die Menschen nehmen wegen des zwischen beiden Augen liegenden Abstands gleichzeitig zwei leicht voneinander abweichende Bilder wahr. Diese werden im Gehirn zu einem plastischen Bild zusammengefügt. Erst durch dieses beidäugige Sehen, können wir Raum visuell als solchen erfahren. Damit man Stereobilder räumlich sehen kann, bedarf es bei der Betrachtung eines *Stereoskops. Auch bei anderen 3D-Verfahren, die dasselbe optische Prinzip der Halbbildverschmelzung nutzen, wird ein Hilfsmittel – eine Spezialbrille – zur Erzeugung des räumlichen Eindrucks benötigt. Außerdem wurden Verfahren entwickelt, mit denen 3D-Bilder erzeugt werden können, die sich im Unterschied zu den *Stereophotographien auch zum Einsatz bei der *Projektion auf eine Leinwand oder bei einem auf dem Bildschirm gezeigten Film eignen. Das *Anaglyphen- und das *Polarisationsverfahren sind zwei solche Raumbildmethoden. Des weiteren wurden 3D-Verfahren entwickelt, die sogar bei der Betrachtung mit bloßem Auge funktionieren. Solche von Computern errechneten 3D-Bilder wurden 1993 zunächst in den USA und dann in Japan unter dem Namen Autostereogramme populär.

Eglomisierte Bilder

Nach dem französischen Kunsthändler J.-B. *Glomy (gest. 1786) benanntes Verfahren für die Herstellung einer Sonderform von Hinterglasmalerei, die durch das Auftragen der Farbe in mehreren Schichten Tiefenwirkung suggeriert. Nach der Bemalung, z.B. mit schwarzem Lack, wurden die Motive ausgespart oder ausgekratzt und mit einer spiegelnden Materie, Metallfolie oder Goldbronze hinterlegt.

Eidophusikon

[gr.: *eidos* = Gestalt, Form; *physis* = natürlich]
Illusionistisches mechanisches Kleintheater. Den Namen entlehnte sein Erfinder, der englische Maler Philip James de Loutherbourg (1740-1812), der Eidetik, der Fähigkeit, sich Objekte oder Situationen so anschaulich vorzustellen, als ob sie realen Wahrnehmungscharakter hätten. Die 1781 von ihm in London eröffnete Bühne im Miniaturformat (1,80 x 2,50m) wurde nicht von Darstellern bespielt, sondern er nutzte maßstabgerechte bewegliche Figuren und echte Requisiten als Versatzstücke. Sein Eidophusikon war ein Kleintheater aus bemalten, durchsichtigen Bildern, denen wechselndes farbiges Licht Leben verlieh; dazu ertönte Musik, die Johann Christian Bach eigens für diesen Zweck komponiert hatte. Als durchscheinende Vorhänge kamen *Transparentbilder zur Anwendung. Loutherbourgs Idee soll eng mit der Entwicklung der Theaterbühne in der dama-

ligen Zeit verbunden gewesen sein, und es ist zu vermuten, daß er den aus Italien stammenden und um 1755 in Paris vorgeführten Spectacles de décoration, die sich durch ein neues und kompliziertes Beleuchtungssystem auszeichneten, beigewohnt hat. Weil im Eidophusikon den Licht- und Bewegungseffekten eine derart wichtige Bedeutung beigemessen wurde, war die optische Täuschung mit dieser Erfindung zu einem ihrer Höhepunkte geführt worden. Bemerkenswert ist die Tatsache, daß der Maler Joshua Reynolds (1723-1792), der des öfteren den Schauen beiwohnte, den jungen Damen die Vorstellungen empfahl, um „in der besten aller Schulen beeindruckende Natureffekte zu studieren...".

Epidiaskop

[gr.: *epi* = Präfix mit der Bedeutung darauf; *skopeô* = schauen, sehen]
*Projektionsgerät, das gleichzeitig als Diaskop und *Episkop verwendet werden kann.

Episkop

[gr.: *epi* = Präfix mit der Bedeutung darauf; *skopeô* = schauen, sehen]
Gerät zur *Projektion von nicht durchsichtigen Bildern wie z.B. Aufsichtsbildern, Zeichnungen und Buchseiten oder opaken Gegenständen.
Die beleuchtete Vorlage wird über ein Spiegelsystem und ein lichtstarkes Objektiv auf eine Leinwand geworfen. Dafür ist eine große Beleuchtungsintensität erforderlich, da ausschließlich das von der Vorlage reflektierte Licht für die *Projektion genutzt werden kann. Einer der ersten, die sich mit episkopischen *Projektoren für undurchsichtige Bildvorlagen oder Objekte beschäftigte, war Leonhard Euler (1707-1783), der sie in den *Briefen des Mathematikers Euler an eine deutsche Prinzessin über Gegenstände aus der Physik und Philosophie* (St. Petersburg 1768-72) beschrieb und abbildete. Diese lange Zeit als *Wunderkameras bezeichneten *Megaskope gab es noch nach 1900. Sie wurden 1867 von dem Hamburger Mechaniker und Unternehmer Andreas Krüss (1791-1848) als Patent angemeldet und ins Programm der Firma aufgenommen. Insbesondere nutzte man sie für die Projektion von Postkarten. Während die Camera Obscura zur photographischen Kamera und zur Filmkamera führte, entwickelten sich das Episkop, das Epidiaskop, der Dia- und Filmprojektor und der Beamer aus dem Prinzip der *Laterna Magica.

Faciograph

[lat.: *facies* = Gesicht; *gráphein* = schreiben, zeichnen]
Gesichtsschreiber. Karten mit Porträtdarstellungen, die gewisse Gesichtsteile auslassen, um diese karikierend mittels einer feinen Metallkette beweglich zu ersetzen. Solche Kettenanimationen werden oftmals auch noch heute von der Werbung benutzt.

Faltdiorama

Engl.: concertina peep show.
Variante des Engelbrechtschen *Perspektivtheaters, nun allerdings ohne den Gebrauch eines hölzernen *Guckkastens.
Die um 1800 aufkommenden, auch als Teleoramen bekannten Faltdioramen erlebten den Höhepunkt ihrer Popularität in der zweiten Hälfte des 19. Jahrhunderts. Sie griffen die Kulissenbilder des Engelbrechtschen *Perspektivtheaters in abgewandelter Form wieder auf. Faltdioramen bestehen aus mehreren hintereinander angeordneten, meist nach hinten sich verdichtenden Kulissenbildern, die seitlich durch faltbare Papier- oder Stoffbahnen verbunden und zusammengehalten werden. Auf der Bildfläche verteilt, weisen die Bilder ein oder mehrere ausgesparte Gucklöcher auf. Nach dem Auseinanderziehen der Bilder, ähnlich wie bei einer Ziehharmonika, läßt der Einblick durch die Löcher ein theaterartiges Tiefenszenarium sichtbar werden. Während bei den Guckkastenbildern der Einblick in das Innere über eine Öffnung von 70-160mm Durchmesser gewährt wird, die zuläßt, mit beiden Augen hinein zu schauen und eine Bewegung des Kopfes zu vollziehen, haben Faltdioramen hingegen sehr kleine Gucklöcher. Dadurch sieht nur ein Auge die ganze räumliche Szenerie.

Fantaskop

[gr.-lat.-ital.: *fantasia* = Einbildung, Vorstellung; *skopeô* = schauen, sehen]
Erscheinungsseher. Auch unter dem Namen Phantasmaskop oder Phantoskop bekannt. Großformatige *Laterna magica auf fahrbarem Gestell für *Projektionen auch auf Rauchschwaden.
Der belgische Mathematiker, Ballonfahrer, Arzt und Zauberkünstler Etienne-Gaspard Robert, genannt Robertson (1763-1837), der für seine Vorführungen von *Phantasmagorien bekannt wurde, meldete 1799 das Projektionsgerät zum Patent an, das *Episkop und *Laterna Magica in einem war. Neu an diesem Apparat war die Tatsache, daß eine Kette die Verbindung zwischen den Rädern und dem Objektiv synchron herstellte und eine kontinuierliche Schärfenverstellung ermöglichte. Der fahrbare Projektor stand zunächst hinter einem transparenten Schirm, auf den er ein kleines Bild warf. Der Apparat wurde dann lautlos zurückgefahren, wodurch die abgebildete Gestalt immer größer wurde. Um den Eindruck zu erwecken, daß die Gestalt aus der Ferne komme, mußte das Bild zu Anfang auch entsprechend lichtschwach sein. Robertson benutzte dazu eine Verschlußvorrichtung ähnlich einer Irisblende. Er nannte sie Katzenauge: zwei gegenläufig sich bewegende halbmondförmige Scheiben, die durch teilweises Überlappen eine ellipsenförmige Öffnung freigaben. Robertson benutzte auch zwei *Projektoren, indem er in ein feststehendes Bild mit einem zweiten Apparat eine Person projizierte. Dafür benötigte er eine starke Lichtquelle. Die Einführung des Argand-Ölbrenners – eine Erfindung des Genfer Mathematikers Jean Robert Argand von 1789, die eine bessere Lichtausbeute ermöglichte – machte sich Robertson zunutze. Da der Argand-Brenner einen Glaszylinder besaß, der die Flamme vom äußeren Luftzug schützte, nutzte er diesen durch geringfügige Umbauten für die Bündelung des Lichts.

Farbenblindheit

Farbenfehlsichtigkeit.
Die Kenntnis, daß unser weißes Sonnenlicht in Wirklichkeit ein Mischlicht ist, zusammengesetzt aus allen Farben des Spektrums, verdanken wir Isaac Newton (1643-1727). Der englische Physiker Thomas Young (1773-1829), der als erster den Beweis für die Wellennatur des Lichts lieferte, war auch bahnbrechend auf dem Gebiet der Farberforschung: Er erkannte, daß das menschliche Auge nicht etwa für jede Farbnuance über einen eigenen physiologischen Mechanismus verfügt, sondern daß drei Farben, beispielsweise rot, grün und blau, völlig ausreichen, um alle Farbenkombinationen zu erkennen bzw. wiederzugeben. Ludwig Ferdinand von Helmholtz (1821-1894) entwickelte diese Dreifarbentheorie weiter, und wir wissen heute, daß unsere Augen in der Netzhaut Rezeptoren für rote, grüne und blaue Farbeindrücke besitzen – fehlt eine Sorte oder ist sie zu schwach vertreten, spricht man von Farbenfehlsichtigkeit oder Farbenblindheit.

Farbenkreisel

Engl.: kaleidoscopic Color top.
Franz.: Toupie caméleon.
Mit seiner Hilfe können Farbphänomene, die auf den Gesetzmäßigkeiten der *Nachbildwirkung und *Stroboskopie beruhen, erforscht und erklärt werden.
Wenn ein Lichtreiz, der auf das Auge einwirkt, plötzlich unterbrochen wird, erlischt nicht mit ihm zugleich auch die Empfindung, sondern diese bleibt noch einige Zeit bestehen. Das Experiment mit dem Farbenkreisel beschrieb L. Grunmach in *Das Buch der Erfindungen* (1898): Sobald man auf die Fläche eines Kreisels runde, in der Mitte durchbohrte Pappscheiben, die sektorenweise mit verschiedenen Farben bemalt sind, legt, entsteht durch die Rotation und der damit einhergehenden schnellen Aufeinanderfolge wiederkehrender Bilder der Eindruck einer Mischfarbe. Wenn aber die farbigen Scheiben einzeln auf freistehenden Drähten angebracht werden, erhält man überraschende Farbeffekte, die bei jeder noch so kleinen Berührung wechseln. Der Grund dieser Erscheinungen liegt darin, daß der Lichteindruck bei genügend schneller Umdrehung bis zum nächst folgenden Bild bestehen bleibt und daß deshalb die rasch aufeinanderfolgenden Einzelbilder nicht gesondert wahrgenommen werden.

Fore-edge-painting

[engl.: *fore* = Vordergrund, *edge* = Kante, Schneide]
Form der Horizontal-Montage. Eine im Goldschnitt eines Buches versteckte Bildinformation.
Auf einen in die Schräge gepreßten Buchschnitt wird ein Bild gemalt, das nur in Schrägpressung zu sehen ist. Das geschlossene Buch mit seinem vergoldeten Schnitt verrät nichts von dem in ihm versteckten Bild. Sobald man aber den Buchschnitt wieder in eine Seitenpressung bringt, enthüllen die vielen einzelnen Seiten, wie eine Zeilenschrift, in ihrer Addition wieder das Bild. Die Information auf dem Schnitt jeder Seite wäre für sich allein nicht zu entschlüsseln. Nur die Gesamtheit aller Seiten formt das Bild. Beim *Double-Fore-Edge* bestimmt die Preßrichtung, welche der beiden unterschiedlichen Bilder sich in ihrer horizontalen Montage entschlüsseln. Verzierungen des Buchschnitts gibt es fast so lang, wie es Bücher gibt. Zunächst war es nur der Name des Besitzers, der auf dem Buchschnitt angebracht wurde, später waren es schöne Bilder. Das erste bekannte Fore-edge-painting, welches signiert und datiert wurde malten die Brüder und Buchbinder Stephen und Thomas Lewis (1653), in London auf einen Bibelschnitt.

Gramophone-Cinema

Kinderspielzeug, das aus der Zusammenführung von Grammophon und *Phenakistiskop entstand, wobei das Grammophon nur als Abspielgerät der Bildscheiben dient. Das erste Gerät dieser Art kam um 1930 auf den Markt. Während eine auf die Schallplatte gelegte Motivscheibe mit dieser in gleicher Richtung rotiert, kann man sie von oben durch die Schlitze der zweiten schwarzen Scheibe, die von drei kleinen Rädern getragen und gegenläufig bewegt wird, betrachten. Der Apparat, den sein Erfinder Emil Berliner 1887 zum Patent anmeldete und Grammophon nannte, diente nur zum Abspielen der Schallplatten.

Graphoskop

[gr.: *gráphein* = zeichnen, schreiben; *skopeô* = schauen, sehen]
Gerät mit großer Linse zur vergrößerten Betrachtung von Photographien und *Stereobildern.
Für das dem Guckkasten ähnliche Betrachtungsgerät wurde dem Engländer Charles Rowsell bereits im Februar 1864 ein Patentrecht unter Vorbehalt gewährt. Populär wurde es allerdings erst ab 1870. Ähnlich konstruierte Apparate wie das *Zograskop, Friths *Cosmoskop oder Pontis *Megaletoskop sind ebenfalls mit weitwinkligen *Linsen ausgestattet, die eine merkliche Tiefenwirkung gewährleisten.

Guckkasten

Engl.: peep-box. Franz.: Boîte optique. Holländisch: Rare kiek. Auch Raritätenkasten genannt. Schau- und Betrachtungsgerät, das einen ‚voyeuristischen Blick' in sein Inneres erlaubt.
Durch die lupenartige *Linse im Kastenloch sieht das Auge Ansichten – Abbilder der Welt –, die naturgetreu gezeichnet sind und nicht, wie bei der *Camera Obscura, durch Lichteinwirkung auf die gegenüberliegende Wand geworfen werden; denn seit Ende des

17. Jahrhunderts ist es gebräuchlich, von der *Linse her in eine *Camera Obscura hineinzugucken. Durch das Einsetzen des Vergrößerungsglases und der geringen Entfernung zum Bild in einem dunklen Umfeld ergibt sich eine verstärkte räumliche Wirkung. Erste Formen der Guckkästen entstanden als Raritätenkästen zur Zeit der Renaissance, der Zeit, in der auch die Gesetze der *Zentralperspektive erkannt wurden. Der eigentliche Guckkasteneffekt ergab sich erst durch die Art, wie die *Guckkastenblätter gezeichnet waren. Beim Hineinsehen eröffneten sich dem Betrachter perspektivische Ausblicke von bislang unbekannter Tiefe. Nachweisbare Beschreibungen des Kastens lieferte 1677 der Coburger Mathematikprofessor Johann Christoph Kohlhannsen (1604-1677) in *Neu-erfundene Mathematische und Optische Curiositäten.* Ihm war auch bekannt, daß der Strahlengang im Guckkasten umgekehrt zu dem in der *Camera Obscura verlief. Es sollte noch einige Jahre dauern, bis das Gerät populär wurde. Und erst zu Beginn des 18. Jahrhunderts setzte es sich durch. Professionelle Vorführer zogen mit solchen Kästen durch die Lande und lockten das Publikum an. Gegen Entgelt wurde der Blick auf die ‚Raritäten' freigegeben und, um das visuelle Erlebnis noch wirkungsvoller zu gestalten, durch ergänzende Kommentare des Guckkästners zusätzlich dramatisiert. Der Guckkasten war ein Informationsverbreiter mit hohem Unterhaltungswert, der vor allem auf Jahr- und Volksmärkten zum Einsatz kam. In wohlhabenderen Kreisen etablierte sich der Guckkasten außerdem als pädagogisches Spielzeug oder als Hilfsmittel zur Erkundung ferner Welten. Die seltsame Mischung aus Magischem und Realem bescherte dem Guckkasten eine nachhaltige Popularität.

Guckkastenbilder

Genormte Bilder zum Betrachten im Guckkasten.
Zahlreiche Verlage in ganz Europa produzierten sie in einem bevorzugten Format, meist nach Pariser Vorbild ein Median-Folio-Format von ca. 26 x 41cm. Die Höhe des Blattes konnte variieren, die Breite war entscheidend, denn es sollte in verschiedene Guckkasten-Modelle passen und international verkauft werden. Die Hauptzentren, in denen in der klassischen Zeit des Guckkastens Blätter hergestellt wurden, waren London, Paris, Bassano, Augsburg und später im 19. Jahrhundert Berlin und Wien. Eine besondere Rolle spielte Augsburg mit seiner bis ins 15. Jahrhundert zurück reichenden Tradition der graphischen Kunst. In der Zeit von 1766 bis 1828 gab es hier Verlage (Georg Balthasar Probst, die kaiserlich Franziskanische Akademie, Max Abraham Rupprecht, Dominikus Fietta und Joseph Carmine), die sich der Produktion von Guckkastenblättern widmeten. Die Motive wurden seitenverkehrt dargestellt, um dann im *Spiegel richtig zu erscheinen; die Perspektive wurde besonders betont und übertrieben, um die Illusion der dritten Dimension zu vergrößern. Sie wurden als Kupferstiche gedruckt und danach handkoloriert, oft auch unter Verwendung von Schablonen. Jedes Blatt wurde beschriftet. Oben findet sich meist ein spiegelverkehrter Titel, unten eine genauere Erklärung für den Betrachter. Das Hauptthema der Bilder waren Ansichten von Städten und Landschaften aus nahen und fernen Ländern, weiterhin Darstellungen von Schlachten und Naturkatastrophen, Stadtbränden, Erdbeben oder Vulkanausbrüchen. Zum Programm gehörten auch Illustrationen zur antiken Mythologie oder zum Alten und Neuen Testament. Auch humoristische und erotische Darstellungen fehlten nicht, da sie sich auf Jahrmärkten großer Beliebtheit erfreuten. Mit dem *Transparentbild – einem auf dünnem Papier vorder- und rückseitig gedruckten ‚Zweiphasenbild', das im Wechsel aus- und durchleuchtet wurde, erreichte die Guckkastenära ihren Höhepunkt. Durch kleine Nadelstiche im Papier, konnten sogar Spitzlichter gesetzt werden. Es entstanden sogenannte Lochbilder, die durch variable Beleuchtung verschiedene Inszenierungen ermöglichten. Im letzten Drittel des 19. Jahrhunderts geriet der Guckkasten in Vergessenheit oder verkam zu einem Kuriosum. Eine besondere Variante der Vorlagen, die mit Hilfe des Guckkastens zu benutzen und zu betrachten waren, sind die *Perspektivtheaterserien. Sie bestehen aus mehreren Kulissenbildern mit ausgeschnittenen Figuren. In Abständen hintereinander gestaffelt und auswechselbar in den Guckkasten eingeschoben, glaubt man, eine räumliche Szenerie zu sehen. Diese Serien wurden überwiegend im 18. Jahrhundert in Augsburg im Kunstverlag von Martin Engelbrecht (1684-1756) herausgegeben.

Harlekinade

Horizontale Bildmontage.
Entlehnt dem italienischen *arlecchino*, einer Figur aus der Commedia dell'Arte. Bezeichnung einer Gattung von Bildern, die eine spezielle Bildverwandlungsfalttechnik aufweist und später zu den Verwandlungsbilderbüchern geführt hat. Siehe *Pop-ups. Zwei Grundbilder werden durch überlappende Halbseiten derart verdeckt oder freigegeben, daß sich vier verschiedene Bildkombinationen ergeben.

Hauchbilder

Durchsichtige dünne Bilder, die sich auf Grund der Wärme krümmen, wenn man sie in der offenen Hand hält oder anhaucht. Die aus Gelatine hergestellten durchsichtigen Blättchen in leuchtenden Farben sind aus den Hausenbildern hervorgegangen, die ihrer klösterlichen Herkunft entsprechend als Heiligenbilder vor allem ins Gebetbuch eingelegt wurden. Die ersten Hauchbilder sollen um 1640 entstanden sein: Gekochter und gereinigter Fischleim (Hausenblase) wurde auf gestochene Kupferplatten gegossen, die mit Silber oder Gold eingerieben und einzeln getrocknet wurden. Man nannte sie Klosterbilder, gegossene Bilder, Hausenbilder oder auch silber und gulden Bilder, die, obwohl mit einem erheblichen Arbeitsaufwand verbunden, schon Mitte des 17. Jahrhunderts zu einem einträglichen Handelsartikel wurden. Erst in der zweiten Hälfte des 19. Jahrhunderts setzte eine Massenproduktion ein, die der neuen Fertigungstechnik zu verdanken war: Anstelle der teuren Hausenblase verwendete man geklärten Knochenleim, die Gelatine. Des weiteren bediente man sich vorgefertigter gefärbter Gelatinefolien und bedruckte sie wie Papier mit Gold und Silberbronze auf lithographischem Wege oder im Umdruckverfahren. Der Begriff Gelatine- oder Hauchbilder bürgerte sich damals ein. Darstellungen von Heiligen überwogen als Motive, bis im ersten Jahrzehnt des 20. Jahrhunderts die religiösen Texte und Bibelsprüche auf schmalen oder in Kreuzform gestanzten Gelatineblättern sich immer größerer Beliebtheit erfreuten. Schon früh als Gaben für Kinder benutzt, wurden nun die frommen Texte um lehrhafte Sprüche erweitert. Fleißbildchen mit dem schlichten Aufdruck ‚dem fleißigen Kinde' ließen das Hauchbild vollends zum Kinderbild werden.

Heliogravüre

[gr.: *helios* = Sonne; *gráphein* = schreiben, zeichnen]
Auch Photoradierung genannt. Tiefdruckverfahren auf photographischer Grundlage. Die sorgfältig gereinigte Kupferplatte erhielt in einem Kasten eine dünne Schicht aus aufgewirbeltem Asphaltstaub, der anschließend durch Erhitzen der Platte aufgeschmolzen wurde. So entstand ein unregelmäßiger Raster, der die Wiedergabe von Halbtönen ermöglichte. Hierauf entwickelte man einen negativen Pigmentdruck, der zusammen mit der Asphaltschicht als Ätzwiderstand diente. Das Bild wurde mit Eisenchlorid geätzt, die dabei entstandenen Vertiefungen mit Druckerschwärze ausgefüllt, die dann in der Druckpresse das Bild auf Papier übertrug. Anschließend wurde die Platte mit Bichromatgelatine überzogen und in Kontakt mit einem Transparentbild belichtet. Die erste Heliogravüre wird Nicéphore Niépce (1765-1833) zugeschrieben. Er ätzte 1824 das Porträt des Kardinals d'Amboise und verwendete dabei eine Lösung von Asphalt in animalischem Öl. William Henry Fox Talbot (1800-1877) experimentierte 1852 mit diesem photomechanischen Verfahren, aber es fand erst um 1870 breite Anwendung, als es von Karel Klick in Prag verbessert wurde. Die Kunstphotographen setzten es als Edeldruckverfahren für kleine Auflagen, aber auch für die Reproduktion der *Photographien anderer Photographen ein. Die vielleicht perfektesten Photogravüren findet man in der von Alfred Stieglitz (1864-1946) zwischen 1903-1917 herausgegebenen Zeitschrift *Camera Work.*

Heliopyrograph

[gr.: *helios* = Sonne; *pyro* = Feuer; *gráphein* = schreiben, zeichnen]
Sonnen-und Brandschreiber. Das wissenschaftliche Instrument besteht aus einer schwenkbaren Glaskugel, die ein abgeschliffenes Segment aufweist und als Sammellinse dient. Mit dem einfallenden Sonnenlicht können Brandspuren auf dem darunterliegenden gerasterten Papier ‚geschrieben' werden, um die Intensität und Dauer des Sonnenlichts festzuhalten.

Heliostat

[gr.: *helios* = Sonne; *stato* = feststehend]
Gerät mit Uhrwerk und *Spiegel, das dem Sonnenlicht für Beobachtungszwecke stets die gleiche Richtung gibt.

Hexenspiegel

Sog. *sorcières. Innerhalb einer Spiegelfläche angeordnete weitwinklige Konvexspiegel, die das sich spiegelnde Bild verkleinern und vervielfältigen.
Mit diesen kleinen, runden, meist in edle Hölzer gerahmten *Spiegeln konnte man beliebige Erscheinungen herbeiführen, denn die Kombinationsmöglichkeiten von ebenen und gekrümmten Oberflächen erlaubten verschiedenste Metamorphisierungen. Sie entstanden in Frankreich zur Zeit Louis XIII. (1610-1643). Mit ihrer Hilfe konnte man ein Spiel mit optischen Deformationen treiben, das auf der Beschaffenheit des Objekts beruhte: Ein flacher Spiegel war derart mit Wölbungen bedeckt, daß je nach frontaler oder seitlicher Betrachtung die Züge verschiedener Tiere im Gesicht des Menschen zu entdecken waren. Zwei Höcker genügten, um die Gestalt eines gehörnten Satyrs zu entdecken, während ein Spiegel mit verästelnd angeordneten Erhöhungen den Kopf eines Hirsches samt Geweih erblicken ließ. 1589 berichtete Giovanni Battista della Porta (1535-1615) von Zerrspiegeln, die es ermöglichten, ein Gesicht in zwei zu teilen oder das Abbild dessen, der sich darin betrachtet, dergestalt zu verwandeln, daß er einem Eselsmaul, einem Schweinerüssel oder einem Hundekopf glich.

Icelandic Spar

Isländischer Kalkspat.
Ein Lichtbündel, das in eine Flüssigkeit oder einen anderen transparenten Körper wie z.B. Glas eintritt, wird gebrochen, d.h., es läuft in eine andere Richtung weiter. Tritt es wieder aus dem Körper heraus, so läuft der Strahl wie zuvor – nur seitlich versetzt. Grund dafür ist, daß das Licht im neuen Medium eine andere Geschwindigkeit hat als in der Luft. Nun gibt es Kristalle (vor allem hexagonale und trigonale), die einen Lichtstrahl sogar in zwei Lichtbündel aufteilen. Dann spricht man von Doppelbrechung. Dieses Phänomen wurde erstmals 1693 von Erasmus Bartholinus beschrieben. Er machte die Entdeckung, daß beim Durchblick durch ein Stück Kalkspat die dahinterliegenden Dinge doppelt gesehen werden. Denn Kalkspat enthält eine Substanz, welche die Lichtwellen in zwei teilt, und besitzt folglich die Eigenschaft der Doppelrefraktion. Schon die Wikinger sollen Kalkspat als Orientierungshilfe für die Navigation eingesetzt haben und damit in der Lage gewesen sein, auch bei Nebel den Sonnenstand zu ermitteln. Darüber hinaus besitzt Kalkspat die Eigenschaft, Licht zu *polarisieren. Seit 1845 ist

bekannt, daß man polarisierende Kristalle (Herapathit) auch künstlich entwickeln kann.

Interferenz

[lat.: *interferare* = sich überlagern und gegenseitig verstärken oder abschwächen]
Auf der Brechung von Lichtwellen (Interferenz) beruhendes Verfahren der direkten Farbphotographie ohne chemische Verarbeitung.
Dieses Verfahren wurde 1891 von dem Physiker und späteren Nobelpreisträger Gabriel Jonas Lippmann (1845-1921) aus Paris in die Praxis eingeführt. Eine Folge der Interferenz sind die Farben von Seifenblasen oder dünnen Ölfilmen auf Wasser. Im weißen Licht liegen Wellen vieler unterschiedlicher Wellenlängen vor. Wenn Lichtwellen an der inneren Oberfläche einer Seifenblase reflektiert werden, interferieren sie mit Lichtwellen, die an der äußeren Oberfläche reflektiert werden. Weil jede Wellenlänge einem bestimmten Farbton entspricht, werden infolge der Interferenz einige Farben verstärkt und andere abgeschwächt oder ausgelöscht. Schon 1803 berichtete der Londoner Arzt Thomas Young (1773-1829), von seinen Untersuchungen zur Interferenz der Lichtwellen. Seine Beobachtungen basierten auf den Wirkungen, die zwei gleichzeitig erzeugte Wasserwellen auslösen: Gehen zwei Wellen von benachbarten Punkten aus, kann man sehen, wie sie die Wirkung der anderen an manchen Orten zerstören und an anderen verdoppeln. Sein Verdienst liegt darin, daß er die Ähnlichkeit zwischen der Interferenz von Licht und der zwei Wasserwellen veranschaulichte. Aufbauend auf den Forschungen Isaac Newtons (1642-1727) und Youngs entwickelte Lippmann das nach ihm benannte Verfahren der Farbphotographie. Er beschichtete seine Platten mit sehr feinkörnigen Emulsionen und einer Quecksilberschicht. Durch Reflexion an dieser Schicht entstanden bei der Belichtung stehende Wellen, die sich zum Teil überlagerten. An den Knotenpunkten der Überlagerung bildeten sich Silberkeime als Grundlage des Bildes. Nach der Entwicklung erschienen diese Stellen bei der Betrachtung in reflektiertem weißen Licht wieder in der ursprünglichen Farbe. Für die Anwendung in der photographischen Praxis hat sich allerdings dieses ‚direkte', aber auch umständliche Farbverfahren nicht bewährt, lediglich die *Holographie nutzt die Interferenz sichtbaren Lichts.

Jakobsleiter

Engl.: click-tablets.
Form der Horizontal-Montage von hälftig geteilten Bildern. Jakobsleitern sind Klappbilder, die nach dem Scharnierprinzip durch Fäden zusammengehalten werden. Da die ‚Bilderleiter' beidseitig bemalt war, fand beim Herunterklappen der Segmente eine Verwandlung der Vorderseite in die Rückseite oder umgekehrt statt.

Jalousie-Bilder

Form der Horizontal-Montage. Bildsegmente, die durch vertikales Verschieben weitere Bildwelten zum Vorschein bringen.

Jouets séditeux

[franz.: *jouets* = Spielzeug; *séditeux* = aufrührerisch]
Aus Holz gedrechselte Figuren, oft Steien, Petschafte oder Spazierstockknäufe, die, mittels einer Lichtquelle als Schatten an die Wand geworfen, in ihrem *Schattenriß Profile, meist von politischen Persönlichkeiten, erkennen lassen.
Einzigartig ist ein um 1810 in Frankreich entstandene Schachspiel, bei dem sowohl die weißen als auch die schwarzen Figuren der Bauern und bezeichnenderweise der Läufer – im Französischen *fou* (Narr) genannt – das Profil Napoleon Bonapartes tragen. Als Schatten an die Wand geworfen, enthüllen sie den geheimen politischen Standpunkt.

Kaiser-Panorama

Auch Rundlaufsichtgerät genannt. Form der *Stereobildpräsentation.
Dieses raumgreifende Betrachtungsgerät wurde eigens für eine großangelegte Präsentation von *Stereobildern konstruiert. Fünfzig handkolorierte Glas-Diapositive konnten darin transportiert werden. Um eine aus Holz gebaute Rotunde mit einem Durchmesser von 3,75m und einer Höhe von 2,40 m konnten 25 Personen, bequem auf Stühlen sitzend, die Bildserien an sich vorbeiziehen lassen. Durch jeweils zwei Okulare blickte das Publikum auf die innen zu sehenden Glasstereos, die paarweise auf einem mit einem Triebwerk ausgerüsteten Zahnkranz montiert waren. Beleuchtet wurden die Glasdiapositive von hinten mit Petroleum, Gas oder auch elektrischem Licht. Nach einer Betrachtungszeit von einer halben Minute setzte sich der Bilderkranz auf ein akustisches Signal hin wieder in Bewegung, und das jeweils nächste Motiv wanderte ins Blickfeld der Zuschauer. Dieses Unternehmen hatte der Physiker August Fuhrmann (1844-1925) erdacht, der in der Stereoskopie ‚die Königin der Photographie' sah. Die Kaisergalerie hatte in den 1880er Jahren ihren Sitz im Zentrum Berlins an der Kreuzung Unter den Linden und Friedrichstraße und entwickelte sich bald zu einem Publikumsmagneten. In den folgenden Jahren wurden ca. 250 Filialen errichtet. Als Bildmaterial kamen Photographien zeitgeschichtlicher Ereignisse zum Einsatz. Zwischen 1875 und 1925 wurden weit über 160.000 Stereobilder für das Kaiserpanorama angefertigt, aus denen Fuhrmann ‚Optische Reisen um die ganze Welt' zusammenstellte. Da nach dem Zusammenbruch des Deutschen Reichs die Bezeichnung Kaiser ihren guten Klang verloren hatte, wurde die Institution in Welt-Panorama umbenannt und bestand noch – trotz der Konkurrenz des neuen Mediums Film – bis Mitte der 20er Jahre. Am 3. April 1939 schloß als letztes das Berliner Welt-Panorama endgültig. Mit seinem aus Sensationen und Informationen bestehenden Bildprogramm wurde das Kaiser-Panorama zum Vorläufer der filmischen Wochenschauen.

Kaleidoskop

[gr.: *kalos* = schön; *skopeô* = schauen, sehen]
Auch Schönbildseher genannt. Fernrohrähnliches Spielzeug, bei dem sich beim Drehen unregelmäßig liegende bunte Glassteinchen oder andere bunte, meist transparente Materialien durch Spiegelung in einem Winkelspiegel zum Bild eines regelmäßigen Musters anordnen.
Kaleidoskopbilder kann man auch als einen Höhepunkt der esoterischen Ars combinatoria bezeichnen. Das System endloser Veränderungen galt jedoch als ‚vernünftig', da es von einem ‚philosophischen Universalinstrument' hervorgebracht wurde. Dieses Instrument wurde 1817 vom schottischen Wissenschaftler Sir David Brewster (1781-1868) gebaut. Bevor er auf dem Gebiet der *Optik Bedeutendes leistete (1813 Untersuchungen zur *Polarisation des Lichts, 1844 Erfindung des Linsen-*Stereoskops), war er Pharmazeut und Rechtsanwalt. Seine populär geschriebene Abhandlung *Treatise on the Kaleidoscope* (1819) trug zu einer explosionsartigen Verbreitung des wissenschaftlichen Spielzeugs im 19. Jahrhundert bei. Dennoch versäumte er nicht, vor dem Unterhaltungswert des Spielzeugs zu warnen, das angesichts der Vervielfältigung von Objekten durch Spiegelung auch eine ‚ent-täuschende' Wirkung haben könne; das Vergnügen könne nicht lange währen und werde in dem Moment erlöschen, wenn die Farbkombination nicht mehr neu für den Betrachter sei. Es ist zu vermuten, daß das Prinzip dieses optischen Spielzeugs schon im alten China bekannt gewesen ist, wo es unter dem poetischen Namen *wan-boa-tang*, was so viel wie ‚Rohr der Tausend Blumen' bedeutet, hergestellt wurde.

Kaleidotrop

[gr.: *kalos* = schön; *tropo* = kehren, wenden]
Charles Wheatstone (1802-1875) ließ sich von einer Persistenzbeobachtung von Claudius Ptolemäus (87-165 v.Chr.) inspirieren. Der auch auf dem Gebiet der Optik in Alexandria tätige Astronom beschrieb in seinem Werk *Optica* die auf die *Nachbildwirkung des Lichteindrucks beruhende Erscheinung: Eine mit einem farbigen Sektor bemalte Scheibe nimmt bei rascher Umdrehung in ihrem Ganzen die Farbe an, mit der man den kleinen Sektor bemalt hat. Wheatstone stellte eine durchlöcherte Scheibe her, die sich vor einer Lichtquelle drehte und die er als Kaleidotrop bezeichnete. Durch die Rotation verschmolzen die Lichtpunkte zu Lichtlinien.

Kalklicht

Künstliche Lichtquelle, die hauptsächlich zur Projektion verwendet wird.
Das Prinzip des Kalklichts besteht darin, daß in einer nicht leuchtenden Heizflamme Kalk oder eine andere nicht brennbare Substanz zum Glühen gebracht wird und diese dann das Licht ausstrahlt. Gleichzeitig benötigt man eine brennende Flamme. Um die Verbrennungstemperatur der leuchtenden Flamme zu steigern, wird dem verbrennenden Gas Sauerstoff zugeführt. Diese Aufgabe fällt dem Kalklichtbrenner zu. Er sendet den Sauerstoff in geeigneter Weise den Gasen zu und ermöglicht ferner, die hierdurch entstehende Wärme der Heizflamme auf den Kalk zu übertragen. Das 1824 von W. Birckbeck, dem Leiter des Mechanical Institute in London, verwendete Kalklicht erbrachte eine enorme Verbesserung der Lichtstärke und damit verbunden die Möglichkeit, die *Laterna Magica zum ersten Mal zufriedenstellend in großen Räumen vorzuführen.

Kalotypie

[gr.: *kalos* = schön; *typos* = Druck]
Photographisches Verfahren, das erstmals die Vervielfältigung des Bildes über den Negativ/Positiv-Prozeß möglich machte.
Fast zeitgleich zur Erfindung der *Daguerreotypie entwickelte der englische Privatgelehrte William Henry Fox Talbot (1800-1877) dieses in der Praxis brauchbare photographische Verfahren. Mit Hilfe der *Camera obscura stellte er auf Papier Bilder ‚nach der Natur' her. Ab 1833 experimentierte er mit in Kochsalzlösung getränktem Papier, welches er nach dem Trocknen mit einer Silbernitratlösung sensibilisierte. Legte man auf dieses Papier irgendwelche Gegenstände, so zeichneten sie sich durch Lichteinwirkung in ihrer Struktur auf dem Papier ab. Die so entstandenen ‚Abzeichnungen' nannte er Photogenic Drawings. Ausgehend von diesen Experimenten entstand die Überlegung, die *Camera Obscura in Verbindung mit diesem chemischen Prozeß zu nutzen: Talbot legte in kleine Kameras mit lichtempfindlichem Bromsilber beschichtete Papiere ein, die durch Belichtung eine negative Aufzeichnung ergaben. Die wiederum positiv kopierten Abbilder, die als Salzpapiere bezeichnet werden, nannte er Kalotypien. Für das Verfahren wurde Talbot am 8.2.1841 ein Patent erteilt. Obwohl die Entdeckung des *latenten Bildes durch Daguerre 1835 von zentraler Bedeutung für alle photographischen Methoden war, erkannte Talbot die Überlegenheit seiner Methode, die bis heute ihre Bedeutung behalten hat: Die Fixierung mit Natriumthiosulfat und vor allem die Möglichkeit der Vervielfältigung.

Kammatograph

Aufnahme- und Wiedergabegerät für kinematographische Bilder, das nach dem Namen seines Erfinders Leonard Ulrich Kamm aus London benannt worden ist.
Das 1898 zum Patent angemeldete Gerät kam ab 1900 auf den Markt. Das verwendete Filmmaterial bestand aus einer Glasplatte (ca. 30 cm Durchmesser), die bis zu 550 spiralförmig angeordnete Serienphotographien faßte, die abgedreht und projiziert werden konnten.

Kegelanamorphosen

Auch Konusanamorphosen genannt. Sogenannte katoptrische *Anamorphosen, deren Abbilder mit Hilfe spezieller *Spiegel – hier mit Hilfe von kegelförmigen Spiegelkörpern – entzerrt wahrgenommen werden können. Die frühesten schriftlichen Quellen zu den katoptrischen *Anamorphosen, zu denen neben den Kegelanamorphosen auch die *Pyramiden- und *Zylinderanamorphosen gehören, finden sich 1630 bei I. L. Vaulezard. Jean François Nicéron (1613-1646) beschrieb 1638 in seinem Hauptwerk *La perspective curieuse ou Magie artificielle des effets merveilleux* ausführlich die Grundlagen für das Konstruktionsprinzip: Man zeichnet das darzustellende Motiv in einen Kreis und unterteilt diesen in eine beliebige Anzahl von gleich großen Segmenten. Um den Kreismittelpunkt zieht man konzentrische Kreise. Nun überträgt man – jeweils zum Kreismittelpunkt hin gespiegelt – sämtliche Segmente der Zeichnung in einen zweiten, gleichermaßen unterteilten Kreis der für die verzerrte Darstellung steht. Das Ergebnis ist eine Art ‚umgestülptes' Bild. Während bei den *Zylinderanamorphosen ein Zylinderspiegel an den Rand des anamorphotischen Bildinhalts auf die Vorlage gestellt und dieser dann schräg von oben betrachtet wird, ist zur Betrachtung von Kegelanamorphosen der Kegel inmitten der Anamorphose zu plazieren und der Augenpunkt senkrecht über der Konusspitze zu wählen. Auf Grund der Eigenschaft des Konusspiegels, bei welcher sich die äußeren Bereiche der Anamorphose nahe der Spitze und die inneren im Bereich des Spiegelrandes reflektieren, muß im Bild, wie beschrieben, das Innere nach außen gekehrt sein und umgekehrt. Während Kegel- und *Zylinderanamorphosen im 17. Jahrhundert noch eine Neuheit waren, dienten derartige Zerrbilder im 18. Jahrhundert mehr als zuvor der Belustigung, aber ebenso der Vermittlung optischer Gesetze.

Kinematofor

[gr.: *kiné* = in Zusammensetzungen auftretendes Bestimmungswort die Bewegung betreffend]
Betrachtungsgerät für Bildstreifen. Unter diesem Namen vertrieb um 1900 der Nürnberger Spielzeughersteller Ernst Planck in Deutschland eine fast identische Kopie des *Praxinoskops von Emile Reynaud (1844-1918). Er erweiterte die Antriebsmechanismen, anfangs mit Handkurbel, dann mit einem Heißluftmotor bzw. einem Elektromotor.

Kinematograph

[gr.: *kiné* = in Zusammensetzungen auftretendes Bestimmungswort die Bewegung betreffend; *gráphein* = schreiben, zeichnen]
Aufnahmekamera, Kopiermaschine und *Projektor in einem.
Das Prinzip beschrieb Paul Liesegang 1909 folgendermaßen: „Ein Filmband, das aus sukzessiven Aufnahmen besteht, wird an einer Öffnung vorbei geführt, welche die Größe des einzelnen Bildes hat. Jedes Bild wird vor dem Fenster einen Augenblick angehalten, dann wiederum das nächste Bild an dessen Stelle gebracht. Ein Projektionsmechanismus wirft das Bild stark vergrößert an die Wand. Während des Wechsels der Bilder wird die Wand jedesmal durch eine *Blende verdunkelt. Die schnelle Aufeinanderfolge der Bilder erzeugt beim Betrachter den Eindruck eines bewegten Bildes." Das von den Brüdern Louis Jean (1864-1948) und Auguste Marie Louis Nicolas (1862-1954) Lumière konstruierte Gerät basierte auf systematischen Forschungen, bei denen sie sich mit den Arbeiten ihrer Vorgänger Ottomar Anschütz (1846-1907), Emile Reynaud (1844-1918) und Thomas Alva Edison (1847-1931) auseinandersetzten. Sie waren Fachleute, die in der Lyoner Filmfabrik ihres Vaters reichhaltige Erfahrung gesammelt hatten. Als sie 1894 an die ersten Überlegungen gingen, ein praktikables Verfahren für Filmaufnahme und -wiedergabe zu entwickeln, taten sie dies von vornherein mit dem Ziel der industriellen Produktion. Ausgehend vom Edisonschen *Kinetoskop entwickelten sie einen Apparat, mit dem man Filme sowohl aufnehmen als auch vorführen konnte, den sie am 13. Februar 1895 zum Patent anmeldeten und einen Monat später unter dem Namen Cinétoscope de projection vorstellten. Sie übernahmen vom Edisonschen Kinetoskop die Perforation, den Greifer und das Format, den 35mm breiten Film von George Eastman (1854-1932).

Kinematographie

[gr.: *kiné* = in Zusammensetzungen auftretendes Bestimmungswort die Bewegung betreffend; *gráphein* = schreiben, zeichnen]
Filmkunst. Verfahren zur Aufnahme und Wiedergabe von bewegten Bildern.
Als Geburtstunde der Kinematographie gilt die erste geschlossene Vorführung der Brüder Louis Jean (1864-1948) und Auguste Marie Louis Nicolas (1862-1954) Lumière, die am 22. März 1895 vor den Mitgliedern der Société d'Encouragement pour l'Industrie nationale in Paris stattfand. Dort führten sie den ersten von ihnen gedrehten Film mit dem Titel *La sortie des ouvriers de l'usine Lumière* (Arbeiter beim Verlassen der Lumière-Werke) vor. Ende des Jahres war der Weg geebnet für öffentliche Vorführungen gegen Eintritt. Dieses Debüt ereignete sich am 28. Dezember 1895 in einem Kellerlokal, dem Indischen Salon des Grand Café am Boulevard des Capucines. Damit hatten die Brüder Lumière die technischen Voraussetzungen für die Entwicklung des Films zu einem Massenunterhaltungs- und Informationsmedium geschaffen. Ob sie die alleinigen Erfinder der Kinematographie sind, ist bis heute umstritten, denn der Film – so Louis Lumière selbst – soll mehrere Väter gehabt haben. Prioritätsansprüche betreffend seien hier nur stellvertretend Georges Demenÿ (1850-1917) und Louis Aimé Augustin Le Prince (1842-1890?) genannt. Die Herrschaft der Firma Lumière dauerte nur anderthalb Jahre, denn 1897 verkaufte sie ihr Patent an Charles Pathé (1863-1957), der noch im selben Jahr den ersten Film herausbrachte und zu einem der wichtigsten Unternehmer der Filmbranche werden sollte. Wie Pathé erkannte in Deutschland Oskar Messter (1866-1943) frühzeitig, daß sich aus der Kinematographie eine Industrie entwickeln könnte. Gegen Ende des Jahres 1896 hatte er die notwendigen Voraussetzungen für den Aufbau einer ausschließlich mit deutschen Geräten arbeitenden Kino- und Filmindustrie geschaffen. Seine Filmgesellschaft ging 1917 in der Universum Film AG (Ufa) auf.

Kinesigraph

[gr.: *kiné* = in Zusammensetzungen auftretendes Bestimmungswort die Bewegung betreffend; *gráphein* = schreiben, zeichnen]
Photographisches Aufnahmeverfahren von aufeinanderfolgenden Bildern in gleichmäßigem Abstand.
Der englische Rechtsanwalt Wordworth Donisthorpe (1848-1914) ließ sich 1876 ein Filmpatent für das Aufnehmen von Bildern in gleichmäßigem Abstand sichern. Er konstruierte eine Kamera für schnellen Plattenwechsel mit Belichtung während des Stillstands. Von den Negativplatten fertigte er Positive auf einer Papierrolle an und zeigte sie in schneller Aufeinanderfolge. Schon ein Jahr später veröffentlichte er sein Vorhaben, den Kinesigraphen mit Thomas Alva Edisons (1847-1931) *Phonographen zu kombinieren, um ‚sprechende' Bilder an die Leinwand werfen zu können.

Kinetograph

[gr.: *kiné* = in Zusammensetzungen auftretendes Bestimmungswort die Bewegung betreffend; *gráphein* = schreiben, zeichnen]
Bewegungszeichner. Kinematographisches Aufnahmegerät synchronisiert mit dem Phonographen.
Diese von Thomas Alva Edison (1847-1931) 1889 fertiggestellte und 1891 zum Patent angemeldete Kamera war ein Apparat, der die Photographie lebendig machte. Zuvor hatte er zusammen mit seinen Mitarbeitern den *Phonographen entwickelt. Es schwebte ihm vor, das gleiche für das Auge zu schaffen, Stimme und Bewegung zu gleicher Zeit zu speichern, miteinander zu verbinden und vereint wiederzugeben. Die einschlägigen Versuche von Eadweard Muybridge (1830-1904), Ottomar Anschütz (1846-1907) und Etienne-Jules Marey (1830-1904) waren ihm ebenso bekannt wie die früheren Erfindungen aus der Zeit des *Zoetrops. Die Kamera, die er baute, war mit einer Filmrolle bestückt, die durch eine Reihe von Walzen an der Linsenkombination vorbeigezogen und automatisch wieder hochgezogen wurde. Eine von einer Kurbel getriebene Kette besorgte den ruckartigen Transport. Wenn der Film stillstand, löste die Kurbeldrehung den Verschluß aus. Der Kinetograph schaffte in der Sekunde 20 bis 40 Belichtungen. Mittlerweile produzierte George Eastman (1854-1932) in Rochester den ersten Zelluloidfilm. Sein Mitarbeiter William Kennedy Laurie Dickson (1860-1935) kam auf die Idee, den 70mm breiten Film zu halbieren und mit Randperforationen zu versehen, damit die Kamera ihn präziser transportieren konnte.

Kinetoskop

[gr.: *kiné* = in Zusammensetzungen auftretendes Bestimmungswort die Bewegung betreffend; *skopeô* = schauen, sehen]
Auch Bewegungsseher genannt. Kinematographisches Betrachtungsgerät.
Kurz nach der Erfindung des *Kinetographen folgte das Kinetoskop, dem ebenfalls der *Schnellseher von Ottomar Anschütz (1846-1907) aus dem Jahr 1887 zugrunde lag. Sein Mechanismus bewegt den Filmstreifen vorwärts. Er wird von hinten elektrisch durchleuchtet. Durch ein Guckloch kann immer nur ein Zuschauer den Film sehen. Fünf dieser Apparate wurden erstmals 1894 in New York am Broadway aufgestellt. Sie waren als Münzautomaten eingerichtet und fanden regen Zulauf. Der Zuschauer bekam einen Film von 600 Bildern zu sehen. William Kennedy Laurie Dickson (1860-1935), Edisons Mitarbeiter und eigentlicher Konstrukteur des *Kinetoskops, beurteilte die Möglichkeit des Ein-Mann-Betrachtungsgeräts nicht sehr positiv und ging alsbald zur Entwicklung eines Apparates für die Laufbildprojektion über. Daraus entfachte sich ein erbitterter Konkurrenzkampf zwischen den beiden Erfindern, der erst beigelegt wurde, als die Brüder Lumière in Paris schon ihr ausgereiftes kinematographisches Verfahren vorstellten.

Kinora

Kleines mechanisches Betrachtungsgerät für kurze Filme auf Papier.
1898, in einer Zeit, als es schon den *Kinematographen gab, der auch Filme projizieren konnte, entwickelten die Brüder Louis Jean (1864-1948) und Auguste Marie Louis Nicolas (1862-1954) Lumière die Kinora. Sie besteht aus einem Betrachter mit Vergrößerungsglas, durch den man sich die *Serienphotographien anschauen kann. Diese sind auf eine elastische Unterlage geklebt und wie die Borsten einer Rundbürste um eine Walze befestigt. Beim Umdrehen stoßen die Bilder gegen einen Vorsprung, wodurch sie für einen Augenblick flach und horizontal gehalten werden; bei Fortsetzung des Drehens wird der Widerstand überwunden und das nächste Bild kommt zum Vorschein. Dieses Gerät gibt es in unterschiedlichen Ausführungen, einer einfacheren mit manuellem Kurbelantrieb und einer mit Federwerk betriebenen anspruchsvolleren Version. Letztere wird wie eine Uhr aufgezogen: Sobald man den Riegel löst, schnurren die Bilder gleichmäßig vor den Augen des Betrachters ab. Bei luxuriösen Vorrichtungen dieser Art gibt es sogar mehrere Schaulinsen, die verschiedenen Personen eine gleichzeitige Betrachtung ermöglichen. Darüber hinaus wurde eine spezielle Kinora-Filmkamera angeboten, mit welcher der Amateur seine eigenen Aufnahmen für den späteren Einsatz in der Kinora machen konnte.

Kippbilder

Auch Umspring- oder Umschlagbilder genannt. Siehe auch *Vexierbilder.

Doppeldeutige Bilder und Figuren, die zeigen, daß ein und dasselbe Erregungsmuster im Auge zu ganz verschiedenen Wahrnehmungen führen kann.
Man unterscheidet drei Typen von Kippbildern: diejenigen, bei denen verschiedene Bildelemente abwechselnd als ‚Objekte' oder ‚Raum' auftreten, andere, bei denen fortwährend die ‚Tiefenwahrnehmung' umspringt, und wiederum welche, die von einem Objekt zu einem anderen Objekt oder Objekttyp wechseln. Durch die Beschaffenheit der Kippbilder wechselt die Wahrnehmung in der Interpretation von Vorder- und Hintergrund. Diese wechseln (‚springen') dann zwischen den verschiedenen Möglichkeiten. Beispiele sind die mehrdeutigen Bilder wie ‚Vase oder Gesicht' oder ‚Junge oder alte Frau'.

Klangfiguren

Phänomen der Akustik, wonach eine vibrierende Platte eine Reihe von Tönen erzeugt, die der harmonischen Reihe einer vibrierenden Saite entsprechen.
Der Leipziger Jurist und Musikliebhaber Ernst Chladni (1756-1827) legte mit seinem 1787 erschienenen Buch *Entdeckungen über die Theorie des Klanges* die erste umfassende Abhandlung der wissenschaftlichen Akustik vor. Er illustrierte es mit Zeichnungen von Schwingungsbewegungen auf dünnen Metallplatten. Für diese Experimente bestreute er die Platten mit feinem Pulver und regte sie durch Streichen mit einem Geigenbogen an verschiedenen Punkten des Plattenrands zu Eigenschwingungen an. Während sich in den Bereichen, die ständig in Ruhe blieben, Knoten bildeten, entstanden dort, wo das Pulver oder der Sand sich von den schwingenden Bereichen wegschob, verschiedenste Muster. Danach untersuchte er die Muster, ordnete sie nach geometrischen Formen und verknüpfte sie mit der entsprechenden Tonhöhe. Die chladnische Klangforschung wurde durch den Schweizer Arzt Hans Jenny zum eigenständigen Forschungsgebiet der Kymatik weiterentwickelt. Er ist auch der Erfinder des Tonoskops, der Klangbilder der menschlichen Stimme sichtbar werden läßt.

Kondensor

[lat.: *condensare* = verdichten]
Ein System von Hohl- oder Brennspiegeln in optischen Apparaten (*Mikroskop, *Projektor, Vergrößerungsapparat), welches für eine gezielte Ausrichtung des Lichts sorgt.
Der Kondensor gewährleistet eine möglichst helle Ausleuchtung des Objekts, denn er hat die Aufgabe, das von einer Lichtquelle ausgehende Licht möglichst vollständig zu erfassen, zu bündeln und so zu lenken, daß es das abzubildende Objekt passiert, weshalb er im Strahlengang der Beleuchtungseinrichtungen, z.B. von *Projektoren, angebracht wird. Halbkondensoren bestehen aus einer *Linse, Doppelkondensoren aus zwei plankonvexen Linsen (deren Wölbungen einander zugekehrt sind). Letztere bewirken durch eine streng parallele Ausrichtung des Lichts eine erhöhte Kontrastwiedergabe.

Kromskop

[gr.: *chrome* = Farbe; *skopeô* = schauen, sehen]
Betrachtungsgerät, in dem über Spiegel und Farbfilter Schwarzweiß-Photographien farbig werden.
Unter diesem Sammelbegriff sind sowohl die ersten, von den Vätern der Farbphotographie Louis Ducos du Hauron und Charles Cros gebauten Betrachtungsgeräte für Diapositive in Guckkastenform bekannt geworden, als auch diejenigen der zweiten Erfinder-Generation der *Farbphotographie wie Frederick H. Ives (1856-1937) und Adolf Miethe. Sie alle beschäftigten sich nicht nur mit der Methode zur Erzeugung der Farbbilder, sondern auch mit der Herstellung der Farbabzüge sowie deren Sichtbarmachung. Als erste Apparatur zur Vorführung farbiger Diapositive hatte James Clerk Maxwell (1831-1879) einen *Laterna Magica-Projektor 1861 in London benutzt. In diesen Jahren ging es in erster Linie darum, die drei unterschiedlich gefilterten Bilder in den drei jeweiligen Grundfarben sichtbar zu machen. Frederick H. Ives brachte 1892 einen Betrachter mit einem System von Reflektoren heraus, der Kromoskop genannt wurde. Drei Jahre später führte er sein Photo-Kromoskop-System vor. Dazu gehörte eine Strahlenteilerkamera. Sie enthielt ein System von zwei durchsichtigen und vier versilberten Reflektoren, welche das Licht, das durch das Objektiv einfiel, in drei verschiedenfarbige Strahlen teilten und so drei Teilbilder erzeugten.

Längenanamorphosen

Optische *Anamorphosen (auch perspektivische Anamorphosen genannt), die ihren unverzerrten Bildinhalt allein durch die Wahl des richtigen Augenpunktes preisgeben, also ohne Benutzung eines weiteren Hilfsmittels.
Seit dem 16. Jahrhundert entwarfen Künstler Längenanamorphosen. Ihnen liegt das Prinzip zugrunde, daß bei gleichbleibendem Augenpunkt verschiedene beliebige Schnitte der Sehpyramide dem Auge gleich erscheinen. Auch wenn frühe theoretische Überlegungen zur *Anamorphose aus Italien stammen, siedelte sich diese spielerische Erkundung der Möglichkeiten und Grenzen der Zentralperspektive bald in Deutschland an. Entwürfe von Künstlern aus der Gegend von Augsburg und Nürnberg belegen dies. Erhard Schön (1491-1542) lieferte hervorragende Beispiele, die zudem *Vexierbildcharakter haben: Das heißt, daß man bei frontaler Betrachtung zunächst *ein* Bildmotiv erkennen kann. Ein *zweites*, verstecktes, offenbart sich, wenn man einen anderen Blickpunkt einnimmt. Nachdem das Interesse an *Anamorphosen Mitte des 16. Jahrhunderts nachgelassen hatte, erlebte diese Kunstform zwischen den Jahren 1620 und 1670 einen zweiten Aufschwung, denn mit den optischen *Anamorphosen konnten Bildinhalte wie etwa Kritik an politischen oder theologischen Standpunkten verschlüsselt werden. Nur Eingeweihte wußten, welchen Blickpunkt man einnehmen mußte, um ein Motiv richtig zu erkennen. Ein Beispiel ist das in Öl gemalte Porträt des englischen Königs Charles I. (1625-1649). Diese überstreckte Veranschaulichung wurde nach seiner Exekution auch als Druckgraphik, insbesondere von den Royalisten, verbreitet. Solche Bilder müssen in extremer Schrägansicht zur Bildoberfläche betrachtet werden.

Lamellenbilder

Auch *Triscenorama genannt. Bildliche Darstellungen, die je nach Betrachtungsrichtung (von links, von rechts, sowie von vorne) drei wechselnde Ansichten zeigen.
Das Bild wurde sowohl auf ein in Streifen aufgeteiltes ‚Mittelbild' gemalt als auch auf die beiden Seiten der davor befindlichen Lamellen. So zeigt es in Direktsicht von vorne das Hauptmotiv, während die beiden Schrägsichten zwei andere, meist in Verbindung zum Hauptmotiv stehende Gemälde darstellen. Zahlreiche Exemplare aus der Frühzeit (Mitte des 18. Jahrhunderts) belegen, daß Motive aus dem religiösen Bereich bei weitem überwogen, denn die dreiansichtigen ‚Wechselbilder' eigneten sich ideal zur Darstellung der Dreifaltigkeit sowie der Heiligen Familie. Mit Einführung der Lithographie und weiterer Bilddruckverfahren stieg auch die Zahl der Lamellenbilder sprunghaft an. Sie waren, vor allem als Produkt des mechanisierten 19. Jahrhunderts, als Kreide-, Chromolithographien oder Öldrucke zu finden und fanden massenhaften Absatz durch den Verkauf in Wallfahrtsorten. Sowohl die Lamellenbilder als auch die ihnen verwandten *Riefelbilder wurden noch in den letzten Jahrzehnten hergestellt. Eine moderne Abart ihres Prinzips sind die Reklametafeln mit drehbaren Dreiecksstäben, die in stetem Wechsel drei verschiedene Ansichten präsentieren.

Lampaskop

[gr.-lat.: *lampadarius* = Lampengestell; *skopeô* = schauen, sehen]
Perfektionierte Form der *Laterna Magica. Das Gerät unterscheidet sich durch die Anbringung und Beschaffenheit der Lichtquelle von der ursprünglichen Form der Laterna Magica. Dadurch, daß bei dieser Form die Laterna Magica direkt auf die Petroleumlampe aufgeschraubt war, eignete sich der *Projektionsapparat für einen gefahrlosen Einsatz im Familienkreis. Verbreitet wurde er durch den französischen Hersteller Edouard Vergile Lapierre, der das Lampaskop in den 1880-90er Jahren erfolgreich verkaufte.

Latentes Bild

Unsichtbares, aber bereits in der Emulsion gespeichertes photographisches Bild, nach der Aufnahme und vor der Entwicklung.
Es entsteht allein durch die Einwirkung des Lichts auf die Silberhalogenide. An deren Oberfläche verschiebt die Energie der Photonen des Lichts dabei die Elektronen derart, daß durch die Anlagerung von Silberionen eine Abtrennung der Bromatome von den Silberkristallen möglich ist. Das Brom wird von der Gelatine aufgenommen; im metallischen Silber verändern sich die Kristalle zu entwicklungsfähigen Keimen. Diese Veränderungen in der Emulsion entsprechen dem späteren, in der Entwicklung sichtbar werdenden Silberbild: Bei der Entwicklung wird dann der ganze Kristall zu schwarzem Silber reduziert, während die unbelichteten Kristalle nicht angegriffen werden. Das latente Bild bildet sich, bleibt es unentwickelt, mit der Zeit wieder zurück.

Latenz

[lat.: *latere* = verborgen sein]
Bezeichnung für einen verborgenen Zustand.
Bilder, deren Beschaffenheit derart angelegt ist, daß erst durch mechanisches Einwirken, z.B. durch das Reiben der Oberfläche, die Darstellung sichtbar wird, werden von der Fachliteratur als Frimographien (Friktion = Reibung) bezeichnet. Zu den selten erhaltenen Exemplare dieser Gattung gehören Wärme- oder Nachleuchtbilder, Reibe-, Riech- oder Duftbilder.

Laterna Magica

[gr.-lat.: *laterna* = Laterne; *magica* = Zauber-, Geheimkunst]
Auch Zauberlaterne oder Schreckenslaterne genannt. Erste Form eines *Projektionsapparats.
Sie besteht im Prinzip aus einem Gehäuse, in dessen Innerem sich eine Lichtquelle befindet. Da sich zur Zeit der Erfindung und Verwendung die Möglichkeiten der künstlichen Lichtgewinnung auf Kerzen, Ölfunzeln und später Petroleumlampen beschränkten, befestigte man zu ihrer Verstärkung einen *Hohlspiegel an der Rückwand, der die Strahlen parallel nach vorne warf. An der Vorderseite gegenüber dem Spiegel wurde ein Rohr angebracht, in dem man zwei konvexe *Linsen senkrecht befestigte. Hinter dem gemeinsamen Brennpunkt dieser beiden Linsen schob man das transparente Bild spiegelverkehrt und auf dem Kopf stehend ein. Als einer der vielen ‚Erfinder' der Laterna Magica gilt der Jesuitenpater Athanasius Kircher (1602-1680) aus Geisa bei Fulda. 1646 erschien in Rom sein Werk *Ars magna lucis et umbrae*, worin er die Grundsätze der *Projektion darlegte und in der 2. Auflage, Amsterdam 1671, als erster Abbildungen von Projektionen mit der Laterna Magica publizierte. Einen beweglichen Totentanz für die Laterna Magica zeichnete der holländische Physiker Christian Huygens (1629-1695) schon um 1659. Der dänische Mathematiker Thomas Walgenstein (1622-1701) stellte die Laterna Magica 1665 bei einer Ausstellung in Lyon als Weltneuheit vor und feierte damit Erfolge. Paul Liesegang beschrieb sie folgendermaßen: „Sie bestand aus einem als Beleuchtungsapparat wirkenden Hohlspiegel, der ein annähernd paralleles Strahlenbündel lieferte, und einem zweilinsigen Objektiv, dessen innere Linse nahe beim Glasbild saß, während die äußere, langbrennweitige zur Scharfeinstellung verschiebbar angeordnet war." Anfangs als Zauberspektakel vorge-

führt, das hauptsächlich zur Vermittlung von Illusionen diente, machten sich später Wissenschaftler die Laterna Magica zunutze, und bald wurde sie auch für unterhaltende und pädagogische Zwecke eingesetzt.

Laternenbilder

Eigens für die *Projektion mittels der *Laterna Magica hergestellte Bilder.
Als Bilder verwendete man zunächst handbemalte Glasplatten, die dann nach der Erfindung der Photographie durch Diapositive (live model sets) ersetzt wurden. Dabei benutzte man Bildhalter verschiedenster Konstruktionen. Als zu Anfang des 18. Jahrhunderts die *Laterna Magica langsam populär wurde, begann man auch Laternenbilder im größeren Umfang herzustellen. Es gab verschiedenste Formen von Glasplatten, die entweder als Einzelbilder hergestellt wurden oder in Streifen, um die Bilder nacheinander durch den Projektionsschlitz schieben zu können. Die beweglichen Laternenbilder, eine bedeutsame Erneuerung auf dem Gebiet der Projektion in der ersten Hälfte des 18. Jahrhunderts, lassen sich im wesentlichen in drei Gruppen unterteilen: Zieh-, Hebel- und Drehbilder. Das Ziehbild setzt sich aus zwei Glasplatten zusammen: während eine Platte fest im Rahmen steht, kann man die andere an ihr vorbeiziehen. So wurde z.B. das Vorbeigleiten eines Bootes simuliert. Das Hebelbild besteht aus zwei runden Platten: die eine starr, die andere läßt sich durch einen Hebelmechanismus um ihr Zentrum bewegen. Dadurch ergab sich die Möglichkeit, Schaukelbewegungen vorzutäuschen. Mit den Drehbildern konnte man eine komplette Drehung durchführen, um beispielsweise Wasserräder darzustellen.

Leporello

Ein längerer, harmonikaartig zusammenfaltbarer Streifen Papier, der für Landkarten, Prospekte, Ansichtenreihen, Bücher u.a. benutzt wird.
Der Machart liegt eine Falttechnik des chinesischen Buchwesens zugrunde.
Benannt wurde sie aber nach dem Diener Leporello, der in Wolfgang Amadeus Mozarts Oper „Don Giovanni" (1787) eine lange Liste der Geliebten seines Herrn anlegt. Leporello-Bücher waren insbesondere für Kinder gedacht. Reihungen von Begebenheiten und Ereignissen hat es bereits als Kupferstiche im 17. Jahrhundert gegeben, allerdings haben diese geklebten Bilderfolgen selten überlebt. Im 18. und 19. Jahrhundert erfreuten sie sich zunehmender Beliebtheit, wobei sich die Thematik von dem historischen Ereignis mehr und mehr zum landschaftlichen Panorama hin entwickelte. Leporellos wurden zunächst im Stahlstich, dann in Litho- und Chromolithographie in Umlauf gebracht, wobei Rheinpanoramen in Deutschland an vorderster Stelle standen. Durch einen festen Deckel mit geprägtem Titel rückte das Leporelloalbum in die Nähe des Buchs. Ab 1880 kamen Postkarten-Leporellos – meist 10 bis 24 Ansichten in Gruppen zusammengefaßt – auf den Markt und wurden zu einem beliebten Reisesouvenir.

Linse

Von zwei Kugelflächen oder einer Kugelfläche und einer Planfläche begrenzter durchsichtiger Körper, meist aus Glas oder Quarz.
Je nach der Art der Kugelflächen unterscheidet man Konvex- und Konkavlinsen. Erstere haben die Eigenschaft, parallel auffallendes Licht zu sammeln, sie werden daher auch Sammellinsen oder Brennlinsen genannt; die Konkavlinsen zerstreuen paralleles Licht und werden daher auch Zerstreuungslinsen genannt. Im 16. Jahrhundert wurden sowohl Brennspiegel als auch Sammellinsen für dieselben Zwecke eingesetzt, da sie ähnliche Eigenschaften besitzen. Den Hohl- oder Brennspiegel gab es schon im Altertum. Der griechische Mathematiker Euklid erwähnt ihn in seiner Schrift *Katoptrik* (um 300 v.Chr.), in der er die Grundlagen der *Optik legte. Berühmt ist auch die Legende von Archimedes (285-212 v.Chr.), der bei der Belagerung von Syrakus riesige Brennspiegel verwendet haben soll, um die römische Flotte zu vernichten. Doch alle wissenschaftlichen Untersuchungen deuten darauf hin, daß man im Altertum die optischen Linsen noch nicht kannte.

Lithophanien

[gr.: *lithos* = Stein; *phänin* = leuchten, scheinen]
In unlasiertes Biscuit-Porzellan gepreßte Bilder.
Die ‚leuchtenden Steine' sind Platten aus dünnen durchscheinendem Porzellan, in welches die bildliche monochrome Darstellung, ähnlich wie beim Wasserzeichen im Tiefrelief eingepreßt wird. Bei flüchtiger Betrachtung sehen sie wie eine grau in grau gehaltene Tuschezeichnung aus. Erst gegen das Licht gehalten kommen die Motive richtig zur Geltung. Die Bildwirkung entsteht durch die in unterschiedlichen Stärken ausgearbeiteten Partien des Materials: Während die erhabenen Stellen die Schatten bestimmen, kann man in den dünneren Stellen die Lichter erkennen. Die spezielle Technik erfand 1827 der Pariser Diplomat Baron Paul de Bourgoing. Schon ein Jahr später war man auch in Deutschland in der Lage, die transparenten Porzellanbilder herzustellen, deren Produktion zunächst in der Berliner Manufaktur anlief, nachdem man mit ersten Versuchen in Meißen gescheitert war. Sie wurden rasch sehr populär und zierten als Fensterbilder, Lampen- oder Lichtschirme die bürgerlichen Interieurs. Ständer aus Gußeisen, in welche die Lithophanien eingesetzt und von hinten beleuchtet wurden, machten das Ensemble zu einem dekorativen Objekt. Bevorzugte Motive waren Landschaften, Genreszenen und Porträts, denen als Vorlage Nachbildungen großer Meister dienten. Deshalb kam es 1876 zu einem Streit um den Urheberschutz: Nach dem Gesetz war die Nachbildung eines Gemäldes durch Flächendarstellung verboten, und die Lithophanien wurden als solche angesehen, obwohl sie dreidimensional waren. Hierdurch wurde ihre Produktion maßgeblich eingeschränkt.

Living Silhouettes

[engl.: *living* = lebend; franz.: *silhouettes* = Schattenbild, Umrißlinie]
Lebende Silhouetten. Auf einem transparenten Träger nicht planenliegende *Schattenfiguren, die von einer bewegten Lichtquelle animiert werden können.
Für das Sichtbarmachen dieses ansehnlichen Schattenspiels benötigt man lediglich zwei übereinander liegende Papierbögen. Aus dem einen Bogen werden die Figuren ausgeschnitten, den anderen Träger aus dünnem Seidenpapier nutzt man als Projektionsfläche. Ein Finger als Abstandhalter zwischen den beiden Papierlagen eingeschoben reicht, um bei Bewegung einer seitlich gerichteten Lichtquelle ein wirkungsvolles Schattenspiel zu erzielen.

Lochkamera

Einfachste Kameraversion, die frühen Formen der *Camera Obscura ohne *Linse entspricht.
Statt eines Objektivs trägt die Lochkamera eine kreisrunde Scheibe, die sich drehen läßt. An der Peripherie dieser Scheibe befinden sich mehrere Löcher verschiedenster Durchmesser. Je nach Bedarf kann eine dieser Öffnungen das Licht ins Innere des Apparates leiten, wodurch die Bilderzeugung möglich wird. Wählt man ein größeres Loch, so ist die Lichtmenge zwar größer, das Bild wird jedoch unschärfer und bedarf einer kürzeren Belichtungszeit. Eine kleine Öffnung hingegen ergibt ein schärferes und dunkleres Abbild, für das eine längere Belichtungszeit nötig ist.

Lorrain-Spiegel

Hilfsmittel für perspektivisches Zeichnen, das ein Angleichen der Farben im richtigen Farbkontrast ermöglichte.
Unzählige Geräte wurden seit dem 15. Jahrhundert erfunden, die den Maler bei seiner perspektivischen Gestaltung unterstützen sollten. Sie reichten von den einfachen Zeichenhilfen über mechanische Apparate bis zu raffinierten optischen Hilfen, mit denen sich die Illusion dreidimensionaler Räume erzielen ließ. Ein solches Beispiel ist auch das Lorrain-Glas, benannt nach dem französischen Maler Claude Lorrain (1600-1682). Das handliche Objekt wird ähnlich einem Taschenspiegel in einem Etui untergebracht. Es besticht durch seine Einfachheit: Ein konkaver, schwarz unterlegter Weitwinkelspiegel verkleinert die Ansicht der Landschaft und mindert zugleich die Kontraste der Farben derart, daß eine größere Harmonie des Farbzusammenklangs erzielt wird. Fast zeitgleich mit Lorrain experimentiert Jan Vermeer (1632-1675) mit einer zweiteiligen kleinen *Camera Obscura mit verstellbarer Schärfe – während er das eine Bild zum Nachmalen nutzt, dient ihm das zweite zur Kontrolle der Farbgebung.

Magic mirror

[engl.: *magic* = magisch; *mirror* = Spiegel; engl. light-penetration mirrors, chin. thou kuang chien]
Auch chinesische oder japanische Zauberspiegel genannt. Lichtdurchlässige Spiegel aus Metall mit einer glatten, polierten Fläche als Vorderseite und einem Reliefmotiv auf der Rückseite.
Wenn das Sonnenlicht auf die glatte Spiegelseite fällt, erscheint das Motiv der Rückseite in der *Projektion auf eine helle Fläche als schemenhaftes *Schattenbild. Es ist bekannt, daß Spiegel dieser Beschaffenheit schon seit dem 2. Jahrhundert v.Chr. in China in Umlauf waren. Japanische oder chinesische Spiegel dieser Machart gelangten im 19. Jahrhundert nach Europa, wo sie als Kuriositäten geschätzt wurden und zur Nachbildung verleiteten. Die photographischen Unternehmer Bertin & Dubosq in Frankreich versuchten hinter das Geheimnis ihrer Herstellung zu kommen und stellten Versuche an, die sie in öffentlichen Präsentationen vorstellten.

Magische Filter

Auch Pocket-Kinematograph genannt. Farbfilter, die man über verschiedene Bildmotive langsam gleiten läßt oder rasch bewegt. Sie werden sowohl zu Verwandlungszwecken eingesetzt (Metamorphosen), als auch zum Vortäuschen von Bewegung.

Megalethoskop

[gr.: *mega* = groß; *skopeō* = schauen, sehen]
Betrachtungsgerät, bei dem das Medium der *Photographie mit den transparenten Bildern verschmolz.
Neu an diesem Gerät war die Großformatigkeit der Photographien und die aufwendige Ausstattung des Apparats mit einer großen, rechteckigen Vergrößerungslinse. Der erst nach der Erfindung der Photographie gebaute Apparat, in dem Kollodiumphotographien die *Guckkastenblätter ersetzten, wurde erstmals auf der Londoner Weltausstellung 1862 vorgestellt. Mit diesem um 1860 von Carlo Ponti (1821-1893) in Venedig angefertigten Gerät, kann man transparente Photographien in einer Größe bis zu 25 x 34cm betrachten, die mittels einer *Linse nochmals beeindruckend vergrößert werden konnten. Um den *Transparenzeffekt zu erzielen, kopierte man die nach dem nassen Kollodiumverfahren hergestellten Glasnegative auf ein dünnes Albuminpapier und bemalte es auf der Rückseite wie schon die transparenten *Stereophotographien. Um Effekte wie Mondschein und Wasserreflexionen zu erreichen, versah man die Aufnahmen mit Löchern, spannte sie in einen leicht gewölbten Holzrahmen und beklebte sie rückseitig mit dünner lichtdurchlässiger Gaze, welche der Lichtdiffusion diente und gleichzeitig als Mattscheibe wirkte. Durch Öffnen und Schließen der Klappen am Megalethoskop ließ sich Richtung und Menge des einfallenden Lichts steuern.

Megalographien

[gr.: *mega* = groß; *gráphein* = schreiben, zeichnen]
Auch *Coptographien genannt. Die Megalo-

graphie entwickelte sich aus der Kunst der *Silhouette, dem *Scherenschnitt. Sie zeigt, bevor es den Begriff Negativ in der *Photographie gab, negativ ausgeschnittene Figuren, die erst in der *Projektion ihres Schattens vergrößert ein positives Abbild erzeugen.

Megaskop
[gr.: *mega* = groß; *skopeô* = schauen, sehen]
*Projektionsapparat für opake Gegenstände. Spätere Bezeichnung für *Wunderkamera. Siehe *Episkop.

Mica
[ital.: *lamica* = Krümelchen, *micare* = funkeln]
Englische Bezeichnung für Glimmer. Auch Marienglas genannt. Durchsichtiges Gestein. Der Glimmer gehört zur Gruppe gesteinsbildender Minerale, die elastisch-biegsame, blättrig-tafelige monokline Kristalle ausbilden; diese sind nach der Basisrichtung vollkommen spaltbar und zeigen daher Perlmutterglanz. Da die größeren Platten sich leicht in durchsichtige, dünne Scheiben spalten lassen und auch hohen Temperaturen ausgesetzt, immer noch große Elastizität behalten, fanden sie u.a. als Fenster an Kriegsschiffen, als Ofenschirme oder als frühe, transparente Bildträger Verwendung.

Mikroskop
[gr.: *mikro* = in Zusammensetzungen auftretendes Bestimmungswort mit der Bedeutung klein, gering; *skopeô* = schauen, sehen]
Optisches Vergrößerungsgerät.
Wie kaum ein anderes optisches Instrument hat das Mikroskop die Entwicklung der Wissenschaften beeinflußt. Doch die Erfinderansprüche sind schwer nachzuprüfen. Daß es möglich sein müsse, ein Vergrößerungsgerät herzustellen, hatte schon Roger Bacon (1214-1294) vorausgesagt. Der italienische Arzt und Humanist Girolamo Fracastero (1478-1553) schlug als erster vor, zwei *Linsen hintereinander anzuordnen, um Objekte vergrößert sehen zu können. Aber zur Ausführung kam es erst 1590. Lange Zeit galt der holländische Brillenmacher Zacharias Janssen in Middelburg (um 1588-um 1632) als der Erfinder eines zusammengesetzten Mikroskops, das aus einer Sammellinse (Bikonvexlinse) als Objektiv und einer Zerstreuungslinse (Bikonkavlinse) als *Okular bestand. 1612 konstruierte Galileo Galilei (1564-1642) ebenfalls ein Mikroskop. Die Bedeutung dieses optischen Instruments für das Studium der lebenden Substanz beschrieb erstmals der englische Naturwissenschaftler Robert Hooke (1635-1703) in seiner durch die Royal Society veröffentlichten *Micrographia* (1667). Von ihm stammt auch der Begriff ‚Zelle' für die lebenden Strukturelemente. Der bedeutendste Mikroskopiker des 17. Jahrhunderts war Anton van Leeuwenhoek (1632-1723), der u.a die Bakterien, Spermatozoen und die roten Blutkörperchen des Menschen entdeckte. Die vergrößernde Wirkung seiner Linsen soll um das 200- bis 300-fache gelegen haben. Während er noch mit einer einzelnen Linse experimentierte, versuchte Eustachio Divini (um 1620-1664), die störenden Abbildungsfehler der Linsen zu beheben, speziell die sphärische Aberration, denn durch die starke Krümmung der Linsen ergab sich ein nicht ganz scharfes Bild. Er fand heraus, daß sich ein großer Öffnungswinkel vermeiden ließ, indem man an die Stelle einzelner starker Linsen mehrere schwächere setzte. Er baute ein Mikroskop, dessen *Okular aus zwei plankonvexen *Linsen bestand. Dies hatte zur Folge, daß der Lichtstrahl Medien verschiedener Dichte brechen mußte (Glas/Luftzwischenraum/Glas). Überlegungen, wie man die üble Wirkung des Übergangs der Strahlen von einem Medium ins andere mindern könnte, stellte man erst im 19. Jahrhundert an. Carl Zeiss (1816-1888) und seinen Mitarbeitern in Jena gelang es, durch genaue mathematische Berechnungen, das Mikroskop zu vervollkommnen.

Momuskop
[gr.-lat.: *mimesis* = nachahmende Darstellung; *skopeô* = schauen, sehen; mytholog.: *momus* = Gott des Spottes]
Bildbetrachter für Photographien. Ein eingebauter, beweglicher Zerrspiegel ermöglicht die Verwandlung der Mimik der abgebildeten Person.

Morphing
[gr.: *morphe* = Gestalt, Form]
Begriff aus der Computersprache für Gestaltwechsel.
Ausgangspunkt für einen Morph können beispielsweise zwei Gesichter in möglichst gleicher Haltung sein. Das erste Bild wird nach und nach verzerrt und ausgeblendet, während das zweite Bild verzerrt beginnt und immer stärker aufgeblendet wird. Damit ein überzeugender Morph entsteht, müssen mit Hilfe sogenannter Vektoren die Anfangs- und Zielpunkte der Verzerrung festgelegt werden. Dies gilt für die äußere Kopfform ebenso wie für Auge, Nase, Mund. Je genauer die Vektoren definiert sind, desto fließender erfolgt später der Übergang.

Moving Panorama
[engl.: *move* = bewegen]
Großform eines Rollenpanoramas. Bewegliches Schaubild, das langsam vor den Augen des Betrachters ‚entrollt' wurde.
Dabei wurde eine bemalte Bilderrolle durch eine Kurbel mechanisch in horizontale Bewegung versetzt. Die Kurbel wickelte die mit Landschaften bemalte Leinwand von einer senkrecht stehenden Trommel auf eine zweite Trommel. Da der Abstand zwischen diesen konstant blieb, sah man im gleich großen Bildausschnitt fortwährend andere Bilder, was etwa dem Blick aus dem Abteilfenster eines fahrenden Zuges gleichkam. Besonders verbreitet waren Bildbänder kilometerlanger ferner Flüsse, z.B. vom Mississippi oder vom Nil, deren ‚Vorbeiziehen' von der Quelle bis zur Mündung einer Vorführung zwischen einer und zwei Stunden bedurfte. Dieses um 1850 populär gewordene Vergnügen versuchte, die Illusion einer Reise zu vermitteln. Die Fahrt durch die Landschaft war bequem vom Sessel aus zu erleben.

Mutoskop
[gr.-lat.: *muto* = stumm; *skopeô* = schauen, sehen]
Auch *Kinora oder Stummseher genannt. Betrachtungsgerät für filmartige Ablätterbücher (*Daumenkino).
Die mechanisierte Form des *Daumenkinos oder Abblätterbuchs enthält eine aus etwa 1000 Einzelbildern bestehende und über eine Handkurbel angetriebene Bildrolle, die sich in einer Art *Guckkasten mit Sehschlitz befindet. Die kontinuierliche Abfolge der Bildmotive läßt Bewegung erleben. Das Mutoskop wurde in Konkurrenz zu Thomas Alva Edisons (1847-1931) *Kinetoskop entwickelt. Mit Münzeinwurf als selbstkassierende Unterhaltungsmaschine, fand es in Spielhallen, Kaufhäusern und auf Bahnhöfen Verbreitung. 1894 meldete Herman Casler (1867-1939) sein Patent für das Mutoskop an. Ein Jahr später wurde die American Mutoscope and Biograph Company in New York als Verwertungsgesellschaft gegründet, die bis zum Ende des 19. Jahrhunderts ihren Marktanteil in Amerika ausbaute. Weitere Tochtergesellschaften der Mutoscope Company wurden in Europa, Indien und Südafrika gegründet, 1898 die Deutsche Mutoskop- und Biograph-Gesellschaft in Berlin. Diese hatte bereits 1906 etwa fünfhundert Mutoskope auf Bahnhöfen, in Lokalen und Hotelhallen installiert. Die Sequenzen für das Mutoskop wurden von einer mit Elektromotor betriebenen Kamera, genannt Mutograph, aufgenommen, wobei als Trägermaterial perforiertes 70-mm-Papier diente. Als Kontaktkopien wurden danach Abzüge hergestellt. Schon bald entwickelte man aus dem Mutographen auch einen Filmprojektor, den Biographen, um mittels einer Projektion ein größeres Publikum zu erreichen. 1905 ging die Deutsche Mutoskop an den Schokoladenhersteller Stollwerck über. Wie die Mutoscope Company stellte dieser 1906 das Format der Filme auf 35mm um, die nun auch als Kinoprojektionen gezeigt werden konnten. Das Mutoskop sollte nicht nur neben Edisons *Kinetoskop existieren, sondern es sogar längerfristig überdauern: So war es etwa bis in die 1970er Jahre in Spielhallen und auf Jahrmärkten vertreten, im Berliner Treptower Vergnügungspark sogar bis 1990.

Myograph
[gr.: *myo* = in Zusammensetzungen auftretendes Bestimmungswort mit der Bedeutung Muskel; *graphein* = schreiben, zeichnen]
Registrierapparat zur Aufzeichnung von Bewegungsabläufen.
Der französische Arzt Etienne-Jules Marey (1830-1904) widmete sich der wissenschaftlichen Seite der Bewegungsbilder, speziell der Pysiologie der Bewegungen beim Menschen und bei Tieren, wozu er eigene chronophotographische Apparate konstruierte. Er ersann eine Reihe von registrierenden Vorrichtungen, um verschiedene sehr komplizierte und flüchtige physiologische Funktionen mit exakten Hilfsmitteln zu analysieren. So entstanden nacheinander der Sphygmograph, der Cardiograph, der Myograph, die verschiedenen Registrierapparate mit beweglicher Platte oder rotierendem Zylinder, die als unmittelbare Vorläufer des *Kinematographen gelten. Der Myograph funktioniert folgendermaßen: Eine Feder, angebracht an der Mareyschen Membran (Tambour), übersetzt Druck in eine Bewegungsschrift in auf- und absteigenden Linien auf den rotierenden, gerußten Zylinder. Die Rotationsgeschwindigkeit des Zylinders war verstellbar mit Hilfe zweier sich schnell gegen den Luftwiderstand drehender Flügel. Für die *Chronophotographie ersetzte Marey den gerußten Zylinder durch ein photographisches Negativ und die in der Zeit schreibende Feder durch eine rotierende Schlitzscheibe, die durch ihre Schlitze die Belichtung der Bewegungsfolgen auf dem Negativ ermöglicht.

Myriorama
[gr.: *myrio* = In Zusammensetzungen auftretendes Bestimmungswort mit der Bedeutung zehntausendfach, große Anzahl; *horama* = das Gesehene]
Vertikal-Montage eines Streifenpanoramas, welche die sogenannte ‚Vieltausendschau' ermöglichte.
Ein Landschaftspanorama wurde in 16, 24 oder 36 gleich große Vertikalsegmente zerschnitten, und da die Horizontlinie, dort wo die Streifen aufeinanderstießen, immer auf derselben Höhe war, konnten die Bildteile in immer neuen Kombinationen zueinander montiert werden. Die frei kombinierbaren Ansichtsfolgen sind eine Erfindung des Franzosen Jean-Pierre Brés aus dem Jahr 1802. Da die Sukzession der einzelnen Teile eine individuelle Zusammenstellung ermöglichen sollte, wurden meist topographisch nicht ausgewiesene Landschaftsserien, typische Gegenden wie Alpen-, Fluß- und Küstenlandschaften dargestellt. Um einen kontinuierlichen Anhaltspunkt des Wahrnehmungsfeldes zu erzielen, entfaltete sich das Bild meist entlang einer Verkehrsader oder eines Flußbettes, die im Vordergrund dargestellt wurden. Entscheidend für diesen unteren Teil der Ansicht war, daß hier keine Brüche oder abrupten Perspektivwechsel stattfanden, die den Eindruck fortlaufender Bewegung hätten stören können. Nur im planparallel dazu laufenden Mittelfeld wechselten die standardisierten Sehenswürdigkeiten einander ab: die Ruine mit dem Felsen, die Tanne mit dem Wasserfall etc., Bildteile, die immer neue Landschaften entstehen ließen.

Nachbildwirkung
Auch *Persistenz genannt. Flüchtiges Phänomen, das bei der visuellen Wahrnehmung auftritt, wenn der optische Reiz plötzlich wegfällt.
Um die Nachbildwirkung zu verstehen, wird immer wieder das Beispiel eines Stücks glühender Kohle, die, an einer Schnur befe-

stigt, im Dunkeln im Kreise bewegt wird, angeführt: In Ruhestellung erscheint sie als leuchtender Punkt, in Bewegung wird sie zur Linie. Der Kreisbogen wird immer länger, je schneller die Bewegung erfolgt. Dieser Versuch wurde bereits 1750 von D'Arcy angestellt und zeigt, daß das Nachbild des Objekts so lange dauert, wie die Kohle zu einer Umdrehung braucht. Die Entdeckung des Nachbildes, die Beobachtung, daß der visuelle Eindruck für Sekundenbruchteile im Gehirn ‚stehenbleibt', wenn man das stimulierende Bild oder Objekt aus dem Gesichtsfeld entfernt, führte zu einer bedeutenden Entwicklung der Darstellung und des Sehens von Bewegung. Ein 1825 erfundenes Spielzeug, das *Thaumatrop (Wunderdreher), ist ein gutes Beispiel hierfür.

Nebelbilder
Auch *Dissolving views genannt.
Unter der Bezeichnung Nebelbilder versteht man Bilder der Laterna Magica, die in einer *Bi-Union oder *Tri-Union gezeigt werden und den Übergang von Tag zu Nacht, Sommer zu Winter in langsamen Überblendungen zeigen: Das erste Bild verschwindet in der Unschärfe (Nebel) oder Dunkelheit, während gleichzeitig das zweite Bild ins erste Bild eingeblendet wird, aus der Dunkelheit oder Unschärfe langsam sichtbar oder scharf werdend.

Oben-unten-Bilder
Auch Umkehrbilder genannt. Sie sind den anthropomorphen und zoemorphen *Vexierbildern verwandt.
Die Darstellung ist nicht sogleich zu erkennen, weil die Umrisse und die Binnenzeichnung mit anderen, auf dem Bild deutlich sichtbaren Darstellungen zusammenfallen. Das Wesen der Vexierbilder besteht also darin, daß sie zwei- oder mehrdeutig sind. Das Motiv erschließt sich dem Betrachter erst bei einer Wendung des Bildträgers um 90°. Muß der Träger abermals gewendet werden, also um insgesamt 180°, spricht man von Wendeköpfen. Motivisch bevorzugte man gegensätzliche Paarungen: Jung ließ sich in alt verkehren, Mann in Frau, Mensch in Tier etc. Im Gegensatz zu den Antipapstmedaillen des 16. Jahrhunderts ist der überwiegende Teil der Umkehrbilder spielerisch gehalten, mit heiteren Versen oder Sprüchen versehen und erklärt. Erwähnenswert sind die Wendeköpfe von Honoré Daumier (1808-1879). Auch einige andere Zeichner und Illustratoren haben sich der reizvoll-vertrackten Aufgabe gewidmet, so der amerikanische Künstler Peter Newell (1862-1924) und der englische Maler und Bühnenkünstler Rex Whistler (1905-1944). Berühmt wurden die Umkehrbilder von Gustave Verbeek, einem der Urväter der modernen Comics. Für die Wochenendausgaben des *New York Herald* schuf er bizarre Bildergeschichten unter dem Titel *The Upside Downs of Little Lady Lovekins and Old Man Muffaroo*. Angeblich hatte die Zeitung ihm nur Platz für sechs Bilder zur Verfügung gestellt, so daß er auf die Idee kam, durch Verwendung von Umkehrbildern die Länge seiner Strips zu verdoppeln.

Ochsenauge
Schwenkbares Objektiv für die *Camera Obscura.
Das erstmals 1636 von Daniel Schwenter (1585-1636) in *Deliciae physico-mathematicae oder Mathematische und physikalische Erquickstunden* beschriebene Objektiv ist eine sinnreiche Konstruktion zur Betrachtung der Außenwelt bei Verwendung eines dunklen Zimmers als Camera Obscura. Der Professor für Mathematik und orientalische Sprachen in Altdorf hatte ein Loch durch die Achse einer Holzkugel gebohrt, die er an beiden Enden mit je einer *Linse versah und in einem Rahmen derart befestigte, daß die Kugel schwenkbar blieb. Die zwei Linsen besaßen unterschiedliche Brennweiten, zusammen hatten sie einen kürzeren Brennpunkt als die einzelnen Linsen. Drehte man die Kugel, so ergab sich ein erheblich größerer Bildwinkel. Schwenter verzeichnete auch die Tatsache, daß der Nürnberger Maler Johann Hauer und sein Sohn ein Panorama der Stadt mit Hilfe dieses Instruments zeichneten. Johannes Zahn nannte diese Optik in *Oculus artificialis* (1685/86) *Scioptikon, erst spätere Forscher nannten es Ochsenauge.

Ofenbilder
Aus Modellierbögen ausgeschnittene Figuren, die, auf Nadeln montiert, in der aufsteigenden Wärme eines Ofens installiert wurden.
Dort begannen die Figuren sich zu drehen, wurden zu ‚kinetischen' Objekten. Zu den beliebtesten Motiven zählten wippende Knaben, schaukelnde Affen, Bärentänze, Christbescherungen, Katzen mit Mäusen, Zapfenstreiche, Wickelkinder und vieles mehr. Sie fanden seit den 1860er Jahren große Verbreitung in mannigfaltigen Formen. Ab 1892 wurden sie auch von der Firma J. F. Schreiber in Esslingen angeboten.

Okular
[lat.: *okular* = das Auge betreffend]
Die dem Auge zugewandte *Linse oder Linsenkombination eines optischen Geräts.

Ombres chinoises
Chinesisches *Schattentheater.

Ombro cinema
Schattenkino, Papiertheater für Kinder um 1920.
Ein mit alternierenden Bewegungsphasen bedrucktes, transparentes Rouleau wird hinter einem Bildschirm aus transparenter, mit einem Streifenraster bedruckter *Zelluloidfolie abgerollt. Die Breite der Streifen verdeckt und zeigt abwechselnd die Bewegungsphasen, wodurch die Bilder animiert werden.

Optic Marvel
[engl.: *marvel* = Wunder]
Spielzeugkreisel, der mit Aufsteckdrähten und Farbscheiben ausgestattet ist. Die rotierenden Drähte formen ein scheinbar dreidimensionales Objekt und die Farben mischen sich.
Im menschlichen Auge werden Sehempfindungen von sich bewegenden Objekten für kurze Zeit gespeichert, ehe sie dann allmählich abklingen. Der Mensch ist jedoch nicht in der Lage, schnelle Bewegungen im Detail zu erkennen. Deshalb scheinen rasch hintereinander wahrgenommene Bilder miteinander zu verschmelzen. Dieser Eindruck stellt sich auch beim Optischen Wunder ein, einem in viktorianischer Zeit beliebten Spielzeug, durch das sich für den Betrachter ein scheinbar voll plastisches Bild ergibt.

Optik
Wissenschaft vom Licht, seiner Entstehung, Ausbreitung und Wahrnehmung.
Unter der frühen Bezeichnung *optica* verstand man eine Wissenschaft, die sich den sichtbaren Dingen, hervorgerufen durch gerade Strahlen, widmete. Auch Arzneien gegen Augenkrankheiten zählten zu ihrem Bereich sowie optische Instrumente wie Fernrohre, *Mikroskope, *Laternae Magicae, *Spiegel etc. Um 1900 unterschied man eine geometrische Optik, unterteilt in Dioptrik (Lichtbrechungslehre) und Katoptrik (Lichtspiegelungslehre) sowie eine physikalische Optik, der alle mit der geometrischen Optik nicht zu deutenden Phänomene, von der Beugung über die *Interferenz bis zur *Polarisation, subsumiert wurden. Daneben existierte die praktische oder angewandte Optik, deren Aufgabe in der Berechnung und dem Bau optischer Instrumente lag. Heute umfaßt die Optik einen weit größeren Bereich. Sie bezeichnet die Lehre vom Licht, d.h. von dem Teil der elektromagnetischen Strahlung bzw. des elektromagnetischen Spektrums, der mit dem Auge oder anderen Lichtempfängern wahrgenommen wird. Dabei konzentriert sich die physikalische Optik auf die Gesetzmäßigkeiten der Lichtausbreitung, die Emission und Absorption von Licht in Verbindung mit Materie oder elektrischen und magnetischen Feldern, die geometrische Optik auf alle Erscheinungen, bei denen der Wellencharakter des Lichts vernachlässigt werden kann, auf Strahlen als geometrische Linien, deren Ausbreitungsrichtung durch Brechung und Reflexion beeinflußt werden kann und die bestimmte Abbildungen vermitteln. Die Elektronen- oder Ionenoptik untersucht die Ausbreitung von Elektronen und Ionen, die Wellenoptik die Erscheinungen des *Lichts, die an seine Wellennatur geknüpft sind, also Beugung, Interferenz und Polarisation. Die Quantenoptik beschreibt Effekte, bei denen die Teilchennatur des Lichts in den Vordergrund tritt, die physiologische Optik behandelt die physikalischen und physiologischen Gesetzmäßigkeiten des Sehens und die atmosphärische Optik schließlich das Verhalten des Lichts in der Atmosphäre.

Optischer Obelisk
Auch *Spatiograph oder Raumschreiber genannt. Prismatischer Glaskörper.
Durch den speziellen Schliff der spitz zulaufenden Hinterkante des Prismas wird der Lichteinfall derart gebrochen, daß sich bei Betrachtung von vorn ein scheinbar vollplastischer Körper zeigt und somit eine zusätzliche Raumdimension gewonnen wird. Die Herstellung dieser Mitte des 19. Jahrhunderts in England entstandenen dekorativen Glasobjekte setzt sich bis heute fort.

Overlay Bilder
Auch Auflegbilder genannt. Verwandlungsbilder, die mit verschiedenen Gewändern oder Frisuren versehen werden können.
Bei *Mica- oder Marienglas-Overlay Bildern handelt es sich um das auf Pergament bzw. Papier gemalte Bildnis einer Frau oder eines Mannes sowie etliche auf Glimmerblättchen (*Mica) gemalte Kleidungsstücke; indem man die durchsichtigen Glimmerblättchen auf die Basisfigur legt, kann man sie mit Kleidungsstücken versehen. Mit dem Austauschen der Glimmerblättchen kann die Kleidung beliebig gewechselt und das Aussehen der Basisfigur verändert werden, während Kopf, Hände und Beine durch die transparenten Blättchen hindurch sichtbar bleiben. Bei den Papier-Overlay-Bildern ist meistens der Kopf gemalt und es werden verschiedene Körper und Kostüme mit Aussparungen für den Kopf aufgelegt. Während Verwandlungsbilder im 17. und 18. Jahrhundert der Unterhaltung von Erwachsenen dienten, waren sie im 19. Jahrhundert und in der ersten Hälfte des 20. Jahrhunderts vor allem Kinderspielzeug.

Panorama
[gr.: *pan* = In Zusammensetzungen auftretendes Bestimmungswort mit der Bedeutung all, ganz, gesamt; *horama* = das Gesehene]
Panoramabild, das einen vollständigen 360°-Rundumblick darstellt und in einem eigens dafür konstruierten Gebäude gleichen Namens ausgestellt wird.
Erst das Gemälde und das Gebäude zusammen, samt der ganzen Maschinerie von Täuschungen und Tricks, von Lichtkalkül und Staffagen, machen das Panorama aus, das gegen Eintrittsgeld betrachtet werden kann. Der Eintretende wird in einen dunklen Gang geführt, wo er warten muß, bis sich seine Augen auf das Dämmerlicht eingestellt und sich der äußeren Realität entwöhnt haben. Dann steigt man die Treppe zu einer Aussichtsplattform in der Mitte des Raumes hoch, von wo aus man sich das Panorama anschaut. Ringsum sieht man die naturgetreu gemalte Landschaft oder Szene, die von einem indirekten Deckenlicht atmosphärisch erleuchtet ist. Die Perspektive des Gemäldes ist genau auf diesen Standpunkt des Betrachtenden hin berechnet. Eine Brüstung hindert den Besucher, sich von diesem Gesichtspunkt zu entfernen, denn sonst könnte er die Verzerrung der Darstellung wahrnehmen. Auch bleibt dem Beschauer der Übergang vom dreidimensionalen Raum zur zweidimensionalen Malerei, der gekonnt mit Staffagerequisiten gefüllt ist, verborgen. Als Schöpfer dieses Mediums werden der deutsche Maler Johann Adam Breysig (1766-1831) und der irische Maler Robert Barker (1739-1806) genannt. Ersterer hatte zuvor die Konzeption entwickelt, doch Barker setzte sie zuerst in die Tat um. Er errichtete 1788 das erste Halbrund-

Panorama in Holyrood, das er schließlich zu einem kompletten Bildkreis ergänzte. Ein 360°-Rundblick über London vom Dach der Albion Mills brachte Barker 1792 den ersehnten Durchbruch beim Publikum. Von London aus breitete sich das oft als ‚erstes optisches Massenmedium im strengsten Sinne' bezeichnete Panorama über ganz Europa aus. 1799 wurde die erste Rotunde in Paris, 1800 in Berlin, 1803 in Hamburg eröffnet. Für jedes Teilelement des Panoramas – Gemälde, Architektur und Bildinhalt – lassen sich kunsthistorische Vorläufer aufspüren wie Bühnenmalerei, Pantheon und Veduten. Das Panorama ist zugleich das Resultat einer Entwicklung, die dem Wunsch nach Horizonterweiterung entsprach. Auch scheint es kein Zufall zu sein, daß es nur wenige Jahre nach den ersten Ballonfahrten, die ja als Bestreben galten, sich der Wirklichkeit von einem anderen Standpunkt aus zu versichern, entwickelt wurde.

Pantograph

[gr.: *pan* = alles umfassend; *gráphein* = schreiben, zeichnen].
Allesschreiber. Auch *Storchschnabel genannt. Instrument zum Übertragen von Zeichnungen im gleichen, größeren oder kleineren Maßstab oder auch zur verzerrten Übertragung von Zeichnungen in *Anamorphosen.
Heute wird der Panthograph als Gerät zur Vergrößerung und Verkleinerung von Kopien verstanden, ursprünglich ist er jedoch als Teil einer Perspektivmaschine bekannt geworden. Er ermöglichte nicht nur das punktweise Abmalen der Umgebung bzw. die Abbildung beliebiger Gegenstände, sondern auch die Projektion von Bildern Punkt für Punkt auf gekrümmte Flächen. In beiden Fällen war neben dem Maler ein Helfer notwendig. Christophorus Scheiner (1573-1650) veröffentlichte 1631 in Rom ein Buch mit dem Titel *Ars nova delineandi* über den Pantographen (mit Visiereinrichtung), nachdem er diesen 1603 erfunden hatte. Der Pantograph besteht aus einem mechanisch-beweglichen Stangen-Parallelogramm. Um einen Gegenstand abzubilden, konnte jeder beliebige Blickwinkel eingenommen werden. Der Maler hatte das Zeichenpapier oder die Leinwand direkt vor sich, der Maßstab der Abbildung ließ sich bequem mit dem Pantographen regulieren. War der Pantograph mit seinem Abtast- und Zeichenstift in bestimmten Punkten auf der Zeichenebene verankert, ließen sich Vorlagen entweder vergrößern oder verkleinern. Wollte man Gegenstände auf die Bildebene projizieren, stellte man Pantograph und Zeichenebene senkrecht. Der Vorteil von Scheiners Perspektivmaschine lag in ihrer einfachen Herstellung sowie in ihrer Anwenderfreundlichkeit. Der Pantograph wurde in weiter entwickelter Form Ende des 18. Jahrhunderts noch einmal insbesondere als Porträtiermaschine für *Physionotracien eingesetzt, ansonsten ist er bis heute ein Arbeitsinstrument technischer Zeichner, Architekten und Archäologen geblieben.

Papyrographie

[gr.-lat.: *papyrus* = Aus der Papierstaude gewonnenes Papier; *gráphein* = schreiben, zeichnen]
In der Wirkung ist die Papyrographie den *Lithophanien und den Wasserzeichen ähnlich. Die aus Papier hergestellten Bilder lassen sich nicht auf den ersten Blick, sondern erst gegen das Licht gehalten, erschließen. Stärke und Anzahl der aufeinander geklebten Papierschichten bestimmen das erst bei Durchleuchtung sichtbar werdende Bild.

Peep-egg

[engl.: *peep* = verstohlen gucken; *egg* = Ei]
Variation des *Guckkastens im Miniaturformat.
Ein in viktorianischer Zeit sehr populäres optisches Spielzeug, das vorzugsweise als Andenken für Touristen gedacht war. Die eiförmigen, aus lichtdurchlässigem Alabaster gefertigten Objekte sind am oberen Ende mit einem Guckloch versehen, das mit einer bikonvexen *Linse verschlossen ist. Während manche Peep-eggs nur ein Bildmotiv aufweisen, gibt es andere mit bis zu drei Ansichten. Den Bildwechsel ermöglicht ein Drehmechanismus, der durch zwei an der Außenwand befindliche Knäufe betätigt wird. Die Tiefenwirkung ergibt sich einerseits durch die Linse, andererseits durch die Wölbung der kleinen, leicht nach hinten gebogenen Abbildungen im Innern der Peep-eggs, die auch kleine Steine oder Muscheln enthalten können, die man somit räumlich vergrößert betrachten kann.

Perforation

[lat.: *perforare* = Durchbohrung]
Die zum Transportieren erforderliche Lochung am Rand eines Films.
Die Erfindung des *Zelluloidfilms und dessen Perforierung haben der Entwicklung der *Kinematographie Vorschub geleistet. Nach Aussagen von Laurie Dickson (1860-1935), dem Mitarbeiter von Thomas Alva Edison (1847-1931), soll es schon 1888 eine funktionstüchtige Kamera für kurze perforierte Filmstreifen, die über ein Maltheserkreuz schrittweise transportiert wurden, gegeben haben. Sie benutzten vermutlich knapp 2cm breite Filmbänder mit einseitiger Perforation von sechs runden Löchern pro Bild. Ein Sperrgetriebe, das auf eine Zahntrommel einwirkte, über die der perforierte Film geführt wurde, sorgte für den ruckweisen Transport des Filmbandes in Edisons ersten *Kinematographen. Für ein verbessertes Kameramodell von 1890 benutzte Edison ein 35mm breites Filmband, das sich aus der Halbierung des schon vorhandenen 70mm Kodak-Rollfilmmaterials für Photoapparate ergab. Die Filmstreifen wurden mit beidseitiger Perforation von vier Löchern pro Bild versehen. Die anfangs runde Lochung wurde zu einem späteren Zeitpunkt von der rechteckigen abgelöst, so daß Filmhistoriker anhand der Form der Lochungen, aber auch anhand ihrer Anordnung (ob vertikal am Rande der Bilder oder horizontal zwischen diesen) eine genaue Datierung eines Films vornehmen können.

Persistenz

[lat.: *persistare* = anhaltend]
Wahrnehmungsphysiologisches Phänomen, bei dem die Wahrnehmung länger andauert, als der Sinneseindruck währt. Siehe *Nachbild.

Persistenzrad

Dieses in Verbindung mit einer kleinen Dampfmaschine verkaufte Spielzeug basiert auf dem Prinzip der Trägheit der Wahrnehmung und wurde eigens zu dessen Veranschaulichung konstruiert. Es besteht aus kleinen Blechscheiben, die mit Punkten in verschiedenen Farben versehen sind. Durch schnelles Drehen verschmelzen die Punkte zu sternförmig angeordneten Linien.

Perspektivkasten

Eine Art *Guckkasten mit bemalten Innenseiten und Öffnungen in der Höhe der innen dargestellten Horizontlinie.
Eine besondere Spielart *anamorphotischer Gestaltung schlägt sich in diesen Kästen, die im Innern ein miniaturisiertes Interieur zeigen, nieder. In den Niederlanden erfreuten sie sich im 17. Jahrhundert großer Beliebtheit. Dem Betrachter eröffnen sich tiefenräumliche, detaillierte Darstellungen mit verblüffender illusionistischer Wirkung. Derartige Raumsimulationen wurden mittels perspektivischer Verzerrungen so gestaltet, daß ihre Dimensionen während der Betrachtung viel größer scheinen, als sie tatsächlich sind. Diese Tiefenwirkung resultiert auch aus der optischen Unterscheidung von Vorder- und Hintergrund, die eine Akkomodation des Auges erforderlich macht. Schon Leon Battista Alberti (1404-1472) soll ein vergleichbares Objekt besessen haben, doch die berühmtesten Perspektivkästen entstanden erst um 1660 und stammen von Samuel van Hoogstraaten (1627-1678), von dessen Schauobjekten heute nur noch fünf Exemplare zeugen. Interieurmalereien mit ihren schwarzweißen Marmorfußböden, ihren Durchblicken in angrenzende Räumlichkeiten und ihrer suggestiven Abwechslung zwischen dunklen und hellen Teilen erlangten in den 1660er Jahren bei den Malern der Delfter Schule große Popularität.

Perspektivtheater

Eine besondere Form von Kulissenbildern für die Betrachtung in *Guckkästen
Der Schöpfer dieser Serien war der Kupferstecher Martin Engelbrecht (1684-1756) in Augsburg, dessen Name sich als Gattungsbezeichnung eingebürgert hat. Seine Perspektivtheaterserien bestehen aus jeweils sechs oder sieben Kupferstichen, die hintereinander gestaffelt in einen Holz- oder Pappkasten eingeschoben werden, der innen seitliche Rillen zur Befestigung der Kulissenbilder hat. Es gibt horizontale und vertikale Guckkästen. Bei den liegenden Kästen werden die Kulissen von oben eingeschoben; von dort fällt auch das Licht ein. Vorn an der Stirnwand ist eine *Linse eingebaut. Bei den stehenden Kästen werden die Bilder von hinten in den Kasten gelegt. Um den Blick durch die liegenden Kulissen zu führen, ist hinter der Linse ein *Spiegel mit 45°-Neigung eingebaut. Durch die Linse (und den Spiegel) und den Abstand von Kulisse zu Kulisse entsteht eine erstaunliche Tiefenwirkung.

Phantasmagorien

[gr.: *phantasma* = Geistererscheinung; *ageirein* = versammeln]
Zauber, Truggebilde, Blendwerk. Darstellung von Scheinbildern durch optische Mittel.
Den Ausdruck Phantasmagorie prägte der Magier Paul Philidor (Paul de Philipsthal) 1792 für spektakuläre Unterhaltungsformen mittels optischer Tricks, die erstmals im Hôtel de Chartres in Paris präsentiert wurden. Philidor selbst führte viele sensationelle Effekte ein, etwa *Projektionen von Skeletten und Gespenstern im Zuschauerraum, Donner- und Blitzeinlagen, Effekte aus dem *Schattentheater, lebensgroße maskierte Personen, Rauch. Der belgische Schausteller Etienne-Gaspard Robertson (1763-1837) führte seine Phantasmagorie-Schau 1798 im Pavillion de l'Echiquier und später in einem Kapuziner Kloster in Paris vor und stattete sie mit neuen Elementen aus. Einerseits erweiterte er das Geisterrepertoire, andererseits führte er Neuerungen wie dreidimensionale *Projektionen, mechanisch operierende Figuren und Bilderscheiben und – die Technik der *Camera Obscura adaptierend – die Projektion von lebenden Schauspielern ein. Die technische Grundlage der phantasmagorischen Vorstellungen war eine große, bewegliche *Laterna Magica auf Rädern. Vor dem im Dunkeln sitzenden Publikum versteckt, konnte dieser Apparat zu der Leinwand hin und von ihr weg bewegt werden, um die perfekte Illusion von ankommenden oder fliehenden Luft-Phantomen zu schaffen. Der Effekt der auf Glas gemalten Bilder wurde dadurch gesteigert, daß die Motive in der schwarzen Fläche freigestellt waren und nur sie in der *Projektion sichtbar wurden. Ab 1800 etablierte sich die Phantasmagorienbühne auch in anderen europäischen Staaten und in den USA. Die Vorstellungen wurden zu routinierten 20- bis 30minütigen Projektionen reisender Magier oder dienten in Provinztheatern als Pauseneinlage – bis sie nach und nach von den ab 1820 aufkommenden *Dissolving views verdrängt wurden.

Phenakistiskop

[gr.: *phenakizein* = durch falsche Vorspiegelungen täuschen; *skopeô* = schauen, sehen]
Auch Täuschungsseher genannt. Später auch als Lebensrad bezeichnet. In England als Fantaskop (nicht zu verwechseln mit Robertsons *Fantaskop) kommerzialisiert.
Vorrichtung, mit der gezeichnete Phasenbilder in Form von Bewegungsbildern wahrgenommen werden können.
Entwickelt wurde das Phenakistiskop vom belgischen Professor für Anatomie und Physik in Gent Joseph Antoine Ferdinand Plateau (1801-1883). Es besteht aus einem Griff, auf dem eine Scheibe montiert ist, die sich drehen läßt. Am Rand der Scheibe sind

eine Anzahl (z.B. 16) radial angeordneter Schlitze ausgespart. Während die dem Gesicht zugewandte Seite schwarz ist, alternieren auf der Hinterseite die Schlitze mit gezeichneten Bilderreihen. Um den beabsichtigten Effekt zu erzielen, muß man vor einem Spiegel die Scheibe in Rotation versetzen und durch die Schlitze in den Spiegel schauen, wodurch man die aufeinanderfolgenden Abbildungen als bewegtes Bild wahrnimmt. Plateau erfand dieses auf dem Prinzip der *Nachbildwirkung beruhende optische Gerät 1832. Simon Stampfer (1792-1864), Professor für praktische Geometrie in Wien, konstruierte zeitgleich ebenfalls Phenakistiskopscheiben. Er nannte sie *stroboskopische Scheiben. Eine spätere Abänderung der ursprünglichen Lebensrad-Konstruktion machte die Benutzung des Spiegels unnötig: Spalten und Phasenbilder befinden sich auf zwei voneinander getrennten, durch eine gemeinsame Achse verbundenen Scheiben. Durch die Spalten der einen Scheibe blickt man auf die Scheibe mit den Phasenbildern. Schon ab 1833 wurde das Lebensrad in London bei Ackermann als Fantascope, in Wien bei Trentsensky als Stroboskopische Wunderscheiben verkauft und erfreute sich mit anderen ‚philosophical toys', wie man diese Spielzeuge, die wissenschaftliche Erkenntnisse (*Nachbildeffekt und stroboskopische Erscheinung) demonstrierten, großer Beliebtheit.

Phi-Phänomen
Eine Art der Wahrnehmungstäuschung, die auch als stroboskopische Bewegung bezeichnet wird und auf dem Nachbildeffekt beruht. Gemeint ist z.B. ein Aufleuchten zweier aufeinanderfolgender Lichter oder Bilder, die je nach Kontrast, Abstand und Zeitdifferenz als eine Bewegung gesehen werden. Nicht das getrennte Aufblitzen der Lichter wird bemerkt, sondern ein zwischen den beiden Lichtquellen wanderndes und damit diskontinuierliches Licht. Der Effekt ist dem bewegten Rauschen eines Fernsehbildschirms vergleichbar: Das Wahrnehmungssystem bringt die unregelmäßig auftretenden Lichtpunkte in einen Zusammenhang und setzt sie in Bewegung um. Wird der Rhythmus der beiden Lichtquellen so inszeniert, daß die Zeitspanne zwischen ihrem Ein- und Ausschalten zu groß ist, entsteht der übliche Eindruck von zwei an verschiedenen Orten aufleuchtenden Lichtern. Folgen die Schaltvorgänge hingegen kurz aufeinander, dann scheint sich der früher aufleuchtende Punkt in Richtung des später aufleuchtenden Punktes zu bewegen.

Phonograph
[gr.: *phono* = Ton; *graphein* = schreiben, zeichnen]
Tonaufzeichnungsgerät.
Das 1877 von Thomas Alva Edison (1847-1931) erfundene Gerät besteht aus einer neun Zentimeter starken Metalltrommel mit einer Achse, um die ein dünnes Blatt Stanniol gelegt ist und die auf zwei Stützen ruht. Auf beiden Seiten befindet sich jeweils eine verstellbare Sprechmuschel mit Pergamentmembran und Stahlnadel. Wird nun direkt in den kleinen Trichter an der Membran gesprochen, während das Gerät mit einer Kurbel in Bewegung versetzt wird, die Walze wieder zurückgedreht und die zweite Membran an die Stelle der ersten versetzt wird, erfolgt die Wiedergabe der menschlichen Stimme, da die Eindrücke auf dem Zylinder bei rascher Rotation eine Wiederholung der Originalschwingungen verursachen. Auf Jahrmärkten und in Varietés sorgte Edisons Phonograph nur kurz für Aufregung, da man seinen eigentlichen Wert noch nicht erkannte. Erst 1888 entwickelte Edison seine Erfindung weiter. Die Paraffinpapier- oder Stanniolstreifen wurden durch Hohlzylinder aus präpariertem Wachs ersetzt. Um sie zu einem elektrischen Leitträger zu machen, wurde die Originalwalze mit zerstäubtem Gold überzogen und anschließend galvanisiert. Nun konnten eine Matrize angefertigt und Kopien aus Wachs hergestellt werden. An die Stelle der Handkurbeln traten Elektromotoren, die aber äußerst störanfällig waren. So entschloß sich Edison schon bald zur Verwendung von Federtriebwerken. Die Wachswalzen erwiesen sich für einen breiten Verkauf als ungeeignet. Schließlich entwickelte er einen leicht versendbaren Zylinder aus stearinsaurem Sodasalz. Der derart verbesserte und sich rasch verbreitende Phonograph arbeitete nach dem ursprünglichen Prinzip: Die in die Wachswalze eingeschnittene Rille markierte die hohen und tiefen, schwachen und lauten Töne durch tiefere oder flachere Gravierungen. Die Nadel bewegte sich auf und ab, tastete präzise die winzigen Berge und Täler ab und übersetzte ihren Code in hörbare Töne. Der endgültige Durchbruch des Phonographen kam mit der Weltausstellung in Paris 1889. Die hohe Nachfrage führte zur Gründung der Edison-Werke. Eine weitere Verbesserung des Sprechapparates bewirkte seine weltweite industrielle Produktion seit 1896, die erst mit dem Aufkommen der Schallplatte ein Ende fand.

Phosphorus
Lichtträger.
Aus den Schriften von Aristoteles (384-322 v.Chr.) und Plinius d. Ä. (23-79) weiß man, daß die alten Griechen und Römer im Dunkeln leuchtende Körper kannten. Doch erst im 17. Jahrhundert wurden die künstlich phosphoreszierenden Körper entdeckt. Den Anfang machte 1602 der mit alchimistischen Experimenten befaßte Schuster Casciorolo aus Bologna, der das Leuchten des zwischen Kohle geglühten Schwerspates beobachtete. Christoph Adolph Balduin (1623-1682) aus Sachsen beschrieb 1674, daß durch Auflösen von Kreide in Salpetersäure Kalciumnitrat hergestellt werden konnte, das rasch Feuchtigkeit anzog. Die rückständige steinartige Masse nannte er Phosphorus-Leuchtstein, welcher die Eigenschaft besaß, Licht aufzusaugen und abzustrahlen. 1725 begann Johann Heinrich Schulze (1687-1744), der Entdecker der Lichtempfindlichkeit der Silbersalze, chemische Versuche zur Herstellung künstlicher Leuchtsteine (phosphoreszierender oder luminiszierender Körper) anzustellen. Er wollte den Leuchtstein von Balduin selbst herstellen und suchte dabei nach einem Leuchtstein, der Sonnenlicht aufnimmt und hernach leuchtend wird. Stattdessen entdeckte er eine Mischung, die von der Sonne ‚verdunkelt' wurde. Deshalb nannte er das lichtempfindliche, silberhaltige Pulver einen ‚Dunkelheitsträger' (lat. *Scotophorus). Denn er hatte im Gegenversuch festgestellt, daß reiner salpetersaurer Kalk für sich selbst nicht lichtempfindlich ist, sondern daß vielmehr die darin enthaltenen Silberteilchen diese Erscheinung erzeugen.

Photogrammetrie
Auch Bildmeßkunst genannt. Verfahren zum Konstruieren von Grund- und Aufrissen nach photographischen Bildern.
Aus Photographien, die als mathematische Perspektiven aufgefaßt werden, ermittelt man Grund- und Aufrisse von Bauobjekten bzw. Lage- und Höhenverhältnisse von Terrainpartien. Photogrammetrische Aufnahmen werden mit einem Phototheodoliten ausgeführt. Er besteht aus einem geodätischen Instrument, dem *Theodoliten und einer justierten Kamera, die zusammen gestatten, bei vertikaler und beliebig geneigter Lage der Bildebenen Aufnahmen zu machen. Als Vater des Verfahrens kann der französische Offizier Aimé Laussedat (1819-1907) bezeichnet werden. Seine erste Publikation über die Prinzipien der Photogrammetrie *Memoire sur l'emploi de la chambre claire dans les reconnaissances topographiques* erschien 1854. Nachdem er sich vom Mechaniker Brumer in Paris einen ersten photogrammetrischen Apparat bauen ließ, machte er 1861 vom Dach der Polytechnischen Schule sowie von der Kirche St. Sulpice Aufnahmen eines Teils von Paris und entwarf danach Pläne. Das französische Kriegsministerium griff die Methode auf und führte sie in mehreren Ländern ein. In Deutschland befaßte sich Albrecht Meydenbauer (1834-1921) mit der Anwendung der Photogrammetrie zur Denkmalspflege. Er stand dem eigens gegründeten Institut Preußische Meßbildanstalt vor, das er bis 1909 leitete.

Photographisches Gewehr
Von Etienne-Jules Marey (1830-1904) entwickelte Kamera zur Aufnahme von Serienphotographien.
Der Physiologe und Arzt am Collège de France befaßte sich seit den 1860er Jahren mit der graphischen Methode zur Analyse von Bewegungsvorgängen. Durch die erfolgreiche Arbeit des Amerikaners Eadweard Muybridge (1830-1904), der mittels einer ganzen Batterie von Kameras zusammenhängende Momentaufnahmen sich bewegender Menschen und Tiere herstellte, wurde seine Aufmerksamkeit auf die Serienphotographie gelenkt, in der er ein willkommenes Hilfsmittel für seine Forschungen erblickte. Bald ging er selbst an die Konstruktion geeigneter Apparate. Sein erstes, 1882 gebautes Modell, das ‚photographische Gewehr' oder die ‚photographische Flinte', entsprach im Prinzip dem ‚photographischen Revolver' von Pierre Jules César Janssen (1824-1907), mit dem der Astronom 1874 den Vorübergang der Venus in einer Anzahl von Momenten auf der Platte festhielt. Mareys Kamera hatte die Größe und Gestalt eines Jagdgewehrs. In ihrem Lauf befand sich vorn das Objektiv, der rückwärtige Teil enthielt die lichtempfindliche Platte. Sie war hinter eine mit 12 Ausschnitten versehenen Scheibe gesetzt; diese wurde durch ein Uhrwerk in eine ruckweise Bewegung versetzt, und zwar derart, daß jeder der Ausschnitte eine kurze Zeit dem Objektiv gegenüber stehenblieb. Vor der Plattenscheibe rotierte mit gleichmäßiger Geschwindigkeit eine Verschlußscheibe, die das Objektiv jedesmal in dem Moment freigab, wenn die Platte stillstand. Mit diesem Apparat konnte Marey innerhalb von einer Sekunde zwölf Aufnahmen machen. Die Resultate verbesserte er in den Folgejahren durch neue Methoden zur Herstellung von *Chronophotographien.

Physionotrace
Auch Silhouettiermaschine genannt. Zeichenmaschine, die drei Techniken der Porträtdarstellung kombiniert: das Umrißzeichnen der Silhouettenschneider, den *Pantograph zum Vergrößern und Verkleinern und das Kupferstechen.
Johann Caspar Lavater (1741-1801) baute 1776 einen aus Kerze, Stuhl und Leinwand bestehenden Silhouettenapparat. Saß eine Person in dem dunklen Raum zwischen der brennenden Kerze und der Leinwand, wurde ihr Schlagschatten so scharf konturiert auf die Leinwand geworfen, daß seine Kontur präzise nachgezeichnet werden konnte. Vermutlich inspirierte Lavaters Silhouettierstuhl den Franzosen Gilles-Louis Chrétien (1754-1811) – Musiker am königlichen Hof in Versailles, der sich 1788 in Paris niederließ – 1786 zur Erfindung eines Apparats, der die schnelle und preiswerte Produktion von Hunderten Porträtsilhouetten erlaubte. Im Gegensatz zur Silhouettiervorrichtung von Lavater, die noch die manuelle Nachzeichnung der Kontur erforderte, verlangte der Physionotrace weniger: Zunächst wurde das Profil eines Kopfes mit einer Visiereinrichtung angepeilt. Da Fadenkreuz und Grabstichel über einen sogenannten Storchschnabel miteinander verbunden waren, ließ sich der Umriß beliebig proportional verkleinern und in Kupfer stechen oder radieren. Hinter diesem technischen Prinzip ist ein Element einer bereits bekannten Perspektivmaschine erkennbar, der 1603 realisierte *Pantograph mit Visiereinrichtung von Christophorus Scheiner (1573-1650). Von 1786 an verbreitete sich der *Physionotrace zuerst nur in Frankreich, später auch in den USA und in England, bis das Verfahren schließlich von der *Daguerreotypie verdrängt wurde.

Physionotracien
Mit dem *Physionotrace gezeichnete Porträtdarstellungen.
Im Gegensatz zu den Silhouettenbildern wurden diese Porträtdarstellungen nicht nur durch die Umrißlinien, sondern auch durch die Binnenkonturlinien bestimmt. Die Herstellung dieser Kupferplatten dauerte nur wenige Minuten. Danach überarbeitete ein Porträtstecher das Linienbild, verlieh ihm Stofflichkeit, indem er Flächen füllte, Haare und Gewand einzeichnete und die harten Kontraste an den mechanisch erzeugten Konturlinien milderte. Der ‚Porträtmaler' bzw. der Maschinenbediener hatte also keinen Einfluß mehr auf die naturgetreue Abbildung der Porträtkonturen. Die Bilder waren damit in ihren entscheidenden Teilen nicht mehr vom Stil des Künstlers beeinflußt. Mit ihrer Vervielfältigungsmöglichkeit kamen die Physionotracien der Photographie schon sehr nahe. Kleine preiswerte Physionotracien wurden auf Holz, als Medaillon und auf Elfenbein hergestellt.

Polarisation
[gr.-lat.: *polar* = die Erdpole betreffend; gegensätzlich bei wesenhafter Zusammengehörigkeit]
Eine Eigenschaft des Lichts, die mit Hilfe doppelbrechender Kristalle wie z.B. Isländischem Kalkspat (*Icelandic spar) sichtbar gemacht werden kann. Sie unterscheidet zwischen den verschiedenen Wellenarten des Lichts und bezieht sich auf die Art der Bewegung in der Welle selbst, und zwar auf die Bewegung in dem Medium, durch das sie hindurchkommt.
Geht Licht durch einen Kristall, hängt seine Fortpflanzungsgeschwindigkeit von der Lage der Schwingungsrichtung zu den wichtigsten Richtungen der Kristallstruktur ab. Alle Schwingungen senkrecht zur Achse des Kristalls müssen gleichartig sein. Daher müssen sich alle Strahlen, in denen die Schwingungen senkrecht zur Achse erfolgen, gleich schnell fortpflanzen. Diese Strahlen nennt man ordentliche Strahlen. Alle anderen Strahlen haben eine hiervon abweichende Geschwindigkeit und bilden die außerordentlichen Strahlen. Im Kristall treten zwei Schwingungsarten auf, eine senkrecht zur Achse, die den ordentlichen Strahl bildet, und eine zweite, die den außerordentlichen Strahl bildet. Das Nicol-Prisma besteht aus einem Stück Kalkspat-Kristall, das in zwei Teile zerschnitten und mit Kanadabalsam wieder zusammengekittet wird. Die Geschwindigkeit des Lichts im Kanadabalsam ist größer als die des sogenannten ordentlichen Strahls im Kalkspat, sie ist aber kleiner als die des außerordentlichen Strahls. Im Kanadabalsam selbst haben beide Strahlen die gleiche Geschwindigkeit, da die Lichtgeschwindigkeit in einer Flüssigkeit durch die Polarisation nicht beeinflußt wird. Nur in Kristallen hängt die Geschwindigkeit von der Lage der Schwingungen zum Kristall ab. Im Nicol-Prisma trifft der ordentliche Strahl den Kanadabalsam so, daß er total reflektiert wird, während der außerordentliche Strahl als polarisiertes Licht aus dem Prisma austritt.

Polariskop
[gr.-lat.: *polar* = die Erdpole betreffend; gegensätzlich bei wesenhafter Zusammengehörigkeit; *skopeô* = schauen, sehen]
Gerät zur Demonstration der Farberscheinungen von polarisiertem Licht.
Das Polariskop arbeitet mit zwei nacheinander angeordneten Nicol-Prismen: Die Lichtmenge, die nach Passieren des ersten aus dem zweiten Prisma austritt, hängt von der Lage beider Prismen zueinander ab. Sind sie gleich ausgerichtet, geht alles Licht aus dem ersten durch das zweite Prisma hindurch. Dreht man das zweite Prisma um 90°, absorbiert es das aus dem ersten Prisma kommende Licht vollständig, so daß kein Licht durch beide Prismen hindurchkommt. Das Elbow Polariskop dient der Projektion mit der Laterna Magica von Polarisationserscheinungen.

Polemoskop
[gr.-franz.: *polemo* = Konflikt, Auseinandersetzungen; *skopeô* = schauen, sehen]
Kriegsfernrohr. Vorläufer des Periskops. Spiegelinstrument, mit dessen Hilfe über eine winklige Vorrichtung der Feind beobachtet werden kann, ohne daß man selbst gesehen wird.
Der Blick durch das *Okular scheint geradlinig zu verlaufen, doch in Wirklichkeit wird er über winklig angeordnete Spiegel im Innern des Kastens um das Hindernis herum geleitet. Es ist gesichert, daß um 1700 ein Nürnberger Optiker unter den verschiedenen Modellen von Fernrohren auch Polemoskope im Angebot hatte. In seiner Verkaufsbroschüre hieß es: „Für den Gebrauch in belagerten Festungen gedacht, damit man den Feind im Graben arbeiten sehen kann, ohne von ihm gesehen zu werden und Schaden zu nehmen..."

Polymorphoskop
[gr.: *poly* = in Zusammensetzungen auftretendes Bestimmungswort mit der Bedeutung mehr, viel; *morphein* = Gestalt annehmen; *skopeô* = schauen, sehen]
Vielgestaltseher. In Facetten geschliffene *Linse, die vor einem Bildmotiv dieses entsprechend der Anzahl ihrer Facetten vervielfältigt und ein neu zusammengesetztes Bild entstehen läßt, so wie sie auch bei der dioptrischen Anamorphose verwendet wird. Beschrieben und abgebildet wurde diese schon 1638 bei Francois Niçeron *„La Perspective Curieuse"* und 1646 in Mario Bettini *„Apiaria"*.

Polyorama lorgnette
[gr.: *poly* = in Zusammensetzungen auftretendes Bestimmungswort mit der Bedeutung mehr, viel; franz.: *lorgnette* = Stielbrille]
Auch lorgnette pittoresque genannt. Verkleinerte Variante des *Polyorama Panoptique. Konisches Betrachtungsgerät aus Blech für kleine runde, transparente, hintermalte und perforierte Bildscheiben.

Polyorama Panoptique
[gr.: *poly* = in Zusammensetzungen auftretendes Bestimmungswort mit der Bedeutung mehr, viel; *Panoptikum* = Sammlung von Sehenswürdigkeiten]
Miniaturdiorama. Holzkasten zum Betrachten *transparenter, hintermalter und perforierter Lithographien.
Das Gerät, dessen Name soviel wie ‚die Vielfältigkeit der Welt betrachten' bedeutet, entstand Mitte des 19. Jahrhunderts in Frankreich und erfuhr als modernisierter *Guckkasten weite Verbreitung: In einem leicht handhabbaren Kästchen können *transparente Bilder durch eine *Linse betrachtet werden. Durch Öffnen und Schließen der Deck- und Rückklappe wird der Verwandlungseffekt hervorgerufen. Die *diaphanen Doppeleffektbilder sind kolorierte, rückseitig bemalte Lithographien, die teilweise durchlöchert sind (*Lochbilder). So können auch verborgene Nachtansichten bei Durchleuchtung sichtbar werden. Die Motive, vom *Diorama inspiriert, umfassen Veduten, Mondscheinszenen, Kircheninterieurs, Naturereignisse und Katastrophendarstellungen.

Pop-ups und Verwandlungsbilder
[engl.: *pop-up* = plötzlich auftauchen]
Auch Surprise picture books genannt. Verwandlungsbilderbücher. Mechanisch bewegbare, zum Teil dreidimensionale Bücher zum Aufstellen, Auseinanderklappen, Drehen, Ziehen und Stecken.
Die Abbildungen sind so eingerichtet, daß sie durch bewegliche Teile verwandelbar werden. Sie finden ihre Vorläufer zum einen in Lehrbüchern über die geometrischen Körpern von Euklid, zum anderen in den astronomischen und anatomischen Lehrbüchern des 16. Jahrhunderts. Zur Darstellung der Astronomie wurden Drehscheiben verwandt, während frühe medizinische Bücher mit Schichtenbildern illustriert waren. Ab Mitte des 19. Jahrhunderts fanden all diese Prinzipien Einzug in die beweglichen Kinderbücher. Populär wurden sie erst gegen Ende des Jahrhunderts. In Deutschland publizierte vor allem der Esslinger Verlag J. F. Schreiber viele erfolgreiche Spiel- und Verwandlungsbücher. Zahllose Auflagen erlebten die wunderbaren Spielbilderbücher des Münchner Künstlers Lothar Meggendorfer (1847-1925).

Portable Diorama
[engl.: portable = tragbar; gr.: *dia* = durch, *horama* = das Gesehene]
Miniaturdiorama. Tragbares Betrachtungsgerät, das, wie beim Dimmen, eine allmähliche, fein graduelle Farb- und Lichtstimmungsveränderung der Bilder erlaubt.
Unter den zahlreichen Nachfolgern des Pariser *Dioramas kamen auch diese Schaukästen auf den Markt, die erstmals 1826 vom Londoner Spielwarenhersteller John Heaviside Clark entwickelt wurden. Die anfangs noch etwas kostspielige Variante war von einer Herstellungsanleitung begleitet, die zur Nachahmung anregen sollte. George Tait aus Edinburgh entwickelte 1844 eine preisgünstige Variante.

Praxinoskop
[gr.: *praxis* = tun, handeln; *skopeô* = schauen, sehen]
Auch Tätigkeitsseher genannt. Betrachtungsgerät, bei dem der Bildfluß durch einen zentrierten polygonalen Spiegelkranz optisch ausgeglichen wird.
Das 1877 vom französischen Professor für Naturwissenschaften Emile Reynaud (1844-1918) entwickelte Gerät ist eine Vervollkommnung der Hornerschen Wundertrommel, bei der die Schlitze wegfallen und die Bilder in Spiegeln betrachtet werden. Die Bilder befinden sich auf der Innenfläche einer drehbaren äußeren Trommel; im halben Abstand von der Trommelachse liegen die Spiegelflächen einer Säule. Ihre Anzahl entspricht den Bildern auf der äußeren Trommel. Man betrachtet das Spiegelbild etwas von oben über die Trommelkante. Die nächste Bewegungsphase tritt mit dem Gegenübertreten einer neuen Spiegelfläche ins Auge. Dazwischen geht die eine Stufe in die andere über. Eine Dunkelpause, die für das Flimmern verantwortlich ist, gibt es nicht. Die auf der zweiten, inneren Trommel angebrachten Planspiegel reflektieren intermittierend die in der äußeren Trommel fortlaufend kreisenden Bilder, die von einer darüberstehenden Kerze ausgeleuchtet werden. Reynaud verbesserte 1888 sein *Projektions-*Praxinoskop, das er schon mit Glasbildern zur Projektion ausstattete, zum Théâtre Optique, mit dem er seine „Pantomimes Lumineuses" öffentlich vorführte. Eine *Laterna Magica projiziert als stehendes Proszenium z.B. eine auf eine Glasplatte gemalte Landschaft, und eine andere projiziert transparente Bildstreifen mit sich bewegenden Figuren oder Aktionen in dieses Proszenium hinein. Die auf Folienband gemalten Bilder sind gelocht und laufen über rotierende Trommeln, so daß jedes Bild gegenüber dem mittig installierten polygonalen Spiegelkranz angeordnet ist. Zum Abspielen und Aufrollen der Bildbänder werden Spulen eingesetzt, so daß die Sequenzen nicht länger auf kurze zyklische Bewegungen begrenzt sind. Ab 1892 wurden diese ersten animierten Sequenzen auf langen transparenten Bildbändern öffentlich gegen Eintritt aufgeführt. Dabei blieb der gesamte Apparat hinter einer lichtdurchlässigen Projektionsfläche vor den Zuschauern verborgen. Reynaud gestaltete 12- bis 15minütige, mit Musik untermalte Vorführungen wie 'Pauvre Pierrot', 'Clown et ses chiens' und 'Un bon boc', die großen Erfolg hatten. Er zeigte die anfangs gezeichneten, später auch photographisch erzeugten ‚Pantomimes Lumineuses', Zeichentrickfilme im Musée Grévin in Paris.

Prisma
Körper aus lichtdurchlässigem und lichtbrechendem Stoff, der von mindestens zwei sich schneidenden Ebenen begrenzt ist. Infolge von Brechung und Dispersion zerlegt das Prisma ein Lichtbündel in sein Spektrum, wenn Ein- und Austrittsfläche einen Brechungswinkel miteinander bilden. Angeregt durch die Veröffentlichung des

deutschen Astronoms Johannes Kepler (1571-1630) über die *Optik (*Dioptrice*, 1611) und möglicherweise auch durch René Descartes (1596-1650) *La Dioptrique* begann 1666 der englische Physiker und Mathematiker Sir Isaac Newton (1643-1727) Experimente mit einem Prisma. Zunächst ließ Newton in einem verdunkelten Zimmer durch ein Loch im Fensterladen Licht durch ein Prisma fallen, um die dabei auftretenden Farberscheinungen zu untersuchen. Diesen Strahl lenkte er durch ein dreieckiges Glasprisma auf einen Schirm. Drei Phänomene traten auf: Zum einen war der Lichtfleck auf dem Schirm nicht mehr weiß, sondern wies alle Farben des Regenbogens auf. Zudem bewegte sich der Lichtfleck zu einer anderen Stelle, sobald Newton das Prisma in den Strahlengang schob. Schließlich hatte der Lichtfleck nicht mehr die ursprüngliche Form, sondern es entstand ein farbiges Band. Newton folgerte, daß die einzelnen Arten von Licht beim Durchgang durch das Prisma verschieden stark gebrochen werden, am wenigsten der rote Lichtanteil, am stärksten der violette. Und alle Versuche ergaben dieselben sieben Grundfarben. Hinter das erste Prisma hielt Newton in einem weiteren Versuch noch ein zweites in den Strahlengang, allerdings in umgekehrter Stellung. Damit bewies er, daß weißes Licht lediglich eine Kombination der Spektralfarben darstellt.

Projektion

Wiedergabe eines Bildes auf einer Projektionsfläche mit Hilfe eines Bildwerfers.
Dabei wird ein Objekt von einer Lichtquelle beleuchtet, dessen Abbild, durch ein lichtbrechendes Medium hervorgerufen, auf einer Fläche erscheint. Das Prinzip der Projektion beschrieb schon Leonardo da Vinci (1452-1519) in seinen Manuskripten über die *Camera Obscura. Demnach zeichnete sich die Erscheinung eines sonnenbeleuchteten Gegenstands auf einem dünnen Papierschirm derart ab, daß er auch von der Rückseite des Schirms her betrachtet werden konnte. Auch Versuche, mittels Sonnenlicht und Hohlspiegel optische Erscheinungen wie die *Spiegelschreibkunst hervorzubringen, zählen zu den Anfängen der Projektionskunst, die erstmals von Giovanni Battista della Porta (1535-1615), Daniel Schwenter (1585-1636) oder Athanasius Kircher (1602-1680) erörtert wurden. Diese technisch noch ‚einfachen' Projektionen legten den Grundstein für die Verwirklichung der *Laterna Magica, einer Frühform des heutigen Dia-Projektors. 1659 zeichnete Christian Huygens (1629-1695) eine *Laterna Magica. Der Däne Thomas Walgenstein (1627-1681) machte die Laterna Magica durch Vorführungen bekannt. 1653 soll Andreas Tacquet (1612-1660) den ersten Lichtbildvortrag mit auswechselbaren, handbemalten Glasbildern gehalten haben. Um 1750 erläuterte Leonhard Euler (1707-1783) als Erster ‚episkopische' Projektoren für undurchsichtige Bildvorlagen und Gegenstände. Auch das *Schattenspieltheater steht in der Tradition der Projektionskunst, das sich in Europa – erstmals im 17. Jahrhundert in Italien nachgewiesen – weitgehend auf die schwarzweiße *Silhouettenprojektion beschränkte (ausgenommen das griechische Schattentheater) und insbesondere mit der *Laterna Magica gezeigt wurde. Mit der Verbreitung der Laterna Magica entwickelten sich auch Projektionen auf Nebel- und Rauchschwaden. Um 1710 entwarfen Heinrich Ehrenberger (1681-1759) und van Musschenbroek die ersten mechanisch beweglichen Laternenbilder. Zur Simulation von Bewegung auf der Leinwand bestanden die Bilder im einfachsten Fall aus zwei bemalten Gläsern, die, gegeneinander verschiebbar, in einem Holzrahmen steckten. Eine neue, intensive Beleuchtungsvariante für die Laterna Magica war 1822 mit der Entdeckung des *Kalklichts durch Goldworthy Gurney (1793-1875) gegeben. Verschiedene Motive konnten übereinander geblendet projiziert werden. Das *Sciopticon, der Vorläufer des heutigen Diaprojektors, setzte ab 1870 mit der Fixierung photographischer Bilder auf Glasplatten die Tradition der Laterna-Magica-Projektionen fort. Mit um 1910 populären, einfachen Blechlaternen konnten neben Laternenbildern auf Glasplatten auch kurze gezeichnete, meist im Steindruck hergestellte Animationsfilmszenen vorgeführt werden. Schließlich werden bei dem Kinoprojektor Sequenzen photographischer Bilder mechanisch weiterbewegt. Nacheinander wird jedes einzelne Bild projiziert, wobei der Filmstreifen einen kurzen Moment stillsteht. Dieser schrittweise Filmtransport bleibt für den Betrachter unsichtbar.

Projektionsuhr

*Laterna Magica mit eingebauter Uhr zur Projektion der Uhrzeit an die Wand.
Johann Joachim Becher wies in *Närrische Weisheit und weise Narrheit* darauf hin, daß schon 1676 in Augsburg solche Apparate gebaut wurden. Eine erste ausführliche Beschreibung einer Zauberlaterne, die „die Stunden an der Wand" zeigt, findet sich im Buch *Collegium experimentale sive curiosum*, Teil 2 (1685) von Johann Christoph Sturm, in dem die wichtigsten physikalischen Erfindungen der letzten Jahre vorgestellt werden. Ihm kann man das Konstruktionsprinzip entnehmen: Auf eine erste Glasscheibe werden die Zahlen gemalt. Man faßt sie seitenverkehrt und kopfstehend in eine zweite Scheibe ein. Diese trägt die Zeiger, ist in der Mitte geschwärzt und im Außenbereich durchsichtig. Dadurch kommt die Scheibe beim Durchscheinen des Lichts zur Deckung mit dem Zahlenkranz der ersten Scheibe. Ein ineinander verzahntes System ermöglicht das Rotieren des Ziffern- und Zeigerblattes, die in das Gehäuse der *Laterna Magica eingebaut sind. Unterschiedliche Beispiele von Projektionsuhren illustriert auch Johann Zahns 1686 erschienenes Werk *Oculus artificialis*.

Projektor

Lichtbildwerfer. Gerät zur optisch vergrößerten Wiedergabe von Projektionsvorlagen auf einer Bildwand.
Um durchsichtige Stehbilder, Diapositive, wiederzugeben, werden Diaprojektoren verwendet. Undurchsichtige Stehbilder hingegen werden mit Hilfe des *Episkops reflektiert und projiziert. Bildwerfer für beide Bildarten heißen *Epidiaskope. Sonderformen sind etwa Tageslichtprojektoren (Overhead-, Schreib-, Zeichen-, Arbeitsprojektor), Mikrofilmlesegeräte, Stereoprojektoren (Raumbildwerfer), Röntgenprojektoren zur Projektion von Röntgenaufnahmen, Mikroprojektoren zur Wiedergabe mikroskopischer Präparate. Große Bildlichtwerfer für Kinofilme enthalten zusätzlich Vorrichtungen zum Filmtransport und ein Tonlaufwerk zur optischen Abtastung der Tonspur.

Protean Views

[engl.: *protean* = vielseitig; *view* = Sicht] *Transparentbilder zum Betrachten ohne Apparatur. Neben den Protean Views finden sich auch die Serien der Transparencies oder Transformations.
Die Popularität des Dioramas, das Transparentbilder mit einer wohldurchdachten und gezielt eingesetzten Lichtregie verband, trug dazu bei, daß ähnliche Effekte in miniaturisierten Formaten nachgeahmt wurden. In den 1830er Jahren hatten sich in London William Spooner und William Morgan auf transparente Verwandlungsbilder spezialisiert. Allein beim Halten gegen das Licht wird den beidseitig bemalten Bildern mit Durchscheineffekt das vollständige Motiv entlockt. Während die eine Seite das Hauptsujet trägt, ist die Hinterseite mit weiteren Motiven oder ergänzenden Details versehen. Durch den Wechsel des Lichts wird eine Verwandlung hervorgerufen. Die Blätter tragen erläuternde Beschriftungen. Eine von Morgan herausgegebene ‚vielseitige Ansicht' vom 12. Oktober 1838 stellt den Mont Blanc dar. Er kann auf den ersten Blick als Tagesansicht wahrgenommen werden; gegen das Licht gehalten, sieht man, wie die Sonne untergeht und ihr Platz vom aufsteigenden Mond eingenommen wird, allmählich erscheinen die aufleuchtenden Lichter im Ort.

Pyramidenanamorphosen

Variante katoptrischer *Anamorphosen, deren Abbilder mit Hilfe spezieller Spiegel – hier mit Hilfe eines Pyramidenspiegels – entzerrt wahrgenommen werden können. Blickt man senkrecht von oben auf den Pyramidenspiegel, reflektieren die aneinandergrenzenden Spiegelflächen die separaten, nicht zusammenhängenden Teile einer anamorphotischen Vorlage derart, daß sie zu einem vollständigen Motiv verschmelzen. Das Verblüffende liegt in der versteckten Anordnung der Bildteile. Denn sind die Pyramidenanamorphosen gut ausgeführt, sind die zu spiegelnden Bildteile ohne dazugehörigen *Spiegel nur schwer oder gar nicht identifizierbar und das Geheimnis der Vorlage bleibt gewahrt. So zeigt eine 1649 von Jean DuBreuil in *La Perspective pratique* veröffentlichte Zeichnung vier Gesichter an den jeweiligen Bildrändern sowie die Standfläche für den Pyramidenspiegel im Zentrum. Aus Partien der vier Gesichter wird im Pyramidenspiegel ein neues, überraschendes Porträt zusammengesetzt. 1771 legte L'Abbé Nollet (1700-1770) eine genaue Anleitung zur Konstruktion von Pyramidenanamorphosen in *Die Kunst physikalische Versuche anzustellen* nieder. Weitere Beispiele für besonders gelungene und unauffällige Kompositionen mit Bildteilen, die sich im Pyramidenspiegel zu einem neuen Motiv zusammensetzen, sind die vier ca. 1780 entstandenen Pyramidenanamorphosen von Christoph Caspar Höschel mit dem Titel *Optische Bilderbelustigung* (Germanisches Nationalmuseum zu Nürnberg).

Radiocinéphone

Vorläufer eines Multimedia-Geräts.
Es besteht aus einem fernsehähnlichen Kasten, auf dessen Mattscheibe über Spiegel ein 16mm-Film projiziert wird. Als Tonquellen werden Lichtton, Radio oder Plattenspieler benutzt. Der 1957 in Frankreich hergestellte Apparat war nur kurzlebig, denn er trat in Konkurrenz zu dem sich fast zeitgleich etablierenden Fernsehen – zu einem Zeitpunkt, als das staatliche Fernsehen immerhin schon eine Stunde Programm täglich ausstrahlte.

Rhodoïd

Transparenter Bildträger, der als Vorläufer der *Zelluloidfolie gilt.
Das aus Zelluloseacetat gewonnene thermoplastische Material wurde etwa ab 1840 hergestellt und für die Fertigung von durchsichtigen oder reflektierenden Folien benutzt. Der Rhodoïd als transparenter, flexiber Bildträger ist ein Bindeglied zwischen den starren Glasbildern der *Laterna Magica und dem flexiblen Rollfilm der *Kinematographie. Er enthält viele aufeinanderfolgende Bilder auf einer Rolle, die für die *Projektion abgekurbelt werden können. Noch erhalten ist ein Rollfilm mit gezeichneten Bildfolgen auf Rhodoïd für die Diablerie-Laterna magica.

Riefelbilder

Form der Vertikal-Montage. Dabei werden zwei unterschiedliche Bildinformationen vertikal über mehrere sequenzielle Träger gespreizt.
Bei derartigen Darstellungen war der Bildträger im 17. Jahrhundert aus im Querschnitt dreieckigen Leisten zusammengesetzt, später aus ziehharmonikaartig gefaltetem Karton. Hieraus ergab sich ein Untergrund aus Schrägen, die in zwei Richtungen wiesen. Die einander abwechselnden Bildstreifen wurden mit zwei verschiedenen Bildansichten bemalt oder beklebt. Frontal und somit gleichzeitig betrachtet, ergeben sie keinen Sinn. Die beiden Motive entschlüsseln sich erst, wenn man sie von der Seite ansieht. Je nachdem, ob man dabei seitlich von rechts oder links schaut, ist immer nur eines der Motive als ganzes unverzerrtes Bild wahrnehmbar. Wenn auch die Grundidee dieser Technik bis ins 17. Jahrhundert zurückgeht, so verbreitete sie sich hauptsächlich im 19. Jahrhundert. Die

Motive stammen fast durchweg aus dem religiösen Bereich, wobei die zweifache Darstellungsmöglichkeit zu den Kombinationen Kreuzigung/Auferstehung oder Christus/Maria führte. In derselben Tradition sind auch die *Lamellenbilder zu sehen, wobei diese nicht zwei, sondern drei Darstellungen zeigen.

Röntgenphotographie

Photographische Methode der Darstellung von Dichtigkeitsunterschieden der Körper und Gewebe mit Hilfe von unsichtbaren X-Strahlen.
Die Röntgenstrahlen (X-Strahlen) und die Röntgenphotographie wurden im Dezember 1895 durch den Physiker Wilhelm Conrad Röntgen (1845-1923) entdeckt, der 1901 hierfür den Nobelpreis erhielt. Die nach ihm benannten Strahlen ermittelte er, als er die bereits bekannten Kathodenstrahlen, die in einer sogenannten Hittorfschen Röhre entstehen, untersuchen wollte. In diesen luftleer gemachten Röhren entstehen Röntgenstrahlen durch elektrische Entladungen. Die Photographien des Körperinneren, die Röntgen ursprünglich nur zu Dokumentationszwecken dienten, waren sensationell. Sie ermöglichten, Bilder des Unsichtbaren zu liefern. Die Röntgenstrahlen wurden zum Bestandteil einer sich neu formierenden Wahrnehmung, denn sie machten eine bis dahin dem Auge verborgene Welt zugänglich.

Schattenbälle

Auch Schattenkugeln oder *Wärmekugeln genannt. Kugeln, deren Oberfläche mit geometrisch ausgestanzten Mustern verziert ist, die im Inneren eine Lichtquelle in einer cardanischen Hängung tragen und somit auch beim Rollen abstrakte Schattenbilder an die Wand werfen können.
Die Cardanaufhängung mit einer verschieden großen Anzahl von Schweberingen dient dazu, einer kleinen Öllampe die waagerechte Lage zu sichern. Die Öffnungen der ausgestanzten Oberfläche unterstützen die Luftzufuhr für die Flamme. In Europa fand um 1700 dieses nach asiatischem Vorbild hergestellte Objekt vornehmlich als ‚Wärmeapfel' für die kalte Jahreszeit Verbreitung.

Schattenfiguren

Schwarze oder farbige, handgeführte Figuren aus Tierhäuten, die für die Aufführungen des *Schattentheaters eingesetzt werden.
Die Schattenfiguren werden von einer Öllampe auf einen Wandschirm projiziert. Hinter dem Schirm befindliche Akteure bewegen diese mit einem, zwei oder mehreren dünnen, am Körper befestigten Stäben. Die Figuren werden aus Tierhäuten gearbeitet, die in einem mehrwöchigen Prozeß aus Trocknen, Schleifen und Schaben vorbereitet werden. Je nach Herkunftsland werden sie mit feinen Perforierungen versehen, die der Verzierung von Kleidung, Schmuck und Haartracht dienen. Unabhängig davon, ob die Figuren transparent sind, wie z.B. in Indien oder der Türkei, oder opak, wie auf Java und Bali, werden die Häute eingefärbt oder bemalt. Form und Farbe lassen Rückschlüsse auf den Charakter der jeweiligen Figur zu.

Schattentheater

Das Spiel mit handgeführten *Schattenfiguren vor einer beleuchteten Leinwand.
Das Schattentheater entwickelte sich – als eine der ältesten dramatischen Kunstformen – in China schon im 2. Jahrhundert v.Chr. Es setzte sich zuerst im asiatischen Raum durch (Indien, Indonesien, Thailand), um dann über Persien, Ägypten, die Türkei und Griechenland seinen Weg nach Westeuropa zu finden, wo es sich unter dem Begriff *Ombres Chinoises verbreitete. In Westeuropa spielte man Schattentheater jedoch nicht mit fein gearbeiteten, bunten Figuren wie in Asien, sondern mit vereinfachten schwarzen *Silhouetten. Die Entstehung des Schattenspiels in China wird mit einer Legende vom Kaiser Wu-Di, Herrscher der Han-Dynastie (141-87 v.Chr.) erklärt: Dieser sei nach dem Tod seiner Lieblingskonkubine in tiefe Trauer versunken und habe die Verstorbene von einem Magier aus der Unterwelt zurückrufen lassen. Ihre lebensgleiche Gestalt sei bei Kerzenlicht hinter einem Vorhang erschienen. Der belegbare Beginn des Schattenspiels in China fällt um das Jahr 1000. Bewegliche Figuren, aus Pergament geschnitten, wurden farbig transparent bemalt und hinter einem von hinten mit Öllicht beleuchteten Papier- oder Stoffschirm gespielt. Der Zuschauer sah auf der Vorderseite das farbige Durchscheinbild der Figuren, also farbige Schatten.
Das Schattenspiel diente ursprünglich zur Illustration auf verschiedenste Weise vorgetragener epischer Texte: als Gesang in China, als Erzählung in Indien (wo Vorführungen des berühmten Epos Ramayana bis zu 14 Tagen dauerten), in Dialogform später in der Türkei. Während in Thailand das Schattenspiel mit unbeweglichen Bildtafeln sich als eine Form des höfischen Theaters durchsetzte, das sich in enger Beziehung zum Tanzdrama entwickelte, ist das türkische Schattentheater seit dem 16. Jahrhundert eine beliebte Unterhaltung nicht nur bei Hofe, sondern auch zur Belustigung des einfachen Volkes: Die Hauptrolle spielt Karagöz, ein armer, derber und ungebildeter Mann, der sich einigermaßen durch die Welt zu schlagen versucht. Er war auch das Vorbild für das erst im 19. Jahrhundert in Griechenland aufkommende Schattenspiel Karagiossis, das als die ‚westlichste' Prägung dieses Genres zu betrachten ist und inhaltlich auch gesellschaftskritischer ist als alle anderen. Zweck und Funktion des Schattenspiels war meist die Erziehung des Publikums, so auch auf Bali, wo Wayang Kulit, wie es dort genannt wird, bis heute, mehr als anderswo, nach streng festgelegten Regeln und meist zu religiösen Ereignissen aufgeführt wird.

Schnellseher

Auch Tachyskop genannt. Betrachtungsgerät für photographisch aufgenommene Reihenbilder.
Inspiriert durch die Aufnahmen von Eadweard Muybridge (1830-1904), entwickelte Ottomar Anschütz (1846-1904) in Lissa ebenfalls photographische Moment- und Reihenbilder mit kurzen Belichtungszeiten zwischen 1/20 und 1/1000 Sekunde. 1883 konstruierte er einen Schlitzverschluß, der nicht wie üblich vor, sondern hinter das Objektiv gesetzt wurde, womit sehr kurze Belichtungszeiten möglich wurden. 1884 entstanden so Aufnahmen auf Glasplatten, die qualitativ hochwertiger waren als die von Marey und Muybridge. Anschließend konstruierte er für die Betrachtung seiner Reihenbilder einen Schnellseher. Dafür wurden die Aufnahmen auf einen Papierstreifen montiert, der im Zentrum mit Sehschlitzen versehen war. Dieser wurde in eine drehbareTrommel eingelegt. Später übertrug Anschütz die Phasenphotographien auf Glasplättchen, die am Rand einer senkrecht stehenden, um ihren Mittelpunkt kontinuierlich rotierenden Scheibe angebracht wurden. Die kurz aufleuchtenden Blitze der Geißlerschen Röhre, welche die Bilder durchleuchteten, ersparten der Bildmaschine den ruckweisen intermittierenden Transport der Bilder. Diesen elektrischen Schnellseher, auch Tachyskop genannt, produzierten Siemens & Halske ab 1891 in einer Serie von 78 Exemplaren. Er trägt auf einer Scheibe 18 bis 24 Diapositive von Serienphotographien. Schon 1894 gab es eine Methode, die Bilder des Elektrotachyskops auch zu projizieren.

Schusterkugel

Eine mit Wasser gefüllte Glaskugel, die, vergleichbar einer bikonvexen *Linse, gebündeltes Licht fokussiert und projiziert. Der erste, der eine Schusterkugel ins Sonnenlicht stellte, war vermutlich um 1300 der deutsche Mönch Dietrich (Theoderich) von Freiberg, der die Frage untersuchte, ob der Regenbogen aufgrund einer Lichtbrechung oder einer Reflexion entsteht. Dafür beobachtete er den Gang der Lichtstrahlen in verschiedenen Glaskugeln. Auf diese Weise soll er den ersten künstlich erzeugten Regenbogen gesehen haben. In einer seiner Zeichnungen führte er das Phänomen des Regenbogens auf doppelte Brechung und Reflexion der Sonnenstrahlen in den kugelförmigen Wassertropfen der Atmosphäre zurück. So konnte er beweisen, daß Wassertropfen das Sonnenlicht durchlassen. Der französische Philosoph und Mathematiker René Descartes (1596-1650) experimentierte ebenfalls mit einer runden, wassergefüllten Flasche und konnte die Ablenkungswinkel der Strahlen berechnen. Robert Hooke setzte sie 1665 zur Beleuchtung mikroskopischer Präparate ein.

Scioptikon

[gr.: *skia* = Schatten; *opsis* = Blick, Bild]
Projektionsgerät, das neben den *Laternenbildern Gegenstände und aufgrund eines Oxyhydrogenbrenners auch heller projizieren konnte.
Es gilt als hochentwickelte, populäre Version einer *Laterna Magica, 1869 gebaut von Lorenzo J. Marcy in Philadelphia. Das Gerät war mit zwei Kammern ausgestattet, eine für die Öllampe, die andere für die Flamme. Eine doppelte Flamme erzeugte ein kraftvolles Licht. Bald wurden jedoch statt der Öllampen die effizienteren *Kalklicht-Brenner eingesetzt. Farblose *Linsen bewirkten ein klar definiertes Bild, besonders geeignet für die *Projektion photographischer, auf Glasplatten fixierter Bilder, die ab 1870 die Tradition der *Laterna Magica-Projektionen fortsetzten. Das Scioptikon wurde 1873 von Walter Woodbury in England eingeführt. 1879 wurde es von George Albert Smith (1864-1959) mit einer neuen Paraffinlampe ausgestattet. In Deutschland und Österreich bezeichnete der Begriff Scioptikon allgemein Projektionsapparate.

Scopitone

Filmbox.
1958 entwickelte die französische Firma Cameca die Scopitone, eine Filmbox als Pendant zur Schallplatten-Juke-Box, aufgestellt in Bars und Clubs. Die Betrachter konnten gegen Münzeinwurf einen von 36 Filmen in 16mm-Magnetton auswählen. Die Filme hatten eine maximale Länge von sechs Minuten und wurden über Spiegel auf einen fernsehähnlichen Bildschirm projiziert. Es handelte sich um die ersten, teilweise noch zaghaften Versuche, eine Ästhetik der spezifischen Beziehung Bild/Musik zu entwickeln, die letztlich in die spätere Musikvideoclip-Kultur mündete. Verbreitung fand die Scopitone hauptsächlich in Frankreich, in den Mittelmeerländern und den USA.

Scotophorus

Dunkelheitsträger. Von Johann Heinrich Schulze anstatt des gesuchten *Phosphorus entdeckt.
Bei seinen Versuchen 1727, Phosphorus herzustellen, wofür Scheidewasser mit Kreide gesättigt werden mußte, wollte der Naturwissenschaftler Schulze (1687-1744) die Wirkung unter Zusatz von Silber untersuchen. Zufällig nahm er diese Arbeit an einem Fenster vor und bemerkte, wie sich die Oberfläche des dem Licht zugewandten Teils des kreidigen Bodensatzes dunkel färbte, während die dem Licht abgewandte Seite unverändert blieb. Schulze verfolgte diese Erscheinung weiter und wurde dadurch der Entdecker der Lichtempfindlichkeit der Silbersalze. Um sich dieses Phänomens zu vergewissern, befestigte er einen Bindfaden an der Wand einer mit Silberschlamm gefüllten Flasche und konnte feststellen, daß jene Stellen, von welchen der Faden das Licht abhielt, weiß geblieben waren. Er klebte ferner Papierschablonen auf das Glas, in welche Worte ausgeschnitten waren. Es dauerte nicht lange, bis sich im Sonnenlicht jene Stellen, die nicht gegen Licht geschützt waren, dunkel färbten und sich die Worte genau im Bodensatz abzeichneten. Durch bloßes Aufschütteln desselben verschwand die durch Licht hervorgerufene Schrift

wieder vollständig, und die lichtempfindliche Masse war zu einem neuen Lichteindruck bereit.

Serpentintanz

Auch Skirt dance genannt. Tanzvorführung mit Bühnenprojektion.
Die Tänzerin Loïe Fuller war um 1895/96 das Tagesgespräch der Theater- und Tanzkritiker in der ganzen Welt. Sie trat in ein langes, faltenreiches weißes Gewand gehüllt auf. In den längsten Teilen des Stoffes waren Stöcke eingenäht; diese ergriff die Tänzerin und führte sie während des Tanzes in bogenförmigen Bewegungen nach oben, wodurch das Gewand einen riesigen Umfang annahm. Die Vorführung fand in einem gänzlich verdunkelten Theaterraum statt. Loïe Fuller stand auf einer in den Bühnenboden eingelassenen Glasscheibe. Unter dieser war ein erster Projektor installiert, der die Tänzerin von unten mit Licht überflutete. Vier weitere Lichtprojektoren strahlten sie von beiden Seiten an. Jedem dieser Projektoren war eine mit mehreren Löchern versehene Scheibe vorgesetzt. Während eine Aussparung dem weißen Licht vorbehalten war, waren die restlichen mit farbigen Gelatinefolien versehen. Durch Rotieren der Scheibe konnten die farbigen Lichtreflexe geändert werden, was die Wirkung des schnellen Tanzes noch erhöhte. Zu dieser Licht-Tanz-Performance gehörte auch eine vor der Bühne befindliche *Laterna Magica, mittels derer *Laternenbilder auf das Gewand der Künstlerin – hier als Projektionsfläche genutzt – projiziert wurden. Zahlreiche Tänzerinnen bemühten sich, die Schleiertänze ihres großen Vorbilds nachzuahmen. Die Pioniere der *Kinematographie – Edison, Lumière, Messter und Skladanowsky – hielten die reizvolle Bewegung des Serpentintanzes kinematographisch fest.

Silhouettes à l'Anglaise

Mechanisch – mit dem *Physionotrace – hergestellte Schattenporträts.
Die ersten Schattenporträts in England tauchten zu Beginn des 18. Jahrhunderts auf. 1775 fand eine Scherenkünstlerin namens Mrs. Harrington Erwähnung. Zwischen 1770 und 1790 entstand eine erste klassische Periode mit Künstlern wie Miers, Rosenberg und Mrs. Beetham. Danach war die Kunst des Scherenschnittes in England rückläufig, bis sie etwa 1820 durch Augustin Edouart und Hubert einen zweiten und letzten Höhepunkt erreichte. Die englischen Silhouetten zeichneten sich durch klare Charakteristik, hervorragende Technik und originelle Einfälle aus. Bevorzugtes Motiv dieser Schattenbilder waren Szenen aus dem Familienleben, während, im Gegensatz zu deutschen, niederländischen oder Schweizer Scherenschnitten, Tiere selten und Bäume nie dargestellt wurden. Die präzise Konturierung und perfekte Technik der englischen Schattenporträts veranlaßten die *Physionotracisten, ihre mechanisch erzeugten Bilder, denen sie Frisuren und Kostüme einzeichneten, als Silhouettes à l'Anglaise zu bezeichnen.

Silhouetten

[franz.: *silhouette* = Schattenbild, Umrißlinie]
Bezeichnung für die Wiedergabe eines Schattens, den ein Mensch in Profilstellung auf eine senkrechte Fläche wirft. Die Umrißzeichnungen werden entweder mit schwarzer Tusche ausgefüllt oder aus schwarzem Papier ausgeschnitten.
Der Ausdruck geht zurück auf den französischen Finanzminister Marquis Etienne de Silhouette (1709-1767), der sein Schloß Brysur-Marne nicht mit kostspieligen Miniaturporträts ausschmückte, sondern mit preiswerten und einfach herzustellenden Schattenbildnissen. Papierschnitte und *Schattenspiele sind in Europa ab dem ersten Drittel des 17. Jahrhunderts nachweisbar. Obwohl der Weiß-Schnitt bis heute in den Niederlanden Tradition hat, dominierte die schwarze Silhouette, die als Porträt- oder Bildnissilhouette in der Mitte des 18. Jahrhunderts von Frankreich aus Verbreitung fand und sich bald großer Beliebtheit erfreute. Fast in ganz Europa waren zur Zeit des Biedermeier Scherenschneiden und Schattenspiele vor allem mit Hilfe der zahllos vertriebenen Ausschneidebögen eine kurzweilige häusliche Beschäftigung. In Deutschland war das Schneiden von Porträtsilhouetten zunächst an den Fürstenhöfen, insbesondere in Darmstadt, Gotha und Weimar, später auch in bürgerlichen Kreisen sehr populär. In der deutschen Romantik entwickelt sich der Scherenschnitt wieder von der reinen Porträtsilhouette weg zur Genresilhouette. Im 19. Jahrhundert waren neben Porträtsilhouetten vor allem aus schwarzem Papier ausgeschnittene und auf hellem Grund aufgeklebte Genreszenen in Form von Scherenschnitten beliebt. Die ersten nachweisbaren Scherenschnittkünstler waren die Augsburgerin Susanna Mayr (1600-1674) und Rudolph Wilhelm von Stubenberg. Nur eine Anzahl kleiner, aus weißem Pergament geschnittener Werke von Stubenberg sind erhalten, aufbewahrt im Graphischen Kabinett des Germanischen Nationalmuseums in Nürnberg. Bildnerisch talentierte und geübte Silhouettenschneider wie Luise Duttenhofer (1776-1829) oder Philipp Otto Runge (1777-1810) schnitten kleinformatige Porträts freihändig und ohne Vorzeichnung mit einer spitzen Schere aus schwarzem Papier aus. Als herausragend gelten in Deutschland auch die Scherenschneider Karl Fröhlich (1821-1898) und Wilhelm Müller (1804-1865). Die meisten Künstler sowie die gewerbsmäßigen Hersteller von Schattenrissen bedienen sich zweier Hilfsmittel. So können auf dem sogenannten Silhouettierstuhl die Umrisse des Porträts in Originalgröße abgenommen werden. Anstatt einer Armlehne sind diese Stühle mit einem Rahmen zum Einspannen von Papier versehen. In dem verdunkelten Raum wird in einiger Entfernung vom Silhouettierstuhl eine Kerze aufgestellt, wodurch sich das Profil des Sitzenden auf dem eingespannten Papier scharf abzeichnet und nachgezogen werden kann. Die so hergestellte Silhouette kann mit Hilfe eines Storchschnabels, auch *Pantograph genannt, proportional auf handliches Format verkleinert werden.

Skeleton-Leaves

[engl.: *skelet* = Skelett; *leaves* = Blätter]
Silhouettenbilder in skelettierten Laubblättern.
Die Kunst, grüne Blätter in spitzenartige Skelette zu verwandeln, stammt aus China und wurde um 1800 von Seeleuten als Souvenir nach Europa gebracht. Die Herstellung erfolgte nach folgender Methode: Dicke, geäderte Blätter wurden zunächst mit zwei gehäuften Eßlöffeln Waschsoda gekocht. Dann ließ man sie für zwei Stunden ziehen. Anschließend legte man sie auf eine weiße Platte und schabte mit einer alten, weichen Zahnbürste vorsichtig das grüne Blattfleisch ab. Dabei benetzte man die Blätter häufig mit Wasser, um sie dann über Nacht trocknen zu lassen.

Sonnenmikroskop

*Mikroskop, das nur mit Sonnenlicht verwendbar ist.
Athanasius Kircher (1602-1680) beschrieb erstmals 1646 die *Projektion kleiner Insekten unter Benutzung der Sonne als Lichtquelle, während Charles François Milliet Dechales (1621-1678), Robert Hooke (1653-1703), Johann Zahn (1641-1707) und Samuel Reyher (1635-1714) ähnliche Projektionen im 17. Jahrhundert erwähnten. 1740 fügte John Cuff (1708-1772) der einfachen Projektion einen Spiegel hinzu (1740) und produzierte das erste vollständige Sonnenmikroskop, das schnell populär wurde. Andere, wie etwa Leonard Euler (1707-1783), beschrieben im 18. Jahrhundert Sonnenmikroskope zur Projektion opaker Objekte. Handliche Exemplare wurden von Georg Friedrich Brander (1713-1783) in Augsburg, George Adams (gest. 1772) und Benjamin Martin (1704-1782) in London hergestellt und vertrieben.

Spatiograph

[lat.: *spatium* = Raum; *graphein* = schreiben, zeichnen]
Raumschreiber. Auch *Optischer Obelisk genannt.

Spiegel

[lat.: *speculum* = Spiegel(bild)]
Vorrichtung, die auffallendes Licht entsprechend dem Reflexionsgesetz zurückwirft und daher in vielen optischen Instrumenten eine wichtige Funktion erfüllt.
Die Wirkung beruht auf einer dünnen Spiegelschicht, meist aus Silber oder Aluminium, die auf die Vorder- oder Rückfläche einer sehr glatten, meist polierten Trägerfläche aufgebracht ist. Man unterscheidet ebene Spiegel (Planspiegel) und gekrümmte Spiegel; reflektieren letztere mit ihrer hohlen Seite das Licht, so werden sie als Brenn-, Sammel-, Hohl- oder Konkavspiegel bezeichnet. Nach außen gewölbte Spiegel nennt man Zerstreuungs-, Wölb- oder Konvexspiegel. Nach der Form der Flächenkrümmung unterscheidet man sphärische und asphärische Spiegel. Polierte Bronzeplatten gelten als die älteste Form des Spiegels. Spiegel aus geschliffenem Glas scheint es im ersten Jahrhundert v.Chr. schon in Ägypten gegeben zu haben. Gaius Plinius d. Ä. (23-79 n.Chr.) erwähnte in seiner Naturgeschichte gläserne Spiegel, die ihre Reflexionskraft von Zinn, Silber oder Gold als Unterlage bezogen. Jahrhundertelang machte man Spiegel aus geblasenen und aufgeschnittenen Glaskugeln. Nach dem Schleifen beschichtete man sie mit Zinnamalgam. Erst seit dem 17. Jahrhundert konnte man Flachglas auch gießen. Das flüssige Glas wurde auf eine Eisenplatte gegossen, mit einer Metallwalze geglättet und drei bis fünf Tage in einem Kühlofen abgekühlt. Neben dem Gußverfahren kam für die Herstellung von Tafelglas in großen Mengen zu Beginn des 20. Jahrhunderts das Ziehverfahren auf, das die Glasherstellung bedeutend verbilligte.

Spiegelkabinett

Ende des 16. Jahrhunderts war der Spiegel überall verbreitet. Die Erfindung des Kristallglases und die Herstellung von Spiegelglas durch Zylinderblasen revolutionierten das Spiegelhandwerk. Die Herstellung in großen Dimensionen veränderte die Funktion des Spiegels, der nun auch zu einem Teil der Inneneinrichtung avancierte. Vermutlich inspiriert durch die von Athanasius Kircher beschriebenen Spiegelguckkästen, begann man in der zweiten Hälfte des 17. Jahrhunderts Spiegel in die Architektur einzubeziehen, etwa zur optischen Vergrößerung von Räumen. Berühmtestes Beispiel ist die Spiegelgalerie Ludwigs XIV. in Versailles. Das Spiegelkabinett war im Rokoko besonders beliebt, insbesondere in den bayerischen Barock- und Rokokoschlössern des 17. und 18. Jahrhunderts wie der Würzburger Residenz.

Spiegelprojektion

Variation des einfachen *Schattenspiels, das mit Hilfe von Sonnenlicht oder künstlichem Licht vorgeführt wurde.
Um das Sonnenlicht gezielt auf die Projektionsfläche zu lenken, setzte man einen *Spiegel ein. Bald wurden die Bilder direkt auf einen konvexen oder flachen Spiegel gemalt und als *Schattenbilder gegen eine Wand projiziert. Alternativ dazu wurde eine künstliche Lichtquelle oder ein wassergefülltes Behältnis mit aufgemalten Buchstaben oder Bildern eingesetzt. Athanasius Kircher (1602-1680) verfeinerte beide Methoden, indem er eine bikonvexe *Linse einführte, die wie ein Objektiv wirkte und eine schärfere *Projektion erzeugte. Wie mit einer *Linse konnten auch mit einem konkaven Spiegel Buchstaben oder Bilder auf eine glatte Fläche projiziert werden. Während ein flacher Spiegel die Strahlen parallel reflektiert und ein nahezu gleich großes Bild erzeugt wie das gemalte, produziert der konvexe Spiegel ein vergrößertes Bild, eine bikonvexe Linse und eine künstliche Lichtquelle ergeben hingegen ein kleineres, aber schärferes Abbild. Sehr wahrscheinlich wurde die Spiegelprojektion auch von Porträt- oder Stillebenmalern als Hilfsmittel eingesetzt. Wird etwa im abgedunkelten

Zimmer neben die Fensteröffnung ein Blatt Papier befestigt bildet sich in der Projektion des Hohlspiegels das im Sonnenschein befindliche Objekt kopfstehend auf dem Papier ab.

Spiegelschreibkunst

Ein Verfahren, bei dem die zu projizierenden Buchstaben kopfstehend und seitenverkehrt auf einen ebenen oder einen Hohlspiegel gemalt wurden, den man gegen die Sonnenstrahlen gerichtet hielt, so daß er die Strahlen der Sonne durch eine zwischen Spiegel und der gegenüberliegenden weißen Wand gestellte Sammellinse hindurch reflektierte. Diese lange als Magie bezeichnete Kunst wurde ab 1589 eingehend von dem Neapolitaner Giovanni Battista della Porta (1535-1615) in dessen Büchern über die Geheimnisse der Natur *Magiae naturalis sive de miraculis rerum naturalibus libri xx* abgehandelt. Della Porta selbst übte sie aus, indem er Buchstaben, auf einen Hohlspiegel gemalt und gegen die Sonne gehalten, auf eine Wand projizierte. 1636 beschrieb der deutsche Mathematiker Daniel Schwenter (1585-1636) die Projektion von Spiegelschrift mit Hilfe eines Planspiegels und des Sonnenlichts und verwendete vermutlich als erster das Wort ‚projizieren'. Dieses Verfahren wurde auch von Athanasius Kircher (1602-1680, in *Ars magna lucis et umbrae* (1646) beschrieben. Als *Linse benutzte er ein wassergefülltes, kugelförmiges Glas, die *Schusterkugel. Da die Strahlen, die auf die mit Buchstaben geschwärzten Stellen des Spiegels fielen, nicht reflektiert wurden, erschien die Schrift in lesbarer Form im Widerschein als verschwommenes *Schattenbild auf der Projektionswand.

Stanhopes

Mikroskopisch verkleinerte, transparente Photographien auf einer Lupe, die in dekorative Gegenstände eingearbeitet wurden. Diese ‚photographischen Lupenbilder' wurden nach dem englischen Politiker und Wissenschaftler Charles Graf von Stanhope (1753-1816) benannt, dem einige nützliche technische Erfindungen und Verbesserungen (z.B. Buchdruckpresse, Stereotypie) zu verdanken sind, darunter auch die Stanhope-Lupe, ein 8mm langes Glasstäbchen, das ein konvex geschliffenes und ein flaches Ende aufweist. Auf der flachen Oberfläche plazierte Darstellungen von 3mm Durchmesser, die man durch das konvexe Ende und das Glasröhrchen hindurch betrachtet, können erstaunlich vergrößert wahrgenommen werden. Nach der Erfindung der Mikrophotographie durch John Benjamin Dancer um 1860 wurden die unter dem Namen Stanhopes in den Handel gekommenen photographischen Verkleinerungen auf Glasstäbchen meist in Schmuckgegenstände, Uhrschlüsseln, Federstielen usw. einmontiert. Der Pariser Photograph Dagron machte sich im deutsch-französischen Krieg die Mikrophotographie zunutze. Während der Belagerung von Paris stieg er 1870 aus der eingekesselten Stadt mit einer Montgolfiere auf, landete in Tours und richtete einen Depeschendienst mit Brieftauben ein. Die Nachrichten wurden auf große Papierbögen gedruckt. Von diesen bedruckten Flächen wurde ein scharfes Negativbild auf Glas aufgenommen und dieses wiederum mittels seines eigenen Verfahrens auf ein nur 6 cm^2 großes Gelatinehäutchen mikroskopisch-photographisch reduziert. Dann wurde es abgezogen, zusammengerollt und in einen Federkiel geschoben, den man zwischen den Flugfedern einer Taube befestigte. Die so hergestellten Depeschen sendete man von Tours nach Paris, wo sie mit Hilfe einer Lanterne photogénique von Louis Jules Dubosq (1817-1886) nochmals zwecks Entzifferung, bedeutend vergrößert an die Wand projiziert wurden.

Stereophotographie

Mit zwei Photoapparaten gleichzeitig aufgenommenes Bild, wobei die Photoapparate um unseren Augenabstand versetzt sind. Der englische Physiker Charles Wheatstone (1802-1875) erläuterte 1838 in einem Vortrag über die *Physiologie des Sehens* das Stereoskop, ein Gerät für die Betrachtung zweier, um den Augenabstand versetzter unterschiedlicher Einzelbilder oder Halbbilder. Diese stereoskopischen Bilder, auch Stereobilder genannt, werden zusammengefügt wahrgenommen und erzeugen einen räumlichen Eindruck. Damit funktioniert das Stereoskop nach den Grundsätzen der binokularen Wahrnehmung: Aufgrund ihrer unterschiedlichen Position gewinnen beide Augen leicht variierende Ansichten eines Gegenstandes, die das Gehirn wiederum zu einem – räumlichen – Bild zusammensetzt. Der Schotte Sir David Brewster (1781-1868) kombinierte 1844 die Prinzipien der Photographie und der Stereoskopie, ab 1850 wurde sein Parallaxenstereoskop mit zwei *Okularen serienmäßig hergestellt. Die dafür benötigten Stereophotos konnten mit einer speziellen Stereokamera oder aber mit jeder Einobjektivkamera nacheinander aufgenommen werden, wobei die Kamera für die zweite Aufnahme ein wenig seitlich verschoben werden mußte – und zwar normalerweise um 6,5 cm, dem mittleren Pupillenabstand. Die ersten Stereophotographen bedienten sich eines Stativs mit waagerechtem Balken, an dem sie eine Kamera für die zwei Aufnahmen hin- und herschoben oder direkt zwei Kameras installierten. 1860 konstruierte Bertsch in Paris die erste Binokularkamera mit zwei, um 6,5 cm versetzten Objektiven, den Vorläufer aller weiteren Stereokameras.

Stroboskop

[gr.: *stróbos* = Wirbel; *skôpeo* = schauen, sehen]
Auch Kreisdrehseher oder Lebensrad genannt. Vorrichtung, mit der gezeichnete Phasenbilder in Form von Bewegungsbildern wahrgenommen werden können.
Der Wiener Vermessungsspezialist und Mathematikprofessor Simon Ritter von Stampfer (1792-1864) entwickelte um 1832 die stroboskopische Scheibe. Unabhängig von Joseph Antoine Ferdinand Plateaus (1801-1883) *Phenakistiskop machte er zur gleichen Zeit dieselbe Erfindung. Eine genaue Beschreibung steht in seiner am 7. Mai 1833 eingereichten Patentschrift: „Das Prinzip, auf welches sich diese Vorrichtung gründet, besteht darin, daß irgend ein Akt des Sehens, wodurch eine Vorstellung des Gesehenen erzeugt wird, in eine zweckmäßige Anzahl einzelner Momente geteilt wird, und diese dem Auge, mit einer großen Schnelligkeit aufeinanderfolgend, so vorgeführt werden, daß während des Wechsels der Bilder der Lichtstrahl unterbrochen wird und demnach das Auge von jedem einzelnen Bilde einen momentanen Eindruck erhält, wenn dasselbe in der gehörigen Lage sich befindet. Am einfachsten werden diese Bilder auf Pappe oder irgendeinem anderen zweckmäßigen Material gezeichnet, an deren Peripherie Löcher in gehöriger Anzahl die von der Zahl und Bewegung der Bilder abhängt, zum Durchsehen angebracht sind. Werden diese Scheiben einem Spiegel gegenüber schnell um ihre Achse gedreht, so zeigen sich dem Auge beim Durchsehen durch die Löcher die belebten Bilder im Spiegel." Für eine neue Konstruktion zur Veranschaulichung der stroboskopischen Täuschung ließ Stampfer den Spiegel weg, denn Bilder und Sehschlitze waren nun auf zwei verschiedenen Scheiben angebracht, die gegenläufig rotierten.

Tanagra Theater

Abgewandelte Form des *Alabastra-Theaters. Nach 1873 entwickelte Miniaturbühne, auf der über Spiegelprojektion Schauspieler life, aber 8- bis 10fach verkleinert, also etwa 18 bis 24 cm groß, agierten. Die Vorführungen fanden vorwiegend auf Jahrmärkten statt.

Teleskop

[gr.: *tele* = in Zusammensetzungen auftretendes Wort mit der Bedeutung fern; *skopeô* = schauen, sehen]
Fernrohr. Optisches Instrument mit dem sich, je nach Ausführung, astronomische Objekte beobachten lassen.
Die Erfindungsgeschichten von *Mikroskop und Teleskop sind eng miteinander verflochten. Allgemein durchgesetzt hat sich aber die Meinung, daß zuerst das Fernrohr (um 1608) und danach das Mikroskop erfunden wurde. Prinzipiell handelt es sich bei Teleskopen um Fernrohre, die man je nach System in Linsenteleskope (Refraktoren) und Spiegelteleskope (Reflektoren) unterscheidet. Bis Anfang des 17. Jahrhunderts waren Seefahrer und Astronomen auf Beobachtungen mit bloßem Auge angewiesen. Die ersten Fernrohre sollen um 1608 in Holland gebaut worden sein. In diesem Zusammenhang tauchen zwei Namen auf: Zaccharias Janssen (um 1588-um 1632) und Jan Lipperhey (um 1570-1619). Letzterer bot 1608 Fürst Maurits und den Ständen der Niederlande ein für Kriegszwecke gedachtes Teleskop an, das ein seitenrichtiges Bild zeigte. Er nannte es kijkglas (Augenglas) und erbat ein Patent für dreißig Jahre. Ein Jahr später kam es zu der Zweiterfindung durch Galileo Galilei (1564-1642), einem Fernrohr mit zwei *Linsen, einer plankonvexen Objektivlinse und einer plankonkaven *Okularlinse. Christian Huygens (1629-1695) erreichte mittels zweier konvexer Linsen, deren Krümmungen dem Objektiv zugewandt waren, eine 100fache Vergrößerung.

Thaumatrop

[gr.: *thauma* = Wunder; *tropos* = Wendung]
Auch Wunderdreher oder Wunderscheibe genannt. Spielzeug, das auf dem Prinzip der *Nachbildwirkung (*Persistenz) beruht. Durch rotierende Bewegung verschmelzen die Bilder der Vorder- und Rückseite.
Das sich ‚drehende Wunder' ist ein 1825 von W. H. Fitton (1780-1861) und J. A. Paris (1785-1865) entwickeltes Spielzeug, das sich die *Persistenz des Bildes bei fortwährender Stimulierung konstruktiv zunutze macht. Der Trägheit des Auges ist es zu verdanken, daß zwischen Reizerregung und visueller Kodierung eine zeitliche Differenz besteht. Auf der aus Pappe gefertigten und mit zwei Bändern versehenen Wunderscheibe befindet sich beidseitig je ein Bild. Beim schnellen Drehen der Scheibe, die am besten zwischen Daumen und Zeigefinger an Fäden gezwirbelt wird, überlagern sich beide Bilder, deren Motive so ausgewählt sind, daß sie sich ergänzen und optisch miteinander verschmelzen. Ist z.B. auf einer Seite ein Vogel dargestellt, auf der anderen ein leerer Käfig, so gewinnt der Betrachter den Eindruck, der Vogel sitze im Käfig. Das Thaumatrop erfreute sich rasch großer Beliebtheit. Auch dieses Spielzeug hat seinen Ursprung in der wissenschaftlichen Erforschung des Sehens. Heute gelten besonders die anfänglich noch handkolorierten Pappscheiben als ausgesprochene Raritäten; aber auch die späteren, mittels Druckverfahren hergestellten Thaumatrope sind relativ selten zu finden.

Theatrum Mundi

Eine Bühne, auf der viele bewegliche Flachfiguren Szenen spielten.
Die eigentliche dramatische Handlung wurde durch Marionetten oder Handpuppen gestaltet. Theatrum-mundi-Vorführungen, die das Puppenspiel auf kleinen mechanischen Bühnen zeigten, sollen erst Ende des 17. Jahrhunderts stattgefunden haben. Mittels Kulissen und Versatzstücken versuchte man Tiefenwirkung zu erreichen. Über die Bühne liefen Bandstreifen, die von Rädchen getrieben wurden und auf welche die 20cm großen Figuren aus Pappe oder Blech von einer Seitenkulisse zur anderen gezogen werden konnten. Durch eine Vorrichtung von kleinen Drähten waren die Figuren in ihren einzelnen Teilen ebenfalls beweglich. Da die Bewegungsübertragung durch Rädchen erfolgte, entstanden gleichmäßige, sich stets wiederholende Bewegungen. Zusätzliche Animationstricks, wie das Anzünden einer Pfeife oder einer Laterne, führte der Puppenspieler persönlich von unten aus. Hinzu kamen noch die mechanischen Hilfsapparate, die Beleuchtungswechsel oder Naturschauspiele vortäuschten.

Theodolit

[engl., Herkunft unbekannt]
Geodätisches Instrument der Vermessungstechnik, das für die Horizontal- und Höhenwinkelmessung eingesetzt wird.
Wichtigster optischer Teil des Instruments ist das *Teleskop mit Fadenkreuz und eine für die Schärfeneinstellung verschiebbare Zwischenlinse. Der mechanische Teil besteht aus einem feststehenden Unterbau (einem horizontierbaren Dreifuß) und einem um die Vertikalachse drehbaren Oberbau, der das um die Horizontalachse kippbare Fernrohr trägt. Höhenkreis und *Mikroskope ermöglichen die Ablesung von Teilkreisen.

Transparentbilder

Auf lichtdurchlässige Materialien gemalte und hinterleuchtete Bilder, die bei Dunkelheit vorgeführt wurden.
Von der sich um 1750 durchsetzenden *Guckkastenkunst abgeleitet, entwickelte sich das Transparentbild um 1780 zur eigenständigen Bildgattung, ab 1822 zu einem populären Medium, das in diversen Formen unter verschiedenen Bezeichnungen vorgeführt wurde, etwa als Mondscheintransparente, als perspektivisch-optische Gemälde, als *Diaphanorama, *Diorama, *Polyorama Panoptique oder *Megalethoskop. Trotz formaler Unterschiede war die Wirkungsweise grundsätzlich gleich. Die durchscheinenden Bilder wurden in dunklen Räumen mit Hilfe von Lichtquellen effektvoll inszeniert. Die Wirkung des nicht gemalten, sondern wirklichen Lichts perfektionierte nicht nur die Illusion von Landschaft, Architektur oder Weltgeschehen, sondern provozierte auch die Wahrnehmung von zeitlichen und räumlichen Verwandlungen am an sich unbeweglichen Transparent. Malgründe und Lichtquellen wurden je nach Zweck und Funktion unterschiedlich verwendet. Bildträger konnten geöltes Papier, Pergamentpapier, geschabtes Leder, dünne Leinwände oder Seide werden, welche entweder bedruckt und koloriert oder mit Wasserfarben, verdünnten Ölfarben u.ä. bearbeitet wurden. Als Lichtquellen dienten das Sonnenlicht, Kerzen, Fackeln, Öl-, Petroleum- und Gaslampen. Es entstanden zwei Arten von Transparenten, nämlich einseitig oder doppelseitig bearbeitete Bilder, die sich dementsprechend entweder durch einen einfachen oder doppelten Diaphaneffekt auszeichnen. Der bevorzugte Bildgegenstand des von hinten mittels Lichtquellen beleuchteten Bildes war um 1800 die Mondscheinlandschaft, als deren Schöpfer Jacob Philipp Hackert gilt. Von Hackert sind keine Mondscheintransparente erhalten, von Andreas Nesselthaler werden vier im Kupferstichkabinett der Staatlichen Museen zu Berlin aufbewahrt, von Georg Melchior Kraus ‚Partie im Ilmpark' im Schloß Kochberg. Auch der französische Künstler Louis Carrogis, genannt Carmontelle, der als Schriftsteller, Zeichner, Landschaftsmaler, Festgestalter, Gartenarchitekt und Theaterregisseur tätig war, fertigte Transparente an, die berühmt wurden. Er stellte eine Art Rollendiorama her, auf dessen querformatigen Bildstreifen er das ländliche Leben des ausgehenden 18. Jahrhunderts darstellte, und plazierte es vor einem Fenster, so daß Tageslicht durch das bemalte Papier schien. Der Maler Philippe Jacques de Loutherbourg entwickelte für seine speziellen Transparente 1781 in London sein *Eidophusikon, mit dem er eine bisher nicht gekannte Qualität der Naturnachahmung erzielte. Von Loutherbourgs Erfindung inspiriert, zeigte Thomas Gainsborough transparente, von Kerzen beleuchtete Landschaftsszenen in einer Exhibition Box mit beweglicher Vergrößerungslinse. Nach Gainsborough schufen in London auch Rudolph Ackermann, Thomas Rowlandson und Edward Orme Transparente. Erwähnenswert sind auch die großen, zwischen 1781 und 1784 erstellten Transparentgemälde des Amerikaners Charles Willson Peale. In Deutschland gewann das Transparent durch die Arbeiten von Karl Friedrich Schinkel, Caspar David Friedrich, Friedrich Kersting, Ferdinand Oehme und in Rom durch die Arbeiten der Nazarener enorm an Popularität. Den internationalen Durchbruch fand das Transparentbild als der spätere Entdecker der Photographie, Louis Jacques Mandé Daguerre (1787-1851), 1822 sein Diorama in Paris eröffnete. Ab 1834 entwickelte er beidseitig bemalte Transparente, deren doppelter *Diaphaneffekt eine bisher ungewohnt perfekte optische Illusion erzielte. Mit Hilfe von Jalousien, Blenden, farbigen Filtern und mit Lichtwechseln konnten zeitliche Vorgänge, der Wandel von Licht in Schatten, von Tag in Nacht usw. nun in ungeahnter Qualität herbeigeführt werden. Von Daguerre ist ein beidseitig bearbeitetes Transparent in der Kirche von Brysur-Marne erhalten, von Caspar David Friedrich eins in den Kasseler Kunstsammlungen. Im Diorama und in den Miniaturdioramen, im *Polyorama Panoptique und im *Megalethoskop ergänzen neue, mehr auf Alltag und Weltgeschehen bezogene Inhalte die frühen Mondscheinmotive.

Trisceneorama

Form der Vertikalmontage von drei Bildern. Siehe *Lamellenbild.

Tri-Union

[engl.: triunial lantern]
Drei übereinandergestellte *Laternae Magicae zur Projektion von *Nebelbildern.
Da man zur Erzielung besonderer Effekte während der *Projektion der Nebelbilder lebt (*Dissolving Views) mit der *Bi-Union nicht auskam, kam noch eine dritte *Laterna Magica dazu, die abwechselnd oder gleichzeitig mit den beiden anderen arbeiten konnte. Wie bei der Doppellaterne war das optische System jeder Laterne beweglich angeordnet. Zunächst stellte man die mittlere Laterne ein und brachte danach die Lichtkreise der oberen und unteren Laterne durch Senken und Heben des optischen Systems mit dem der mittleren zur Deckung.

Trommelanamorphosen

Chinesische Variante der *Kegelanamorphosen. In den USA auch als Perspectograph vertrieben.
Hierbei werden die verzerrten Darstellungen vertikal gegen die Innenwand eines Zylinders gestellt. Der Blick von oben auf einen Kegelspiegel, dessen Grundfläche dem Zylinderdurchmesser entspricht, entschlüsselt den Bildinhalt.

Trompe-l'œil

[franz.: *tromper* = täuschen; *l'œil* = Auge]
Augentäuschung. Darstellungsweise in der Malerei, bei der durch naturalistische Genauigkeit, erzielt mit Hilfe perspektivischer Mittel, ein Gegenstand so wiedergegeben wird, daß der Betrachter nicht zwischen Wirklichkeit und Gemaltem unterscheiden kann.
Diese illusionistische Malerei, die erstmals in Holland seit Mitte des 17. Jahrhunderts zu einer eigenständigen Bildform geführt hat, erhebt die Täuschung über den Realitätscharakter des Bildgegenstandes zum eigentlichen Thema der Darstellung und regt damit eine Reflexion über optische Wahrnehmungsprozesse an. Die Bildgegenstände der Trompe-l'œil-Bilder sind reglose Dinge, alltägliche Objekte wie Früchte, Blumen, Gläser, Instrumente, Regale, Papiere und Briefbretter. Ein wichtiger Typus des Trompe-l'œil-Bildes ist das Quodlibet, eine spezielle Form des Stillebens, das aufeinanderliegende, einander verdeckende Gegenstände zeigt, wie zufällig zusammengeratene Buch- oder Zeitungsseiten, Stiche, Spielkarten, Briefe und Briefumschläge, Billets usw. Charakteristisch für die zumeist mit Tusche gezeichneten oder aquarellierten Quodlibets ist die maßstabsgetreue und illusionistische Wiedergabe der Gegenstände, insbesondere die Imitation bedruckten oder beschriebenen Papiers. Voraussetzung für den nachhaltigen Täuschungseffekt ist eine vertraute, bereits erfahrene Dinglichkeit samt ihrer Abnormitäten, etwa einem Wurmloch im Holz, dem Schorf auf der Apfelschale, dem Defekten oder dem Wertlosen. Ein anderer Trompe-l'œil-Typus war im 18. Jahrhundert besonders beliebt: Kleine, meist anonym gebliebene Gemälde, in denen Kupferstiche, meist Porträts oder galante Szenen, wie unter zerbrochenem Glas reproduziert wurden. Die Trickwirkung beruhte auf der sorgfältigen Beobachtung der Lichtreflexion und der Schattenbildung an den Kanten der Glasscherben – oft wurde zur Vortäuschung des Abstands zwischen Oberfläche und Papierebene eine Fliege oder eine Schmutzstelle auf das imitierte Glas gemalt.

Vexierbilder

[lat.: vexare = plagen]
Bilder mit mehrdeutigen Darstellungen, die derart gestaltet sind, daß darin teilweise versteckte Informationen sich erst bei einer sich ändernden, intensiven Betrachtung zu erkennen geben. Hierzu gehören auch die Kippbilder, Such- oder Rätselbilder.
Die Darstellung ist nicht sogleich zu erkennen, weil die Umrisse und die Binnenzeichnung mit anderen, auf dem Bild deutlich sichtbaren Darstellungen zusammenfallen. Das Wesen der Vexierbilder besteht also darin, daß sie zwei- oder mehrdeutig sind. Letztlich ist es aber nicht schwierig, in der Darstellung entweder das eine oder das andere Motiv zu sehen, nahezu unmöglich hingegen, alle Bedeutungen gleichzeitig in der Darstellung zu erkennen. Nur durch das ‚Umschalten' von einer Deutung auf die andere wird dem Betrachter bewußt, daß es möglich ist, verschiedene Sujets in die gleichen Umrisse hineinzuprojizieren. Zu den ältesten Vexierbildern zählen Albrecht Dürers (1471-1528) Felsgesichter oder Giuseppe Arcimboldos (1527-1593) Blumen-, Gemüse- und Früchtebilder. Erhalten blieben auch Holzschnitte von Erhard Schön, einem Schüler von Dürer und Graphiker in Nürnberg, die auf den ersten Blick unerkennbare bizarre Formen, abwechselnd mit einigen Landschaftsfragmenten zeigen. Wenn man sie jedoch wechselseitig von links und rechts betrachtet, tauchen Porträts oder Szenen auf, die mittels des verhüllenden Aspekts der *Längenanamorphose konstruiert wurden.

Viviscope

[lat.-it.: *viv* = lebhaft; gr.: *skôpeo* = schauen, sehen]
Betrachtungsgerät. In Abwandlung des *Zoetrops gebauter Apparat, der im Oktober 1895 in den USA patentiert wurde. Der Bildstreifen rotiert an der Außenwand einer Trommel. Im Proszenium sieht der Betrachter immer nur ein Bild, das intermittierend vorbeigezogen wird.

Vue d'optique

Französische Bezeichnung für *Guckkastenbilder.

Wärmekugeln

Siehe *Schattenbälle.

Wheel phenomenon

[engl.: *wheel* = Rad, Scheibe]
Englische Bezeichnung für *Zaunphänomen.

Wunderkamera

Spielzeug, das eine *Laterna Magica mit einem *Episkop kombiniert.

Wunderkammer

Auch als Kuriositäten- oder Raritätenkabinett bezeichnet. Komplexes Gebilde, zu dessen hervorragendstem Merkmal die Vielfalt der darin vereinigten Gegenstandsgruppen zählt.
Die auch als Welttheater bezeichneten Kunst- und Wunderkammern waren ‚Welten im Miniaturformat', die sich als ein in sich geordnetes Ganzes verstanden und deren scheinbar zusammenhanglose Gegenstände Ordnung in das Wissen von der Welt zu bringen versuchten. Aus den entlegendsten Winkeln fremder Länder wurden Objekte zusammengetragen, die, kategorisiert und systematisiert, dem Betrachter präsentiert wurden. In naturalia (die Hervorbringungen der Natur) und artificialia (Artefakte, die von Menschen gefertigten Produkte) unterteilt, fanden die aus ihrem Kontext gerissenen Kunst- und Naturobjekte ihren Weg in Schausammlungen europäischer Orte der Gelehrsamkeit.

Zauberbilderbücher

Engl.: blow-books oder flick-books. Auch Vexierbilderbücher genannt.
Bilderbücher, die im Vorderschnitt mehrere Einschnitte haben und je nach Position des blätternden Daumens unterschiedliche Bildwelten zeigen.
Wenn man solch ein Bilderbuch aufblättert, kommt immer nur eine Gattung von Bildern zum Vorschein, je nachdem, an welcher ausgezackten Seite der Daumen aufliegt. Den Versuch, eine Beschreibung solcher Wunderbücher und ihres verborgenen Geheimnisses zu liefern, hatte schon 1550 Geronimo Cardano (1501-1576) in seinem Werk *De subtilitate* angestellt. Im deutschsprachigen Raum befaßte sich erstmals Daniel Schwenter (1585-1636) in *Mathematische und physikalische Erquickstunden* mit einer Erklärung der scheinbaren Zauberkünste. Literarisch beschrieben wurde das Zauberbuch schon in Johann Christoph von Grimmelshausens *Springinsfeld* (1670) als „wunderliche Gauckeltasche". Bei Vorführungen der Gaukeltasche auf dem Jahrmarkt durften Besucher gegen Bezahlung ins Buch hineinblasen, und der Vorführende zeigte ihnen, was in ihrem Kopf vorging. Deshalb werden Zauberbilderbücher im Englischen auch „Blow-books" genannt.

Zaunphänomen

Stroboskopische Erscheinung.
Die Untersuchung des Zaunphänomens gilt als auslösender Moment für die wissenschaftliche Beschäftigung mit der Wahrnehmung von Bewegung. Erstmals wurde 1821 in der englischen Zeitschrift *The quarterly journal of science, literature and the arts* auf dieses Phänomen hingewiesen. Um 1824 erklärt Peter Mark Roget (1779-1869) in einem Vortrag für die Royal Society in London die seltsame Erscheinung: Blickt man durch einen Zaun hindurch, hinter dem gerade ein Wagen vorüberfährt, nimmt man die Speichen der Räder in merkwürdiger Weise gekrümmt und verändert wahr. Räder und Speichen scheinen sich nicht zu drehen. Dies erklärt sich daraus, daß die einzelnen Punkte der Speichen, die durch den Spalt des Zaunes nacheinander sichtbar sind, nur einen kurzen Moment gesehen werden und darum jeder dieser Punkte für sich allein den Eindruck der Ruhe erweckt. Hier handelt es sich um eine stroboskopische Erscheinung (psychologisches Phänomen), die durch den *Nachbildeffekt (physiologisches Phänomen) Unterstützung erfährt.

Zelluloidfilm

Biegsamer Rollfilm aus Zelluloseacetat und Kampfer (Zellhorn), der wesentlich zur Verbreitung der Amateurphotographie und zur Erfindung des bewegten Bildes beitrug. Erfunden wurde der aus leicht brennbarem Kunststoff hergestellte Film 1887 vom amerikanischen Pfarrer Hannibal Williston Goodwin (1822-1900). Das Zelluloid, das als Elfenbeinersatz für die Herstellung von Billardkugeln erfunden worden war, ersetzte die schweren und zerbrechlichen Glasnegative. Goodwins Erfindung wurde erst 1898 patentiert. Inzwischen hatte die Firma Kodak seine Erfindung aufgegriffen und war mit großem Erfolg in die Produktion von Rollfilmen eingestiegen. Wegen seiner leichten Brennbarkeit wurde Zelluloid seit den 1950er Jahren durch Zelluloseacetat ersetzt, gefolgt vom haltbareren Polyester.

Zentralperspektive

Lehre von der Darstellung des dreidimensionalen Raums auf einer zweidimensionalen Bildfläche.
In Italien wurde während der Zeit der Frührenaissance die geometrische Perspektive entdeckt. Der Florentiner Gelehrte und Architekt Leon Battista Alberti (1404-1407) spielte dabei mit seinem Traktat *De Pictura* (1436) eine wichtige Rolle. Er beschrieb als einer der ersten die wissenschaftlich-mathematischen Gesetzmäßigkeiten, die den Gestaltungsprinzipien zugrundeliegen. Demnach ist – wenn man sich das Sehfeld eines Menschen vom Auge ausgehend pyramidenförmig vorstellt – ein entsprechendes Bild das Ergebnis eines ebenen Schnittes durch die Sehpyramide, wobei dieser senkrecht zu ihrer Mittelachse ausgeführt sein muß. Das Resultat gleicht dann einem Blick durch das Fenster. Für eine perspektivisch korrekte Darstellung bedienten sich die Künstler unterschiedlicher Zeichenhilfen, die eine zentralperspektivisch korrekte Projektion auf eine Mal- oder Zeichenfläche erleichtern sollten. Von wesentlicher Bedeutung war die geometrisch schlüssige Darstellung räumlicher Tiefe, die aus der Festlegung des Fluchtpunktes auf der Horizontlinie bestand, auch für die Architekturmalerei. Zur Zeit des Barock war man bemüht, durch Fresken illusionistische Raumerweiterung vorzutäuschen. Ein weiteres Beispiel eines überraschenden Illusionismus findet sich in der *Trompe-l'œil-Malerei. Eine spezielle Gestaltung, mit der man auf die Entdeckung der Zentralperspektive – mehr oder minder in spielerischer Form – reagierte, war die *Anamorphose.

Zerrbilder

Andere Bezeichnung für *Anamorphosen.

Zerrspiegel

*Spiegel, der das Abbild des Betrachters grotesk verwandelt.
Im Mittelalter setzten sich gewölbte Brennspiegel von konvexer oder konkaver Form durch, gewonnen durch einen Ausschnitt aus einer Kugel. Im 15. Jahrhundert galten installierte Zerrspiegel als Attraktion des Schlosses von Hesdin. Der Herzog von Burgund ließ am Eingang einer Galerie einen Spiegel plazieren, „worin man mehrere Mißgestaltungen erblickte", d.h. worin sich die Leute völlig verzerrt widerspiegelten. Im Inventar des Herzogs von Lothringen wird 1543 „ein Spiegel seltsamer Art, in welchem man eher einen anderen als sich selber erblickt", erwähnt. Zahlreiche Spiegel dieser Art sind auf Wandteppichen, Miniaturen, Gravuren und Gemälden abgebildet und überliefert. Gewölbte Zerrspiegel gehörten zur Einrichtung physikalischer Experimentierstuben, fanden sich aber auch häufig in Bettgestellen installiert. Ihre Popularität verloren sie gegen Ende des 16. Jahrhunderts. Seither wurden sie zumeist von Naturforschern benutzt. 1582 konstatierte Raphael Mirami: „Welches Vergnügen bereiten diese Spiegel, in denen man das Bild dessen, der sich darin spiegelt, so verschieden von der Natur sieht, wie man es sich nur denken kann." 1589 beschrieb Giambattista della Porta sphärisch (konkav oder konvex), elliptisch, pyramidal oder zylindrisch geformte Zerrspiegel, die ein Gesicht in zwei Hälften teilen oder das Abbild desjenigen, der sich betrachtet, dermaßen verwandeln, daß es an ein Eselsmaul, einen Schweinerüssel, einen Hundekopf oder, mit den stark heraustretenden Augen, an eine Krabbe erinnert. Der sphärisch-konvexe Spiegel konzentriert und verkleinert den reflektierten Gegenstand. Wird ein konvexer Spiegel in einem Raum installiert, so bildet sich die gesamte Einrichtung innerhalb der Wölbung ab, wobei die kleinste Einzelheit klar und verkürzt im Kreis des Spiegels erscheint. Man vermutet, daß sich Künstler eines solchen gewölbten Spiegels zur Darstellung komplexer Landschaften, Städte, Kirchen, Paläste, Häuser oder auch menschlicher Gestalten bedienten. Der sphärisch-konkave Spiegel hingegen vergrößert den reflektierten Gegenstand und bewirkt ab einer bestimmten Entfernung eine Bildumkehrung.

Ziehbilder

Siehe *Biedermeier-Glückwunschkarten

Zoetrop

[gr.: *zoe* = Leben, *tropo* = wenden)
Auch *Daedaleum, Wundertrommel, Schlitztrommel oder Lebensdreher genannt.
Hohlzylinder mit achsenparallelen Schlitzen, der um seine Achse in rasche Umdrehungen versetzt werden kann.
Das *Phenakistiskop wie das *Stroboskop haben den Nachteil, daß sie die gezeichneten Bilder leicht winkelförmig verzerren. Angeregt durch Joseph Plateaus (1801-1883) Phenakistiskop (Lebensrad), veröffentlichte 1834 der Engländer William George Horner (1786-1837) den Artikel *On the Properties of the Daedaleum, a new Instrument of Optical Illusion*, in dem er nicht nur eine ausführliche Beschreibung des Gerätes, sondern auch die Begründung der Namensgebung – *Daedaleum – lieferte. Mit dieser Bezeichnung verwies er auf Daidalos, den Baumeister und Bildhauer aus der griechischen Mythologie, der als erster Menschen und Tiere in Bewegungspositionen als Skulpturen angefertigt haben soll. Beim Daedaleum oder Zoetrop werden Bilder und Schlitze getrennt, die Bilder auf Streifen und die Schlitze in einen Zylinder gebracht, was den *Spiegel überflüssig werden läßt, so wie es bereits Simon Stampfer (1792-1864) für eine spätere Vorführmöglichkeit der * stroboskopischen Scheiben vorgeschlagen hatte. Man blickt beim Zoetrop durch Schlitze auf die gegenüberliegende, mit gezeichneten Bildern besetzte Innenseite der Trommel, die sich auf einer vertikalen Achse dreht. Eingelegt werden auswechselbare Bildstreifen mit meist 11-13 Bewegungsphasen. Auch können nun mehrere Personen gleichzeitig das optische Spektakel bewundern.

Zograskop

[gr.: *zoe* = Leben; *graphein* = zeichnen; *skopeô* = schauen, sehen]
Skelettierte Form eines *Guckkastens. In England auch optical diagonal machine genannt.
Die Faszination der perspektivischen Illusion führte zur Entwicklung verschiedener Formen des *Guckkastens. Vermutlich in Frankreich in der zweiten Hälfte des 18. Jahrhunderts erstmals gebaut, gewann dieses Betrachtungsgerät für den Heimgebrauch im 19. Jahrhundert an Popularität. Erweiterte Ausführungen mit bis zu drei *Linsen kamen als spätere Varianten auf den Markt. Das Zograskop besteht aus einem höhenverstellbaren Ständer, einer senkrecht fixierten großen Konvexlinse und einem schräg angebrachten Planspiegel. Dicht an den Fuß des Ständers wird das Bild gelegt, das durch das Vergrößerungsglas im *Spiegel betrachtet, an räumlicher Wirkung gewinnt. Auch können die in der Camera Obscura seitenverkehrt gezeichneten Bilder damit seitenrichtig betrachtet werden.

Zoopraxiskop

[gr.: *zoo* = in Zusammensetzungen auftretendes Bestimmungswort mit der Bedeutung Leben; *praxis* = tun, anwenden; *skopeô* = schauen, sehen]
Gerät, das sich aus der *Laterna Magica und dem Lebensrad zusammensetzt.
Schon Franz Freiherr von Uchatius (1811-1881) führte für seine Laterna Magica von 1845 eine durchsichtige Bildscheibe mit einer Schlitzscheibe zusammen. Auch Joseph Plateau (1801-1883) hatte 1849 ein Lebensrad mit ähnlichen Prinzipien vorgeschlagen, ohne jedoch schon an eine *Projektion von transparenten Bildträgern zu denken. Inspiriert von den bekannten optischen Sehmaschinen setzte Eadweard Muybridge (1830-1904) das Lebensrad für die Präsentation seiner Reihenphotographien ein: Er entwickelte 1879 das Zoopraxiskop, ein Gerät, das Elemente einer *Laterna Magica und eines – nun durchsichtigen – Lebensrads mit 12 Bewegungsphasen hinter einer Schlitzscheibe kombinierte.

Zylinderanamorphosen

Katoptrische *Anamorphosen, deren Abbilder mit Hilfe spezieller *Spiegel – hier mit Hilfe von Zylinderspiegeln – entzerrt wahrgenommen werden können.
Die Reflexion eines abgebildeten Gegenstandes in einem aufrecht stehenden Zylinderspiegel gibt den Gegenstand weniger breit wieder, als die Abbildung ihn zeigt, verkleinert ihn also. Um mit Hilfe des *Spiegels ein richtig proportioniertes Abbild zu sehen, muß die zu spiegelnde Vorlage entsprechend verzerrte Proportionen erhal-

ten – die im Zylinderspiegel auf derselben Höhe reflektierten Bildteile müssen in der *Anamorphose kreisförmig angeordnet und gedehnt sein, was man durch optische Aufbauten oder mathematische Berechnungen erreicht. Eine der frühesten Beschreibungen dieser unterschiedlichen Herstellungsmethoden für Anamorphosen stammt von Daniele Barbaro, 1559, in seiner „*La Pratica della Perspettiva*". Zum einen beschreibt er, wie die Deformierung eines quadratischen Rasters auch automatisch eine verzerrte Zeichnung produziert, zum anderen, wie eine Zylinderanamorphose mit Hilfe einer optischen Projektion angefertigt werden kann: Eine zylinderförmig aufgestellte und von beliebig vielen Punkten durchlöcherte Zeichnung wird von hinten vom Sonnen- oder Punktlicht angestrahlt. Durch die kleinen Öffnungen fällt Licht punktförmig auf ein darunterliegendes Zeichenpapier. Die Verbindung dieser Punkte läßt eine Anamorphose entstehen. Ersetzt man die ursprüngliche durchlöcherte Zeichnung nun durch einen Zylinderspiegel, so sieht man darin das verzerrt gemalte Bild wieder entzerrt. Dies Verfahren bildete Mario Bettini 1642 in seiner *Apiaria Universae Philosophiae Mathematicae* ab. Eine frühe schriftliche Quelle zur Geometrie der Zylinderanamorphosen findet sich bei I. L. de Vaulezard (*Perspektive cylindrique et conique*, Paris 1630), der sie als ‚katoptrische Perspektiven' bezeichnete. Später fanden Zylinderanamorphosen in vielen naturwissenschaftlich ausgerichteten Werken Erwähnung. Georg Philipp Harsdörffer veröffentlichte 1651 eine auch für Laien nachvollziehbare Methode zur Erstellung von Anamorphosen (*Delitiae Mathematicae et Physicae*, der Mathematischen und Philosophischen Erquickstunden, Nürnberg). Der Ingenieur Jacob Leupold entwickelte Maschinen zur mechanischen Herstellung von Längen-, Zylinder- und Kegelanamorphosen, deren Konstruktion er mit begleitenden Skizzen in seinen Büchern veranschaulichte (*Anamorphosis mechanica nova*, Leipzig 1713; *Theatrum machinarum*, Nürnberg 1739). Im 18. und 19. Jahrhundert wurden in Deutschland, Frankreich, Holland und England größere Auflagen zur Unterhaltung des Publikums produziert.

Für die Erstellung des Glossars waren die folgenden Bücher ganz besonders hilfreich:

Füsslin, Georg, *Der Guckkasten. Einblick – Durchblick – Ausblick*, Stuttgart 1995

Füsslin, Georg, *Optisches Spielzeug oder wie die Bilder laufen lernten*, Stuttgart 1995

Füsslin, Georg/Hentze, Ewald, *Anamorphosen. Geheime Bilderwelten*, Stuttgart 1999

Mannoni, Laurent, *Le Mouvement Continué. Catalogue illustré de la collection des appareils de la Cinémathèque française*. Cinémathèque française, Musée du cinéma, Mailand/Paris 1996

Kemner, Gerhard/Eisert, Gelia, *Lebende Bilder. Eine Technikgeschichte des Films, Deutsches Technikmuseum Berlin*. Berlin 2000

Zglinicki, Friedrich von, *Der Weg des Films. Die Geschichte der Kinematographie und ihrer Vorläufer*, Berlin 1956

Das ABC des Luxuspapiers. Herstellung, Verbreitung und Gebrauch 1860 bis 1930, Hrsg. von Christa Pieske, Museum für Deutsche Volkskunde, Berlin 1983

Literatur
(Auswahl)

Abbing, Michiel Roscam, *De schilder & schrijver Samuel van Hoogstraten 1627-1678. Eigentijdse bronnen & œuvre van gesigneerde schilderijen.* Leiden 1993

Abring, H. D., *Von Daguerre bis Heute.* Kat. Privates Foto-Museum. Herne 1977

Adam, Hans Christian, *Die erotische Daguerreotypie. Eine Mediengeschichtliche Bestandsaufnahme.* Prag 1998

Amelunxen, Hubertus von/Brandes, Uta, *Sehsucht: Über die Veränderung der visuellen Wahrnehmung.* Kunst- und Ausstellungshalle der Bundesrepublik Deutschland, Bonn 1994. Göttingen 1995

Balensiefen, Lilian, *Die Bedeutung des Spiegelbildes als ikonographisches Motiv in der antiken Kunst.* Tübingen 1990

Baltrusaitis, Jurgis, *Anamorphoses au Thaumaturgus Opticus.* Paris 1984

Baltrusaitis, Jurgis, *Anamorphoses ou Magie Artificielle des Effets Merveilleux.* Paris 1969

Baltrusaitis, Jurgis, *Imaginäre Realitäten. Fiktion und Illusion als produktive Kraft.* Köln 1984

Baltrusaitis, Jurgis, *Der Spiegel. Entdeckungen, Täuschungen, Phantasien.* Gießen 1986

Balzer, Richard, *Peepshows: A Visual History.* New York 1998

Barry, Anthony, *The Kinora. Motion pictures for the home. 1896-1924.* London 1996

Baur-Heinhold, Margarete, *Schöne alte Bibliotheken. Ein Buch vom Zauber ihrer Räume.* München 1972

Berns, Jörg Jochen, *Film vor dem Film. Bewegende und bewegliche Bilder als Mittel der Imaginationssteuerung in Mittelalter und früher Neuzeit.* Marburg 2000

Bolz, Norbert, *Theorie der neuen Medien.* München 1990

Bolz, Norbert, *Eine kurze Geschichte des Scheins.* München 1991

Braun, Marta, *Picturing time: the work of Etienne-Jules Marey (1830-1904).* Chicago/London 1992

Bredekamp, Horst, *Antikensehnsucht und Maschinenglauben. Die Geschichte der Kunstkammer und die Zukunft der Kunstgeschichte.* Berlin 1993

Bredekamp, Horst, *Thomas Hobbes' visuelle Strategien: Der Leviathan: Urbild des modernen Staates; Werkillustrationen und Porträts.* Berlin 1999

Breidbach, Olaf (Hrsg.), *Natur der Ästhetik – Ästhetik der Natur.* Wien/New York 1997

Brock, William H., *Justus von Liebig. Eine Biographie des großen Naturwissenschaftlers und Europäers.* Braunschweig/Wiesbaden 1999

Buddemeier, Heinz, *Panorama, Diorama, Photographie. Entstehung und Wirkung Neuer Medien im 19. Jahrhundert.* München 1970

Castan, Joachim, *Max Skladanowsky oder der Beginn einer deutschen Filmgeschichte.* Stuttgart 1995

Castel, Louis Bertrand, *Die auf lauter Erfahrungen gegruendete Farben-Optick, oder Gruendliche Erkenntniss aller moeglichen Farben und deren fast Unendliche Vermehrung: Vornehmlich zu Besserung der Mahler-Kunst, des Faerbens, Stickens und Wirckens, auch Unterweisung aller mit Farben umgehenden Kuenstler.* Halle 1747

Ceram, C. W., *Eine Archäologie des Kinos.* Reinbek bei Hamburg 1965

Chladni, Ernst Florens Friedrich, *Entdeckungen über die Theorie des Klanges.* Leipzig 1787

Coe, Brian, *The History of Movie Photography.* London 1981

Comment, Bernhard, *Panorama.* Berlin 2000

Crary, Tony, *Techniques of the Observer. On Vision and Modernity in the Nineteenth Century.* Massachusetts/London 1990

Crompton, Dennis/Henry, David/Herbert, Stephen, *Magic Images. The Art of Hand-Painted and Photographic Lantern Slides.* London 1990

Dagognet, François, *Etienne-Jules Marey. La passion de la trace.* Paris 1987

D'Arcy, Thompson, *Über Wachstum und Form.* Frankfurt am Main 1983

Diem, Lieselotte, *Das Spiel. Spiegel des Menschlichen.* Frankfurt am Main 1960

Döbler, Werner H. A., *Leopold Ludwig Döbler. 1801-1864.* Offenbach 2001

Döring, Jürgen, *Eine Kunstgeschichte der frühen englischen Karikatur.* Hildesheim 1991

Dürbeck, Gabriele, *Wahrnehmung der Natur – Natur der Wahrnehmung. Studien zur Geschichte der visuellen Kultur um 1800.* Amsterdam/Dresden 2001

Eder, Josef Maria (Hrsg.), *Quellenschriften zu den frühesten Anfängen der Photographie bis zum XVIII. Jahrhundert.* Düsseldorf 1971

Ehret, Gloria, *Freundschafts- und Glückwunschkarten im Biedermeier.* München 1982

Embs, Jean-Marie/Mellot, Philippe, *Le siècle d'or du livre d'enfants et de jeunesse.1840-1940.* Paris 2000

Füsslin, Georg, *Der Guckkasten. Einblick – Durchblick – Ausblick.* Stuttgart 1995

Füsslin, Georg, *Optisches Spielzeug oder wie die Bilder laufen lernten.* Stuttgart 1995

Füsslin, Georg/Hentze, Ewald, *Anamorphosen. Geheime Bilderwelten.* Stuttgart 1999

Frieß, Peter, *Kunst und Maschine. 500 Jahre Maschinenlinien in Bild und Skulptur.* München 1993

Fuhrmann, Manfred (Hrsg.), *Terror und Spiel. Probleme der Mythenrezeption.* München 1971

Ganz, Thomas, *Die Welt im Kasten. Von der Camera Obscura zur Audiovision.* Zürich 1994

Gercken, Günther/Kirchner, Ernst Ludwig, *Ernst Ludwig Kirchner – Holzschnittzyklen. Peter Schlemihl, Triumph der Liebe, Absalom.* Stuttgart/Zürich 1980

Geyer, Bernhard, *Scheinwelten. Die Geschichte der Perspektive.* Leipzig 1994

Gill, Arthur T., *The London Diorama.* In: History of Photography, Vol. 1, No. 1, Januar 1979, S. 31-36

Gloede, Wolfgang, *Vom Lesestein zum Elektromikroskop.* Berlin 1986

Gööck, Roland, *Die großen Erfindungen. Schall. Bild. Optik.* Künzelsau/Männedorf/Salzburg 1985

Götz, Hans-Dieter, *Box-Cameras. Made in Germany. Wie die Deutschen fotografieren lernten.* Gilching 2002

Gombrich, Ernst H., *Kunst und Illusion. Eine Studie über die Psychologie von Abbild und Wirklichkeit in der Kunst.* Stuttgart/Zürich 1978

Halle, Johann Samuel, *Magie, oder, Die Zauberkräfte der Natur, so auf den Nutzen und die Belustigung angewandt worden.* Berlin 1783

Hansen, Fritz, *Chronica der Camera Obscura. Ein kleiner Roman um eine große Erfindung.* Berlin 1953

Hecht, Hermann (Hrsg.), *Liesegang, Franz Paul, Dates and Sources. A contribution to the history of the art of projection and to cinematography.* London 1986

Hecht, Hermann, *Pre-Cinema History. An Encyclopaedia and Annotated Bibliography of the Moving Image Before 1896.* London/Melbourne/München/New Jersey 1993

Helmholtz, Hermann, *Handbuch der Physiologischen Optik.* Leipzig 1867

Hein, Hilde, *Naturwissenschaft. Kunst und Wahrnehmung. Der neue Museumstyp aus San Francisco.* Stuttgart 1993

Herbert, Stephen, *Theodore Brown's Magic Pictures. The Art and Inventions of a Multi-media-Pioneer.* London 1997

Hesse, Wolfgang (Hrsg.), *Hermann Krone. Historisches Lehrmuseum für Photographie. Experiment. Kunst. Massenmedium.* Kupferstich-Kabinett der Staatlichen Kunstsammlungen Dresden, Technische Universität Dresden. Dresden 1998

Hesse, Wolfgang/Starl, Timm (Hrsg.), *Der Photopionier Hermann Krone. Photographie und Apparatur. Bildkultur und Phototechnik im 19. Jahrhundert.* Kupferstich-Kabinett der Staatlichen Kunstsammlungen Dresden, Technische Universität Dresden. Marburg 1998

Hick, Ulrike, *Geschichte der optischen Medien.* München 1999

Hörisch, Jochen/Wetzel, Michael (Hrsg.), *Armaturen der Sinne. Literarische und technische Medien 1870–1920.* München 1990

Hoffmann, Detlef/Junker, Almut, *Laterna Magica. Lichtbilder aus Menschenwelt und Götterwelt.* Berlin 1982

Hoffmann, Detlef/Thiele, Jens, *Lichtbilder – Lichtspiele.* Marburg 1989

Hoffmann, Hilmar/Schobert, Walter (Hrsg.), *Kinematograph Nr. 2. Etienne-Jules Marey: Chronophotograph.* Frankfurt am Main 1985

Homo Ludens. Der spielende Mensch. Hrsg. von der International Recreation Association und der Internationalen Gesellschaft „Homo Ludens". Stuttgart 1983

Hopkins, Albert A., *Magic. Stage Illusions, Special Effekts and Trick Photography.* New York 1976

Hrabalek, Ernst, *Laterna Magica. Zauberwelt und Faszination des optischen Spielzeugs.* München 1985

Huizinga, Johan, *Homo Ludens. Vom Ursprung der Kultur im Spiel.* Hamburg 1956

Hyde, Ralph, *Panoramania! The Art and Entertainment of the „All-Embracing" View.* London 1988

Imbach, Thomas/Settele, Christoph/Gurtrug Film (Hrsg.), *Werner Nekes retrospektive.* Luzern 1986

Jull, Douglas, *Collecting Stanhopes.* Worthing, Sussex 1988

Kaldy-Karo, Robert, *Ludwig Döbler. Genius des Biedermeier.* Horitschon 2000

Keitz, Ursula von, *Früher Film und späte Folgen.* Marburg 1998

Kemner, Gerhard/Eisert, Gelia, *Lebende Bilder. Eine Technikgeschichte des Films. Deutsches Technikmuseum Berlin.* Berlin 2000

Kemp, Martin, *The Sciences of Art. Optical Themes in Western Art from Brunelleschi to Seurat.* New Haven/London 1990

Kintop 8. Film und Projektionskunst. Jahrbuch zur Erforschung des frühen Films. Frankfurt am Main/Basel 1999

Koschatzky, Walter, *Des Kaisers Guckkasten.* Salzburg 1992

Krafft, Barbara, *Coptographische Unterhaltungen. Ombres blanches, Cartes découpées, Halbschattenbilder.* In: Arbeitskreis Bild Druck Papier. Festschrift für Christa Pieske, Münster 1999

Krahe, Hildegard, *Lothar Meggendorfers Spielwelt.* München 1983

Kunst- und Ausstellungshalle der Bundesrepublik Deutschland (Hrsg.), *Sehsucht. Über die Veränderung der visuellen Wahrnehmung.* Göttingen 1995

Leemann, Fred/Elffers, Joost/Schuyt, Mike, *Anamorphosen. Ein Spiel mit der Wahrnehmung, dem Schein und der Wirklichkeit.* Köln 1975

Lorenz, Dieter und Nekes, Werner, *Wechselbilder: Riefel- und Lamellenbilder.* In: Museum heute 6 und als Sonderdruck. München, Dez. 1993

Mannoni, Laurent, *Etienne-Jules Marey. La mémoire de l'œil.* Cinémathèque française, Musée du cinéma. Mailand/Paris 1999

Mannoni, Laurent, *The Great Art of Light and Shadow. Archaeology of the Cinema.* Exeter 2000

Mannoni, Laurent, *Le Mouvement Continué. Catalogue illustré de la collection des appareils de la Cinémathèque française.* Cinémathèque française, Musée du cinéma. Mailand/Paris 1996

Marey, Jules, *Le Movement*. London 1895
Marey, Jules, *La Chronophotographie*. Paris 1899
Meyer, Klaus, *Geheimnisse des Antoni van Leeuwenhoek. Ein Beitrag zur Frühgeschichte der Mikroskopie*. Lengerich/Berlin/Düsseldorf/Leipzig/Riga/Scottsdale/Wien/Zagreb 1998
Möbius, Hanno, *Montage und Collage. Literatur, bildende Künste, Film, Fotografie, Musik, Theater bis 1933*. München 2000
Müller, Corinna, *Frühe deutsche Kinematographie. Formale, wirtschaftliche und kulturelle Entwicklungen 1907-1912*. Stuttgart 1994
Moholy-Nagy, Laszlo, *Vision in Motion*. Chicago 1947
Muir, Percy, *English Children's Books*. London o. J.
Neite, Werner, *The Cologne Diorama*. In: History of Photography, Vol. 3, No. 2, April 1979, S. 105-109
Nekes, Werner, *Von der Camera Obscura zum Film*. Mülheim/Ruhr 1992
Oettermann, Stephan, *Das Panorama. Die Geschichte eines Massenmediums*. Frankfurt am Main 1980
Ophüls, Max, *Spiel im Dasein. Eine Rückblende*. Stuttgart 1959
Patzelt, Otto, *Faszination des Scheins. 500 Jahre Geschichte der Perspektive*. Berlin 1991
Perkowitz, Sydney, *Empire of Light. A history of discovery in science and art*. Washington 1998
Pfeiffer, Herbert, *Wende-Köpfe. Von der Kunst der drehbaren Bilder*, Frankfurt am Main 1993
Regener, Susanne, *Fotografische Erfassung. Zur Geschichte medialer Konstruktionen des Kriminellen*. München 1999
Remise, Jac/Remise, Pascale/Walle, Regis van de, *Magie Lumineuse du théâtre d'ombres à la lanterne magique*. Tours 1979
Roberts, K. B./Tomlinson, J. D. W., *The Fabric of the Body. European Traditions of Anatomical Illustration*. Oxford 1992
Robin, Harry, *Die wissenschaftliche Illustration. Von der Höhlenmalerei zur Computergraphik*. Basel/Boston/Berlin 1992
Robinson, David/Herbert, Stephen/Crangle, Richard (Hrsg.), *Encyclopaedia of the Magic Lantern*. London 2001
Roche, Serge/Courage, Germain/Devinoy, Pierre, *Spiegel. Spiegelgalerien, Spiegelkabinette, Hand- und Wandspiegel*. Tübingen 1985
Rossell, Deac, *Ottomar Anschütz zwischen Photograohie und Kino*, KintopSchriften 6, Hrsg. Frank Kessler, Sabine Lenk, Martin Loiperdinger, Frankfurt a. M. 2001
Rothenstein, Julian/Gooding, Mel, *L'Œil S'Amuse. Illusions d'optique, rébus, images cachées*. Paris 1999
Schäfer, Horst (Red.), *Werner Nekes Filme*. Hrsg. von Gurtrug Film, Mülheim/Ruhr. Frankfurt am Main 1985
Scheicher, Elisabeth, *Die Kunst- und Wunderkammern der Habsburger*. Wien/München/Zürich/Innsbruck 1979
Schenk, E. M., *Das Bilderrätsel*. Hildesheim/New York 1973
Schlosser, Julius, *Die Kunst- und Wunderkammern der Spätrenaissance. Ein Beitrag zur Geschichte des Sammelwesens*. Würzburg 1978
Schobert, Walter, *Ullisses. Ein Film von Werner Nekes*. Köln 1986
Schulz, Hans, *Licht durch Glas. Eine gemeinverständliche Einführung in die Problematik der Optik*. Frankfurt am Main 1940
Segeberg, Harro, *Die Mobilisierung des Sehens. Zur Vor- und Frühgeschichte des Films in Literatur und Kunst. Mediengeschichte des Films. Bd. 1*. München 1996
Solar, Gustav, *Das Panorama und seine Vorentwicklung bis zu Hans Conrad Escher von der Linth*. Zürich 1979
Stafford, Barbara Maria, *Body Criticism. Imaging the Unseen in Enlightenment Art and Medicine*. London 1991
Stafford, Barbara Maria, *Good Looking. Essays on the Virtue of Images*. Cambridge, Massachusetts 1996
Stafford, Barbara Maria, *Kunstvolle Wissenschaft. Aufklärung, Unterhaltung und der Niedergang der visuellen Bildung*. Dresden 1998
Stafford, Barbara Maria, *Visual Analogy. Consciousness as the Art of Connecting*. Cambridge 1999
Stiegler, Bernd, *Philologie des Auges. Die photographische Entdeckung der Welt im 19. Jahrhundert*. München 2001
Stoichita, Victor I., *Eine kurze Geschichte des Schattens*. München 1999
Stremmel, Kerstin, *Geflügelte Bilder. Neuere fotografische Repräsentationen von Klassikern der bildenden Kunst*. Holzminden 2000
Strosberg, Eliane, *Art et Science*. UNESCO-Publikation. Paris 1999
Sykora, Katharina, *Unheimliche Paarungen. Androidenfaszination und Geschlecht in der Fotografie*. Köln 1999
Tillmanns, Urs, *Geschichte der Photographie. Ein Jahrhundert prägt ein Medium*. Stuttgart 1981
Trutat, Eug., *La Photographie animée*. Mit einem Vorwort von E. J. Marey. Paris 1899
Verwiebe, Birgit, *Das transparente Bild im späten 18. und im 19. Jahrhundert. Seine Entstehung, Entwicklung und Einordnung in die Geschichte der Medien der Massenkommunikation*. Diss. Ernst-Moritz-Arndt-Universität Greifswald 1989
Verwiebe, Birgit, *Transparente Bilder – Kunst und Geselligkeit im 18. und 19. Jahrhundert*. In: Forschungen und Berichte, Nr. 31, Staatliche Museen zu Berlin. Berlin 1991, S. 229–242
Verwiebe, Birgit, *L'ilusione nel tempo e nello spatio. Il megaletoscopio di Carlo Ponti. Un apparecchio fotografico degli anni 1860*. In: Fotologia. Nr. 16-17, Florenz 1995
Verwiebe, Birgit, *Lichtspiele. Vom Mondscheintransparent zum Diorama*. Stuttgart 1997
Weber, Carl Jefferson, *Fore-Edge Painting. A Historical Survey of a Curious Art in Book Decoration*. New York 1966
Wilke, Jürgen, *Grundzüge der Medien- und Kommunikationsgeschichte. Von den Anfängen bis ins 20. Jahrhundert*. Köln/Weimar/Wien 2000
Witzmann, Reingard, *Hieronymus Löschenkohl. Bildreporter zwischen Barock und Biedermeier*. Wien 1978
Zglinicki, Friedrich von, *Der Weg des Films. Die Geschichte der Kinematographie und ihrer Vorläufer*. Berlin 1956

Ausstellungs- und Bestandskataloge

Abstrakte Fotografie. Hrsg. von Thomas Kellein und Angela Lampe. Kunsthalle Bielefeld 2000/2001
Anatomie de la couleur. L'invention de l'estampe en couleurs. Bibliothèque nationale de France, Paris/Musée Olympique Lausanne 1996
ars electronica. Linzer Veranstaltungsgesellschaft, Linz 1979
L'âme au corps. Arts et sciences. 1793-1993. Galeries nationales du Grand Palais, Paris 1994
L'Art du nu au XIXe siècle. Le photographe et son modèle. Bibliothèque nationale de France, Paris 1997
Beauty of Another Order. Photography and Science. Hrsg. von Ann Thomas. National Gallery of Canada, Ottawa 1997/98
Before Photography. Painting and the Invention of Photography. Hrsg. von Peter Galassi. The Museum of Modern Art, New York 1981
Bilder, die lügen. Haus der Geschichte der Bundesrepublik Deutschland, Bonn 1998/1999
Black Box. Der Schwarzraum in der Kunst. Kunstmuseum Bern. Ostfildern-Ruit 2001
G. F. Brander. 1713-1783. Wissenschaftliche Instrumente aus seiner Werkstatt. Deutsches Museum München 1983
Das verführte Auge. Wege in die 3. Dimension. Mit Texten von Carsten Jöhnk, Meike Rotermund, Pierre M. Boone und Wolfgang Osten. Focke-Museum, Bremen 2001/2002
Der elektronische Raum. Kunst- und Ausstellungshalle der Bundesrepublik Deutschland, Bonn. Ostfildern-Ruit 1998
Descriptive catalogue of Van Marnni's scientific instruments in Teyler's Museum. o.O. (Nachdruck 1938).
Det kongelige danske Kunstkammer 1737. The Royal Danish Kunstkammer 1737. Hrsg. von Bente Gundestrup. Kopenhagen 1991
Devices of Wonder: From the World in a Box to Images on a Screen. Mit Texten von Barbara Maria Stafford und Frances Terpak. J. Paul Getty Museum, Los Angeles 2001/2002
Dia/Slide/Transparency. Materialien zur Projektionskunst. Neue Gesellschaft für Bildende Kunst e.V., Kunstamt Kreuzberg/Bethanien Berlin 2000
Die Wunderkammerr. Die Kunst- und Naturalienkammer der Franckeschen Stiftungen zu Halle (Saale). Halle 1998
Disguised Vision. Museum of Modern Art Kamakura. Tokyo 1994
Duchenne de Boulogne. 1806-1875. École Nationale Supérieure des Beaux-Arts, Paris 1999
Eem extra dimense. Van Camera Obscura tot stereofotografie. Teylers Museum Haarlem 1993
Images lumineuses. Tableaux sur verre pour lanternes magiques et Vues sur papier pour appareils de projection. Mit Texten von Annie Renonciat. Musée nationale de l'Éducation. Rouen 1995
Joseph Plateau. 1801-1883. Leven tussen Kunst en Wetenschap. Vivre entre l'Art et la Science. Living between Art and Science. Mit Beiträgen von Maurice Dorikens, Laurent Mannoni, Giusy Pisano-Basile, David Robinson. Caermersklooster – Provinciaal Centrum voor Kunst en Cultuur Gent 2001
James Gillray. Meisterwerke der Karikatur. Wilhelm-Busch-Museum Hannover 1986/Staatsgalerie Stuttgart 1987/Museum für Kunst und Gewerbe Hamburg 1987
J. J. Grandville. Karikatur und Zeichnung. Ein Visionär der französischen Romantik. Staatliche Kunsthalle Karlsruhe/Wilhelm-Busch-Museum Hannover. Ostfildern-Ruit 2000/01
Guckkasten. Villa Waldrich. Siegen 1981/1982
Illusion – Emotion – Realität. 100 Jahre Kino. Kunsthalle Wien 1996
Illusion in Nature and Art. The Institute of Contemporary Arts, London 1973
Illusionen. Das Spiel mit dem Schein. Historisches Museum der Stadt Wien/Hermesvilla im Lainzer Tiergarten 1995/1996
Infancia Y Arte Moderno. IVAM Centre Julio González, Valencia 1998/1999
Jenseits von Kunst. Hrsg. von Peter Weibel. Ludwig Museum Budapest, C3 Center for Culture & Communication, Budapest 1996/Neue Galerie am Landesmuseum, Joanneum Graz 1997
Athanasius Kircher. Il Museo del Mondo. Palazzo di Venezia, Rom 2001
Körperwelten. Einblicke in den menschlichen Körper. Landesmuseum für Technik und Arbeit, Mannheim 1998
La Piazza Universale. Giochi, spettacoli, macchine di fiere e luna park. Hrsg. von Elisabetta Silvestrini. Muzeo nazionale delle arti e tradizioni populari. Rom 1988
Laterna Magica. Bewegte Bilder und Bildmaschinen. Villa Waldrich, Siegen 1981/1982
Laterna Magica – Vergnügen, Belehrung, Unterhaltung. Historisches Museum, Frankfurt am Main 1981

Le sens du temps. Time photography and perspective. Photographie et perspective du temps. Zeitphotographie und -perspektive. Jean-Pierre Bovey. Bienne o. J.
Licht! Het industriele tijdperk 1750-1900. Kunst & wetenshap, technologie & samenleving. Hrsg. von Andreas Blühm/Louise Lippincott. Van Gogh Museum, Amsterdam 2000
Licht und Schatten. Scherenschnitt und Schattenspiel im 20. Jh. Puppentheatermuseum im Münchner Stadtmuseum 1982/1983. München 1982
Lichträume und Schattenbilder. Museum für Geschichte der Stadt Leipzig/Alte Handelsbörse, Leipzig. o. J.
Malerei nach Fotografie (Photographie). Von der Camera Obscura bis zur Pop Art. Eine Dokumentation. Münchner Stadtmuseum 1970
Marey. Pionnier de la Synthèse du Mouvement. Musée Marey, Beaune 1995
E. J. Marey. 1830/1904. La Photographie du Mouvement. Musée National d'Art Moderne, Centre Georges Pompidou, Paris 1977
Lothar Meggendorfers lebende Bilderbücher. Puppentheatermuseum im Münchner Stadtmuseum. München 1981
Musée du Cinéma. Henri Langlois. Hrsg. von Huguette Marquand Ferreux. Bd. I-III. La Cinématèque Française, Paris 1991
Il Museo nazionale del Cinema. Cassa di Risparmio di Torino, Turin 1978
Panoramas. Photographies 1850-1950. Collection Bonnemaison. Rencontres Internationales de la Photographie, Arles 1989
Papiertheater aus der Sammlung Helge Schenstrøm. Landesmuseum Oldenburg 1998/1999
Papiertheater. Spielzeuge und Dokumente der Theatergeschichte. Niederrheinisches Museum für Volkskunde und Kulturgeschichte, Kevelaer 1981
Paris in 3D. From Stereoscopy to Virtual Reality 1850-2000. Musée Carnavalet, Paris 2000
Puppen Körper Automaten – Phantasmen der Moderne. Hrsg. von Pia Müller-Tamm/Katharina Sykora. Kunstsammlung Nordrhein-Westfalen, Düsseldorf 1999
Puppen, Marionetten, Schattenspiel. Asiatica und Experimente. Bern 1962
Pieter Saenredam, het Utrechtse werk. Schilderijen en tekeningen van de 17deeeuwse grootmeester van het perspectief. Centraal Museum, Utrecht 2000/2001
SchattenRisse. Silhouetten und Cutouts. Hrsg. von Helmut Friedel. Städtische Galerie im Lenbachhaus und Kunstbau, München 2001
Sehsucht. Das Panorama als Massenunterhaltung des 19. Jahrhunderts. Kunst- und Ausstellungshalle der Bundesrepublik Deutschland. Bonn 1993
Spectacular Bodies. The Art and Science of the Human Body from Leonardo to Now. Hayward Gallery, London 2000/2001
Spielwelten der Kunst. Kunstkammerspiele. Hrsg. von Wilfried Seipel. Kunsthistorisches Museum Wien 1998
SpielZeitGeist. Spiel und Spielzeug im Wandel. Hrsg. von Hermann Schäfer. Haus der Geschichte der Bundesrepublik Deutschland, Bonn 1994/95
Spielzeug, Spiel und Spielereien. Mit Texten von Barbara Kutschera und Gudrun Dietrich. Schloß Schallaburg, Schallaburg/Niederösterreichisches Landesmuseum, Wien 1987
Theater der Natur und Kunst. Theatrum naturae et artis. Wunderkammern des Wissens. Bd. I-II. Martin-Gropius-Bau Berlin 2000/2001
Theatrum mundi. Mechanische Szenen in Volkskunst und Puppenspiel. Museum für Volkskunst, Staatliche Kunstsammlungen Dresden 1984
Der Traum vom Sehen. Zeitalter der Televisionen. Peter Paul Kubitz. Gasometer Oberhausen 1997
Verfahren der Fotografie. Bilder der Fotografischen Sammlung im Museum Folkwang Essen. Museum Folkwang Essen 1989
Vedute del „Mondo Novo". Vues d'optique settecentesche nella collezione del Museo Nazionale del Cinema di Torino. Museo Nazionale del Cinema, Turin 2000
Weltharmonie. Die Kunstkammer und die Ordnung des Wissens. Herzog Anton Ulrich-Museum Braunschweig 2000
Wunderblock. Eine Geschichte der modernen Seele. Hrsg. von den Wiener Festwochen in Zusammenarbeit mit dem Historischen Museum der Stadt Wien. Reithalle in den ehemaligen Hofstallungen, Messepalast, Wien 1989
Wunderkammer des Abendlandes. Museum und Sammlung im Spiegel der Zeit. Kunst- und Ausstellungshalle der Bundesrepublik Deutschland, Bonn 1994/1995
wunderkammer österreich. MAK – Österreichisches Museum für angewandte Kunst, Wien 1996/Kunsthaus Zürich 1996/1997
Wunschmaschine Welterfindung. Eine Geschichte der Technikversionen seit dem 18. Jahrhundert. Kunsthalle Wien 1996

Impressum

Stadt Köln

Museum Ludwig
Agfa Photo-Historama
Bischofsgartenstr. 1
D – 50667 Köln
Tel. 0221-221-22411 / 221-23948
Fax 0221-221-24114
www.museenkoeln.de

Das Buch erscheint zur Ausstellung:
Ich sehe was, was du nicht siehst!
Sehmaschinen und Bilderwelten
Die Sammlung Werner Nekes
Im Museum Ludwig, Köln
27. September bis 24. November 2002

Ausstellung

Leitung:
Bodo von Dewitz

Konzeption:
Bodo von Dewitz
Werner Nekes
Ulrich Tillmann

Gestaltung:
Ulrich Tillmann

Vorbereitung in Mülheim/Ruhr:
Jonathan Nekes

Assistenz:
Alexander Honory
Nabor Kisser
Yasmin Limbach
Renate Schuster

Didaktik:
Bodo von Dewitz
Karin Schuller-Procopovici

Museumspädagogik
Helga Behn
Chantal Eschenfelder

Presse- und Öffentlichkeitsarbeit:
Anne Buchholtz
Marie-Luise Höfling
Waltraud Herz
Viktoria Sondermann

Konservatorische Betreuung:
Christine Frohnert
Yvonne Garborini
Petra Mandt
Birgit Scheder
Alfred Glasner

Technische Planung,
Ausstellungsarchitektur:
Herbert Oster
Leo Klinghammer

Konstruktion und Nachbau von
Sehmaschinen:
Harro Möller
Jan Köpper

Konstruktionen, Nachbauten,
Schreinerarbeiten:
Armin Lüttgen
Markus Finke
Edem Gakpo
Benjamin Lederhofer

Technischer Aufbau:
Ralf Feckler
Axel Kuhn
Paul Eßer
Ali Ülüs

Haustechnik:
Jürgen Schriefer
Guido Fassbender
Thomas Loerzer
Christian Nass
Michael Schirpke
Franz Schunk
Thomas Sydlik
Andreas Wischum
Helmut Wodarz
Michael Zorn

Verwaltung:
Bernd-Rüdiger Dudek
Walter Kroll
Hildegard Küpper
Beatrix Schopp
Ralf Schmickler
Karsten Zinner

Katalog

Konzeption und Herausgeber:
Bodo von Dewitz
Werner Nekes

Redaktion:
Bodo von Dewitz
Werner Nekes in Zusammenarbeit mit
Ursula Richert

Redaktion des Glossars:
Karin Schuller-Procopovici

Lektorat:
Jan Strümpel

Übersetzungen:
Ulrich Boltz
Meinolf Reuel

Umschlag- und Kataloggestaltung:
Cordula Lebeck

Objekt- und Reprophotographie:
Rheinisches Bildarchiv, Köln
Helmut Buchen
Anna Wagner

Gesamtherstellung:
Steidl, Göttingen

ISBN 3-88243-856-8
Printed in Germany

STIFTUNG KUNST UND KULTUR DES LANDES NRW

STADTSPARKASSE KÖLN AGFA